齊系金文研究

張俊成 著

上海古籍出版社

本書係國家社科基金一般項目
"齊系金文整理與研究（批准號：16BZS014）"結項成果

目　　録

緒論 ·· 1

第一章　東周齊莒系金文編年彙釋、年代考訂與分國整理 ············ 34
第一節　齊國禮器銘文 ·· 35
第二節　齊國兵器銘文 ·· 181
第三節　莒國禮器、兵器銘文 ··· 251
第四節　曾國、鑄國禮器、兵器銘文 ································ 263
第五節　鄟國、異國禮器、兵器銘文 ································ 270
第六節　夆國、邦國、紀國禮器、兵器銘文 ······················ 276

第二章　東周魯邾系金文編年彙釋、年代考訂與分國整理 ·········· 282
第一節　魯國禮器、兵器銘文 ··· 282
第二節　邾國禮器、兵器銘文 ··· 296
第三節　郳國、濫國禮器、兵器銘文 ································ 312
第四節　滕國、費國禮器、兵器銘文 ································ 328
第五節　薛、邳、曹、鄀、杞諸國禮器、兵器銘文 ·············· 345
第六節　狐駘、淳于、羊子諸國禮器、兵器銘文 ················ 359

第三章　齊系金文分期研究 ··· 371
第一節　銘文字體、書風與金文斷代研究 ·························· 371
第二節　東周齊系金文分期研究 ······································ 374

第四章　齊系金文文字形體演變研究·············· 384
　第一節　簡化····························· 384
　第二節　繁化····························· 389
　第三節　異化····························· 397
　第四節　同化····························· 402

第五章　齊系金文用字習慣研究················ 407
　第一節　齊系金文用字習慣考察·············· 408
　第二節　齊系金文字詞關係考察·············· 432

第六章　齊系金文内部形體異同研究············ 452
　第一節　齊系金文内部形體異同研究的現狀······ 452
　第二節　齊系金文形體内部差異研究············ 457
　第三節　齊系金文區域特徵分析··············· 473

第七章　齊系金文所涉相關歷史文化問題研究······ 476
　第一節　復封壺銘與齊國伐"者劕"及相關問題···· 476
　第二節　從春秋中晚期齊魯金文形體特徵比較看魯文化的
　　　　　重禮性······························ 486

結語··· 491

參考文獻······································· 493

後記··· 523

緒　　論

一、春秋戰國文字分域研究視野下的齊系金文研究價值

（一）春秋戰國文字的分域研究概述

　　西周時期的青銅器主要爲周王與畿内貴族所作，諸侯國的器物較爲少見，因而未形成地方性特色。春秋時期群雄割據的政治大環境等因素使得該時期青銅器地域性增强，特别是春秋中後期逐漸形成了區域性的青銅文化圈。這反映在金文上亦是如此，春秋中期以後，各國金文也逐漸形成區域性風格。春秋金文的分域研究肇始於郭沫若，其《兩周金文辭大系圖録考釋》以國别爲序，涉及春秋時期銅器。其後白川静較早指出要對春秋青銅器進行分域研究，春秋時期諸侯國的青銅器，在繼承西周王朝風格的基礎上，又逐漸發展出各自的區域特色，大致可分爲四系，即以秦、晋爲代表的西北系，以鄭、宋爲代表的中原系，以齊、魯爲代表的東土系和以吴、楚爲代表的南土系[1]。對此，朱鳳瀚也有所論及，指出由青銅器形制、紋飾、工藝特徵與組合形式的不同所形成的區域性的青銅文化圈可以大體上劃分爲八大區域，即中原地區，北方地區，山東地區，漢水以北、淮水流域及鄰近地區，漢水流域及長江中游地區，長江下游地區，湘東、桂東與嶺南地區，關西地區[2]。

　　戰國時期文字分化進一步加劇，不同區域的文字形體往往有很大的差别。戰國文字的分域研究基於對戰國時期文字發展特點認識而逐漸起步，進而走向深入研究。在中國文字學史上，最早對戰國文字發展及其特點做出總體性

---

[1]　［日］白川静：《金文的世界》，聯經出版事業公司，1989年，第207頁。
[2]　朱鳳瀚：《中國青銅器綜論》，上海古籍出版社，2009年，第1534頁。

概括的是東漢許慎的《説文解字·叙》①：

  倉頡之初作書，蓋依類象形，故謂之文；其後形聲相益，即謂之字。……以迄五帝三王之世，改易殊體，封于泰山者七十有二代，靡有同焉。……及宣王太史籀，著大篆十五篇，與古文或異，至孔子書六經，左丘明述春秋傳，皆以古文，厥意可得而説。其後諸侯力政，不統於王，惡禮樂之害己，而皆去其典籍，分爲七國，田疇異畝，車塗異軌，律令異法，衣冠異制，言語異聲，文字異形。秦始皇帝初兼天下，丞相李斯乃奏同之，罷其不與秦文合者。

  這段文字所涉及的對戰國"文字異形"的概括，爲戰國文字分域研究奠定了最初的理論基礎。但許慎並没有對戰國文字進行具體劃分，最早對戰國文字進行分域研究的是王國維。他把戰國文字分爲東土、西土兩大區域，奠定了戰國文字分域研究的基本格局。其《史籀篇疏證序》："《史籀篇》文字，秦之文字，即周秦間西土之文字也。至許書所出古文，即孔子壁中書，其體與籀文、篆文頗不相近，六國遺器亦然。壁中古文者，周秦間東土之文字也。"②《戰國時秦用籀文六國用古文説》："故古文、籀文者，乃戰國時東、西二土文字之異名，其源皆出於殷周古文。"③這實際上是把戰國文字分爲東土、西土兩系，可以稱之爲兩系説。這種分法就現在來看或許略顯籠統，但王國維確爲戰國文字研究撥開了重重迷霧，使得我們可以對戰國文字的整體面貌有了更爲清晰的認識。唐蘭繼承並發展了王國維這一學説，其《古文字學導論》把戰國時代的秦文字與春秋時代的秦文字以及秦代的小篆合稱爲秦系文字，而把東方各國的文字稱爲六國文字④。裘錫圭《文字學概要》一書基本上沿襲了這一劃分體系⑤。學界稱這種分法爲二分法。

  最早對戰國文字進行系統分域劃分的是李學勤，其《戰國題銘概述》把戰國文字分爲"齊國題銘""燕國題銘""三晉題銘""兩周題銘""楚國題銘""秦國題銘"六部分⑥。其《戰國時代的秦國銅器》一文首先提出戰國文字五分法，指

---

① （東漢）許慎：《説文解字》，中華書局，1963年，第314—315頁。
② 王國維：《史籀篇疏證序》，《觀堂集林》，中華書局，1959年，第254—255頁。
③ 王國維：《戰國時秦用籀文六國用古文説》，《觀堂集林》，第306頁。
④ 唐蘭：《古文字學導論（增訂本）》，齊魯書社，1981年，第32—34頁。
⑤ 裘錫圭：《文字學概要（修訂本）》，商務印書館，2013年，第57—73頁。
⑥ 李學勤：《戰國題銘概述》（上、中、下），《文物》1959年第7、8、9期。

出"戰國時代的漢字可分爲秦、三晋、齊、燕、楚五式,其風格結構各有其特異之處"①。"五分法"較之"二分法"更爲細緻,也爲以後戰國文字的分域研究奠定了良好的理論基礎。朱德熙、裘錫圭在討論六國文字的異形的時候,分齊、楚、燕、三晋進行舉例説明②。後來在李學勤分類基礎上,運用"五分法"這一理論並對其進一步發展的是何琳儀,其《戰國文字通論》一書就是"采用《題銘》的五分法,但並不以國家分類,而以地區分類,即以'系'分類。一系之内既可以是一個國家的文字,如'燕系文字''秦系文字';也可以包括若干國家的文字,如'齊系文字''晋系文字''楚系文字'等"。對各系文字資料"以古文字學的眼光,即主要以文字自身所體現的點畫、結構、款式、風格諸方面的特點,考察戰國文字資料,從而辨别其國别,確定其年代"③。所謂"系"不但包括主要使用該系文字的國家,也包括受該系文字影響,部分使用該系文字的鄰近國家,如齊系文字除齊國文字以外,還包括以齊國爲中心的魯、邾等國。曹錦炎將二分法與五分法結合起來,采用先分區、後分系的方法,指出戰國文字"從總的方面來説,當時的文字體系大致可分爲東土、西土兩大區域五個系"④。這本質上應該還是對"二分法""五分法"的繼承和總結⑤。

也有學者對戰國文字分域研究的理論基礎和可行性提出了質疑,李運富認爲將戰國文字按國别分爲若干"系",各系之間具有各自不同的"地域特點"的觀點是難以成立的,因爲文字材料範圍不等於文字符號系統,文字集合中所具有的現象不等於該集合體的特點,個體字符或局部風格的差别不足以反映整個字系的變化,漢字發展史的研究應該通過全面描寫和系統比較來進行。實際上,戰國文字國别之間的差異屬於局部書寫風格或個體字符字樣的不同,從本質特徵和總體上來説,戰國文字仍然是一個不可分割的完整系統。⑥ 此觀點主要是基於對楚簡帛、中山王各器、侯馬盟書、睡虎地秦簡等文字材料的

---

① 李學勤:《戰國時代的秦國銅器》,《文物參考資料》1957 年第 8 期。
② 朱德熙、裘錫圭:《秦始皇"書同文字"的歷史作用》,《文物》1973 年第 11 期。
③ 何琳儀:《戰國文字通論》(訂補),江蘇教育出版社,2003 年,第 86 頁。
④ 曹錦炎:《古璽通論》,上海書畫出版社,1995 年,第 75 頁。
⑤ 周波對戰國文字從兩系説到五系説的學術史進行了系統理論性總結,參見氏著:《戰國銘文分域研究》,上海古籍出版社,2019 年,第 1—15 頁。
⑥ 李運富:《戰國文字"地域特點"質疑》,《中國社會科學》1997 年第 5 期。

比較而得出的，這些文字材料的代表性是否全面、充分、客觀雖還有可商榷餘地，但其強調對文字材料中基礎構件、結構模式、結構層次、功能模式、功能類別等綜合探究仍具有很好的啓發意義。不過，將文字材料中各種不同的書寫風格以及較普遍的異寫異構現象等差別均視爲非本質性差別的看法似亦有可商之處。我們認爲文字書寫風格等不能僅僅視爲文字的外部特徵，文字的書寫風格差異決定了漢字的不同發展時期的形體差異，決定了漢字形體的不同類型，因此也具有重要的參考意義。對於戰國文字分域研究的認識，我們認爲蔣詩堂的觀點是可取的，他在《戰國文字域別特點考察的原則之探討》指出[①]：

> 戰國文字域別特點的研究，是爲了考察列國文字在結構、形態和使用等方面的差異（包括差異的程度、差異的性質和層次、差異與國別地域的聯繫範圍等），探求戰國"文字異形"的實質，反映這一特定歷史階段漢字發展的特點，揭示列國文字與之前之後文字的關係，爲戰國文字乃至整個古文字的分類提供科學的依據。主要的是要進行文字學的考察，而不是爲了文字材料綜合文化意義和特徵的分析，也不是爲了方便文字材料的劃分和介紹。

總而言之，戰國文字的分域研究對於古文字研究至關重要，正如何琳儀所指出的："如果沒有這一起碼的認識，不但一大堆散無友紀的文字資料不能發揮其應有的作用。而且會導致文字自身研究陷入一片無所統繫的混沌狀態之中，從而使古文字研究失去堅實的科學基礎。"[②]在戰國文字分域研究理論的燭照下產生了諸多研究專著，諸如徐在國《論晚周齊系文字特點》[③]、黃麗娟《戰國楚系形聲字研究》[④]、陳昭容《秦系文字研究》[⑤]、鄒芙都《楚系銘文綜合研究》[⑥]、周波《戰國時代各系文字間的用字差異現象研究》[⑦]、張振謙《齊系文字研究》[⑧]、吳

[①] 蔣詩堂：《戰國文字域別特點考察的原則之探討》，《湖南社會科學》2002年第2期。
[②] 何琳儀：《戰國文字通論（訂補）》，第85頁。
[③] 徐在國：《論晚周齊系文字的特點》，吉林大學碩士學位論文，1992年。
[④] 黃麗娟：《戰國楚系形聲字研究》，臺灣師範大學博士學位論文，1993年。
[⑤] 陳昭容：《秦系文字研究》，"中研院"歷史語言研究所，2003年。
[⑥] 鄒芙都：《楚系銘文綜合研究》，巴蜀書社，2007年。
[⑦] 周波：《戰國時代各系文字間的用字差異現象研究》，綫裝書局，2012年。
[⑧] 張振謙：《齊系文字研究》，科學出版社，2019年。

毅强《晋銅器銘文研究》①、孫剛《東周齊系題銘研究》②等。

(二) 齊系金文的研究價值

李學勤曾指出:"山東地區在整個夏商周時期都是極其重要的,山東古文化在整個中華文明進程中,有其特殊的地位。"③商周時期,山東地區古國林立,直至春秋時期,仍有很多古國見於《左傳》等文獻的記載,因而山東古國史的研究一向爲學界所重視。山東被稱爲齊魯大地,這是因爲西周初年"齊"和"魯"兩個諸侯國被封於山東境内。但在兩周時期,山東地區不僅僅只有齊魯兩個封國,還有其他一些重要的封國,如邾、莒、杞、滕、薛、郜、杞、紀等,特别是一些不見於經傳或者傳世文獻記載比較簡略的一些小國,往往在銅器銘文中可以尋見,這在一定程度上彌補了傳世文獻的不足。因此,銅器銘文對於山東古國史的研究應具有重要的學術意義。通過對山東地區諸小國銅器銘文的研究,可以考見一些古國的歷史變遷、世系族氏、政治外交等方面的重要問題。另外,出土銅器的墓地所處的地理位置對確定某些古國分布的大致範圍也具有重要的參考價值。

春秋戰國時期,以齊國爲中心的魯、邾、莒、杞、滕、薛、紀等諸侯國的銘器文字,逐漸發展演變,以齊國文字爲盛,形成了一種頗具地方特色的東方文字體系,被學者稱爲"齊系文字"④。"齊系金文"是指鑄刻在以齊國爲中心包括魯、邾、郳、任、莒、杞、滕、薛、郜、鑄、祝等諸侯國所鑄造的青銅器上的文字。齊系金文與其他諸系相比較,具有較爲突出的特色,對齊系金文進行深入系統搜集、整理與研究無疑具有重要的研究價值。

目前已著録的齊系有銘銅器,大多數國别基本可判。除了齊、邾兩國以外,齊系文字所包含的文字資料,就目前發現來看幾乎只有金文。因此金文資料在齊系文字的研究中無疑具有重要的地位和研究價值。

齊系金文不僅具有文字學研究的重要價值,而且具有重要的史料價值。

---

① 吴毅强:《晋銅器銘文研究》,浙江大學出版社,2018 年。
② 孫剛:《東周齊系題銘研究》,吉林大學博士學位論文,2012 年;後該書同名出版(上海古籍出版社,2019 年)。
③ 李學勤:《夏商周與山東》,《煙臺大學學報》(哲學社會科學版)2002 年第 3 期。
④ 何琳儀:《戰國文字通論(訂補)》,第 86 頁。

與傳世文獻相比，古文字資料同傳承、刊刻過程中可能出現錯訛的傳世文獻情況不同，這些資料或爲歷代相傳，或出土於古代墓葬，其内容保留了最初的面貌，是當時社會歷史生活的原始記録，記載的歷史信息較爲可靠，這對歷史研究來說是至關重要的。前已言及齊系金文的内容豐富，不僅可以補充、證明見於文獻的歷史記載，還可提供諸多史籍失載的材料。

另外，就目前戰國文字研究總體狀況而言，齊系文字在整個戰國文字系統的研究中還處於相對薄弱的環節。目前，楚系文字研究得最爲充分，發表了數量衆多的研究論著。燕系、晋系、秦系也有數量較多的研究論著。而系統總結齊系金文的論著還較爲缺乏，特別是齊系兵器銘文的研究更是極爲薄弱。正如李學勤所指出的："近些年，由於戰國文字研究的開展，我們對戰國各諸侯國兵器的認識已有長足的進步，特別是秦、燕、三晋，學者們做了不少有益的探索，而齊國兵器迄今還没有系統的研究。"① 分域研究是古文字研究的一個重要方面，齊系金文價值重大，因此對它進行專門深入的研究就顯得十分有必要。基於以上原因，筆者認爲有必要對齊系金文加以綜合研究。筆者不揣譾陋，在廣泛收集材料的基礎上充分吸收現有的研究成果，對齊系金文進行綜合系統考察，以期有利於齊國及其他諸國文字、歷史的研究。

二、本書的研究對象、目的、方法

（一）研究對象

本書以齊系金文爲研究對象，齊系金文按其用途具體又可分爲禮器銘文、量器銘文、兵器銘文、車馬器銘文、貨幣銘文等等。

古錢學在中外都是一項專門的學問，中國的古錢學和青銅器研究一樣，在宋代開始興盛而形成專門學科②。基於此認識，本書不把貨幣銘文作爲研究對象。本書的研究對象是銅器銘文和兵器銘文③。銅器銘文包括禮器銘文、

---

① 李學勤：《試論山東新出青銅器的意義》，《文物》1983年第12期。
② 李學勤：《東周與秦代文明》，上海人民出版社，2007年，第236頁。
③ 兵器銘文也屬於銅器銘文，但由於其特殊用途以及研究上的方便，故將其單獨列爲一類。

量器銘文、車馬器銘文等。

就時間範疇而言，本書涉及的銅器銘文的時間範疇爲整個東周時期。雖然目前的文字分域研究的時間範疇主要是戰國，但是文字的區域化特徵並非始於戰國時期，實際上從春秋中期開始，各國文字已經和西周金文產生了不同程度的變異，呈現出不同的區域特徵，開始了區域化的轉變。春秋早中期各國的文字繼承了西周時期文字的特點，在書風、結體上存在一致性，但春秋早中期的文字是西周文字向戰國文字的過渡環節，因此我們也把春秋早中期的銅器銘文納入研究範疇。

就地域範疇而言，齊系金文的地域大致和今山東省地域相合[①]。研究齊系金文必須要考慮收器標準。曾毅公在《山東金文集存》序文中說："春秋以前之古國，若鬲若過若攸，雖有彝器傳世，然諸器之製造出土是否屬山東，於義有疑，未敢率爾收錄，當從蓋缺。他若邾、徐之器，雖出齊、魯，製非山東，亦當非錄。"[②]我們認同此說，所以本書主要收入"製屬山東"的銅器銘文。

(二) 研究目的

銘文考釋方面，本書在充分吸收現有銘文考釋研究成果基礎之上，對某些字詞的考釋進行重新考量，對某些疑難文字提出自己的傾向性意見，對一時難以確考者付諸闕疑。

年代考訂方面，本書注重從器形、紋飾、銘文等方面綜合研究，對某些青銅器的年代進行了重新考訂，對某些爭議較大的銅器年代給出自己的意見。

分期研究方面，戰國時期戰爭頻仍，兵器銘文數量衆多，由於兵器銘文的特殊用途，在文字風格上與其他銅器銘文特別是禮器銘文存在很大差異，本書主要藉禮器銘文資料進行分期研究，以期勾勒出齊系金文分期構架。

構形研究方面，主要涉及銘文的繁化、簡化、異化、同化等方式，以期總體

[①] 張振謙認爲齊系地域的大致範圍爲向南至棗莊、滕州一帶，西南至河南東部和江蘇北部，東南至沂蒙山一帶，北至河北東南部以及天津南部，東部包括膠州半島（參《齊系文字研究》，科學出版社，2019年，第3頁）。

[②] 曾毅公：《山東金文集存·渾源彝器圖》，臺聯國風出版社，1980年，第2頁。

把握齊系金文形體演變的一般規律。

另外本書還涉及齊系金文的用字習慣、内部差異及其相關歷史問題的研究。

(三) 研究方法

研究方法的合理性對任何研究都是至關重要的,這直接決定了研究的科學性和正確性。李學勤、彭裕商師合著的《殷墟甲骨分期研究》中對此有極爲精當、深刻的闡述[1]:

> 理論方法來源於實際工作,又反過來對實際工作起着指導作用。對於任何一門學科來説。理論方法都是至關重要的,没有正確的理論方法,就不可能在實際工作中取得良好的成績,而所謂某一學科的進展,歸根到底實際上都是理論方法的進展。所以,理論方法是衡量一門學科發展狀況的尺規。

本研究主要采用古文字學與考古類型學相結合的方法研究青銅器斷代問題,核心的研究方法爲王國維所提倡的"二重證據法"。1925年,王國維在清華國學研究院講授《古史新證》正式提出"二重證據法","吾輩生於今日,幸於紙上之材料外,更得地下之新材料。由此種材料,我輩固得據以補正紙上之材料,亦得證明古書之某部分全爲實録,即百家不雅馴之言亦不無表示一面之事實。此二重證據法,惟在今日始得爲之,雖古書之未得證明者,不能加以否定,而其已得證明者,不能不加以肯定,可斷言也"[2]。王國維的"二重證據法"在當時的歷史學界產生巨大的影響,陳寅恪對此評價爲"足以轉移一時之風氣,而示來者以軌則"[3]。後來,饒宗頤在"二重證據法"的基礎上提出了"三重證據法"[4],即"地下之材料"分爲無文字的實物和有文字的材料,其中地下的有文字材料即"第三重證據"。饒先生指出:"余所以提倡三重史料,較王静安增加一重者,因文物之器物本身,與文物之文

---

[1] 李學勤、彭裕商:《殷墟甲骨分期研究》,上海古籍出版社,1996年,第13頁。
[2] 王國維:《古史新證——王國維最後的講義》,清華大學出版社,1994年,第2—3頁。
[3] 陳寅恪:《王静安先生遺書序》,《金明館叢稿二編》,上海古籍出版社,1980年,第219頁。
[4] 饒宗頤:《談三重證據法——十干與立主》,《饒宗頤二十世紀學術文庫》第一卷,臺北新文豐出版社,2003年,第16—17頁。

字記録，宜分別處理；而出土品的文字記録，其爲直接史料，價值更高，尤應强調它的重要性。"①饒宗頤的工作是將"二重證據法"進一步細化，本質上並未脱離"二重證據法"的理論框架。徐中舒對繼承和發展"二重證據法"作出了重要貢獻，對此彭裕商師曾著文討論②，兹不贅述。

近年來，有些學者對"二重證據法"的指導意義提出質疑和否定，李幼蒸認爲從歷史符號學的角度看，所謂"二重證據法"顯然不是一個嚴格科學的概念，因爲它簡單化了兩個不同學科——考古學和古史學運作程序之間的關係問題。李若暉認爲二重證據法的核心在於近古求真，然而作爲方法論本身只能針對微觀事實，無法從中衍生出宏觀問題，其在思想史問題的研究上也顯得無能爲力。曹峰認爲"古史二重證"其實是一個不言自明的前提，其中没有多少可以指導具體研究的方法論成分，尤其現在已經没有一個學者抱殘守缺，無視日益增加的出土材料，而僅僅依據傳世文獻作爲研究對象了③。陳淳認爲："强調歷史文獻與考古材料相結合的'二重證據法'常被認爲是中國古史研究（尤其是上古史重建）的特色，但是將兩類證據不加區别、缺乏審視地'結合'却會産生問題。考古學與歷史學在研究對象、方法和擅長解決的問題上差異很大，因此兩者應該是信息的互補關係，而非對具體時間、事件和人物的印證關係。"④徐良高則認爲"二重證據法或三重證據法本質上是歷史學家利用歷史文獻記載、人類學知識作爲模式來解讀某些考古發現，建構某種歷史叙述的研究方法，是歷史學家利用多種資料來支持自己提出的解釋與假説，而不是這些不同方面的資料證明了歷史學家所提觀點的正確性，即揭示了歷史的真相"⑤。當前，出土文獻和考古文物已經成爲研究中國古代史不可或缺的重要資料，用出土文獻、文物與傳統史書進行比較考證仍然是我們從事古史研究的基本方法。我們認爲"二重證據法"在出土文獻研究中仍然是居於核心地位的

---

① 饒宗頤：《古史重建與地域擴張問題》，《新出土文獻論證》，上海古籍出版社，2005年，第67—68頁。
② 彭裕商：《高山仰止——徐中舒先生百年誕辰紀念》，《歷史研究》1998年第6期。
③ 以上三家觀點均引自劉俊秀：《"疑古"與"走出疑古"的第一次正面交鋒——〈古史辨〉第一册出版八十周年國際學術研討會綜述》，《文史哲》2007年第1期。
④ 陳淳：《從考古學理論方法進展談古史重建》，《歷史研究》2018年第6期。
⑤ 徐良高：《由文獻記載與考古發現關係再審視看二里頭文化研究》，《中原文化研究》2020年第5期。

方法,必將繼續發揮其指導作用,誠如裘錫圭所指出:"二重證據法既是研究古史的方法,也是研究古書的方法。"①李學勤也指出"幾十年的學術史說明,我們在古史領域中的進步,就是依靠歷史學同考古學的結合,傳世文獻與考古發現的互證……王國維的'二重證據法'是對古史研究的重要貢獻,在80多年後仍值得我們闡述和發揚"②。

對於二重證據法的批評和質疑,有學者提出中肯的回應。李銳指出王國維的"二重證據法",從其"二重證明法"而來,主要是針對疑古思潮而發,討論處於傳說和史實之間的人物及其行事,有明確的對象性和時代性,相比其來源"二重證明法",範圍要小很多。在"二重證據法"背後,有王國維重建古史,維護中華文明的理想。今人在談論"二重證據法"時,往往將其擴大爲"二重證明法",乃至濫用。由此引發的對於"二重證據法"的批評和懷疑,不足以動搖"二重證據法"本身的合理性③。

前已提及,青銅器出土於地下,是考古材料的一種,因此適合用考古學的方法進行整理和研究,年代研究更是如此。基於此認識,本書在考訂器物年代時,充分借鑒考古類型學的研究成果,結合器物的形制、紋飾等綜合因素考訂器物年代。另外,本書還充分利用字體、用語等考訂銅器年代,因爲銘文字體、詞彙等方面也能或多或少提供一定的年代依據。對此,彭裕商師也有充分討論④。比如齊器的"陳"字加土旁,便是田齊之物的典型依據,藉此我們即可推定有此種銘文字體寫法的銅器的相對年代。

另外,我們還采用比較法對齊系金文內部差異進行對比。

三、齊系金文研究的學術史回顧

本節以時間爲序,分漢代和北宋、晚清、民國、中華人民共和國成立以來至今四個時期,對東周齊系金文的研究概況作簡單梳理和評述。

---

① 裘錫圭:《中國古典學重建中應注意的問題》,《中國出土古文獻十講》,復旦大學出版社,2004年,第3頁。
② 李學勤:《"二重證據法"與古史研究》,《清華大學學報》2007年第5期。
③ 李銳:《"二重證據法"的界定及規則探析》,《歷史研究》2012年第4期。
④ 彭裕商:《金文研究與古代典籍》,《四川大學學報》1993年第1期。

(一) 漢代至北宋時期東周齊系金文研究

漢代時有青銅器出土，古籍多有記載。《説文解字·叙》"郡國亦往往於山川得鼎彝"，《漢書·郊祀志》記宣帝時"美陽得鼎"，《後漢書·明帝紀》記東漢和帝永平六年"王雒山出寶鼎"。其中《漢書·郊祀志》有齊器出土的記載："少君見上（武帝），上有故銅器，問少君。少君曰：'此器齊桓公十年陳於柏寢。'已而按其刻，果齊桓公器。"[1]在有關齊國銅器出土記載中，這是非常詳細的，《集成》4648 著録的"十年陳侯午敦"或與之同銘。"但從漢到唐約一千二百年間，所見有銘銅器出土的記載，總數不到二十件，可以説是寥若晨星"[2]。漢代以後又有齊系銅器出土，《梁書·劉杳傳》："頃魏世魯郡地中得齊大夫子尾送女器，有犧樽作犧牛形。晋永嘉賊曹嶷於青州發齊景公冢，又得此二器，形亦爲牛象。"

宋代也有齊系金文的發現，北宋徽宗宣和年間（1123 年）臨淄齊國故城就曾出土叔夷鐘、叔夷鎛。《金石録》載："宣和五年（1123 年），青州臨淄縣民於齊故城耕地，得古器物數十種，其間鐘十枚，有款識，尤奇，最多者幾五百字。"《博古圖録》《歷代鐘鼎彝器款識法帖》《嘯堂古録》皆有著録叔夷鐘、叔夷鎛。《集成》272—284 共收入 13 篇銘文，所用摹本出自《歷代鐘鼎彝器款識法帖》（65—75 頁），名爲"齊侯鐘"，《博古圖録》《嘯堂古録》著録器數較少。《博古圖録》（22·5）、《歷代鐘鼎彝器款識法帖》（58—64 頁，名爲"齊侯鎛鐘"）、《嘯堂古録》（75—78 頁，名爲"周齊侯鎛鐘"）、《集成》285 所收叔夷鎛爲《嘯堂古録》摹本。臨淄戟爲董逌《廣川書跋》（3·15）著録。"齊莽史鼎"爲《嘯堂古録》《歷代鐘鼎彝器款識法帖》著録。

毋庸諱言，宋代金石學也存在諸多不足。宋代學者較多重視對青銅器的著録，但缺乏深入考證，在文字考釋方面成就不大，齊系金文的考釋亦不例外。有時由於對文字形體分析不明而出現誤釋的情況，如齊侯盤銘"楙"字，《嘯堂集古録》《博古圖録》等書都誤釋爲"楚"字。

宋代金石學研究的學術目的就是用以"證經補史"，用金石材料來考證經史，是宋代金石學者著書立説的出發點和旨歸。因此宋代金石學只重視著録

---

[1] 該段文字還見於《史記·孝武本紀》。
[2] 趙誠：《二十世紀金文研究述要》，書海出版社，2003 年，第 1 頁。

的研究方法，缺乏考證，所釋之字也多局限於與《說文》篆文、古文、籀文相合者，本質上還是服務於"證經補史"，所以在文字學方面成就不大，齊系金文的考釋亦不例外。雖然銘文考釋取得的成就不大，但對有些字的考釋仍具啓發意義，茲舉一例簡要說明。

叔夷鐘有"遹或徒四千"句，其中"遹"字字形作"[字形]"，《歷代鐘鼎彝器款識法帖》《博古圖錄》等書釋爲"造"；《嘯堂集古錄》釋"陶"；孫詒讓、郭沫若亦釋爲"造"。唐蘭將此形體與"[字形]徒"讀爲"陶鐵徒"①，張政烺指出"'陶鐵徒'三字，是根據唐蘭的考釋。從古文字學上看這個考釋是完全正確的。陶即作範，古書裏常見'陶鑄''陶冶'，現在叫翻沙。"②。就形體而言，此字當以釋"陶"爲是。

（二）晚清時期東周齊系金文研究

清代亦有齊系金文的發現。乾隆時期在壽光縣紀臺下出土有己侯鐘，道光十年（1830年）滕縣出土發現魯伯愈父鬲、簠、盤、匜等共12器。晚清時期金石學興盛，下面從銘文著錄、銘文考釋等方面總結此時東周齊系金文研究取得的重要成績和存在的不足。

1. 銘文著錄

清代金文著錄不僅有官方的大型書籍，而且產生了許多學者個人的青銅器著錄研究書籍。官方的有《西清四鑒》，私人著錄書籍主要有阮元《積古齋鐘鼎彝器款識》、曹載奎《懷米山房吉金圖》、吳榮光《筠清館金文》、吳雲《兩罍軒彝器圖釋》、吳式芬《攈古錄金文》、吳大澂《愙齋集古錄》、劉心源《奇觚室吉金文述》、方濬益《綴遺齋彝器款識考釋》、端方《陶齋吉金錄》等。這些著錄都收錄有齊系金文。值得注意的是，嘉慶二年（1797年）刊刻的阮元、畢沅所著的《山左金石志》是對山東自商周迄元的金石碑刻進行搜集、整理與研究的專書，首開專門輯錄山東出土青銅器之先河。

清代金文著錄的齊系金文數量眾多，措其要者，可參下表：

───────────────

① 唐蘭：《中國青銅器的起源與發展》，《故宮博物院院刊》1979年第1期。
② 張政烺：《漢代的鐵官徒》，《歷史教學》1951年第1期。

清代金文著錄齊器表

編號	器 名	著 錄
1	鎛	《攀古》①《愙齋》②《綴遺》③
2	齊侯敦	《奇觚》④
3	齊侯匜	《奇觚》
4	齊侯盤	《奇觚》
5	齊良壺	《綴遺》
6	庚壺	《清甲》⑤
7	洹子孟姜壺	《筠清》⑥《兩罍》⑦《攈古》⑧《愙齋》《綴遺》
8	齊侯作孟姬盤	《攈古》《綴遺》
9	齊太宰歸父盤	《筠清》《從古》⑨《攈古》《愙齋》《綴遺》《奇觚》
10	侯乍虢孟姬匜	《筠清》《兩罍》《攈古》《愙齋》《綴遺》《奇觚》
11	國差𦉢	《清乙》⑩《積古》⑪《筠清》《攈古》《綴遺》
12	陳逆簠	《攈古》
13	陳逆簋	《積古》《攈古》《綴遺》《奇觚》
14	陳骉簠	《攈古》
15	十四年陳侯午敦	《清乙》《攈古》

---

① 潘祖蔭：《攀古樓彝銘款識》二卷，滂喜齋刻本，1872年。
② 吳大澂：《愙齋集古錄》二十六卷，上海商務印書館涵芬樓影印，1921年。
③ 方濬益：《綴遺齋彝器款識考釋》三十卷，商務印書館，1935年。
④ 劉心源：《奇觚室吉金文述》二十卷，1902年石印本。
⑤ 王傑等編：《西清續鑒甲編》，上海古籍出版社，1996年。
⑥ 吳榮光：《筠清館金文》五卷，筠清館校刊本，1842年。
⑦ 吳雲：《兩罍軒彝器圖釋》十二卷，吳氏刻本，1872年。
⑧ 吳式芬：《攈古錄金文》三卷，海豐吳式芬雙虞壺齋刻本，1895年。
⑨ 徐同柏：《從古堂款識學》十六卷，蒙學館石印本，1906年。
⑩ 王傑等編：《西清續鑒乙編》，江蘇廣陵古籍刻印社影印，1992年。
⑪ 阮元：《積古齋鐘鼎彝器款識法帖》十卷，武昌局刊本，1879年。

續　表

編號	器　名	著　錄
16	陳侯因𧽙敦	《從古》《攮古》《愙齋》《奇觚》
17	子禾子釜	《愙齋》《綴遺》《奇觚》
18	陳純釜	《愙齋》《綴遺》《奇觚》
19	左關鉨	《愙齋》《綴遺》《奇觚》
20	杞伯每刃鼎	《攮古》《愙齋》《奇觚》
21	杞伯每刃簋	《攮古》《愙齋》
22	杞伯每刃盆	《攮古》《綴遺》
23	杞伯每刃壺	《愙齋》
24	莒太史申鼎	《愙齋》
25	莒侯少子簠	《攮古》
26	魯伯愈鬲	《愙齋》《綴遺》
27	魯伯愈父鬲	《愙齋》《綴遺》
28	魯伯俞父簠	《筠清》《攮古》《綴遺》
29	魯伯愈父匜	《綴遺》
30	魯太宰邍父簠	《奇觚》《筠清》《攮古》
31	魯伯大父簋	《積古》《攮古》
32	魯士孚父簠	《愙齋》《綴遺》《奇觚》
33	魯伯厚父盤	《筠清》《攮古》《愙齋》《綴遺》
34	魯大司徒子仲伯匜	《愙齋》《綴遺》《奇觚》
35	邾訧鼎	《攮古》
36	邾伯御戎鼎	《攮古》

續　表

編　號	器　　名	著　　錄
37	邾伯鬲	《攈古》《愙齋》
38	邾太宰瑚蓋	《攈古》《綴遺》
39	邾公牼鐘	《攈古》《積古》
40	邾公華鐘	《攈古》《積古》
41	邾友父鬲	《從古》《攈古》《愙齋》《綴遺》
42	郜伯鼎	《攈古》《積古》

2. 銘文考釋

從宋代一直到清中葉，考釋金文文字的方法主要是對照法，即對照《説文解字》小篆、古文、籀文。晚清在銘文考釋方面成就斐然，這主要得益於考釋方法的科學化、多樣化。孫詒讓首先提倡偏旁分析法考釋古文字，從而把古文字學引入了科學的途徑，其《古籀拾遺》《古籀餘論》等書在研究方法上與過去有本質的區別，爲後來的銅器銘文研究奠定了科學的基礎。繼之，對照法、詞義推勘法、歷史考證法等古文字考釋方法都得以正確運用。晚清銘文研究中，孫詒讓、吳大澂、劉心源、阮元都取得了很大成績，其中，孫詒讓考察精深、創見屢現，金文考釋成績無人出其右。晚清時期東周齊系金文的考釋工作也取得了很大成績，現略舉數例以資説明。

叔夷鎛銘"○"字，《歷代鐘鼎彝器款識法帖》《嘯堂集古録》《博古圖録》均釋作"造"，《兩周金文辭大系圖録考釋》釋作"逪"，認爲"亦造之緐文"[1]，均不可信。孫星衍《續古文苑》卷一·七二釋作"達"。此後趙平安根據楚簡中"達"作"○"（郭店《老子甲》簡8）、"○"（郭店《語叢一》簡60）等，將"○"釋作"達"[2]，可見孫説實爲卓識。

"静"字還見於"静簋"，阮元《積古》卷五釋此字爲"繼"，孫詒讓分析此字指

---

[1] 郭沫若：《兩周金文辭大系圖録考釋》，《郭沫若全集·考古編》第八卷，科學出版社，2002年，第440頁。
[2] 趙平安："達"字兩系説——兼釋甲骨文所謂"途"和齊金文中所謂"造"字，《中國文字》新二十七期，藝文印書館，2001年，第51—63頁。

出:"其字即从青争聲之静也。"理由是:"▆字上从生明甚。生下系以丼者,當爲丼,中一·缺耳。《穴盉》正从丼。《汗簡·女部》載静字古文作姝,云出《義雲章》。按,蓋借姝爲静。青从生、丹。《説文》丹之古文作▆。此从丼,即从古文丹省也。"①孫氏此説考證確鑿,此説已成定論。

3. 年代考訂方面

晚清學者研究金文,除注重考釋銘文外,還注意考察銘文産生即銅器鑄造的時代,這較之以前的金文研究爲一大進步。

洹子孟姜壺銘有"齊侯女甝聿喪其斷(斷)",孫詒讓《古籀餘論》認爲銘文中的甝爲陳桓子妻,即銘文中孟姜,此壺是陳桓子爲孟姜喪終時作②,《左傳》《史記》中陳桓子即是齊莊公、齊景公時人,據此把齊侯壺的年代定在了春秋晚期。郭沫若、楊樹達、白川静等均持此説③。當然,孫説不一定正確。近來,李學勤提出新説,認爲將齊侯壺的年代列於春秋晚期其實是不妥當的,有必要大大提早,此器的年代尚可繼續討論。

由上述可知,晚清的齊系金文研究取得了很大成績,但其研究仍存在一些研究方法、研究視野上的不足,諸如未能將銘文與器物形制、紋飾等因素綜合探究,這影響其年代推定的準確性,降低了有明確形制記載銅器的年代學價值。晚清的青銅器研究者大都是"摹録文字,加以考釋,或編爲字典,在整理考證上,是有相當貢獻的,但都孤立地鑽研銘文,未能聯繫典制和史實作一部通釋,且間有穿鑿附會之弊"④。因此,不可避免地存在研究視野狹窄方面的不足。

(三) 民國時期東周齊系金文研究

從辛亥革命至中華人民共和國成立的民國時期,是傳統學術向現代學術轉型的時期,傳統的金石學也不例外。中國傳統的金石學傳統受到西方現代考古學思想的衝擊,殷墟發掘、漢晋簡牘、敦煌經卷等新材料的出土,給傳統的金石學注入了

---

① 孫詒讓:《古籀拾遺》,中華書局,1989年,第23—24頁。
② 孫詒讓:《古籀餘論》,中華書局,1989年,第40—41頁。
③ [日]白川静:《金文通釋》卷四,第388—403頁。
④ 容庚、張維持:《殷周青銅器通論》,文物出版社,1984年,第80—81頁。

新的活力,大大擴大了傳統金石學的研究視野。隨着王國維"二重證據法"科學方法的提出,古文字學已經不同於傳統金石學的研究方法,這些都促進了傳統金石學的現代轉型。這時的青銅器研究也逐漸脱離了傳統金石學的窠臼而逐漸融入現代考古學中,從而發展到一個新的階段。下面從銘文著録、銘文考釋等方面總結此時東周齊系金文研究取得的重要成績和存在的不足,擇其要者簡述如下。

1. 銘文著録

這時期一些綜合類的金文著録書也著録了一些新的齊器,如《三代吉金文存》對齊塦氏鐘的著録,《小校金閣金文拓本》對齊侯鼎的著録等。需要特别指出的是,1940年出版的曾毅公編著的《山東金文集存·先秦編》,是第一部專門輯録山東地區出土青銅器銘文的資料總集,該書上卷收録了魯、邾、郜、滕、薛、曾、杞、鄧、齊、莒、紀、鑄十二個國家之器共195件。在很長一段時間内,此書都是研究齊系金文重要的工具書。

民國時期金文著録書著録的齊系金文數量頗多,除了以往齊器得以著録外,也著録了一些新的齊系器,措其要者,可參下表。

民國金文著録齊器表

編號	器名	著録
1	齊塦氏鐘	《貞松》①《三代》②《山東》③
2	齊侯鼎	《周金》④《小校》⑤
3	齊侯敦	《周金》《貞松》《三代》
4	夆叔盤	《貞松》《善齋》⑥《小校》
5	國差𦉜	《三代》

---

① 羅振玉:《貞松堂集古遺文》,石印本,1930年。
② 羅振玉:《三代吉金文存》,上虞羅氏百爵齋印本,1937年。
③ 曾毅公:《山東金文集存》,齊魯大學國學研究所,1940年。
④ 鄒安:《周金文存》,上海倉聖明智大學印本,1916年。
⑤ 劉體智:《小校經閣金文拓本》,石印本,1935年。
⑥ 劉體智:《善齋吉金録》,石印本,1934年。

續　表

編號	器　名	著　錄
6	齊城右戟	《三代》
7	陳曼鼎蓋	《周金》
8	陳曼簠	《貞松》《大系》①《三代》《山東》
9	十四年陳侯午敦	《貞松》《大系》《小校》《三代》《山東》
10	陳侯因𩵦戟	《三代》
11	陳侯因𩵦鑒	《善齋》
12	杞伯每刃鼎	《貞松》《小校》《三代》
13	杞伯每刃簋	《周金》《小校》
14	杞伯每刃盆	《周金》
15	杞伯每刃匜	《周金》《貞松》
16	杞伯每刃壺	《周金》《小校》《善齋》《小校》
17	異甫人匜	《貞松》《小校》
18	鑄子叔黑臣鼎	《周金》《貞松》《小校》
19	鑄子叔黑臣簠	《周金》《貞松》《小校》
20	鑄公簠蓋	《周金》《貞松》《小校》
21	叔黑臣匜	《貞松》《三代》
22	鑄侯求鐘	《貞松》《三代》
23	莒太史申鼎	《周金》《小校》
24	莒侯少子簠	《周金》《小校》
25	魯伯愈鬲	《周金》《小校》《三代》
26	魯伯愈父鬲	《周金》《小校》《三代》
27	魯伯俞父簠	《小校》《善齋》《三代》

---

① 郭沫若:《兩周金文辭大系》,東京文求堂書店,1935年。

續　表

編　號	器　名	著　錄
28	魯伯愈父盤	《小校》
29	魯伯愈父匜	《貞松》《小校》《三代》
30	魯内小臣侯生鼎	《周金》《小校》《三代》
31	魯太宰邍父簋	《周金》《小校》《三代》
32	魯士厚父簠	《周金》《小校》
33	魯伯厚父盤	《周金》《小校》《三代》
34	邾訧鼎	《周金》《小校》《三代》
35	邾來隹鬲	《貞松》《三代》
36	邾太宰鐘	《貞松》《三代》
37	邾君鐘	《貞松》《三代》
38	邾公華鐘	《周金》《小校》《三代》
39	邾公孫班鎛	《周金》《小校》《三代》
40	郜造鼎	《周金》《小校》《三代》
41	郜伯祀鼎	《周金》《貞松》《小校》《三代》
42	薛侯匜	《周金》《小校》《三代》

2. 銘文考釋

這一時期學者在金文考釋方面都取得了很高成就。其中和齊系金文研究有關的專著和論文主要有：徐中舒《陳侯四器考釋》[①]、丁山《由陳侯因㡒敦銘黃帝論五帝》[②]、孫海波《齊弓鎛考釋》[③]、丁山《陳𫓧壺銘跋》[④]、楊寬《陳𫓧壺考

[①] 徐中舒：《陳侯四器考釋》，《歷史語言研究所集刊》第三本第四分，1933年。
[②] 丁山：《由陳侯因㡒鐘銘黃帝論五帝》，《歷史語言研究所集刊》第三本第四分，1933年。
[③] 孫海波：《齊弓鎛考釋》，《師大月刊》1卷22期，1935年10月。
[④] 丁山：《陳𫓧壺銘跋》，《責善》半月刊2卷6期，1941年。

釋》①、陳夢家《陳騂壺考釋》②、楊樹達《叔夷鐘跋》③、丁山《郳公釛鐘》《詹太史申鼎銘跋》④等。郭沫若《兩周金文辭大系考釋》⑤共收錄、考釋山東諸侯國有銘銅器 56 件。本研究在論述過程中充分吸收了以上成果，茲不贅述。

這時期齊系銅器銘文研究取得的成績是重要的，但也存在不足之處。研究視野雖有所擴大，但仍集中在資料著錄、文字考釋等方面，結合器形、紋飾、鑄造工藝等因素的綜合研究尚未充分展開。另外，齊系金文的大宗兵器銘文的研究還相當薄弱。

(四) 近七十年來東周齊系金文研究

近七十年的齊系金文研究無論在廣度還是深度上較之以往都有很大的提高，茲從新材料的發現、銘文著錄、工具書編撰、銘文考釋、銘文特徵及字體演變規律研究等方面綜合評述此時期取得的重大成績。

1. 近七十年來出土的新材料

近七十年來，隨着考古工作深入開展，發現的齊國銅器的數量也日益豐贍，其中有銘文者也不在少數，下面以國別和時間⑥爲序，列表如下：

近七十年來齊系金文新材料表（禮器類）

器　名	發現時間	發　現　地　點	著　　錄
國子鼎	1956	山東臨淄內姚王莊	《考古通訊》1958(6)
齊叔姬盤	1957	濟南廢品二庫揀選	《海岱》第 1 輯
齊侯盂	1957	河南孟津邙山坡	《文物》1977(3)

---

① 楊寬：《陳騂壺考釋》，《中央日報·文物周刊》34 期，1947 年 5 月。
② 陳夢家：《陳騂壺考釋》，《責善》半月刊 2 卷 23 期，1942 年。
③ 楊樹達：《叔夷鐘跋》，《中山大學文學院研究所集刊》第一册，1948 年。
④ 丁山：《郳公釛鐘》，《中央日報·文物周刊》52 期，1947 年 9 月。
⑤ 郭沫若：《兩周金文辭大系圖錄考釋》，《郭沫若全集·考古編》第八卷，科學出版社，1983 年。
⑥ 有些器發現時間不明，則采用其著錄時間。

續 表

器 名	發現時間	發 現 地 點	著 錄
公孫竈壺	1963	山東臨朐楊善公社	《文物》1972(5)
齊趞父鬲	1977	山東臨朐泉頭村	《文物》1983(12)
師紹銅泡	1979	棗莊市齊村區劉莊	《考古》1985(5)
齊侯子行匜	1981	山東臨朐泉頭村	《文物》1983(12)
齊趞父鬲	1981	山東臨朐縣泉頭村	《文物》1983(12)
陳璋圓壺	1982	江蘇省盱眙縣南窑莊	《文物》1982(11)
齊工師銅泡	1985	棗莊市齊村區劉莊	《考古》1985(5)
槩可忌豆	1987	山東省淄博市臨淄區白兔丘村東淄河灘	《考古》1990(10)
右里叀鎣	1991	臨淄區梧臺鄉東齊家莊	《考古》1996(4)
秊宫襄陵里量	1992	山東臨淄劉家村灰坑	《考古》1994(4)
少司馬耳杯	1992	山東臨淄商王墓地	《新收》1080
厶之十重耳杯	1992	山東臨淄商王墓地	《文物》1997(6)
祾墜夫人燈	1992	山東臨淄商王墓地	《臨淄商王墓地》第43頁
祾墜夫人銅構	1992	山東臨淄商王墓地	《臨淄商王墓地》第43頁
公典盤	1995	山東長清仙人臺	《文物》1998年(9)
齊侯瓿	1996	山東莒縣店子鎮西大莊	《考古》1999(7)
荆公孫敦	1989	山東膠南縣六旺鎮山周村	《考古》1989(6)
壅子鼎	2007	陝西西安	《中國歷史文物》2009(2)
齊伯里父匜	2011	不詳	《文博》2011(2)
鄬公孫潮子鐘	1970	山東諸城臧家莊	《文物》1987(12)

續 表

器　名	發現時間	發　現　地　點	著　錄
酅公孫潮子鎛	1970	山東諸城縣臧家莊墓葬	《文物》1987(12)
莒叔之仲子平鐘	1975	山東莒南縣大店鎮	《集成》179
莒大叔之孝子平壺	1988	山東莒縣中樓鄉于家溝村	《新收》1088
上曾太子般殷鼎	1981	山東臨朐縣嵩山泉頭村墓葬	《文物》1983(12)
鑄叔盤	2002	山東棗莊市山亭區東江小邾國墓地	《小邾國》第93頁
鄩仲盤	1981	山東臨朐縣嵩山泉頭村墓葬	《集成》10135
鄩仲匜	1981	山東臨朐縣嵩山泉頭村墓葬	《集成》10266
異伯子㝈父盨	1951	山東黃縣(今龍口市)歸城南埠村	《集成》4442
異伯子㝈父盤	1951	山東黃縣(今龍口市)歸城南埠村	《集成》4445
紀侯壺	1974	山東萊陽市團旺鎮前河前村	《集成》2602
魯宰駟父鬲	1965	山東鄒縣田黃公社	《集成》707
伯駟父盤	1965	山東鄒縣田黃公社	《集成》10103
魯伯大父作季姬簋	1970	山東歷城北草溝	《集成》3974
魯仲齊鼎	1977	山東曲阜魯國故城望父臺墓地	《集成》2639
魯仲齊甗	1977	山東曲阜魯國故城望父臺墓地	《集成》939
魯區徒仲齊盤	1977	山東曲阜魯國故城望父臺墓地	《集成》10116
魯司徒仲齊盨	1977	山東曲阜魯國故城望父臺墓地	《集成》4440
魯伯念盨	1977	山東曲阜魯國故城望父臺墓地	《集成》4458
侯母壺	1977	山東曲阜縣魯國故城望父臺墓葬	《集成》9657

續 表

器　名	發現時間	發　現　地　點	著　錄
魯伯者父盤	1977	山東曲阜魯故城 202 墓葬	《集成》10087
魯侯鼎	1982	山東泰安市城前村	《文物》1986(4)
魯侯簠	1982	山東泰安市城前村	《文物》1986(4)
魯歸父敦	1985	河北唐縣東岢龍村	《文物》1985(6)
魯侯壺	1995	河南登封市告成鎮袁窯村	《中國歷史文物》2007(5)
魯宰虤簠	2002	山東棗莊市山亭區東江小邾國墓葬	《銘圖》05902
魯酉子安母簠	2002	山東棗莊市山亭區東江小邾國墓葬	《銘圖》05903
邾大宰簠	1959	上海冶煉廠廢銅中揀選	《集成》04624
黿□白鼎	1993	山東滕縣(滕州市)安上村土城	《集成》2640
邾友父鬲	2002	山東棗莊市山亭區東江古墓群	《中國歷史文物》2003(5)
黿君慶壺	2002	山東棗莊市山亭區東江小邾國墓葬	《遺珍》第 38 頁
邾慶鬲	2002	山東棗莊市山亭區東江小邾國墓葬	《遺珍》第 61 頁
邾慶盤	2002	山東棗莊市山亭區東江小邾國墓葬	《遺珍》第 69 頁
邾慶匜鼎	2002	山東棗莊市山亭區東江小邾國墓葬	《遺珍》第 69 頁
黿華妊鬲	2002	山東棗莊市山亭區東江小邾國墓葬	《遺珍》第 109 頁
黿慶匜	2002	山東棗莊市山亭區東江小邾國墓葬	《遺珍》第 112 頁

續 表

器　名	發現時間	發　現　地　點	著　　錄
黿慶簠	2002	山東棗莊市山亭區東江小邾國墓葬	《遺珍》第 115 頁
黿慶壺	2002	山東棗莊市山亭區東江小邾國墓葬	《遺珍》第 118 頁
黿公子害簠	2002	山東棗莊市山亭區東江小邾國墓葬	《銘圖》05907
斂父瓶	2002	山東棗莊市山亭區東江小邾國墓葬	《遺珍》第 32 頁
畢仲弁簠	2002	山東棗莊市山亭區東江小邾國墓葬	《遺珍》第 48 頁
子皇母簠	2002	山東棗莊市山亭區東江小邾國墓葬	《遺珍》第 50 頁
宋公䜌作滐叔子鼎	2009	山東棗莊市徐樓東周墓葬	《文物》2014(1)
宋公䜌作滐叔子鋪	2009	山東棗莊市徐樓東周墓葬	《文物》2014(1)
滐公鼎	2009	山東棗莊市徐樓東周墓葬	《文物》2014(1)
滕侯敦	1982	山東滕縣(滕州市)洪緒公社	《考古》1984(4)
司馬楙編鎛	1982	山東滕州市姜屯鎮莊里西村	《銘圖》15767
滕大宰得匜	1998	不詳	《文物》1998(8)
滕侯穌盨	2002	山東棗莊市山亭區東江小邾國墓葬	《遺珍》第 99 頁
滕侯賕鎛	2002	不詳	《東方博物》第 36 輯第 24 頁
費奴父鼎	1972	山東鄒縣邾國古城址	《文物》1974(1)

續 表

器 名	發現時間	發 現 地 點	著 錄
薛子仲安簠	1973	山東滕縣官橋公社	《集成》04546
走馬薛仲赤簠	1973	山東滕縣官橋公社	《文物》1978(4)
薛侯壺	1978	山東滕州市薛國故城墓葬	《考古學報》1991(4)
邳伯夏子缶	1954	山東棗莊市嶧縣	《考古學報》1963(2)
曹伯狄簠	1965	不詳	《文物》1980(5)
曹公簠	1973	河南淮陽縣大連公社	《中原文物》1981(2)
曹公盤	1973	河南淮陽縣大連公社	《中原文物》1981(2)
虘訇丘君盤	1986	山東滕州市官橋鎮薛國貴族墓葬	《古代文明》第6卷

近七十年來齊系金文新材料表(兵器類)

器 名	發現時間	發 現 地 點	著 錄
陳㷭戈	1954	不詳	《考古與文物》1989(2)
子盉子戈	1956	山東境内	《文物》1986(3)
邔戈	1965	山東莒縣	《沂蒙金文輯存》72.1
高子戈	1970	山東臨淄齊故城	《集成》10961
郲左冶戈	1970	山東臨沭縣五山頭村	《考古》1990(2)
武城戈	1973	山東濰縣	《集成》10966
武城徒戈	1973	山東濰縣	《集成》11024
郲右戈	1975	山東臨沭縣	《考古》1984(4)
鄆戈	1976	山東臨沂	《集成》10829
平阿左造徒戟	1977	山東蒙陰唐家嶺	《集成》11158

續　表

器　名	發現時間	發　現　地　點	著　錄
陳鄩造戈	1978	山東新泰放城鄉南澇坡村	《考古與文物》1991(2)
梁戈	1980	淮縣治渾街公社張家莊	《集成》10823
邟左造車戟	1987	山東栖霞縣唐家泊鎮	《文物》1995(7)
武羅戈	1988	山東淄博羅村鎮	《考古》1988(5)
國楚造車戈	1990	山東臨淄淄河店	《考古》2000(10)
平阿戈	1990	莒縣招賢西黃埠	《莒縣文物志》第 261 頁
武城戈	1991	山東臨朐沂山鄉劉家峪村	《考古與文物》1999(1)
平阿左戈	1991	山東沂水縣	《文物》1991(10)
陳尒徒戈	1993	山東乳山縣	《考古與文物》1993(4)
平阿右同戟	1994	山東境内	《考古》1994(9)
平阿戟	1994	山東境内	《考古》1994(9)
亡鹽戈	1994	山東境内	《考古》1994(9)
子備璋戈	1994	山東境内	《考古》1994(9)
黃戟	1994	山東境内	《考古》1994(9)
洨陽戟	1994	山東境内	《考古》1994(9)
齊城左戈	1996	濰坊市東南喪犢故城	《文物》2000(10)
陳發戈	1999	山東省沂水縣	《文物》2001(10)
平阿左造戟	2002	山東即墨	《文物》2002(5)
陳侯因𬋩戟	2007	不詳	《中國歷史文物》2007(5)
平阿右僕造戈	2009	不詳	《古文字與古貨幣文集》
旁府宅戈	2009	不詳	《古文字與古貨幣文集》

續　表

器　名	發現時間	發現地點	著　錄
莒公戈	1977	山東沂水縣院東頭公社劉家店子村	《文物》1984(9)
莒之造戈	1998	不詳	《文物》1998(11)
武城戈	1973	山東濰縣望留公社	《集成》10966
郳公戈	2017	山東滕州薛國故城遺址東北近郊	《中國文物報》2017 年 5 月 30 日 7 版
滕侯昃戈	1980	山東滕州市荆河街道西寺院村	《集成》11018
薛比戈	1978	山東滕縣城南官橋公社	《考古學報》1991(4)
薛郭公子商微戈	1978	山東滕縣城南官橋公社	《考古學報》1991(4)
虡訇戈	1979	山東滕縣姜屯公社	《古代文明》第 6 卷
淳于戈	1994	山東濟南市近郊及轄縣	《考古》1994(9)
淳于右戈	1999	山東泰安市泰山區虎山東路戰國墓	《文物》2005(9)

2. 銘文著録

　　山東省博物館《山東金文集成》①收録山東地區青銅器銘文 1 021 件,此書對於山東地區金文研究有重要的資料價值。不過,此書誤録、漏收之器不少,器物説明文字和銘文釋文也存在很多問題。② 陳青榮、趙緼《海岱古族古國吉金文集》③是專門輯録山東地區出土的青銅器,收録了銅器 3 564 件。
　　棗莊市博物館《小邾國遺珍》④收録了春秋早期小邾國東江墓地的銅器

---

① 山東博物館:《山東金文集成》,齊魯書社,2007 年。
② 商豔濤:《讀〈山東金文集成〉》,《中國國家博物館》2011 年第 5 期。
③ 陳青榮、趙緼:《海岱古族古國吉金文集》,齊魯書社,2011 年。
④ 趙友文主編:《小邾國遺珍》,中國文史出版社,2006 年。

資料。

　　張振謙編著的《齊系金文集成》①專門輯録兩周時期山東地區各國族青銅器銘文資料。該書分爲魯邾卷和齊莒卷兩部分，魯邾卷涉及魯、邾、郳、滕、薛、費、曹、鄀、杞、狐駘、羊子、淳于等 12 國族金文；齊莒卷涉及齊、逄、邦、鑄、鄟、鄂、過、萊、紀、異、諸、莒等 12 國族金文，是第一部全面輯録、梳理齊系地域青銅銘文之專書。

　　蘇影《山東出土金文合纂》②上編爲山東出土金文圖録與釋文，以保存商代至戰國末期出土於山東、現藏國內外各大博物館和其他省份出土山東古國青銅器以及有關山東青銅器的文獻著録的金文資料爲目的，以器類爲綱，對山東出土和傳世共計 1 176 件銅器銘文進行全面收録，內容包括器名、出土時間地點、時代、著録、現藏、銘文字數、器影、拓片和釋文等。

3. 工具書編撰

　　孫剛《齊文字編》③、張振謙《齊魯文字編》④是專門收録齊系文字的文字編，字形采自銅器、陶文、璽印、貨幣等材料，當中涉及齊系諸多金文字形。蘇影《山東出土金文合纂》的下編是《山東出土金文編》，收釋山東出土金文字形，按照《說文》部次編排。

4. 銘文考釋

　　張振謙《齊系文字研究》和孫剛《東周齊系題銘研究》以東周時期齊系各類文字資料爲研究對象，對東周時期山東諸侯國銅器銘文進行了系統整理和研究。蘇影《山東出土金文整理與研究》⑤則以山東出土的商周金文進行整理和研究，其中也多東周時期齊系金文資料。傅修才《東周山東諸侯國金文整理與

---

① 張振謙：《齊系金文集成(魯邾卷)》，學苑出版社，2017 年；《齊系金文集成(齊莒甲卷)》，學苑出版社，2018 年。
② 蘇影：《山東出土金文合纂》，花木蘭文化事業有限公司，2019 年。
③ 孫剛：《齊文字編》，福建人民出版社，2010 年。
④ 張振謙：《齊魯文字編》，學苑出版社，2014 年。
⑤ 蘇影：《山東出土金文整理與研究》，花木蘭文化事業有限公司，2014 年。

研究》①對山東地區金文進行了較爲全面的搜集和整理,並對東周山東諸侯國金文作相關研究。畢經緯《問道於器:海岱地區商周青銅器研究》②在對海岱地區商周青銅器全面收集、整理的基礎上,首先運用類型學方法,對海岱青銅器的形制、紋飾進行了細緻的分析,並結合青銅器的組合、銘文,從器物層面構建起海岱地區商周青銅器的時間框架;在此基礎上運用文化因素分析法,考察了海岱青銅器的文化構成、文化格局與演進以及在墓葬中的擺放情況,構建起海岱青銅器的空間體系;進而從社會層面,分析海岱青銅器的族别、國别與性别特徵;最後從制度與思想層面,探討了海岱青銅器的器用制度、製器思想以及東周時期海岱思想文化格外繁榮的深層次原因。

這一時期齊系金文的考釋取得了豐碩的成果,學界相關的重要觀點,我們會在論述中加以吸收,兹不贅述。

5. 銘文特徵及字體演變規律研究等
(1) 銘文特徵

齊系金文在書風、字體、用語等方面都有一些特點,學者也多從這些角度討論,概述如下。何琳儀在談及齊系文字的特點時指出,自春秋晚期以來,以齊國爲中心的各國文字逐漸呈現出一種頗具東方色彩的風格,"春秋晚期至戰國中期的齊銅器銘文,一般來説形體稍長,筆畫較細;而與春秋前期那種結構疏朗,形體方整的銘文多有區别"③。黄聖松《東周齊國文字研究》④對齊國金文的構形從簡化、繁化、類化、訛變、裝飾、聲符的代换與叠加等角度對齊國銘文字體演變規律進行了系統論述。王雁君《戰國齊系銅器文字構形研究》⑤從構件、結構層次及構形模式等角度對齊系銅器文字的構形問題進行了探討。孫光英《齊系文字形體演變研究》從形體演變進程的角度進行了專門研究。另外,孫剛《東周齊系題銘研究》對齊系題銘相關的歷史問題進行了系統研究,對

---

① 傅修才:《東周山東諸侯國金文整理與研究》,復旦大學博士學位論文,2017年。
② 畢經緯:《問道於器:海岱地區商周青銅器研究》,上海古籍出版社,2019年。
③ 何琳儀:《戰國文字通論(訂補)》,第88—99頁。
④ 黄聖松:《東周齊國文字研究》,臺灣政治大學碩士學位論文,2002年。
⑤ 王雁君:《戰國齊系銅器文字構形研究》,陝西師範大學碩士學位論文,2009年。

齊系銅器銘文釋文也進行了初步整理。張振謙也系統討論了齊系文字地域性特點,選取了齊系文字中"習用字""典型字""典型部首""典型構形"等來總結、歸納、描述其獨有的文字構形特徵①。

(2) 字體演變規律研究

何琳儀《戰國文字通論》在"齊系文字"一節中對齊系文字特點進行了總結②。湯餘惠《略論戰國文字形體研究中的幾個問題》對戰國文字筆畫、偏旁省略、形體分合、字形訛變、輔助性筆畫、地域性特點等問題進行了綜合分析③,這對研究齊系金文的演變規律也很大的啓發意義。徐在國《論晚周齊系文字的特點》從特殊的構形、特殊的偏旁、特殊的筆勢、特殊的飾筆等方面論證了齊系文字的形體特點。黃聖松《東周齊國文字研究》對齊國金文的構形從簡化、繁化、類化、訛變、裝飾、聲符的代換與叠加角度對齊系金文字體演變規律進行了系統論述。孫光英《齊系文字形體演變研究》也對此問題進行了專門研究④。王雁君《戰國齊系銅器文字構形研究》對戰國時期齊國銅器銘文形體構形方式進行了研究,並總結戰國齊系文字的區域特點⑤。張振謙《齊系文字研究》對齊系文字內部各國文字形體特徵也進行了歸納和總結,提出齊系文字可以分爲齊莒文字和魯邾文字的主張。

6. 銘文及相關歷史文化研究

這方面比較集中的研究是孫剛《東周齊系題銘研究》,該文以齊系題銘爲研究對象,從歷史學和文字學角度對其進行考察。歷史學研究主要包括以銅器題銘爲中心進行的諸國東周世系、古國史、相關歷史事件、曆日制度、婚媵情況、上古傳説等方面的研究;以兵器題銘爲中心的研究,主要對兵器題銘所反映的兵器鑄造制度、軍事防禦格局、軍政制度等進行研究;綜合銅器題銘、璽印題銘、陶器題銘對當時的官制、行政層級的劃分等問題進行研究;綜合銅器題銘、陶器題銘、璽印題銘、貨幣題銘對工官制度、製陶手工業的發展、貨幣流通

---

① 張振謙:《齊系文字研究》,第9—110頁。
② 何琳儀:《戰國文字通論(訂補)》,第96—99頁。
③ 湯餘惠:《略論戰國文字形體研究中的幾個問題》,《古文字研究》第十五輯,中華書局,1988年。
④ 孫光英:《齊系文字形體演變研究》,北京師範大學碩士學位論文,2006年。
⑤ 王雁君:《戰國齊系銅器文字構形研究》,陝西師範大學碩士學位論文,2009年。

與貿易發展狀況、衡量制度等問題進行研究;綜合銅器題銘、璽印題銘、陶器題銘對當時的姓氏種類及與宗法、諡法有關的問題進行研究。

另外,禚孝文《齊國青銅銘文十篇與古史若干問題》[①]選取齊國銘文數篇討論了相關古史問題,涉及齊祖甲文公盤與日名制及諡法、陳侯因𩦂敦與黃帝問題、左關三器與齊國經濟、叔夷鐘與萊國簡史等相關問題。

四、本書的研究思路、重點難點及相關體例說明

(一) 研究思路

本研究的基本思路爲：資料搜集→綜合整理→專項研究。首先,系統搜集傳世或出土(包括已著録和未著録)的齊系金文實物資料,對其相關信息詳細記録。其次,對搜集到的齊系金文資料進行綜合整理,在形成完善銘文文本的前提下,對齊系金文進行分國、分組整理。最後,在綜合整理的基礎上進行專項研究,涉及齊系金文文字及相關制度、歷史文化問題的研究。

具體來説,首先廣泛收集和整理傳世或考古新發現的齊系金文資料。其次充分吸收借鑒已有的銘文文字考釋成果,對銘文的文字進行詳盡考釋,對某些文字的釋讀提出自己的意見,對某些一時難以遽然定論者,闕疑待考,對有些可以和傳世文獻相對照的銘文進行對比研究。然後在銘文考釋的基礎上進行年代考訂,首先把齊系金文分爲春秋和戰國兩個大的時間段,然後再進行具體劃分,具體言之,春秋時期分爲春秋早期、春秋中晚期,戰國時期分爲戰國早期和戰國中期、戰國晚期。

對兵器銘文的研究,首先也是廣泛收集和整理傳世或考古新發現的齊國兵器銘文,並充分吸收現有的考釋成果,在此基礎上對齊系兵器銘文進行分類,根據其内容多爲地名、人名這一特點,以地名、人名爲分類依據,分爲地名組、人名組兩大部分,地名組分爲成組地名和單個地名。人名組主要是將齊國陳氏公族所作之器分爲若干組,其他非陳氏貴族名分爲若干組。分組之後對某些有明確器形著録的兵器,結合器形、銘文考訂其年代。

---

① 禚孝文:《齊國青銅銘文十篇與古史若干問題》,煙臺大學碩士學位論文,2012年。

齊系金文的分期研究，即以銘文字體、用語等爲依據，對其分期研究，並對每期的時代特徵進行分析歸納。

齊系金文形體演變方式研究，主要從簡化、繁化、異化、同化等古文字構形學角度對齊系金文的演變方式進行歸納總結，以期對齊系金文形體演變方式及發展規律進行總體把握。

(二) 研究重點及難點

研究重點是齊系金文實物資料的搜集；齊系金文的分國、分組整理；齊系金文的分期形體演變研究；齊系金文所涉政治、軍事制度的研究。

研究難點是齊系金文數量衆多，尚有大批未能考釋或意見分歧較大的文字，這極大影響了銘文的釋讀和相關歷史考證，所以齊系金文的考釋是本研究的難點。另外由於齊系金文所涉地域廣泛，所以齊系金文資料甄別工作也是難點之處。

(三) 相關體例說明

1. 銘文嚴格隸定，儘量不使用寬式。
2. 銘文中的假借字、異體字等，在釋文中注出本字、正字，並用（ ）標注。
3. 釋文中□號表示缺一字，字外加〔 〕表示依據銘文內容擬補的字。
4. 銘文標注出處，體例包括書名和編號，對出自考古、文物類期刊的器物，標注刊物名稱、頁碼及編號。
5. 本書所引相關著錄書及工具書，或用簡稱。
6. 本書稱引學者觀點時，不在姓名後加先生、女士等稱謂，敬祈諒宥。

(四) 書名簡稱表

書　　　名	簡　　稱
《甲骨文合集》	《合集》
《商周青銅器銘文選》	《銘文選》
《新收殷周青銅器銘文暨器影彙編》	《新收》

續 表

書　　名	簡　稱
《近出殷周金文集錄》	《近出》
《殷周金文集成》	《集成》
《商周青銅器銘文暨圖像集成》	《銘圖》
《商周青銅器銘文暨圖像集成續編》	《銘圖續》
《殷周金文集成釋文》	《釋文》
《殷周金文集成引得》	《引得》

第一章　東周齊莒系金文編年彙釋、年代考訂與分國整理

　　傳統觀點認爲，在齊系文字地域内的各國文字之間是没有明顯區别的。何琳儀曾言及："齊國以外的齊系文字，如上文涉及到的邳、莒等國銅器文字，魯、邾、滕、薛等國兵器、璽印、陶器文字，都比較零散。且與齊國文字也無明顯區别，故可歸爲一類討論其文字特點。"① 張振謙在系統分析齊系文字的形體之後，認爲目前齊系文字在整個地域内形體特點"没有明顯區别"的結論是不成立的。通過比較其形體特點發現，以齊國爲中心，包括杞、鑄、夆、邿、莒、己等國文字形體相近的一系，與以邾國爲中心，包括魯、滕、倪、薛、曹等國以及淳于、羊子諸戈文字形體相近的另一系，文字形體差别較大。例如：從目前見到的出土材料來看，齊國文字的"造"一般不寫作"艁"，魯邾滕文字的"造"，一般不寫作"造"。兩個地區在一些重要偏旁部首，如："疒""宀""邑""心""火"等，寫法均不同②。

　　通過形體對比發現，在齊系文字中，各國文字在形體上既有寫法一致的一面，又有明顯區别，有的文字在形體寫法上的分歧還很大。如：齊國文字與莒國文字形體相近，魯邾滕諸國的文字形體相近，上述二者文字形體有明顯差别，故齊系文字内部又可以分爲齊莒文字和魯邾滕文字兩系③。

　　我們認同張振謙對齊系文字的分法。具體到齊系金文，除了具備齊系文字的共性之外，諸侯國内部之間也存在字形和用字習慣等方面的差别，把齊系金文分爲齊莒系和魯邾系兩個大的區系是充分考慮了齊系金文的共性及内部

---

① 何琳儀：《戰國文字通論（訂補）》，第96頁。
② 張振謙：《齊系文字研究》，安徽大學博士學位論文，2008年，第193頁。
③ 張振謙：《齊系文字研究》，安徽大學博士學位論文，第113頁。

差異等諸多因素，我們也采用把齊系金文分爲齊莒系和魯邾系兩大區系的方式加以討論①。魯邾系涉及魯邾地區的魯、邾、郳、滕、薛、費、曹、邰、杞、狐駘、羊子、淳于等國族；齊莒系涉及齊莒地域齊、夆、䣍、鑄、曾、鄂、過、萊、紀、異、諸、莒等國族。

我們以年代爲順序對齊莒系和魯邾系金文進行分國整理，涉及銘文的整理與考釋，年代的考訂等問題。

第一節　齊國禮器銘文

(一) 春秋早期

春秋早期的青銅器在地域上主要劃分爲秦國和東方列國，這一時期主要繼承了西周晚期青銅器風格。因此，通過形制、紋飾等方面很難把兩周之際的青銅器區分開。春秋早期東方列國區域化特徵也不明顯，從春秋早期後段才逐漸呈現出區域化特徵。因此，兩周之際的青銅器在年代上很難區分清楚，我們所列的春秋早期的齊國青銅器也是如此，有些可能早至西周晚期，這是首先需要説明的。

1. 齊侯子行匜

出土：1981年山東臨朐縣泉頭村 M 甲：9

---

① 其實將魯邾系文字單獨分爲一系還是有諸多顧慮的，張振謙曾指出，將魯邾滕文字單獨列爲一系，條件還不成熟，原因主要包括以下幾點：1. 目前所見已知的魯邾滕文字材料，主要以邾國陶文爲主，材料單一且字量偏少。2. 與其他系文字以及齊國文字相比，由於受到出土材料的限制，目前對魯邾滕陶文的研究還很有限，還有相當一部分文字不能正確釋讀。3. 許多魯邾滕的出土材料還有待於確定歸屬(參《齊系文字研究》，安徽大學博士學位論文，第191頁)。儘管如此，把齊系金文分爲"齊莒系"和"魯邾系"還是有重要意義，這對於深化齊系金文内部差異研究無疑具有理論性和方法論的雙重意義。另外就實際情況而言，齊國文字和魯邾滕文字在文字形體上確實存在差異，這也反映在齊系金文的内部差異上。筆者認爲這種顧慮是有道理的，就青銅器年代而言，魯邾系的青銅器大部分在春秋早期，其中有不少國家如杞、薛、曹、費等國的青銅器，目前所見只有春秋早期，還有部分國家雖然有春秋中晚期至戰國早期的銅器，但多數年代還是春秋早期，諸如魯、邾、郳等國。春秋中晚期的銅器在魯邾系所占比重較小，其中有考古工作本身的原因，或許和魯邾系的用器制度也有一定的關係。

36　齊系金文研究

時代：春秋早期
現藏：臨朐縣文化館
著錄：集成 10233；銘圖 14939
釋文：齊𦉢(侯)子行乍(作)其寶它(匜)，子孫=(孫孫)永寶用盲(享)。

匜底內鑄銘文凡三行十五字，重文一。器銘"子"下無重文符號，"孫"則有之。按金文的用語詞例，"子孫="當讀作"子子孫孫"。有學者考證銅器銘文中"凡子孫稱謂帶重文符號者，不論單號雙號，皆要讀作子子孫孫或孫孫子子。在釋讀帶重文符號的銘文時，不能機械按號加字，要考慮語句的實際情況，做出合理的釋讀"①，其說甚是。

圖 1.1.1　齊侯子行匜

𦉢，裘錫圭則認爲"侯"字與"候"字本是由一語分化而成。"……"候"字是由"侯"分化出來的。……諸侯之"侯"却應該是由斥候之"候"分化出來的。侯的前身應該是在邊境等地"爲王斥候"的武官"②。

對於"齊侯子行"的稱謂解釋，學者有不同觀點，李學勤認爲當解爲齊侯之子名行，該墓可能爲齊公子之墓，主要理由是春秋時齊君没有名行者③。孫敬明、何琳儀、黃錫全根據先秦命名字前加"子"表示尊稱的慣例，判定"行"是"齊侯"的字，齊侯則是其封爵，並通過分析兩周之際齊國在位的君主及相關文獻記載，認爲"齊侯子行"可能是齊莊公贖④(前 797—前 731 年)。曹定雲認爲"齊

---

① 黃光武：《金文子孫稱謂重文的釋讀及啓發》，《中山大學學報》1992 年第 4 期。
② 裘錫圭：《甲骨卜辭中所見的"田""牧""衛"等職官的研究——兼論"侯""甸""男""衛"等幾種諸侯的起源》，《文史》第十九輯，中華書局，1983 年，第 1—13 頁。
③ 李學勤：《試論山東新出青銅器的意義》，《文物》1983 年第 12 期。
④ 孫敬明、何琳儀、黃錫全：《山東臨朐新出銅器銘文考釋及有關問題》，《文物》1983 年第 12 期。該文主要是從名與字意義上的聯繫角度分析的，認爲《史記·齊世家》中記載的莊公"購"的本字應該是《世本》《十二諸侯年表》的"贖"字，而"贖"與"子行"有意義上的聯繫。並引用古籍例證，《管子·五行》"贖蟄蟲卵菱"，房玄齡注："贖，猶去也。"《廣雅·釋詁》二上："行，去也。""贖"與"行"同義，"贖"是莊公字，"子行"是其字。

侯子行"非齊侯,"齊侯子行"的"子"不是"齊侯"的尊稱,而是齊侯兒子之"子",此齊侯之子名"行",所以齊侯子行匜不是齊侯所作之器,而是齊侯之子"行"所作之器①。

"齊侯子行"當如李學勤所解,爲齊侯之子名行者,正如曾侯中子游父鼎,游父當爲曾侯之子。曹定雲通過分析 M 甲、M 乙的關係,認爲二者關係極爲緊密,"齊侯子行"就是 M 乙出土"齊趫父鬲"的作器者"齊趫父"②。王恩田也認爲"齊侯子行"與"齊趫父"爲同一人,其中"行"應爲其名,而"趫父"爲其字,"行"與"趫"同義③。

我們認爲,"齊侯子行"即齊莊公贖的可能性不大,和齊侯子行匜一起出土的僅有兩件鼎、五件鬲、盤、匜、舟、戈各一,且形制簡樸,墓葬規模僅爲墓底長 4 米、寬 3 米、深 5 米左右,這和君主的墓葬規制不合。因此,墓主爲齊國貴族的可能性更大些,且將"子行"與"贖"聯繫,這樣解釋文字意義的通轉顯得過於曲折。相比而言,曹定雲的觀點更有可取之處。目前學者對於兩墓爲夫妻之墓的觀點是趨於一致的,如果這個結論成立,"齊侯子行"即"齊趫父"的可能性就比較大。甲、乙兩墓相距僅三米,隨葬器物時代基本一致,"齊侯子行"葬 M 甲,"孟姬"葬 M 乙,M 乙有出現"齊趫父"稱謂。我們認爲"齊侯子行""齊趫父"當爲一人,《廣雅·釋訓》:"趫,行也。"古人二十歲行冠禮而有字,字後常加父(或甫)以示美稱,《禮記·曲禮》:"男子二十冠而字。"《禮記·冠義》:"已冠而字之成人之道也。"因此,行當爲其名,趫父爲其字。

據報告者描述,該器前有長流,後有屈獸爲鋬,獸尾卷起,口銜器沿,獸身飾重環紋。器身呈瓢形,下有四只獸形足,獸頭頂器底,卷尾觸地;口沿外壁飾竊曲紋,腹飾瓦紋④。對於該器的年代,學者意見基本一致,發掘者認爲器形、

---

① 曹定雲:《山東臨朐泉頭村周代銅器銘文研究——兼論"齊侯子行"非"齊侯"》,《史海偵迹——慶祝孟世凱先生七十歲文集》,香港新世紀出版社,2006 年。曹先生對兩周金文中諸侯的稱謂類型進行系統梳理,通過總結周代金文和文獻記載情況得出結論,認爲諸侯名字中無一例用"子"來表示尊稱。
② 其理由有二:1."齊侯子行"與"齊趫父"的地位大致相合,依據是周代金文中,凡以"某父"稱謂者均是擁有一定權力和地位的人。2."齊侯子行"與"齊趫父"之"趫",其字義相近,"趫"和"行"都有"走""趨"之義,屬於典型的互相輝映之字。
③ 王恩田:《上曾太子鼎的國別及其相關問題》,《江漢考古》1995 年第 2 期。
④ 臨朐縣文化館、濰坊地區文物管理委員會:《山東臨朐發現齊、鄩、曾諸國銅器》,《文物》1983 年第 12 期。

紋飾、風格及銘文字體結構,具有西周晚期和春秋早期的特點,認爲該墓的時代應爲兩周之際。李學勤認爲與齊侯子行匜同墓出土的銅器大部分形制甚早,如立耳淺腹的鼎,可以早到兩周之際,但戈鋒已不是三角形,在盤、匜之外出現了單耳的鉶,推定該墓的時代可定爲春秋前期偏晚①。劉彬徽認爲該墓"其中的單耳鉶爲東周新器種,附耳淺腹蹄足鼎亦爲東周新型式,定春秋早期可信"②。孫敬明、何琳儀、黃錫全結合該器的形制、紋飾、銘文特點等,推定爲西周晚期至春秋早期兩周之際③。王恩田指出:"臨朐原屬紀國的郱邑,《春秋·莊公元年》:'齊師遷紀郱、鄑、郚。'注:'齊欲滅紀,故遷其三邑之民而取其地。郱在東莞臨朐縣東南。'臨朐自魯莊公元年以後入於齊國版圖。今齊侯之子行與其妻的合葬墓出於臨朐,其年代上限當不早於魯莊公元年(前693年),李學勤定泉頭村甲、乙墓的年代爲春秋早期偏晚,是正確的。"④該器器形和齊侯匜,腹部爲瓦紋紋飾,只是該器口沿外壁飾竊曲紋,二者年代大致相當。

　　對於該器的器形、紋飾等方面,各家都有很充分的論述,筆者重點從器物組合⑤角度談一下該墓葬出土器物的的組合情況,以幫助我們推定器物時代。泉頭村墓葬出土的這批銅器的基本器物組合是鼎、鬲、盤、匜等,不見流行於西周早中期的爵、角等酒器,也未見春秋中後期出現的鑑、敦等器形。因此,綜合分析該器定在兩周之際是合適的,我們將其定爲春秋早期。

---

① 李學勤:《試論山東新出青銅器的意義》,《文物》1983年第12期。
② 劉彬徽:《山東地區東周青銅器研究》,《中國考古學會第九次年會論文集》,文物出版社,1997年,第264頁。
③ 孫敬明、何琳儀、黃錫全:《山東臨朐新出銅器銘文考釋及有關問題》,《文物》1983年第12期。
④ 王恩田:《東周齊國銅器的分期與年代》,《中國考古學會第九次年會論文集》,文物出版社,1997年,第286頁。
⑤ 器物組合情況是判斷墓葬年代的重要方法,東周齊國的器物組合情況與中原地區有同有異,現簡叙如下:春秋早期齊國的器物組合形式和器形與中原地區較爲接近,主要有鼎、鬲、簋、盤、匜等,但缺少中原地區的簠、壺。春秋中晚期器物組合形式仍與中原地區相似,但不如中原地區器物組合完整。此時齊國個別器物的形制具有了明顯的地區特色,如臨淄淄川磁村M01出土的淺腹、平蓋高蹄足腹耳鼎;臨朐出土的腰器中有一件短細頸、圓鼓腹、鏈狀體梁,下有一鼻鈕的壺。這些器物都是中原地區所不見的。戰國早中期齊國銅器組合形式是鼎、豆、敦、壺、盤、匜、鉶等。中期偏晚以後則以鼎、壺、豆爲基本組合,敦、鉶不是必備之器。戰國中期偏晚後組合形式基本同於戰國早中期,只是禮器中豆仍盛行而敦出現較少,與中原地區豆地位下降,敦盛行的情況不同。有些器形上也有明顯不同於中原地區的特色,如齊器中有蓋扁球形腹或淺盤無蓋的長柄豆,球形環耳、環鈕敦,折腹圈足盤等。

2. 齊趫父鬲

出土：1981年山東臨朐縣泉頭村 M 乙∶4

時代：春秋早期

現藏：臨朐縣文化館

著録：集成 686；銘圖 02937

釋文：齊趫父乍（作）孟姬寶鬲，子=（子子）孫=（孫孫）永寶用亯（享）。

該器存兩件，兩鬲沿面鑄有相同的銘文十六字，重文二。"齊趫父"的稱謂先稱國，次稱字，與常見的"王仲皇父""許子妝""楚子暖"之例類同。李學勤認爲"孟姬"爲齊趫父的女兒，兩件鬲是齊國姬姓貴族趫父爲其庶長女所作之器①。孫敬明、何琳儀、黃錫全認爲"孟姬"爲齊趫父之夫人，此器是"齊趫父"娶姬姓女而爲之作器②。朱鳳瀚認爲齊趫父以齊爲氏，是所謂以國爲氏，趫父當是姜姓公室之族人，孟姬應是其妻③。陳絜認爲綜合 M 乙的墓葬形制和出土器物，墓主人齊趫父的等級地位雖談不上顯赫，但應該是齊國公族或從公族中分離出來的支族成員④。

圖 1.1.2 齊趫父鬲

"齊趫父"與"孟姬"是夫妻還是父女關係是值得探討的問題，這牽涉到周代金文中女子稱謂問題。周代女子稱謂問題是一個異常困難和複雜的問題，由於對此的認知不同而導致對同樣一件銘文會得出不同的結論。1993 年 9 月至 1994 年 1 月，山西省考古研究所與北京大學考古學系對山西天馬—曲村北趙晉侯墓地進行了考古發掘，其中第 63 號墓中出土了兩件帶有"楊姞作羞醴壺永保用"銘文的銅壺。據《左傳》襄公二十九年記載，楊國屬於姬姓⑤，所以"楊姞壺"公布之後便引起了學者們的極大興趣，但由於對女子稱謂的理解

---

① 李學勤：《試論山東新出青銅器的意義》，《文物》1983 年第 12 期。
② 孫敬明、何琳儀、黃錫全：《山東臨朐新出銅器銘文考釋及有關問題》，《文物》1983 年第 12 期。
③ 朱鳳瀚：《中國青銅器綜論》，第 1682 頁。
④ 陳絜：《鄩氏諸器銘文及其相關歷史問題》，《故宮博物院院刊》2009 年第 2 期。
⑤ 《左傳》襄公二十九年："叔侯曰：'虞、虢、焦、滑、霍、楊、韓、魏，皆姬姓也，晉是以大。若非侵小，將何所取？'"

不同,因此對楊氏的族姓問題產生了很大爭議①。就目前的研究情況而言,金文中女子稱謂問題還未形成相對一致的結論,需要進一步探究。因此,僅從稱謂方面判斷"齊趫父"與"孟姬"的關係的時機還不成熟,這裏只能做一些合乎情理的推測。我們認爲,二者爲夫妻關係的可能性大些,前已言及,M 甲、M 乙兩墓相距僅爲 3 米左右,所出器物時代又基本一致,二者應有一定的聯繫,二墓相距如此之近,二者爲父女關係的可能性不大。從"孟姬"稱謂構成看,齊爲姜姓,該女爲姬姓,如果"齊侯子行"即爲"齊趫父","孟姬"爲"齊趫父"之妻的可能性更大。

根據報告描述,齊趫父鬲器形爲寬平沿微向外折,束頸,平襠,足半實,其下端作闊蹄形,腹部與足對應處各飾一扉棱,腹飾象首紋②。器形接近於陝西發現的西周晚期的仲枏父鬲③,山東鄒城出土的春秋早期的魯宰馴父鬲④,長治分水嶺 M269∶67 出土的春秋早期的鬲⑤。因此,我們把該器年代定爲春秋早期。

3. 齊侯匜
流傳:曹載奎、吴雲舊藏
時代:春秋早期
現藏:上海博物館
著録:集成 10272;銘圖 14982

---

① 王光堯認爲:"從銘文語法看,該壺顯係媵器,是當時諸侯國間結交婚姻時女方母家專門鑄造的陪嫁用器。銘文語辭一般是國號與國姓相連用。……該壺的女主人,當是楊國國君之女嫁給晉侯邦父爲妻者,姓姞。既然國君之女姓姞,其父也自然姓姞了,可定楊國乃姞姓諸侯。"(王光堯:《從新出土之楊姞壺看楊國》,《故宫博物院院刊》1995 年第 2 期);王人聰認爲楊姞壺應屬於女子自作器,楊姞非楊國之女,而是嫁給楊國的姞姓之女,楊國爲姬姓,而非姞姓(王人聰:《楊姞壺銘釋讀與北趙 63 號墓主問題》,《文物》1996 年第 5 期);張淑一認爲楊國存在"氏的遷移"的可能,最初的楊國爲姬姓,但在後來爲晉所滅成爲晉的一個邑之後,在再分封的過程中便很可能轉歸某個姞姓家族所有,姞姓楊氏之女即可稱爲"楊姞"(張淑一:《兩周金文女子稱謂"規律"再探討——兼論"楊姞壺"的問題》,《考古與文物》2009 年第 5 期)。
② 臨朐縣文化館、濰坊地區文物管理委員會:《山東臨朐發現齊、鄩、曾諸國銅器》,《文物》1983 年第 12 期。
③ 吴鎮烽等:《陝西永壽、藍田出土西周銅器》,《考古》1979 年第 2 期。
④ 王軒:《山東鄒縣七家峪村出土的西周銅器》,《考古》1965 年第 11 期。
⑤ 山西省文物工作委員會晋東南工作組等:《長治分水嶺 269、270 號東周墓》,《考古學報》1974 年第 2 期。

釋文：齊医（侯）乍（作）虢孟姬良女（母）寶它（匜），其邁（萬）年無彊（疆），子=（子子）孫=（孫孫）永寶用。

腹内底有銘文四行二十二字，重文二。此器乃齊侯爲其妻作器，其妻爲虢國之長女，虢國爲姬姓，故稱"虢孟姬"。王國維謂："齊侯匜曰'齊侯作虢孟姬良母寶匜'，此夫氏爲其婦作器而稱之曰某母者也。"①因此該器並非媵器，"良"也並非修飾詞。

萬年無疆：徐中舒指出："金文眉壽、萬年、無疆、無期，每錯綜成文，曰'萬年無疆'，曰'眉壽無疆'，曰'眉壽萬年'，曰'萬年眉壽'，曰'眉壽萬年無疆'，曰'萬年眉壽無疆'，曰'眉壽無期'，曰'萬年無期'。凡此諸辭，在金文中，極常見。就其年代之可考者言，最早不過共王之世，約公元前十世紀頃。"②以上嘏辭金文屢見，但金文中獨不見"萬壽無疆"，對此，徐中舒認爲"蓋壽爲壽考，萬壽連屬，實不成詞。……萬壽即萬年眉壽之省稱。遣尊云'匄萬年壽'，邾公釛鐘云'旅年眉壽'，一省眉字，一省萬字。又《詩·七月》'萬壽無疆'，《禮記·月令·孟冬》注引作'受福無疆'，《江漢》'天子萬壽'，師艅簋作'天子其萬年眉壽'。據此則《詩》之'萬年無疆'如非省稱，即係誤讀。據金文言，萬壽連文，僅春秋時器三見，足證春秋以前，尚未甚流行。而《詩》之作者年代，又决不能晚於春秋之世，是知《詩》之萬壽，當非省稱，必爲後人誤讀所致"③。此言得之。

圖1.1.3 齊侯匜

此器平蓋，流呈壺型上仰，卷龍形半環鋬，四扁平獸形足，通體飾較密的橫條溝瓦紋。在已出土的青銅匜中，以此形制爲最大、最重。匜最早出現於西周中期偏晚，主要流行於西周晚期和春秋時期。就器形而言，該匜和宗仲匜極爲相似④，宗

---

① 王國維：《女字說》，《觀堂集林》，第164頁。
② 徐中舒：《金文嘏辭釋例》，《徐中舒歷史論文選輯》，中華書局，1998年，第523頁。
③ 徐中舒：《金文嘏辭釋例》，《徐中舒歷史論文選輯》，第525—526頁。
④ 吳鎮烽、朱捷元、尚志儒：《陝西永壽、藍田出土西周青銅器》，《考古》1979年第2期。

仲匜年代爲西周晚期，該器和上村嶺虢國墓編號爲 M1601∶16 的匜器(《上村》①圖版叁玖∶1 著録)形制也很接近。儘管學界對上村嶺虢國墓地的年代還存在争議②，但大致在兩周之際是没有問題的，彭裕商師認爲三門峽虢國墓地中的高規格大墓年代都應屬東周早年③，此説是。另外該器紋飾爲瓦紋，主要流行於西周晚期至春秋早期。綜上，我們把該器年代定在春秋早期。當然，由於春秋早期對西周晚期銅器存在的繼承性，也無法排除此器在西周晚期的可能性④。

4. 齊叔姬盤

出土：1958 年濟南廢品二庫揀選
時代：春秋早期
現藏：濟南市博物館
著録：集成 10142；銘圖 14485
釋文：齊弔(叔)姬乍(作)孟庚寶般(盤)，其萬年無彊(疆)，子=(子子)孫=(孫孫)永受大福用。

該器入藏於山東濟南博物館，據于中航介紹可能是從回收金屬物中揀選或文物商店所收傳世器⑤。

弔，舊釋衆説紛紜，新近學者或認爲應是一個從蟲纏繞人形的會意字，很可能是"毒害"之"毒"表意初文，即"毒害"之"毒"的本字。⑥ "叔姬"之名屢

圖 1.1.4　齊叔姬盤

① 中國科學院考古研究所：《上村嶺虢國墓地》，科學出版社，1959 年。
② 主要存在三説：1. 西周晚期説，馬承源《虢國墓地參觀記》《中國文物報》1991 年 3 月 3 日)、張長壽《虢國墓地的新發現》，《中國文物報》1991 年 3 月 17 日)；2. 兩周之際説，杜廼松《談虢國墓地新出銅器》《中國文物報》1991 年 2 月 10 日)；3. 春秋早期説，俞偉超《上村嶺虢國墓地新發現所揭示的幾個問題》，《中國文物報》1991 年 2 月 3 日)、李學勤《三門峽虢墓新發現與虢國史》《中國文物報》1991 年 2 月 3 日)。
③ 彭裕商：《虢國東遷考》，《歷史研究》2006 年第 5 期。
④ 馬今洪指出齊侯匜所裝飾的橫條溝紋較爲寬疏，鋬之龍角作螺旋形，皆爲西周中晚期的樣式，但流口上揚，故屬於西周末年之器(參見氏著：《齊侯匜芻議》，《傳承與創新：考古學視野下的齊文化學術研討會論文集》，上海古籍出版社，2019 年，第 496 頁)。
⑤ 于中航：《濟南市博物館藏商周青銅器選粹》，《海岱考古》第一輯，山東大學出版社，1989 年，第 324 頁。
⑥ 白於藍、王錦城：《釋"弔"》，《江漢考古》2019 年第 3 期。

見於《左傳》，隱公七年、莊公十二年、文公十二年、文公十四年、宣公五年皆有記載。其中文公十四年、宣公五年之叔姬嫁於齊國。《左傳》文公十四年："十四年春，子叔姬妃齊昭公，生舍。叔姬無寵，舍無威。公子商人驟施於國，而多聚士，盡其家，貸於公有司以繼之。夏五月，昭公卒，舍即位。"《左傳》宣公五年："秋，九月，齊高固來逆女，自爲也。故書曰'逆叔姬'。"女子名前冠以國名，往往標明其夫之國，如《左傳》之"紀叔姬"，爲紀國名叔姬者。《左傳》隱公七年："七年春王三月，叔姬歸於紀。"《左傳》莊公二十九年："冬，十有二月，紀叔姬卒。"《左傳》莊公三十年："八月癸亥，葬紀叔姬。"楊伯峻《春秋左傳注》："魯國女嫁於他國，卒與葬俱書者，紀伯姬、叔姬、宋伯姬而已。他如鄫季姬、杞叔姬，書卒不書葬。"[1]故"齊叔姬"當爲魯國嫁於齊國之女。如果該銘"齊叔姬"即嫁於齊昭公者，那麼該器年代當爲齊昭公之時[2]，我們認爲《左傳》中名叔姬者不止一人，因此，該銘叔姬是否爲《左傳》文公十四年所載之人，這一點目前我們還無法確認，故藉助銘文我們還無法推定該器絕對年代。

該器敞口，口沿平折，雙附耳，淺腹，平底，矮圈足。腹飾竊曲紋，間以凸渦紋，足爲垂鱗紋，耳飾重環紋。該器無論從器形還是紋飾都和1981年臨朐泉頭村M乙出土的鄩仲盤極爲相似，甚至可以說幾乎毫無二致[3]。鄩仲盤和齊趫父鬲共出，年代爲春秋早期。該器銘文書風和齊侯匜、齊侯子行匜等春秋早期書風相近。因此，從器形、紋飾、銘文判斷該器都具有春秋早期的風格。

5. 洹子孟姜壺

流傳：阮元、吳雲舊藏

現藏：中國國家博物館

時代：春秋早期

---

[1] 楊伯峻：《春秋左傳注》，中華書局，1990年，第246頁。
[2] 于中航認爲此叔姬乃魯國女，嫁爲昭公夫人。商人爲昭公之弟，殺其侄自立，是爲懿公。器銘之叔姬，當即昭公夫人。此器當作於昭公在位之時（于中航：《濟南市博物館藏商周青銅器選粹》，《海岱考古》第一輯，第324頁）。
[3] 臨朐縣文化館、濰坊地區文物管理委員會：《山東臨朐發現齊、鄩、曾諸國銅器》，《文物》1983年第12期，圖版貳：5。

著録：集成 9729；銘圖 12450

釋文：齊灰（侯）[女]䚉（雷）爲喪其▨。斾（齊）灰（侯）命太子乘德（遽）來句（敏）宗伯，䚻（聽）命于天子，曰："碁（期）劇（則）爾碁（期），余不其事（使）女（汝）受册，遄遱（傳）淄（祇）御，爾其遵（躋）受御。"齊灰（侯）捧（拜）嘉命，于二天子用辟（璧）、玉備（佩）[一嗣（笥）]。于大無（巫）、嗣（司）折，于大嗣（司）命用璧、兩壺、八鼎。于南宫子用璧二、備（佩）玉二嗣（笥）、鼓鐘一鏵（肆）。齊灰（侯）既遵（躋）洹子孟姜喪，其人民郜邑堇宴。無用從（縱）爾大樂，用鑄爾羞銅，用御天子之事。洹子孟姜用乞嘉命，用旂（祈）賃（眉）壽萬年無彊（疆），用御爾事。

圖 1.1.5　洹子孟姜壺

洹子孟姜壺又稱齊侯壺，壺有一對，無蓋，形制紋飾相同，文字字形却互有差異，銘文二器多有脱衍，一件一百六十六字、一件一百四十二字[①]。舊曾誤稱爲齊侯罍，原分藏阮元、曹載奎處，後兩件皆歸吴雲氏。

齊侯壺銘文字體潦草，文句詰屈聱牙，釋讀存在很大困難。孫詒讓、郭沫若、楊樹達、白川静等都有考釋，現就重要文句考釋略作陳述。

---

① 孫稚雛：《金文著録簡目》，中華書局，1981 年，第 307 頁。

齊侯女䚄爲喪其☒：䚄爲齊侯之女，即後文洹子孟姜，爲洹子之妻。爲，原篆作☒，《兩罍軒彝器圖釋》卷四·三釋文作"爲"，郭沫若指出"非'爲'字也……當是㡭字，語辭。"①楊樹達謂"據字形言之，當以讀㒸或肆爲合"②。孫剛認爲《集成》9730作"☒"，似从"爪"，綜合兩形體釋"爲"當可從③。㡭字與該字字形不類，該字上方有似鼻的長彎筆畫，綜合字形辭例當釋"爲"。我們懷疑此處的"爲"是"有"之義，《讀書雜志·管子第四·小匡》"又游士八千人"，王念孫案："又讀爲有，古字又與有通。齊語作爲，爲亦有也。"意爲齊侯女有喪其親人之憂禍。當然此處"爲"用作語助詞，無實義，亦通。

☒，郭沫若釋爲"叚"，假借爲"舅"，謂則"此所喪者乃陳桓子之父，文子也"。張政烺釋作"斷"，"第八字爲'斷'字之古文☒，此即禮家'至親以期斷'之意。郭氏於此謂假'叚'爲'舅'，於下陳貽叚又謂假'叚'爲'考'，立論無定，不足信也。"④杜勇、沈長雲贊同郭沫若釋"叚"之說，但認爲此字當讀爲"仇"，即配偶，去世者是孟姜之夫陳桓子⑤。李學勤認爲"斲"字與《説文》"斷"字古文同，戰國文字作"㓮"，"斷"的意思是絶。古禮國君絶期以下，齊侯之女家的喪事，齊侯本應絶不成服，而自願期服，這是超逾禮制的行爲，因此齊侯特命太子趕赴王都，通過管理禮制的大宗伯向周天子請示⑥。張振謙釋爲"縣"⑦。周波釋爲"比"，讀爲"匹"。"喪其匹"即喪其偶，銘文中應指齊侯女䚄即宣子孟姜失喪其夫⑧。綜合比較來看，各家對該字釋讀還存在較大分歧，但有一點可以肯定，正如《銘文選》對該句注下"齊侯之女喪其親屬"所言，此處應該是表示親屬一類的詞，前言及釋"仇""匹"的學者認爲當是喪其配偶，綜合考慮釋"匹"之

---

① 郭沫若：《兩周金文辭大系圖録考釋》，《郭沫若全集·考古編》第八卷，第451頁。
② 楊樹達：《積微居金文説（增訂本）》，中華書局，1997年，第35頁。
③ 孫剛：《東周齊系題銘研究》，吉林大學博士學位論文，第371頁。
④ 張政烺著，朱鳳瀚等整理：《張政烺批注兩周金文辭大系圖録考釋（下册）》，中華書局，2011年，第142頁。
⑤ 杜勇、沈長雲：《金文斷代方法探微》，人民出版社，2002年，第9頁。
⑥ 李學勤：《齊侯壺的年代與史事》，《文物中的古文明》，商務印書館，2008年，第246頁。
⑦ 張振謙：《洹子孟姜壺初考》，《貴州師範大學學報》2017年第1期。
⑧ 周波：《戰國銘文分域研究》，第147頁。

説可從。

太子乘遽來句宗伯：遽，孫詒讓釋作"遽"①；孫剛隸作"遽"，讀爲"遽"②。綜合來看釋"遽"可從，《左傳》昭公二年："懼弗及，乘遽而至。"杜預注："遽，傳驛。"

于二天子用璧："二天子"，郭沫若釋爲"上天子"，認爲其意即爲"上帝"③。李學勤釋爲"二天子"，並引包山楚簡爲例證，其卜筮祭禱部分所祀名有"二天子"，與司命、司禍等同列，且以佩玉等爲祀品，足與壺銘參照。宋華强④、楊華⑤、代生⑥等學者皆主此説。"二天子"之神見於楚簡中，如新蔡簡中有向二天子貢獻的記録，如："歸佩玉於二天子，各二……《新蔡葛陵楚墓》甲三 81、182-1)""歸佩玉於二天子，各二璧（甲一4)"，因此，此處釋"二天子"是可取的，釋"上"當因"上"之字形爲二横，二字字形相近，致誤。

大無：郭沫若認爲："大無司誓，無當是巫，與《詛楚文》之'大神巫咸'殆是一事。"宋華强對郭説提出異議，指出：天星觀簡神靈本有"巫"，所以"宫襆"之"襆"不大可能也是"巫"，如此，"大無"之"無"也不會是"巫"。我們懷疑"宫"之"襆"與"大無"之"無"皆當讀爲"禖"。文中進一步解釋"禖是主司生育之神，古人爲求子而祭禱之"⑦。暫從其説。

司折："司折"舊釋"司誓"，有學者釋把其釋爲"司慎"⑧，"司慎"見於典籍和楚簡，《左傳》襄公十一年，諸侯共盟於亳，其載書謂："……或間兹命，司慎、司盟，名山、名川，群神、群祀，先公、先王，七姓十二國之祖，明神殛之，俾失其民，墜命亡氏，踣其國家。"杜注："二司，天神。"《儀禮・覲禮》賈疏："司慎司不敬者，司盟司察盟者，是爲天之司盟也。"《新蔡簡》："……[司]慎、公北、司命、司禍……"司慎與公北、司命、司禍同受祭祀。晏昌貴則認爲"折""慎"通假比

---

① 孫詒讓：《古籀餘論》，第40—41頁。
② 孫剛：《東周齊系題銘研究》，吉林大學博士學位論文，第373頁。
③ 郭沫若：《齊侯壺釋文》，《郭沫若全集考古編》第四卷《殷周青銅器銘文研究》，科學出版社，2002年，第166頁。
④ 宋華强：《楚簡神靈名三釋》，簡帛網，2006年12月17日。
⑤ 楊華：《楚簡中的諸"司"及其經學意義》，《中國文化研究》2006年第1期。
⑥ 代生：《齊侯壺新研》，《考古與文物》2012年第2期。
⑦ 宋華强：《楚簡神靈名三釋》，簡帛網，2006年12月17日。
⑧ 楊華：《楚簡中的諸"司"及其經學意義》，《中國文化研究》2006年第1期。

較困難,認爲"折"應讀如本字,"折"一般當"早夭"或死亡講,司折或即《楚辭》少司命①。張政烺也傾向"折"讀如本字,並指出司折主死②。我們認爲當以張説爲是,"折"當讀如本字,"司折"當爲"主死"之神,銘文下文還言及"大司命"當爲"司生"之神。

齊侯既遱洹子孟姜喪:"遱"讀爲濟,《爾雅·釋言》:"濟,成也。"《國語·吳語》:"焉可以濟事。"韋注:"濟,成也。"

其人民郜邑犨宴:郜,或釋爲"都"③。董蓮池認爲該字从"告"聲,讀"郜邑"爲"慼悒",悲愁之意④。陳劍認爲此字當是從"告(造)"聲的,"造"聲字跟"戚"聲字相通,認爲該字除讀爲"慼"外,此"郜"字其實也可以讀爲憂戚之"戚"或"慼/慽"⑤。禤健聰認爲該字左旁爲"造"字聲旁的典型寫法,即"舌",故該字非"郜"字,該字當讀爲"聚",可視爲邑聚義之專字。"聚"可兼指"家","邑"可兼指"都",故壺銘"邑""聚"同義連用,壺銘"聚邑"以自然形成的"聚"與人爲劃分的"邑"代指國土⑥。宴,原釋作"宲",郭沫若釋爲"宴";《銘文選》釋"宲",讀爲"憂"⑦;吴振武釋作"宴"⑧;陳漢平亦釋作"宴",《説文》"宴,無禮居也","宴當讀本字,義爲居"⑨;李學勤釋爲"要"字,即"約"意。李説爲是,上古音"要"字爲影紐宵部,"宴"字爲影紐元部,古韻有宵部、元部之别。

用鑄爾羞銅:"羞銅",郭沫若認爲:"羞銅者,即《書·顧命》'上宗奉同瑁'之同。《白虎通·爵篇》引作銅。……今此器爲壺而銘之以'銅',用知古者壺有銅名,省之則爲同。酒器之鍾,盛算之中,均是一音之轉變。《顧命》之同,實當是壺。蓋即盛算之中,有簡册盛於其内。"⑩郭沫若認爲《書·顧命》中的

---

① 晏昌貴:《楚卜筮簡所見神靈雜考(五則)》,《簡帛》第一輯,上海古籍出版社,2006年,第236—237頁。
② 張政烺著,朱鳳瀚等整理:《張政烺批注兩周金文辭大系圖錄考釋(下册)》,第143頁。
③ 容庚編著,張振林、馬國權摹補:《金文編》,中華書局,1985年,第443頁。
④ 董蓮池:《金文編校補》,東北師範大學出版社,1995年,第191—193頁。
⑤ 陳劍:《釋造》,《甲骨金文考釋論集》,綫裝書局,2007年,第134頁。
⑥ 禤健聰:《洹子孟姜壺"人民聚邑犨宴"考》,《中國國家博物館館刊》2014年第11期。
⑦ 馬承源主編:《商周青銅器銘文選(四)》,文物出版社,1990年,第550頁。
⑧ 吴振武:《古璽文編校訂》,人民美術出版社,2011年,第36頁。
⑨ 陳漢平:《屠龍絶緒》,黑龍江教育出版社,1989年,第212頁。
⑩ 郭沫若:《兩周金文辭大系圖錄考釋》,《郭沫若全集·考古編》第八卷,第452—453頁。

"同"即是壺。自漢代以降,歷代學者對《書·顧命》中的"上宗奉同瑁"的解釋聚訟紛紜,孫星衍《尚書今古文注疏》即列舉了漢宋儒的不同解釋,劉起釪對此也有詳細論述①。大致說來可以概括爲兩種意見,一説是同、瑁爲一物,另一説是同、瑁爲二物。近來發現的一件青銅器爲我們解決這一問題提供了絶佳證據。2009 年,吴鎮烽著文介紹了一件在西安發現的名爲"内史亳豐同"的銅器,並對該器銘文及相關問題進行了詳盡考釋②。王占奎也對該銘文進行了研究③。該器銘文爲:"成王賜内史亳豐祼,弗敢廖(?),作祼同。"學者對該器作器者的名字看法不同,吴鎮烽認爲是"内史亳豐",王占奎認爲是"内史亳",我們認爲作器者的名字當是"内史亳豐",吴説爲是。王占奎把"豐"讀爲"醴",當是醴酒,即比較粗糙的酒。其實該銘文中的賜"祼"已包含賜酒之意。《書·洛誥》:"王入太室祼。"孔穎達疏:"王以圭瓚酌鬱鬯之酒以獻尸,尸受祭而灌於地,因奠不飲,謂之祼。"《周禮·春官·典瑞》:"祼圭有瓚,以肆先王,以祼賓客。"鄭玄注:"爵行曰祼。"賈公彦疏:"此《周禮》祼,皆據祭而言,至於生人飲酒爵行亦曰祼。"可見此祼即包含了賜酒,因此"豐"字應上讀,"亳豐"爲作器者之名。該器最後一字"同"爲該器之名,吴鎮烽認爲:"'作祼同'一句爲動賓結構,'同'是名詞,必然是一種器物,從其上的修飾詞'祼'可知它是一種用以祼祭的酒器。……本銘的'同'是祭祀時盛香酒及酌祼的一種酒器,所以就稱爲祼同。"④該器自名爲"同",而該器器形爲我們考古學界通稱的"觚",因此我們所稱爲"觚"的器物可能實則稱"同"⑤。因此我們知道《書·顧命》中的"同瑁"實爲兩器,"同"是酒器,"瑁"爲天子用以合諸侯所執的瑞玉,亦非郭沫若所指爲"壺"。

關於該器的年代清末孫詒讓曾考證,孫氏認爲銘文中的䲹爲陳桓子妻,即銘文中孟姜,是陳桓子爲孟姜喪終時作,《左傳》《史記》中陳桓子即齊莊公、齊景公時人,據此把齊侯壺的年代定在了春秋晚期。郭沫若、楊樹達、白川静等

---

① 顧頡剛、劉起釪:《尚書校釋譯論》,中華書局,2005 年,第 1809—1818 頁。
② 吴鎮烽:《内史亳豐同的初步研究》,《考古與文物》2010 年第 2 期。
③ 王占奎:《讀金隨札——内史亳同》,《考古與文物》2010 年第 2 期。
④ 吴鎮烽:《内史亳豐同的初步研究》,《考古與文物》2010 年第 2 期。
⑤ "同"用爲"器物"之名在銅器銘文中僅此一例,"同"是否就一定爲我們所習稱的"觚",尚需更多的證據。

均持此説①。李學勤認爲銘文中的"洹子孟姜"則是魯桓公的夫人姜氏,並指出"將齊侯壺列於春秋晚期,其實是不可能的,有必要大加提早。"②但該銘中洹子是否就是指陳桓子,似還無法確定。"洹",張政烺指出:"此字或與謚有關。《汗簡》[字形]釋宣。齊亦有高宣子。"③近來也有學者指出:"洹子"的"洹"字,從孫詒讓開始就一律釋爲"桓",一直没有人提出異議,大概是認爲洹桓二字皆从亘,並且同音假借。金文中"桓"字多作"趄"。"陳桓子"在陳逆簠即作"陳趄子",符合普遍用字規則。也證明洹子孟姜壺中的"洹子"肯定不能釋爲"桓子"。清華簡《繫年》的出現,更加印證了這個看法。按《繫年》第一章中周宣王的"宣王"寫作"洹王",而其他釋爲"桓"字者均作"趄"④。石小力指出兩周金文中的"桓",皆作"趄"或"逗",未見例外,故用爲謚號的"洹"字,以讀作"宣"爲宜。此外,傳抄古文中的"宣"亦或作"洹",如《汗簡》第 31 頁引《王氏》"宣"作"[字形]",《古文四聲韻》第 22 頁引《王庶子碑》"宣"作"[字形]",可見,"洹"不宜讀爲"桓"而應讀"宣"。故從用字習慣來看,陶金將洹子孟姜壺中的"洹子"讀爲"宣子",認爲是陳僖子之子宣子其夷,從而將該壺時代改爲戰國早期,極有可能是正確的⑤。從"洹子"稱謂上判定此器年代尚存一定爭議,也缺乏堅實的依據,必須另謀他途。

近來,李學勤提出新説,認爲將齊侯壺的年代列於春秋晚期其實是不妥當的,有必要大大提早,這一觀點是基於對齊侯壺器形的分析,齊侯壺器形爲圓壺,長頸,腹最大徑偏下,低圈足。雙耳上飾扁角龍首,垂環飾重環紋,頸有波帶紋⑥,下加中間有目的竊曲紋,腹飾兩重波帶紋,足飾顧首夔紋。此類形制紋飾的壺,王世民等《西周青銅器分期研究》曾列爲壺 II 型 2 式 a,這種器形紋

---

① [日]白川静:《金文通釋》,第 388—403 頁。
② 李學勤:《齊侯壺的年代與史事》,《文物中的古文明》,第 244 頁。
③ 張政烺著,朱鳳瀚等整理:《張政烺批注兩周金文辭大系圖録考釋(下册)》,第 142 頁。
④ 陶金:《由清華簡〈繫年〉談洹子孟姜壺相關問題》,復旦大學出土文獻與古文字研究中心網站,2012 年 2 月 14 日。
⑤ 石小力:《東周金文與楚簡合證》,上海古籍出版社,2017 年,第 158 頁。
⑥ 陳佩芬定該器爲春秋晚期,並認爲波曲紋盛行於西周中晚期至春秋早期,但在田齊時代的青銅器中,有一段時期曾出現模仿古代紋飾的傾向,因此在春秋晚期齊國器上還使用較早式樣的波曲紋,戰國中期波曲紋完全消失(《夏商周青銅器研究》,上海古籍出版社,2004 年,第 177 頁)。

飾的壺多流行於西周中期後段至晚期後段。但齊侯壺耳上的龍首構形偏晚，銘文字形如"年"字从"土"等也更晚些，應比西周晚期再遲一段，可是怎樣也不會在春秋早期之後①。陳佩芬指出"在田齊時代的青銅器中，有一段時期曾出現模仿古代紋飾的傾向，因此在春秋晚期齊國器上還使用較早式樣的波曲紋，本册的禾簋，也用這種紋飾"②。

李學勤對於該壺年代的推定主要是分析該器的器形、紋飾等考古學上的方法，我們知道考訂青銅器年代因素是多方面的，包括器形、紋飾、銘文等諸多方面，但是它們所處的地位和作用是不同的，對此，彭裕商師曾有論述："考定青銅器年代的方法應包括兩個方面，即考古學方面和銘文方面。但由於銘文所能提供的年代依據有限，並且還有很多銅器是没有銘文的，所以這裏最有用的是考古學的方法，它們能推斷大多數銅器的大致年代。但銅器銘文也有不可替代的作用，有少數銘文能提供非常準確的年代依據，由此可以確定一些年代準確的標準器，二者兼用，相互補充，才能取得最好的效果。"③因此，在推定青銅器年代上，考古學的方法是最常用，也是最重要的手段。

我們認爲把齊侯壺的年代提前至春秋早期是可取的④，其所飾波曲紋盛行於西周中晚期到春秋早期，田齊時代的青銅器中曾出現過仿古的紋飾傾向，因此在春秋晚期至戰國早期的銅器上還使用較早紋樣的波曲紋，如陳侯午簋、禾簋以及1957年河南孟津出土的齊侯盂⑤。戰國中期以後波曲紋完全消失。齊侯壺的形制在彭裕商師器形分類系統中屬於壺 Ab 亞型Ⅱ式，彭師把其流行年代定在了厲王、宣王時代，因此從類型學的角度講該壺不會晚至春秋晚期，再結合該器文字風格，我們認爲把該器定在春秋早期是合適的。

---

① 李學勤：《齊侯壺的年代與史事》，《文物中的古文明》，第244頁。
② 陳佩芬：《夏商周青銅器研究（東周篇）》，上海古籍出版社，2007年，第177頁。
③ 彭裕商：《西周青銅器年代綜合研究》，巴蜀書社，2003年，第14頁。
④ 關於洹子孟姜壺形制和紋飾較古的問題，有學者指出齊國銅器存在復古現象，陳侯午簋的形制是盛行於西周早中期的方座簋，其腹部、圈足和方座的紋飾近似兩周之際常見的波曲合竊曲紋，復古風格濃厚（參見張聞捷：《戰國時代的銅器復古》，《考古》2017年第4期）。
⑤ 張劍：《齊侯鑑銘文的新發現》，《文物》1977年第3期。

6. 齊侯甗

出土：1996 年 4 月山東莒縣店子集鎮西大莊 M1：5

年代：春秋早期

現藏：莒縣博物館

著録：考古 1999 年 7 期 38 頁；新收 1089

釋文：齊庆(侯)乍(作)寶……子=(子子)孫=(孫孫)永寶用。

器銘因腐蝕嚴重，故銘文大多漫漶不清，完整的共十一字，重文二。該器的出土

圖 1.1.6 齊侯甗

爲研究齊與莒的關係提供了重要的研究資料。銘文"齊侯作寶"與"子=孫=永寶用"之間還應殘缺幾字。我們知道媵器銘文辭例格式通常爲×(作器者)作×(被媵者)×器，銘末往往綴有"子子孫孫萬年永寶用"等金文常用的語句，如：王仲皇父作尾妘盤盉，其萬年子子孫孫永寶用(王仲皇父盉，《集成》9447)。據此可知中間所缺文字應爲所媵者之名，該器則爲齊侯嫁女與莒國的媵器，這也可以解釋齊國器爲何出現在莒國墓葬中①。

發掘報告稱該器由甑和鼎組合而成，甑方唇，敞口，雙立耳，斜平腹，平底，底有三角形漏孔，口沿下飾兩道凸弦紋。鼎爲方唇，敞口，雙附耳，雙耳與器壁各有兩根相連接的橫圓柱，束頸，鼓腹，蹄形足②。報告者稱從出土的青銅器的造型、紋飾、組合以及銘文等方面觀察分析，可以看出這些遺物都呈現出西

---

① 根據墓葬形制、出土青銅器數量之多、形制之精美及發現的帶有齊侯字樣的媵器上看，該墓墓主應該是莒國的公室成員，更爲重要的是，該墓出土了作爲王權身份的"山"字形器，我們知道"山"字形器還見於戰國時期中山國墓葬中，二者有没有文化上的共性尚需進一步研究。有學者認爲從墓葬制度看，西大莊墓地墓向爲南北向，無腰坑、殉人、殉狗，且隨葬器物放置在二層臺上，與莒國墓葬頭向多東向，流行大量殉人，隨葬品多放置於器物箱或頭箱的葬制有極大差異，而更傾向於華夏諸邦國墓葬葬俗。所以莒縣大莊墓地與劉家店子遺址、紀王崮遺址等屬於不同的文化傳統，結合"齊侯"銘文，推測西大莊 M1 應爲齊國墓葬。參見丁燕傑：《齊國用鼎制度試探》，《傳承與創新：考古學視野下的齊文化學術研討會論文集》，第 482 頁。
② 莒縣博物館：《山東莒縣西大莊西周墓地》，《考古》1999 年第 7 期。

周中晚期至春秋初期的特徵。孫敬明認爲當爲西周晚期①。該器紋飾爲弦紋,弦紋最早出現在二里崗文化期,流行於西周中晚期,綜合考慮該器年代爲兩周之際爲宜。

7. 齊縈姬盤

圖1.1.7 齊縈姬盤

出土：傳世器(清宮流傳)
年代：春秋早期
現藏：故宮博物院
著録：集成10147;銘圖14491
釋文：齊縈姬之嬭(姪)乍(作)寶般(盤),其鼉(眉)壽萬年無彊(疆),子=(子子)孫=(孫孫)永俘(寶)用亯(享)。

又名齊姬盤、嬭盤、齊縈姬之盤,原爲清宮舊藏。銘文二十三字,重文二。

嬭,《説文》無,《汗簡》《集韻》與姪同,同侄。原篆作[字],清代以來學者多釋"姪"②。陳劍認爲"[字]"等形體右部所从聲旁即來源於剌嬭壺"[字]"這種形體,在這種形體基礎上省略刀旁,並引用《汗簡》卷五女部引《義雲章》"姪"字作"[字]"討論該字當釋爲"姪"。③ 陳昭容認爲"青銅器銘文中的'嬭'字,都附在女姓之前",如"嬭改襄""嬭姬""嬭嫣""嬭妊","與姓結合作爲婦女的私名,這個字釋爲親屬稱謂的'姪',應該是不成問題的"④。《公羊傳》莊公十九年:"諸侯娶一國,則貳國往媵之,以侄娣從。侄者何？兄之子也,娣

---

① 孫敬明:《莒地新見齊、魯、諸、萊、黄、陳六國銅器考》,《考古發現與齊史類徵》,齊魯書社,2006年,第560頁。
② 周法高主編:《金文詁林》,香港中文大學,1974年,第6866—6870頁。
③ 陳劍:《甲骨金文舊釋"蘽"之字及相關諸字新釋》,《出土文獻與古文字研究》第二輯,復旦大學出版社,2008年,第13—47頁。
④ 陳昭容:《兩周婚姻關係中的"媵"與"媵器"——青銅器銘文中的性别、身分與角色研究之二》,《"中研院"歷史語言研究所集刊》第七十七本第二分,2006年,第232頁。

者何？弟也。"《漢書·杜欽傳》："娣姪雖缺，不復補。"顔師古注："兄弟之女則謂之姪。"齊縈姬之嬯即從縈姬嫁齊的兄弟之女。陳昭容認爲"已嫁婦女稱名通常是以夫家國加上母家姓爲常，'齊縈姬'與'齊縈姬之姪'兩人的關係是'姑'與'姪'，且都是以身居夫家'齊國'的立場爲稱謂，唯一的解釋是'齊縈姬'嫁到齊國，以兄弟之子（姪）爲媵，這正符合文獻記載的'以姪爲媵'，是非常明確的例子。當一個姬姓女子以'姪'的身份媵嫁，在她出嫁的國家'齊'國作器，她的稱名就可以是'齊姪姬'"①。該意見正確可從。

該器盤侈口，淺腹，腹壁圓轉內收，圈足外撇。雙附耳起於腹部，耳之上邊緣處各飾一對伏犧。盤外壁以蟠螭紋爲主體紋飾。器型接近於上村嶺虢國M1601：15出土的盤（《上村》圖版叁玖：2著錄），唯該器比齊縈姬盤多三隻小足。《銘文選》《集成》定時代爲春秋早期，《銘圖》定爲春秋後期。彭裕商師將此盤劃分爲Aa型Ⅰ式，此種器形承襲自西周晚期，"主要流行於春秋早期，少數延及中期前段"②。我們認爲這種器形流行於西周晚期和春秋早期。

8. 齊侯作孟姬盤
出土：傳世器
時代：春秋早期
著錄：集成 10123；銘圖 14457
釋文：齊𠂤（侯）乍（作）皇氏孟姬寶䀒（盤），其萬年釁（眉）壽無彊（疆）。

氏，方濬益《綴遺齋彝器款識考釋》卷七二七釋文作"氏"，認爲與《左傳》"君氏"意義相類，並認爲是齊景公爲穆孟姬所作器。楊樹達指出"方氏說大誤。[字]乃匕字，非氏字也，妣字甲金文皆作匕"③。此字無論從字形還是辭例看都應釋爲"氏"無疑。

圖 1.1.8　齊侯作孟姬盤

---

① 陳昭容：《兩周婚姻關係中的"媵"與"媵器"——青銅器銘文中的性別、身分與角色研究之二》，第232頁。
② 彭裕商：《春秋青銅器年代綜合研究》，中華書局，2011年，第92頁。
③ 楊樹達：《積微居金文說（增訂本）》，第151頁。

此爲齊侯爲其妻所作之器。皇氏孟姬,女子姓前貫以國(氏)之稱謂,金文習見,如齊侯匜:"齊侯作虢孟姬良母寶匜。"齊侯之妻"虢孟姬良母",其姬姓前冠以生身國名"虢"。

原爲瞿木夫舊藏,未見器形,僅有銘文拓本傳世。《集成》定此器爲春秋晚期,《銘圖》定爲春秋時期。該器銘文書風爲春秋早期風格,字形方正,結體疏朗,銘文風格與春秋早期齊侯子行匜近似。

9. 齊伯里父匜
時代:春秋早期
著録:銘圖 14966
現藏:陝西省大唐西市博物館
釋文:齊白(伯)里甫(父)乍(作)周姜䞓(媵)鉈(匜),其萬年子=(子子)孫=(孫孫)永寶用。

甫,《銘圖》釋作"父",張振謙釋作"甫"①。該字殘,從現存字形看當釋爲"父",讀爲"甫",爲古代用在男子名稱後的美稱。

圖 1.1.9 齊伯里父匜

(二)春秋中期

10. 齊侯敦
出土:傳世器
時代:春秋中期早段
著録:集成 4638;銘圖 06065
釋文:齊厌(侯)乍(作)䬸(敦)臺,其邁(萬)年永俘(保)用。

从目前資料看,敦最早始見於春秋中期,如河南輝縣甲乙墓 49 號敦②。由於未著録該器器形,只

圖 1.1.10 齊侯敦

---

① 張振謙:《齊系金文集成(齊莒甲卷)》,第 40 頁。
② 郭寶均:《商周銅器群綜合研究》圖版柒叁:3,文物出版社,1981 年。

能通過銘文特徵大致推定該器的年代。該器銘文形體方正，結體疏朗，具有西周晚期和春秋早期銘文特徵，不同於春秋晚期至戰國中晚期形體纖長的書風。該器與春秋早期的齊侯子行匜的風格也頗爲一致，結合敦的流行年代，我們認爲該器年代應爲春秋中期早段。

11. 齊太宰歸父盤

出土：傳世器

時代：春秋中期中段

現藏：上海博物館

著錄：集成 10151；銘圖 14495

釋文：隹（唯）王八月丁亥，齊太宰遹（歸）父鼄爲忌（己）媲（沫）盤，台（以）䄍（祈）覣（眉）壽，霝（靈）命難老。

此器又名歸父盤、齊太宰歸父殘盤、齊歸父盤等，銘文共六行二十四字。

圖 1.1.11　齊太宰歸父盤

遹，郭沫若認爲"遹是歸之異文，歸从帚𠂤（追）聲，此从帚遂聲也"。鼄，歸父之名。齊有國歸父，乃國佐之父①。楊樹達釋作"逯"，認爲此字"从豕，似以豕爲聲"②。江淑惠疑"㠯"是"㣇"之誤。徐在國隸作"遹"，認爲此字所從的"㠯"絕不是"㣇"或"豕"，而是"𠂤（堆）"字的省體③。"歸"字《說文》从"止"，當本从"辵"，歸父敦（《集成》4640）歸字作"𨗈"，戰國文字中或省辵，作"𠂤"。"㠯"與"豕"字形不類，或當如學者所言爲"𠂤"省體或訛體，今仍釋作"遹"。

鼄，歸父私名。郭沫若認爲"殆胄字之異，乃歸父名"。袁金平認爲是"莊"之省作。④黃聖松認爲"鼄"下部所從爲"丌""甾""丌"音近，趞亥鼎"牆"用爲

---

① 郭沫若：《兩周金文辭大系圖錄考釋》，《郭沫若全集·考古編》第八卷，第 428 頁。
② 楊樹達：《積微居金文説（增訂本）》，第 221 頁。
③ 徐在國：《古璽文字八釋》，《吉林大學古籍所建所十五周年紀念文集》，吉林大學出版社，1998 年，第 112—122 頁。
④ 袁金平：《齊金文考釋二則》，《考古與文物》2011 年第 5 期。

"莊","甾"與"牆"字形字音相近,當可讀爲"莊"。① 黄錦前釋"妻",認爲從構形看,與"妻"字接近,唯其下部所從非常見的"人"形,或爲"人"形之省。② 妻字或从女甾聲,該字下从兩短横,未見人形省作此者,故釋"妻"犹未安。莊字或从甾爿聲,或从甾从口爿。庚壺中有讀作"莊"之字作"", 《璽彙》3087 有字作"",當讀爲"莊"。莊字既从甾又从甴,我們懷疑該銘中甴即爲甾字,二短横爲飾筆,古文字中常加"二"形作飾筆。

文獻見國歸父之名,《左傳》中又稱作國莊子。《左傳》僖公二十八年:"夏,四月戊辰,晋侯、宋公、齊國歸父、崔夭、秦小子憖次于城濮。"杜預注:"國歸父、崔夭,齊之大夫。"學者多認爲該器之歸父即文獻中國歸父,乃國佐之父,文獻中又稱國莊子。國歸父帥師會晋國,文公與楚戰於城濮。《左傳》僖公三十三年:"齊侯使國歸父來聘。"魯僖公三十三年爲齊昭公六年(前 627 年),齊昭公在位二十年,學者據此認該盤當爲齊昭公時器,爲齊昭公時的標準器③。《銘文選》842、陳佩芬《夏商周青銅器研究》523 皆定爲齊昭公時器。黄錦前則認爲,據文獻國歸父在齊國位列上卿,權傾朝野,是一個舉足輕重的人物;"太宰"一般認爲係宫廷類官或家臣一類的職官,與上述文獻所載的國歸父身份、地位及事迹皆不相稱;並認爲從時代、稱謂、人物關係及有關文獻記載來看,盤銘的齊太宰歸父,當非如郭沫若所云係著名的齊大夫國歸父,而與鮞鎛的器主鮑子鮞很可能是一人,係鮑叔牙之孫,"鮞"係其名,"歸父"爲其字④。

由於該器今存盤底,故無法從器形考訂該器年代。不過下文言及另一件齊太宰歸父當爲同一人所作,盤有明確器形,對推斷該器的年代提供了依據。

近年,無錫博物院入藏了一件春秋中期的青銅盤,該盤著録於《銘圖續》0932,被稱爲"歸父盤"。通過 X 光透視,可見鏽層下方有兩行銘文爲齊太宰歸父盤銘文的前 12 字。葛亮運用"銘文重合辨僞法",指出該盤銘文應該是仿上

---

① 黄聖松:《東周齊國文字研究》,第 304—305 頁。
② 黄錦前:《齊太宰歸父盤新釋》,《傳承與創新:考古學視野下的齊文化學術研討會論文集》,第 545 頁。
③ 馬承源主編《商周青銅器銘文選》、陳佩芬《夏商周青銅器研究》亦定此器爲齊昭公時器。
④ 黄錦前:《齊太宰歸父盤新釋》,《傳承與創新:考古學視野下的齊文化學術研討會論文集》,第 547 頁。

博盤而成,只是稍變行款而已①。

無錫盤敞口淺盤,窄沿外折,腹部有一對乙字形附耳,平底,三蹄足兩耳和腹部均飾蟠螭紋,時代爲春秋中期偏早。

12. 齊侯匜②

出土:光緒十九年(1893 年)易州出土

時代:春秋中期

現藏:美國紐約大都會藝術博物館

著録:集成 10283;銘圖 14997

釋文:齊灰(侯)乍(作)朕(媵)寡(寬)圖(薦)孟姜盥盉(孟),用瀫(祈)䚋(眉)壽,邁(萬)年無疆,它它巸(熙)巸(熙)、男女無惎(期),子=(子子)孫=(孫孫)永俘(保)用之。

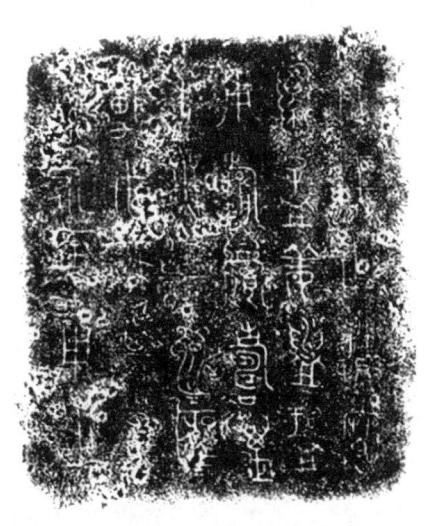

圖 1.1.12　齊侯匜

(美)福開森(John C. Ferguson)指出:"昔清宗室盛昱藏鼎、敦、盤、盂(即匜)各一,謂之齊侯四器。銘辭器各六行,行各五字,併重文計之,得三十四字,中惟器名各易二字,餘悉同文,相傳爲一八九三年(清光緒十九年)直隸易州出土。"

寡:郭沫若:"寡从宀莧聲。莧,莧之繇文,蓋古寬字。小篆从莧聲,字形既近,音亦同在元部,蓋異作也。漢隸多作寬,从莧聲。"③徐在國隸作"寬",讀爲"宿"④。

圖:郭沫若認爲即虞之初文⑤。圖在史頌鼎、史頌簋作形爲"▨"字偏旁,

---

① 葛亮:《"銘文重合辨僞法"補説——以兩件春秋齊魯金文爲例》,《新出文獻與中國早期文明研究學術研討會論文集》,2021 年 4 月,第 275—276 頁。
② 齊侯匜爲"齊侯四器"之一,計有鼎、敦、盤、盂(其形制爲匜,銘文自稱爲盂)共四器。光緒十九年(1893 年)易州出土,原是盤、匜、敦成一組的,都是素面,鑄款。當時的古董商取一有花紋的真鼎仿刻銘文,又配置一盞。容庚疑鼎爲僞器,齊侯四器銘文基本相同,年代也一致,其中齊侯敦銘文最爲清晰,以齊侯敦爲代表。
③ 郭沫若:《兩周金文辭大系圖録考釋》,《郭沫若全集・考古編》第八卷,第 449 頁。
④ 徐在國:《員甫人匜銘補釋》,《古文字學論稿》,安徽大學出版社,2008 年,第 192—194 頁。
⑤ 郭沫若:《兩周金文辭大系圖録考釋》,《郭沫若全集・考古編》第八卷,第 449 頁。

"▨"舊釋爲"瀘",李學勤釋此字爲"溵"並讀爲"津",並指出:"溵字多以爲'瀘',也使文句無法讀通,該字右側於'鳶'外施以環筆,在古文字中只有'因'字相近,'因'即'茵'的初文,所以圖是'薦'字。上海博物館藏楚簡《容成氏》云'戊午之日,涉於孟瀘','瀘'乃'津'字,這爲史頌器銘的釋讀提供了證據。"①李學勤的意見無疑是正確的,此外《清華三·説命中》篇簡文有"若天旱,汝作淫雨。若圖水,汝作舟"。齊侯敦銘中"▨"與之相較,也應釋爲"圖",即爲"薦"字初文。

寡圖:歷來無釋,郭沫若釋爲"鮮虞"②,江淑惠認爲此二字當是孟姜夫家國之名,"齊侯作朕(媵)寡圖孟姜膳敦"當是齊侯爲其嫁至寡圖之長女所作媵器③。媵器銘文中女性稱謂是個很複雜的問題,根據内公鬲"内公作鑄京氏婦叔姬媵鬲"銘文判斷,此處可能是"夫氏+行第+姓"的類型,寡圖可能指孟姜所嫁之家的姓氏或國別。

它它熙熙:徐中舒指出:"此它它熙熙皆形容無期無疆之辭。"④《詩經·鄘風·君子偕老》:"委委佗佗,如山如河。"毛傳:"佗佗者,德平易也。"《爾雅·釋訓》:"委委佗佗,美也。"郭璞注:"皆佳麗美豔之貌。"《經典釋文》:"佗佗,本或作'它'。"邢昺疏引孫炎曰:"佗佗,長之美也。"熙熙,即熙熙,《漢書·禮樂志》:"衆庶熙熙,施及夭胎;群生噎噎,唯春之祺。"顏師古注:"熙熙,和樂貌也。"張政烺在釋默簋銘文"訑訑降餘多福"時指出"訑"讀爲"施",《孟子·離婁下》:"施施從外來。"趙岐注:"施施,猶扁扁,喜悦之貌。"⑤畢經緯指出"它它(施施)熙熙"爲春秋時期海岱地區金文中的特有祝語⑥。

男女無碁:徐中舒指出:"無期之期,金文从日作昚,或作碁,或又从言作諆,或省作其,作諅,或借期、塈、昺、基爲之,獨無从月之期。"⑦"碁"是"期"的

---

① 李學勤:《頌器的分合及其年代的推定》,《古文字研究》第二十六輯,中華書局,2006年,第160—164頁。
② 郭沫若:《兩周金文辭大系圖錄考釋》,《郭沫若全集·考古編》第八卷,第449頁。
③ 江淑惠:《齊國彝銘彙考》,《國立臺灣大學文史叢刊》,1990年,第81頁。
④ 徐中舒:《金文嘏辭釋例》,第560頁。
⑤ 張政烺:《周厲王胡簋釋文》,《古文字研究》第三輯,中華書局,1980年,第113頁。
⑥ 畢經緯:《海岱地區商周青銅器研究》,第228頁。
⑦ 徐中舒:《金文嘏辭釋例》,第526頁。

異體字,《正字通·日部》:"萁即期。"金文中"諆""期""記"可通,"眉壽無期",師衰簋:"折首執訊無諆。"徐王子旃鐘:"眉壽無諆。"上鄀府簠:"眉壽無記。"由上,知"期"可通"記"無疑。筆者認爲,該銘"無期"用其本義雖通,但此處理解爲"無記"更好些。于省吾認爲齊侯盤、慶叔匜並言"男女無萁",無萁即無算,無算極言其男女之多,眉叔多父盤稱"百子千孫",翏生盨稱"其百男百女千孫",是其例證。傳世文獻、金文中"無期"用爲本義者主語多爲福壽等有時間持續性的名詞,比如,《詩經·小雅·南山有台》:"樂只君子,萬壽無期。"漢班婕妤《自悼賦》:"勉虞精兮極樂,與福祿兮無期。"王孫誥鐘:"邁(萬)年無期。"冀公壺:"它它熙熙,受福無期。"筌叔匜:"它它熙熙,壽老無期。"而男女只是一個普通名詞。另外,用男女來指稱夫妻,似也有不恰當之處,這裏的"男女"用來指稱"子孫後代"更好講些,"男女無期"可理解爲多子多福、人丁興旺之義。

俘:齊器銘文兼用保、俘二字,一般而言,姜齊器銘多用"俘",譬如齊侯四器、齊侯敦等器,田齊器銘多用"保",如陳侯四器等。但也並非絕對,鼄氏鐘、齊良壺等姜齊器也用"保"字。

敦是一種始於春秋中期,流行於春秋晚期至戰國早中期的青銅器類型。目前關於敦的器形來源存在兩種主要觀點,一種認爲敦由簋發展而來,以高明爲代表①,一種認爲敦由盆發展而來,以劉彬徽爲代表②。彭裕商師搜羅衆説、詳加探究,認爲敦並非由簋演變而來,而是由盆演變而來③。

齊侯四器的年代,陳夢家定鼎爲春秋早期,蓋爲後配,銘爲僞刻④。其他三器定爲春秋晚期,亦可能已入戰國⑤。李學勤定四器爲春秋中期偏晚,並認爲齊侯鼎爲真器、真銘⑥。該器形腹壁圓曲,蓋平頂,束頸、平沿外侈,器蓋

---

① 高明:《中原地區東周時代青銅器研究(中)》,《考古與文物》1981年第3期。
② 劉彬徽:《楚系青銅器研究》,湖北教育出版社,1995年,第151—164頁。
③ 彭裕商:《東周青銅盆、盞、敦研究》,《考古學報》2008年第2期。
④ 一種意見認爲銘文爲真,如王獻唐《國史金石志稿》四·四八七下認爲"近人或以此鼎刻款可疑,實無可疑"。李學勤也認爲銘文不僞,"但春秋時已有刻銘的青銅器,1973年山東滕縣薛城出土的簠(見第九章)即其明證,易縣的鼎並不是僞品"(李學勤:《東周與秦代文明》,第82頁)。
⑤ 陳夢家:《美帝國主義劫掠的我國殷周銅器集錄》A248齊侯敦,科學出版社,1962年。
⑥ 李學勤:《東周與秦代文明》,第82頁。李先生指出春秋時期已有刻銘的青銅器,1973年山東滕縣薛城出土的簠即其明證,因此李先生認爲此鼎並非僞品。李先生的意見是很有見地的,在一組銅器中,其中有刻銘的例證並非鮮見,如《扶風齊家村青銅器群》中,鐘8枚,其中甲、乙2枚爲刻銘,餘爲鑄款,甚至會有同一件器物上,蓋爲鑄刻,器爲刻款的情況,如魯太宰原父簠。

相合呈扁體,平面作圓形,無足,蓋上有四環,口旁有三小獸首下垂,器旁有兩耳環,腹飾帶紋。該器器形和山東淄博磁村編號爲 M01∶2 出土的敦器形完全相同,該墓的年代簡報定爲春秋晚期①。也接近洛陽中州路 M6∶21 出土的敦,該敦與齊侯敦不同之處在於腹較深,蓋頂作圈柱形,蓋緣附三垂耳。這種器形的流行年代爲春秋中期,齊侯敦的大致年代亦當爲春秋中期。發展到春秋晚期的齊國敦大多有三蹄足,蓋上有環形鈕。比如,山東膠南出土的荆公孫敦,另外,河南新鄭李家村 M1∶5 出土的敦②都屬春秋晚期敦形制的典型代表。李學勤指出:"[齊侯]敦的型式同於洛陽中州路二期,花紋也不晚,可推定爲春秋中期偏晚。"③其説可從。

圖 1.1.13 公典盤

13. 公典盤

出土:1995 年山東長清仙人臺古邿國墓地五號墓

時代:春秋中期偏晚

著錄:新收 1043;銘圖 14526

釋文:寺(邿)子姜首及(及)邿,公典爲其盥盤,用祈(祈)眉壽難老,室家是俘(保),它它熙(熙)熙(熙),男女無期(期),于終有卒,子子孫孫永俘(保)用之,不(丕)用勿出。

公典盤自公布以來④,引起了學界的極大關注,學者紛紛著文討論,取得了一些一致性的意見。但目前學界對其句讀、命名、作器者、國别及有關釋讀等問題還存在巨大的分歧,似有很多討論的餘地,

---

① 淄博市博物館:《山東淄博磁村發現四座春秋墓葬》,《考古》1991 年第 6 期。
② 河南省文物研究所新鄭工作站:《河南新鄭縣李家村發現春秋墓》,《考古》1983 年第 8 期。
③ 李學勤:《東周與秦代文明》,第 82 頁。
④ 山東大學歷史文化學院考古系:《長清仙人臺五號墓發掘簡報》,《文物》1998 年第 9 期。

我們參照已有成果，提出一些自己的看法。

原發掘報告稱此器爲"郜公典盤"，李學勤稱爲"郜子姜首盤"①，林聖傑稱爲"公典盤"②，定名的分歧主要是由各家對銘中的人物關係和器物性質的不同理解所致，此從林聖傑所稱，下詳之。

我們首先要確定該器的性質，從銘文的用語判斷，這當是一件送嫁之器，即媵器。"它它熙熙，男女無朞(期)"爲典型的媵器用語，見於齊侯四器、齊侯盂、鮑子鼎、慶叔匜、夆叔匜等媵器，特別是"不(丕)用勿出"更是寄托了作器者希望其女不被所出的願望。

"寺(郜)子姜首迟(及)郜公典爲其盥盤"，此句是本銘的關鍵之處，也是各家存在分歧最大的地方，對"郜子姜首"稱謂和"迟"字的解釋更是聚訟紛紜，莫衷一是，下面我們重點討論。

寺，即郜，國名。《說文·邑部》："郜，附庸國。在東平亢父郜亭。從邑寺聲。《春秋傳》曰：'取郜。'""郜子姜首"，方輝認爲："'子姜'，姜姓女子嫁到郜國爲妻者。金文有稱'子仲姜'(辝鎛，《三代》1,66；齊侯鎛，《三代》1,67)、'子叔姜'(眉公壺，《大系》圖錄二三六)者，與此例同。"③李學勤指出："需要說明的是，盤的作器者'郜子姜首'應理解爲郜人'子姜首'，而不是'郜子'名作'姜首'。簡報載仙人臺五號墓主人係成年女性，從葬具和隨葬品規格看'是士一級貴婦人'。我以前有小文論述，周代女名有姓下加名之例，如金文'妊小''姬單''姜縈'，又有冠以美稱'子'字之例，如文獻中齊昭公夫人'子叔姬'、金文'子孟姜''子仲姜'等。盤銘'子姜首'，'子'係美稱，'姜'是姓，'首'是名。"涂白奎認爲："作器者郜公典，所媵者郜國之女姜首。若以爲郜公典爲嫁於郜國的姜姓女子作器，則郜公典不得稱其爲'子'。言'郜子'，則必爲郜人之女。"④涂白奎在《郜國之姓考辨》一文中對"子"的用法和此稱謂又詳加論述，進一步強調了其觀點。其結論爲"先秦時期女子稱子絕非尊稱、貴稱或妻稱，其多爲女兒之稱，或

---

① 李學勤：《郜子姜首盤和"及"字的一種用法》，《中國文字研究》第一輯，廣西教育出版社，1999年，第268—272頁。
② 林聖傑：《公典盤銘文淺釋》，《中國文字》新二十七期，藝文印書館，2001年，第91—102頁。
③ 方輝：《郜公典盤銘考釋》，《文物》1998年第9期。
④ 涂白奎：《〈郜公典盤〉及相關問題》，《考古與文物》2003年第5期。

爲昵稱，少説爲無定指的泛稱"①。陳劍根據郭子中簠"郭子中媵孟嬴寶簠"之語認爲："郭子當連讀，係郭國國君，'郭子姜首'當爲嫁給郭子的齊國姜姓女子名'首'者，而不應'子姜首'連讀爲人名，僅將'郭'説爲其夫人之姓氏。"②張志鵬認爲"郭子姜首及，郭公典爲其盥盤"乃"郭公典子姜首及，郭公典爲其盥盤"之蒙後省略，"子"應爲"女兒"之義③。

　　對於"郭子姜首"的不同理解實際上形成了兩種觀點，一種認爲該器是郭國嫁人所作媵器，一種是嫁到郭國所帶來之媵器。對於"郭子"連讀還是"子姜首"連讀，筆者更傾向於後者。"子姜首"，誠如李學勤所言，"子"當係美稱，"姜"是姓，"首"是名，而"郭"我們認爲當爲夫國國名。關於家長對出嫁女子所作媵器的女子稱謂問題，已有諸多學者進行過討論，一般而言，媵器上家長對出嫁女子的稱謂是在女姓前冠以所適國之國名④。僅從文句而言，"郭子"連讀和"子姜首"連讀都能講通，筆者更傾向於李學勤的解釋，文獻和金文中都有理據，周代金文中習見所嫁之女姓前綴以夫國國名的女子稱謂，如魯伯愈父鬲："魯伯愈父作邾姬犅媵羞鬲……"這是魯國愈父之女嫁於邾國爲妻，魯伯愈父爲之作器。魯國爲姬姓，故稱"邾姬"。由於周代金文女子稱謂問題異常複雜，因此上述結論也並非完全絕對⑤，不能作爲我們判斷的依據，因爲女子姓前還綴以母國之稱謂，這裏只是説明有此用法而已。把"郭子"連讀解釋爲"郭人之女"初看並無不妥，但仔細審視却有可商之處，郭爲國名，國名後綴"子"表示所媵之人的含義則顯得太過籠統。另外即便可以把"郭子"理解爲"郭人之女"，但"姜首"姓"姜"，而"郭國"的姓，趙平安已經指出爲"嬴姓"⑥，故此説恐非。

----

① 涂白奎：《郭國之姓考辨》，《史學月刊》2008年第7期。
② 陳劍：《金文字詞零釋（四則）》，《古文字學論稿》，第139頁。
③ 張志鵬：《郭公典盤銘文新釋》，《考古》2018年第11期。
④ 可參看李仲操：《兩周金文中的婦女稱謂》，《古文字研究》第十七輯，中華書局，1994年，第398—405頁；曹定雲：《周代金文中女子稱謂類型的研究》，《考古》1999年第6期。
⑤ 張淑一：《兩周金文女子稱謂"規律"再探討——兼論"楊姞壺"的問題》，《考古與文物》2009年第5期。
⑥ 趙平安：《郭子中盨的名稱與郭國的姓氏問題》，《古籍整理研究學刊》2006年第1期。另，關於郭國之姓，學界還存在不同説法，涂白奎認爲是姜姓（《郭國之姓考辨》，《史學月刊》2008年第7期），任相宏根據對郭中簠的考證，認爲是嬀姓（《郭中簠及郭國姓氏略考》，《文物》2003年第4期）。

上文提到陳劍根據郜子中簠"郜子中媵孟嬴寶簠"之語認爲郜子當連讀，係郜國國君。我們知道郜子中簠"郜子"爲合文，陳奇猷認爲郜子合文即國名與爵名合文①。趙平安亦贊同此説②。在銅器銘文我們可以看到"國名＋子"表示國君的稱謂，如黃子鼎："黃子作黃甫（夫）人行器，則永祐福，霝（靈）冬（終）霝（靈）後。"（《集成》5.2566）此鼎 1983 年出土於河南光山縣相寺上官春秋墓葬中，黃國爲嬴姓，此鼎當黃國國君爲其姬姓妻子所作之器。但郜子中簠"郜子"不能簡單和公典盤銘"郜子"等同，認爲公典盤銘"郜子"也應連讀。首先郜子中簠"郜子中"的稱謂所指爲一人，"郜子"即國名與爵名合文，"中"爲名，而公典盤銘"郜子"並非合文。其次如果把郜子連讀，理解成郜國國君，"郜子姜首"理解爲嫁給郜子的姜姓女子名首者。此種説法是把"郜子"作爲"姜首"的修飾語看待的，在吳鎮烽總結的金文中女子稱謂的 20 種具體組合方式③中並沒有找到此種用法，女子稱謂前常綴以所適國之國名，而並非國君，另外把某國國君作爲所娶女子的修飾語也似有不妥。所以我們認爲"子"應和"姜首"連讀，表示一種美稱，前冠以"郜"當爲夫國國名，這種理解更好解釋些，而且在出土文獻和傳世文獻中我們也可以找到類似的用法，上引李學勤的觀點可以明確看出這一點。

　　迨，即及，對此字的解釋更是衆説紛紜，方輝認爲該字乃"至、到達"之義；李學勤認爲"及"字在這裏不是連詞而是動詞，意思是參預。林聖傑認爲在本銘中應作並列結構之連詞，義爲"與"。涂白奎訓爲"往嫁之詞"。程燕亦同涂説④。陳昭容亦斷讀爲"郜子姜首及郜公典"，並解"及"爲"與""和"，認爲郜子姜首與郜公典爲夫妻關係，此盤是二人共同所作⑤。我們認爲"及"當爲動詞，非連詞，結合該器爲媵器，訓爲"往嫁之詞"甚合文意。文獻中亦有此用法，《詩經·大雅·大名》："摯仲氏任，自彼殷商，來嫁于周，曰嬪于京。乃及王季，維

---

① 陳奇猷：《郜中簠當作止（郜）子中簠》，《文物》2004 第 12 期。
② 趙平安：《郜子中盨的名稱與郜國的姓氏問題》，《古籍整理研究學刊》2006 年第 1 期。
③ 吳鎮烽：《金文人名彙編》，中華書局，2006 年，第 460—465 頁。
④ 程燕：《鮑子鼎銘文補釋——兼論郜子姜首盤銘文中的"及"》，《中國歷史文物》2010 年第 2 期。
⑤ 陳昭容：《兩周婚姻關係中的"媵"與"媵器"——青銅器銘文中的性别、身份與角色研究之二》，《"中研院"歷史語言研究所集刊》第七十七本第二分，第 193—278 頁。

德之行。"鄭箋:"及,與也。摯國中女曰太任,從殷商之畿内嫁爲婦於周之京,配王季而與之共行仁義之德,同志意也。"張志鵬認爲"及"字,應爲"嫁娶"之義①。

廷,爲及物動詞,後面當有賓語,我們認爲"郱"當爲其賓語。公典,爲作器之人。公典,當爲作器之人。綜合考慮筆者認爲此句當斷作:郱子姜首及郱,公典爲其盥盤。意爲"名爲姜首之女嫁到郱國,其父公典爲其作盥盤"。此器當是姜姓之人公典爲名爲姜首並嫁到郱國的女兒所作之器,並非郱國之人所作送嫁媵器。因此,根據青銅器一般的命名方式,加之公典並非郱國人,此器當名爲公典盤爲宜。

該器的國別是另外一個值得探討的問題,學者大致有兩種觀點:一種認爲該器屬於郱國,一種認爲屬於齊國。判斷其國別,不能僅僅依靠銘文的釋讀,還應考慮其他因素,我們認爲此姜姓國當爲齊國,公典盤爲齊器。關於公典盤的國別業已有學者提出諸多傾向性意見,發掘簡報稱"從郱公典盤銘看,字體已顯瘦長,尤其接近於 50 年代河南洛陽中州大渠出土的齊侯鑑,如盤銘中的子、姜、其、眉壽、永保等與後者的字形、字體完全相同"②。方輝指出:"此器銘文字體和行文用語頗近似於齊侯鑑和齊侯敦,陶器組合和器物特徵也與同時期齊國墓葬相似。據此推測,此子姜可能爲齊國女。"李學勤指出:"从當時地理形勢看,她大約是齊女嫁於郱者。"陳劍指出:"公典盤雖出於郱墓地,但作器者公典當是齊國人。其全銘文字字體修長,筆畫曲折,與春秋時期齊國的鎛鎛,齊侯作孟姜敦又盤、匜,齊侯盂,叔夷鐘、鎛等都非常相近,是典型的春秋齊國銅器銘文的風格,而與前引郱子中簠等長清出土的郱國金文和傳世春秋郱國金文明顯不同。"③丁燕傑則從用鼎制度角度指出屬於齊器,"從仙人臺 M5 用鼎情況來看,其使用形制相近的 3 件銅鼎和 3 件陶鼎列鼎組合,基本遵循了華夏諸國族'形制相同、大小相次、奇數組合'之用鼎制度,與同墓地其他郱國墓葬多使用大小相同的 2 鼎、8 鼎等偶數列鼎組合的制度明顯不同,而與上述臨淄劉家新村 M28、莒縣西大莊 M1 和臨

---

① 張志鵬:《郱公典盤銘文新釋》,《考古》2018 年第 11 期。
② 山東大學歷史文化學院考古系:《長清仙人臺五號墓發掘簡報》,《文物》1998 年第 9 期。
③ 陳劍:《金文字詞零釋(四則)》,《古文字學論稿》,第 141 頁。

淄東古城村 M1 一致"①。上述諸位學者已經從各個角度闡述該器屬齊器的理由,我們認爲是可取的。有學者認爲該器爲郳國銅器只是從銘文的語句分析,我們知道該銘語句的理解是兩可的,因此作爲判斷器歸屬的標準是有些牽強的,另外如果認爲該器爲郳國所作媵器,那爲何出現在郳國墓地？對此,有學者解釋是該女後來被夫家所出,又終身未續嫁,這種解釋也不是没有可能,但似乎頗顯曲折,没有作爲別國之媵器解釋更順理成章些。

另外,學界對於該銘"于終有卒"嘏辭的解釋意見也很不統一,原發掘報告釋爲"于冬(終)又(有)卒",李學勤、涂白奎皆從之,訓"卒"爲終卒之"卒"。方輝讀爲"于終有崒",引《說文》訓"崒"爲"危高",謂"崒有高義,高古有崇高、尊貴之意。《說文》:'高,崇也。'《呂氏春秋·離俗》:'雖死,天下愈高之。'高注:'高,貴也。'《廣雅·釋詁》:'高,敬也。'例證尚多,不俱引。于終有卒,既能高壽,又能獲得尊貴和榮耀"。周海華、魏宜輝釋"卒"字爲"衣",讀爲"依"訓爲"保","于終有依"即"終有所保"②。林聖傑讀"卒"爲"萃",訓爲"聚"。袁金平認爲"卒"當讀作"乍","乍"通"作"訓爲"始","于終有卒"即"于終有乍(作)",相當於"于終有始",與《詩經·大雅·既醉》"令終有俶"在意義和結構上均極爲一致③。鄧佩玲認爲"于終有卒"與《詩經·大雅·既醉》"令終有俶"在結構和意義上均接近,訓"于"爲"大",而大有"善""美"之意,"于終"與《詩經》之"令終"相若,意謂今日所言之"善終",即金文習見之"霝冬",亦即文獻中之"靈終"④。陳劍釋各家無異議之"于"字爲"考"字,訓爲"老壽","考終"即爲《尚書·洪範》"五福"之"考終命"⑤。僅就字形而言,此字釋"于"或"考"皆可行。戰國文字中本來就有很多直筆改曲筆的情況⑥,此字釋"于"也無不可,釋爲"考終"意義雖通,但先秦文獻和銅器銘文中尚無"考終"作獨立詞語的用法,

---

① 丁燕傑:《齊國用鼎制度試探》,《傳承與創新:考古學視野下的齊文化學術研討會論文集》,第489頁。
② 周海華、魏宜輝:《讀銅器銘文札記(四則)》,《東南文化》2005年第5期。
③ 袁金平:《新蔡葛陵楚簡字詞研究》,安徽大學博士學位論文,2007年,第146—147頁;又《郳子姜首盤銘"于終有卒"新論》,《古文字學論稿》,第212—214頁。
④ 鄧佩玲:《新見金文嘏辭"于終有卒"探論》,《康樂集——曾憲通教授七十壽慶論文集》,中山大學出版社,2006年,第208—215頁。
⑤ 陳劍:《金文字詞零釋(四則)》,《古文字學論稿》,第143頁。
⑥ 何琳儀:《戰國文字通論(訂補)》,第246—247頁。

《尚書·洪範》中"考終命"也不能簡單與"考終"等同,故此説尚需斟酌。"于"最常見的義項就是"在","終"即"終老",《周禮·天官·冢宰》:"凡民之有疾病者,分而治之。死終,則各書其所以而入于醫師。"鄭注:"少者曰死,老者曰終。"各家釋"卒"之字,當爲"衣"字,古文字"衣"和"卒"字形相近,此處釋爲"衣"從字形上講是没有問題的。衣即"依",《説文·衣部》:"衣,依也。"段玉裁注:"依者,倚也。衣者,人所倚以蔽體者也。"《尚書·康誥》:"今民將在祗遹乃文考,紹聞衣德言。"孫星衍注疏:"衣,同依。……依其德言。"上已言及,周海華、魏宜輝也釋"卒"字爲"衣",讀爲"依"但他們又訓爲"保",有通轉過多之嫌。"于終有衣"即表示在終老的時候能有所依靠。把這種理解放歸到盤銘,也文從字順。

該器窄沿、淺腹、附耳、平底、圈足,足沿有凸棱一周,爲春秋時期典型器物特徵。發掘者從器形組合特徵和單件器物形制及横向比較等綜合因素考訂該墓的年代爲春秋中期晚段,又結合《春秋經傳》記載郜國於魯襄公十三年(前560年)爲魯國所滅,認爲其下限不晚於襄公十三年。此器銘文字體修長、結體疏朗,行文用語亦頗近似"齊侯鑑""齊侯敦"等器物,"齊侯鑑"爲齊靈公所作,公典盤年代不會距此太遠,考慮到該盤爲媵器,其年代應早於墓葬年代,因此我們認爲該器作器年代當定爲春秋中期前中段爲宜。

14. 鮑鎛[①]

出土:清同治庚午(1870年)山西榮河縣后土祠旁

年代:春秋中晚期

現藏:中國國家博物館

著録:集成271;銘圖15828

釋文:隹(唯)王五月初吉丁亥,齊辟鼞(鮑)弔(叔)之孫,遳(躋)中(仲)之子鮑,乍(作)子仲姜寶鎛,用䉼(祈)疾(侯)氏永命萬年。鮑(令)俘(保)其身,用䕻(享)用考(孝)于皇祖聖弔(叔)、皇礼(妣)聖姜,于(與)皇祖又成惠弔(叔)、皇礼(妣)又(有)成惠姜,皇丂(考)遳(躋)中(仲)、皇母,用䉼(祈)壽老母

---

① 傅修才認爲該鎛的作者實是鮑子國,舊所謂鮑鎛可改稱爲鮑子國鎛(傅修才《東周山東諸侯國金文整理與研究》附録三《鮑鎛器主補釋》,第399—402頁)。

(毋)死，俘(保)虘(吾)兄弟，用求丂(考)命彌(彌)生，簫(肅)簫(肅)義(儀)政，保虘(吾)子隹(生)。鼄(鮑)弔(叔)又(有)成袋(勞)于齊邦，灰(侯)氏易(賜)之邑二百有九十又九邑，舉(與)鄩之民人都啚(鄙)，灰(侯)氏從遷(告)之曰：枼(世)萬至於辝(台)孫子，勿或俞(渝)改，鼄(鮑)子鎛(絽)曰：余彌(彌)心畏諅(忌)，余三(四)事是台(以)，余爲大攻(工)厄(輗)、大事(吏)、大迋(遂)、大宰，是辝(台)可事(使)，子子孫孫永俘(保)用言(享)。

圖 1.1.14　鎛鎛

該銘十八行一百七十四字，重文二、合文一，是鮞爲其妻子齊侯之女子仲姜所作。郭沫若、楊樹達等都曾對該器做過研究。此器銘文雖已基本可讀，但對某些字的解釋還可再作討論，銘文中若干重要問題，諸如該器的年代等問題還存在分歧，也有進一步探討的必要。

齊辟鞄（鮑）叔之孫：辟，君主，《詩經・大雅・文王有聲》："皇王維辟，皇王烝哉。"鮑叔有封邑，故可稱辟。郭沫若謂辟爲地名①，恐非。鮑氏封邑爲鮑，故址在今山東歷城縣東。《論語・八佾》："相維辟公。"何晏《集解》："包曰：辟公，謂諸侯及二王之后。"皇侃《疏》引鄭玄云："辟訓君，君故是諸侯也。"可知辟理解爲君主爲妥。鮑叔爲齊國之正長，即鮑叔牙。鞄，《説文・革部》："鞄，柔革工也。从革，包聲。《周禮》曰：'柔皮之工鮑氏。'鮑即鞄也。"楊樹達讀爲鮑，他指出："銘文鞄字乃鞄之或作。《説文》鞄从包聲，銘文之鞄乃匋聲，與《説文》異者，匋與包古音無異也。"②鄔可晶認爲"匋"字"从人持缶"，當是"作陶器"或"所作之陶器"的表意初文；古文字中讀"寶""庖""鮑"等音之"匋""鞄"，實由"阝"之簡體加注"缶"聲而成，"阝""𨸏"疑是"覆蔽"或"埋伏"之"覆"的表意初文。"匋""陶"與"阝""𨸏"本是毫無關係的兩系字，只是在春秋戰國的某系文字（如齊文字）中，"匋"的變體與"阝"之簡體加注"缶"聲作"䍃"者，形近而混③。

乍（作）子仲姜寶鎛："子仲姜"，舊説"子仲姜"爲器主鮞之母④，"仲姜"貫以"子"字，各家所解不一，楊伯峻認此爲女子嫁人之後的稱謂，未嫁之前不加"子"字。《春秋》文公十二年經："二月庚子，子叔姬卒。"孔穎達《正義》："稱子叔姬者，服云：子殺，身執，閔之，故言子，爲在室辭。"《公羊傳》云："其稱子何？貴也。其貴奈何？母弟也。"楊伯峻《春秋左傳注》則認爲："書'子叔姬'者，明其未嫁也。……若未嫁之女，則不貫以'子'字。"⑤楊説是，叔姬未嫁之前則只稱叔姬，《春秋》宣公五年"秋九月，齊高固來逆叔姬""冬，齊高固及子叔姬來"。此叔姬秋則未冠以"子"，冬則冠以"子"稱，對此楊伯峻注釋説："此時叔姬尚未

---

① 郭沫若：《兩周金文辭大系圖錄考釋》，《郭沫若全集・考古編》第八卷，第 444 頁。
② 楊樹達：《積微居金文説（增訂本）》，第 81 頁。
③ 鄔可晶：《説古文字裏舊釋"陶"之字》，《文史》第一二四輯，中華書局，2018 年，第 5—20 頁。
④ 楊樹達：《積微居金文説（增訂本）》，第 81 頁。
⑤ 楊伯峻：《春秋左傳注》，第 585 頁。

成婚，故不當有'子'字，下經'冬，齊高固及子叔姬來'，其時則以成婚，故貫以'子'字，兩者異時，故異稱。"①李學勤認爲女子名前加"子"爲美稱②。我們認爲應具體問題具體分析，"子"有時可以解釋爲"妻子"或"内子"的省稱，但不是絶對，比如齊侯盂：齊侯乍(作)朕(媵)子仲姜寶盂，此處之"子"絶非表示"内子"或"妻子"省稱，應如李學勤所言爲美稱或者表示"女兒"之意。涂白奎考察"子"之用法言："先秦時期女子稱子絶非尊稱、貴稱或妻稱，其多爲女兒之稱，或爲昵稱，少説爲無定指的泛稱。"③此説恐失之絶對。

皇祖：古代祖父輩以上都稱爲祖。彝銘"祖"之排列次序似與行輩有關，墙盤云："高祖、乙祖、亞祖、祖辛、文考父乙……"以金文銘例證之，高祖、文祖之"高""文"自是形容詞，然亞祖、乙祖之"亞""乙"却難以形容詞爲釋。殷墟出土武丁卜辭有"亞祖乙"，其例與"小祖乙"同；故金文中稱祖考習見"皇祖""文祖"等附加形容詞之稱者，但也可直稱祖考之稱號，而其上下排列次序則關係着行輩之先後④。

䈞䈞義政，䈞䈞即肅肅，《詩經·小雅·黍苗》："肅肅謝功，召伯營之。"鄭玄箋："肅肅，嚴正之貌。"義政，《墨子·天志上》："順天意者，義政也；反天意者，力政也。"

子姓，裘錫圭指出："古書裏往往把子孫後人稱爲'姓'（生）……例如常見的'子姓'一語就是泛指下輩親屬而言的。"⑤

鄣，地名，族氏名，鄣氏見於鄣仲盤、鄣仲匜⑥。據陳絜考證周代金文所見之鄣氏，應該是文獻失載的子姓之國或子姓之族，乃殷商王族之支庶，或爲殷末征人方的直接產物，其地望大致在今山東濟南附近⑦。都鄙：《周禮·地官司徒·大司徒》："凡造都鄙制其地域，而封溝之。"鄭玄注："都鄙，王子弟公卿

---

① 楊伯峻：《春秋左傳注》，第585頁。
② 李學勤：《先秦人名的幾個問題》，《歷史研究》1991年第5期。
③ 涂白奎：《邶國之姓考辨》，《史學月刊》2008年第7期。
④ 江淑惠：《齊國彝銘彙考》，第62—63頁。
⑤ 裘錫圭：《關於商代的宗族組織與貴族和平民兩個階級的初步研究》，《裘錫圭學術文集·古代歷史、思想、民俗卷》，復旦大學出版社，2015年，第134—135頁。
⑥ 臨朐縣文化館、濰坊地區文物管理委員會：《山東臨朐發現齊、鄣、曾諸國銅器》，《文物》1983年第12期。
⑦ 陳絜：《鄣氏諸器銘文及其相關歷史問題》，《故宫博物院院刊》2009年第2期。

大夫采地,其界曰都,鄙所居也。"

余四事是以余爲大工、厄大史、大逊(遂)、太宰:"厄"兩從,或説爲"大工厄",並認爲是或爲輿人、輈人一類的職務①。或讀爲"厄大史",厄爲益,釋"助大史"②。文獻中"大工厄""厄大史"兩職官名均未見,暫不得其釋,闕疑。逊,作"[字形]"形,舊釋認爲右部所從爲"者"或"都"之省,讀爲"徒",如郭沫若即隸作"逊",讀作"徒"。李家浩認爲此字聲符與庚壺的"殺"字所從相同,在古代"殺"與"遂"讀音十分相近,所以"[字形]"等形體可能與"述"一樣都是"遂"字的異體,並指出"大遂"應該是春秋時期齊國國家管理遂的最高長官。"……所説的'大遂',大概是對一般都邑的'遂'而言的,它應該是指齊國國都所屬的'遂',即《周禮》所説的六遂。《周禮》六遂的最高長官是'大遂',掌管六遂的土地和人民,'大遂'的地位、職掌大概與之相當"③。此字釋"徒"可商,徒字右旁字形與改字不類,今從李說。齊國地方上不僅設有"遂",並設有管理遂事務的"遂師"。《周禮・地官》:"遂師,各掌其遂之政令戒禁。"

馮時詳加考證過該器的年代,認爲該器作於齊昭公之時④,我們大抵同意馮先生的意見,但其推論過程某些環節似有可商之處。正如馮先生所説鮑叔的生卒年雖不可考,然其於齊襄公時已輔政。《左傳》莊公八年:"初,襄公立,無常。鮑叔牙曰:'君使民慢,亂將作矣。'奉公子小白出奔莒。"從這段史料我們可以得知,鮑叔既於齊襄公時業已輔政,説明此時鮑叔早已成年,後來奉齊桓公小白奔莒,也大抵可知鮑叔年齡似應大於齊桓公,按照《穀梁傳》文公十二年記載男子"二十而冠,冠而列丈夫,三十而娶;女子十五而許嫁,二十而嫁",齊桓公之女婚嫁時,桓公已近五十,鮑叔年齡更長,因此馮時認爲鮑叔之妻,即鎛銘中的成惠姜爲齊桓公之女的結論是有問題的,我們認爲鮑叔之妻當爲齊襄公之女。齊襄公在位十二年,鮑叔之子瀆仲婚娶時當在齊桓公中期,齊桓公在位四十二年,桓公之後是孝公,孝公在位十年,孝公之後昭公。因此,瀆仲之

---

① 馬承源主編:《商周青銅器銘文選(四)》,第535頁。
② 馮時:《春秋齊侯盂與鮑鎛銘文對讀》,《徐中舒先生百年誕辰紀念文集》,巴蜀書社,1998年,第136頁。
③ 李家浩:《齊國文字中的"遂"》,《湖北大學學報》(社科版),1992年第3期。
④ 馮時:《春秋齊侯盂與鮑鎛銘文對讀》,《徐中舒先生百年誕辰紀念文集》,第136頁。

子綸婚娶之時當在孝公晚期或昭公初年。綸鎛的年代當在此時,上限起於前齊孝公元年(前642年),下限止於齊昭公十年(前623年)。

15. 復丰壺

時代:春秋中期

著錄:銘圖12448

現藏:上海博物館

釋文:隹(唯)王三(四)月餓(哉)生霸癸丑,齊大王孫遨(復)坒(封)兔(專)嗣(司)右大徒,誣(慜)聟(恭)娀(威)諆(忌),不兔(惰)夙夜,從其政事,趄=(桓桓)乍(作)聖。公命遨(復)坒(封)衒(率)徒伐者剌,武又(有)工(功),公是用大畜之,囻嗣(司)者剌(割),易(錫)之玄衣黼純,車馬儀(黼)剷(純),号邑、土田,返其舊人。公命遨(復)坒(封)聘(聘)于魯,不敢瀘(廢)公命,爰叟(得)吉金,遨(復)坒(封)及中(仲)子用乍(作)爲寶壺,用盲(享)用孝于其皇且(祖)、皇妣(妣)、皇丂(考)、皇母,用蘄(祈)瀆(眉)壽,□歲難老,其萬年無彊(疆),子=(子子)孫=(孫孫)永保用盲(享)。

復封壺有甲、乙兩件,原爲私人藏器,後來入藏上海博物館,壺上鏤空蓮瓣狀蓋,壺身侈口方唇,長頸内束,鼓腹下垂;圈足,足沿下折。壺頸部各有一對獸首銜環耳。蓋頂飾一周三角形幾何紋;蓋外緣及壺頸下部各飾一道竊曲紋,壺頸上部及壺腹上、下部各飾一道波曲紋,以雲雷紋爲底;圈足飾垂鱗紋。銘文皆刻於壺頸部,共一三七字(含重文三),内容相同。《銘圖》將壺的時代定爲春秋早期。馮峰通過考察周代獸首半環耳圓壺,認爲定該壺時代爲春秋中期[1]。葛亮指出復丰壺的器形、紋飾、尺寸、鑄造痕迹等,與山西隰縣瓦窰坡墓地M30出土的一對銅壺(M30:14、M30:15)非常接近,將復丰壺的鑄造年代定爲春秋中期[2]。此説可從。

餓(哉)生霸癸丑:餓,《銘圖》釋"既",該字作"𩚳",葛亮指出此字从"食"从"丮",當隸定爲"餓",讀爲"哉"。癸,原篆作 ✲ (壺甲)、✲ (壺乙),《銘圖》

---

[1] 馮峰:《説"醴壺"》,《古代文明》第十卷,上海古籍出版社,2016年,第252頁。
[2] 葛亮:《復丰壺探研》,復旦大學出土文獻與古文字研究中心網站,2020年1月11日。

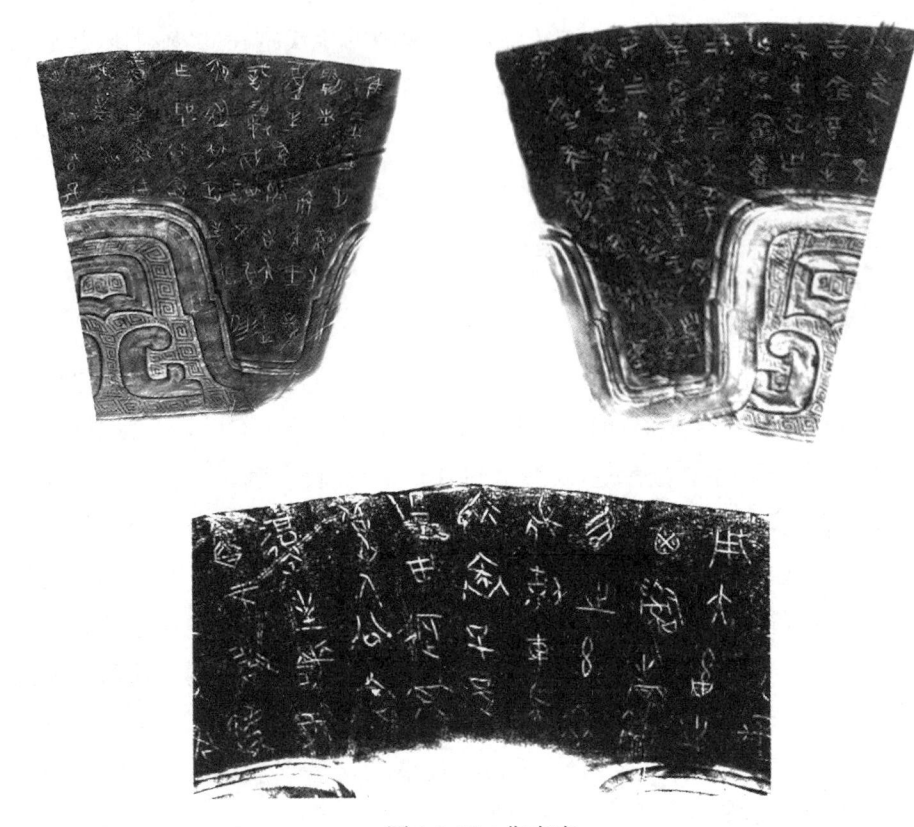

圖 1.1.15　復丰壺

誤釋爲"庚"。魏宜輝指出六十干支中並無"庚亥",金文中"癸"可以寫作❋,與壺銘寫法相類①。其説可從。丑,原釋亥,葛亮釋丑,諦審銘文釋"丑"爲是。

彖(專)嗣(司)右大徒:彖,形作▨(壺甲)、▨(壺乙),《銘圖》釋作"豙"。魏宜輝釋作"彖",讀爲"專","專"有主持、掌管之義,形作▨(壺甲)、▨(壺乙),"彖(專)"與"司"皆爲"職司、掌管"之義,屬於同義複語。傅修才指出此字形體與"豙"字和壺銘的"彖"字明顯有别,其下部明顯從"豆",其上部當是寫得比較草率的"犬"形,西周中期的獄盉字作"▨",其"犬"旁的寫法正可與壺銘

―――――――――――
① 魏宜輝:《復封壺銘文補釋》,《漢語史研究的材料、方法與學術史觀研討會(第一届)論文集》,南京大學漢語史研究所,2016 年。

相參照,釋該字爲"狟","狟"从"豆"得聲,銘文中當讀爲"主"①。謝明文釋該字爲"象"②,後來認爲該字與下文"不象(憜)夙夜"在字形上既有聯繫又有區別,區別在於前者中確實有類似"豆"之形。如果僅僅根據該字从豆,把它讀爲主,從語音以及文義兩方面看,都是非常合適的。但該字的類似"豆"之形亦從豕背上脱離出來,位於豕背右側,該字應該是"象"的變體,據左右篆"象"用作"豕"之例,疑該字在銘文中也可能表示"豕"這個詞。可能是由於要表示"豕"這個詞,而"象""豕"兩者語音畢竟不密合,於是該字就在下文"象"字的基礎上把"象"中" "形加以改造作近似"豆"形(豆爲定母侯部,豕爲端母東部,兩者聲母同屬舌音,韵部陰陽對轉)來表讀音③。

葛亮指出該字與下文"不象(憜)夙夜"前後二"象"字略有不同,就字形較可靠的甲壺而言,兩者都是在"豕"的腹部加一圈(或一框),符合"象"的字形特徵。 字又有辭例"不象夙夜"的限定,釋"象"當無問題……當然," 司"之 也可能不是"象",而是从"豕"的另一個字,其讀法亦可再作考慮。

諡鞶妦諆:諡,原篆作 (壺甲)、 (壺乙),《銘圖》釋作"戠",讀爲"識",後改爲"戠(識—畢)"④。魏宜輝認爲該字是一個从戈从言的字。所謂"戈"旁很可能是"必",銘文中的"諡"可讀"毖"。孟蓬生亦釋作"戠",讀爲"翼"⑤。謝明文先把該字隸作"諡",讀爲"畢"⑥,後來隸作"戠",讀爲"諡"⑦。葛亮隸作"諡",讀爲"畢/毖"。

公是用大畜之,囹嗣者諸剩:此句《銘圖》釋作"公是用大畚(畜)之鹵嗣(司)者(諸)剩",未斷句。黄德寬在"鹵"下點斷,認爲"公是用大畜之鹵",是説

---

① 傅修才:《東周山東諸侯國金文整理與研究》,第24—25頁。
② 謝明文:《從語法角度談談金文中"穆穆"的訓釋等相關問題》,《古籍研究》總第57—58卷,安徽大學出版社,2013年,第53—61頁。
③ 謝明文:《説豕》,《青銅器與金文》第三輯,上海古籍出版社,2019年,第127頁。
④ 吴鎮烽:《晋公盤與晋公𥂴銘文對讀》,復旦大學出土文獻與古文字研究中心網站,2014年6月22日。
⑤ 孟蓬生:《釋清華簡〈封許之命〉的"象"字——兼論"象"字的古韻歸部》,復旦大學出土文獻與古文字研究中心網站,2015年4月21日。
⑥ 謝明文:《從語法角度談談金文中"穆穆"的訓釋等相關問題》,《古籍研究》總第57—58卷,第53—61頁。
⑦ 謝明文:《説豕》,《青銅器與金文》,第127頁。

作器者復封征伐有功，公賞賜他以大量鹽鹵。"大畜之鹵"中的"畜"訓"養"，指以公所賜鹽鹵爲畜養之資；"之"指受賞者，與"鹵"爲"畜"之雙賓語。"司諸劀"，即命復封並主管征服之地"諸劀"，這也可能表明征服地"諸"乃近海產鹽之地。葛亮同意黃德寬"畜"訓"養"、"之"指復丰的意見；認爲此説的主要疑點，是公命復丰掌管"諸劀"和賞賜"鹽鹵"之間缺乏直接的聯繫。他對所謂"鹵"字的釋讀提出新的意見，指出此字上端不出頭，和典型的"鹵"字不同，如甲壺字形無誤，也不能直接認定爲"鹵"；認爲單就甲壺字形看，此字當是"囟"，葛文並引董珊説認爲壺銘"囟"字係"胃"之省，當讀爲"謂"，表示使令。葛亮認爲董説可從，並指出"謂司諸劀"即"公謂復丰司諸劀"，前後主語相同，銜接順暢，相比在此處插入"賞賜鹽鹵"一事，邏輯上也更合理。葛文還提出了其他的釋讀意見，指出由於春秋時代"囟"字獨用例過於罕見，我們也不能完全排除另一種可能：甲壺字形刻寫不精，其上端不出頭，只是偶然的失誤，整體仍應視作"鹵"形。那麽，此字也可能不是"鹵"，而是"迺"的省形。劀，郭永秉、鄔可晶認爲是"割"的表意初文①。傅修才認爲從銘文內容看，"諸劀"應該是個地名，其地待考②。

玄衣黼純：黼純，《銘圖》釋爲"攸（鋚）勒"，葛亮認爲不可信，一則其字形與"攸勒"明顯不合；二則金文賞賜物中，"鋚勒"一般列於"鑾旂"或車馬之後，若排在"玄衣"和"車馬"之間，則與賞賜的邏輯不合。按照金文賞賜物通例，"玄衣"之後多是其修飾成分，最常見的是"㒸（黼）屯（純）"；結合字形看，本篇"玄衣"後二字也可能讀爲"黼純"，其所用之字，則是罕見的"仪劀"。

㝬邑：《銘圖》隸定爲"旱"。孫合肥釋"孑"，並引董珊、陳劍意見，將"孑邑"讀爲"采邑"③。葛亮釋"㝬"，讀爲"郊邑"，"㝬""郊"均爲牙喉音宵部字，音近可通。

爰得吉金，"得"，《銘圖》釋"擇"，魏宜輝改釋爲"得"。"爰"，《銘圖》釋"爰"，讀爲"援"。傅修才認爲該字與"爰"形體有異。比較金文中"寽"字寫法，

---

① 郭永秉、鄔可晶：《説"索""劀"》，《出土文獻》第三輯，中西書局，2013年，第111頁。
② 傅修才：《東周山東諸侯國金文整理與研究》，第25頁。
③ 孫合肥：《讀〈商周青銅器銘文暨圖像集成〉札記》，《出土文獻》第九輯，中西書局，2016年，第92—93頁。

我們認爲字應釋爲"孚(捋)",《詩·周南·芣苢》:"采采芣苢,薄言捋之。"毛傳:"捋,取也。"①僅看字形,此字釋"爰"或"孚"均有可能。從文義看,復丰聘於魯,是因爲不廢公命而得到吉金(出自魯侯或齊侯賞賜),而不是從魯國奪取、掠奪("孚")吉金。因此壺銘之字只能釋作"爰",表示承接關係,如同"於焉"。《銘圖》釋"爰"無誤,括讀爲"援"則不確。

□歲難老:"歲"前一字,《銘圖》釋"韭",讀爲"久";魏宜輝釋"亟",讀爲"極"。葛亮認爲二説均將其看作"歲"的修飾成分,表示"長久",於文義較合,但字形上存在明顯差距。釋"韭"則此字不應有左右兩側的豎畫,釋"亟"更缺少"口""攴"等必要構件。實際上,"歲"前一字也可能表示"歲"的某個近義詞,與"歲"同義複用。從字形、辭例兩方面看,此字都應該是表示年齡的"齒"。

16. 齊鞄氏鐘

出土:傳世器

時代:春秋中期偏晚

著録:集成 142;銘圖 15416

釋文:隹(唯)正月初古丁亥,齊鞄(鮑)氏孫 ⿱爫⿰巾巾 䍐(擇)其吉金,自乍(作)鈇鐘,卑(俾)鳴攴好,用亯(享)台(以)孝于⿰言台(台)皇且(祖)文考,用匽(宴)用壴(喜),用樂嘉賓,及我倗(倗)友,子子孫孫,用保鼓之。

該器又名鞄氏鐘,十二行五十四字,重文二。氏,也就是鎛鎛中的鮑叔之後,器主之名殘泐不清。"卑"下之字殘損不清,郭沫若隸定爲"鳴"②,《銘文選》從之③,張亞初隸定爲"匀"④。此字雖殘損不清,但結合其他器銘應該是一類形容器聲悦耳之類的修飾語,諸如:王孫遺者鐘銘"自作鈇鐘,中翰且㫎,元鳴孔皇""卑(俾)鳴攴好"猶如"元鳴孔皇"。從殘存的字迹看也頗像鳴字。

---

① 傅修才:《東周山東諸侯國金文整理與研究》,第 26 頁。
② 郭沫若:《兩周金文辭大系圖録考釋》,《郭沫若全集·考古編》第八卷,第 447 頁。
③ 馬承源主編:《商周青銅器銘文選(四)》,第 535 頁。
④ 張亞初:《殷周金文集成引得》,中華書局,2001 年,第 5 頁。

圖 1.1.16　齊籩氏鐘

𠂤,原拓作"𦮉",孫剛懷疑此字爲"成"字之泐①,可備一説。"攴"字,郭沫若謂舊釋爲"及"②。沈約《少年新婚爲之咏》:"腰肢既軟弱,衣服亦華楚。"則攴亦應有華美之義,由此引申來形容鐘聲之美③。卑(俾)鳴攴好,"攴"字,郭沫若認爲當讀爲"頗"或"溥",言甚好也④。董珊將"攴"讀爲"且"⑤。我們認爲攴字古音屬侯部,頗屬歌部,溥屬魚部,攴、溥聲韻較近,此字讀爲溥更妥。

用保鼓之:習見於鐘銘,如王孫遺者鐘:"棨萬孫子永保鼓之。"沇兒鐘:"眉壽無期,用保鼓之。"《禮記·檀弓下》:"平公飲酒,師曠、李調侍,鼓鐘。"《説文》:"鼓,擊鼓也。"

該鐘未見器形,《銘文選》考訂爲昭公或懿公之時,該鼎既爲鮑氏後裔所作其相對年代當爲春秋中晚期無疑。

---

① 孫剛:《東周齊系題銘研究》,吉林大學博士學位論文,第 72—73 頁。
② 郭沫若:《兩周金文辭大系圖録考釋》,《郭沫若全集·考古編》第八卷,第 448 頁。
③ 趙誠:《金文詞義探索(一)》,《第三届國際中國古文字學研討會論文集》,香港中文大學,1997 年,第 439 頁。
④ 郭沫若:《兩周金文辭大系圖録考釋》,《郭沫若全集·考古編》第八卷,第 211 頁。
⑤ 董珊:《讀吳王壽夢之子劍銘的補充意見和推測》,復旦大學出土文獻與古文字研究中心網站,2008 年 1 月 20 日。

17. 國差譫①

出土：傳世器

時代：春秋中期偏晚

現藏：臺北故宮博物院

年代：春秋中期偏晚至春秋晚期之初

著録：山東成 743；銘圖 19256

釋文：國差（佐）立（涖）事歲，咸丁亥，攻（工）帀（師）㦒（何）䰜（鑄）西墓（墉）寶譫三（四）秉，用實旨酉（酒）。厌（侯）氏受福羮（眉）壽，卑（俾）旨卑（俾）瀞（清）。厌（侯）氏母（毋）瘠（咎）母（毋）疣，齊邦鼏静安寍（寧），子子孫孫永俘（保）用之。

圖 1.1.17　國差譫

國差譫，傳世器，原藏瀋陽故宮，現藏於臺北故宮博物院。楊樹達稱爲"工師佸譫"②。

國差（佐）：許瀚《攀古小廬雜著》卷九指出即"國佐"，"右齊國佐所爲器，差、佐古通用"。《綴遺齋彝器款識考釋》卷二八："按國差者，齊國武子也，三傳

---

① 又稱國差瓿、齊侯瓿等。譫，即瓿字。《廣雅·釋器》："瓿，瓶也。"《方言》："䓨，齊之東北海岱之間爲瓿。"郭璞注："所謂家無儋石之餘也。音擔，字或作'瓿'。"古文字中从缶从瓦古可互作，因此"譫"當即《方言》"瓿"字之異體。

② 楊樹達：《積微居金文説（增訂本）》，第 25 頁。

皆作佐。"《國語·周語》："齊國佐見，其語盡。"韋昭注："國佐，齊卿，國歸父之子國武子也。"

立事歲，咸丁亥：立事歲，春秋中期以後，齊系金文流行一種"立事歲"的紀年格式，或綴以特殊的月名和紀年日干支。關於這種紀年格式的理解學界衆說紛紜。王國維云："齊器多兼紀歲月日，如子禾子釜云'□□立事歲禩月丙午'，陳純釜云'陳猷立事歲歔月戊寅'，此器云'國差（佐）立事歲，咸，丁亥'，文例正同，但咸下奪一月字耳。……云國差立事歲者，紀其年也，古人多以事紀年，如南宮方鼎云'惟王命南宮伐反虎方之年'，克鼎云：'王命克舍命於成周遹正八師之年'，皆是。咸者，其月也，禩月、歔月、咸月，蓋月陽月陰之異名，齊人之語，不必與《爾雅》同也。丁亥者，其日也，古人鑄器多用丁亥，諸鐘銘皆其證也。"① 楊樹達謂："立當謂爲涖事，涖事猶言涖政也。"②《尚書·立政》："嗚呼！孺子王矣，繼自今，我其立政、立事。"王引之謂："立政，謂建立長官也；立事，謂建立羣職也。"李學勤認爲："立事，即'位事'或'莅事'。莅事者即器物的督造者。齊器署名次第爲莅事者，工師、工，如左關釜爲陳猶、左關師發、敦者陳釜，春秋時期齊侯簷爲國差、工師何。"③ 黃盛璋認爲銘刻中凡言某某"立事歲"，作器者並不就是那個"立事"的人，而都爲其下屬，如國差簷立事者爲國差，鑄器者則爲工師④。齊文濤（王恩田）認爲"立事"即主持國家祭祀⑤。

學界對"立事歲"所立之"事"的具體內涵，還存在着不同意見，鄭超《齊國陶文初探》總結爲"涖政爲相說""嗣爲大夫說""官吏任事說""主持祭祀說""調和說"等說⑥。孫剛在基礎之上劃分爲"莅政說""祭祀說""調合說"三說⑦。

"立事"見於《法言·重黎》："或問周官，曰立事。""立事"亦寫作"位事"，《管子》："群臣有位事，官大夫者幾何人。"又作"莅事"，《左傳》襄公廿八年："嘗於大公之廟，慶舍莅事。"綜合以上各家，我們認爲齊器中立事既可以指國君主

---

① 王國維：《齊國差簷跋》，《觀堂集林》卷十八，第897頁。
② 楊樹達：《積微居金文說（增訂本）》，第25頁。
③ 李學勤：《戰國題銘概述》，《文物》1959年第7期。
④ 黃盛璋：《關於陳侯壺的幾個問題》，《文物》1959年第7期。
⑤ 齊文濤：《概述近年來山東出土的商周青銅器》，《文物》1972年第5期。
⑥ 鄭超：《齊國陶文初探》，中國社會科學院研究生院碩士學位論文，1984年，第19—22頁。
⑦ 孫剛：《東周齊系題銘研究》，吉林大學博士學位論文，第108—115頁。

持國家政事也可以指各級官吏處理事務者,其立事主體當是很廣泛的。此時國佐雖任齊國上卿,但具體到本銘,還是如李學勤解釋爲器物督造者更符合語境,而工師負責具體鑄造。"立事"除了齊銘文外僅見於三晋趙兵器,如1975年山西臨頭窖頭村出土的"王何立事"戈①。

[咸],該字還見於其他器銘,如:子禾子釜、陳喜壺、陳純釜、唐子仲瀕兒盤、匜等器。該字孫詒讓釋爲咸②,王國維釋爲咸,楊樹達謂:"余謂咸從日從戌,疑即戌亥之戌也,以表時日,故字從日耳。古人時用十二辰表月明,如夏正建寅……戌謂夏之九月,周十一月也。"除此之外,目前學界還有一些不同解釋③,此字的解釋聚訟紛紜,從辭例將"咸"看作"弌日"合文,表示"一之日",指夏正十一月應該是較可從的探討。但我們知道與"咸月"類同的紀月還有陳逆簋的"冰月"、子禾子釜"稷月"、公孫竈壺的"飯者月"等都無法從時辰等角度解釋,從目前材料已知的月名,我們懷疑齊國的月名應該和描述季節性特徵或習俗有關,如所謂的冰月、飯者月等等。不過就目前所掌握的材料還稍顯不足。因此,此問題尚需進一步探究。

攻(工)帀(師)侕鑄西墉寶鑑四秉:工師,郭沫若認爲即《禮記·月令》"命工師效功"之"工師"。《左傳》定公十年:"叔孫謂郈工師駟赤曰。"杜預注:"工師,掌工匠之官。"《吕氏春秋·季春紀》:"是月也,命工師,令百工,審五庫之量……百工咸理,監工日號,無悖于時。"高誘注:"監工,工官之長。"監工即工師。《禮記·月令》鄭玄注:"於百工皆理治其事之時,工師則監之,日號令之。"工師下一字不識,乃工師之名,郭沫若釋爲"疑"。西墉,王輝指出:"此處當爲

---

① 相關論文:陶正剛:《山西臨縣窖頭古城出土銅戈銘文考釋》,《文物》1994年第4期;董珊:《二年主父戈與王何立事戈考》,《文物》2004年第8期;魏建震:《"王何立事"戈銘文及其相關問題》,《中原文物》2005年第6期。
② 孫詒讓:《古籀餘論》,第20頁。
③ 主要有五種觀點:1. 李學勤認爲該字是在戌亥之"戌"上加"日"旁,爲月建之戌專字,指夏之九月,周十一月(參見李學勤:《論郚縣肖家何新發現青銅器的"正月"》,《中國古代文明研究》,華東師範大學出版社,2005年,第343—345頁);2. 程鵬萬釋爲"成日"合文,認爲是好日子的一種説法(參見程鵬萬:《釋東周金文中的"成日"》,《古籍整理研究學刊》2006年第5期);3. 何琳儀、高平認爲"一日"合文,表示吉利之日(參見何琳儀、高平:《唐子仲瀕兒匜銘文補釋》,《考古》2007年第3期);4. 董珊爲"弌日"合文,表示"弌之日",指夏正十一月(參見董珊:《"弌日"解》,《文物》2007年第3期);5. 趙平安該字爲"戌日"合文,與十二時辰"戌"字同源,爲"戌"的增累字(參見趙平安:《唐子仲瀕兒匜"咸"字考索》,《中國歷史文物》2008年第2期)。

鑄器或置用之地，猶如子禾子釜、陳純釜之'左關'。"①秉，當爲量詞，《儀禮·聘禮》："十籔曰秉。"注："秉，十六斛。"《論語·雍也》："冉子與之粟五秉。"此處用在器皿之上，應非解釋爲十六斛，意不明，但爲量詞無疑，楊樹達認爲秉當讀爲柄，指器之四耳，可從。

用實旨酉：旨，《説文》："美也。"《詩經·小雅·鹿鳴》："我有旨酒，以燕樂嘉賓之心。"

瀞，《説文》："瀞，無垢薉也。"典籍作清，指濾去酒糟的甜酒。《周禮·天官·酒正》："辨四飲之物：一曰清，二曰醫，三曰漿，四曰酏。"鄭玄注："清謂醴之沛者。"孫詒讓《正義》："凡沛皆謂去汁滓。"俾，使也。《詩·小雅·天保》："俾爾單厚，何福不除；俾爾多益，以莫不庶。"《尚書序》："成王既伐東夷，息慎來賀，王俾榮伯作《賄息慎之命》。"

侯氏毋疣毋疣：毋疣，容庚釋爲痟，讀爲"毋厭"，郭沫若謂："余謂此所從者爲兄字，矢令簋父兄字作'𠘧'，般作兄癸斝作'𠘧'，卜辭兄字亦有如是作者。字乃以兄爲聲，以聲類求之殆荒字也。毋疣猶《詩·唐風·蟋蟀》云：'好樂無荒。'"②郭説是，此字所從"𠘧"，當釋爲"兄"字，此字下兩小畫，當爲飾筆。此字形寫法還見於"保卣"銘"兄"字，該字作""，所以該字無疑當隸作"疣"，《淮南子·原道》："驚怳忽。"《古文字通假字典》："《集韻》蕩韻以怳爲荒的或體，這是兄、荒可以相通的例子。"③《文選·七發》李善注引"怳忽"作"忽荒"。"無荒"即不沉迷，不逸樂過度。

齊邦貟静安寧：貟，于省吾讀爲謐④。郭沫若云："貟字余曩釋爲貟，疑古朋之異文，讀爲風。今案當讀爲鼎，彝銘以一之字每以目作，如冟字彔伯戎簋及毛公鼎從目，而吳彝、伯晨鼎、番生簋、師兑簋均從目。字复從見者，鼎與貝古文每互譌也。鼎通密，孫詒讓云：'《爾雅·釋詁》：密，静也。《書·無逸》

---

① 王輝：《商周金文》，文物出版社，2006年，第286頁。
② 郭沫若：《國差罉韻讀》，《郭沫若全集·考古編》卷四《殷周青銅器銘文研究》，科學出版社，2002年，第158頁。
③ 王輝：《古文字通假字典》，文物出版社，2006年，第398頁。
④ 于省吾：《雙劍誃吉金文選》，中華書局，1998年，第224頁。

曰：不敢荒寧，嘉靖殷邦。《史記·魯世家》嘉作密，是密静二字連文之證。'"①郭説可從，《儀禮·士冠禮》："離肺實於鼎，設扃鼏。"鄭玄注："古文鼏爲密。"秦公大墓石磬："高陽有靈，四方以鼏平。"王輝等讀"鼏"爲訓"安""寧"的"宓"或訓"安""静"的"謐"。鄔可晶指出"密""謐""宓"古皆從"必"得聲，當"安""静"講的"密""謐"與當"安寧"講的"宓"無疑是音義皆近的同源詞，甚至有可能表示的是同一個詞②。高中正指出鼏静可以與今文《尚書》"密靖殷國"參看③，此説是。

就器形而言，該器斂口，短直頸，闊唇，口沿寬而平折，腹部寬闊，上腹壁近直，下腹部圓轉内收，底圓近平，上腹壁飾四個獸面鋪首銜環。

差、佐古通用。國佐又稱國武子，爲齊國上卿。考訂該器的年代可藉文獻，國佐事迹見於《左傳》《國語》《古本竹書紀年》等典籍。國佐事迹最早見於《左傳》宣公十年（前 599 年）："齊侯使國佐來聘。"《左傳》成公二年（前 589 年）："秋七月，晋師及齊國佐盟於爰婁。"《左傳》成公二年："秋七月，齊侯使國佐如師。己酉，及國佐盟於袁婁。"《左傳》成公十八年（前 573 年）："齊殺其大夫國佐。"《國語·周語》："齊國佐見，其語盡。"徐元誥注："國佐，齊卿，國歸父之子國武子也。"《公羊傳》曰："鞍之戰，齊師大敗。齊侯使國佐如師。郤克曰：'與我紀侯之甗，反魯、衛之侵地，使耕者東西其畝，且以蕭同叔子爲質，則吾舍子矣。'國佐曰：'與我紀侯之甗，請諾。反魯、衛之侵地，請諾。使耕者東畝，是則土齊也。蕭同侄子者，齊君之母也，齊君之母猶晉君之母也，不可。請戰，一戰不勝，請再戰，再戰不勝，請三戰，三戰不勝，則齊國盡子之有也，何必以蕭同叔子爲質！'揖而去之。"《古本竹書紀年》："齊國佐來獻玉磬、紀公之甗。"《今本竹書紀年》記載此事爲周定王十八年。國佐也稱國武子，爲齊國上卿，《漢書》："史記周單襄公與晉郤錡、郤犨、郤至、齊國佐語。"顔師古曰："國佐，齊大夫國武子也。"國佐的主要事迹集中在齊頃公（前 598～前 582 年在位）期間，齊靈公九年（前 573 年）正月靈公派人將其殺死，故國差譫年代下限當止於公元前 573 年，大抵在齊頃公在位期間，相當於春秋中期偏晚至春秋晚期之初。有學者推

---

① 郭沫若：《兩周金文辭大系圖録考釋》，《郭沫若全集·考古編》第八卷，第 429—430 頁。
② 鄔可晶：《文公之母弟鐘銘補釋》，《中國文字》新三十六期，藝文印書館，2011 年，第 58—59 頁。
③ 高中正：《清華簡"宓情"與今文〈尚書〉"密静"合證》，《出土文獻》2021 年第 3 期。

測國佐執政始於魯成公三年，齊頃公十一年，即前 588 年，器作於此年或稍後的前 587 年。

(三) 春秋晚期

18. 國子山壺

圖 1.1.18　國子山壺

時代：春秋晚期
著錄：銘圖 12270
釋文：齊大嗣（司）徒國子山爲其盥壺。

"國"，"囗"省寫爲"匚"。國子，屢見於史籍，齊之國氏爲齊國望族，地位顯赫，國氏之宗子又稱"國子"，世爲齊國上卿，屢執齊國國政。《左傳》僖公十二年："有天子之二守，國、高在。"杜預注："國子、高子，天子所命爲齊守臣，皆上卿也。"

國子山壺爲私人藏器，《銘圖》原將其時代定爲春秋早期。根據畢經緯研究，國子山壺這類提梁壺大約在戰國前期方始出現，且僅出於高級貴族墓葬①。國子山壺與諸城臧家莊墓和臨淄相家莊戰國早期 LXM6 出土的鷹首提梁壺形制相近②。故國子山壺的年代大致在春秋晚期至戰國早期之際，暫定在春秋晚期。

19. 齊侯盂
出土：1957 年河南孟津邙山坡
時代：春秋晚期早段（齊靈公）

---

① 畢經緯：《傳世有銘銅器辨僞一則》，《考古與文物》2015 年第 3 期。
② 山東諸城縣博物館：《山東諸城臧家莊與葛布口村戰國墓》，《文物》1987 年第 12 期；山東省文物考古研究所：《臨淄齊墓》第一集，文物出版社，2007 年，第 294 頁圖 217.1、彩版 18.5。

現藏：洛陽市博物館

著錄：集成 10318；銘圖 06225

釋文：齊灰（侯）乍（作）朕（媵）子中（仲）姜寶盂，其眉（眉）壽薑（萬）年，永俘（保）其身，子=（子子）孫=（孫孫）永俘（保）用之。

仲姜，有學者認爲"仲姜"可能是周定王或周靈王的后"齊姜"①。該器於 1957 年在洛陽孟津縣平樂公社邙山坡上發現，出土之後曾多次見文介紹②，張劍、馮時等也著文對其年代和史事進行了討論③，爲進一步研究該器奠定了良好的基礎，下面就該器的年代問題進一步略作討論。

先談下該器的器名，銘文自稱爲"盂"，有些論著稱其爲"鑑"，就時間而言，"盂"始見於殷代晚期，如安陽西北岡 M1400 出土的寢小室盂④，流行於西周中晚期，春秋時期很少發現。從目前的考古發掘材料看，鑑始於春秋中期，如河南輝縣甲乙墓出土的春秋中期的龍紋鑑⑤，盛行於春秋晚期和戰國初期，戰國中晚期很少發現。盂、鑑的主要功能皆爲水器⑥，形制相近，因此從此角度言，春秋以後鑑逐漸取取代了盂，但是直到春秋戰國時期二器仍同時使用，如《吕氏春秋·慎勢》所載"功名著於盤盂，

圖 1.1.19　齊侯盂

---

① 張劍：《齊侯寶盂鑑的年代及其史料價值》，《中原文物》1985 年第 4 期；馬承源主編：《商周青銅器銘文選（四）》，第 536 頁。
② 張劍：《齊侯鑑銘文的新發現》，《文物》1977 年第 3 期；張劍、金星：《齊侯銅鑑》，《史學月刊》1984 年第 4 期。
③ 張劍：《齊侯寶盂鑑的年代及其史料價值》，《中原文物》1985 年第 4 期；馮時：《春秋齊侯盂與黏鎛銘文對讀》，《徐中舒先生百年誕辰紀念文集》，巴蜀書社，1998 年，第 133—136 頁。
④ 李濟、萬家保：《殷虛出土伍拾叁件青銅容器之研究》，《古器物研究專刊》第五本，圖版玖，"中研院"歷史語言研究所，1972 年。
⑤ 郭寶鈞：《商周銅器群綜合研究》，圖版柒陸：1—3，第 101 頁。
⑥ 盂的主要用途見於文獻記載，《韓非子·外儲説左上》引孔子言曰："爲人君者，猶盂也，民猶水也，盂方則水方，盂圜則水圜。"鑑文獻中寫作"濫"，《吕氏春秋·節喪》："鐘鼎壺濫。"《左傳》襄公九年："備水器。"

銘篆著乎壺濫"，但此時仍然主要以鑑爲流行。儘管該器爲春秋時器，但還是應按銘文自名稱爲盂爲妥，因爲東周時期的鑑，無論是圓鑑還是方鑑，基本形制都是束頸，但此盂無束頸，因此還是稱爲盂爲是。

　　該盂器形斂口，口沿外敞，頸部飾四個對稱的攀援顧首形銜半環形獸耳，鼓腹較淺、飾兩組環帶紋、高圈足外撇，底作高階狀。張劍結合器形、紋飾、銘文等因素綜合考慮，認爲該器的年代爲春秋晚期，並結合該器的出土地點、器形和傳世文獻進一步指出該器當爲周靈公娶齊靈公之女的陪嫁媵器，認爲此器的絕對年代應當在周靈王派人到齊國求婚並得到齊侯許婚以後，把仲姜接回洛陽以前的時間段內，即公元前561—前549年①。杜廼松也認爲該器的絕對年代當屬公元前558年齊靈公媵女於周靈王之器②。對此，馮時指出："論者以爲此盂乃齊靈公嫁於周靈王之器，其說可商。子仲姜乃齊侯之女，又見於鮑鎛。兩器銘文內容多有關聯，且盂、鎛銘文書體全同，如出一人之手，似兩器蓋於同時爲同事所作。"③馮先生詳加考證，進一步指出盂爲齊昭公媵女之器，鮑鎛爲鮑迎妻之器，故該器當作於齊昭公之時。我們認爲馮先生的意見是可取的，該器的出土地點爲孟津縣平樂鄉邙山，雖位於東周都城成周城的西北部，二者相去不遠，但以此論該器爲周靈王之器證據不足，該器並非出於王陵級墓葬，而是出土於一個距地表約3米的灰坑內，且沒有其他遺物伴出④，因此據此判斷爲王室之物似牽強。正如馮時指出該器和鮑鎛多有關聯，銘文風格接近，可互證。筆者前已論及鮑鎛的年代當在孝公晚期或昭公初年，因此齊侯盂的年代也當爲此時。但還有一問題需要進一步解釋，齊侯盂的出土地點爲河南孟津，而鮑鎛的發現地點爲山西省榮河縣，兩地距鮑氏封地相去甚遠，何以流落至此。從鮑鎛銘文中可知鮑氏同姜齊關係甚篤，齊君之女屢嫁於鮑家，鮑鎛更是記載了齊桓公賜給鮑叔牙封邑和人民之事，桓公甚言："萬世之於孫子，勿或渝改。"並命鮑叔牙一人掌管大工、厄大史、大司徒、大宰四項政事，鮑叔之後、躋仲、鮑也長期擔任齊國上卿，前490年，齊景公去世後，因其無嫡長子，國

---

① 張劍：《齊侯鑑銘文的新發現》，《文物》1977年第3期。
② 杜廼松：《東周時代齊、魯青銅器探索》，《南方文物》1995年第2期。
③ 馮時：《春秋齊侯盂與鮑鎛銘文對讀》，《徐中舒先生百年誕辰紀念文集》，第133頁。
④ 張劍：《齊侯鑑銘文的新發現》，《文物》1977年第3期。

夏、高張專權，便立景公庶子荼爲君。前489年，田乞聯合鮑牧發動政變，驅逐了國、高二氏，田乞召回寄居魯國的公子陽生，立爲新君，但鮑牧不想立陽生爲君，遂與田乞產生分歧。前480年，田常執掌齊政，齊卿高無平奔燕，鮑氏家族也從此失勢，史書無載鮑氏去向，齊侯盂和鑰鎛的出土似乎也昭示了鮑氏失勢后，重器流散、被攘西去之事。

20. 叔夷鐘
出土：北宋宣和五年（1123年）齊臨淄故城
時代：春秋晚期早段（齊靈公）
著錄：集成272—285；銘圖15552—15564
釋文：隹（唯）王五月，辰（辰）在戊寅，師（次）于酄（淄）潽（淮）。公曰：女（汝）尸（夷），余經乃先辟（祖），余既尃乃心，女（汝）忎（小心）愚（畏）忌，女（汝）不豙（惰），夙（夙）夜宦韯（執）而爾政事。余引猒（厭）乃心，余命女（汝）政于朕三軍，簡（肅）成朕師旟之政德，諫罰朕庶民，左右母（毋）諱。尸（夷）不敢弗憼戒，虡（虔）卹（恤）辠（厥）死（尸）事，敓（勤）穌三軍徒旎雩（與）辠（厥）行師，脊（慎）中辠（厥）罰。公曰：尸（夷），女（汝）敬共（恭）辝（台）命，女（汝）雁（膺）鬲（歷）公家。汝（汝）婜（勤）袤（勞）朕行師，女（汝）肇（肇）勌（敏）于戎攻（功），余易（錫）女（汝）蠡（萊）都賸劋，其檜（縣）三百。余命女（汝）嗣辝（台）蠡（萊）遍（陶）或（鐵）徒三（四）千，爲女（汝）敇（敵）寮（僚）。尸（夷）敢用捧（拜）頴首，弗敢不對觀（揚）朕辟皇君之易（賜）休命。公曰：尸（夷），女（汝）康能乃又（有）事（吏）衔（眾）乃敇（敵）寮（僚），余用舂（登）屯（純）厚乃命。女（汝）尸（夷）母（毋）曰：余小子，女（汝）尃余于囏（艱）卹（恤）。虡（虔）卹（恤）不易，左（佐）右（祐）余一人，余命女（汝）裁（職）差（左）正卿，軾（總）命于外内之事，中尃盟（盟）井（刑），台（以）尃戒公家，雁（膺）卹（恤）余于盟（明）卹（恤）。女（汝）台（以）卹（恤）余

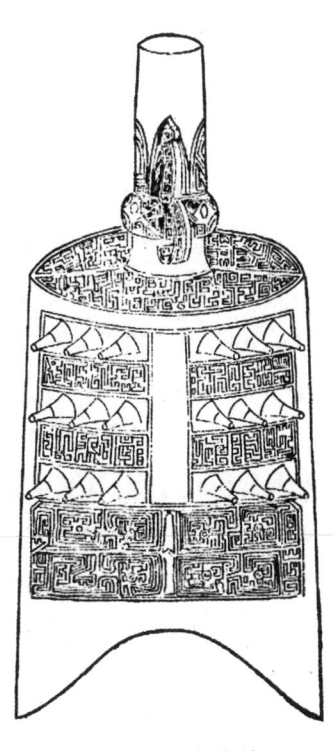

圖1.1.20 叔夷鐘

朕身,余易(賜)女(汝)馬車、戎兵、釐(萊)僕三百又五十家,女(汝)台(以)戒戎𠆴(作)。尸(夷)用或敢𦐼(再)𢁥(拜)頴首,雁(膺)受君公之易(賜)光,余弗敢瀔(廢)乃命。尸(夷)筮(典)其先舊及其高祖,虩(虢)虩(虢)成唐(湯),又(有)敢(嚴)在帝所,𠚣(翦)伐頤(夏)司(后),敗厥𩵀(靈)師,伊少(小)臣佳楠(輔),咸有九州,處堣之堵(土)。不(丕)顯穆公之孫,其配襄公之姓,而諴(成)公之女,霝生弔(叔)尸(夷),是辟于齊医(侯)之所,是忐巽(恭)遗,𩵀(靈)力若虎,堇(勤)裗(勞)其政事,又(有)共(恭)于萺(桓)武𩵀(靈)公之所,萺(桓)武䨖(靈)公易(賜)尸(夷)吉金鈇(鋚)鎬,玄鏐鏱鋁,尸(夷)用𠆴(作)盥(鑄)鑄其寶鐘。用亯(享)于其皇异(祖)、皇妣(妣)、皇母、皇考,用旂(祈)𪉖(眉)壽,霝命難老。不(丕)顯皇异(祖),其乍(祚)福元孫,其萬福屯(純)魯。穌獻(協)而(爾)又(有)事,卑(俾)若鍾(鐘)鼓,外内剴(闓)辟(闢),戏戏㗊㗊,達而(爾)甸(佃)剌,母(毋)或 承(沉)頪(迷),女(汝)考壽萬年,永俘(保)其身,卑(俾)百斯男而執斯字,簡(肅)簡(肅)義(儀)政,齊医(侯)左右,母(毋)疾母(毋)已,至于枼曰:武䨖(靈)成,子孫姜(永)俘(保)用亯(享)。

　　趙明誠《金石録》云:"宣和五年(1123年),青州臨淄縣民於齊故城耕地,得古器物數十種,其間鐘十枚,有款識,尤奇,最多者幾五百字,今世所見鐘鼎銘文之多,未有踰此者。"叔夷鐘最早著録於《宣和博古圖》,附有五張器形圖。叔夷鐘共發現十三件,其中薛尚功《歷代鐘鼎彝器款識法帖》著録的前七件鐘的銘文合成全文,共計500字(合文6、重文4),後六件鐘的銘文與前七件鐘的銘文重複而不完整[①],是目前所見銘文字數最多的齊器。鐘鎛原器物已經遺失,唯有銘文摹本流傳,銘文經過郭沫若[②]、楊樹達[③]、陳夢家[④]等學者的考釋已基本可讀。該銘載録了叔夷勤於軍事,深受齊侯賞識,而賜之以大量土地、奴隸,並册命叔夷爲左正卿之事。叔夷其人不見於史書記載,郭沫若考證其爲宋人,其父爲宋穆公之孫,後出仕於齊。叔夷僅是齊靈公的臣下,爲齊國之卿,竟有如此强大的實力,鑄造如此多的銅器,這充分説明春秋時代在諸侯的勢力不

---

① 程平山:《銘文最長的青銅器——叔夷鐘》,《中國文物報》1994年1月16日3版。
② 郭沫若:《兩周金文辭大系圖録考釋》,《郭沫若全集·考古編》第八卷,第430—442頁。
③ 楊樹達:《積微居金文説(增訂本)》,第29—34頁。
④ 陳夢家:《叔尸鐘鎛考》,《燕京學報》新四期,北京大學出版社,1998年。

斷增强的同時,諸侯下面的卿也在不斷擴大自己的力量,萌芽了强臣可能削弱並消滅公室的因素,促使着春秋向戰國時代過渡,這一些銅器是很好的證明,其意義重大①。張振謙對叔夷的身世曾有考證,認爲叔夷是宋國公族穆氏後裔,因武穆之亂而逃到齊國;叔夷的母親爲宋襄公的外甥女、齊傾公的女兒②。

鼉潯:鼉,郭沫若認爲此字从水省,从 ![] ![],古文以爲祗,字从水省,祗聲,釋爲淄。吴振武認爲此字當分析爲从"乁""![]"聲,他指出:"如果舊釋'淄'是正確的話,那麽它的聲旁'![]'的讀音當和'甾'同,而跟'祗'字古文'![]'不是一回事。因爲'祗'是脂部字,'淄'和'甾'是之部字,兩部遠隔。"③潯,楊樹達指出:"按潯字不識,疑當讀爲垂。《説文》十三篇土部云:'垂,遠邊也,从土𠂹聲。'引申之,凡邊曰垂,師于泒潯言師在泒水之濱也。孫詒讓從孫星衍釋涶……今按孫説殊誤。涶爲黄河津渡之一,故許實之云在西河西,非謂涶有津字之義也,涶爲河津之一,豈凡津皆可言涶乎!"鼉潯爲地名,地望待考。

經,《左傳》宣公十二年"武之善經",杜預注:"經,法也。"此處意爲效法。尃,郭沫若讀爲孚,信也。文獻中無尃讀爲孚之例證,我們認爲此處當讀爲"敷",《正字通·寸部》:"尃,敷本字。"《説文》:"尃,布也。"《尚書·盤庚》:"今予其心腹腎腸,歷告爾百姓於朕志。"孔安國傳:"布心腹言,輸誠於百官以告志。"此處意爲布誠之意。

忄小,或謂小心合文,或讀爲"悄",《集韻·小部》:"悄,或从小。"《詩經·陳風·日出》"勞心悄兮",毛亨傳:"悄,憂也。"④此讀爲悄可通,但從音節角度講讀悄未若讀爲小心順暢,下言"不墜夙夜",與此"小心愍忌"正好相對。

宦執:宦,《左傳》宣公二年"宦三年矣",杜預注:"宦,學也。"《禮記·曲禮》:"宦學事師,非禮不親。"鄭玄注:"宦,仕也。"孔穎達疏:"宦,謂學仕官之事,謂習學六藝。"又引熊安生:"宦,謂學仕之意。"執,執受、掌管。《禮記·曲禮》"執爾顏",鄭玄注:"執,猶守也。"《左傳》僖公二十七年:"於是乎大蒐以示

---

① 趙誠:《二十世紀金文研究述要》,第9頁。
② 張振謙:《叔夷身世考》,《出土文獻綜合研究集刊》第八輯,巴蜀書社,2019年,第49—56頁。
③ 吴振武:《釋鼉》,《文物研究》第六輯,黄山書社,1990年,第218—223頁。
④ 馬承源主編:《叔夷鎛》,《商周青銅器銘文選(四)》,第538—543頁。

之禮，作執秩以正其官。"鄭玄注："執秩，主爵秩之官。"

豖，郭沫若隸作此，讀爲"墜"。陳劍隸作"彖"，讀作"惰"①。

䔲，楊樹達認爲當是蕭字，蕭蕭當讀爲肅肅。《尚書·大甲》"罔不祇肅"，傳云："肅，嚴也。"師旟，楊樹達指出："師旟倒言則曰旟師。成公二年左傳云'無令輿師淹於君地'，魯語云'敢犒輿師'是也。《說文·㫃部》：'旟，錯革畫鳥其上，所以進士衆旟。旟，衆也。'"旃，郭沫若云："旃，從㫃迥聲，殆幢之古文。《周禮·地官》稍人'作其同徒輂輦'，彼同徒即此徒旃，殆猶師旅、師旟之謂也。"馬承源也讀爲"幢"，並指出"幢，即旌旗，戎車建旗，徒言徒卒，旃言車兵"。

雩，從雨從于，《說文》無此字。《玉篇·雨部》："雩，請雨祭也。"金文中未見此義。金文中常用爲介詞或連詞，作介詞時通"于"，盂鼎："在雩御事。"作連詞時通"與"，善鼎："余其用各（格）我宗子雩百生（姓）。"此處用爲介詞。雁鬲，雁，馬承源讀爲膺，《爾雅·釋言》釋爲"親也"。訓親可商，當爲擔當之意。《尚書·武成》："誕膺天命，以撫方夏。"孔傳："大當天命，以撫綏四方中夏。"

鬲，各家皆讀爲歷。鬲或體作"![image]"，《說文》："鬲，……厤，漢令鬲，從瓦，厤聲。"鬲字各家釋意不同，孫詒讓訓爲"試"，雁鬲爲"宜試用於公家"之意。楊樹達云："余謂《爾雅·釋詁》云'艾、歷，相也'，文謂如當輔相公家也。"郭沫若云："《爾雅·釋詁》云'歷，傳也'，故雁鬲謂擔待輔弼。"此訓爲"輔相"之意。

釐，各家皆釋爲萊。萊從來聲，萊、釐皆來母字，經典多通用。如《戰國策·魏策》："齊伐釐、莒，而晋人亡曹。"萊國在今山東黃縣東南。《左傳》襄公六年："齊侯滅萊……遷萊于郳。"

膝劊：劊，何琳儀將銘文"膝劊"讀爲"密膠"："《釋名·釋姿容》'寐，謐也。'《古尚書》'昧'作'脒'，與'膝'形體最近，此'膝'讀'密'之證。"②郭沫若認爲"膝劊當是釐之子邑，齊侯所以錫夷者"。我們認爲當爲萊都屬邑。

櫅，李家浩釋該字爲"縣"，爲地方行政單位。李家浩對齊、燕、晋三系文字

---

① 陳劍：《金文"彖"字考釋》，《甲骨金文考釋論集》，第 243—272 頁。
② 何琳儀：《戰國文字形體析疑》，《于省吾教授百年誕辰紀念文集》，吉林大學出版社，1996 年，第 224—227 頁。

的"縣"字有專文討論,齊國文字作"縣",並認爲"縣"的這種構形,是齊系文字所特有的。燕國文字的"縣"作"還""罢",三晉文字的作"鄒"①。

迥或:郭沫若釋"迥"爲"造"之異文,或即鐵字。馬承源釋此二字爲族名,或,即班簋之或國,均可備説。敨尞,郭沫若認爲意爲"直系徒屬"。馬承源讀爲"隸僚","敨"從攴帝聲,隸從隶聲,爲同部旁紐。從帝聲之字在端、透、定三組,隸在來紐,是爲旁紐聲轉。《左傳》昭公七年:"王臣公,公臣大夫,大夫臣士,士臣皁,皁臣輿,輿臣隸,隸臣僚,僚臣僕,僕臣臺。"

蘁卹:蘁即艱。卹,通恤。《周禮·地官司徒·大司徒》"八曰以誓教恤",鄭玄注:"恤,謂災危相憂。"左右,輔佐之意。《易經·象上傳》:"以左右民。"鄭玄注:"左右,助也。"

箴差正卿:箴,郭沫若引孫詒讓之説謂:"當爲織字之省。織,古尚書作𣂡(見夏竦《古文四聲韻》,《汗簡》戈部作𣂡),與此相似。織與職通,《左》文十八年傳'職'《説苑·復恩》作'織',是其證。"馬承源謂此字假借爲"載",義猶任。差,郭沫若讀爲"左",謂"左正卿即左卿士,……正卿之稱《左傳》多見,如莊公二十二年,'竝於正卿',文七年'子爲正卿'";陳劍懷疑鎛銘"箴"當讀爲"箴","'箴'字古書多訓爲'規''諫''誡''教'等意,'箴佐即教誨輔佐'"②。孫剛隸作"織",亦讀作"箴"③。該字還見於鄂君啓節中,字形作𣂡(噩君啟舟節,《集成》12113)。羅長銘釋"緘",殷滌非釋"織"④。郭沫若隸爲"箴"⑤。于省吾認爲"箴尹"即"織尹","織尹"乃主管文織繡錦之長,"織令"爲其屬官,漢印有"織室令"⑥。商承祚釋"箴",認爲即見於《左傳》的"箴尹",分析字形爲:箴,羅氏釋爲"緘",形近而義未諦。毛公鼎緘字作威,郜公鼎咸字作誡,各省去鹹字的一部分。此誡所從之"𠂉",既非"午"字,又非

---

① 李家浩:《先秦文字中的"縣"》,《著名中年語言學家自選集·李家浩卷》,安徽教育出版社,2002年,第15—34頁。
② 陳劍説轉引自宋華强:《楚文字資料中所謂"箴尹"之"箴"的文字學考察》,《古文字研究》第二十九輯,中華書局,2012年,第603—615頁。
③ 孫剛:《東周齊系題銘研究》,吉林大學博士學位論文,第388頁。
④ 殷滌非、羅長銘:《壽縣出土的"鄂君啓金節"》,《文物參考資料》1958年第4期。
⑤ 郭沫若:《關於"鄂君啓節"的研究》,《文物參考資料》1958年第4期。
⑥ 于省吾:《鄂君啓節考釋》,《考古》1963年第8期。

"才"字,而爲"竹"字之省。因此,不能寫訂爲"𢼸"或"𢾅",乃是从竹的"箴"字。① 裘錫圭、李家浩認爲曾侯乙簡的"𢾅尹"應從商承祚之説釋作"箴尹"②。我們認同陳劍"[字]"當讀爲"箴"。

𩁹,或讀"執",或讀"攝",或讀"兼";常與嗣連用。如毛公鼎"命汝𩁹嗣公族"、番生簋"王令𩁹嗣公族卿事大史寮"、諫簋"𩁹嗣王宥"等。陳劍指出"金文'𩁹'字左半或左上部分以'㫃'(睫)字表意初文的簡體爲聲符",並進而指出舊釋"兼"的意見可從③。陳劍將"𩁹"及相關諸字大都讀爲具有總括之義的"兼",單就文意來説,大都很通順。山東沂水紀王崮山頂春秋楚墓出土銅盂(《銘圖續》0535)器主名作"𩁹",該字左旁與"𩁹"相同,學者們指出"恖"爲"𩁹"字聲符,"𩁹"應是與"恖"音同或音近的字,可以讀爲"總",金文中用作動詞"總管、統領"或形容詞、副詞"全面、統統"④。此釋讀既有字形的合理理據,又有辭例上的合理解釋,優於過去任何一種釋讀。

盈井,即明刑。《詩經·大雅·抑》:"罔敷求先王,克共明刑。"毛亨傳:"刑,法也。"盈卹,即明卹,猶上文之虔卹,《尚書·君奭》:"罔不秉德明卹。"

戒戎彶,戒備兵事興起。《詩經·大雅·抑》:"修爾車馬,弓矢戎兵,用戒戎作,用邊蠻方。"孔穎達疏:"又戒將師之臣,當脩治汝征伐之車馬及弓矢與戎兵之器用,以此戒備戎兵動作之處,當征伐之。"箋,典字古文。《説文·丌部》:"箋,古文典从竹。"舉典、數典之意,《左傳》昭公十五年:"籍父其無後乎!數典而忘其祖。"

虩,即虢字,虢、赫古音皆曉紐鐸部,可通。虩虩猶赫赫,《詩經·小雅·出車》:"赫赫南仲,獫狁于襄。"毛亨傳:"赫赫,盛貌。"

劀伐屈司:劀,摹本作"[字]",孫詒讓讀爲"刻",猶克伐。郭沫若隸定爲

---

① 商承祚《鄂君啓節考》,《商承祚文集》,中山大學出版社,2004年,第315頁。
② 湖北省博物館:《曾侯乙墓》上册,文物出版社,1989年,第526頁注釋224。
③ 陳劍:《甲骨文舊釋"智"和"蠢"的兩個字及金文"𩁹"字新釋》,《出土文獻與古文字研究》第一輯,復旦大學出版社,2006年,第101—154頁。
④ 李學勤:《由沂水新出盂銘釋金文"總"字》,《出土文獻》第三輯,第119—121頁;林澐:《華孟子鼎等兩器部分銘文重釋》,《吉林大學古籍研究所建所三十周年紀念論文集》,上海古籍出版社,2014年,第12—18頁。

"刷",當即刷字繁文,《集韻》:"刷,削也。"徐中舒釋作"戮",認爲此字"當讀如裂,裂伐猶翦伐也"①。陳直釋作"劗",認爲"'劗'即'刻'字亦'踐'字之假借。《書序》'遂踐奄',鄭注:'讀若翦。'"②新出曾侯與鐘(《銘圖續》1029)釋文:"荆邦既㷭。"陳劍認爲㷭字右下从"火",其餘部分即"爵"之異,字釋爲"爝",銘文中讀爲"削"③。

伊,或釋"仈",(《歷代鐘鼎彝器款識法帖》),或釋"凡"(《嘯堂集古錄》),孫星衍《續古文苑》卷一·七〇釋作"伊"。孫詒讓《古籀拾遺》:"孫(星衍)釋是也。《說文》'伊'古文作'𠇌',與此形近。伊小臣者,伊尹也。"孫剛認爲釋"伊"之說無疑是正確的,並引用《清華三·良臣》篇"伊尹"簡文,指出與鐘、鎛銘文全同,可見孫星衍釋"伊尹"的意見是正確的。《說文》"伊"古文作"𠇌",也應有其來源。《上博二·容成氏》篇也記有"伊尹",同篇中還有"尹水"之稱,分別作"𣲬洛"(簡26)和"𣱤尹"(簡37),該篇竹簡整理者李零指出:"'𣲬'即'伊',伊水。'𣲬'从水从死,與《説文·人部》'伊'字古文从'死'合","'泗尹'即'伊尹','泗'是心母質部字,上文'伊水'之'伊'作'𣲬',字从死,'死'是心母脂部字,與'泗'讀音相近,都是'伊'字的通假字"。其說無疑是正確的,《說文》古文"𠇌",《說文繫傳》分析爲"从死,死亦聲"也是可信的。此外,《清華二·繫年》簡102"尹水"之"尹"作"𣱤",也與鐘、鎛銘文"伊"所从相近④。

顉,吴闓生《吉金文錄》金二·三釋叔夷鐘銘文"𩓣"爲"𩑋夏":"顉,古文夏字,見《汗簡》,舊釋履,非。"郭沫若釋爲"夏",《中國古代社會研究·夏禹的問題》:"'顉'字自宋以來釋履,以履之古文作𩓣,孫詒讓以爲即夏桀,名履癸。然顉字之主要成分爲舟字,舟即履之意,象人以足躡履也(頁於古

---

① 徐中舒:《禹鼎的年代及其相關問題》,《考古學報》1959年第3期。
② 陳直:《讀金日札》,中華書局,2008年,第49頁。
③ 陳説參見董珊《隨州文峰塔M1出土三種曾侯與編鐘銘文考釋》(復旦大學出土文獻與古文字研究中心網站,2014年10月4日)文後評論。
④ 孫剛:《東周齊系題銘研究》,吉林大學博士學位論文,第8頁。

文即人形）。頭則省舟而成赤足，何能更爲履字耶？字如省足省頁尚可説，而省舟則斷無可説。余謂此乃夏字。許書夏字篆文作🖻，古文作🖻，新出《三體石經》夏之古文作🖻。足上所從均即頁之訛變，从頁，省臼，與此作頤者正同。"①郭説甚是。夏本作"🖻"，後加日作"🖻"表示春夏之"夏"。《楚帛書》作"🖻"。司，郭沫若讀爲"祀"。此當讀爲"后"②，"后"字反文。夏后，《孟子·滕文公》："夏后氏五十而貢。"《韓非子·五蠹》："今有構木鑽燧於夏后氏之世者。"

敗厥靈師：敗，从貫从攴，疑爲貫字繁文。《詩經·齊風·猗嗟》"射則貫兮"，毛亨傳云："貫，中也。"《論語·衛靈公》"予一以貫之"，皇疏："貫，穿也。"中、穿皆有破意。靈師，孫詒讓訓靈爲大，靈師言大師靈師，言成湯伐夏。孫説可商，此句前言剸（剸）伐頤（夏）司，從語義連貫看當非指成湯之師，乃指夏之師。馬承源讀靈爲淩，《爾雅·釋言》釋淩爲"暴也"。淩師乃欺淩之師，此句言攻破了夏朝的暴虐之師。伊小臣指伊尹，助湯滅夏。堣，从禹从土，爲禹字。遳，同齊，《禮記·玉藻》"廟中齊齊"，鄭玄注："齊齊，恭慤貌也。"

穆公，叔夷言其爲成湯之后，宋爲商之裔國，故此當指宋穆公。襄公指宋襄公。妣，即出，《爾雅·釋親》"男子謂姊妹之子爲出"，"其配襄公之出"是指叔夷之母爲襄公姊妹所生，襄公的姊妹嫁與鍼公，所生之女爲叔夷之母。鍼公，郭沫若認爲是秦成公，郭説理由是"叔夷作器時已爲齊之正卿，其年齡當在五十左右，假令夷爲其母四十前後之子，其母又爲其母四十前后之女，則鍼公之世當在齊靈十六年前百三二十年。求與此年代相當者齊有襄公，秦有成公。……蓋襄公之妹適秦爲成公妃，其女適宋爲叔夷母，叔夷與齊有此親誼，故出仕於齊也"。楊樹達認爲當爲杞成公，楊説理由是"所謂鍼公者，於叔夷爲外王父；襄公者，爲叔夷母之母舅。以三十年爲一代計之，此襄公鍼公當長於

---

① 郭沫若：《中國古代社會研究、青銅時代》，《郭沫若全集·歷史編》第一卷，人民出版社，1982年，第305—306頁。
② 李孝定編：《甲骨文字集釋》，"中研院"歷史語言研究所，1982年，第2859頁。

叔夷六十歲之譜。據此推求，其時春秋各大國之諸侯謚襄者，惟宋襄公。考襄公元年當魯僖公十年，距齊靈公元年當魯成公十年者恰爲六十年，年代正相合。其謚成之諸侯，除楚成王稱王，與此文稱鍼公不合，不必論外，有二人可以推論。其一爲秦成公。其元年當魯莊公三十一年，其時代雖略早，尚可相接；然秦僻在西戎，中原之宋與之連昏，殆爲事所難有。又其一爲杞成公。杞成公以魯僖公六年即位，在位凡十八年，與宋襄公同卒於魯僖公二十三年。二君時代相當，宋杞地望又相接，又同是二王之後，二國連姻，最爲近理。故所謂鍼公之女者，非杞成公莫屬矣"。我們認爲此爲杞成公的可能性更大些，杞成公卒於魯僖公二十二年，即公元前638年，其在位時間正與宋襄公相當。加之二國地望相近，故此處以杞成公爲是。

鈇(鋈)鎬，舊釋爲"鈇"或"鉃"。謝明文指出此字右邊所从是在正面人形腰部加一横筆，應該是"夭"字，字可釋作"鈇(鋈)"，"鋈"爲白色金屬①。

乍福元孫：乍通胙，《國語・齊語》"反胙於絳"，韋昭注："胙，賜也。"元孫即長孫，《尚書・金縢》："惟爾元孫某，遘厲虐疾。"元孫之周武王，故言元孫。剴辟：剴讀爲闓。《説文・門部》："闓，開也。"《史記・貨殖列傳》"山澤不辟"，司馬貞《索隱》："辟，開也，通也。"

戕戕瞀瞀，戕，郭沫若隸作此，指出"舊釋爲都，疑是屠字，从戈从儿，者省聲也。屠讀爲都"。

達，郭沫若釋文作"遷"，"亦造之緐文"。趙平安據楚簡中的"達"作(包山簡119)、(九店M56)、(郭店《老子甲》簡8)，將鎛銘"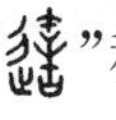"和𬭚鎛中的""皆改釋爲"達"②。將叔夷鎛和𬭚鎛中的形體釋爲"達"是正確的。

丞頪：丞讀胥，《爾雅・釋詁》胥，"癡也"。頪，《説文・頁部》云"難曉也"，二字含義相近，讀爲"沉迷"之"迷"。百斯男：即百子，《詩經・大雅・思齊》："大姒嗣徽音，則百斯男。"萬福：《詩經・小雅・采薇》："樂只君子，萬福攸同。"

① 謝明文：《釋金文中的"鋈"字》，《中國文字》新三十九期，藝文印書館，2013年，第117—124頁。
② 趙平安：《"達"字兩系説——兼釋甲骨文所謂"途"和齊金文中所謂"造"字》，《中國文字》新二十七期，藝文印書館，2001年，第51—63頁。

龢獻：獻作𮥻，《歷代鐘鼎彝器款識法帖》釋"協",于省吾釋"協",認爲此字應解作："棶，協也，從二耒、從二犬，犬以守耒,棶亦聲。㹜，或從刕從一犬。"①

葉,即葉字,讀爲世。《詩經・商頌・長發》"昔在中葉",毛亨傳："葉,世也。"武靈（靈）成：郭沫若認爲："成讀爲誠,言至於後世使人讚歎曰'桓武靈公誠然武靈成'。"武,《爾雅・釋詁》："武,繼也。"靈,《詩經・鄘風・定之方中》"靈雨既零",鄭玄箋："靈,善也。"成,守成,武靈成即繼善守成之意。

該組器器形長腔闊鼓式,有旋有干,枚較長,甬中空。甬飾三角云紋,干飾目雷紋,舞部飾云雷紋,篆飾夔紋,鼓部飾雙頭獸紋。器形紋飾近於春秋早中期器郜公孜人鐘。叔夷鐘的年代目前有兩種意見：一是齊靈公時器,郭沫若、楊樹達、陳夢家②等持此説；另外還見齊莊公、景公説③。郭沫若對於該器年代的推定尤爲具體,"蓋此器實靈公滅萊之翌年所作也,春秋襄六年十有二月,齊侯滅萊,當靈公之十五年（前 567 年）,翌年五月有戊寅,與本銘適合。"④郭沫若的推定是基於該銘記有滅萊之事。"萊"字器銘作"𮊬",隸定爲"釐"。陳夢家也認爲該字假作萊,乃是萊國之名⑤。夏麥陵對此詳加考證也持此説⑥,此字當爲萊字無疑。從器銘可知,此當在滅萊之後,故才有銘文"余賜女（汝）釐（萊）都""余命女（汝）司辝（台）釐（萊）"之説,故此器銘文記載的時間當在齊靈公滅萊不久之後。《左傳》襄公六年（前 567 年）："十有二月,齊侯滅萊。"因此,該器所記"惟王五月,辰在戊寅"當爲齊靈公十六年五月,即前 566 年 5 月,周靈王六年五月。據張培瑜《春秋朔閏表》⑦前 566 年五月份,不論是殷曆、魯曆或夏曆,都有戊寅這一天,與器銘合,故該器年代可定在齊靈公十六年（前 566 年）。

---

① 于省吾：《釋棶》,《甲骨文字釋林》,中華書局,1979 年,第 253—259 頁。
② 陳夢家：《西周銅器斷代（五）》,《考古學報》1956 年第 3 期。
③ 孫剛認爲,從銘文中賜"萊都"這一點來説,銘文記錄的事情與齊靈公十五年滅萊之事無疑是有着緊密聯繫的,但從銘文稱"靈公"這一點來説,此器當作於齊靈公去世之後,可能是齊莊公、景公時期。（可參孫剛《東周齊系題銘研究》,吉林大學博士學位論文,第 36 頁。）
④ 郭沫若：《兩周金文辭大系圖録考釋》,第 435 頁。
⑤ 陳夢家：《西周銅器斷代（五）》,《考古學報》1956 年第 3 期。
⑥ 夏麥陵：《叔夷鐘銘與齊侯滅萊》,《管子學刊》1993 年第 2 期。
⑦ 張培瑜：《春秋朔閏表》,《中國先秦史曆表》,齊魯書社,1987 年,第 151 頁。

21. 公孫竈壺

出土：1963 年山東臨朐楊善公社
時代：齊景公（下限止於前 539 年）
現藏：山東省博物館
著錄：集成 9709；銘圖 12423

圖 1.1.21　公孫竈壺

釋文：公孫竈立（涖）事歲，飯者月，公子土斧乍（作）子中姜，鐺（鑄）之般（盤）壺。用旂（祈）釁（眉）壽，萬年羕（永）俘（保）其身，子子孫孫羕（永）俘（保）用之。

銘文六行三十九字，重文二。公孫竈，金文"竈"字多異體，有從辵、舟、戈等例。本銘"竈"字從火從穴告聲，音同造，造通竈，《周禮·春官宗伯·大祝》：

"掌六祈以同鬼神示,一曰類,二曰造,三曰禬,四曰禜,五曰攻,六曰説。"鄭玄注:"故《書》造作竃,杜子春讀竃爲造次之造,《書》亦或爲造。"《吕氏春秋·慎行》:"慶封出獵,景公與陳無宇、公孫竈、公孫蠆誅封。"高誘注:"公孫竈,惠公之孫,公子欒堅之子子雅也。"《左傳》昭公三年:"齊公孫竈卒。"公孫寵即公孫竈,卒於齊景公九年(前 539 年)。

者,各家所釋不一,馬承源釋作"耆"①;王恩田釋作"者"②,論者多從之;張振謙認爲該字從"黍",從"口",釋作"香"③。孫剛認爲下部從"旨"較爲明顯,釋"者"當可從④。諦審字形,儘管此字下半部和"旨"字形相類,但此字上部與齊國文字"老"字頭構形差别較大,此處無法和文獻對照,僅就字形而論,釋作"者"是可取的。

鹽,《銘文選》隸作"梌",認爲此處爲"仲姜"的私名;何琳儀隸定作"鹽",釋爲"鑄"⑤;陳劍亦釋作"鑄"⑥;《引得》隸作"鹽"。孫剛、傅修才同《銘文選》説。該字拓片如下:

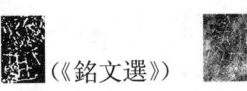

（《集成》9709）　　（《銘文選》）　　（核驗銘）

《集成》拓片左上方爲"木",《銘文選》爲"火",後來李春桃請山東博物館核對該銘可確認從"火"⑦,所以該銘釋"鑄"無疑。

"立事歲",齊系金文習見紀年格式,各家解釋不一,見本書國差𦉢對此的具體論述。趙國兵器也見有"王立事""王何立事",但没有"歲"字。飯者月,齊國獨特的紀月方式,未知何月,紀月方式還見《子禾子釜》"䙴月"、《陳純釜》"𢿐月"、《國差𦉢》"咸月"。楚國也見特殊的記月方式,如望山楚簡中的"习𣅦之月""獻馬之月""夓月"等⑧,這與齊國紀月方式有相同之處。湖北省雲夢睡虎

---

① 馬承源主編:《商周青銅器銘文選(四)》,第 551 頁。
② 齊文濤:《概述近年來山東出土的商周青銅器》,《文物》1972 年第 5 期。
③ 張振謙:《齊系文字研究》,第 216 頁。
④ 孫剛:《東周齊系題銘研究》,吉林大學博士學位論文,第 370 頁。
⑤ 何琳儀:《戰國古文字典:戰國文字聲系》,中華書局,1998 年,第 241 頁。
⑥ 陳劍:《青銅器自名代稱、連稱研究》,《中國文字研究》第一輯,廣西教育出版社,1999 年,第 360 頁。
⑦ 李春桃:《公子土斧壺銘文探研》,《簡帛》第二十輯,上海古籍出版社,2020 年,第 7—12 頁。
⑧ 湖北省文化局文物工作队:《湖北江陵三座楚墓出土大批重要文物》,《文物》1966 年第 5 期。

地秦簡有《秦楚月名對照表》①，爲研究楚國月名提供借鑒之資，齊國月名尚無文獻、考古資料可藉，闕疑。

銘文第三行第一字，齊文濤（即王恩田筆名）釋"折"，言"右邊筆畫似爲裂痕，暫隸定爲折，存疑"②。《釋文》亦釋爲"折"，後來弄清此字从"父"不从"手"，《金文編》釋斧，《引得》同。子中姜，子中姜即公子土折之女，此器爲公子土折所作之媵器。《禮記·喪服》鄭玄注"凡言子者可以兼男女"，《禮記·曲禮》"子於父母"，注："言子者通男女。"檢，齊文濤以爲"中姜之名，字不識"，《金文編》收錄附錄下（232，頁1027）。般壺，《方言》："般，大也。"《廣雅·釋詁》："般，大也。"

上已言及，公孫竈即公孫竈，《左傳》襄公二十八年："公膳日雙雞，饗人竊更之以鶩。御者知之，則去其肉，而以其洎饋。子雅、子尾怒。"杜預注："二子皆惠公孫。"《呂氏春秋·慎行》："慶封相景公，景公苦之。慶封出獵，景公與陳無宇、公孫竈、公孫蠆誅封。"高誘注："公孫竈，惠公之孫，公子欒堅之子子雅也。"公孫竈還見於《左傳》襄公二十九年："秋九月，齊公孫蠆、公孫竈放其大夫高止於北燕。"《左傳》昭公二年："宣子遂如齊納幣，見子雅。"《左傳》昭公三年："九月，子雅放盧蒲嫳於北燕。"《左傳》昭公三年："十月，公孫竈卒。司馬竈見晏子，曰：'又喪子雅矣。'晏子曰：'惜哉！子旗不免，殆哉'。"由此可知，公孫竈在景公三年（前545年）參與了倒慶氏的政變，上臺執政至於齊景公九年卒，共六年當政，因此此器的年代下限止於前539年，故此器時代應定爲春秋晚期。

就器形而言，該器高頸，圓腹，矮圈足，有環帶與蓋相連，蓋姬腹部有環可系，腹中部飾弦紋爲界，器形接近於庚壺，特別是二者腹部都有兩道弦紋爲界，二者時代較爲接近。

22. 荆公孫敦

出土：山東膠南縣六旺鎮山周村齊長城腳下

---

① 曾憲通：《楚月名初探——兼談昭固墓竹簡的年代問題》，《古文字研究》第五輯，中華書局，1979年，第303—319頁。
② 齊文濤：《概述近年來山東出土的商周青銅器》，《文物》1972年第5期。

年代：春秋晚期

現藏：膠南市博物館

著録：近出 537

釋文：䣍（荆）公孫盥（鑄）其藨盍（敦），老壽用之，大寶無萁（期）。

此敦原當爲器、蓋組合，唯餘器身，蓋散佚。王景東稱："故宫博物院青銅器館陳列一件'梁公小敦'（未見著録），其形制紋飾與此全同，且銘文也完全相同，因第一字銹蝕不清誤釋爲'梁公'。彼雖器蓋俱全，然蓋器不合，器上無銘，顯係後配。其蓋極有可能與膠南這件器是原配的一器一蓋。"①

該銘首字"䣍"未見，從"井"，從"刀"，下從"邑"。"邑"字寫法與常見有别，該寫法還見於國差𦉜，"邑"位於字下部，據孫敬明研究此種寫法爲齊系文字的突出的特點②。王景東認爲此字從刑從足，與金文荆楚之荆寫法相同，應爲國名，乃荆楚之荆③。王恩田指出該字下部應爲"邑"而非足，該字是以"邑"爲形而"荆"爲聲的形聲字，隸爲"荆"或釋爲"荆"都是正確的④。

"敦"字寫法也很特殊，上爲"享"下從"皿"，與陳侯午敦之"敦"字形近，唯該字少"金"旁。

"荆公孫"，此名王景東認爲即"荆公之孫"之稱⑤；王恩田認爲"荆"通"景"⑥，"荆公"即齊景公杵臼⑦；孫敬明認爲當爲"荆水"之謂⑧。

---

① 王景東：《山東膠南縣發現荆公孫敦》，《考古》1989 年第 6 期。
② 孫敬明：《先秦貨幣文字分域斷代研究例》，山東省錢幣學會印行，1987 年。
③ 王景東：《山東膠南縣發現荆公孫敦》，《考古》1989 年第 6 期。
④ 王恩田：《荆公孫敦的國别與年代》，《文物春秋》1992 年第 2 期。
⑤ 王景東：《山東膠南縣發現荆公孫敦》，《考古》1989 年第 6 期。
⑥ 其理由爲荆屬見母耕部、景屬見母陽部，耕陽旁轉，音近可通。楚國"荆臺"，典籍作"京臺""景臺"可證。參見王恩田：《荆公孫敦的國别與年代》《文物春秋》1992 年第 2 期。
⑦ 王景東：《山東膠南縣發現荆公孫敦》，《考古》1989 年第 6 期。
⑧ 孫敬明：《荆公孫敦約解》，《考古發現于齊史新徵》，齊魯書社，2006 年，第 111—114 頁。

銘文中的老、壽二字从"✾"字,這是山東地區區別於別國銘文書體的一個重要特徵。金文中老、考、孝、壽等字一般多从老省,寫作"✾",唯獨山東列國从✾①。諸如叔夷鐘、齊侯四器、陳逆簠、陳侯午敦等齊國與之相關諸器。䀉,即膳字。《說文》:"膳,具食也。"《禮記·玉藻》"膳於君",注:"膳,美食也。""膳"字也常見於山東食器彝銘前,如齊侯鼎、齊侯敦、魯歸父敦等。膳字還省作"善",如善夫吉父鬲銘膳即作"善"形。張聞捷指出東周時期膳器屢見於山東中北部齊魯等奉行姬周正統文化的國家,將飲食統名爲"膳"是周人的特定稱法,故其在齊魯地區才特別盛行②。

大福無碁:福或作"寶"③,董蓮池釋爲"福"字異構,當分析爲从示寶省聲④。蔡一峰認爲釋"福"近是,但析爲寶省聲則未確,實當即"富"字異構⑤。"期"字作碁,从日不从月,且位於"其"字之下,也爲齊器常見寫法,如齊侯四器、鮑子鼎等所見"期"字。孫敬明認爲該字从其从口,但由於敦銘稍泐,下部"口"中或有一點,爲金文"日"。"期"字"从其从日"意爲時日而表無期,與後來从"月"意義相同⑥。

該器的國別,王恩田結合該器的銘文書體特徵、器形、紋飾以及出土地點,綜合考慮認爲該器具有齊國銅器典型特徵,應爲齊國銅器⑦。我們同意王先生的意見。

該器器身呈球狀,其口沿平而折,束頸、鼓腹,腹身兩側各飾一環耳,圜底有三矮蹄足,周身飾乳丁紋。與荆公孫敦具有同樣形制、紋飾的銅敦還見於1963年山東臨朐楊善出土的銅敦⑧,王恩田指出該銅敦和公孫竈壺共存,因此

---

① 楊樹達:《積微居金文說(增訂本)》,第212頁。
② 張聞捷:《東周飤器組銅器研究——兼論周代銅器稱名制度的變化》,《考古與文物》2017年第3期。
③ 張桂光主編:《商周金文摹釋總集》,中華書局,2010年,第771頁。
④ 董蓮池:《釋春秋狮公孫敦中的"福"字兼談黃諸器中"福"字構形》,《中國文字研究》第二十三輯,上海書店出版社,2016年,第25頁。
⑤ 蔡一峰:《金文雜識》(四則),《古文字論壇——陳煒湛教授八十慶壽專號》,中西書局,2018年,第269—270頁。
⑥ 孫敬明:《荆公孫敦約解》,《考古發現于齊史新徵》,第111—114頁。
⑦ 王景東:《山東膠南縣發現荆公孫敦》,《考古》1989年第6期。
⑧ 齊文濤:《概述近年來山東出土的商周青銅器》,《文物》1972年第5期。

荆公孫敦與公孫竈壺年代同時，王恩田認爲"荆公"即景公，據此進一步推定該器上限不早於齊景公卒年，下限當不晚於田常弑簡公專政之年①。齊國春秋晚期的銅敦與戰國銅敦在形制上有很大不同，春秋晚期敦所具有的的矮小蹄足與乳丁紋紋飾不見於戰國，戰國銅敦多素面無小蹄足而多飾有環鈕，陳侯午敦就是戰國銅敦的典型代表。

23. 庚壺
出土：傳世器
時代：春秋晚期（齊景公早期）
現藏：臺北故宮博物院
著錄：集成 9733；銘圖 12453

圖 1.1.23　庚壺

---

① 王恩田：《荆公孫敦的國別與年代》，《文物春秋》1992 年第 2 期。

第一章　東周齊莒系金文編年彙釋、年代考訂與分國整理　101

銘文①：隹（唯）王正月初吉丁亥，殷王之孫、右市（師）之子武弔（叔）曰庚，羃（擇）其吉金台（以）鹽（鑄）其祭（盟）壺。齊三軍圍釐（萊），衰（崔）子轚（執）鼓（鼓），庚入門之，轚（執）者獻（獻）于霝（靈）公之所。公曰：甬＝（勇勇）！商（賞）之台（以）邑，嗣衣裘、車馬於霝（靈）公之身。庚衛（率）百乘舟入鄹（莒），从洌（河）台（以）巫伐巇（？）完（？）丘，殺其䵅（鬭）者，孚（俘）其士女，□昀（？）矢（？）舟□邀丘□□于剌（梁），歸獻（獻）于霝（靈）公之所，商（賞）之台（以）兵轚（甲）、車馬。庚成陸要，其王駟轚（甲）方綾，滕相乘駐（牡），釧不□其王乘駐（牡），與（興）台（以）□巇師，庚哉（捷）其兵轚（甲）車馬，獻（獻）之于臧（莊）公之所。公曰：甬（勇）！甬（勇）！□□曰：□余台（以）賜女（汝）。□曰：不可多也。天□受（授）女（汝）。

庚壺，傳世器，原爲清宮内府舊藏。自著録於《西清續鑑甲編》以來，郭沫若②、楊樹達③等都曾進行過考釋。後來，臺灣學者張光遠對其重新摹釋，引起了學者更爲廣泛的討論④，張政烺⑤、李家浩⑥、孫敬明⑦、張振謙⑧等重新加以考釋，雖然由於銘文殘缺，給閲讀造成了困難，但經過學者們的努力，銘文已基本廓清，但有些字仍不得釋，還不可以完全通讀，現彙集本銘釋讀並對其年代等問題加以討論。

殷王之孫，右市（師）之子，武叔曰庚：該行首字張政烺釋作"殷"，李家浩認爲當爲周王之諡，由於該字殘泐，構形不明，無法確釋。右市（師），官名，先秦時期，宋、齊都有"右師"之官，《左傳》文公七年："夏四月，宋成公卒，於是公子成爲右師，公孫友爲左師。"《左傳》文公七年："於是華元爲右師，公孫友爲左

---

① 庚壺銘文共176字（不包括重文），原來拓本或摹本殘缺字很多，諸如于省吾《殷周金文集録》、郭沫若《兩周金文辭大系圖録考釋》、馬承源《商周青銅器銘文選》等。1982年，臺灣張光遠《春秋晚期齊莊公時庚壺考》（《故宮季刊》第十六卷第三期）提供了一份新的摹本，比舊本多出七十餘字。該文公布了該器的X光照片和一份新的摹本，是作者參考X光照片和目驗原器後所做，字形摹寫也較爲準確，《殷周金文集成》9733號所録摹本即是此摹本。
② 郭沫若：《兩周金文辭大系圖録考釋》，第442—444頁。
③ 楊樹達：《積微居金文説（增訂本）》，第159—160頁。
④ 張光遠：《春秋晚期齊莊公時庚壺考》，《故宮季刊》第十六卷第三期，第83—106頁。
⑤ 張政烺：《庚壺釋文》，《出土文獻研究》，文物出版社，1985年，第126—133頁。
⑥ 李家浩：《庚壺銘文及其年代》，《古文字研究》第十九輯，中華書局，1992年，第89—101頁。
⑦ 孫敬明：《庚壺忝釋》，《中國文字》新十四期，中國文字社，1991年，第169—174頁。
⑧ 張振謙：《庚壺再考》，《中國文字學報》第十輯，商務印書館，2020年，第47—55頁。

師。"《孟子·離婁》:"公行子有子之喪,右師往弔。"趙岐注:"齊之貴臣王驩,字子敖。"庚,張政烺認爲是宋右師公子成在齊所生之子。武叔,可以有兩種解釋,一種是庚的字,一種是庚的謚,李家浩認爲謚的可能性更大。

擇其吉金台鑄其榺壺:榺,張光遠隸作"榺",讀作"滕";張政烺亦隸定爲"榺",讀爲"滕",此蓋庚嫁女之器;李家浩隸作"榺",讀作"盥"①。我們認爲李家浩的意見可從,"榺"和"滕"字形相近,但實爲兩字。該銘文内容似未言嫁女之事,這一點張政烺也有指出。銘文中有"盥壺"之稱,寬公匜:"寬公作爲子弔姜盥壺。"

齊三軍圍釐,𣏋子執鼓:釐,假借爲萊,還見於叔夷鐘。𣏋,舊釋爲"冉",張政烺認爲冉子爲晏弱之字。李家浩釋作"衰",讀爲"崔",崔子即爲崔杼。其事迹見於《左傳》襄公二年、二十三年、二十五年、二十七年,二十八年。晏弱擔任主帥參與了滅萊的戰爭,《左傳》襄公六年:"四月,晏弱城東陽,而遂圍萊。"主帥在戰爭中似不應執鼓,此恐非晏弱,李家浩觀點也可備一説。

庚入門之,虢(執)者獻于霝(靈)公之所:入,摹本作"大",楊樹達、張政烺釋爲大②,李學勤③、李家浩釋作"入"可從。春秋戰國金文常在豎畫的中部加一短横,如該壺銘文之"所"字。虢,孫詒讓讀爲"皋"④,于豪亮讀爲"甲"⑤,張政烺讀爲"摯",認爲此處假借爲"介","介者"即穿着鎧甲的人,《詩經·大雅·板》:"介人維藩。"箋云:"介,甲也,被甲之人,謂卿士掌軍事者。"《禮記·曲禮》:"介者不拜,爲其拜而蓌拜。"《史記·絳侯周勃世家》:"介胄之士不拜,請以軍禮見。"李家浩指出"第七行的'虢者'頗費解,據文意應該是庚所獻之俘,壺銘'虢''執'二字形近,或疑'者'前之字應從舊説釋爲'執'。'執者'指被俘的人。"⑥該字張光遠摹作"𦥑";容庚摹作"𦥑";張振謙認爲該字右下部從

---

① 李家浩:《信陽楚簡"澮"字及從"关"之字》,《中國語言學報》1981年第1期。
② 楊樹達《庚壺跋》:"庚汝大門之者,謂攻門也。按:《左傳》僖公二十八年'晋侯圍曹,門焉多死'杜注云:'攻曹城門。'"見《積微居金文説(增訂本)》,第159頁;張政烺:《庚壺釋文》,《出土文獻研究》,第126—133頁。
③ 李學勤:《論博山刀》,《中國錢幣》1986年第3期。
④ 孫詒讓:《古籀餘論》,第54—56頁。
⑤ 于豪亮:《中山三器銘文考釋》,《考古學報》1979年第2期。
⑥ 李家浩:《庚壺銘文及其年代》,《古文字研究》第十九輯,第89—101頁。

"女",推測張光遠的摹寫是錯誤的,認爲該字的右上部也應該是"丮",釋作"執"①。我們認爲該字釋爲"執"字更好講,該字摹本不全,和叔夷鐘"執"字字形非常相近。執者,讀爲"執諸",《爾雅·釋詁》"諸,衆也",即逮捕衆人之意。

䣙,孫詒讓《古籀餘論》最早考證爲即《尚書·牧誓》之"盧"②,王國維根據《三體石經》春秋"莒"之古文爲"簠"字之僞略,指出䣙侯敦之侯即莒侯,釋該字爲莒,他指出:"《隸釋》所録魏三字石經《春秋》莒之古文作𥂑,篆隸二體作莒𥂑者,簠字之譌略。上虞羅氏藏䣙侯敦,䣙侯亦即莒侯。又藏闍丘□□戈,闍丘亦即閭丘,足證莒簠之爲一字矣。"③裘錫圭詳加考釋,也釋此字爲"莒"④。1975年山東莒南大店二號墓出土的䣙叔仲子平九件編鐘,報告者推斷,此墓主人就是後來做了莒國國君的兹平公⑤,使䣙爲"莒"字之説成定論。張政烺也讀爲"莒",此處假借爲"舉",意爲起兵,大舉構成一個詞,《蜀志·諸葛亮傳》:"治戎講武以俟大舉。"

𤎩,張光遠謂"此字結構已明,猶難識讀,應是一小國名"。張政烺釋爲"燕",然史書未見齊莊公伐燕之事,李家浩釋爲"巇",可參。筆者認爲此字爲地名無疑。

邃丘,李春桃認爲可能應讀爲"祝丘"或"陶丘"⑥。

殺其斯者:殺,郭沫若隸作"斁";張光遠隸作"救";張政烺釋作"殺",殺字古文作"𢼄",與本銘字形頗近。斯,張光遠隸作"斁",疑爲"瞽"字;張政烺隸定作"斁";李家浩認爲認爲此字左旁"與西漢簡帛文字的'斯''鬭'等字所從的'䜌',旁作'豆'形者相近",並將此字隸定作"斁",讀爲"鬭",今從其説。

庚𢦏(捷)其兵虢車馬:𢦏,見吕行壺銘,張光遠隸作"𢦏"讀爲"載";郭沫若釋爲"哉";張政烺隸作"𢦏",讀作"捷"。《説文》:"捷,獵也,軍獲得也。"《公

---

① 張振謙:《齊銘摹誤考辨四則》,《中山大學學報》(社會科學版),2014年第1期。
② 孫詒讓:《古籀餘論》,第231頁。
③ 王國維:《王子嬰次盧跋》,《觀堂集林》卷十八,第900—901頁。
④ 裘錫圭:《戰國貨幣考》,《北京大學學報》1978年第2期。
⑤ 山東省博物館等:《莒南大店春秋時期莒國殉人墓》,《考古學報》1978年第3期。
⑥ 李春桃:《庚壺銘文拾遺》,《中國文字研究》第十九輯,上海書店出版社,2014年,第45—46頁。

羊傳》莊公三十年："齊侯來獻戎捷。"注："戰所獲物曰捷。"虢,張政烺讀爲"摯",假借爲"介",並根據毛傳將"介"釋爲"甲"。李零根據小盂鼎以及中山王方壺、望山簡、包山簡等相關字形資料徑把"虢"字釋爲"甲"①。

陸要,要字摹本爲○,該字多釋"寅"。郭永秉疑此字可能爲"要"字,可理解爲"險要之處"。古書"守要""守要害"之類說法多見,"戍要"義與之近似②。李春桃據庚壺銘文照片,重作此字摹本,指出字形像一人突出其目,下部兩手叉腰,與金文"要"旁寫法相同,此字釋"要"可信。

獻之于臧(莊)公之所:臧,郭沫若讀作"禀";張光遠隸作"黃",釋爲"莊";張政烺隸作"臧",讀爲"莊";李家浩隸作"臧",讀爲"莊"。讀"莊"可從,虢季子白盤有"甹"字,可讀爲"壯",趞亥鼎有"宋牆公"之"牆"也當讀爲莊,本銘"○"字从戈从虫,可讀爲莊。

關於該器的年代,學者有不同說法,張光遠謂其"鑄製年代,當在周靈王二十三年,正月丁亥日,時是齊莊公五年,公元前 549 年"③。馬承源定此器時代爲齊靈公時期④。張政烺謂:"齊莊公二年正月朔,汪曰楨《歷代長術輯要》爲甲申,則丁亥是四日;姚文田《春秋經傳朔閏表》爲乙酉,則丁亥是三日。與銘文初吉合。疑此壺即作於是年。"齊莊公二年即前 552 年⑤。孫敬明謂"第二次伐莒爲莊公五年秋,器作於正月,不合,竊以爲器當作於周靈王二十四年,公元前 548 年,是齊莊公六年"⑥。李家浩在春秋有謚的前提下,提出由於庚銘出現了莊公,此器年代當在齊莊公死後,又把"○"字釋爲"崔","○"子即崔杼,"○"子爲尊稱而非謚號,因此認爲此器當在崔杼去世之前,據《左傳》齊莊公死於魯襄公二十五年乙亥,崔杼死於魯襄公二十七年九月庚辰,結合庚壺紀日,

---

① 李零:《古文字雜識(兩篇)》,《于省吾教授百年誕辰紀念文集》,第 270—274 頁。
② 郭永秉:《談古文字中的"要"字和从"要"之字》,《古文字研究》第二十八輯,中華書局,2010 年,第 114 頁注 18。
③ 張光遠:《春秋晚期齊莊公時庚壺考》,《故宮季刊》第十六卷第三期,第 83—106 頁。
④ 馬承源主編:《商周青銅器銘文選(四)》,第 554 頁。
⑤ 張政烺:《庚壺釋文》,《出土文獻研究》,第 126—123 頁。
⑥ 孫敬明:《庚壺忝釋》,《中國文字》新十四期,第 169—174 頁。

因此把庚壺年代推定爲齊景公二年正月,周正建子,故爲前547年十二月①。把該器定爲莊公首先是以春秋無諡法爲前提的,銘文中出現了靈公、莊公,若爲生稱可定該器爲莊公,若爲諡號絕非莊公時期。因此對於諡法的理解直接關係到銅器標準器年代的確定。其實文獻記載西周就有了諡法,《逸周書·諡法解》:"維周公旦、太公望開嗣王業,建攻於牧之野,終,將葬,乃制諡,遂叙諡法。"郭沫若曾認爲諡法之興當在戰國時代②。彭裕商師對諡法有過深入探究③,彭師指出諡法的興起應上溯到晚殷文丁之時,周文、武之後,諡法進入成熟階段,自西周初期開始王號就不是生時所稱而應是死后之諡。2003年1月陝西眉縣楊家村出土了逨盤④,該器銘文从文王、武王一致數到厲王,對研究西周歷史提供寳貴的材料。李伯謙指出逨盤銘文的重要性在於不僅證實了周王的世系,並且又一次證明了西周諡法的存在⑤。彭裕商師指出:"所有王號均是死諡而非生稱,……逨盤的銘文是對這一觀點强有力的支持。"⑥因此,春秋時期存在諡法是没有問題的,庚壺中的靈公、莊公均爲死諡,庚壺的年代不能定在莊公,只能是莊公之後,李家浩認爲𣏍子即崔杼,定該器在崔杼死之前,但是就目前的研究而言,此説無法確詁,可備一説。就常理推斷此器不會離莊公太遠,否者也就失去了作器的意義,因此,我們認爲該器的年代當爲齊景公(前547—前490年)在位早期。

24. 鼄子鼎

出土:2007年陝西西安

年代:春秋晚期(齊景公至齊悼公)

著録:銘圖02404

---

① 李家浩:《信陽楚簡"澮"字及从"㳄"之字》,《中國語言學報》1981年第1期。
② 王國維:《諡法之起源》,《金文叢考》,《郭沫若全集·考古編》第五卷,科學出版社,2002年,第89—101頁。
③ 彭裕商:《諡法探源》,《中國史研究》1999年第1期。
④ 陝西省考古研究所等:《陝西眉縣楊家村西周青銅器窖藏》,《考古與文物》2003年第3期。
⑤ 馬承源等:《陝西眉縣出土窖藏青銅器筆談》,《文物》2003年第6期。
⑥ 彭裕商:《逨器的啓示》,《黃盛璋先生八秩華誕紀念文集》,中國教育文化出版社,2005年,第100頁。

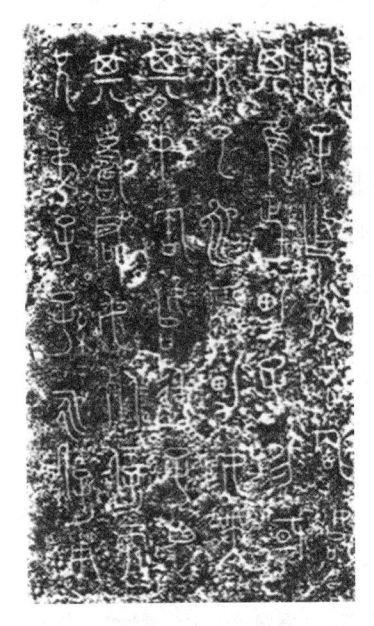

釋文：鮑(鮑)子用乍(作)朕(媵)中(仲)匋始(姒)[鼎]①，其隻(獲)生(之)(皇)男子，勿或(有)柬(閑)巳(已)，它它熙(熙)熙(熙)，男女無碁(期)。中(仲)匋始(姒)迓子思，其壽君毋死，俤(保)而兄弟，子孫孫永俤(保)用。

《中國歷史文物》2009年第2期刊載了吳鎮烽《鮑子鼎銘文考釋》(簡稱《考釋》)一文②，介紹了2007年4月於陝西西安發現的一件春秋晚期齊國鮑子的銅鼎，該文對該銅鼎器型、年代、銘文、鮑氏世系等問題進行了深入考證。文章結合文獻與時代加以考證，認爲作器者鮑子是齊景公至齊悼公時期的大夫鮑牧(鮑叔牙五世孫)，銘文中提到的子思是鄭獻公、聲公時期的鄭國大夫國參，是子產之子、鄭穆公重孫。之後，何景成《鮑子鼎銘文補釋》(簡稱《補釋》)③又對個別銘文的釋讀進行了討論，隨後侯乃峰④、程燕⑤等學者又進行了補論。上述研究成果對進一步研究該器銘奠定了良好的基礎，下文擬在以上文章的基礎上對該器銘文的文句釋讀及其年代略作補證。

圖1.1.24 鮑子鼎

鮑子作朕中匋姒：《考釋》："朕，通媵，古代諸侯嫁女，以侄娣從嫁稱媵。"金文中"媵"字異體字甚多，主要有朕、賸、睦、佚等。孫詒讓指出毛公鼎中"賜汝兹關"的"關"字即"佚"，"說文無關，而有關聲，蓋脫之。此讀爲佚"⑥。《說文》："佚，送也。言賜汝之臣僕也。""佚"和"媵"可通，二字都有"送"義，《爾雅·

---

① 孫剛認爲銘文首句末似脱"鼎"字，今據文義補，並舉出類似的情況還見於穌冶妊鼎(《集成》2526)，銘文作"穌冶妊乍(作)虢妃魚母媵，子孫孫永寶用"也脱一"鼎"字，其説是(參見孫剛：《東周齊系題銘研究》，吉林大學出土文獻博士學位論文，第71頁)。
② 吳鎮烽：《鮑子鼎銘文考釋》，《中國歷史文物》2009年第2期。
③ 何景成：《鮑子鼎銘文補釋》，復旦大學出土文獻與古文字研究中心網站，2009年9月18日。
④ 侯乃峰：《鮑子鼎銘文補說》，《中國歷史文物》2010年第2期。
⑤ 程燕：《鮑子鼎銘文補釋——兼論郘子姜首盤銘文中的"及"》，《中國歷史文物》2010年第2期。
⑥ 孫詒讓：《古籀拾遺》，第46頁。

釋言》:"媵,送也。"《儀禮·燕禮》:"媵觚於賓。"鄭玄注:"媵,送也。"《楚辭·九歌·河伯》:"波滔滔兮來迎,魚鱗鱗兮來媵予"。王逸注:"媵,送也。"

其隻(獲)生(之)男子:"獲",吳鎮烽訓"獲"爲"得",用作獲匹,得到配偶義。周波認爲銘文"獲"是被某人信任、喜歡的意思,"獲之男子"是使女子能夠得到夫君的歡心①。

《考釋》:"生,通皇,意爲美、美好。《詩·大雅·臣工》:'於皇來牟,將受厥明。'孔穎達疏:'皇,訓爲美。'……全句是說仲匋姒獲配了美好剛強有爲的丈夫。"

《補釋》:"細省銘文照片可以看出,字下部作'甘'形,不從'土'。因此,不當釋爲'生'。我們認爲字當釋爲'者',……'者'讀爲'諸',作介詞用。'獲諸男子'的'獲',《考釋》訓爲'得',指獲匹、獲配,可從。'獲諸男子'即獲配於男子。"②

按:《考釋》隸作"生"者即器銘右二行第三字,釋爲"皇"。"皇"字金文習見,與該銘字形相類字形作""""(參見《金文編》417頁),"皇"字上部實從"之",《説文·之部》:"生,艸木妄生也。從之在土上。讀若皇。"而鮑子鼎銘該字上從"止",二者字形有別,故釋"皇"可商。此字隸作"生"不準確,當隸作"生"。《補釋》認爲該字下部作"甘"形,故釋爲"者"。筆者細審器銘,鮑子鼎銘該字不從"甘",甚明,故釋爲"者"非是。有學者提出此字當爲"之"字③,其説可從。考之銘文,"楚王孫漁戈""蔡公子果戈""蔡公子加戈"等器銘的"之"與該字字形極爲相似(參見《金文編》416—417頁),這種寫法只是在常見字形的基礎上裝飾化、繁化而已,這種情況在戰國時期銘文中習見,《郭店楚簡·五行》引《詩經·召南·草蟲》"之"作"",亦爲"之"字繁化。故此,該句應讀爲

---

① 周波:《齊魯系銘文研究(五題)》,《古文字與漢語歷史比較音韻學》,復旦大學出版社,2017年,第299—301頁。
② 何景成後修訂了其觀點,指出:《金文編》第416—417頁"之"字形與此字基本一致。兩者之間的差異只在於"之"最下部的橫畫作兩側向上彎曲,這是美術化的原因(東周時期的"王"字亦有類似寫法,參看《金文編》第20頁)。因此,此字應釋爲"之"。如此,鮑子鼎的有關文句應釋讀爲"其獲之男子。"有學者指出,"獲之男子"應理解爲雙賓語結構。參見氏著:《金文考釋三則》,《第五屆中國文字發展論壇論文集》,中州古籍出版社,2015年,第72—73頁。
③ 可參看復旦大學出土文獻與古文字研究中心網站網名爲"沙鷗""淄瀧""海天"等學者對《鮑子鼎銘文補釋》一文的有關討論。(2009年9月18日)

"獲之男子"。"之"在此爲代詞,意即"其""他(她)的",和男子構成雙賓語,構成古漢語習見的"動之名"結構,沈培對此有詳細論述①。出土文獻中也較常見,如《左傳》宣公十一年"牽牛以蹊人之田,而奪之牛",《史記·高祖本紀》"馳入張耳、韓信壁,而奪之軍";白公父簠銘"白公父作簠,擇之金",楚叔盉銘"楚叔之孫途爲之盉"。"之"均作"其"講,本銘"獲之男子"也即"獲其男子"。周波認爲"獲之男子"並非雙賓語結構,他認爲鮑子鼎銘文中"其獲之男子"的"獲"應是被人信任、被人喜歡的意思②。

勿或(有)柬(闌)巳(已):《考釋》:"勿或,金文常用語。勿是禁戒副詞,表示禁止,不要。或,通有。'勿或'翻譯成現代語就是'不要有'。"

按:古書經常用"毋或"表示不可、不要之意,似乎不必將"或"另讀爲"有"。《左傳》襄公二十三年:"毋或如東門遂不聽公命,殺適立庶。"《禮記·月令》:"毋或作爲淫巧。"《韓非子·有度》:"先王之法曰:臣毋或作威,毋或作利,從王之指;毋或作惡,從王之路。"

"柬巳"的"柬",《考釋》讀爲"闌",認爲:"有阻隔、阻攔、將盡、將完等義。《史記·高祖本紀》:'酒闌,呂公因目固留高祖。''勿或柬巳'與'勿或罷訢(已)''勿或弗敬''勿或渝改'句法相同。'勿或柬巳'是説不要有所完結。"《補釋》認爲"闌"當讀爲"變",其理由是:"闌"古音屬來母元部,"變"屬幫母元部,兩者韻部相同,聲母相近可通,如與變聲符相同的"戀"即爲來母字。兮甲盤(《集成》10174)"毋敢或入緣宄賈",李學勤指出"入緣"即"闌入"。……《説文》謂"變"从"緣"聲,兮甲盤作"緣"通"闌",而"闌"从"柬"得聲,説明"柬"可讀爲變。

張崇禮認爲:"柬"可讀爲"簡",訓爲簡慢、怠惰。《字彙·竹部》:"簡,慢也。"《詩經·邶風·簡兮》:"簡兮簡兮。"朱熹集傳:"簡,簡易,不恭之意。"《管子·八觀》:"禁罰威嚴,則簡慢之人整齊。"《呂氏春秋·處方》:"少不悍辟,而長不簡慢矣。"高誘注:"簡,惰也。"③

---

① 沈培:《説上博簡〈容成氏〉中的"脛不生之毛"》,《出土文獻與古文字研究》第一輯,復旦大學出版社,2006年,第33—44頁。
② 周波:《戰國銘文分域研究》,第149—153頁。
③ 張崇禮:《讀鮑子鼎銘文劄記》,復旦大學出土文獻與古文字研究中心網站,2009年9月18日。

我們認爲"朿"與"變"雖聲可通,但缺少必要的意義連接,古書及與其他古文字材料中未見"朿"通爲"變"者,且此種解釋通轉過多,頗爲牽强,還不如《考釋》把"朿"讀爲"闌"更好講些。另外,"朿"字還見於其他銘文,如"吴方彝""師克盨""師兑簋"等,讀爲"熏",通"纁"。吴方鼎:"虎熏(纁)裏。"《爾雅·釋器》:"一染謂之縓,再染謂之䞓,三染謂之纁。"《儀禮·士冠禮》:"爵弁,服纁裳。"鄭玄注:"今文纁作熏。"但該鼎之"朿"顯然不能讀爲"熏",《金文大字典》《金文詁林》也只録"熏"義,此鼎可補"朿"字闕義。侯乃峰將"朿"讀爲"間",訓爲"間隙、嫌隙、隔閡"等義①。從聲韻角度看,"朿"讀爲"間"確可通,于省吾考證:"朿、闌、簡、閑古並通。"②戰國簡帛文字中,"朿"與"簡"常通假,如上博簡《朿大王泊旱》中的"朿大王"即史書中的"楚簡王"③。但文獻中尚未見到"朿"用爲"間"之"間隙、嫌隙、隔閡"義,缺少必要的訓詁學上的證據。故我們認爲訓爲"間"意義雖可通,但文獻中尚未見到朿用爲"間"義,"朿"與"間"聲音相近,但意義是否可通,尚不得而知。

我們認爲僅就"勿或朿巳"文意而言,以上解釋都能講通,但通篇考慮本銘,還是將"朿"讀爲"闌",訓爲"完結"之意爲勝。"闌巳"爲同義連用,金文還見"勿或渝改",與此用法相近。金文還見"勿或罷訇(已)",與本銘意義相同。該鼎銘下言"它它熙熙"爲美好綿延無盡之意,與"勿或朿巳"語意連貫。

《考釋》將"巳"讀爲"已",訓爲止、完結。《補釋》將"巳"應釋爲"改",並徵引李學勤《釋該》一文進行論證,詳見何文。將"巳"釋爲"改",從文字學角度雖可通,但解釋起來較爲曲折,且金文中也不見"巳"用爲"改"義。不如釋"已"更好講些,我們知道,"巳""已"古本同字,《釋名·釋天》:"巳,已也。"《韻補·紙韻》:"古巳午之巳,亦讀如已矣之已。"金文中"巳"多用爲"已",如作册麥方尊:"巳夕,侯賜者氒臣二百家。"楊樹達説:"夕謂夕見。"④則"巳夕"即完成夕見之禮,此"巳"亦用爲"已"。蔡侯盤:"祐受母(毋)巳。"巳即用爲"已",意爲停止、完結。"已"釋爲"矣",解釋爲句末語辭,可商,此處句意並未完結,而是同下文

---

① 侯乃峰:《鮑子鼎銘文補説》,《中國歷史文物》2010年第2期。
② 于省吾:《雙劍誃吉金文選》,第156頁。
③ 王輝:《古文字通假字典》,第706—707頁。
④ 楊樹達:《積微居金文説(修訂本)》,第132頁。

"它它煕煕，男女無惎"語義相接構成一完整語句。前已言及，"闌已"爲同義連用，義同"勿或罷刮(已)"。

男女無惎：金文習語，除見本銘外，還見於齊侯盤、齊侯鼎、公典盤、慶叔匜等器銘。徐中舒指出："無期之期，金文從日作昔，或作惎，或又從言作諆，或省作其，作諆，或借朞、墍、晷、基爲之，獨無從月之期。"①"惎"是"期"的異體字，《正字通·日部》："惎即期。"金文中"諆""期""記"可通，"眉壽無期"，師寰簋："折首執訊無諆。"徐王子旃鐘："眉壽無諆。"上鄀府簠："眉壽無記。"由上，知"期"可通"記"無疑。方輝認爲"男女無期，金文習見。極言其男女之多"②。對此，《考釋》認爲："'期'不必假借爲'記'，應用其本義。……男女無期，即夫妻綿延没有終期，也就是百年好合、白頭偕老之義。""男女無期"可理解爲多子多福、人丁興旺之義。

中(仲)匋始(姒)返子思：鼎銘右四行末字，《考釋》認爲子思當爲《左傳·哀公五年》中鄭大夫子思，即國參，子國(鄭穆公的兒子公子發)之孫，子産(即公孫僑)之子，活躍於魯昭公到魯哀公時期。程燕指出："細審鼎銘圖片，可以看出此字下部所從非'心'旁，而是'衣'旁。上部所從應是'目'，寫的與'田'形似。學者早已指出'目''田'二旁在古文字中常相混用。然則此字應釋作'褱'。"③該字下部字形確和常見"心"字不類(參《金文編》712—715頁從心諸字)，與"衣"字形較近，常見"衣"字形如"介"，但鼎銘此字衣字上面兩筆没有相接(參《金文編》585—588頁從衣諸字)，且釋爲"褱"，字形説解稍顯曲折，此暫釋爲"思"字。

返，《考釋》："返，及字異體。介詞。猶跟、同。《詩經·邶風·谷風》：'德音莫違，及爾同死。'"袁金平認爲"及"在銘文中用做並列連詞④。塗白奎認爲"及"字乃往嫁之詞⑤。我們認爲"及"當爲動詞，非連詞，結合該器爲媵器，訓爲"往嫁之詞"甚合文意。文獻中亦有此用法，《詩經·大雅·大明》："摯仲氏

---

① 徐中舒：《金文嘏辭釋例》，《徐中舒歷史論文選輯》，第526頁。
② 方輝：《鄀公典盤銘考釋》，《文物》1998年第9期。
③ 程燕：《鮑子鼎銘文補釋——兼論鄀公姜首盤銘文中的"及"》，《中國歷史文物》2010年第2期。
④ 袁金平：《鮑子鼎銘文考釋商兑》，《出土文獻》第二輯，中西書局，第152—155頁。
⑤ 涂白奎：《〈鮑子鼎〉別解——兼談〈鄀公典盤〉"及"字的問題》，《中國國家博物館》2013年第9期。

任,自彼殷商,來嫁于周,曰嬪于京。乃及王季,維德之行。"鄭箋:"及,與也。摯國中女曰太任,從殷商之畿內嫁爲婦於周之京,配王季而與之共行仁義之德,同志意也。"

壽君毋死:吳鎮烽認爲"壽君"是舅姑(公婆),希望他們長壽不老。袁金平指出鎛銘文云"用祈壽老毋死,保吾兄弟","君"與"壽老毋死"之"老"語法位置相當,"壽君"當與"壽老"同意。"君"當讀爲"引",訓長。典籍中亦見壽引之例,《春秋繁露·循天之道》:"得天地泰者,其壽引而長。"顔世鉉認爲此句是説希望使君能長壽毋死①。

吳鎮烽認爲作器者鮑子即爲齊景公到齊悼公時期的大夫鮑牧,我們認爲鮑子解釋爲鮑牧,至少在時間上是合適的,春秋時期齊國鮑氏家族的世系通過分析文獻和出土材料是有迹可循的。據宋程公《春秋分記·世譜六》齊諸氏載:"鮑氏敬叔生叔牙,亡二世,至曾孫二人,牽及國,國又亡二世,至曾孫牧。"我們認爲這記載是謹慎可靠的,叔牙後所亡二世在鏒鎛中得以補全,即鏒及其父跻仲,正好彌補文獻之不足,因此鮑氏的世系爲:敬叔——叔牙——跻仲——鏒——國——□——□——牧。筆者認爲鏒鎛的年代上限起於前齊孝公元年(前642年),下限止於齊昭公十年(前623年)。我們以上限算起,從鏒至鮑牧之女婚嫁已過五世,按正常時間,五世至少要一百餘年,因此正合史書中所記載的鮑牧主要生活時間——前500年左右。

由於目前鮑子還無法確認即爲鮑牧,因此還無法通過銘文確認該器的絕對年代,因此只能通過分析該器器形、紋飾考察其相對年代。該器器形據吳鎮烽言爲:體扁圓,斂口鼓腹,蓋與器子母合口,一對附耳高聳,平蓋,蓋沿下折,上有三個曲尺形扉,中部有一個半環鈕,圜底下設三條蹄足,蓋上和腹部均飾蟠螭紋帶。吳鎮烽謂此鼎造型與1956年春山東臨淄姚王村出土的國子鼎非常接近。所飾蟠螭紋也常見於同時期的齊器,是典型的春秋晚期齊器風格,因此,他判斷該鼎的年代鑄造於春秋晚期後段②。國子鼎的年代一般認爲春秋晚期或戰國早期,據筆者考察當爲戰國早期(詳下文)。綜合考慮鮑子鼎的年

---

① 顔説參見周波:《齊魯系銘文研究(五題)》,《古文字與漢語歷史比較音韻學》,第301頁注3。
② 吳鎮烽:《鮑子鼎銘文考釋》,《中國歷史文物》2009年第2期。

代定在春秋晚期是没有問題的。

25. 齊良壺

出土：傳世器

時代：春秋晚期

著錄：集成 9659；銘圖 12327

釋文：齊良乍（作）壺盉（盂），其賸（眉）壽無具（期），子孫永保用。

《引得》釋"良"爲"皇"，該字較爲漫漶，形作"🔲"，上部似"皇"之上部，但諦審拓片，當釋"良"爲是，齊侯匜該字較爲清晰，形作"🔲"，二字字形同。

盉，原篆作"🔲"，該字爲銘文自名，過去一般釋作"盂"。目前有多種意見。王人聰認爲此字上部所從爲皿字，🔲是皿字省掉下面器足部分後的省體，並把該字隸定爲"罡"，認爲是"盂"字的繁體①。趙平安根據睡虎地秦簡和漢印"寧"字的寫法認爲"此字上部所從與侯馬盟書盟盉所從相同，應是皿字，爲血之省。……整個字可隸作盉，從皿宁聲，是盉的異體字"②。劉彬徽隸定爲"盇"，認爲可能是"盂"字異體③。董珊根據新入藏陝西省博物館的叔子毂盉，器形與楚王舍審盉、恆兒盉相類，亦隸定爲"盇"，當爲"盌"之異體，字從"宽"得聲。齊良壺銘自名"壺盇（盌）"可能是指壺蓋而言。兩周之壺的器蓋多有抓手，倒置可以作爲飲器，功能與盌類似，故可以自名爲"壺盇（盌）"④。

圖 1.1.25　齊良壺

---

① 王人聰：《楚王舍審盉盂餘釋》，《江漢考古》1992 年第 2 期。
② 趙平安：《金文考釋五篇》，《容庚百年誕辰紀念文集》（古文字研究專號），廣東人民出版社，1998 年，第 448—454 頁。
③ 劉彬徽：《楚國有銘銅器編年概述》，《古文字研究》第九輯，中華書局，1984 年，第 331—372 頁。
④ 董珊：《釋楚文字中的"汏邡"與"朐忍"》，《出土文獻》第一輯，中西書局，2010 年，第 163—175 頁。

第一章　東周齊莒系金文編年彙釋、年代考訂與分國整理　113

需要指出的是,這類器形除了上述自名"盉"外,還有一些不同的自名,如"盇""盨""盆""敦""鐀"等。李家浩釋爲"盇",疑此字與粵孝子壺器名"盧"一樣,讀爲"鈃",《字林》:"鈃,似壺而大。"他指出"因爲'鈃'與'壺'是同類容器,故可組成複合器名'壺鈃'"①。我們從釋"盇"的意見,究竟爲何字有待研究。

該器無器形著錄,孫剛認爲銘文整體風格與典型的齊系文字並不相同,而與南方吴楚文化區的某些銅器銘文風格相近。齊良壺的時代也應該定爲春秋晚期至戰國早期之際②。

26. 慶叔匜

出土：傳世器

時代：春秋晚期

著錄：集成 10280；銘圖 14998

釋文：慶弔(叔)乍(作)朕(媵)子孟姜盥籃(匜),其覺(眉)壽萬年,羕(永)保其身,沱沱熙(熙)熙(熙),男女無碁(期),子子孫孫,羕(永)保用之。

該器爲傳世器,僅有宋人銘文摹本。從銘文看當爲齊器,比如"壽"字寫法从克不从老省③,"沱沱熙熙,男女無碁(期)"也爲齊系金文的常見用語,"沱沱熙熙,男女無碁(期)"還見於齊侯四器、鮑子鼎、夆叔匜等春秋中晚期器銘。該器銘文狹長,筆畫纖細,有春秋晚期齊銘書風,我們定其爲時代爲春秋晚期。

圖 1.1.26　慶叔匜

---

① 李家浩:《葛陵村楚簡中的"句郚"》,《古文字研究》第二十九輯,第 505—511 頁。
② 孫剛:《東周齊系題銘研究》,吉林大學博士學位論文,第 38—39 頁。
③ 楊樹達:《積微居金文説(增訂本)》,第 212 頁。

27. 齊侯鬲

時代：春秋晚期

著録：銘圖續 0260－0261

釋文：隹（唯）王正月既死霸丁亥，齊厌（侯）子中（仲）姜朕（媵）鎘，其［眉］壽［萬］年，永伓（保）其身，它=（它它）眲=（眲眲），老壽無䒺（期），永伓（保）用之。

圖 1.1.27　齊侯鬲

該器爲私人所藏，共兩件，兩器銘文連讀爲一篇完整的銘文。發表者曹錦炎將其時代定爲春秋早期[①]。《銘圖續》將器物時代改定爲春秋晚期。從鬲的器形和銘文風格看，當以春秋晚期爲是。

28. 䍩可忌豆

出土：1987 年山東省淄博市臨淄區白兔丘村東淄河灘

時代：春秋晚期

著録：新收 1074；銘圖 06152

---

① 曹錦炎：《齊侯子仲姜鬲小考》，《中國考古學會第十五次年會論文集》，文物出版社，2013 年，第 349—352 頁。

第一章　東周齊莒系金文編年彙釋、年代考訂與分國整理　115

釋文：隹(唯)王正九月，唇(辰)在丁亥，枈可忌乍(作)氒(厥)元子中(仲)殼(姞)媵(媵)鐈(敦)。

枈，此字張龍海隸作"枈(椒?)"①；何琳儀隸作"枈"，認爲左旁爲"皀"之省簡，"皀"與"卩"上部相連，是齊系文字"即"的一種特殊寫法，讀爲古姓"節"②。張光裕隸定爲"枈"，讀爲"苊"，認爲其或爲齊地諸侯國③。董珊認爲字上部從"夗"，可隸定作"架"，"可忌"可以讀爲"苑何忌"，苑何忌是齊國大夫，見於《左傳》昭公二十年④。孫剛認爲不排除"枈"爲"氏"的可能，未必一定是國名⑤。

圖1.1.28　枈可忌豆

元子，除見本銘外，還見於其他銅器銘文和傳世文獻，《尚書·顧命》："用敬保元子釗，弘濟於艱難。"孔傳："用奉我言，敬安太子釗。"《詩經·魯頌·閟宮》："王曰叔父：建爾元子，俾侯於魯。"毛傳："元，首。"鄭玄箋："我立女首子，使爲君于魯。"匋生鑄媵壺(集成9705)：用媵氒(厥)元子孟妃乖，子子孫孫永寶用。"元子"在注疏中多訓爲"首子"或"長子""太子""世子"等。張桂光認爲"元子"之"元"應訓爲"善"，"金文中元子之元在有些文例當中只能釋爲'善'，雖舊多以長爲訓，但訓善亦能貫通文例，無論訓善還是訓長，都與以往頗爲強調的嫡沒有必然聯繫。子前加訓善之元……是子前的美稱，類似的用法還有淑、嘉、孝"⑥。孫剛認爲"元子"並非專指"長子"，其他子嗣也可以稱爲"元子"；另一方面，也說明"元子"一詞在銘文中不在於強調子嗣之間"長幼"的次序問題，

---

① 張龍海：《山東臨淄出土一件有銘銅豆》，《考古》1990年第11期。
② 何琳儀：《節可忌豆小記》，《考古》1991年第10期。
③ 張光裕：《雪齋新藏可忌豆銘識小》，《雪齋學術論文二集》，藝文印書館，2004年，第69頁。
④ 董說參看劉釗：《齊國文字"主"字補證》，《出土文獻與古文字研究》第三輯，復旦大學出版社，2010年，第150頁。
⑤ 孫剛：《東周齊系題銘研究》，吉林大學博士學位論文，第142頁。
⑥ 張桂光：《金文詞語考釋(二則)》，《古文字學論稿》，第127—131頁。

而是另有所指。通過考察,我們認爲"元子"很可能就是指"嫡子"而言……文獻和出土材料中的"元子"一詞,除具有表示"首子"或"長子"的基本義外,還具有表示"嫡"的涵義,……"元子"這一稱謂不僅僅適用於"天子""諸侯"的嫡妻所生所有子嗣,普通貴族的子女也可以稱爲"元子",也並未強調一定是"嫡長子"①。

敓,一般徑隸作"姑",孫剛指出器銘此字右下當爲"又"形,字可隸定作"敓"②。其説可從。

(三) 戰國早期

29. 國子鼎

圖 1.1.29　國子鼎

出土:1956 年山東臨淄齊國故城姚王村
時代:戰國早期
著録:銘圖 00704
釋文:厶(官)

器銘"國子"未公布。《集成》《銘圖》釋爲"中官"。傅修才首字釋爲"日",第二字存疑③。釋"中官"當可從。齊系文字"厶"作"⊡""⊡""⊡",徐在國認爲"⊡"與"⊡"相比,只是將中間一點變爲一豎,這與"公"字作⊡(璽彙 3856)又作⊡(璽彙 3861)、"期"字作⊡(璽彙 3662)又作⊡(璽彙 1952)相類似,釋"⊡"爲"厶"④。此説可從,"私官"當爲"國子"所屬私人機構,《漢書·張湯傳》:"大官私官並供具第,兩宫使者冠蓋不絶,賞賜以千萬數。"

30. 國子鼎
出土:1956 年山東臨淄齊國故城姚王村

---

① 孫剛:《東周齊系題銘研究》,吉林大學博士學位論文,第 346—348 頁。
② 孫剛、李瑶:《槩可忌豆"元子"解》,《中國國家博物館館刊》2017 年第 5 期。
③ 傅修才:《東周山東諸侯國金文整理與研究》,第 73 頁。
④ 徐在國:《古陶文字考釋四則》,《出土文獻》第三輯,第 164 頁。

時代：戰國早期

著錄：集成 1935，銘圖 00705

釋文：國子，厶(官)

1956 年前後在山東臨淄城南徐姚鄉姚王村出土，爲當地村民打井時發現，出土鼎 8 件。

銘中"國"寫法"囗"省爲"匸"。"國"從"匸"又見於國差罎等銘。國子，屢見於史籍，齊之國氏爲齊國望族，地位顯赫，國氏之宗子又稱"國子"，世爲齊國上卿，屢執齊國國政。《左傳》僖公三十三年："齊國莊子來聘，自郊勞至於贈賄，禮成而加之以敏，臧文仲言於公曰：'國子爲政，齊猶有禮。'"又《左傳》僖公三十三年："齊侯使國歸父來聘。"知此國子爲國歸父。國子事迹還見於《左傳》僖公十二年："有天子之二守，國、高在。"杜預注："國子、高子，天子所命爲齊守臣，皆上卿也。"春秋中期國差(國佐)，爲國歸父之子。《國語·周語》："齊國佐見，其語盡。"徐元誥注："國佐，齊卿，國歸父之子國武子也。"《史記·司馬穰苴列傳》中載田常政變後"盡滅高子、國子"，但《左傳》哀公十七年載田常政變後三年，齊國國觀仍統帥齊軍救衛，仍被稱謂"國子"，且"實掌齊柄"①，直到戰國中晚期，"國子"爲齊國大夫。《戰國策·齊策三》："國子曰：秦破馬服君之師。"注："國子，齊大夫也。"由此可見，《史記》記載有誤。

國子鼎的年代，《臨淄郎家莊一號東周殉人墓》根據《史記·司馬穰苴列傳》的記載，認爲其年代當不會晚於春秋末期②。針對此說，亦曉指出國子鼎器群的"組合、形制與郎家莊一號墓和平度東嶽石村戰國墓相近，其年代應屬戰國。銘文簡約到只記器主名，字體小而方，與'齊侯午敦'和'齊侯因敦'相近，都是戰國時代的特徵，因此，國子鼎的年代仍以定爲戰國時代爲宜"③。我們認爲根據《史記·司馬穰苴列傳》的記載判斷此器的年代是不可靠的，前文已指出《史記》對此記載有誤，不足爲憑。因此國子鼎的年代只能根據器物組

圖 1.1.30　國子鼎

---

① 楊伯峻：《春秋左傳注》，第 1708 頁。
② 山東省博物館：《臨淄郎家莊一號東周殉人墓》，《考古學報》1977 年第 1 期。
③ 亦曉：《讀者來信》，《考古》1980 年第 1 期。

合和器形加以考訂。出土國子鼎的堯王莊器物組合爲鼎、豆、壺。豆最早出現於春秋末期，流行於戰國時期，從器物組合看該墓年代當爲戰國時期的可能性更大。該器子母口，腹壁較直，直耳飾於器口兩側，腹底近耳處，附有三個蹄形足。鼎蓋較平，蓋面微上鼓，中間有半環形鈕及三個長方形鈕，器身僅飾有凸弦紋一周。該器器形與 2007 年 4 月於陝西西安發現的齊器鮑子鼎器形極爲相近[1]，同 1990 年山東臨淄區淄河二號墓出土的 B 形鼎也很相似，只是該鼎比國子鼎腹略淺，報告者認爲 B 形鼎要早於國子鼎，該墓報告者定爲戰國早期[2]。我們知道春秋晚期到戰國早期，鼎的腹部形制有逐漸加深的趨勢，加上國子鼎銘文筆畫纖細，又僅銘"國子"二字，非常符合戰國中后期"物勒工名"式的風格，因此我們認爲，國子鼎的年代應該爲戰國早期偏晚[3]。另外，該器僅鑄凸弦紋，該紋飾最早見於二里岡文化期，爲商代和西周早中晚期的典型風格，春秋早、中以後，素面僅紋弦紋器物也很少見，此器爲一代表。

31. 陳喜壺

出土：傳世器

時代：戰國早期

著錄：集成 9700；銘圖 12400

釋文：陸（陳）喜再立（蒞）事歲，歡月己酉，爲左（佐）大族，台（以）寺（持）民叩，壽客敢爲墜壺九。

陳喜壺自馬承源於《文物》1961 年 2 期介紹公布以後[4]，引起了學界的熱烈討論，于省吾[5]、陳邦懷[6]、黃盛璋[7]、石志廉[8]、安志敏[9]、張頷[10]等學者先後著

---

[1] 吳鎮烽：《鮑子鼎銘文考釋》，《中國歷史文物》2009 年第 2 期，50 頁圖一。
[2] 山東省文物考古研究所：《山東淄博市臨淄區淄河店二號戰國墓》，《考古》2000 年第 10 期。
[3] 此鼎的形制在戰國早期的墓葬中出土甚多，比如臨淄東夏莊 M5、臨淄相家莊 M6、平度東嶽石 M16 等，形制皆流行粗壯蹄足、厚直附耳、素面，中腹多飾一道凸弦紋。
[4] 馬承源：《陳喜壺》，《文物》1961 年第 2 期。
[5] 于省吾：《陳僖壺銘文考釋》，《文物》1961 年第 10 期。
[6] 陳邦懷：《對〈陳喜壺〉一文的補充》，《文物》1961 年第 10 期。
[7] 黃盛璋：《關於陳喜壺的幾個問題》，《文物》1961 年第 10 期。
[8] 石志廉：《陳喜壺補正》，《文物》1961 年第 10 期。
[9] 安志敏：《"陳喜壺"商榷》，《文物》1962 年第 6 期。
[10] 張頷：《陳喜壺辨》，《文物》1964 年第 8 期。

文討論（引上述各家觀點，下不一一注明），前輩學者在文字釋讀、歷史研究及銘文斷代等方面都提出了很好的意見，但就某些問題仍存在一些分歧。下文在此基礎上對銘文釋讀略作補正。

陳喜再立事歲：陳，字下从土，即田齊氏陳氏之"陳"。陳、田音近，《史記·田敬仲完世家》："敬仲之如齊，以陳字爲田氏。"稱齊陳氏爲田氏。金文中還有嬀姓之"陳"，寫作"敶"，郭沫若指出："金文凡陳國之陳作'敶'，篡齊之田氏作陳。"①張政烺曾指出："'陳'，即田敬仲完之氏。金文凡陳國之'陳'作'敶'，齊田氏之'田'作'陳'。例證確鑿，湛然不紊。故《左傳》《論語》等書猶書齊之田氏爲'陳'，省土字。'陳'字从土陳聲。古者'陳''田'聲相近，或即'田'之形聲字，而與陳國之'敶'音同字別（《史記》'敬仲之如齊以陳字爲田氏'，明其有別也）。"②

圖1.1.31 陳喜壺

嬀姓之"陳"建陳國，都建宛丘。《禮記·樂記》："武王克殷反商，未及下車……封帝舜之後於陳。"《左傳》襄公二十五年載周武王"以元女大姬配胡公，而封諸陳，以備三恪"。杜預注陳國都城位於"陳丘，宛丘之側"。春秋早期陳宣公時"陳人殺其大子御寇。陳公子完與顓孫奔齊"（《左傳》莊公二十二年）。逃亡於齊國的陳公子完的後裔，稱陳氏。"敶"字與田齊之"陳"有異，田齊陳氏加"土"旁，蓋相別。

再立事歲："再"，何琳儀認爲表示立事的任職屆數③，可從。喜，馬承源謂喜字右旁似有筆畫，鑄模高低不平，可能是欠字。于省吾謂據拓本喜字右側从了，非从欠，應釋爲僖。陳僖即陳僖子，即陳乞，《史記》作田乞。僖子非爲諡號，馬承源指出："金文中人名自稱'子'的如'洹子'、'冉子'（庚壺）、子禾子（子

---

① 郭沫若：《兩周金文辭大系圖録考釋》，第392頁。
② 張政烺：《〈平陵陳立事歲〉陶考證》，《張政烺文史論集》，中華書局，2004年，第46頁。
③ 何琳儀：《戰國文字通論（訂補）》，第99頁。

禾子釜)等等,'子'均是男子的尊稱或美稱,則僖'子'也必是如此。"

飤月,各家隸定不一。馬承源隸爲"飮"①。于省吾隸定爲飤,飤即餥,《説文》:"餥,設飪也,从丮从食才聲,讀若載。"飤字从"甾"得聲,古从"甾"从"才"的字往往音近相通。石志廉釋爲"飲",認爲該字从卯从飤作飲即飤字,釋飤月爲"卯月"。陳邦懷認爲該字上從四,下從飤,爲四之繁體,釋飤月爲"四月"。黄盛璋隸作"歈",疑爲"飲"字。孫剛疑可隸作"飤"②。張振謙認爲字从"食"从"臥",隸作"餤","餤月"意爲不樂進食的"懶食月"③。謝明文根據《争鋒:晋楚文明》所録清晰的壺銘彩照中,將該字隸作"飤",並結合《清華簡(捌)・攝命》簡 20、23、25"卻"字,指出"飤""卻"應是一字異體,據偏旁組合來看,它們應爲"飤"亦即"餥"的異體,並認爲陳喜壺的"飤月"和立事歲戈"餥月"表示同一個詞④。

對照壺銘照片,該字隸"飤"可從。"飤月"爲齊國獨特的記月方式,這種特殊的月名究竟表示何月,就目前材料而言,尚無法確詁,闕疑。

爲左(佐)大族:爲,摹本作"![字]",馬承源釋爲"乍",于省吾、陳邦懷、石志廉諸釋作"爲",黄盛璋釋爲"并"。我們認爲當釋作"爲","爲"字形東周左師壺作"![字]",戰國楚器熊忑鼎爲作"![字]"爲證。《金文詁林》補收兆域圖"爲"字作"![字]",與此字形更近。爲此處義猶"助",《詩經・大雅・生民之什》:"公尸燕飲,福禄來爲。"鄭箋:"爲,助也。"族,摹本作"![字]",馬承源釋爲"侯",言大侯即爲齊悼公陽生。于省吾釋爲"族",並言大族自系指陳氏之族言之。石志廉也指出:"佐大族即輔佐大宗之意。"陳邦懷、黄盛璋等同于説。裘錫圭指出:"從銘文看,陳逆簠無疑是獻給大宗之器。簠銘中有'以作其元配季姜之祥器'語,也許並不是真的準備獻給大宗的,但是至少也是準備給大宗使用的。這兩件銅

---

① 馬承源:《馬承源文博論集》,上海古籍出版社,2007 年,第 116 頁。
② 孫剛:《東周齊系題銘研究》,吉林大學博士學位論文,第 435 頁。
③ 張振謙:《齊月名初探》,《中國國家博物館館刊》2014 年第 9 期。
④ 謝明文:《陳喜壺銘文補釋》,《中國國家博物館館刊》2021 年第 9 期。

器的銘文可以跟上引《內則》文相印證。"①此當釋"族"爲是,金文侯字作"![]"從厂從矢,該銘"![]",上從厂,下爲矢,爲"族"無疑。

台寺民叩:馬承源認爲"![]",字像目中有刺,即民字的異體。'叩'字説文作'![]',即'巽'的本字,甲骨文作'![]',像二人並跽狀,有恭順之義,'台寺民叩'就是使人民恭和順服的意思"。陳邦懷贊同其説。《商周金文摹釋總集》隸作"叩",讀作"選"②。黃盛璋認爲寺字左旁還有一"丮"旁,此處假借爲"侍"字,![]非民字,疑爲從罒從乇之"罜"字,讀爲"者",叩字讀爲"從","諸從"即諸昆,整句話是表明作此壺的目的。裘錫圭讀爲"節",齊器陳喜壺銘有"爲左大族,台寺民叩"之語,讀成"以持民節",於義可通。《莊子·德充符》:"吾以南面而君天下,執民之紀……""持民節"就是"執民之紀"③。![],釋爲"民"無疑,金文習見。

叩,讀爲巽,可從。把![]釋爲"巽"之本字,丁山、李孝定所論甚詳④。《説文》:"叩,二卩也。巽從此。"《左傳》成公十三年:"國之大事,在祀與戎。"古人注重祭儀,祭則跪拜,表示對於神祇敬畏之意,以取信於神,或乞求福祐,或禳被禍祟。另,"卩"字初文應該爲"卩",卩字小篆字形爲"![]",楷化爲卩,"卩"爲"卩"小篆字形楷化孳乳而來,爲後起字。二者在戰國時代已雄雌莫辨,字書也將卩、卩視爲一字異體而論之,《字彙·卩部》:"卩,同卩。"寺,馬承源釋爲"持",譯爲"使……",筆者認爲寺應爲"治理"之義,《一切經音義》引《廣雅》:"寺,治也。"謝明文懷疑該字即"巽"之初文,"巽/選"或可讀作"獻","民巽/選"與《尚書》"民獻"表示的可能是同一個詞,前者亦是指賢人。

![]客敢爲![]壺九:![],馬承源隸定爲"鬻",認爲"鬻客"疑爲鑄器之職

---

① 裘錫圭:《從幾件周代銅器銘文看宗法制度下的所有制》,《盡心集——張政烺先生八十慶壽論文集》,中國社會科學出版社,1996年,第131—132頁。
② 張桂光主編:《商周金文摹釋總集(五)》,第1477頁。
③ 裘錫圭:《戰國文字中的"市"》,《考古學報》1980年第3期。
④ 李孝定:《甲骨文字集釋》,第2783頁。

官。于省吾認爲此爲二字,釋爲"宗訂",讀爲"宗祠","宗祠客"之義類似楚銘所見"鑄客",乃是用外地工師來從事鑄造。黃盛璋認爲:"細審銘文拓本,此字上半就是'賓'字所從之'宀',甲骨、金文'賓'字多如此作,下半似是從'攴',言字右邊雖不甚肯定,但此字就是'賓'字的異體,則確無可疑。"《張政烺批注大系·洹子孟姜壺》認爲"此字或與諲有關。《汗簡》釋宣,齊亦有高宣子",後來陶金在《由清華簡〈繫年〉談洹子孟姜壺相關問題》一文中也認爲此處"洹"應讀爲"宣"。陳邦懷疑此字爲"討"之繁體,《説文》:"討,治也。""討客"猶如楚器中"鑄客"。黃盛璋認爲此字上部爲"宀",爲"賓"之異體。石志廉釋該字爲"罰"之變體字,罰客與鑄客性相類似,乃掌冶鑄的官職,疑罰客本身係出自刑徒。李家浩釋爲"詞"讀爲"司"①。孫剛、張振謙隸作"誢",讀作"賓"。② 敢,馬承源無釋,存疑。于省吾謂此字左上已泐,即"敢"字殘文。陳邦懷、黃盛璋諸同于説。石志廉釋爲"敬"。,馬承源釋"乍";于省吾釋"爲";黃盛璋認爲"從輪廓上看,它和字不一樣,其字似是鹽字(即"鑄"),或是和鑄字意義相近之字"。謝明文認爲"客"前之字表示"賓"這個詞應該是可以確定的。

,諦審拓片,該字上部非"宀",賓字作"",姑且將此字暫釋爲"賓",但"賓客"在此句也無從解釋,再者"客"本身就有賓客之義,《廣韻·陽韻》:"客,賓客。"此説恐非。于省吾釋爲"宗祠"二字,但從此字所占空間和結合程度來看應爲一字。暫釋爲"宗祠"二字,但"宗祠客"于省吾也沒有對其本身給出合理的解釋,只是説和"鑄客"義相近。陳邦懷釋爲"討",治義,意義可通,但"討"字應出現較晚,目前所見甲骨文、金文都未見"討"字,且該字下部右側當爲"刁",即"司"字,非"討"所從"寸"。石志廉讀爲"罰",金文中有罰字,如訓匜、散氏盤銘文皆見,但字形和該字差別很大,且讀作"罰客"意義上也不好解釋。筆者認爲,此字嚴格隸定當爲"誢",該字目前雖不可識,但多位學者均指出意同於楚銘中的"鑄客",此説甚是,此處"誢客",也當爲鑄造之人,職位相當於國差𫊸中"攻師"。另外,"鑄客"也不一定非要解釋成外邦來的技術人員,我們認

---

① 李家浩:《戰國官印考釋(二篇)》,《文物研究》總第七輯,1991年,第349頁。
② 孫剛:《齊文字編》,第59頁;張振謙:《齊魯文字編》,第328頁。

爲此處的"客"字當解釋爲寄居於貴族豪門並爲之服務的人,這種人在春秋戰國時期是很普遍的,《戰國策·齊策》:"後孟嘗君出記,問門下諸客:'誰習計會,能爲文收責於薛者乎?'"《史記·魏公子列傳》:"諸侯以公子賢,多客,不敢加兵謀魏十餘年。"此銘"鑄客"當爲寄居在陳喜之處專門從事鑄造的工匠。

敢,左邊殘泐,此字左下方爲"㞢",不似敬字作"敬"(《集成》9826 對罍)、"敬"(《集成》4467 師克盨)、"敬"(《集成》2811 王子午鼎)。字形近敢,釋作"敢"無太大問題,可從,爲謙辭,《儀禮·士虞禮》:"敢用潔牲剛鬣。"鄭玄注:"敢,昧冒之辭。"賈公彦疏:"敢,昧冒之辭者,凡言敢者,皆是以卑觸尊不自明之意。"

"隓",馬承源釋爲"隓"。于省吾隸定爲"陞",認爲即陞之繁文,從阜從又堊聲,典籍中也作堙,與隓形不同,陞即"禋"的借字,漢華岳碑"堙埋"爲"禋埋"。《爾雅·釋詁》謂"禋祭也",壺稱"禋壺",猶"蔡侯盤"之稱"禋盤"。黃盛璋認爲"隓"字摹寫走樣,金文從無此作,倘依摹本,此字就不能釋成"隓"。陳邦懷、石志廉、張頷諸位皆釋作隓。李家浩釋爲"阻"之異體①。《戰國文字編》將此字隸定爲"壚"②。張振謙將此字隸定作"壆",讀爲"酢"③。孫剛將此字隸定作"墮",從張振謙說讀爲"酢"④。

"隓",該字右上方當如張頷所言爲"卤",即"卤"。左側從"阝",正如張頷指出"在田齊銅器銘文中凡帶有左耳旁的字,其左耳均作'阝',下面的'土'字和左上方的'F'是一回事,是不可以割裂的"。該字所從之"土"爲裝飾字,應爲齊系金文常見字下加土者。因此,此字從阜從又從卤,字作"隓"。"卤"同金文"隓"字所從"酉"讀音相近,故可通假。綜合考慮此字還是依多數學者所釋"隓"爲是。因此,該句當爲"鑄客敢爲隓壺九",義即鑄造之客敢爲隓壺九器。

陳喜之"喜"字能否隸定爲"喜",陳喜是否就是陳乞,即《史記》所謂田常,這關涉到該壺的年代問題,各家對此觀點不一。諦審原拓片,所謂"喜"字僅存

---

① 李家浩:《戰國官印考釋(二篇)》,《文物研究》總第七輯,第 349 頁。
② 湯餘惠主編:《戰國文字編》,福建人民出版社,2016 年,第 954 頁。
③ 張振謙:《齊系文字研究》,安徽大學博士學位論文,第 31 頁。
④ 孫剛:《東周齊系題銘研究》,吉林大學博士學位論文,第 437 頁。

左邊，右邊應有筆畫無疑，馬承源疑右邊爲"欠"字，"在拓本上，喜字右旁似有筆畫，鑄模高低不平，可能是欠字，字也略斜，已模糊不清，爲方便起見，逕寫作喜字"。馬承源認爲"陳喜"就是"陳乞"："陳喜即陳僖子，就是陳乞，《史記》作田乞，事見《春秋·哀公六年》。僖與喜音同，可通假，也有可能古人爲瞭解釋謚號的關係，易喜爲僖字。"

于省吾認爲所謂"喜"應爲"僖"："僖字原文釋作喜，據拓本喜字右側从 ？，非从欠，隱約可辨，應釋爲僖，因爲古文字的偏旁，往往左右變動不居。"認爲此人就是陳乞，並把"再立事歲"理解爲陳乞立公子陽生（齊悼公），爲齊相繼續執政的那一年，因此把該器的絕對年代定爲齊悼公元年，即公元前488年。

于省吾同意馬承源對此器年代的推定，對"喜"字的構形提出了不同意見，于省吾認爲據原拓本右字从 ？，非从"欠"，因爲古文字的偏旁，往往左右變動不居，因此同意馬承源陳僖即陳僖子的説法。陳邦懷也同意馬對此器年代的推定。黄盛璋在承認陳喜即陳乞之説的前提下認爲該器的年代當爲齊景公，至於絕對年代言不能確切考訂，理由有二：其一，黄盛璋認爲凡言"立事歲"，並不就是執政爲相，並舉國差𦉢、陳騂壺、陳純釜等器立事之人並非齊相爲證。其二，認爲陳乞爲齊相在齊悼公陽生即位時，在此之前齊相仍爲高、國，並同意李學勤關於"立事"之人都是都邑大夫或關尹之類，認爲"陳喜再立事歲"應該是其爲邑大夫之時，即任齊相之前的齊景公之世。安志敏認爲"喜"字右邊不像"欠"或" ？"，但大體與"喜"字是可以互通的，但認爲銘文中的陳喜不一定就是陳僖子，因爲在田氏族名中名喜者也不止田乞一人，並舉《竹書紀年》："［齊康公］二十二年，田侯剡立。後十年，齊田午弒其君及孺子喜而爲公。"加之古代作器之人並不一定都見於經傳，如齊器中的陳得、陳猶等人，安志敏認爲該器銘文書體近於六國文字，便與陳僖子年代不合，因此安志敏推斷銘文中陳喜可能是陳僖子另外的一人，陳喜壺的年代不能像目前所推定的那樣早，至早也不會超過戰國初期。張頷認爲銘文中的"陳喜"是不是"陳僖子田乞"現在還難以遽下結論，其理由有三：其一，銘文中"喜"字僅半邊作"喜"，還缺右半邊字未弄清楚，張頷進一步指出：我們在金文字例中還没有發現過"僖"字，不止反面形的,就是正面的"僖"字也從沒見過。相反的,在其他一些金文字例中左旁作"喜"字的則常有,如沇兒鐘銘文中的"鼓"便寫作"𪔛"、庚壺中的"鼓"字,作"■",齊叔夷鐘的"艱"字,文獻中的周懿王即名"囏",我們既不能遽然斷定它爲"鼓"字或"艱"字,也不能判斷爲"僖"字,其道理是一樣的。其二,凡言"立事歲"者均書人名而不書懿美號,正如"國差罎"銘文中不書"國武子"或"國武"而直書"國差"。陳純釜銘立事者爲"陳猶",陳騂壺書"陳得"皆書其名而非美號,故陳喜壺立事者是"陳僖子田乞"的話,應該直書"陳乞"而不應該書作"陳僖"。其三,再從一般金文習例校之,凡書作"喜"字者皆爲形容其懽樂而言,如許多銘中的"用宴以喜"的"喜"字。在一些文獻中也可以證明"喜"字有的作爲人名而不是美號,《爾雅·釋詁》:"喜,樂也。"《詩經·小雅·彤弓》:"我有嘉賓,中心喜之。"《左傳》昭公二十年:"衛侯賜北宮喜謚曰貞子。"而在銅器銘文中凡懿美稱"僖"之處均作"釐"字,如康鼎銘之"文考釐伯",芮伯壺銘"作釐公尊彝"等,田齊本身銅器如陳肪簋銘中亦作"釐叔",而這個"釐叔"郭沫若認爲即是陳僖子田乞。退一步想,陳喜壺銘文中也可能偶然書其美號的話,那麼田乞當作"陳釐"而不應該書作"陳僖"。綜合考慮,我們認爲目前的確無法確定陳喜壺銘中"陳喜"即陳僖子陳乞。因此藉此考訂其絕對年代是靠不住的,必須藉助器形、紋飾、銘文書風等因素考訂其相對年代。

  陳喜壺器形爲圓壺,長頸,腹最大徑偏下,低圈足。馬承源認爲該器年代應爲齊悼公元年(即前 488 年),他認爲銘文"再立事歲"是指"陳僖子立公子陽生(悼公)、爲齊相繼續執政的那一年"。黃盛璋認爲"再立事歲"應該是指陳乞爲邑大夫之年,定此壺年代爲"齊景公"時期。器形和洹子孟姜壺極爲相似,前已言及該種形制在彭裕商師器形分類系統中屬於壺 Ab 亞型 II 式①,主要流行於西周晚期,至遲也不會晚至春秋早中期,通體作環帶紋,頸兩側有獸形環耳,銜環,就紋飾而言也呈現出西周晚期至春秋早期的風格。因此就器形和紋飾而言,該器不會晚至春秋晚期,而該器銘文特徵又呈現出六國文字的特點,春秋末期到戰國中期,齊系文字的形體稍長,筆畫比較纖

---

① 彭裕商:《西周銅器年代綜合研究》,巴蜀書社,2003 年,第 202 頁。

細，這與春秋前期那種形體方整，結體舒朗的銘文頗有區別。亦正如安志敏所言，陳喜壺銘文的行款書體和國差𦉜、洹子孟姜壺等春秋時期的姜齊之器不同，而與陳侯午敦、陳侯因𧻤敦、子禾子釜、陳純釜等戰國時期田齊之器非常接近。特別是銘文中的"爲"字，與東周左師壺、廿七年鉈相近似。早期的形制、紋飾和晚期的銘文共存，是自相矛盾的，因此安志敏認爲陳喜壺是別器之真銘置於其上。對此，張頷認爲對某些齊器而言，在時代作風上不是完全界限分明的。對於這種器形和銘文年代風格不統一時，我們認爲當以銘文爲主，器形風格後世是可以保留或模仿的，但早期銅器銘文不可能出現晚期才呈現的風格。具體到陳喜壺，陳字加土作"陳"爲田齊之器的典型特徵，銘文書風也是戰國時期齊國文字的特點，故陳喜壺當爲戰國時期，另外，馬承源指出陳喜壺器底的做法與陳純釜、子禾子釜完全相同。因此我們判斷該器雖爲戰國早期時器，但其形制、紋飾在相當程度上還保留了早期的式樣。上已言及《史記索引》引《竹書紀年》："[齊康公]二十二年，田侯剡立。後十年，齊田午弒其君及孺子喜而爲公。"《春秋後傳》："田午弒田侯及其孺子喜而兼齊，是爲桓侯。"銘文行款與書風和這個時期比較接近，疑此陳喜即《春秋後傳》之孺子喜。

32. 陳逆簠

出土：傳世器

年代：戰國早期齊平公（前 480—前 456 年）

著録：集成 4629；銘圖 05978

釋文：隹（唯）王屯月初吉丁亥，少子陳逆曰：余陸（陳）趄（桓）子之裔孫，余寅事齊灰（侯），慸（懽）血（卹）宗家。羃（擇）㝬（厥）吉金，台（以）乍（作）㝬（厥）元配季姜之祥器，鹽（鑄）丝（兹）寶笑（簠），台（以）宣（享）台（以）養（孝）于大宗、生（皇）祖、生（皇）妣（妣）、生（皇）丂（考）、生（皇）母。乍（祚）友（祓）兼（永）命，湏（眉）壽萬年，子子孫孫兼（永）保用。

該器又名陳逆乍元配季姜簠，銘文共七七字，重文二。銘文粗劣漫漶，與一般田陳之器頗不類，原器不見。阮元《積古齋鐘彝銘款識》卷七記載："右陳逆簠銘七十七字，據甘泉江子屏（藩）手拓本摹入。"江淑惠指出"則據古録成書

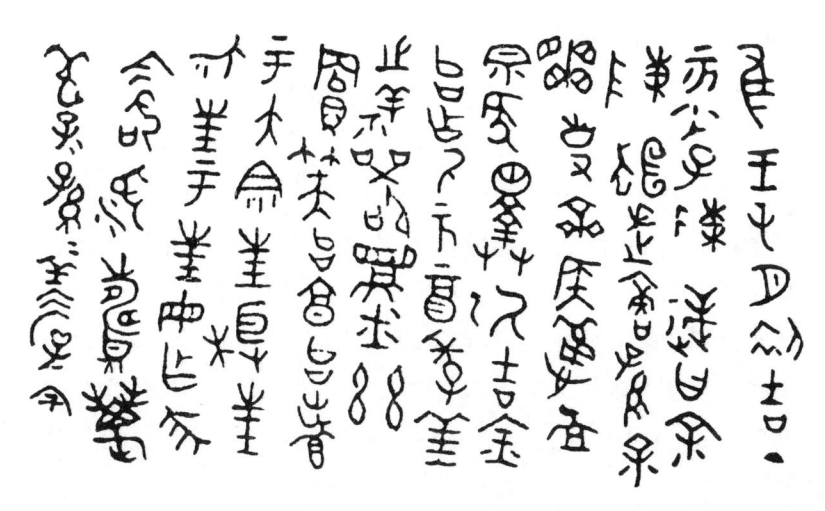

第一章　東周齊莒系金文編年彙釋、年代考訂與分國整理　127

圖 1.1.32　陳逆簠

（公元一八五〇年）之前，陳逆簠原器已燬，積古、攈古著錄者僅其銘文摹本。《攈古錄》成書之後之各書有錄陳逆簠銘文拓本者，經張光裕《僞作先秦彝器銘文疏要》辯證，均屬僞銘"①。孫剛指出陳逆簠銘文作僞曾風靡一時，後世所見拓本應該都是拼湊而成，《集成》4630 所錄拓本爲陳承修猗文閣拓本，可能也有問題②。

隹王，銘文中的"王"是指"周王"，從戰國中期開始齊國可能才不奉周正，陳侯因齊敦稱"隹（唯）正六月癸未"而不稱"王六月"③，可能已經改用夏正了。陳璋方壺中的"孟冬戊辰"，李學勤懷疑也是"夏正"④。

屯月，學界一般釋爲"正"。張振謙釋爲"屯"，讀爲"春"，"春月"即文獻中的"春日"，也稱"蠶月"，指夏歷三月⑤。該字釋"屯"可從，蔣玉斌曾對甲骨文金文中讀爲"蠢"的字進行過釋讀⑥，該論文中所涉及的字形"↓""↓""↓"與

---

① 江淑惠：《齊國彝銘彙考》，國立臺灣大學文史叢刊，1991 年，第 221 頁。
② 孫剛：《東周齊系題銘研究》，吉林大學博士學位論文，第 44 頁。
③ 李學勤：《夏商周年代學劄記》，遼寧大學出版社，1999 年，第 99 頁。
④ 李學勤、祝敏申：《盱眙壺銘與齊破燕年代》，《文物春秋》1989 創刊號。
⑤ 張振謙：《齊月名初探》，《中國國家博物館館刊》2014 年第 9 期。
⑥ 蔣玉斌：《釋甲骨金文的"蠢"兼論相關問題》，復旦大學出土文獻與古文字研究中心網站，2019 年 10 月 23 日。

該銘的■字當爲相同或相近字形。

少子：即小子，自稱，金文屢見。朱歧詳指出"少子"一詞合文，習見於春秋以降東土的金文，乃自稱或稱呼屬下之詞①。《太玄經》："小子在淵，丈人播舩。"范望注："小子，謂百姓也。""小子"見於金文和傳世文獻，朱鳳瀚認爲"小子"主要有"對年幼者之稱或老人對年輕人之稱""自我之謙稱""輕賤之稱""某小子"等用法，他還指出："屬於西周貴族家族成員的'小子'，即該家族中的小宗。"②葉國慶認爲陳逆簋、簠是宗人作器獻給大宗的實例③。裘錫圭認爲從銘文看，陳逆簠無疑是獻給大宗之器。簠銘中有"以作其元配季姜之祥器"語，也許並不是真的準備獻給大宗的，但是至少也是準備給大宗使用的④。

陳逆，作器者，《左傳》哀公十四年："齊簡公之在魯也，闞止有寵焉。及即位，使爲政。陳成子憚之，驟顧諸朝。諸御鞅言於公曰：'陳闞不可並也，君其擇焉。'弗聽。子我夕，陳逆殺人，逢之，遂執以入。"杜預注："陳逆，子行，陳氏宗也。"陳趄子，即田桓子，趄、桓皆从亘，聲可通。《史記·田敬仲完世家》："文子趄卒，生桓子無宇。田桓子無宇有力，事齊莊公，甚有寵。"

子之，原篆作■（《新收》1781）或■（《集成》4629），一般釋"子之"，張振謙認爲摹本有誤，錯將"武"字摹爲"子之"二字，摹本中的"子"實際上是拓本"武"字所从的"戈"旁，認爲陳桓武是陳逆的先祖之美稱，認爲"陳桓武"或爲陳逆之周初先祖，即陳氏始祖胡公滿⑤。齊系金文中武字作■（武城戈，《集成》10966）、■（陳侯因咨敦，《集成》4649）、■（庚壺，《集成》9733）。常見"武"字與該器■、■上部"戈"字形差距較大，所以該字釋"武"還有未安之處。

裔孫，裔，拓本作■，孫詒讓云："■孫，阮元釋爲裔孫……謚此銘作■，亦

---

① 朱歧祥：《論訓釋古文字的方法——文例研究》，《第二屆國際暨第四屆全國訓詁學學術研討會論文集》，1999年12月，第105頁。
② 朱鳳瀚：《商周家族形態研究（增訂本）》，天津古籍出版社，2004年，第312—313頁。
③ 葉國慶：《試論西周宗法封建關係的本質》，《福建師院學報（社科版）》1956年第3期。
④ 裘錫圭：《關於商代的宗族組織與貴族和平民兩個階級的初步研究》，《裘錫圭學術文集·古代歷史、思想、民俗卷》，第133頁。
⑤ 張振謙：《齊銘摹誤考辨四則》，《中山大學學報》（社會科學版），2014年第1期。

第一章　東周齊莒系金文編年彙釋、年代考訂與分國整理　129

非从衣从冏,該裔字之變體。裔孫者,嫡孫也。嫡从女商聲,故此省作商。逆與恒蓋从父兄弟也。"①金文中有"商"字,如師酉簋、師虎簋、訇簋、陳侯因資敦等(字形見《金文編》67—68頁)。與"商"字差異較大,孫説恐非,"裔"字還見於陳逆簋,作 [字形], 从衣从冏甚明,古璽中有形作 [字形](輯存 206),還見於作十鐘銘"[字形]",皆爲裔字,裔孫當爲後世子孫之泛稱,不必非指玄孫之后,《左傳》文公十八年:"投諸四裔,以禦螭魅。"杜預注:"裔,遠也。"《廣韻·祭韻》:"裔,苗裔也。"《尚書·微子之命》:"功加于時,德垂後裔。"寅事,《爾雅·釋詁》:"寅,敬也。"《尚書·堯典》:"寅賓出日,平秩東作,日中星鳥,以殷仲春。"孔傳:"寅,敬也。"懽,《説文·心部》:"懽,喜歡也。从心雚聲。"《爾雅·釋詁》:"懽懽愮愮,憂無告也。"

祥器:楊樹達云:"余謂祥字當讀爲鬺。《説文》三篇下鬲部云:'鬺,烹也。从鬲羊聲。'祥與鬺同从羊聲,字通作耳。彝銘恒見'鬺鼎''鬺簋''鬺彝'之文,鬺與鬻爲一字。見《玉篇·鼎部》及《廣韻》十《陽》,此云祥器,猶他銘云'鬺鼎''鬺簋''鬺彝'也。銘云乍厥元配季姜之祥器,以鬺器繫之季姜者,古人以烹飪爲女子之專職,故以烹飪之器繫之女子也。"②鬺,《集韻·陽韻》:"鬺,《説文》:'煮也'或作鬴。"《史記·孝武本紀》:"禹收九牧之金,鑄九鼎,皆嘗鬴烹上帝鬼神。"裴駰《集解》引徐廣曰:"烹,煮也,鬴音觴,皆嘗以烹牲牢而祭祀也。"鬺即鬴之或體。鬻字不見於《説文》,《玉篇·鼎部》:"鬻,煮也。亦作鬺。"學者多引辭書、典籍"鬻""鬺""鬴"和"湘"諸字爲説,將其訓爲"煮",或讀爲"將",訓爲"奉"等③。陳英傑對鬻字有詳細討論,其總結云:鬻,从鼎从肉从匕从艹,艹亦聲,象以匕取肉載於俎之形,以會烹煮之義。金文中有四義:1. 煮也;2. 鬻祭,薦熟肉以祭,"盟鬻"祭名連用,盟爲血祭;3. 相當於文獻中訓"奉將""行也"之將;4. 族氏名。第二義乃金文中常用義,修飾器名的"將"字均用此義④。陳劍也對甲骨文金文中有關鬻諸字提出了新

---

① 孫詒讓:《古籀拾遺》,第 29—30 頁。
② 楊樹達:《積微居金文(增訂本)》,第 209 頁。
③ 引潘祖蔭、張孝達、徐同柏、劉心源、于省吾、楊樹達、高鴻縉、王國維等諸家之説參見周法高主編:《金文詁林》第七册,香港中文大學,1975 年,第 4440—4454 頁。
④ 陳英傑:《金文釋詞二則》,《中國文字研究》第五輯,廣西教育出版社,2004 年,第 140—141 頁。

的考釋,提出皆當改釋爲肆①。楊樹達把"祥"讀爲"鬺",即䰞,二字雖義音皆通,但此説可商,我們知道稱鬺、䰞諸器爲煮肉之器,但該器爲"簠",《説文》謂簠"黍稷圓器也"。《周禮·秋官·掌客》"簠十",鄭玄注:"簠,稻粱器也。"因此,簠當爲盛飯食之器。因此我們認爲此處之"祥"字可徑直釋爲"吉",祥器即吉器。

犮,字形作"𠂣"。于省吾釋作"求"②;郭沫若隸作"帚"讀作"匌"。孫剛結合《上博六·天子建州》甲、乙本簡 11"𠂣"字形體,認爲此字應釋爲"犮",在銘文中讀爲"祓"。《爾雅·釋詁》:"祓,福也。"郭璞注:"《詩》曰'祓祿康矣'"今本《詩·大雅·卷阿》作"茀祿爾康矣",鄭玄箋:"茀,福。"簠銘"乍犮(祓)"即"乍(作)福"之意③。釋"求""匌"皆爲動詞,從語法角度分析,此句"乍犮羕命",乍字之後應爲名詞,故孫説可從。

銘文中"陳逆"見於《左傳》哀公十四年:"子我夕,陳逆殺人,逢之,遂執以入。陳氏方睦,使疾,而遺之潘沐,備酒肉焉。饗守囚者,醉而殺之,而逃。子我盟諸陳於陳宗。"陳逆字子行,《左傳》哀公十一年:"陳子行命其徒具含玉。"杜預注:"子行,陳逆也。"銘文又自稱"陳桓子之裔孫",則此器當作於齊簡公、平公之世。陳逆於魯哀公十四年(前 480 年)參與了篡齊政之事,故陳逆"寅事"之齊侯不當爲齊簡公,當爲篡政之後的所立之齊平公(前 480—前 456 年),故該器鑄造年代當於此間,爲戰國早期器。

33. 陳逆簠

出土:傳世器

時代:戰國早期齊平公(前 480—前 456 年)

著録:集成 4096;銘圖 05066

釋文:冰月丁亥,陸(陳)氏裔孫逆乍(作)爲生(皇)祖(祖)大宗殷(簠),台

---

① 陳劍:《甲骨金文中舊釋"䰞"之字及相諸字新釋》,《出土文獻與古文字研究》第二輯,第 13—47 頁。
② 于省吾:《雙劍誃吉金文選》,中華書局,1998 年,第 210 頁。
③ 孫剛:《東周齊系題銘研究》,吉林大學博士學位論文,第 493 頁。

(以)貿（匄）羕（永）令（命）湏（眉）壽，子孫是保。

冰月：吳式芬云冰月見《晏子春秋》即十一月也①，郭沫若②等皆從之。冰月，《呂氏春秋》兩見，《呂氏春秋》內篇諫下第四："景公令兵搏治，當臘、冰月之間而寒，民多凍餒，而功不成。"又內篇諫下第十三："景公爲履，黃金之綦，飾以組，連以珠，良玉之絢，其長尺。冰月服之以聽朝。"孫星衍《晏子春秋音義解》："臘當爲臘。《左傳》：'虞不臘矣。'《說文》：'冬至後三戌，臘祭百神。'浙刻本改臘。"段玉裁《說文解字注》："臘本祭名，因呼臘月臘日耳。《月令》'臘先祖五祀'，《左傳》'虞不臘矣'皆在夏正十月。"《禮記·月令》："孟冬之月……，是月也，大飲烝。"鄭玄注："十月農功畢，天子諸侯與其羣臣飲酒於太學，以正齒位，謂之大飲。"又《禮記·月令》："天子乃祈來年於天宗，大割祠於公社及門閭，臘先祖五祀。"鄭玄注："此周禮所謂蜡祭也。……臘謂以田獵所得禽祭也。"孔穎達疏："凡蜡皆在建亥之月。"由上可知，臘月即爲孟冬之月，《呂氏春秋》謂"臘、冰月之間"，知冰月當爲臘後一月，故各家皆謂冰月爲十一月。對此江淑惠指出："據孔穎達《禮記》正義引鄭目錄，鄭康成以爲《月令》是後人抄合《呂氏春秋》十二月紀之首章而成，陸德明從之。鄭樵《六經奧論》則以《月令》言太尉、言臘季，以十月爲歲首皆是秦制，故爲漢儒取《呂氏春秋》而又有新附益，鄭康成、鄭樵之說法今已爲學者所接受。《禮記·月令》既沿《呂氏春秋》，《呂氏春秋》采夏正，故《月令》所言亦是夏正。夏正十一月，即周正正月。齊銘紀年，姜齊器作'唯王囗年'，田齊則多'囗囗立事歲'特殊紀年法。雖然文獻有云周制於每年年末天子頒朔於諸侯，諸侯奉行之，但東周列國彝銘有本國曆法者，如郘公簋'唯郘正二月……（三代八、四七）'，則晚周之季列國未必奉行周正。田齊彝銘紀月多用代月名稱，今尚無可稽考各名稱所指何月，也不能確知

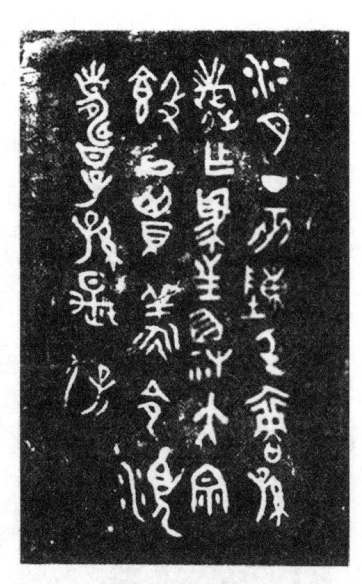

---
① 吳式芬：《攈古錄金文》，清光緒二十一年吳重憙刻本。
② 郭沫若：《兩周金文辭大系圖錄考釋》，第456頁。

田齊是否遵行周正。若齊之臘月即《禮記》所云孟冬之月，或可推知冰月即是周正之月。'臘月'之名緣於臘季，推測'冰月'時當冬季，齊地殆於是月河川始結冰，是以名之'冰月'。若此，則齊地特殊紀月名稱或與其風俗、節日、季節特徵有關。"[1]筆者認爲齊銘的特殊紀月方式，如"咸月""歠月""襐月""飯者月"究作何解，目前還是無法徹底解决的問題，尚需新材料加以互證。

▨，《大系》釋"氏"，《引得》釋"屯"讀作"純"，"屯"字見於他銘，▨（叔夷鎛）、▨（頌簋）、▨（頌鼎）、▨（師望鼎）、▨（鄂君啓節）等形。同爲戰國齊器的陳純釜銘"屯"字作"▨"，似與▨不類。氏字齊金文習見，▨（䣄鎛）、▨（國差瞻），綜合比較當釋"氏"爲是。

陳逆簠年代當近於陳逆簋，爲戰國早期齊平公在位期間（前 480—前 456 年）。

34. 陳曼簠

出土：傳世器
年代：戰國早期
現藏：上海博物館
著録：集成 4595；銘圖 05923
釋文：齊陳（陳）曼不敢逸（逐）康，肈（肇）堇（勤）經德，乍（作）皇考獻（獻）弔（叔）餴（饙）廄（盤），永保用匧（簠）。

餴，該字常用作修飾語，放在鼎、簋、簠、盨、盤、盂、盆等具體器名之後，還可接彝、器等總稱器名。一般隸作"餴"，訓作"滫飯也"[2]。單育辰認爲該字應隸定爲从食从棗，从棗得聲，讀爲"羞"，是膳羞的意思[3]。

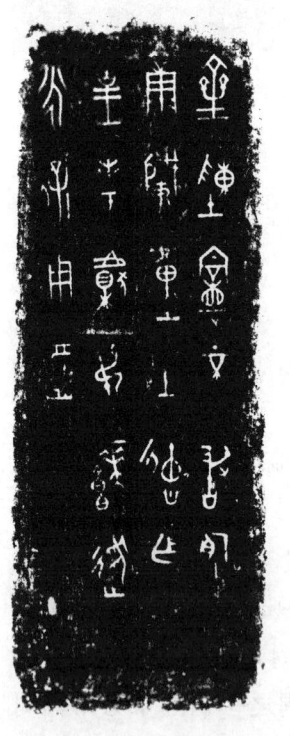

圖 1.1.34　陳曼簠

---

[1]　江淑惠：《齊國彝銘彙考》，第 213—214 頁。
[2]　周法高主編：《金文詁林》，第 3358—3364 頁。
[3]　單育辰：《釋鏮》，《考古與文物》2017 年第 5 期。

第一章　東周齊莒系金文編年彙釋、年代考訂與分國整理　133

35. 陳曼簠

出土：傳世器

年代：戰國早期

現藏：上海博物館

著錄：集成 4596；銘圖 05924

釋文：齊陞(陳)曼不敢达(逐)康，肇(肇)堇(勤)經德，乍(作)皇考獻(獻)弔(叔)餴(饋)廏(盤)(盤)，永保用匞(簠)。

傳世器，共有兩件。一件原葉東卿舊藏，藏上海博物館，《集成》4596 號收錄此器銘文拓片。另一件原清宮舊藏，藏臺北故宮博物院，《集成》4595 號據此器銘文拓片收錄。兩器銘文橫看最末一行有異，一般認爲臺北故宮所藏者鑄範有誤，上海博物館所藏器銘爲善，以此隸釋。

曼，字形作"󰵀"，舊釋爲"曼"；郭沫若隸定作"䙴"①。《說文・又部》："曼，引也，从又冒聲。"曼字小篆作"󰵀"，金文中"曼"字與此銘字形差異較大（參見《金文編》186 頁），恐非是。吳式芬疑爲"宰"字繁文。何琳儀隸定爲"䎽"②。

达，各家爭議最大，所釋不一。有"从""逸""遂""达(逐)""迖(遂)"等隸釋法。最常見的釋法是釋爲"逸"，馬承源《銘文選》、張亞初《引得》等均采此釋，《金文編》也收入該字形，釋作"逸"，吳振武認爲只有日本學者高田忠周的釋"达(逐)"説是正確的，吳振武根據燕璽"犬"旁常作"󰵀"，確定該字从"犬"而非从"兔"，又彙集目前所見古文字"逸"有關諸字，認爲"逸"字古文字均从"兔"而未見从"犬"者，加之戰國文字"豕""犬"二旁可互替，故確認此字釋"逐"爲是，"逐康"即不敢追求安樂，並指出古書中有"逐利""逐勢""逐名""逐樂"等詞，可

図 1.1.35　陳曼簠

---

① 郭沫若：《兩周金文辭圖錄考釋》，第 220 頁。
② 何琳儀：《戰國古文字典》，第 575 頁。

資比較①。《清華簡二·繫年》中"逐",如簡 6 达作"![字]",可證吳說爲是。需要指出的是,陳曼簠的"逐"字具有燕系文字的特點,吳振武認爲"燕、齊接壤,兩地文字在寫法上互有影響,自屬情理中事"。

作器者陳曼事迹未見典籍,郭沫若疑即田襄子盤,"襄子名多異文,《史記集解》引徐廣曰'盤一般作塦',《索隱》引《世本》作班。塦殆盤字之譌,因形相近。班、盤聲俱近曼。獻叔殆田成子常之字"②,可備一説。

該器器形口沿外折、失蓋,直腹向裏斜收,平底、下四長斜支足,足底呈矩形。口邊飾蟠龍紋,腹部飾細綫方折式卷龍紋。張光遠定該器爲齊桓公時器③;何琳儀定爲齊宣公時器④;朱鳳瀚認爲這種斜支足"實際上是長方形圈足特大其中間缺口而形成的",定此器時代爲戰國早期⑤。此器絶對年代尚無法確定,從器形和紋飾看似當如戰國早期爲宜。

36. 陳貯簠蓋

出土:傳世器

時代:戰國早期

現藏:臺北故宮博物院

著録:集成 4190;銘圖 05187

釋文:隹(唯)王五月元日丁亥。貯曰:余陸(陳)仲嬀孫、鼇(鼇)弔(叔)枳(支)子,龔(恭)盧(寅)龏(鬼)神,戰(畢)龏(恭)悁忌,屖(選)羈(擇)吉金,乍(作)丝(兹)寶餿(簠),用追孝於我皇,餿(簠)鎗(蓋)。

元日,沈寶春釋縯書缶"元日"云:"稱元日者,又見徐王子鐘、陳貯簠、義與吉日同。《廣雅·釋詁》:'元,善也。'《禮記·王制》:'天子以元日祈穀於上帝。'盧注曰:'元,善也。'《吕氏春秋·仲春紀》:'擇元日,命人於社。'高誘注:

---

① 吳振武:《陳曼瑚"逐"字新證》,《吉林大學古籍整理研究所建所十五周年紀念文集》,吉林大學出版社,1998 年,第 46—47 頁。
② 郭沫若:《兩周金文辭大系圖録考釋》,第 220 頁。
③ 張光遠:《戰國初齊桓公諸器續考》,《故宮季刊》第十二卷第二期,1977 年。
④ 何琳儀:《戰國文字通論》,第 99 頁。
⑤ 朱鳳瀚:《中國青銅器綜論》,第 142 頁。

圖 1.1.36　陳貼簠蓋

'元,善也。'"①元日在古籍中有兩義：一、正月初一。《書·舜典》："月正元日,舜格於文祖。"孔傳："月正,正月,元日,上日也。"《文選·東京賦》："於是孟春元日,羣後旁戾。"薛綜注："言諸侯正月一日從四方而至。"二、吉日。《漢書·王莽傳中》："冠以戊子爲元日,昏以戊寅之旬爲忌日。"顏師古注："元,善也。"本銘中未詳其意義。

彥,郭沫若云："彥殆產之異,从初彥省聲。產者生之初也,故从初。字在此與和對文,蓋即讀爲彥,美士曰彥。"②楊樹達云："郭謂彥字从彥省,讀爲彥,近似。經傳記陳敬仲名完,完字从元聲,元彥二字古音相近,陳仲彥即陳

---

① 沈春寶：《商周金文錄遺考釋》,花木蘭文化出版社,2005年,第797頁。
② 郭沫若：《兩周金文辭大系圖錄考釋》,第454頁。

仲完也。"①此處甯讀爲彥字，其説是，但楊樹達認爲陳仲彥即陳仲完則不可遽信，按《史記·田敬仲完世家》載"敬仲"爲其謚號，完爲其名，陳仲敬完省稱爲陳仲完，似有不妥。

枳，舊多釋"和"字。李學勤釋爲"枳"，讀爲"支"，支子即嫡長子之弟②。張振謙傾向於"枳"讀爲"枝"，用作人名。③ "支子"之稱見《儀禮·士昏禮》"支子則稱其宗"，鄭玄注："支子，庶昆弟也。"《儀禮·喪服》："何如而可以爲人後？支子可也。"《禮記·曲禮》："支子不祭，祭必告於宗子。"孔穎達《疏》："正義曰：支子，庶子也。"則"支子"爲庶子。

禞，形作禞，一般釋爲"禞"，即"鬼"字。金文"鬼"字作鬼（鬼乍父丙壺，《集成》9584）、鬼（小盂鼎，《集成》2839）等，"禞"字雖異於"鬼"之常見字形，但僅多一口。"口"形在古文字中亦常用來作爲一種符號，無實在意義。比如"魯"字，姚孝遂指出："'魯'是'魚'所衍生的，今作'魯'，小篆偽從'白'（自）。'魯'字所從之'口'亦與'口舌'之'口'無關，純粹是一個區别符號。"④金文中有些原有之字加"口"旁，無實在意義，比如井侯簋銘"追"字加口作形。陳侯因咨敦銘"帝"字加口作"啻"。加之禞從示旁，釋爲鬼更合適，與從心旁字含義迥異。故該字還是釋"鬼"更宜。

㲋，郭沫若隸作"救"；裘錫圭讀爲"選"⑤。讀選可從，類似字形可見鄦公孫潮子鐘的討論。

殷，郭沫若讀作"考"，"殷假爲考，古音殷考同在幽部。《大雅·江漢》'作召公考'即召伯虎敦之'作剌祖召公嘗殷'彼乃假考爲殷，與此正爲互証。又本銘乃有韻之文，亥、子、忌、之部。殷（簋）殷（考），幽部"。

鎬，容庚釋爲"鎬"，言簋鎬連讀，言此器自名爲簋蓋。郭沫若隸定爲"鎬"，即壺字，"鎬字不得與簋字連文，銘末綴此字者，乃作器者之署名，此例多見，如秦公

---

① 楊樹達：《積微居金文説（增訂本）》，第 167 頁。
② 李學勤：《齊侯壺的年代與史事》，《文物中的古文明》，第 244—248 頁。
③ 張振謙：《齊系文字研究》，第 226 頁。
④ 姚孝遂：《再論古漢字的性質》，《古文字研究》第十七輯，中華書局，1989 年，第 315 頁。
⑤ 裘錫圭：《甲骨文中所見的商代農業》，《農史研究》第八輯，農業出版社，1989 年，第 30 頁。

簋及秦公鐘銘末綴一宜字,即其晚近之例"①。郭說是,最後一字當爲物勒工名。此字不能和簋連讀表示自名簋蓋,本器雖現在僅餘簋蓋,但是銅器固多器蓋同銘之例,沒有見到過器或蓋銘注明其爲器或蓋的例子,故此"鐱"當爲作器者之名爲是。

郭沫若認爲陳仲即廞陳仲敬完,認爲䜣叔即陳鰲子,因此推論陳貯即田常,此說尚無佐證,不可遽信。此器僅餘器蓋,無法從器形判斷其相對年代,學界一般認爲該器爲戰國晚期,茲從之。

37. 禾簋

出土:傳 1940 年左右山東臨淄附近
時代:戰國早期齊康公(前 409—前 391 年)
現藏:上海博物館
著錄:集成 3939;銘圖 04811
釋文:隹(唯)正月己亥,禾肈(肇)乍(作)皇母懿龏(恭)孟姬䑑(饙)彝。

又名禾肈彝、禾肈乍皇母懿龏孟姬彝。禾,即田太公和。禾,和古通,《呂氏春秋·必己》:"一上一下,以和爲量。"高誘注:"禾,中和。"俞樾《呂氏春秋平議》:"禾,當作和。"于省吾《雙劍誃呂氏春秋新證》:"禾乃和之借字。"《馬王堆漢墓帛書·戰國縱橫家書·蘇秦自趙獻書燕王章》:"趙之和也,陰外齊,謀齊,齊趙必大惡矣。"《銘文選》:"禾,即田太公和,金文但作禾,亦即田禾,史籍中又稱和子,《戰國策·魏策》:'昔曹恃齊而輕晉,齊伐厘、莒而晉人亡曹。繒恃齊以悍越,齊和子亂,而越人亡繒。'又《呂氏春秋·季秋紀·順民》:'齊莊子請攻越,問於和子'。……此爲田禾未稱侯以前之器,簋的形制爲方座,龍耳、粗拙的波曲紋,是典型的齊器。"②

圖 1.1.37 禾簋

---

① 郭沫若:《兩周金文辭大系圖録考釋》,第 455 頁。
② 馬承源主編:《商周青銅器銘文選(四)》,第 554 頁。

簋在中原地區是東周銅器中的常見器物，但在齊國成組的銅器中比較少見，春秋時期的僅兩件，即臨淄東古城墓 M1∶4 出土的兩件簋，斂耳，鼓腹，圈足。目前器形完整的戰國時期齊國簋僅有傳世的禾簋和陳侯午簋兩器，這兩件方座簋"時代爲戰國早、中期。這種方座銅簋，在中原和楚地，均出於國君或次於國君的高級貴族墓地。陳侯午簋爲田齊國君之器，看來山東地區使用這種方座簋，大概也和中原、楚地一樣，乃戰國時期高級貴族墓地才能使用之器"①。就整個東周時期山東地區的簋而言，足部形態大致可分爲兩種，圈足類和圈足加方座類②，存在由圈足到圈足加方座的演進趨勢。其實在西周時期整個簋器足部形態演變上都存在這一趨勢。關於西周銅簋的器形演變存在的規律，彭裕商師有過詳細的論述，其中涉及足部形態演變，彭先生指出足部的形態是由純圈足到圈足下加方座演進，演變時間最早可上溯到先周時期，如寶雞林家村出的銅簋。成康時又派生出垂珥延伸爲四條柱狀足和圈足下加柱狀足的形態，大致到西周中期後段，圈足下的柱狀足由較高變爲細矮，較早的小足作直立柱形，以後小足又演變爲獸足形或象鼻形，流行於厲王以後的西周晚期③。

　　禾簋器形侈口，失蓋，束頸，鼓腹，圈足外撇，其下連方座，腹兩側飾龍耳，呈 S 形，形狀近於陳侯午簋。腹部及方座均飾波曲紋④。接近於戰國早期長治分水嶺 M26∶8 出土的簋⑤，只是禾簋爲龍耳，此簋爲環耳。就齊國器而言，禾簋器形更接近於陳侯午簋，特別是兩者都飾有龍耳。因此就禾簋的器形而言，其爲田太公和的可能性很大，由禾簋自稱禾而不稱陳侯可知該器當爲田和廢齊康公自立國君之前。《繹史》引《紀年》云："齊宣公十五年田莊子卒，明年立相悼子。宣公四十七年田悼子卒，次年立田和。"故田和爲相始於前 409 年，

---

① 劉彬徽：《山東地區東周青銅器研究》，第 271 頁。
② 有些學者把簋的足部形態徑直劃分爲圈足類和方座類，這樣劃分是不嚴格的，方座類簋也是在圈足的基礎上而加的。彭裕商師業已指出"就簋形器而言，器腹和圈足是任何一類簋形器都具有而不可或缺的，是基本的形態"《西周銅簋年代研究》，《考古學報》2001 年第 1 期）。
③ 彭裕商：《西周銅簋年代研究》，《考古學報》2001 年第 1 期。
④ 有學者指出該簋與傳世的陳侯午簋形制相同，爲齊國青銅簋所特有的造型。腹部及方座均飾波曲紋，波曲紋是西周、春秋時代盛行的紋飾，到戰國時代，一般青銅器上已不再使用，禾簋的紋飾是一種特殊情況。自春秋晚期到戰國早期田氏併齊，在田齊時代，齊國所鑄造的青銅器，在紋飾上有一種復古傾向（陳佩芬：《夏商周青銅器研究》，第 305 頁）。
⑤ 山西省文物管理委員會等：《山西長治分水嶺戰國墓第二次發掘》，《考古》1964 年第 3 期。

前391年田和廢康公自立爲齊君。因此，禾簋的年代當在前409—前391年之間，爲齊康公時器。

(四) 戰國中期

38. 十年陳侯午敦
出土：傳世器
時代：戰國中期偏早 齊桓公（前365年）
現藏：華南師範大學
著録：集成4648；銘圖06079

圖1.1.38　十年陳侯午敦

釋文：隹(唯)十年，陞(陳)侯午淖(朝)羣邦者(諸)灰(侯)獻(獻)于齊，者(諸)灰(侯)䀠(享)台(以)吉金，用乍(作)平壽造器羣(敦)，台(以)䏁(烝)台(以)甞，保有齊邦，用豈(世)母(毋)忘。

陳侯午，即田齊桓公午。《史記·田敬仲完世家》："齊侯太公和立二年，和卒，子桓公午立。桓公午五年，秦、魏攻韓，……六年，救衛。桓公卒，子威王因齊立。《索隱》："《紀年》：'齊康公五年，田侯午生，二十二年，田侯剡立。後十年，齊田午弒其君及孺子喜而爲公。'《春秋後傳》亦云：'田午弒田侯及其孺子喜而兼齊，是爲桓侯。'與此系家不同也。"梁玉繩《史記志疑》、王國維《古本竹書紀年輯校》亦指出此紀年與《史記》記載之出入。徐中舒指出："今以銅器較之，陳侯三器云'隹十又四年'，此必陳侯午自紀其年之詞，知其在位必在十四年以上。是《竹書》所載，已較《史記》爲可信。其自相參錯者，或出輾轉傳寫之譌。"①

淖，即朝字，義爲召，彙聚之意。《禮記·王制》："耆老皆朝於庠。"鄭玄曰："召。猶會也。"《楚辭》："馳六龍於三危兮，朝西靈於九濱。"王逸注："朝，召也。"此處義同於陳侯因𦥑敦"朝問諸侯"之"朝"。

齊字作 ![字形], 具有齊系金文特點，張振林認爲其"三穗下面連莖，或下部再增加一、二橫畫，見於戰國時期的銅器"②。

亯，《説文》："亯，獻也，从高省。曰：象進孰物形。《孝經》曰：'祭則鬼亯之'。"吳大澂《説文古籀補》："古亯字象宗廟之形。"《爾雅·釋詁》："享，獻也。"《詩經·商頌·殷武》："昔有成湯，自彼氐羌，莫敢不來享。"鄭玄箋："享，獻也。"《禮記·曲禮》："五官致貢曰享。"鄭玄注："享，獻也。致其歲終之功於王，謂之獻也。"本銘亯即用其本義。

造，《周禮·大祝》："掌六祈，以同鬼神示，一曰類，二曰造，三曰檜，四曰禜，五曰攻，六曰説。"鄭注云："故書造作竈，杜子春讀竈爲造次之造，書亦或爲造，造祭於祖也。"《禮記·王制》："天子將出，類乎上帝，宜乎社，造乎禰；諸侯將出，宜乎社，造乎禰。"鄭玄注引鄭司農云："皆祭名也。"此銘造字當爲用於造祭之器，故云"造器敦"。此"造"字疑即"祰"字之義，《説文·示部》："祰，告祭也。从示告聲。"段注："自祓以下六字皆主言祖廟，故知告祭謂王制：天子諸侯將出，造乎禰。曾子問：諸侯適，天子必告於祖、奠於禰，諸侯相見，必告於禰。反必親見於祖禰，伏生尚書歸假於祖禰皆是也。周禮六祈，二曰造，杜子春云造祭於祖也。當許時禮家造字有作祰者。"

---

① 徐中舒：《陳侯四器考釋》，第418頁。
② 張振林：《試論銅器銘文形式上的時代標記》，《古文字研究》第五輯，第80頁。

陳侯午，即田齊桓公午，史書言之鑿鑿。齊桓公十年，即前 365 年，此器絕對年代甚明。

39. 十四年陳侯午敦
出土：傳世器
年代：戰國中期偏早 齊桓公（前 361 年）
現藏：臺北故宫博物院
著錄：集成 4647；銘圖 06078

圖 1.1.39 十四年陳侯午敦

釋文：隹（唯）十又三（四）年，陸（陳）厌（侯）午台（以）羣者（諸）厌（侯）獻（獻）金乍（作）皇妣（妣）孝大（太）妃（妃）祭器鋚鐸（敦），台（以）羞（烝）台（以）嘗，保又（有）齊邦，用豈（世）母（毋）忘。

該器又名陳侯午鑄鐸、陳侯午鋚、陳侯午作皇妣孝大妃敦。傳世共兩器，一件藏中國國家博物館，一件藏臺北故宫博物院。

獻，與此器同。徐中舒謂"古貝、鼎字形易致混淆。《説文・鼎部》云：'古文以貝爲鼎，籀文以鼎爲貝。'觀《金文編》載羌伯簋、楷伯簋、召伯簋諸獻字偏旁，鼎皆與貝字形近，與此並可互證"①。獻，从鼎从犬，即爲獻字。獻字還从鬲旁，虢季子白盤銘如是。

妃，吳式芬釋爲"妃"字，讀爲姒字②。吳闓生云"金文無'妃'字，妃皆己姓之已也。獨此字見太妃字，已在晚周矣"③。劉心源釋爲"妃"，讀爲"姒"④。桓公父爲太公和，此稱皇妣孝大妃，當指桓公之母。

錂，不識，舊釋"鎛"，徐中舒引古璽釋印庚字作 、 等形爲證爲"錂"，錂鐘連讀爲一名，謂"奥有坳坎窊下之意，凡團物自其内空言之，則正作坳坎窊下之形，故此名錂鐘，仍形容鐘形之團"⑤。郭沫若原從舊釋，後從徐之說釋爲"錂"，不同之處在於郭說以錂鐘爲並言，"余意錂與敦實二物也，錂當是盂之異，从金奥聲，以雙聲爲聲也"⑥。兩種意見，皆備一說。

羍，即烝字，甲骨文作" "" "" "" "等形，用爲祭名，卜辭如：己亥卜，行貞，翌日庚子其烝於兄庚，叀羊叀牛？《合集》23506）甲申卜，貞，王賓烝祖甲，亡尤。（《合集》22682）甲骨文中烝祭犧牲、穀物皆可用，後來就成爲只以穀物爲祭品的祭禮。《禮記·祭統》："凡祭有四時：春祭曰礿，夏祭曰禘，秋祭曰嘗，冬祭曰烝。"《爾雅·釋詁》："冬祭曰烝。"郭璞注："進品物也。"《尚書·洛誥》："戊辰，王在新邑，烝祭歲。"《春秋繁露·四祭》："烝者，以十月進初稻也。"

嘗，祭名。《周禮·春官·大宗伯》："以嘗秋享先王。"《禮記·明堂位》謂"秋嘗"爲"天子之祭也"；《詩經·小雅·天保》："禴祠烝嘗，於公先王。"《春秋繁露·四祭》："秋曰嘗，嘗者，以七月嘗黍稷也。"《詩經·小雅·楚茨》："我黍與與，我稷翼翼……以往烝嘗。"

此器作於桓公十四年，即前361年。从器物形制看，該器素面，呈圓球形。蓋、器上對稱分布三圈鈕以爲支點，在器口緣下兩側還各有一圈耳。該形敦彭

---

① 徐中舒：《陳侯四器考釋》，《徐中舒歷史論文選輯》，第407—408頁。
② 吳式芬：《攗古録金文》，清光緒二十一年吳重憙刻本。
③ 吳闓生：《吉金文録四卷》，南宫邢氏藍印刻本，1933年。
④ 劉心源：《奇觚室吉金文述》，1902年石印本。
⑤ 徐中舒：《陳侯四器考釋》，《徐中舒歷史論文選輯》，第408—409頁。
⑥ 郭沫若：《兩周金文辭大系圖録考釋》，第460頁。

第一章　東周齊莒系金文編年彙釋、年代考訂與分國整理　143

裕商師劃爲敦Ⅱ式,彭先生概括此類型式敦器形特點爲器足與蓋上的三鈕對稱,爲扁形鈕狀,或近S形,或近圓圈形,或作曲體昂首的獸形,或作圓環形等,Ⅱ式敦起於春秋晚期後段,主要流行於戰國早、中期,晚期已逐漸減少,Ⅱ式敦主要見於戰國早、中期楚文化區和齊魯文化區①。以此器較之,彭先生之説甚確。

40. 陳侯因𧫒敦

出土:傳世器

時代:戰國中期晚段齊威王(前356—前319年)

著錄:集成 4649;銘圖 06080

釋文:隹(唯)正六月癸未,陸(陳)厌(侯)因𧫒曰:皇考孝武𨑈(桓)公,龏(恭)𢦒(哉)! 大慕(謨)克成,其雖(惟)因𧫒曻(揚)皇考,聖(紹)繢(繼)高且(祖)黄啻(帝),屍(嗣)銅(嗣)𨑈(桓)文,淖(朝)睧(問)者(諸)侯,合(答)曻(揚)氒(厥)悳(德)。者(諸)侯䢔(寅)薦吉金,用乍(作)孝武𨑈(桓)公祭器鐟(敦)。台(以)羕(烝)台(以)嘗,保有亝(齊)邦。殹(世)萬子孫,永爲典尚(常)。

正六月,何以言正六月,各家解釋甚少,吴闔生云:"稱正六月,與寡兒鼎、余僕鐘同例。據春秋,周六月、夏四月爲正陽之月,亦稱正月。然八九十月亦稱正,則不但六月也,蓋不欲封王,故但稱正耳。"寡兒鼎銘"隹正八月初吉壬申",余僕鐘銘"隹正九月初吉丁亥",郘公鐘銘"隹郘正二月初吉乙丑"。或表示該國使用自己本國的曆日,不

圖 1.1.40　陳侯因𧫒敦

---

①　彭裕商:《東周盆、盞、敦研究》,《考古學報》2008 年第 2 期。

與周正同。或此處"正"字可解釋爲正當之意,《廣韻·勁韻》:"正,正當也。"《尚書·堯典》:"日永星火,以正仲夏。"王引之《經義述聞》:"正,當也,謂當仲夏也。"

因資,即田齊威王,齊桓公田午之子。《史記》作因齊,《史記·田敬仲完世家》:"六年,桓公卒,子威王因齊立。"劉心源釋云:"資,從肉從次,字書不載,當即資。"①湯餘惠謂此字爲"臍"字異體②。資字從次得聲,與齊字都屬精紐脂部,可通。資、資都從次得聲,資字在典籍中可通"齊",《易經·旅卦》:"得其資斧。"陸德明《經典釋文》:"資,子夏及衆家本皆作齊。"《儀禮·少牢饋食禮》:"資黍於羊俎兩端。"鄭玄注:"今文資作齋。"

謨,從心從莫。郭沫若釋作"慕",讀爲"謨"③,徐中舒云:"慕,疑與墓同。墓有慕意,《釋名·喪制》云:'墓,慕也,孝子思慕之處也。'《禮記·檀弓》云'其往也如慕',《問喪》云'其往送也如慕';是墓即從慕得名。且此器下云'克成',文義相承,必有所指,故慕當作名詞解;如釋慕爲思慕嚮慕,則'克成'句即爲不詞。"④我們認爲此處釋"謨"爲是,古文字從心或從言可通,如信字之古文作"㰷",訴字之古文作"㖣"、詩字之古文作"㗊"等。故此字當釋爲"謨",《說文·言部》:"謨,議謀也。"《尚書·皋陶謨》:"允迪厥德,謨明弼諧。"孔傳:"謨,謀也。""大謨克成"意爲齊桓公田午能夠完成建國功業。

𦀔,學者多釋爲"紹",《說文·糸部》:"紹,繼也,從糸召聲。""紹"字古文作"㩨"。𦀔,該字一般隸作練,讀"統"或"緟"⑤。孫超傑結合出土文獻中"𣪊"及"繫"之寫法,認爲可能即"繫"之省,或可讀爲"繼"⑥。該字見清華簡𦀔(繫年133)、𦀔(繫年120),釋爲繡(繫)。

屍銅趄文:《說文·攴部》:"俫,敉或從人。"《說文》:"敉,撫也。從攴米聲。《周書》曰:'亦未克敉公功。'讀若弭,俫,敉或從人。"徐中舒指出:"書多以

---

① 劉心源:《奇觚室吉金文述》,1902年石印本。
② 湯餘惠:《戰國銘文選》,吉林大學出版社,1993年,第13頁。
③ 郭沫若:《兩周金文辭大系圖録考釋》,第464頁。
④ 徐中舒:《陳侯四器考釋》,第410頁。
⑤ 參見孫剛:《東周齊系題銘研究》,吉林大學博士學位論文,第424頁。
⑥ 孫超傑:《傳抄古文札記一則》,《出土文獻》2021年第3期。

敉功、敉命連文。《僞孔傳》及《説文》均釋敉爲撫,《大誥》'以於敉寧武圖功'之敉,足利本即作撫;撫功、撫命,義實牽强;《廣韻》釋安,義亦難通。"①郭沫若則謂:"佽讀爲弭節之弭,低也。……又高訓爲遠,佽讀爲邇,亦可通。"②陳漢平讀爲"纉",字義訓爲"繼續"③。此處佽釋爲"弭"較好,弭有低、下之義,與上文"高且"之"高"對應。銅,當讀爲"嗣",徐中舒指出:"竑,从立从㠯,㠯即台或以之繁文。台、以均有嗣意,……此云'佽竑趄文:'蓋欲續桓文之事業。"④郭沫若隸作"銅",讀作"嗣"⑤。"高且黄帝,佽竑趄文"意即上則效法於黄帝,下則嗣承齊桓、晋文之事業。

淖聏者侯:孫詒讓以爲金文淖字當爲朝字異文⑥,此字還見於十年陳侯午敦銘,義爲召,彙聚之意。聏,徐中舒隸作"䎹",認爲乃"昏"之省形,讀爲"問"字。郭沫若隸定作"䎹","䎹"即庸之昏,讀爲問。

合㦽厥德:合,即讀爲答,《左傳》宣公二年"既合而來奔",杜預注:"合,猶答也。"《尚書·顧命》:"燮和天下,用答揚文、武之光訓。"孔傳:"用對揚聖祖文、武之大教。"《儀禮·鄉射禮》:"上射退於物一笴,既發,則荅君而俟。"鄭玄注:"荅,對也。"

盇薦吉金:盇,徐中舒云:"从寅从皿,即寅之繁文。吴大澂釋爲裸,非是。"⑦郭沫若"盇字舊釋裸,余又釋爲盟,今從徐釋"。《爾雅·釋詁》:"寅,敬也。"《尚書·堯典》:"寅賓出日,平秩東作,日中星鳥,以殷仲春。"孔傳:"寅,敬也。"《左傳》昭公十五年:"故能薦彝器於王。"杜預注:"薦,獻也。"

典尚:尚假借爲常,即典常。《易經·繫辭》:"初率其辭而揆其方,既有典常。"《周禮·天官冢宰·大宰》"掌建國之六典",鄭玄注:"典,常也、經也、灋也。"

該器呈球形,器蓋同形,子口,三環足,兩環耳,素面。形制近於臨淄辛店

---

① 徐中舒:《陳侯四器考釋》,《徐中舒歷史論文選輯》,第 410 頁。
② 郭沫若:《兩周金文辭大系圖録》,第 465 頁。
③ 陳漢平:《屠龍絶緒》,黑龍江教育出版社,1989 年,第 212 頁。
④ 徐中舒:《陳侯四器考釋》,《徐中舒歷史論文選輯》,第 411 頁。
⑤ 郭沫若:《兩周金文辭大系圖録》,第 465 頁。
⑥ 孫詒讓:《古籀拾遺》,第 25 頁。
⑦ 徐中舒:《陳侯四器考釋》,《徐中舒歷史論文選輯》,第 412 頁。

M20①、臨淄雋山 M1 出土的敦②。朱鳳瀚指出齊國約自戰國早期中葉流行雙環耳、三環鈕、三環足的球形敦,此種形制的敦,和齊器中的提梁鷹嘴圓壺、蓋口帶直邊的方橢圓形的鉌、折腹、圈足盤等均非常有區域特色③。此器爲齊威王在位期間所作,爲齊威王葬父桓所作的祭器,當爲即位初年時物,約公元前 375 年所作。

41. 貴將軍虎節
出土：傳世器
時代：戰國中期
現藏：中國歷史博物館
著録：中國歷史博物館館刊 1993 年 2 期圖一、二；新收 1559

圖 1.1.41　貴將軍虎節

釋文：貴牂軍信節(右行),填(營)丘牙塿綷(左行)

右行第一字,形作"㞢",與此字字形相近者有"弁",省形作"㞢"(《侯馬盟書》328 頁);"貴"字省形"㞢"(《古璽彙編》161.1523)。古文字"貴""弁"字形相近,唯下部不同：貴作"𠭯"(《郭店楚簡》老子甲 29 號簡)、"貴"(《古璽彙編》387.1653)、弁

---

① 王會田、李民：《山東淄博市臨淄區辛店二號戰國墓》,《考古》2013 年第 1 期。
② 山東省文物考古研究所、淄博市文物局：《山東淄博雋山戰國墓發掘簡報》,《文物》2016 年第 10 期。
③ 朱鳳瀚：《中國青銅器綜論》,第 2018 頁。

第一章　東周齊莒系金文編年彙釋、年代考訂與分國整理　　147

作"㞢"(《郭店楚簡》五行 32 號簡)、"壹"(《侯馬盟書》328 頁)。因此,此字既可能是"貴"字的省寫,也可能是"弁"的省寫。我們認爲此處當釋爲"貴"。何琳儀亦釋爲"貴","亦應是地名,地望待考"①。李家浩認爲"貴"當讀爲鋭司徒之"鋭"字②,可備一説。

牆,"牆"(中山王譻壺)、"牆"(中山王譻兆域圖)、"牆"(《郭店楚簡》老子甲 14 號簡)。釋"將"無疑。右行第四字,形作"冗",从火从勹。《古文四聲韻》卷一有如下古文"軍"字:"囵""勰""囵""冗"等形,冗與冗字形十分相似。《説文》:"軍,圜圍也,四千人爲軍。从車,从包省,軍,兵車也。"《古文四聲韻》卷一"輝"字作"勹",从火从勹,此字釋爲軍無疑。

"填",字形與曾侯乙墓竹簡"填"字寫法相似,唯後者將"土"旁寫在"真"旁之下,作上下重疊形③。丘,該銘作"坴"形,即丘字,丘字有以下諸形,"坴"(鄂君啓車節)、"坴"(《上博》魯邦大旱 3 號簡)、"坴"(《説文》"丘"古文)。填丘,當爲地名,李家浩疑爲即"營丘",是齊國國都臨淄④。

牙,即"與"字,與、牙古音都是魚部字,與字从牙得聲,裘錫圭認爲"與"大概是後人將作"與"的"牙"字字形略作改造,以示區別,於是分化出一個"與"字⑤。墢綀,地名,不見於文獻記載,根據辟大夫虎節的出土地點推知可能在膠縣境内。

此虎節的年代,李家浩認爲可能爲戰國中期齊威王時⑥。此問題尚待研究,目前還無法解決,暫從李説。

---

① 何琳儀:《戰國文字通論》,第 87—88 頁。
② 李家浩:《貴將軍虎節與辟大夫虎節》,《中國歷史博物館館刊》,1993 年第 2 期。《左傳》成公二年記有"鋭司徒"和"辟司徒"之名,鋭、貴讀音相近,可通。
③ 裘錫圭、李家浩:《曾侯乙墓竹簡釋文與考釋》,《曾侯乙墓》,文物出版社,1989 年,第 512 頁。
④ 李家浩:《貴將軍虎節與辟大夫虎節》,《中國歷史博物館館刊》,1993 年第 2 期。"營""填"古音相近,填爲定紐真部,營爲喻母四等耕部,喻母四等與定母十分接近,所以曾運乾《喻母古音考》(楊樹達《古聲韻討論集》)主張喻母四等歸入定母。
⑤ 裘錫圭:《讀〈戰國縱橫家書釋文注釋〉札記》,《文史》三十六輯,中華書局,1992 年,第 78—79 頁。
⑥ 李家浩:《貴將軍虎節與辟大夫虎節》,《中國歷史博物館館刊》,1993 年第 2 期。李先生認爲此虎節內容記載與《司馬穰苴兵法》內用有關,而此書根據《史記·司馬穰苴列傳》記載當成書於齊威王時。

42. 辟大夫虎節

出土：傳世器(山東膠縣出土)

時代：戰國中期

著錄：中國歷史博物館館刊 1993 年 2 期圖三

釋文：辟大夫信節(右行)［填］㠯(丘)牙(與)塿綖(左行)

辟大夫，李家浩認爲"辟大夫"執掌跟辟司徒一樣主壘壁，其主要任務是"修溝塹，治壁壘，以備守禦"①。陳偉武認爲"辟"當讀作"嬖"②。

"辟大夫"還見上博簡《曹沫之陳》"凡貴人，使處前位一行，後則見亡。進必有二將軍，毋將軍必有數辟夫=(大夫)，毋俾夫=(大夫)必有數大官之師、公孫公子"(上博四《曹沫之陳》24-25)。陳劍、陳斯鵬皆認爲辟大夫即下文的"俾大夫"③。石小力認爲上引簡文可與《國語·吳語》"十行一嬖大夫，建旌提鼓，挾經秉枹。十旌一將軍，載常建鼓，挾經秉枹"對讀，可證"辟大夫"即"嬖大夫"，也就是"下大夫"④。清華簡中也見"辟大夫"一詞。齊三辟大夫南郭子、蔡子、晏子率師以會於斷道。(清華二《繫年》69-

圖 1.1.42　辟大夫虎節

70)。整理者讀爲"嬖大夫"⑤。《左傳》宣公十七年："齊侯使高固、晏弱、蔡朝、南郭偃會。及斂盂，高固逃歸。夏，會于斷道，討貳也。"石小力指出《繫年》的南郭子即《左傳》之南郭偃，蔡子即蔡朝，晏子即晏若。辟大夫虎節傅出山東膠

———————

① 李家浩：《貴將軍虎節與辟大夫虎節》，《中國歷史博物館館刊》1993 年第 2 期。
② 陳偉武：《簡帛兵學文獻探論》，中山大學出版社，1999 年，第 132 頁。
③ 陳劍：《上博竹書〈曹沫之陳〉新編釋文》，《戰國竹書論集》，上海古籍出版社，2013 年，第 118 頁；陳斯鵬：《上海博物館藏楚簡〈曹沫之陳〉釋文校理稿》，《簡帛文獻與文學考論》，中山大學出版社，2007 年，第 100 頁。
④ 石小力：《東周金文與楚簡合證》，第 152 頁。
⑤ 李學勤主編：《清華大學藏戰國竹簡(貳)》，中西書局，2011 年，第 168 頁注［一〇］。

縣,戰國時屬齊,而《繫年》之"辟大夫"亦是齊官名,這爲"辟大夫"讀作"嬖大夫"又增添了一個證據①。

我們認爲辟也不能排除爲地名的可能性,何琳儀考證辟在山東莒縣,戰國時屬於齊範圍②。或辟爲姓,《廣韻·昔韻》:"辟,姓。漢有富室辟子方,又有辟閭彬。"《通志·氏族略五》:"辟氏,《左傳》有辟司徒。《漢書》,富人辟子方。"

辟大夫虎節形態、大小與貴將軍虎節十分相似,銘文都涉及填丘、壞絑兩處地名,文字十分相同,當爲同時、同地所造。辟大夫虎節山東膠縣出土,膠縣靈山衛還出土了著名的齊三量,戰國時屬齊國屬地。

(五) 戰國晚期

43. 陳璋圓壺

出土:1982 年出土於江蘇省盱眙縣南窯莊
時代:戰國晚期早段
現藏:南京博物院
著錄:集成 9975;銘圖 12421

圖 1.1.43　陳璋圓壺

釋文:隹(唯)王五年,奠(鄭)昜(陽)陸(陳)㝈(得)再立(蒞)事歲,孟冬戊辰,大蠮[錢]孤,陸(陳)璋内(入)伐匽(燕),勘(勝)邦之隻(獲)。

陳璋壺現存兩件,一件爲方壺,一件爲圓壺。現藏於美國費城賓西法尼亞

---

① 石小力:《東周金文與楚簡合證》,第 152 頁。
② 何琳儀:《戰國文字通論(訂補)》,第 87 頁。

大學博物館的是陳璋方壺，1982年出土於江蘇省盱眙縣南窑莊的是陳璋圓壺①，這兩件銅壺的銘文只有一字不同，陳璋方壺銘文作"大"，陳璋圓壺銘文作"齊"，唯陳璋圓壺的内沿上，有一行記載銅壺容量的銘文，由於陳璋方壺銘文不是十分清晰，我們主要對陳璋圓壺進行討論。陳璋圓壺共有三處銘文，其中圓足内側一處，約2—4字，由於銘文殘泐，此處已很難辨别。壺口内沿有一行銘文，銘文較爲清晰，根據字體判斷，應是燕國文字，本書不作討論，圓足外緣刻有29個齊國文字。

佳王五年：陳夢家釋爲"唯主五年"②，此處當爲"王"字，齊國"王"字寫法上部往往多出一筆，如🔲《古陶文彙編》3.727）、🔲《古璽彙編》0579），當爲飾筆，古文字中上部爲横畫的字，可以加横畫短筆爲飾筆，這在古文字構形中爲常見現象③。此點李學勤也已指出④。張振謙對戰國早期出現的具有齊系地域特徵的"王"字四種類型曾有概括⑤，可參。

奠陽陳旻再立事歲：奠陽，地名。李學勤、祝敏申認爲："這種地名應當是陳得的籍貫，和古書所説'於陵仲子'的於陵籍貫相同。名陳得者不止一人，所以加以籍貫，以示區别……立事（即"位事""莅事"）之人必有較高貴的身份，奠陽陳得曾四次莅事，他任職期間必甚長久，壺銘所記，則是他第二次莅事之時。"⑥

齊嬰戔孔，各家所釋不一。郭沫若認爲"嬰"爲"戕"的異讀，爲"咸劉厥敵"之咸，意謂剪滅⑦。周曉陸將此句釋爲"齊嬰戈旅"，是指"齊國興兵伐惡，金戈鏘鏘，旌旗飛揚的景象"⑧。"孤"字，多釋爲"孔"或"子"，李學勤、祝敏申認爲此字與侯馬盟書"弧"字所從相似，當爲"孤"，此句"齊藏戈弧"，意爲"把兵器收藏起來，停止戰鬥"⑨。董珊徑釋讀爲"孤（壺）"⑩。侯馬盟書所謂"弧"字，石小

---

① 姚遷：《江蘇盱眙南窑莊楚漢文物窖藏》，《文物》1982年第1期。
② 陳夢家：《美帝國主義劫掠的我國殷周銅器集録》，第138頁。
③ 劉釗：《古文字構形學》，福建人民出版社，2006年，第345頁。
④ 李學勤：《東周與秦代文明》，第83頁。
⑤ 張振謙：《齊系文字研究》，第17—18頁。
⑥ 李學勤、祝敏申：《盱眙壺銘與齊破燕年代》，《文物春秋》1989年創刊號。
⑦ 郭沫若：《兩周金文辭大系圖録考釋》，第466頁。
⑧ 周曉陸：《盱眙所出重金絡鑘·陳璋圓壺讀考》，《考古》1988年第3期。
⑨ 李學勤、祝敏申：《盱眙壺銘與齊破燕年代》，《文物春秋》1989年創刊號。
⑩ 董珊：《從作冊般銅黿漫説"庸器"》，《古代文明研究通訊》第二十四期，2005年，第29頁。

第一章　東周齊莒系金文編年彙釋、年代考訂與分國整理　151

力利用清華簡材料將其改釋作"尼"①。"孤"字該銘从"子"从"匕",金文中"瓜"與"匕"有相混的情况,雄子巺壺(《銘圖》12157)自名作[圖],舊釋爲"壺",李家浩認爲字从"䥝"从"匕","䥝"即酒器"鎇",是一種無蓋壺。② 此字又見於信陽長臺關1號墓遣策,寫作[圖](簡2-1),董珊將其與雄子巺壺自名之字相聯繫,釋作"瓠",認爲字从"䥝""瓜"聲,讀爲壺,"䥝"是無蓋壺專名,作爲意符,雄子巺壺"瓠"字所从"瓜"旁與"匕"相混。此説正確可從。

　　馮勝君將此句釋爲"藏戈冢子",謂"夒戏讀藏戈"③。董珊認爲"大藏""齊藏",是指屬於齊國的國家藏府,並推測"藏"以下的兩字文義是"刻銘記録"一類的意思④。孫貫文釋夒爲臧,假借爲將⑤。由於齊夒後二字殘泐不清,整句話之意尚待研究。

　　勦邦:陳夢家云:"燕亳一名僅見於《左傳》⋯⋯此燕之亳邦當指易水。商人以亳名其都,名其社,所以燕亳當指燕山之亳。"⑥林澐認爲貊和亳古音同屬鐸部唇音字,讀音近,"燕亳邦"還是理解爲"燕貊之國"最爲合理⑦。陳偉認爲所謂陳璋入伐燕亳邦,實指齊師伐燕。燕亳連稱,"亳"可能是燕國的別稱⑧。周曉陸指出:"'燕亳'一詞見《左傳·昭九年》'武王克商⋯⋯肅慎、燕亳,吾北土也。''亳'即亳社,宗廟之謂⋯⋯'燕亳'當指燕國建於首都之亳社。"⑨李學勤、祝敏申二位指出:"'内',前人多與下連讀爲'入伐'。按以齊伐燕,不宜稱'入伐',此字當讀爲納,即向齊朝廷獻納⋯⋯'亳',疑爲動詞,讀爲'薄',《廣雅·釋詁》:'至也'⋯⋯'邦'即國,指燕的都城。整個這一句'陳璋内伐燕薄邦之獲',是説陳璋上獻伐燕至其都城的俘獲。"⑩

---

① 石小力:《據清華簡考證侯馬盟書的"趙尼"——兼説侯馬盟書的時代》,《"出土文獻與中國古代文明再認識"青年學術論壇論文集》,河南大學歷史文化學院,2016年。
② 李家浩:《談古代的酒器鎇》,《古文字研究》第二十四輯,中華書局,2002年。
③ 馮勝君:《戰國燕系古文字資料綜述》,吉林大學碩士學位論文,1997年。
④ 董珊:《戰國題銘與工官制度》,第104、106頁。
⑤ 孫貫文:《陳璋壺補考》,第290頁。
⑥ 陳夢家:《西周銅器斷代》,中華書局,2004年,第383頁。
⑦ 林澐:《"燕亳"和"燕亳邦"小議》,《林澐學術文集》,中國大百科全書出版社,1998年,第186頁。
⑧ 陳偉:《包山楚簡初探》,武漢大學出版社,1996年,第12頁。
⑨ 周曉陸:《盱眙所出重金絡鑪·陳璋圓壺讀考》,《考古》,1988年第3期。
⑩ 李學勤、祝敏申:《盱眙壺銘與齊破燕年代》,《文物春秋》1989年創刊號。

以上幾位學者雖然對"燕亳邦"的解釋和斷句有所不同,但都將壺銘的"㐭"字釋爲"亳"。董珊、陳劍二位對此字提出新的釋讀,讀之爲"勝",指出:這個字如果釋成"亳",有以下幾個疑點,1. 方壺的這個字,上面所從像是"大"爾非"亳"字的"合";2. 更重要的一點是,二銘無論摹本還是照片,中間部分都寫成"几"而非"冖",這一點從周曉陸的圓壺摹本看得最清楚,方壺此字雖有殘損,"几"的兩腳還隱約可見……"邦"在先秦文獻中通常指邦國,側重於國家政權方面,"勝邦"即"勝國""滅國"。我們雖然未能在典籍中找到勝邦這個詞,但是考慮到漢代因避劉邦之諱而古書中的邦字多有被改爲國的……"伐燕勝邦"的"伐"和"勝"對文出現,《孟子·梁惠王下》講到這次齊宣王伐燕的戰事,就說:"齊人伐燕,勝之。"①這一改釋在文字形體解釋和銘文文意理解上更恰,正確可從。

銘中有人名陳璋,陳璋即陳章,陳夢家認爲陳璋即田章②,爲戰國時齊國名將。戰國時璋、章二字可互用,如楚王盦章,《雙劍誃彝銘圖錄》上册所收楚王盦璋劍便作"璋"。典籍中,陳璋有章子、田章等別稱。《戰國策·齊策》:"秦假道韓、魏以攻齊,齊威王使章子將而應之。與秦交和而舍,使者數相往來,章子爲變其徽章,以雜秦軍,候者言章子以齊入秦,威王不應。"《史記·燕召公世家》:"王因令章子將五都之兵,以因北地之衆以伐燕。士卒不戰,城門不閉,燕君噲死,齊大勝。"由上引文獻可知,陳璋的主要活動時間當在齊威王末年和齊宣王之間。《吕氏春秋》中有匡章之名,《吕氏春秋·不屈》:"匡章謂惠子於魏王之前曰:蝗螟,農夫得而殺之,奚故?……以賊天下爲實,以治之爲名,匡章之非,不亦可乎?"

陳璋參與了齊伐燕之事,陳璋壺銘"唯王五年"涉及齊伐燕和該器的年代問題,但對"唯王五年"的判斷學界衆説紛紜。郭沫若認是齊襄王五年,即前279年,此器爲齊軍敗燕師時所獲之器③。丁山、陳夢家認爲"唯王五年"是齊

---

① 董珊、陳劍:《郾王職壺銘文研究》,《北京大學中國古文獻研究中心集刊》第三輯,北京大學出版社,第48—49頁。
② 陳夢家:《六國紀年》,上海人民出版社,1956年,第95頁。
③ 郭沫若:《兩周金文辭大系圖錄考釋》,第466頁。

宣王五年,即前 315 年,後來陳夢家改爲前 314 年①。唐蘭認爲是齊湣王五年,即前 296 年②。周曉陸認爲"唯王五年"並非周天子某王五年,而爲戰國田齊宣王五年③。李學勤、祝敏申也認爲"唯王五年"是齊宣王五年,即公元前 315 年④。馬承源認爲是在田齊桓公五年⑤。何琳儀認爲"唯王五年"爲齊宣王五年,即前 314 年⑥。綜上可知,對"唯王五年"解釋的有齊桓公、齊宣王、齊湣王、齊襄王四説。

齊國派陳璋率兵伐燕,並攻占燕國當在齊宣王時,但其具體年代則有出入,清代學者朱右曾《汲冢紀年存真》云:"伐燕之役在周赧王元年、燕王噲七年、齊宣王六年。"這與陳璋壺銘文記載的"唯王五年"相矛盾。對於此矛盾,學者多有解釋,陳平認爲:"據該壺銘中陳璋稱其帥兵伐燕不是在齊宣王六年,而是在齊宣王五年。一般説來陳璋以當時人記當時事,且他本人即是伐燕之役齊軍統率,其所記伐燕年代應當絶對不會有誤的。那麽,是否應該將齊宣王繼位之年向下提一年,使周赧王元年、燕王噲七年正對齊宣王五年;或將齊伐燕及燕噲、太子、子之之死年向前提一年,變成周慎靚王六年、燕王噲六年,亦正對齊宣王五年呢?《古本竹書紀年》云:'(梁惠王后元)十五年,齊威王薨。'是則齊宣王元年必在梁惠王后元十六年,亦即周慎靚王二年而燕王噲二年的前 319 年無疑,根本不可能向下移動一年,以就《六國年表》燕噲七年'君噲及太子、相子之皆死'之説。看來只有將齊伐燕及燕噲及太子、相子之死年由《六國年表》的燕噲七年向上提一年,改成周慎靚王六年,燕王噲六年,就與《陳璋壺》銘'唯王五年……陳璋內伐燕亳邦之獲'所示齊伐燕在齊宣王五年的記載相吻合了。"⑦我們認爲這種爲調和矛盾而改史籍的作法是值得商榷的,古籍中對噲及太子、相子之死的年代是明確的,《六國年表》記載:"(燕王噲七年)君噲及太子、相子之皆死。"《史記·燕世家》集解引《今本竹書紀年》:"隱王(《史記》作

---

① 丁山:《陳騂壺銘跋》,《責善半月刊》2 卷 6 期;陳夢家:《陳騂壺考釋》,《責善半月刊》第 2 卷 23 期。
② 唐蘭:《司馬遷所没有見過的珍貴史料》,《戰國縱橫家書》,文物出版社,第 143 頁。
③ 周曉陸:《盱眙所出重金絡鑪·陳璋圓壺讀考》,《考古》1988 年第 3 期。
④ 李學勤、祝敏申:《盱眙壺銘與齊破燕年代》,《文物春秋》1989 年創刊號。
⑤ 馬承源:《商周青銅器銘文選(四)》,第 560 頁。
⑥ 何琳儀:《戰國文字通論(訂補)》,第 87 頁。
⑦ 陳平:《燕史紀年編年會按(上)》,北京大學出版社,1995 年,第 366—377 頁。

赧王)元年丁未,燕子之殺公子平,不克。齊師殺子之,醢其身。"李學勤、祝敏申認爲,齊宣王五年爲破燕之年,孟冬戊辰之時,戰事已告段落。他們根據曆表推算的"孟冬戊辰",距離周赧王年元旦還有十四天①。周曉陸則認爲"孟冬戊啓",説明齊宣王五年冬初始興兵,此役歷五旬,齊用周正,那麼戰爭結束應在齊宣王六年初②。錢穆認爲:"然則齊伐燕起宣王五年,而取燕則在六年。"③把伐燕之年和破燕之年區分開來是解決這一矛盾的較好的途徑,但這種解釋也存在問題,此銘記載"唯王五年孟冬戊辰",孟冬即十月,破燕的時間説法不同,《戰國策·齊策二》:"三十日而舉燕國。"而《孟子·梁惠王下》"五旬而舉之",就是依照最長的時間説法也到不了宣王六年。此處之疑,尚待探究,但陳璋壺的年代大約在前 314 年或前 315 年是大致可推的。

44. 子禾子釜

出土:清咸豐七年(1857年)山東膠縣

時代:戰國晚期早段

現藏:中國國家博物館

著録:集成 10374;銘圖 18818

釋文:[陳]□立(涖)事歲,襫月丙午,子禾子□□内者御栖(莒)市,□命諔陞(陳)叟(得):左間(關)釜(釜)節于敷(稟)釜(釜),間(關)鈉節于敷(稟)耕,間(關)人築桿威釜(釜),閉料于□外醞釜(釜),而車人刺(制)之,而台(以)發退。女(如)間(關)人不用命,剸(則)寅之,御間(關)人□□丌事,中刑斤迻(徒),贖台(以)□[金]半鈞(均)。□□丌(其)盉(賄),厥辟□徒,贖台(以)□犀。□命者,于丌事區夫。丘間(關)之釜(釜)。

該器又名左關釜、陳子禾釜等,子禾子銘殘泐甚多,有些字漫漶不清,對有些字的釋讀各家所釋不一,現在已有研究成果的基礎上補釋如下。該銘首兩字闕,楊樹達據陳純釜認爲當爲陳獻二字,可備一説。

襫,劉心源釋"稷",謂"當是稷,《集韻》稷通稷。案古者仲春春祀社稷,此

---

① 李學勤、祝敏申:《盱眙壺銘與齊破燕年代》,《文物春秋》1989年創刊號。
② 周曉陸:《盱眙所出重金絡罍·陳璋圓壺讀考》,《考古》1988年第3期。
③ 錢穆:《齊伐燕乃宣王六年非湣王十年辨》,《先秦諸子繫年》,商務印書館,2005年,第426頁。

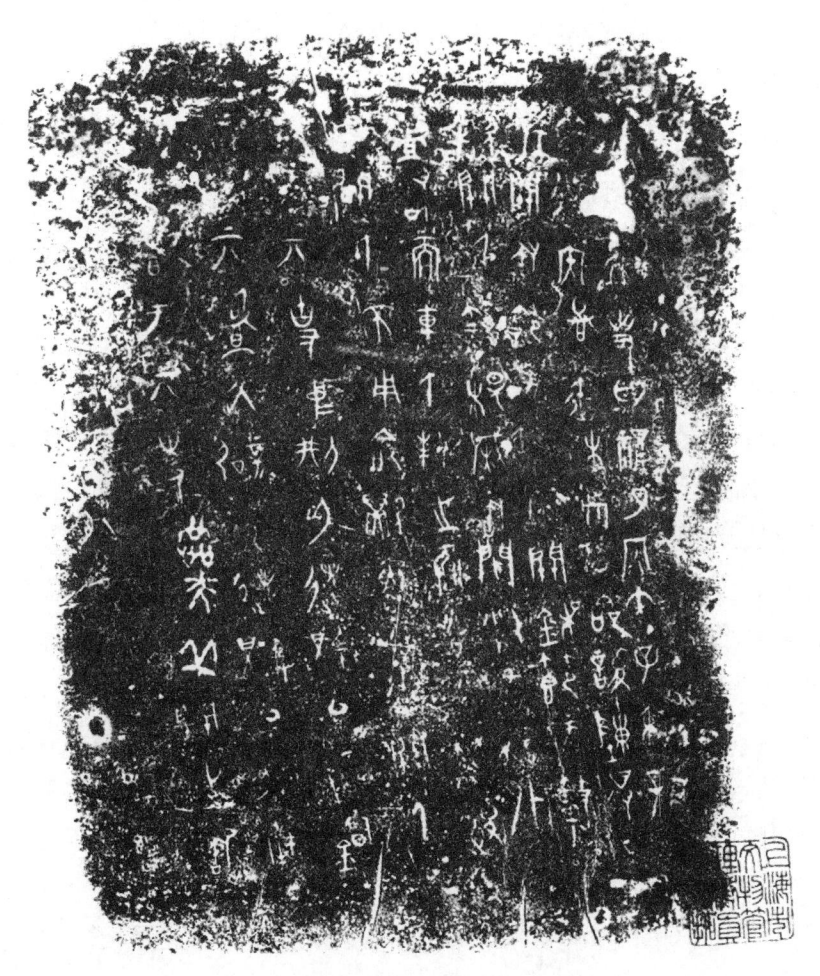

圖 1.1.44　子禾子釜

云稷月乃二月也。"①郭沫若隸定作"禝",認爲乃"鬼"之繁文②。中山王鼎銘有"使社稷之任""身勤社稷""社稷其庶乎""恐隕社稷之光"語,"稷"寫作" "，同子禾子釜銘"禝"字,可知"禝"爲"稷"字古字。稷月,齊國月名,未詳何月,或劉心源所説爲二月也。

　　内者御:當爲官名或人名,或者爲侍從之人,《儀禮·既夕禮》:"御者四

---

① 劉心源:《奇觚室吉金文述》卷六,1902 年石印本。
② 郭沫若:《丘關之釜考釋》,《金文叢考》,《郭沫若全集》卷五,科學出版社,2002 年,第 707 頁。

人,皆坐持體。"訝,無釋,字書無,从言旁,當爲言告之意。

節于敦釜:節,標準。《荀子·性惡篇》:"故善言古者,必有節於今。"楊倞注:"節,準也。"《禮記·曲禮》:"禮不踰節,不侵侮,不好狎。"敦,《説文》:"㐭,穀所振入,宗廟粢盛,倉黃㐭而取之,故謂之㐭。从入,回象屋形,中有户牖。廩,㐭或从广从禾。"許慎認爲㐭"从入"是依據訛變的小篆字形,甲骨文中"㐭"作" "" "" "" "(《甲骨文編》5·23)等形,顯然不从"入"。古㐭、稟、廩實爲一字,本義爲倉廩。《集韻·寑韻》:"㐭,《説文》:'穀所振入。'或作稟、廩。"稟、廩都是在"㐭"基礎上加義符而成。《周禮·地官》:"廩人掌九穀之數。"一般來説,廩即官府貯藏糧食的倉庫。吴振武對戰國時期的各國的"廩"字不同寫法及用法進行了詳盡考證①,可資參考。郭沫若認爲此爲田氏之私稟,一説爲齊官定倉廩②。我們認爲當以私量爲是,齊國有公量和田氏私量,田氏代齊之後便以其私量代替了齊國的公量③。《左傳》昭公三年(前539):"齊舊四量,豆、區、釜、鍾。四升爲豆,各自其四,以登於釜,釜十則鍾。陳氏三量皆登一焉,鍾乃大矣。"關於這段記載的解釋不一④,莫枯對田齊新量進行了研究,其結論是釜和鍾之間是十進位制,區釜之間五進位制,豆區之間保留四進位制,升豆之間五進位制⑤。這句話我們大致可理解爲齊舊量釜之下四進位,釜至於鍾則十進位,陳氏私量則釜以下五進位,鍾則大於十釜。按齊舊量一釜當爲十六升,田氏量算當爲25升左右,以現在度量單位看,子禾子釜的容量爲20 460毫升(陳純釜爲20 850毫升)⑥。

---

① 吴振武:《戰國"㐭(廩)"字考察》,《考古與文物》1984年第4期。
② 馬承源主編:《商周青銅器銘文選(四)》,第555頁。
③ 陳氏家量與公量的區別爲"陳氏三量皆登一焉,鍾乃大矣"(《左傳·昭公三年》)。
④ 杜預、陸德明、孫詒讓對此都有解釋:杜預《春秋經傳集解》注:"登,加也。加一謂加舊量之一也。以五升爲豆,五豆爲區,五區爲釜,則區二斗,釜八斗,鍾八斛。"即:1鍾=10釜;1釜=5區;1區=5豆;1豆=5升。陸德明《經典釋文》:"以五升爲豆,四豆爲區,四區爲釜,直加豆爲五升而區釜自大。"即1鍾=10釜;1釜=4區;1區=4豆;1豆=5升。孫詒讓《左傳齊新舊量表》:"陳氏新量之釜,蓋十斗非八斗也。依《傳》文當以四升爲豆不加,而加五豆爲區,則二斗,五區爲釜,則一斛,積至鍾則十斛。所謂'三量皆登一'者,謂四量唯豆不加,故登者止三量,而鍾亦即在三量之中也。"即1鍾=10釜;1釜=5區;1區=5豆;1豆=4升。
⑤ 莫枯:《齊量新議》,《上海博物館學刊》第三期,上海古籍出版社,1986年,第62—63頁。
⑥ 紫溪:《古代量器小考》,《文物》1964年第7期。

關於齊國量制的進位問題,學者進行過討論,余思洲、楊哲峰皆認爲後人將"五豆爲區、五區爲釜"解釋爲家量的區、釜都由四進制改爲五進制是錯誤的①。裘錫圭指出齊國通行的公量是一種行用已久的以四進制爲主的量制(最高一級的量"鍾"用十進位,豆、區、釜三量皆用四進制),作爲與這種公量在同時同地行用的、各級量名也完全相同的陳氏家量,不可能是"進位説"所設想的那種量制。由裘説可知,後人論及陳氏家量者或以豆、區、釜三量中的豆區之間與區釜之間爲五進制,或以升豆之間與區釜之間爲五進制之説也都是不能成立的。裘先生在前人研究的基礎上,對齊量制進行了系統梳理,裘先生所論甚詳,論證充分,結論可信②。

間鈉節于敷刅:鈉,楊樹達、郭沫若讀爲"鋘",容庚釋作"鉚";張政烺認爲"鉚"从金朾聲,朾从木口聲,即區字③。李學勤認爲釋"鉚"可從④。"鉚",爲齊量之一種。刅,从半从升,郭沫若認爲:"半斗爲刅,半升爲刅。是古半升量專字,亦有專器矣。"⑤楊樹達認爲:"銘文刅字右邊顯係从升,以事理考之,實當以《説文》从斗,作刅也。⋯⋯以今日量器考之,半升以爲甚小,況古量小於今量,則半升之量,尤爲小不可言。"丘光明、陳冬生都認爲"刅"僅表示一定量的分半,"並不是半升或半斗的專用字"⑥。馬承源認爲"量值之半的專用字,升爲意符,非半升或半斗之謂"⑦。我們認爲馬先生的意見是對的,首先可以肯定刅字非表示半升,也非半升的專用字,如果以半升作爲鉚的標準顯然是不合適的,鉚的容量是大致可推的,齊器三量中的左關鉚以現代的量度容量大致爲2.07升,相當於戰國時的一斗⑧,因此刅絕非表示半升,此字楊樹達認爲可能即爲《説文》中的"料",我們認爲是可能的,該字可能本爲"刅",由於古文字"升"和"斗"字形頗爲相近,故銘錯刻,當然這不是最關鍵的,《説文》中對刅作

---

① 余思洲:《"鍾"有多大?——新〈辭海〉一榷》,《海南大學學報》1985年第1期;楊哲峰:《關於齊國量制中的進位問題》,《文物世界》2000年第5期。
② 裘錫圭:《齊量制補説》,《中國史研究》2019年第1期。
③ 張政烺著,朱鳳瀚等整理:《張政烺批注兩周金文辭大系圖錄考釋(下册)》,第151頁。
④ 李學勤:《齊侯壺的年代與史事》,《文物中的古文明》,第244—248頁。
⑤ 郭沫若:《丘關之釜考釋》,《金文叢考》,第708頁。
⑥ 丘光明:《中國歷代度量衡考》,科學出版社,1991年,第139頁;陳冬生:《齊量制辨析》,《中國史研究》2006年第3期。
⑦ 馬承源主編:《商周青銅器銘文選(四)》,第555頁。
⑧ 紫溪:《古代量器小考》,《文物》1964年第7期。

如下解釋:"𣂬,量物分半也,从斗从半,半亦聲。"《説文》也没有把該字解釋爲半斗之義,只是解釋爲量半,未詳其義。《漢書·項籍傳》:"士卒食半菽。"孟康注:"半,五斗器銘也。"王劭曰:"言半,量器名,容半升也。"段玉裁《説文解字注》:"半即料也。《廣韻》料即五升,然則孟康注升誤斗,王劭語斗誤升,當改正。"量半到底爲多少容量,雖然需要進一步探究,但是我們認爲是大致可推的。前面已言及子禾子是采用的田氏自己的量準,因此該銘提到的關鉨也應該采用田氏自己的標準,因此此鉨當與齊器三量左關鉨容量一致,按現在容量標準左關鉨約 2 070 毫升,古代一升約合現在 205 毫升①,因此左關鉨容量大致爲古代量制的 10 升,因此所謂𣂬大致爲 10 升。

閆人:官職名,蓋爲《周禮》所謂"司關者",《周禮·地官·司關》:"司關掌國貨之節,以聯門市。司貨賄之出入者,掌其治禁與其征廛。凡貨不出於關者,舉其貨,罰其人。凡所達貨賄者,則以節傳出之。"與本銘意合。"築桿威釜",郭沫若解釋爲"官吏舞弊,於釜内築桿以減少其量"。

溢,郭沫若釋爲"泆"之異文,通作逸,"閆(關)人築桿威釜,閉□,又□外溢釜"意謂守關之吏舞弊,或於釜内塞木以減其量,或於釜口著物以益其量。②

而車人刾:而,第二人稱代詞,"而"用爲第二人稱代詞始見於春秋金文中,僅用爲定語③。叔夷鐘銘:"汝不墜夙夜,宦執而政事。"車人:郭沫若認爲車在此當是動詞,疑讀爲舉④。疑此車人當爲官職名,刾即制,"而車人刾"意謂如關人舞弊,你等車人當加以制止,故可知車人地位要高於關人。

斤逯:斤字原作"𠂇",郭沫若疑即"桔"之奇文,象有械在人手,徒爲刑名,言給徭役也,"中刑桔徒"猶《周官·掌丘》中"中罪桎梏"⑤。𠂇疑爲斤字,甲骨文"斤"字形與此類同。逯,郭沫若隸作"逯",讀作"徒";《引得》讀作"殺";李家浩隸定作"逯",認爲其所從聲符與庚壺、和三體石經"殺"相同,從而讀爲"遂",

---

① 齊器量制大抵以五升爲一豆,四豆爲一區,五區爲一釜。一釜折合一百升。陳純釜容積爲 20 580 毫升,故一升爲 205.8 毫升,子禾子釜容積爲 20 460 毫升,一升合 204.6 毫升。
② 郭沫若:《丘關之釜考釋》,《金文叢考》,第 713 頁。
③ 容庚《周金文中所見代名詞釋例》:"而,只用於領格,與乃同。"周法高《中國古代語法·稱代編》:"第二人身代詞'而'見於列國時代的金文,用於領位。"
④ 郭沫若:《丘關之釜考釋》,《金文叢考》,第 713 頁。
⑤ 郭沫若:《丘關之釜考釋》,《金文叢考》,第 714 頁。

在銘文中是"赦免"之意①。依據上下文意，我們從"徒"釋，"斤徒"疑謂砍伐一類的徒役。

鈞，即均字。《說文》："鈞，三十斤也。從金勻聲。☒（銞），古文鈞，從旬。"旬字古文作"☒"，從日勻從日。金文或作"☒"（王孫遺者鐘）。《左傳》定公八年："顔高之弓六鈞。"杜預注："三十斤爲鈞。"《漢書·律曆志上》："十六兩爲斤，三十斤爲鈞，四鈞爲石。"然《考工記·冶氏》："重三鋝。"鄭玄注："許叔重《說文解字》云：'鋝，鍰也。'今東萊稱（秤）或以大半兩爲鈞。十鈞爲環，環重六兩大半兩，鍰、鋝似同矣，則三鋝爲一斤四兩。"大半兩爲鈞實屬太輕，金文中言鈞不過十鈞，可知鈞之重量當不輕。

盍，《說文》以爲賄之或體，《說文》："盍，從皿有聲。讀若灰。一曰若賄。"盍，"☒"，或從右。郭沫若認爲此字當讀爲"賄"，所謂分宥薄罪之類②。

于亓事區夫：夫作"☒"，郭沫若隸作㐬，認爲是《說文》"殺"之古文，認爲"于亓事區㐬"意謂根據不同違命情況而分別處以刑罰殺③。殺，《說文》："戮也。從殳杀聲。凡殺之屬皆從殺。"殺字古文或作"☒"，與本銘☒字形不類，馬承源隸作"夫"④，可從。

關於該器的年代，陳介祺、楊樹達、馬承源等認爲"子禾子"即齊太公和，故定該器爲齊康公時器。郭沫若認爲子禾子釜銘文中的人名"陳得"與記齊伐燕之事的陳璋壺的"陳得"爲一人，他以陳璋壺的"唯王五年"爲齊襄王五年（前279年），認爲子禾子釜的時代可能在襄王之前的齊湣王末年⑤。

裘錫圭認爲"禾""和"二字通，在田和未列爲諸侯前，齊人尊稱他爲"子禾子"是合理的。齊人所用"子某子"一類稱呼中的"某"，一般都認爲是人名。董

---

① 李家浩：《齊國文字中的"遂"》，《湖北大學學報（社科版）》1992年第3期。
② 郭沫若：《兩周金文辭大系圖錄考釋》，第471頁。
③ 郭沫若：《丘關之釜考釋》，第714頁。按：郭沫若認爲古人言殺，言誅戮，不一定要致死，甚是。殺還有傷害、殘害之意，《廣雅·釋詁》："殺，賊也。"《漢書·董仲舒傳》："霜者天之所以殺也，刑者君之所以罰也。"
④ 馬承源主編：《商周青銅器銘文選（四）》，第554頁。
⑤ 郭沫若：《兩周金文辭大系圖錄考釋》，第221頁。

珊《戰國題銘與工官制度》中反對舊説,認爲"子某子"的"某"都是姓氏,子禾子並非田和。裘錫圭覺得他的論證不够確鑿,似不可從①。

李學勤也據陳得之名定子禾子釜的年代,定陳璋壺的"唯王五年"爲齊宣王五年(前 314),所以認爲子禾子釜的年代不會早于宣王之前的威王晚年②。

陳得之名不見於典籍,《左傳》哀公十四年"成子兄弟四乘如公",杜預注:"成子兄弟:昭子莊、簡子齒、宣子夷、穆子安、廩丘子意兹、芒子盈、惠子得,凡八人。"《史記·齊太公世家》:簡公四年"夏五月壬申,成子兄弟四乘如公。"《索隱》引《世本》云:"陳僖子乞產成子常、簡子齒、宣子其夷、穆子安、廩丘子(尚)甈兹、芒子盈、惠子得。"此陳得是否爲該器之陳得,尚存疑待考。該器陳得,除見本銘外還見於陳璋壺,二銘中陳得是否爲一人關係到子禾子釜的時代問題,郭沫若認爲陳璋壺爲齊襄王時器,子禾子釜也距此不遠,言外之意即郭説認爲二銘中陳得爲一人,陳得之名除見此二銘外還見於諸多陶文,"奠易陳得"(《古陶文彙編》3·19—20;《古璽彙編》0291)、"平陵陳得"(《古陶文彙編》3·21—22)、"滬都陳得"(《古陶文彙編》3·26)、"閶門外陳得"(《古陶文彙編》3·41)等,我們認爲二者是否爲一尚無法遽然定論。陳得究爲何人,學者多有考證,張政烺認爲齊陶文中的陳得,就是陳璋壺和子禾子釜中的陳得,也就是見於《左傳》《史記》的"田惠子得"③。周曉陸認爲"陳得"爲戰國時齊國聞人,子禾子釜、陳得戈、陶璽、陶文上都曾見到這個名字,陳夢家、丁山認爲"陳得"即《史記·田敬仲完世家》《田齊世家》所記之田忌,他是當時齊國的一位重要人物,或謂別有田居思、田臣思、田巨思、田期思、徐州子期等名。④ 裘錫圭指出"戰國時代的齊國銅器、陶器等銘文中屢見'陳得'之名,所指應有多人,子禾子釜和陳璋壺之陳得似不能確定其必爲一人……總之,我們不能據陳得之名確證子禾子釜的年代早不到太公和……總之,我們認爲把子禾子釜的時代放到太公和的時代,即戰國早中期之交,似乎並没有什麽不可以。子禾子到底是不是太公和,田齊新量到底是不是在田齊篡立之初就開始推行的,都是需要進一步研究的

---

① 裘錫圭:《齊量制補説》,《中國史研究》2019 年第 1 期。
② 李學勤:《東周與秦代文明》,第 83—84 頁。
③ 張政烺:《平陵陳得立事歲陶考證》,《張政烺文史論集》,中華書局,2004 年,第 50 頁。
④ 周曉陸:《盱眙所出重金絡罐·陳璋圓壺讀考》,《考古》1988 年第 3 期。

問題。但是,能够證明子禾子釜不能早到太公和時代的確鑿證據,從目前掌握的資料看似乎並不存在"①。

上舉陶文中陳得名前所冠奠昜、平陵、滬都、閭門外等皆爲地名,關於這些地名,李學勤、祝敏申認爲應當是陳得的籍貫,名陳得者不止一人,所以加以籍貫,以示區別②。董珊也持此意見,認爲陶文中的"立事者"有不少是同名的,其前面或加有地名或"王孫",是以示區別,據此也可以看出陳氏家族規模之大,以至於有不少人同名③。我們認爲此説法是很有道理的。子禾子釜銘中陳得前未冠籍貫,與陳璋壺中貫"奠昜"者陳得是否爲一人則不可遽然定論,若爲一人則子禾子釜年代則近於陳璋壺,當爲齊宣王時器,若不是,則無法據此判斷該器年代。該器形似罐,斂口、口沿較寬而平折,深腹,腹中部飾雙半環耳。雖明其形制,但由於釜器出土甚少,目前只有兩件,即子禾子釜、陳純釜,也並非正規考古發掘,因此據類型學或地層學判斷其相對年代也無從做起,我們這裏暫且認爲陳得之名即陳璋壺中陳得,考訂其年代爲齊宣王時。

45. 陳純釜

出土：清咸豐七年(1857年)山東膠縣靈山衛
時代：戰國晚期中晚期
現藏：上海博物館
著録：集成 10371；銘圖 18817

釋文：陳(陳)猶立(涖)事歲,欹月戊寅,於兹(兹)厎(安)陞(陵)󰀀,命左閞(關)帀(師)㡭敕(敕)成左閞(關)之釜,節于敵(稟)釜(釜)。敦(敦)者曰陳(陳)純。

該釜是中國現存的最早的量器之一,爲研究戰國時期容量單位和度量制度提供了珍貴的材料。

楊樹達題爲陳猶釜。陳猶事迹不見於史書記載,當爲田氏公族。

---
① 裘錫圭：《齊量制補説》,《中國史研究》2019 年第 1 期。
② 李學勤、祝敏申：《盱眙壺銘與齊破燕年代》,《文物春秋》1989 年創刊號。
③ 董珊：《戰國題銘與工官制度》,第 178 頁。

圖 1.1.45　陳純釜

歠月，該字作👁，一般隸作歠。張振謙認爲此字應該隸定作"歚"，爲"酋"字繁化，"酋"即"酉"，可讀爲"酨"，"酨月"可能是指與飲酒有關的月份①。上海博物館公布的陳純釜照片中此字作👁，程鵬萬對字形處理後作👁，他認爲上部與"丝"有差距，應是晉字所從的聲符"炁"，"歠月"讀爲"蠶月"，《詩·豳風·七月》："蠶月條桑，取彼斧斨，以伐遠揚，猗彼女桑。"②侯乃峰認爲此字釋讀爲"蠶"甚是，然其下部所從爲"欠"而非"又"③。傅修才認爲"歠"字上部形體與"炁"相近，其右下與"欠"寫法有別，"又"形上的那一短橫應是泐痕，釋"歠"字可從④。

齊國紀月異名，陳邦懷認爲歠月戊寅即酉月戊寅⑤；楊樹達認爲即酉月，

① 張振謙：《齊月名初探》，《中國國家博物館館刊》2014 年第 9 期。
② 程鵬萬：《試説齊金文中的"蠶月"》，《紀念于省吾先生誕辰 120 周年、姚孝遂先生誕辰 90 周年學術研討會論文集》，吉林大學，2016 年，第 90—92 頁。
③ 侯乃峰：《讀金胜録》，《商周青銅器與先秦史研究青年論壇論文集》，科學出版社，2017 年，第 193 頁。
④ 傅修才：《東周山東諸侯國金文整理與研究》附録三《鑐鎛器主補釋》，第 97 頁。
⑤ 陳邦懷：《對〈陳喜壺〉一文的補充》，《文物》1961 年第 10 期。

夏之八月,周之十月也①。究爲何月,待考。

於丝厃墬:於字形作"[字形]",吴大澂釋"如",郭沫若釋"各",陳佩芬釋"処"②。此字當釋爲"於",古文"於"同"烏",古文作"[字形]"或"[字形]",齊器鑰鎛銘"於"字形同此。厃墬,厃字形作"[字形]",即安字,該字形還見於格伯簋作"[字形]"、鄂侯鼎等。齊國文字从宀之字或作"厂",是齊國文字的顯著特點。《六書通》宅作"[字形]"、中山王鼎宅作"[字形]"。安陵,舊説以爲即《史記·田敬仲完世家》載齊宣公四十四年"伐魯葛及安陵"之"安陵",郭沫若認爲此安陵在河南鄢陵縣,而與此器出於靈山衛地望不合,因此主張爲古靈山衛之名,其地近海而有丘陵,蓋本安陵之意③,學界多從之。《中國歷史地圖集》也將安陵標注在靈山衛駐地。李居發提出新説,考證安陵當在現在黄島區之北的辛安一帶④。

[字形],郭沫若云:"當是亭字,从高省,丁聲。"湯餘惠謂:"或釋爲亭,可從。六國古文亭作[字形]、[字形],此形當即前形之省,即省掉了字中間部分而僅存首尾。亭,指市亭,市場管理機構。"⑤趙平安釋該字爲"宛"字⑥,讀爲"縣"⑦。李家浩釋爲"宦",讀爲機構名"館"⑧。齊國文字"公"可寫作从"八"从"巳",林宏明據此認爲此字是"公"字之訛⑨。黄德寬釋"公"⑩。禤健聰亦釋"公",並指出該字

---

① 楊樹達:《積微居金文説(增訂本)》,第25頁。
② 陳佩芬:《夏商周青銅器研究》,第369頁。
③ 郭沫若:《兩周金文辭大系圖録考釋》,第472頁。
④ 李居發:《齊長城邊陲軍事重鎮安陵城探考》,《文博》2009年第4期。其理由是安陵古城當在齊長城之北,而非齊長城之外的靈山衛,安陵城應在安陵山附近,辛安村以南的區域的養馬城即爲安陵古城遺址。
⑤ 湯餘惠:《戰國銘文選》,第16頁。
⑥ 趙平安:《戰國文字中的"宛"及其相關問題研究》,《第四届國際中國古文字學研討會論文集》,香港中文大學中國語言及文學系,2003年,第529—538頁。
⑦ 趙平安指出宛上古屬元部影母,縣是元部匣母字,韻部相同,聲母同是喉音,古音很近。元部的影母匣母字有相通之例。在古書中,㬅和縣聲字月聲字相通,而月聲字和宛聲字相通,因而縣聲字和宛聲字相通是完全可能的。
⑧ 李家浩:《戰國文字中的"宦"字》,《出土文獻與古文字研究》第六輯,上海古籍出版社,2015年,第247頁。
⑨ 林説參見黄聖松:《東周齊國文字研究》,第408頁。
⑩ 黄説參見夏大兆:《釋"公"》,復旦大學出土文獻與古文字研究中心網站,2010年3月27日。

所從, 應是旁斜筆變垂直而成,"公"當指公家,與齊陶文常見的"公區""公豆"之"公"義同①。我們認爲該字釋爲亭字可商。甲骨文高字作"![]""![]""![]"等形,古文字中未見他例高省爲"八"者,故無由確定爲"高"之省。丁字字形亦未見此形。(《金文編》963頁)故此字應非亭字,此字究爲何字,闕疑待考,用在此處當爲安陵所屬地名爲是。

左閈帀癹:左關,安陵城東門,古時亦稱東爲左。《儀禮·大射禮》:"宰胥薦脯醢,由左房。"鄭玄注:"左房,東房也。"帀癹,帀形作![],舊釋爲"丕"②。實當爲帀字,即師字,丕、帀字形不類③,師疑爲工師簡稱④。癹,人名,此字或釋發,可從,工獻大子劍"發"字與此形類⑤。帀癹爲左關官吏之名。敕,即敕。成,形作![],郭沫若釋"成";《引得》亦釋"成"。吴振武引此銘文亦將此字釋作"宔(主)"⑥。《戰國文字編》將此形體列"宔"下⑦。《古文字類編》亦將此形體列"宔"下⑧。此字原拓殘泐,從字形而論,釋"成"或"宔"皆可,釋"宔"未知何解,今從"成"釋,敕成即製成,《廣雅·釋詁》:"敕,治也。"

敦者有三解,楊樹達、郭沫若釋爲"治",即陳純爲該釜的製造者;湯餘惠釋爲督造者;馬承源認爲當是守護左關之人。我們認爲當解爲督造者爲是,該銘言"命左閈帀癹敕成左閈之釜",顯然該器具體製造者爲帀癹,而非陳純,敦雖然假借爲屯,但解釋爲屯守之人於該器銘文整體意思不合,陳純當爲具體監工即督造者。典籍中敦用爲督促之意常見,《易經·復卦》:"敦復,

---

① 禤健聰:《東周金文釋證三則》,《中國文字研究》第三十一輯,華東師範大學出版社,2020年,第3頁。
② 如郭沫若《陳純釜》、楊樹達《陳猶釜跋》皆釋此字爲丕。
③ 丕字見字形《金文編》第761—763頁,帀字見《金文編》417頁。
④ 《古璽彙編》0151之"工師之印",或作"攻師",《古璽彙編》0150之"東武城攻師鈉鈢"、《古璽彙編》0149之"右攻師鈢"等,當然也有可能用爲姓。
⑤ 孫剛認爲釋"發"不可從,懷疑"![]"應首先分離爲"![]"和"![]"兩部分。"![]"當爲《説文》"欮"之異體,"![]"應即"共治"(參孫剛:《東周齊系題銘研究》,吉林大學博士學位論文,第287—288頁)。
⑥ 吴振武:《趙鈹銘文"伐器"解》,《訓詁論叢》第三輯,中山大學中國文學系、中國訓詁學會,1997年,第795—805頁。
⑦ 湯餘惠、徐在國等:《戰國文字編》,福建人民出版社,2016年,第505頁。
⑧ 高明、涂白奎:《古文字類編(增訂本)》,上海古籍出版社,2008年,第320頁。

無悔。"高亨注:"敦本督責促迫之義。敦復者,受人之督責促迫而返。其復雖由於被動,然能復則無悔。"《孟子·公孫丑章句下》:"前日不知虞之不肖,使虞敦匠事。"《抱朴子·外篇·安貧》:"督余以誨盜之業,敦余以召賊之策。"

該器器形侈口短頸,圓肩束腹,下收成平底,腹兩側飾粗大把手。該器同子禾子釜同出靈山衛,年代相去不會太遠,其年代當爲戰國中晚期之際。

46. 左關鋓
出土:清咸豐七年(1857年)山東膠縣靈山衛古城
時代:戰國晚期中晚期
現藏:上海博物館
著錄:集成 10368;銘圖 18809
釋文:左閞(關)之鋓。

鋓,宋人及容庚將這類器形定名爲"卮"①。該字左从金,右从䇂,學者釋讀不一,劉翔釋爲"鋓"②,前人釋其右旁爲"吴"或"和"。李學勤舉出其所見鋓形器,認爲其所見自名曰"鋓"之字,右半與"和"無關,實際爲"𠬝",即楚簡中的𠬝、𠬝字,亦即小篆"只"字,只、卮在上古音爲章母支部字,音同可以通假,所以所謂"鋓"字當即枳字,即卮字。以往被稱爲"鋓"的器應從宋人說,仍定名爲卮③。左關鋓之所謂"和"字,李學勤認爲:"這裏的'和',實際上是在'木'的右上斜筆上端加一'口'形,仔細考慮,釋'和'是非常勉強的,因爲'和'的要點是从'禾'聲,'禾'不能改爲'木'……左關鋓的'和'其實是'枳'字……其結構是將'只'字,即'口'下加

圖 1.1.46 左關鋓

---

① 容庚:《商周彝器通考》,上海人民出版社,2008年,第343頁。
② 劉翔:《說鋓》,《江漢考古》1986年第6期。
③ 李學勤:《釋東周器名卮及有關文字》,《第四屆國際中國古文字學研討會論文集》,2003年,第330—333頁。

一筆的那一筆垂筆與'木'字右上斜筆合一共用,所以左關鉌的所謂'和'是'枳',子禾子釜的'鉌'也是从'枳'。"此外,陳眆簋(《集成》4190)有一個字的寫法與史孔匜之"枳"結構相同,文例作"眆曰:余陳仲裔孫,螫叔枳子","枳子"即見於《儀禮‧喪服》中的"支子",即嫡長子之弟①。李先生的釋讀當可信從。此字右旁的"枳"的字形,裘錫圭曾指出是樹枝之"枳(枝)"的表意初形,字形在"木"的樹枝形上加指事符號"口"以示意。② 李家浩認爲東周器名"和"及其異體所从"口"是"胃"的省寫,"和"應該釋寫作"椆","鉌"應該釋寫作"錭(銅)",它們在銘文中用爲"椆"或"錭",指盌一類器皿③。

締審"鉌"字在左關鉌銘中从木从口,可隸定爲"和"。此字隸"鈥",讀"戹"可從。但我們認爲此字也不能完全排除釋"鉌"的可能性。雖然"和"字以"禾"爲聲,不能改从"禾"爲木,但古文字中从木从禾可互代,如"休"字,甲骨文與春秋金文以前皆从木,戰國文字則或从禾;西周金文如"蘇"从木,小篆則从禾;戰國文字中如"私"字或从禾,或从木。凡此皆説明"禾""木"在古文字中,特別是東周以後,常易相互訛變④。青銅器中自名爲鉌有兩類,一類爲飲酒器,一類爲量器,二者功用、器形均不同⑤。

左關,一般認爲是齊長城東部的一處關隘,但其具體位置則一直未有定論,李居發考證其地望即在徐山之上,齊國"在修築長城時預留了大量的關隘,在黃島段就發現了兩處關隘遺址,一處在小珠山的西山腳下,稱之爲'西峰關',另一處就在徐山",李説認爲此徐山便是左關⑥,可備一説。

左關鉌器形呈半圓形,口沿連短流,直腹下斂,小平底。該器的容量大約

---

① 李學勤:《釋東周器名卮及有關文字》,第 330—333 頁。
② 裘錫圭《甲骨文中所見的商代農業》,《裘錫圭學術文集‧甲骨文卷》,復旦大學出版社,2012 年,第 255—256 頁。裘先生還指出戰國齊文字中的"枳"也應該是保存早期字形的一個例子。並對此有所討論,參見氏著《齊量制補説》(《中國史研究》2019 年第 1 期 8 頁注釋①)。
③ 李家浩:《關於東周器名"和"及其異體的釋讀——兼釋戰國文字"酬"和人名、複姓中的"和"》,《文史》2021 年第 3 期。
④ 朱鳳瀚:《中國青銅器綜論》,第 263 頁。
⑤ 飲酒器之鉌,朱鳳瀚概括爲"敞口或斂口,腹的橫截面與口部皆作橢圓形,腹較深;兩長邊上腹部多有雙環耳,腹壁内收成平底,此外鉌亦有下接矮圈足,或接四足的。無蓋或有蓋。其與杯雖皆橢圓形,但鉌腹較深且作環耳,不同於耳杯淺窄弧狀耳。此外鉌或作斂口故腹形,或有蓋,或接四足,亦不見於耳杯"。量器目前僅見左關鉌,作圓杯形有一小流,圖見《商周彝器通考》圖九一三。
⑥ 李居發:《齊長城邊陲軍事重鎮安陵城探考》,《文博》2009 年第 4 期。

接近於秦一斗的容量,折合容量2 070毫升,約相當於子禾子釜與陳純釜容量的十分之一,《管子·輕重篇》記載齊國量制,一釜折五區或十斗,則一鉀容量相當於半區或一斗。

47. 右里𣄖𨭖

出土:1991年山東淄博市臨淄區梧臺鄉東齊村
時代:戰國晚期
現藏:臨淄齊故城博物館
著録:新收1176;銘圖18808
釋文:右里𣄖𨭖。

1991年4月,臨淄齊故城遺址博物館收藏了兩件銅量,據介紹這兩件銅量爲臨淄區梧臺鄉東齊村一窖藏出土①,後有學者對此進行了專門討論,並根據出土的小地名,把1991年發現的那套稱爲"東齊量",把1992年發現的那套稱爲"劉家銅量"②。臨淄發現的這兩件銅量同中國歷史博物館(現中國國家博物館)所藏的兩件齊量,器形、大小、容量相同,銘文格式、字體則存在差異③。中國歷史博物館所藏兩件銅量小者206毫升,約合1升,大者1 025毫升。

圖1.1.47 右里𣄖𨭖

中國歷史博物館所藏的兩件銅量,曾有學者對其銘文真僞表示懷疑,裘錫圭指出大小量"𨭖"字皆不從"口",大量"𣄖"字從"口",與齊文字中"𣄖"和"𨭖"字常見寫法不同,銘文似乎有僞造的嫌疑④。或認爲銘文或器物本身均屬僞作,高明指出齊印從來不帶十字方格,十字方格是楚國官印特徵⑤。也有學者

---

① 朱玉德:《臨淄出土青銅量器》,《管子學刊》1993年第1期。
② 魏成敏、朱玉德:《山東臨淄新發現的戰國齊量》,《考古》1996年第4期。
③ 中國歷史博物館所藏銅量銘文字體排列疏散,有十字田格,"𨭖"字上部不從"口",臨淄出土的銅量銘文字體排列緊湊,無十字田格,"𨭖"字上部从"口"。
④ 裘錫圭:《戰國文字中的"市"》,《考古學報》1980年第3期。朱德熙曾對裘先生認爲該字不從口而懷疑該器爲僞造的懷疑提出的辯駁,指出其實這種懷疑是不必要的。因爲該器並非孤例,右里升中該字也不從口,後來裘先生認同了這一辯駁(參見氏著《齊量制補説》附録《關於籀齋舊藏大小二右里銅量的真僞》,《中國史研究》2019年第1期)。
⑤ 高明:《説"𨭖"及其相關問題》,《考古》1996年第3期。

認爲雖然"右里"銅量不是真品,但仿造者必是仿真器而作,其形制及容量對研究戰國田齊標準量器還是有一定參考價值的①,近年來有四件齊器新出,其形制、容積和國博二量基本相同,王恩田據此認爲國博二量的器形不可能爲僞造,大量銘文中的"敀"字从口,是由於銅器製造工匠們的文化水平所限,《璽彙》0152、5540 齊印使用了田字格,《陶彙》3.31(《陶錄》2.7.1)著錄的六字陶文也使用了田字格。國博二量並非僞作②。後來裘錫圭改變了看法,認爲不可能是僞器,簠齋二量的真實性是絲毫沒有疑問的,並著文指出東齊二量上都鑒刻有與簠齋二器內容相同的仿印銘文,容量也極爲一致,指出東齊二量的發現,使簠齋二量僞器說不攻自破③。

"里"爲當時齊國最基層行政區劃單位,臨淄出土的陶文中習見某鄙某里,如左南郭鄙辛罟里賹(《季木》60.1)。可見鄙是大於里的行政區劃單位,《周禮·地官·遂人》:"五家爲鄰,五鄰爲里,五里爲酇,五酇爲鄙。"《禮記·郊特牲》:"唯爲社事,單出里。"鄭玄注:"二十五家爲里。"還見某鄉某里,據學者統計臨淄出土的陶文中鄉下設里就達 18 處④。

銘文第三字,常見於齊國陶文中,形如"敀",各家所釋不一。此字關涉當時手工製陶業的官制,有必要加以討論。吳大澂《說文古籀補》卷三·一六、顧廷龍《古匋文舂錄》卷三·四、羅福頤《古璽文編》卷三·七四皆釋爲"敀";李學勤亦釋爲"敀",認爲是一種軍事性的編制,受司馬管轄,"敀"與"伯"通,《管子·輕重戊》中的"左右伯"或"左司馬伯"即指左右敀。他指出"這種'敀'的制度,在戰國時代不但設於中央政府,而且也設於都邑和鄙、部……左右敀可視爲漢代左右作部的前身"⑤。後來李先生又訂正其觀點,讀爲"搏埴"之"搏",其含義應爲陶工之長,不能在製陶範圍以外來考慮⑥。魏成敏、朱玉德亦釋此字爲"敀",並指出:"帶有該字的內容多與製作量器有關。如'王孫□□左里敀亳釜'、'陳棱左里敀亳區'、'閭門陳賞叁立事左里敀亳豆'等。'敀'字多在某

---

① 陳冬生:《齊量制辨析》,《中國史研究》2006 年第 3 期。
② 王恩田:《"右里"二量真僞辨》,《中國歷史文物》1999 年第 1 期。
③ 裘錫圭:《齊量制補說》,《中國史研究》2019 年第 1 期。
④ 高明:《從臨淄陶文看鄉里製陶業》,《古文字研究》第十九輯,第 305 頁。
⑤ 李學勤:《戰國題銘概述》,《文物》1959 年第 7 期。
⑥ 李學勤:《燕齊陶文叢論》,《上海博物館集刊》第六期,第 170—173 頁。

第一章　東周齊莒系金文編年彙釋、年代考訂與分國整理　　169

里之後,構成'某里敀'的格式。其前還常記有某人立事,立事者均爲陳氏。立事者即器物督造者,說明當時量器監製者皆爲陳氏貴族及其後裔。在立事人陳氏監督下具體負責量器校正製造的爲里敀,敀有可能爲里的行政管理機構或其長官。"①朱德熙釋此字作"叚",認爲該字是"叚"的異體,讀爲"厩",即廄,畜養牛馬的牲口舍,廄舍需要用量器,標記此字說明此量器屬於某廄舍②。孫敬明贊同朱先生之釋,但讀"叚"爲軌長之"軌",引用《國語·齊語》《管子·小匡》認爲是一種官職名③。曹錦炎釋敀,即《周禮·冬官·考工記》"槀氏"。"敀"是量器製造機構,其職官也稱"敀"。量器上標以"敀",表明其是屬於某地的"敀"所造,但是職位較低,設置在里一級的行政單位④。高明釋爲"伯",爲主事之官,"王卒左敀"則代表王國官吏的名稱⑤,並言"此字是否釋爲'敀'或釋'叚',尚可研究,但絕非'叚'字"⑥。李零根據齊國璽印認爲"敀"可能是守城之吏的佐官,而且這個字在燕國陶文中也有出現,推測可能表示的是主管製陶的工師的助手⑦。鄭超認爲應讀爲"校"⑧。單育辰認爲朱德熙之說可能是有問題的。"敀"字形和"廄"並不相合,認爲"敀"應依李學勤讀爲"搏","搏"在古代爲製作陶器之義,如《周禮·考工記》:"搏埴之工二",鄭玄注"搏之言拍也",齊陶文中的"敀"讀爲"搏"後,大量陶器上爲什麽會印有"敀(搏)"字,也很好解釋了,如"左司馬敀(搏)"(《璽彙》0038),即言左司馬(管轄下的製陶作坊)所造的陶器;"轄鄉右敀(搏)"(《璽彙》0196),即言轄鄉以"右"爲別(的製陶作坊)所造的陶器⑨。胡嘉麟釋"廩",認爲 ![字] 字就是從㐭從攴的"夏",讀作

---

① 魏成敏、朱玉德:《山東臨淄新發現的戰國齊量》,《考古》1996年第4期。
② 朱德熙:《戰國文字中所見有關廄的資料》,《朱德熙文集》第5卷,商務印書館,1999年,第157—165頁。
③ 孫敬明:《齊陶新探》,《古文字研究》第十四輯,中華書局,1986年,第224—229頁。"軌"作爲一種官職名見於《國語》《管子》等書,如《國語·齊語》:"管子於是制國,五家爲軌,軌爲之長,十軌爲里,里有司,四里爲連,連爲之長,十連爲鄉,鄉有良人焉。以爲軍令,五家爲軌,故五人爲伍,軌長帥之。"
④ 曹錦炎:《釋戰國陶文中的"敀"》,《考古》1984年第1期。
⑤ 高明:《從臨淄陶文看鄉里制陶業》,《古文字研究》第十九輯,第304—321頁。
⑥ 高明:《説"墾"及其相關問題》,《考古》1996年第3期。
⑦ 李零:《齊、燕、邾、滕陶文的分類與題銘格式》,《新編全本季木藏陶》,中華書局,1998年,第10頁。
⑧ 鄭超:《齊國陶文初探》,第45頁。
⑨ 單育辰:《楚地戰國簡帛與傳世文獻對讀之研究》,中華書局,2014年,第116—117頁。

"廩"。《周禮·地官·司徒》:"藏米曰廩,藏穀曰倉,廩人掌九穀之數。"《國語·周語》"廩協出",韋昭注:"廩人掌九穀出用之數也。"説明廩人是負責糧庫收納的管理人員,量器是不可或缺的工具。通過齊國陶文、璽印、金文可知,"廩"的設置地點遍及各個縣邑,"左廩"或"右廩"表明的是官方量器的監造機構①。張振謙釋"叚",認爲![字]字所從的"皀"旁形體更爲簡略,所從的"殳"同義替换爲"攴"旁②。孫剛對諸説進行了詳細檢討,認同釋"叚"的説法,並懷疑"叚"是用來表示"尉"這一職官的③。

綜上,此字釋爲"敀"或"叚"是兩種主要意見,就字形而言,該字隸"叚"當可信從,至於讀爲何字暫時無法確釋。

"![字]"字釋"敀",也有不妥,正如裘錫圭所指出的此字左邊不一定是"白"字④,如下圖所示。此字的構型尚不明確,因此釋爲何字尚待研究。各家雖然釋字不同,但大都認爲此字表示一種機構或官職之名則是比較一致的。

A　　　B　　　C　　　D

注:A.《璽彙》0035　B.《璽彙》0040　C.《璽彙》1285　D.《璽彙》0194

鐰,字形如下圖所示。朱德熙隸定爲"鐰"⑤;裘錫圭隸作鐰,釋爲"節",並且注意到"'鐰'字所從的'口',寫的位置恰好特别高,很容易被人看成上面的'敀'字的下部。"即印之含義,指官府璽節⑥。高明説搜羅衆説,詳加考證,把此字釋作"鐰"讀爲"照",爲"代表官府檢驗合格的鑒證"⑦。

①　胡嘉麟:《"王卒左廩"與齊國官營製陶業》,《高明先生九秩華誕慶壽論文集》,科學出版社,2016年,第209頁。
②　張振謙:《齊系文字研究》,第12頁。
③　孫剛:《東周齊系題銘研究》,吉林大學博士學位論文,第265—281頁。
④　裘錫圭:《戰國文字中的"市"》,《考古學報》1980年3期。
⑤　朱德熙:《戰國文字中所見有關廄的資料》,《朱德熙文集》第5卷,第157—165頁。
⑥　裘錫圭:《戰國文字中的"市"》,《考古學報》1980年第3期。
⑦　高明:《説"鐰"及其相關問題》,《考古》1996年第3期。

第一章　東周齊莒系金文編年彙釋、年代考訂與分國整理　　171

　　A　　　　B　　　　C　　　　D　　　　E

注：A.《圖錄》2.35.3　B.《圖錄》2.29.1　C.《彙考》58　D.《彙考》59　E.《璽彙》0355

　　各家對此字所釋不同主要是由於對字形的分析不同。從目前所見齊國出土材料看，此字下部皆從"金"，上部皆從"口"，但"口"旁兩側不同，或從兩"勹"；或從兩"卩"；或"口"旁左側爲"勹"，右側作"卩"。裘錫圭認爲"這個字的上半是兩個'卩'，一個'口'，'卩'象跪坐人形，有的印文把左的'卩'寫作'勹'，也還是象人形"，故裘先生把此字隸定爲"鋝"，並釋讀爲節字①。高明認爲此字有三種形體，其中上部中間從"口"，左側爲"勹"，右側作"卩"的形體爲正體，其餘兩種爲別體②。他認爲此字上部右邊爲"卩"，左邊並非"人"字，而爲"刀"字，聯繫《包山楚簡》中"卲"字寫作" "，認爲" "字上部當爲"卲"字，故把此字隸定爲"鋯"。我們認爲高明的意見是對的，如把此字隸定爲鋯，讀爲"節"字，如果沒有"口"旁，此字勉強可讀爲"節"字，但"口"旁不好解釋。"鋯"上部所從"卲"字在楚簡中習見（如下圖），故此字隸定爲"鋯"是可從的。

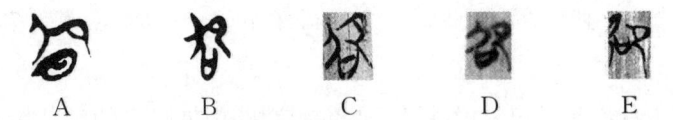

　　A　　　　B　　　　C　　　　D　　　　E

注：A.《郭店・緇衣》11號簡　B.《郭店・窮達以時》3號簡　C.《上博・緇衣》7號簡　D.《包山・文書》15號簡　E.《上博・昔者君老》2號簡

　　關於"鋯"的性質，李先登認爲大約是當時一種地方軍事編制③；李學勤認

---

① 裘錫圭：《戰國文字中的"市"》，《考古學報》1980年第3期。後來裘錫圭否定了釋"節"的看法，認爲此說缺乏根據，顯然是錯誤的，並指出此字一般出現在齊印文（包括陶器上的印文）的末尾，似含有璽印一類意義，究應應該釋讀爲何字，還有待進一步研究。參見氏著《齊量制補說》（《中國史研究》2019年第1期9頁注釋③）。
② 據高明統計正體寫法共十件，其餘別體共四件。
③ 李先登：《天津師院圖書館藏陶文選釋》，《天津師院學報》1982年第2期。

爲應係陶工之長①；魏成敏、朱玉德認爲可能是里的行政管理機構或其長官②；郝導華等認爲是特設在中央的管理量器校正製造的管理機構或長官③。從陶文看，該字多出現在某里之後，如"昌榾陳囗南左里攺亳區"(《季木》80.9)，可知鋻可能爲里之長官。

48. 夆㔷襄(鄉)降里量

出土：1992年山東臨淄市劉家莊戰國遺址
時代：戰國晚期偏晚
現藏：山東省文物考古研究所
著錄：新收1172；銘圖18812
釋文：夆㔷襄(鄉)降里。

㔷，或釋爲宮，此字从邑，當釋爲邑。陶文"邗㔷市節"(《陶录》2.39.2)，"㔷"字陶文作"＊"，舊釋作"苑"字，讀爲"館"。李家浩考證"㔷"字有"苑"音，"苑""怨"古音相近，上博簡《緇衣》的"㔷"字可以假借爲"怨"④。降，左从邑，右邊同夆，不識。夆、降雖不識，但當爲鄉里名稱。此量邑、鄉、里連文，可知當時齊國的地方行政區劃。胡嘉麟指出"某㔷"可能是鄉一级的行政單位⑤。襄，釋讀衆多，吳振武等釋虡⑥。

臨淄商王村墓地出土的器物呈現的是戰國晚期偏晚的時代特徵。M1出土的兩件銀耳杯分別有"四十年""卌一年"的紀年，發掘者認爲此爲秦昭王四十年、四十一年，即前267年與前266年，所以此墓的年代當在前266至前221

---

① 李學勤：《戰國題銘概述(上)》，《文物》1959年第7期。
② 魏成敏、朱玉德：《山東臨淄新發現的戰國齊量》，《考古》1996年第4期。
③ 郝導華、郭俊峰、禚柏紅：《齊國陶文幾個問題的初步探討》，《齊魯文化研究》第六輯，山東文藝出版社，2007年，第19—28頁。
④ 李家浩：《戰國文字中的"㔷"字》，《出土文獻與古文字研究》第六輯，第252頁。
⑤ 胡嘉麟：《"王卒左廩"與齊國官營製陶業》，第206頁。
⑥ 吳振武、于聞儀、劉爽：《吉林大學文物室藏古陶文》，《史學集刊》2004年第4期。

年之間①。朱鳳瀚認爲墓出土的鼎雙附耳上部多外撇，足根部已接至腹中部，顯示了此型鼎最晚的形式，所出盒，器與蓋上均飾有錯金銀的龍、虎、鳳鳥與勾連云紋，已經具有漢代紋飾的風格，據上述情況，此墓的年代應已在戰國晚期偏晚，故呈現出向秦漢銅器種類與風格過渡的迹象，以此中型墓之規格，似還以定在齊滅國之前較妥，從青銅器研究角度，此墓中絶大多數器物也應歸入戰國晚期系統②。我們認爲朱先生的意見是對的，此墓年代或已至秦，但該墓中出土的器物還是保留了齊銅器的特徵，比如此墓出土的兩件鉶仍具有齊式鉶的特徵。因此此墓中銅器的年代應定爲戰國晚期偏晚爲宜。

49. 銅耳杯

時代：戰國晚期

著録：集成 9940；銘圖 10853

釋文：冢(重)十六屎(錘)。

屎，爲重量單位，舊釋爲"貨"或"傎"。陳劍改釋爲"屎"，讀爲"錘"，約秦漢時的 6 銖。③ 其説已爲學界所認同。

50. 少司馬耳杯

出土：1992 年山東淄博市臨淄區商王村 M1：114

時代：戰國晚期偏晚

著録：新收 1080；銘圖 10864

現藏：淄博市博物館

釋文：鉌大弍(貳)益冢(重)叁十屎(錘)(左耳銘)；少司馬□□之敀(造)(左耳銘)

圖 1.1.49　銅耳杯

---

① 淄博市博物館：《山東臨淄商王村一號戰國墓發掘簡報》，《文物》1997 年第 6 期。
② 朱鳳瀚：《中國青銅器綜論》，第 2017 頁。
③ 陳劍：《釋屎》，《追尋中華古代文明蹤迹——李學勤先生學術活動五十年紀念文集》，復旦大學出版社，2002 年，第 49—54 頁。

圖 1.1.50　少司馬耳杯

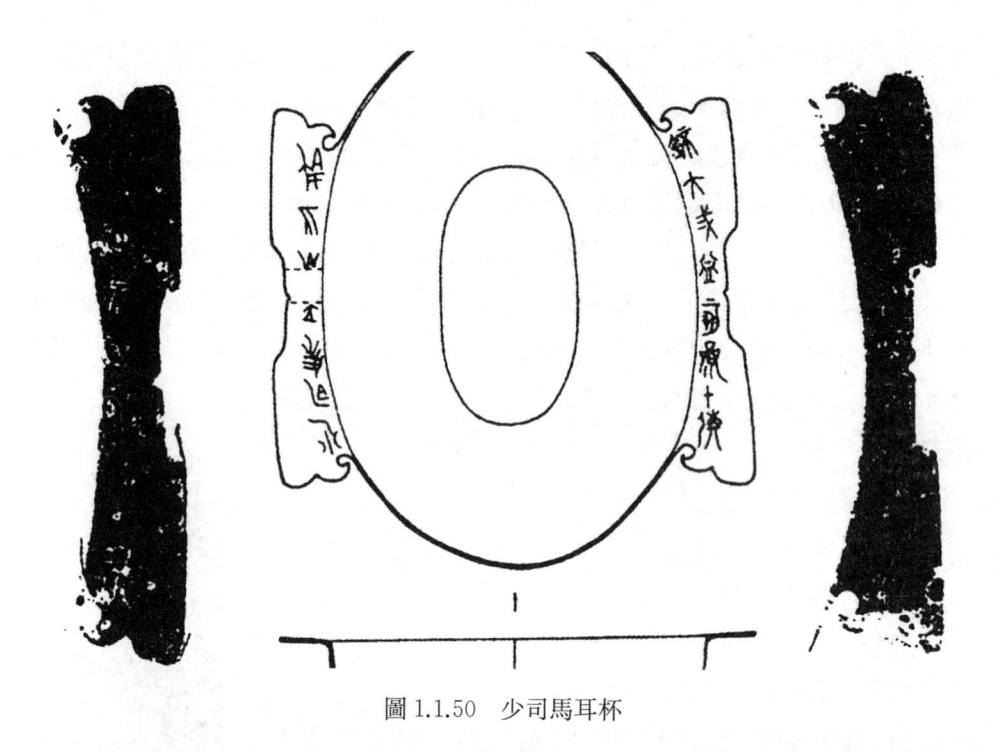

鈈即杯,銅耳杯爲酒器,是中國古代的一種盛酒器具,外形橢圓、淺腹、平底,兩側有半月形雙耳,有時也有餅形足或高足。因其形狀像爵,兩側有耳,就像鳥的雙翼,故名"羽觴",戰國晚期開始出現,此銅耳杯兩耳平折上翹,外側平直,中部有凹缺,形制與秦漢時期各地出土的漆耳杯兩耳呈新月形上翹不同,具有戰國晚期的特點。

"大"意爲容,指耳杯的容量,李家浩認爲"大"是指大量而言[①]。益同溢,爲容量單位,《小爾雅·廣量》:"一手之盛謂之溢。"葛其仁疏證:"考古量二斗七升,當今五升四合。溢爲米一升二十四分升之一。不過當今二升稍贏,一手所盛,理或然也。"《儀禮·既夕禮》:"歠粥,朝一溢米,夕一溢米,不食菜果。"鄭玄注:"爲米一升二十四分升之一。"益還同鎰,爲重量單位,《玉篇·金部》:"鎰,二十兩。"《孟子·梁惠王下》:"今有璞玉於此,雖萬鎰,必使玉人雕琢之。"趙岐注:"二十兩爲鎰。"《國語·晋語》:"黄金四十鎰。"韋昭注:"二十兩爲鎰。"

---

① 李家浩:《談春成侯盉與少府盉的銘文及其容量》,《華學》第五輯,第 150—161 頁。

益用爲容量單位常見於三晉量器,上海博物館藏銀器銘刻"容一斗一益"①。"鈈大貳益"即耳杯容量爲兩益,經實測耳杯容 400 毫升②,每益 200 毫升。從容量上來看,一益約爲 200 毫升,與一升的量是相當接近的,一益約相當於一升。

冢,同重,還見於戰國衛國平安君銅鼎和中山王墓記重銅器③。展字作"![字]"形,該字用在"鎰"之後無疑應爲重量單位,但各家所釋不一。賈振國釋爲貨④,何琳儀釋爲愼⑤,陳劍對此詳加考證,釋此字爲展,讀錘,1 益(鎰)=24 兩=96 錘=576 銖,1 錘≈3.89 克⑥。各家雖釋字不同,但此處用爲量詞則無異議。經實測此耳杯重 116.71 克,一償重 3.89 克左右⑦。少司馬,官名,不見於文獻記載。司馬一職西周始置,掌軍政和軍賦,春秋、戰國沿置。《漢書·百官公卿表》載:"自周衰,官失而百職亂,戰國並爭,各變異。秦兼天下,建皇帝之號,立百官之職。"少司馬可能爲齊國設置的司馬之下輔佐司馬掌管軍政或軍賦的官員。![字],整理者釋"時"。張振謙經處理原篆,認爲是"![字]"字,此字應左從"告",右從"攴",讀爲"造",齊系兵器銘文中常見"×××(人名)之造"格式⑧。時,見於秦漢銘文,是機關的名稱。

此銅杯的年代和國別,賈振國詳加考證認爲是戰國晚期齊國⑨。該墓的報告者認爲該墓的年代不晚於秦滅齊統一六國之前⑩。從器物組合、形制來看此墓的年代當爲戰國晚期,特別是鼎器帶蓋,扁圓形腹,矮蹄形足是戰國晚期的典型器物特徵。

---

① 丘光明:《試論戰國容量制度》,《文物》1981 年第 10 期。
② 淄博市博物館、齊故城博物館:《臨淄商王墓地》附錄一,齊魯書社,1997 年,第 160 頁。
③ 丘光明:《試論戰國容量制度》,《文物》1981 年第 10 期。
④ 賈振國:《臨淄商王墓地出土器物銘文試析》,《臨淄商王墓地》,第 169 頁。
⑤ 何琳儀:《戰國文字通論(訂補)》,第 87 頁。
⑥ 陳劍:《釋展》,《追尋中華古代文明的蹤跡——李學勤先生學術活動五十年紀念文集》,第 49—54 頁。
⑦ 賈振國:《試論戰國時期齊國的量制與衡制》,《臨淄商王墓地》,第 169 頁。
⑧ 張振謙:《齊銘摹誤考辨四則》,《中山大學學報》2014 年第 1 期。
⑨ 賈振國:《試論戰國時期齊國的量制與衡制》,第 162—167 頁。
⑩ 淄博市博物館:《山東臨淄商王村一號戰國墓發掘簡報》,《文物》1997 年 6 期。

176　齊系金文研究

51. 厶（私）之十重耳杯①

出土：1992 年山東省淄博市臨淄區商王村墓地 M1：112

時代：戰國晚期偏晚

著錄：新收 1079；銘圖 10861

現藏：淄博市博物館

釋文：▽之十冢一益三十八屐（錘）。

▽，或釋爲私，爲私官的省文，"▽之十"爲私官所管器物的編號②，或釋爲丁③。我們認爲當隸定爲"厶"，讀作"私"爲妥。戰國時期各國文字中"厶"字習見，字形見以下幾揭：

齊國：△　"高開厶（私）"（《陶瓷》3.417）

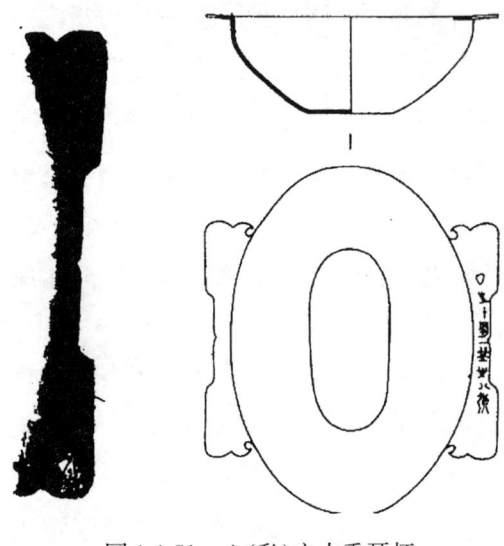

圖 1.1.51　厶（私）之十重耳杯

燕國：▽　"厶（私）句（鉤）"（《璽彙》4130）

三晉：▽　"厶（私）官"（卅六年私官鼎，《集成》2658）

▽　"厶（私）璽"（《璽彙》4589）

楚簡：◯　（《郭店・老子甲》2 號簡）

---

① 有學者指出該器與量制與齊不同，認爲無論是姜齊舊制還是田齊新量，使用的都是升、豆、區、釜、鍾五級容量單位體系。傳世和考古發現的東周齊國陶文中，存在大量升、豆、區、釜等陶量文字，是歷史的生動例證。與此相反的是，文獻史料中並不見齊國使用容量單位"益"的記載，現存東周齊國陶文中，也從未發現，可以確證爲量器或容量單位的"益"字，因此，從量制方面看，該杯不宜定爲齊國製品，該杯的國屬或許可以從燕尾分布的區域中找到一些綫索。參見胡傳聳《商王銅杯與戰國齊的重量單位"鎰"》，《傳承與創新：考古學視野下的齊文化學術研討會論文集》，第 557—563 頁。

② 賈振國：《試論戰國時期齊國的量制與衡制》，第 170 頁。其云："私官"常見於戰國秦漢時期的銘文中，如私官銅鼎、公左私官鼎、邵官私官盉等。《漢書・張湯傳》："大官、私官並供具第。"服虔注："私官，皇后之官也。"陳直《漢書新證》："大官令屬少府，私官屬詹事，大官供膳食，私官供用具。"

③ 何琳儀：《戰國文字通論（訂補）》，第 87 頁。

第一章　東周齊莒系金文編年彙釋、年代考訂與分國整理　　177

▽（《上博・緇衣》41號簡）

另外此字還見於齊明刀背文：

▽（《貨系》3567）　△（《貨系》3558）

此處用爲數字，唐石父引陳鐵卿説釋"百"①，何琳儀認爲應釋"厶"，讀"四"。"四"是"厶"的分化字，這一分化發生在春秋戰國之際②。裘錫圭對此評價爲"書中《釋四》篇主張'四'是'厶'的分化字，是文字學上的一個創見，十分值得注意"③。

52. 師屍鼎

出土：1992年山東省淄博市臨淄區商王村墓地 M1∶105
時代：戰國晚期偏晚
著録：新收 1075；銘圖 01339
現藏：淄博市博物館
釋文：師屍。

"師"當爲工師省稱，棗莊市齊村區出土齊工師銅泡銘"十四年十二月師給"④及陳純釜中"師欮"之"師"皆爲工師之省稱。此種用法多見於春秋戰國時期齊、三晋、秦等國銅器銘文中。《左傳》定公十年："叔孫謂郈工師駟赤曰。"杜預注："工師，掌工匠之官。"《吕氏春秋・季春紀》："是月也，命工師，令百工，審五庫之量……百工咸理，監工日號，無悖於時。"高誘注："監工，工官之長。"監工即工師。《禮記・月令》鄭玄注："於百工皆理治其事之時，工師則監之，日號令之。"據李學勤考證，在戰國時期的官府手工業中，管理工匠的有工師，工師有

圖1.1.52　師屍鼎

---

① 唐石父：《陳鐵卿先生之古泉解》，《中國錢幣》1983年第3期。
② 何琳儀：《釋四》，《古幣叢考》，安徽大學出版社，2002年，第29頁。
③ 裘錫圭：《〈古幣叢考〉讀後記（代序）》，《古幣叢考》，安徽大學出版社，2002年。
④ 黄盛璋：《關於魯南新出趙导之劍與齊工師銅泡》，《考古》1985年第5期。

官吏的身份。同時,工師又有傳授技藝的責任①。䣉爲工師之私名,一般釋爲"厚子"二字合文,何琳儀釋爲"䣉""師䣉"爲"物勒工名"之義。

53. 婈墬夫人燈
出土:1992年山東省淄博市臨淄區稷下街道商王村戰國墓(M1.120)
時代:戰國晚期偏晚
著録:新收 1081;銘圖 19284
現藏:淄博市博物館
釋文:婈(婈)墬夫人。

婈,發掘報告隸作"趑"②,張振謙隸作"婈",董珊釋爲"戚"③。墬字加土,故知此器當爲齊器。婈墬,或爲地名,或爲人名。

圖 1.1.53　婈墬夫人燈　　　　圖 1.1.54　師紹銅泡

54. 師紹銅泡
出土:1979年山東省棗莊市齊村區劉莊東南小河東岸戰國墓葬
時代:戰國晚期

---

① 李學勤:《東周與秦代文明》,第 164 頁。
② 臨淄市博物館、齊故城博物館:《臨淄商王墓地》,第 31—32 頁。
③ 董珊:《讀上博六雜記》,武漢大學簡帛研究中心網站,2007 年 7 月 10 日。

著録：集成 11862；銘圖 18489

釋文：十三年十一月，帀（師）紹。

紹，舊多釋爲"詒"。黄盛璋從銘刻文字與制度角度對此器進行考證，認爲此器紀年雖有燕器特點，但是應爲齊國器①。黄先生認爲工師雖他國也有，但三晉工師多合書爲"帀"，不合書者寫法也不同；秦未有單稱爲師者，而燕國稱工師爲攻尹，楚國稱冶師。六國時代唯齊用"攻師"，且工字寫爲"攻"，與他國不同。浙江省博物館現藏一件齊國官璽，其印面文字與銅泡十分吻合②。

55. 蒦圖匋里人豆

時代：戰國晚期

著録：集成 4668；銘圖 06123

釋文：蒦圖匋里人告。

圖 1.1.55　蒦圖匋里人豆

---

① 黄盛璋：《關於魯南新出趙导工劍與齊工師銅泡》，《考古》1985 年第 5 期。
② 施謝捷：《古璽彙考》，安徽大學博士學位論文，2006 年，第 60 頁。

56. 節節

時代：戰國時期

著録：集成 12086；銘圖 19151

釋文：節。

何琳儀據銘文風格將節節定爲齊器①。子禾子釜"節"字作 ，其"皀"旁寫法與銘文"節"字相同，都是在"皀"旁上部添加一橫筆，這是齊系文字所特有的。

57. 獻節

時代：戰國時期

著録：集成 12089；銘圖 19152

釋文：獻節。

"獻"字所從"犬"旁，與陳純釜"猶"字所從"犬"旁寫法相同。"節"字形體也是齊系文字特有的寫法。

圖 1.1.56　節節

圖 1.1.57　節

圖 1.1.58　齊節大夫馬節

58. 齊節大夫馬節

時代：戰國時期

---

① 何琳儀：《戰國文字通論（訂補）》，第 87 頁。

著録：集成 12090；銘圖 19156

釋文：齊節夫=（大夫）迖五乘

首字一般釋爲"齊"。孫剛認爲字釋"齊"不可信，其字待考①。迖，何琳儀釋爲"遂"②。孫剛疑釋爲"從"③。傅修才指出此字其右半從"欠"甚明，左半當從"辵"，"彳"和"止"形都很清晰，《增訂符牌》的摹本就很準確地摹出了"辵"旁④。

第二節　齊國兵器銘文

《左傳》成公十三年："國之大事，在祀與戎，祀有執膰，戎有受脤，神之大節也。"祭祀和戰爭在商周時期成爲社會生活的兩大主題，特別是東周時期禮崩樂壞，諸侯國之間戰争尤其頻繁。因此，兵器製造尤爲興盛。但目前我們對兵器的研究較爲薄弱。對此，李學勤曾經指出："過去青銅器的收藏和研究，過分重視禮器而忽視了兵器。實際上，青銅兵器對於研究古代歷史、文化、美術、科技諸多方面，都是相當重要的。"⑤近些年考古發掘中出土了大量的兵器，這爲深入研究兵器銘文提供了較爲充分的材料，研究時機業已成熟。

東周各國的兵器以三晉、燕、秦、齊爲大宗，但研究現狀是不平衡的，其中三晉、燕、秦之兵器研究得較爲充分⑥。齊國作爲東方大國，傳世或考古發現的兵器數量衆多，兵器種類也頗爲豐富，且呈現出明顯的區域化特徵，但齊國兵器的研究却較爲薄弱。李學勤指出："近些年，由於戰國文字研究的開展，我

---

① 孫剛：《東周齊系題銘研究》，吉林大學博士學位論文，第 223 頁。
② 何琳儀：《戰國文字通論（訂補）》，第 87 頁。
③ 孫剛：《東周齊系題銘研究》，吉林大學博士學位論文，第 562 頁。
④ 傅修才：《東周山東諸侯國金文整理與研究》，第 106—107 頁。
⑤ 李學勤：《青銅兵器的發展高峰》，《中國文物世界》1995 年第 99 期。
⑥ 筆者所見較爲重要的論文有：黃盛璋：《試論三晉兵器的國别和年代及其相關問題》，《考古學報》1974 年第 1 期；黃盛璋：《三晉銅器的國别、年代與相關制度》，《古文字研究》第十七輯；黃盛璋：《新發現之三晉兵器及其的相關問題》，《文博》1987 年第 2 期；石永士：《匽王銅兵器研究》，《中國考古學會第四次年會論文集》，文物出版社，1983 年；石永士：《燕王銅戈研究》，《河北學刊》1984 年第 10 期；張占民：《秦兵器題銘考釋》，《古文字研究》第十四輯；陳平：《試論戰國型秦兵的年代及有關問題》，《考古與文物》1986 年第 5 期；朱力偉：《東周與秦兵器銘文中所見的地名》，吉林大學碩士學位論文，2004 年。

們對戰國時各諸侯國兵器的認識已有長足的進步,特別是秦、燕、三晉,學者們做了不少有益的探索,而齊國兵器迄今還沒有系統的研究。"①基於此,我們在廣泛收集材料、吸收當前研究成果的基礎上,對東周齊兵器所涉及的種類、特點、鑄造制度、形制演變、地名考釋、職官考釋等相關問題進行綜合考察,以期有助於齊國史的研究。

毋庸諱言,齊國兵器的研究存在諸多困難。對此,黄盛璋曾有論述,"齊兵器所記造者之名大多記載不見,可考者僅爲個別,其他以陳姓爲多,然名皆無可確考,此難於研究者一。所記造地,雖多爲地名,可以作爲分國之根據,然東周地名同名者多,春秋尤甚,而戰國疆域又變化無常,此疆彼界,糾葛也多,山東古國最後大抵爲齊所滅,齊邑得自他國者多,究竟爲入齊後所造,抑或屬未滅國時造,不能盡明,此難於研究者二。就形制論,地區區別不顯,時代變化雖有,但也不大,可以供參考,或可作爲論證之一;但憑形制多不能斷,此難於研究者三"②。這些問題都給齊國兵器的分域與斷代帶來了諸多困難,因此齊兵器斷代也只是給出一個大致的年代範圍,絶大多數兵器都無法對應確切年代,本章重點關照的是對地名及銘文中所涉及文字的考察。

本章把齊國兵器分爲春秋和戰國兩大時期,對年代特徵較爲明顯的兵器作更爲細緻的年代考訂。本章共分三部分:第一部分爲東周齊國兵器概述,第二部分爲戈戟形制考辨,第三部分爲東周齊國兵器綜考。

一、東周齊國兵器概述

(一) 齊兵器的種類及有銘兵器的數量

1. 種類

齊國兵器可分爲長兵器、短兵器、遠兵器三大類。長兵器主要有戈、戟、矛;短兵器主要有劍、匕首、削、刀;遠兵器主要有弩、鏃。有銘的齊國兵器主要有戈、戟、矛、劍。

---

① 李學勤:《試論山東新出青銅器的意義》,《文物》1983年第12期。
② 黄盛璋:《燕、齊兵器研究》,《古文字研究》第十九輯,第26頁。

(1) 戈

考古發現裏兵器中戈的數量最多,有學者以其銘文所記性質、用途,把東周各國之戈分爲十種,即造戈、用戈、徒戈、車戈、田戈、行戈、寢戈、乘戈、散戈與杖戈①。按之齊國戈銘所示主要有五種:造戈、徒戈、車戈、散戈、乘戈。其中造戈、徒戈、散戈習見,車戈、乘戈少見。

(2) 戟

齊墓葬中所出的戟系戈、矛組合,早至商代,山東地區就流行戈、矛合鑄的"卜"字形戟,西漢初年齊地出土的大量鐵戟的形制也由右戈、矛合鑄發展而來。齊國有銘戟見車戟種類。

(3) 矛

齊國銅矛數量較少,其形制主要有兩種:一種形體較大,寬葉,長鋒,起脊,肥骹;一種形體較小,鋒部呈菱形。

(4) 劍

戰國時期劍成爲普遍使用的兵器,齊國出土的長短兵器以戈、劍數量最多。齊國出土的銅劍,其形制主要有二種:一種劍身起脊呈柱狀,圓或扁圓短莖,無鐔及首。此種形制流行於春秋及戰國早期。一種劍身肥闊,長脊,有鐔及首,圓莖有兩道凸箍。此式數量最多,流行於戰國中晚期。

2. 有銘兵器數量

據筆者統計,舊所著録和考古新發現的齊國有銘兵器共132件,包括春秋、戰國兩個時期,春秋兵器37件,戰國兵器93件,時間不確2件。其中戈的數量最多,共106件,戟20件、劍2件、矛4件。

(二) 鑄造制度

齊國兵器鑄造主要分爲中央與地方兩級,中央與地方並行鑄造。中央主要是由王或相一級大臣擔任監造者,下設左、右庫負責督造,由冶人從事具體製造。地方主要是地方都邑製造,都邑設左、右庫,右都邑大夫任監造者,地方

---

① 孫稚雛:《郊坴果戈銘釋》,《古文字研究》第七輯,中華書局,1982年,第103—108頁。

所鑄兵器，由中央統一支配使用。

(三) 鑄造區域

鑄造兵器的都邑不是隨意選取的，通常兵器鑄造點的設置往往選定在經濟發達、戰略地位重要、戰爭易發但領土權又比較穩定的都邑[①]。據統計，齊兵器銘文中共發現齊都邑共 20 餘處，包括齊城、安平、平壽、高陽、高密、昌城、城陽、平陵、平阿、平陸、平陽、武城、亡鹽、建陽、洨陽、陰平、阿武、工城、平豫等處。

二、戈戟形制考辨

戈、戟是最重要的兵器，在先秦兵器中數量最多，其中銅戈是最爲常見的兵器，"堪稱三代武庫之主宰"[②]。本節對戈、戟的形制略作考辨，爲本章的研究奠定基礎。

《周禮·考工記·冶氏》首先對戈、戟的形制、尺寸等進行了詳細描述："戈，廣二寸，內倍之，胡三之，援四之。已倨則不入，已句則不決。長內則折前，短內則不疾。是故倨句外博，重三鋝。戟，廣寸有半寸，內三之，胡四之，援五之。倨句中矩，與刺重三鋝。"鄭玄注："戈，今句孑戟也。或謂之雞鳴，或謂之擁頸。內，謂胡以內接秘者也。援，直刃也。"

北宋黄伯思《銅戈辨》對戈上援、胡、內等部位及其功能進行了具體描述：右舟之戈其銘曰舟，其質則銅。按《周禮·考工記·冶氏》戈之制有內、有胡、有援。鄭氏曰："戈，今句孑戟也。或謂之雞鳴，或謂之擁頸。內，謂胡以內接秘者也。援，直刃也。"今詳此戈之制：兩旁有刃，橫置而末銳若劍鋒者，所謂"援"也。援之下如磬折，稍刓而漸直，若牛頸之垂胡者，所謂"胡"也。胡之旁有可接秘之迹者，所謂"內"也。援形正橫，而鄭氏以爲直刃，禮圖從而繪之若矛槊然，誤矣。蓋戈擊兵也，可勾可啄，而非用以刺也，是以橫而弗從。故冶氏之職又云："已倨則不入，已勾則不決。"鄭氏亦云："倨謂胡微直而邪多以啄人

[①] 杜宇、孫敬明：《考古發現與戰國齊兵器研究》，《管子學刊》1992 年第 2 期。
[②] 沈融：《論早期青銅戈的使用法》，《考古》1992 年第 1 期。

則不入,勾謂胡曲多以啄人則創不決。"既謂之啄,則若鳥咮然,不容其刃之端上向而直也。今觀夏商弈器銘款,有作人形執戈者、荷戈者,其戈皆橫如斧鉞而鋭,若鳥咮,又胡垂柲直,正與此戈之制同①。

清代學者程瑶田繼承黄伯思之説,並對其進行引申發展,其《勾兵雜録》云:"蓋有内者,刃橫出如戈援,而無下垂之胡。内廣:三分其援而去一;上與援上刃齊平,而下刃出於内者三分之一。内援之間,爲物間之,上下皆出援本,所以嵌柲以固内,如戈戟之安内法也。"②程瑶田首次指明了"内"的所在部位及其功用。在戈戟形制的區别方面,程瑶田認爲,"戈戟並有内、有胡、有援,二者之體大略同矣;其不同者,戟獨有刺耳"③。後來他又提出了新的認識:"戟之制,初以未見古戟,唯據記文擬而圖之,凡再易稿,付之開雕。於今十餘年失,後批覽疑焉。以古戈所見不下廿餘事,而戟不應不一見乃取所嘗見諸戈之拓本觀之見内末有刃者數事中有其援更昂於他戈者。憂然曰:是乃所謂戟也!'刺'非别爲一物,'内'末之刃即'刺'也。"④

程瑶田關於戟制的看法是值得商榷的。郭沫若認爲戈、矛結合才是戟,主要特點在於有"刺",由於連接戈、矛的戟柲腐朽而被判爲兩器而已⑤。

後來,郭寶鈞對戟制問題又有討論,基於新的考古資料,郭寶鈞指出除了戈、矛分鑄聯裝戟外,還有合體渾鑄者⑥。這進一步提高了學界對先秦戟制的認識。湖北曾侯乙墓出土了銅戟 30 餘件,大多自書其名,其形制爲由戈、矛或多戈頭組合,其自署器形最初由裘錫圭考釋以定其稱謂⑦。郭德維利用考古材料並徵以傳世文獻對戟的形制、用途、名稱及與戈、矛的相對關係,作了詳細論述⑧,進一步廓清了戈、戟的不同。

戈和戟是關係密切的兩類兵器,既有聯繫又有區别。《説文》:"戈,平頭戟也。"又云:"戟,有枝兵也。"戟是由戈派生而來的,戟是一種戈的柲頂有矛形尖

---

① 黄伯思:《東觀餘論上》,《文淵閣四庫全書》第八五〇册,臺灣商務印書館,1986 年,第 323—324 頁。
② 《通藝録》,《皇清經解》卷五三七。
③ 《冶氏爲戈戟考》,《皇清經解》卷五三七。
④ 《冶氏爲戈戟考》,《皇清經解》卷五三七。
⑤ 郭沫若:《説戟》,《郭沫若全集》第四卷,科學出版社,2002 年,第 191—194 頁。
⑥ 郭寶鈞:《戈戟餘論》,《"中研院"歷史語言研究所集刊》第五本第三分,1935 年,第 313—326 頁。
⑦ 裘錫圭:《談談隨縣曾侯乙墓的文字資料》,《文物》1979 年第 7 期。
⑧ 郭德維:《戈戟之再辨》,《考古》1984 年第 12 期。

刺裝置的兵器,少數是戈和刀的合體。

關於齊戈的類型學的分析,井中偉《早期中國青銅戈·戟研究》①將齊魯地區考古發掘的銅戈進行了考察,根據戈援、胡及内的整體造型,將東周齊戈分爲四型,在各型之内各有不同的亞型及式。孫剛在井中偉所劃分的樣式爲標準,將傳世銅戈與之相參照,對齊戈進行類型上的劃分②。基於此考慮,我們不再對齊戈進行詳細的類型學分析。需要指出的是,齊戈多直内胡戈,銎内戈少見;但從銘文來看,多爲鑄款,刻款比較少見。

三、東周齊國兵器綜考

齊國兵器銘文内容多爲地名、人名,本章即以地名、人名爲分組綫索,把齊國兵器分爲地名組、人名組兩大類。地名組又分爲成組地名和單獨地名兩類。成組地名分爲若干組,單個地名亦分爲成一組,以對齊國兵器銘文進行分區研究。人名組主要是齊國陳氏公族所作之器,爲若干組,其他非陳氏公族器分爲若干組。分組之後對有關器銘重要的文字進行討論、考釋,並結合器形、銘文等因素對某些器形明確的兵器考證其大致年代,某些有絕對年代標尺的兵器則有更細緻的界定。

(一) 成組地名

第一組　齊城組

齊城組主要見以下幾揭:

1. 坣(齊)城鄒(造)戈:齊城造。(傳世,戰國,《集成》10989)

2. 齊城子戈:齊城子造。(傳世,戰國,《綴遺》30.26)

3. 齊城左戈:齊城左冶所涓造。(山東濰坊市東南喪犢故城遺址出土,戰國中晚期,9期74圖一;《新收》1167)

4. 齊城左車戟:齊城左冶脂所涓造車戟(戟)。(《新見戰國兵器七種》③)

5. 齊城右造戟:齊城右造車戟(戟)冶脂。(傳世,戰國,《集成》11815)

---

① 井中偉:《早期中國青銅戈·戟研究》,科學出版社,2011年,第196—217頁。
② 孫剛:《東周齊系題銘研究》,吉林大學博士學位論文,第160—170頁。
③ 董珊:《新見戰國兵器七種》,《中國古文字研究》第一輯,吉林大學出版社,1999年。

6. 齊城造車戟：齊城左冶胴□□造車戠（戟）。（戰國，《新收》1983）

齊城，銀雀山漢簡《孫臏兵法·擒龐涓》中多次提到此地，一般認爲是齊都臨淄，臨淄故稱齊城。《史記·項羽本紀》："齊將田都從共救趙，因從入關，故立都爲齊王，都臨菑。"《史記正義》引《括地志》云："青州臨菑縣也，即古臨菑地也。一名齊城，古營丘之地，所封齊之都也。"《水經·淄水注》："城對天齊淵，故城有齊城之稱。"《一統志》云："臨淄故城在臨淄縣北八里，亦曰齊城。"《史記·齊太公世家》載齊獻公元年（前859年）"徙薄姑都"而"治臨淄"，至前221年秦滅齊前臨淄一直是齊國國都，是齊國的政治、經濟、文化中心。此地已經進行了兩次考古發掘[①]。

1. 齊城造戈

此戈《殷周金文集成》10989著錄，戈銘"壟（齊）塦（城）鄭（造）"。沈寶春釋爲"齊王長之□"[②]。黃盛璋《燕、齊兵器研究》將銘文釋爲"齊城□止（之）造"五字，實爲三字。戈銘第二字"城"《集成》未釋。何琳儀釋此字爲"塚"[③]，讀作"象"。《引得》釋爲"齊菫塚（象）造"。施謝捷對此字進行了詳盡考釋，認爲"此戈銘確實當釋爲'齊城鄭'三字……"[④]釋爲"城"字，施說可從。

春秋中後期至戰國時代，吳、越、楚、蔡、徐、宋等南方諸國盛行一種特殊文字書體，這種書體常以錯金形式出現，高貴而華麗，富有裝飾效果，這種書體一般稱爲鳥蟲書，鳥蟲書最早稱爲"蟲書"，始於《説文解字·叙》，被列爲"秦書八體"之一。郭沫若認爲鳥蟲書是"於審美意識之下所施之文飾也，其效用與花紋同。中國以文字爲藝術品之習尚，當自此始"[⑤]。容庚、馬承源、曹錦炎等都有過論述[⑥]。此戈銘的書體風格是否爲鳥蟲書學界存在爭議，爲了討論方便，先將此三字切附於此：

[①] 山東省文物管理處：《山東臨淄齊故城試掘簡報》，《考古》1961年第6期；群力：《臨淄齊國故城勘探紀要》，《文物》1972年第5期。
[②] 沈寶春：《〈商周金文録遺〉考釋》，第863頁。
[③] 何琳儀：《戰國文字通論》，江蘇教育出版社，2003年。
[④] 施謝捷：《東周兵器銘文考釋（三則）》，《南京師大學報》（社科版）2002年第2期。
[⑤] 郭沫若：《周代彝銘進化觀》，《青銅時代》，科學出版社，1957年，第317—318頁。
[⑥] 容庚：《鳥書考》，《中山大學學報》1964年第1期；馬國權：《鳥蟲書論稿》，《古文字研究》第十輯，中華書局，1983年；曹錦炎：《鳥蟲書通考》，上海書畫出版社，1999年。

齊:▣　城:▣　造:▣

曹錦炎認爲該銘當釋爲"齊象邑戈",並謂:"係齊國象邑地方所造,銘文四字,其中二字爲鳥蟲書。銘文中'齊'字下端飾鳥足、尾;'象'字係改造原有筆畫成爲鳥足、尾,儘管其鳥形裝飾手法顯得那樣幼稚,但其構形屬鳥蟲書則是無可非議的。"①何琳儀認爲此戈銘亦爲鳥蟲書,認爲鳥蟲書的特點是"筆畫迴環,或點綴裝飾性圖案"②。施謝捷認爲:"'齊城造'戈鳥蟲篆與已知的宋、蔡、吳、越、楚諸國形式均不同……可能是目前所知首帶鳥蟲篆的齊器。"③張振謙認爲"齊系銘文中出現鳥蟲書是不足爲奇的"④。劉偉傑則認爲此戈銘非鳥蟲書,劉説針對曹錦炎説指出:"一般認爲,鳥書是以鳥頭爲標志的,如果某字中有鳥足或鳥尾的形狀,也應在整個作品的其他字中有鳥頭的情況下,才可以斷爲鳥書,像這樣只據鳥足、尾就認定此戈銘有二字爲鳥蟲書,與一般的認識還是有很大出入的。"⑤

我們認爲此戈銘應爲鳥蟲書,締審"齊"字中間確實有裝飾性的鳥首符號,"城"字左上確實有爪形符號。當然齊國的鳥蟲書同典型的吳、越、楚鳥蟲書還存在一些差距,只是部分呈現出鳥蟲書裝飾性的特點。另外,齊文字中也有很多帶有裝飾性的尾飾,具備了一些鳥蟲書的特點,兹舉數例:

族:▣　客:▣　爲:▣

上舉諸字其末端都有裝飾性筆畫,湯餘惠描述爲"尾形飾畫"⑥。"這些字雖然還算不上是鳥蟲書,但其飾筆的特徵是與鳥蟲書脱離不開關係的。因此,齊系銘文中出現鳥蟲書是不足爲奇的"⑦。

齊國出現鳥蟲書可能是受越國文化的影響,戰國時期越國勢力進入山東

---

① 曹錦炎:《鳥蟲書通考》,第20頁。
② 何琳儀:《戰國文字通論(訂補)》,第153頁。
③ 施謝捷:《東周兵器銘文考釋(三則)》,《南京師大學報》(社科版)2002年第2期。
④ 張振謙:《齊國鳥蟲書考》,《古文字論集》,安徽大學出版社,2008年,第274頁。
⑤ 劉偉傑:《所謂齊國鳥蟲書及相關問題》,《管子學刊》2007年第1期。
⑥ 湯餘惠:《略論戰國文字形體中的幾個問題》,《古文字研究》第十五輯,第50頁。
⑦ 張振謙:《齊國鳥蟲書考》,《古文字論集》,第274頁。

東南部,即現在臨沂、濰坊一帶。勾踐破吳後,北上聘問中原諸侯,宋、鄭、魯、衛等國歸附,並遷都琅邪。山東省沂水縣曾出土一件銘文爲"蒙"的戈①,或釋爲"越"②。其中"蒙"字寫法便是標準的鳥蟲書,見圖A。另外有一件傳世的同銘戈,《歷代鐘鼎彝器款識法帖》有著録③,"蒙"字字形見圖B。

圖A　　圖B

有學者認爲此戈當爲越國兵器④,蒙戈是當地群衆生産勞動中獲得,出土地不詳。"蒙"爲地名,《詩經·魯頌·閟宫》:"泰山巖巖,魯邦所詹;奄有龜蒙,遂荒大東。"孔疏:"《論語》説顓臾云'昔者先王以爲東蒙主',謂顓臾主蒙山也,魯之境内有此二山,故知龜、蒙事龜山、蒙山也。龜蒙今在魯地……其不全屬魯地也。"蒙山今山東臨沂境内,戰國時期越國曾占領。因此,齊文化受越文化的影響當也在情理之中。

3. 齊城左戈

此器爲 1996 年濰坊市東南喪犢故城遺址出土,内尾部穿下鑄銘文兩行七字,"齊城左冶所漢(洀)造"。

"左"字在兵器銘文中習見,此外還有"右"字,關於其性質,學術界意見不一。黄盛璋認爲,據"齊城右造車戈",左右,表造器的官府與作坊分爲左、右,齊城設左、右造車,既造銅器,也造鐵器,下設有冶,包括車馬器,也有兵器。"左造"有可能是"左造車"之簡稱。左、右造車實際爲戰争器械製造廠。地方上也仿此制,設有左、右兩兵器製造廠,簡稱左右,乃左、右工之略稱⑤。李學勤認爲兵器這類"某地左(右)"的左、右、内右、徒等都是指軍隊編制⑥。何琳儀認爲"左""右"應是"左戈""右戈"或"左戟""右戟"的省簡形式⑦。張德光、

---

① 馬璽倫:《山東沂水縣發現戰國銅器》,《考古》1983 年第 9 期。
② 孫敬明:《沂蒙先秦兵器銘文集釋繹論》,《考古發現與齊史類徵》,齊魯書社,2006 年,第 212 頁。
③ (宋)薛尚功:《歷代鐘鼎彝器款識法帖》,中華書局,1986 年,第 16 頁。
④ 張振謙:《齊國鳥蟲書考》,《古文字論集》,第 274 頁。
⑤ 黄盛璋:《燕、齊兵器研究》,《古文字研究》第十九輯,第 33 頁。
⑥ 李學勤:《却氏左戈小考》,《綴古集》,上海古籍出版社,1998 年,第 130—132 頁。
⑦ 何琳儀:《戰國文字通論(訂補)》,第 90 頁。

馬承源等指出兵器銘文中地名後的"左""右"爲庫名①。董珊則認爲"左""右"應是"某地左(右)庫"的省稱②。孫敬明同意董珊之説，認爲左、右是"左庫""右庫"或"左冶"或"右冶"之省③。我們認爲當理解爲左、右武庫爲妥。銀雀山漢簡齊律中有守庫之法的記載。三晉兵器銘文中習見左庫、右庫、上庫、下庫，爲存放兵器之處，或爲掌兵器的官署。齊國兵器銘文中未見全稱"左庫""右庫"者，皆簡稱爲"左"或"右"，戰國各國兵器的銘刻制度是相互影響的，雖存在很大差別，但是也存在一致之處，特別是趙、燕、齊、三晉各國之間，比如趙國兵器銘辭中的"立事"，黄盛璋認爲便是受齊、燕國的影響④。

冶，形作 ，三晉⑤、趙、燕、楚兵器銘文中皆見，原隸定爲"但"。楊樹達釋爲佴，疑佴當讀爲鍊或煉字⑥。朱德熙釋爲剛，言"剛幣當讀爲工師，剛工雙聲，並屬見紐。工東部，剛陽部，東陽二部通轉是古代楚方言的特徵"⑦。李學勤釋爲冶，言"但，其實是'冶'字。戰國題銘中的'冶'，最繁的形態是從'人'、'火'、'口'、'＝'，但常省去其中任何一個部分"⑧。王人聰同意李學勤之説，但不同意李先生對此字最繁形態字形的分析，言"但李先生對此字字形結構的分析，認爲最繁形態中有一部分是從'人'，則是不妥當的，應從'刀'。其次，李先生認爲此字常可省去其中任何一個部分，這也是不妥當的"⑨。

我們認爲但字釋爲"佴""剛"都是有問題的，當釋爲"冶"爲是。佴字所從儿，乃爲流水之形，同但所從兩横形不類。另外，佴與鍊或煉，雖讀音相近，但文獻中不見佴假借爲鍊或煉者，因此二者缺少必要的意義連接。但釋剛，讀爲

---

① 張德光：《試談山西省博物館揀選的幾件珍貴銅器》，《考古》1988 年第 7 期；馬承源主編：《商周青銅器銘文選(四)》，第 562 頁。
② 董珊：《戰國題銘與工官制度》，第 194 頁。
③ 孫敬明：《齊城左戈及相關問題》，《文物》2000 年第 10 期。
④ 黄盛璋：《試論三晉兵器的國別和年代及其相關問題》，《考古學報》1974 年第 1 期。
⑤ 日本學者下田誠對三晉兵器中的"冶"字進行了系統的分類和討論，制定了三晉兵器"冶"字表。參見《再論三晉"冶"字》，《古文字研究》第二十七輯，中華書局，2008 年。
⑥ 楊樹達：《積微居金文説(增訂本)》，第 128 頁。
⑦ 朱德熙：《壽縣出土楚器銘文研究》，《歷史研究》1954 年第 1 期。
⑧ 李學勤：《戰國題銘概述(下)》，《文物》1959 年第 9 期。
⑨ 王人聰：《關於壽縣楚器銘文中的"但"字的解釋》，《考古》1972 年第 6 期。

第一章　東周齊莒系金文編年彙釋、年代考訂與分國整理　191

工也是有問題的,對此李學勤早有評述"因爲在同時的勺銘上,'㠯師'可簡稱爲'㠯','工師'的身分與'工'大有不同,'工師'決不能自稱爲'工',況且楚器,如懷王二十九年的漆盒,銘文爲'二十九年,大司□造,吏丞向、右工師爲,工大人台','工'字並不作'㠯'"①。"㠯"字的字形可見如下幾種:

A: 㠯 㠯 㠯 㠯　　B: 㠯　　C: 㠯、㠯、㠯、㠯

黄盛璋對"冶"字的結構類型與分國研究也進行了研究②,黄把"冶"分四式:

A: 冶 冶 冶　　B: 冶 冶　　C: 冶　　D: 冶

從上可明確看出"冶"字由繁至簡的演變過程,此字最繁的字形從'刀'、'火'、'口'、'＝',兵器銘文中常見的 冶 冶 冶 冶 等形即是對繁形的省簡。冶字從"火",爲形符,從"口""＝",爲增飾部件,没有實在含義。"口"形在古文字中亦常用來作爲一種增飾性符號,無實在意義。比如"魯"字,姚孝遂指出:"'魯'是'魚'所衍生的,今作'魯',小篆僞從'白'(自)。'魯'字所從之'口'亦與'口舌'之'口'無關,純粹是一個區别符號。"③金文中有些原有之字字加"口"旁,亦無實在意義,比如井侯簋銘"追"字加口作"追"形。陳侯因𬤣敦帝字加口作"啻"。"＝"式符號,諸如"戒"字,"戒",(叔夷鐘,《集成》272—6)、"戒"(《璽彙》1238)。"冶"字所從字符'火'、'口'、'＝',皆可省,唯獨"刀"各種形體皆不省。我們知道,一般來説,形聲字的形符可省,聲符不可省,何琳儀認爲"刀"是聲符,故不可省。"刀"爲何是"冶"的聲符,何先生論述如下:

　　"冶",羊者切,喻紐四等,上古讀定紐。"刀",都劳切,端紐。定、端均屬舌端組,然則"冶""刀"雙聲。"刀",宵部;"冶",魚部。宵、魚每可旁轉,例不備舉。值得注意的是,從"刀"得聲的"叨",典籍亦作"饕"。《左傳·文公十八年》"謂之饕餮",《書·多

---

① 李學勤:《戰國題銘概述(下)》,《文物》1959年第9期。
② 黄盛璋:《戰國冶字結構類型與分國研究》,《古文字學論集初編》,香港中文大學,1983年,第425—439頁。
③ 姚孝遂:《再論古漢字的性質》,第315頁。

方》正義引作"叨饕",《説文》"饕"或作"叨",均其佐證。"饕"從"号"得聲,而"号"(宵部)可讀"胡"(魚部)。《荀子·哀公》"君号然也"。注:"号讀若胡,聲相近字遂誤耳。《家語》作君胡然也。"此從"刀"得聲之字可讀魚部字的佳證①。

此説從古音通轉的角度釋讀此字,頗有創説,但顯然解釋得過於迂曲。此字或爲會意字,"刀"符或爲義符,而非聲符,總之,此字的結構分析目前還没完全解通,尚待進一步考證。

冶表示冶官,是一種職務。或謂爲"冶制的工師"②,傅天佑認爲"冶"即"冶尹"之省稱③。我們認爲此説是,"冶"當非表示"工師",應是"冶尹"省稱。

鄭國六年戈銘云:"六年奠(鄭)命(令)韓熙、右庫工帀(師)司馬鷗,冶狄。"《三代》19·52·1)銘文中"工師"與"冶"並稱,可見冶亦非工師,乃不同身份之職。在兵器銘文行款中,又"工師"之署名,往往前置於"冶"者,可知"工師"的身份必尊於"冶尹"。確切言之,"工師"是鑄造兵器的監工,乃行政職務。《荀子·王制篇》:"論百工,審時事,辨功苦,尚完利,便備用,使雕琢文采不敢專造於家,工師之事也。"這裏已將"工師"的職責説得很清楚了。而"冶尹"爲造器過程中的掌管者,其職能是掌握造器的合金比例,即《考工記》中所記載的"冶氏執上齊",爲技術職務。這在已著録過的兵器銘文中亦有佐證,趙國銅劍有銘文云:"王立吏(事)、葡陽命瞿卯、左庫工師司馬郜、冶导執齊。"(《録遺》五九九)劍銘中的"執齊"即是文獻中"執上齊"含義,指鑄造器物過程中合金比例的掌握。於此可見,兵器銘文中的"冶"非與"工師"同④。

"工師"是鑄造兵器的監工,乃行政職務。《周禮·考工記》:"攻金之工,筑氏執下齊,冶氏執上齊。"此字體現了"物勒工名"的制度。《禮記·月令》:"物勒工名,以考其誠,功有不當,必行其罪。"就整體而言,戰國早期以前兵器多爲物勒主名,比如商代兵器的族氏銘文,西周時期的毛伯戈、大保戈等都可稱爲"物勒主名",戰國中期以後"物勒工名"代替了"物勒主名",如三晉、秦器、燕

---

① 何琳儀:《戰國文字通論(訂補)》,第 292 頁。
② 武漢市文物商店:《武漢市收集的幾件重要的東周青銅器》,《江漢考古》1983 年第 2 期。
③ 傅天佑:《兵器銘文中的"冶"非"工師"説》,《江漢考古》1984 年第 1 期。持此觀點的還有郝本性《〈新鄭"鄭韓故城"〉發現一批戰國銅兵器》,《文物》1972 年第 10 期)、何琳儀《戰國文字通論(訂補)》,第 123 頁)、高明《中國古文字學通論》,北京大學出版社,1996 年,第 441 頁)。
④ 傅天佑:《兵器銘文中的"冶"非"工師"説》,《江漢考古》1984 年第 1 期。

器銘文多屬"物勒工名"的形式。不過,齊兵器銘文中大多是"物勒主名"的形式,"物勒工名"的形式較爲罕見,目前所見僅 5 件。戰國文字中的"冶"存在很大的區域差異,不同的區域字形不同①,關於"冶"的區域地點,李學勤②、黃盛璋③、王人聰④、吳良寶⑤等已有專門論述,茲不贅述。

"洧"字,金文首見,从水从又,卜辭中有此字,或用爲地名。《甲骨文編》卷十一:"《説文》:'洧水出潁川陽城山東南入潁,从水有聲。'此从又即古文有字。"李孝定《甲骨文字集釋》按:"《説文》:'洧水出潁川陽城山東南入潁,从水有聲。'古文又、有得通,孫説可從。"此處當爲人名。

此戈形體修長,首部殘,援微上翹,隆脊、身兩側有刃,長胡三穿。内微上揚,兩側有刃,上部有缺凹,尾部稍殘,内上一長楔形穿。孫敬明定此戈的年代爲齊宣王、閔王時器⑥。我們認爲此戈的絕對年代尚無法確定,但就其形制而言,定爲戰國中晚期没有問題,因爲這種弧援、長胡的戈年代是比較晚的,如傳世的齊兵王章戈,與此戈的器形極爲類似。

4. 齊城左車戟

該車戟銘文共 10 字,鑄於内上,曰:"齊城左冶期所洧造車㦸(戟)",此戟董珊曾著文討論⑦,董文"所洧"二字未釋出,與本組戈銘對校,可知當爲"所洧"二字。期,形作下圖。此字過去不識,容庚《金文編》收於附録下(1201 頁,201 號,中華書局,1985 年),黃盛璋釋爲"期"⑧,未作具體説明。

金文中"期"字多"从日从其",如下所示:

---

① 齊國作"⿰亻兒""⿰亻后"形;燕國作"⿰亻征"形;趙國作"⿰亻後"形;楚國作"⿰亻兒"形。
② 李學勤:《戰國題銘概述(下)》,《文物》1959 年第 9 期。
③ 黃盛璋:《燕、齊兵器研究》,《古文字研究》第十九輯,第 33 頁。
④ 王人聰:《關於壽縣楚器銘文中的"但"字的解釋》,《考古》1972 年第 6 期。
⑤ 吳良寶、徐俊剛:《戰國三晋"冶"字新考察》,《古文字研究》第三十一輯,中華書局,2016 年,第 205—210 頁。
⑥ 孫敬明:《齊城左戈及相關問題》,《文物》2000 年第 10 期。其主要理由是此戈與齊兵王章戈形制近似,而王章戈據黃盛璋考證爲齊襄王時器。
⑦ 董珊:《新見戰國兵器七種》,《中國古文字研究》第一輯,第 68 頁。
⑧ 黃盛璋:《燕、齊兵器研究》,《古文字研究》第十九輯,第 33 頁。

[圖] （夆叔匜，《集成》10282）　　[圖]（《文物》1998年9期圖四）

由上可知,此字與"期"字形差別很大,釋"期"字恐非。施謝捷釋爲"朘",即《說文》肉部的"朘"字,讀若遜,認爲此字下半部从"肉",上半部是一個"从○从鼎"的字,現在的"員"字即由此簡化而成（參見裘錫圭《文字學概要》111頁,商務印書館,1988年）。"○"（圓之初文）中間加"·",形與日混同,但不能看成"日"字,因爲這種現象在晚周文字中常見,"日"也可省作"○",須視具體情況辨别。……裘錫圭在《戰國璽印文字考釋三篇》中指出:"小篆裏兩個偏旁左右並列的字,在先秦古文字裏往往可以寫作上下重疊式。"（詳《古文字論集》470頁,中華書局,1992年）,可見我們釋爲"朘",應該是可以的,此字用作人名①。後來,何琳儀、董珊也把此字釋爲"朘"②,我們認爲此説可從。

戟,即戟字,舊多釋爲"戈",實爲"戟"字③。齊地戈銘常見此字,如栖霞石門口出土的"垣左造戟"④,蒙陰唐家峪出土的"平阿左造徒戟"⑤。戟乃戈、矛的合體。齊國最早的戟是膠縣西庵車馬坑中出土的一件的戈、矛合鑄一體的卜字形戟,年代爲商代晚期⑥,發展到春秋戰國時期則演變爲戈、矛組裝於一柲複合式的戟。此戈銘辭例最爲完備:"齊城"爲地名,"左"表示左庫,"冶"爲冶工或冶官⑦,"期所洧"爲冶者名,"車戟"爲器名。

5. 齊城右造戟

此戟已殘,銘文鑄於内上,兩行八字,銘爲"齊城右造車戈（戟）冶期"。其中"造車戟"的讀法存在分歧,黄盛璋謂:"此戈可有兩種讀法:一是'車戟'連讀,……另一種是'造車'連讀。"⑧何琳儀認爲:"'造'疑讀'簉',參《左傳·昭

---

① 施謝捷:《釋"齊城右造車戟"銘中的"朘"》,《文教資料》1994年第6期。
② 何琳儀:《戰國文字通論》第91頁;董珊:《新見戰國兵器七種》,《中國古文字研究》第一輯,第68頁。
③ 黄茂琳:《新鄭出土戰國兵器中的一些問題》,《考古》1973年第6期;裘錫圭:《談談隨縣曾侯乙墓的文字資料》,《文物》1979年第7期。
④ 林仙庭、高大美:《山東栖霞出土戰國時期青銅器》,《文物》1995年第7期。
⑤ 孫昌盛、馬勇、褰麗麗:《山東蒙陰發現兩件銘文銅戈》,《文物》1998年第11期。
⑥ 山東昌濰地區文物管理組:《膠縣西庵遺址調查試掘簡報》,《文物》1977年第4期。
⑦ 董珊認爲這些"冶"並非"冶工",而是主管鑄造的工官（參考董珊《戰國題銘與工官制度》,第193頁）。
⑧ 黄盛璋:《燕、齊兵器研究》,《古文字研究》第十九輯,第27頁。

公十年》'使助薳氏之籓',注:'籓,副倅也.'《文選·西京賦》'屬車之籓',注:'籓,副也.'齊兵用'造',燕國用'萃',實乃雙聲幽脂通轉。"①我們認爲"造"字應爲動詞,如"齊城造","齊城子造"等,如讀爲"籓",表"副"義,卒不成句。出於同種用法,燕國兵器銘文中亦有"造"和"作"字,如"郾王職作御司馬"戈(《考古》1973年4期)、"郾王嘼慗(造)行義(儀)䍃司馬鉥"戈(《文物》1982年8期)。另外據"平阿左徒造徒戟"②,若"造"和"徒"連讀,則會有"造徒"一詞,這樣讀顯然不通,因此可知,"造"當爲動詞,"車戟"當連讀,"車戟"或"徒戟"之"車""徒"則表示兵器所用者不同的兵種身份,"車"爲車兵,"徒"則爲徒兵。

第二組　平陸組

平陸組主要見以下幾揭:

7. 平陸戈:平陸。(戰國,《集成》10925)

8. 平陸戈:平陸。(戰國,《集成》10926)

9. 平陸左戟:平陸左戟。(戰國中晚期,旅順博物館,《集成》11056)

平陸,地名。《史記·田敬仲完世家》康公十五年"魯敗齊平陸",《集解》:徐廣曰:"東平平陸。"《正義》:"平陸,兗州縣也。"《史記·田敬仲完世家》:"威王二十三年,與趙王會平陸。"《史記·趙世家》成侯十九年"宋會平陸",《正義》:"兗州縣也,平陸城即古厥國。"《史記·魯仲連列傳》:"且楚攻齊之南陽,魏攻平陸,而齊無南面之心。"《索隱》:"平陸,邑名,在西界。"《漢書·地理志》:"東平國之東平陸,因西河有平陸,故此加東。"清《一統志》:"平陸故城在汶上縣北。"據此可知,平陸在齊之西界、魏國的東界,在戰略位置上具有重要地位。

9. 平陸左戟

晉也有平陸地名,但戈銘"戟"乃齊文字特徵,故爲齊器。形制爲援有中脊,作弧形延伸,胡上有三穿,內三邊皆有刃、斜首,形制爲戰國中晚期特徵。

---

① 何琳儀:《戰國文字通論》,第90頁;何琳儀:《幽脂通轉舉例》,《古漢語研究》第一輯,1996年。
② 劉心健:《介紹兩件帶銘文的戰國銅戈》,《文物》1979年第4期。

第三組　高密組

高密組主要見以下幾揭：

10. 高密戈：高密戈。（春秋，《集成》10972）

11. 高密造戈：高密戠（造）戈。（春秋，《集成》11023）

高密，地名，故城在今山東省高密市西南。春秋稱夷維邑，屬萊國。前567年齊滅萊後地屬齊。戰國時始有高密之名，亦爲齊地。《水經注》應劭曰：“縣有密水，故有高密之名。”秦滅六國後，推行郡縣制。置高密縣，屬齊郡後改屬膠東郡。漢代沿用其名。《史記·高祖本紀》：“漢三年齊王烹酈生，東走高密。”《史記·淮陰侯列傳》：“韓信已定臨菑，遂東追廣至高密西。”應劭云：“縣有密水，故有高密之名。”《史記·三王世家》：“最愛少子弘，立以爲高密王。”《正義》引《括地志》：“高密故城在密州高密縣西南四十里。”《一統志》：“高密故城在高密縣西南。”

11. 高密造戈

戠，通造，齊銘“造”字从戈，爲其特點。此戈爲齊高密工官生産的兵器。

第四組　平陽組

平陽組見以下幾揭：

12. 平陽矛：平陽。（戰國，《集成》11471）

13. 平陽左庫戈：平陽左庫。（春秋，上海博物館，《集成》11017）

14. 平陽散戈：平陽散。（戰國，《天津古史尋繹》）①63頁）

15. 平陽高馬里戈：平陽高馬里戈。（春秋晚期，《集成》11156）

平陽，地名，先秦典籍稱平陽者甚多，主要有以下諸處。（一）古帝堯所都，春秋晋羊舌氏邑。《左傳》昭公二十八年晋分羊舌氏之田以爲三縣，趙朝爲平陽大夫。（二）春秋魯邑，在山東新泰縣西北，《春秋》宣公八年：“城平陽。”杜預注：“今泰山有平陽縣。”漢置東平陽縣，應劭曰：“河東有平陽，故此加東，後漢省。”《史記·灌嬰傳》：“從韓信攻龍且，留公旋於高密……斬薛公，下下邳，擊破楚騎於平陽。”《索隱》：“小顏云：此平陽在東郡。《地理志》太山有東平陽

① 韓嘉穀：《天津古史尋繹》，天津古籍出版社，2006年。

縣"。(三)春秋邾地,後爲魯地,《左傳》哀公二十七年:"越子使后庸來聘,盟於平陽。"《杜注》"西平陽。"(四)春秋衛地,在今河南滑縣南。《左傳》哀公十六年:"衛侯飲孔悝酒於平陽,醉而送之。"杜預注:"燕縣東北有平陽亭。"(五)戰國趙地,在河南臨漳縣西。《史記·秦始皇紀》:"桓齮攻趙,敗趙將扈輒於平陽。"(六)戰國秦地,在今陝西岐山縣西南,接寶雞縣界。《史記·秦本紀》:"寧公二年,公徙居平陽,武公元年,居平陽封宮。"《正義》:"封宮在平陽城內。"裘錫圭、李家浩認爲新泰的平陽遠在魯東北境,戰國時期,齊占領了魯國東北部大片土地,新泰的平陽應歸齊所有,平陽戈的"平陽",似應指新泰的平陽[①]。此平陽當爲今山東新泰一帶。

15. 平陽高馬里戈

地名附加里名,是齊國兵器銘文的特有的格式,如"成陽辛城里戈"(《集成》11154)、"平陽高馬里戈"(《集成》11156)。因此,此戈爲齊器無疑。黄盛璋指出:"齊原無平陽,惟魯有之……王獻唐以爲鄒縣西三十里平陽社,平陽寺,即其舊名之遺。《奇觚》10.2'平陽成聿'劍,乃僞刻。"[②]按,此劍筆畫粗劣,當係後人僞刻。

第五組　武城組

武城組見以下幾揭:

16. 武城戈:武城。(春秋晚期,《集成》10900)

17. 武城戈:武城戈。(1973年山東濰縣望留公社,濰坊市博物館,春秋中晚期,《集成》10966)

18. 武城徒戈:武城徒戈。(1973年山東濰縣望留公社,濰坊市博物館,春秋中晚期,《集成》11024)

19. 武城建戈:武城建戈。(春秋晚期,山東博物館,《集成》11025)

20. 武城戟:武城戟。(春秋晚期,《集成》10967)

21. 武城戈:武城戈。(1991年山東臨朐沂山鄉劉家峪村,戰國中晚期,《考古與文物》1999年1期96頁 圖一、圖二;《新出》1169)

---

① 裘錫圭、李家浩:《戰國平陽刀幣考》,《中國錢幣》1988年第2期。
② 黄盛璋:《燕、齊兵器研究》,《古文字研究》第十九輯,第31頁。

18. 武城徒戈

武城徒戈於 1973 年出土於山東濰縣麓臺村，銘文"武城徒戈"，鑄於戈胡正上。武城戈出土於濰縣，屬齊地。徒即步卒。《詩經·魯頌·閟宮》："公徒三百。"徒戟爲步兵所用武器。

該戈器形爲援略上揚，脊近上側，内微升翹，援、胡皆有刃，内與援相接處正、背面均增厚加固。内中有一横穿，胡部闌側三穿，報告者從形制、與銘文特徵分析此戈的年代當在春秋中晚期。① 黄盛璋則認爲此戈的年代爲戰國晚期②。李學勤認爲是戰國田齊的器物③。我們認爲此戈的年代當爲戰國中晚期，但從形制而論，似難區分年代，春秋晚期、戰國中晚期都看到類似形制的戈，但有一點可以確認，此戈年代絶非春秋早期，此戈鋒上下刃弧綫前聚，非春秋早期三角形戈鋒，援部内部微微上翹，也顯非春秋早期。此種形制在春秋中晚期也出現過，諸如"宋公差柳戈"（《文物》1981 年 1 期）、"叔戈"（《考古》1982 年 2 期）、"許戈"（《文物》1982 年 4 期）等。戰國中晚期也有發現，江陵望山、輝縣固圍村等地都有類似的戈出現。類似形制的戈的流行年代較長，僅從形制判斷有很大難度。我們認爲李學勤提出了判斷該戈年代、國别的有力證據，麓臺村一號戈"城"字從"𠂤"，右側"成"所從之"丁"寫作一豎，中間一點，與田齊陶文全同④。

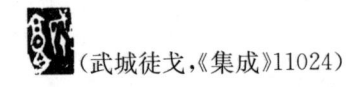

（武城徒戈，《集成》11024）　　（《陶文圖録》2.627.4）

黄盛璋指出此戈之"武城"爲魯國境内的南武城，即今山東費縣西南石門山下之南城⑤。李學勤指出魯國武城具有重要的戰略地位，在該地設立兵工廠，生産武器，備戰事之需是非常可能的⑥。孫敬明指出武城諸戈（戟）爲費縣之武城所鑄，費縣之武城春秋爲魯邑，戰國則屬齊，爲齊之南境，與楚接近，地理位置十分重要。⑦ 朱力偉指出先秦地名中的"武城"有六地，此戈之武城應

---

① 傅德、次先、敬明：《山東濰縣發現春秋魯、鄭銅戈》，《文物》1983 年第 12 期。
② 黄盛璋：《燕、齊兵器研究》，《古文字研究》第十九輯，第 32 頁。
③ 李學勤：《試論山東新出青銅器的意義》，《文物》1983 年第 12 期。
④ 李學勤：《試論山東新出青銅器的意義》，《文物》1983 年第 12 期。
⑤ 黄盛璋：《燕、齊兵器研究》，《古文字研究》第十九輯，第 32 頁。
⑥ 李學勤：《試論山東新出青銅器的意義》，《文物》1983 年第 12 期。
⑦ 孫敬明：《沂蒙先秦兵器銘文集釋繹論》，《考古發現與齊史類徵》，第 215 頁。

爲魯之南武城①。周翔指出此戈之銘文風格爲齊系,出王地爲山東濰坊,故此戈之"武城"應爲春秋魯之南武城②。

春秋魯國武城一爲魯西武城,在今山東嘉祥縣;一爲魯之南武城,在今山東省費縣西南。《左傳》哀公八年:"三月,吳伐我,子洩率,故道險,從武城。"

21. 武城戈

此戈爲 1992 年 12 月山東臨朐沂山鄉劉家峪村出土,銘文"武城戈"鑄造於內上,戈形制爲援部微曲,內微上翹。援胡均有刃,內中有橫穿,胡部闌側三穿,有綠色癍痕。官德傑認爲此戈年代爲戰國中晚期,其理由有二:一是認爲此戈形制與青州市趙鋪遺址出土的戰國中晚期戈相同,二是銘文筆畫粗放,字體豐碩,具有齊國兵器銘文的特點③。

第六組　平阿組

平阿組見以下幾揭:

22. 平阿左戈:平叴(阿)左。(戰國晚期,《集成》11001)
23. 平阿左戈:平叴(阿)左戈。(戰國,沂水縣博物館,《文物》1991 年 10 期 32 頁圖一、圖二④;《新收》1030)
24. 平阿左戈:平叴(阿)左戈。(春秋晚期或戰國早期,《集成》11041)
25. 平阿右戈:平叴(阿)右戈。(戰國晚期,《金文總集》⑤6.31)
26. 平阿左造徒戟:平阿左造徒戟。(戰國,1977 年山東蒙陰唐家嶺,《集成》11158)
27. 平阿左造戟:平阿左造戟。(戰國晚期,山東即墨出土,《文物》2002 年 5 期 95 頁圖一、圖二⑥)
28. 平阿右同戟:平叴(阿)右同戟。(戰國晚期,濟南博物館藏,《考古》1994 年 9

---

① 朱力偉:《東周與秦兵器中所見的地名》,吉林大學碩士學位論文,2004 年,第 10 頁。
② 周翔:《戰國兵器銘文分域編年研究》,浙江師範大學碩士學位論文,2010 年,第 267 頁。
③ 官德傑:《山東臨朐新出武城戈》,《考古與文物》1999 年第 1 期。
④ 馬璽倫、李玉亭、王元平:《山東沂水縣出土一件"平叴左錢"銅戈》,《文物》1991 年第 10 期。
⑤ 嚴一平:《金文總集》,藝文印書館,1983 年。
⑥ 黃美麗:《煙臺博物館收藏的一件戰國銅戈》,《文物》2002 年第 5 期。

期 860 頁①;《新出》1150)

29. 平阿戟：平阿□□□。(戰國,濟南博物館藏,《考古》1994 年 9 期 859 頁圖一②)
30. 平阿造戈：平呵(阿)右僕造戈。(戰國早期,《介紹一件新見平阿造戈》③)
31. 平阿戈：平呵(阿)戈。(戰國,1990 年莒縣招賢西黃埠,莒縣博物館,《莒縣文物志》261 頁)

平阿,地名。其地望學界尚無定論,先秦文獻中有此地名。《史記·田敬仲完世家》齊宣王七年"與魏王會平阿南",又《史記·魏世家》魏惠王三十五年"與齊宣公會平阿南",《正義》:"沛郡,平阿縣也。"《吕氏春秋·離俗覽》:"齊、晋相與戰,平阿之余子亡戟得矛。"高注:"平阿,齊邑也。"《水經·淮水注》:"淮水又東逕當塗縣,淮之西有平阿縣故城。"《讀史方輿紀要》:"平阿城,縣北三十里,戰國時齊邑。"《一統志》引縣志:"懷遠縣西南六十里有平阿集,在平阿山下。"上述記載平阿地望已經深入楚境,故有學者對此有懷疑,黄盛璋認爲"齊地何以能至此處？頗未易解,然傳統皆以爲在此處。"④《史記·孟嘗君列傳》:"宣王七年,田嬰使於韓、魏,韓、魏服於齊。嬰與韓昭侯、魏惠王會齊宣王東阿南,盟而去。"錢穆《史記地名考》案:"《孟嘗君傳》作'東阿'。沛平阿故城,今安徽懷遠縣西南六十里平阿集、非齊、魏會也。"⑤何琳儀指出"平阿"爲地名,在今安徽懷遠⑥。吴良寳認爲齊文字中的"平阿"即秦文字中的"東阿",可能是傳世文獻中的齊國"阿(柯)"地,依據是《史記·孟嘗君列傳》"嬰與韓昭侯、魏惠王會齊宣王東阿南,盟而去",索隱:"《紀年》當惠王之後元十一年,彼文作'平阿'。"⑦

《史記·項羽本紀》正義引《括地志》:"東阿故城在濟州東阿縣西南二十五里,漢東阿縣城,秦時齊之阿也。"錢穆《史記地名考》案:"今山東陽穀縣東北五

---

① 于中航:《先秦戈戟十七器》,《考古》1994 年第 9 期。
② 于中航:《先秦戈戟十七器》,《考古》1994 年第 9 期。
③ 黄錫全:《介紹一件新見平阿造戈》,《古文字與古貨幣文集》,第 226—231 頁。
④ 黄盛璋:《燕、齊兵器研究》,《古文字研究》第十九輯,第 33 頁。
⑤ 錢穆:《史記地名考》,商務印書館,2001 年,第 416 頁。
⑥ 何琳儀:《戰國文字通論(訂補本)》,第 89 頁。
⑦ 吴良寳:《談戰國時期齊國的置縣問題》,《戰國文字研究的回顧與展望》,中西書局,2017 年,第 186 頁。

十里,即春秋之阿。"①黄錫全認爲平阿有屬齊屬楚之別,認爲齊之平阿可能在今山東陽穀縣東北,即齊之"阿"地別稱。楚平阿當在安徽懷遠②。齊國、楚國皆有平阿,且"平阿"寫法不同,楚國"平"字从土,阿不从土。而齊國"平"字不从土,"阿"字大多从土。"平、阿二字的不同寫法釋區分楚齊特點的典型字例"③。

我們認爲,齊宣王七年"與魏王會平阿南"之平阿當非本組兵器銘文中之"平阿",正如學者所言,此平阿已深入楚國境内,齊武庫的設立當非在統治不穩的區域內。儘管目前還無法確定齊兵器銘文中"平阿"之具體位置,但應當在齊統治穩定地區是無疑問的,此平阿或爲文獻中之"阿邑",《史記·齊太公世家》齊桓公五年,"伐魯,魯將師敗。魯莊公請獻遂邑以平,桓公許,與魯會柯而盟",杜預曰:"此柯今濟北東阿,齊之阿邑,猶祝柯今爲祝阿。"《戰國策·秦策》:"宋、衛乃當阿、甄耳。"鮑本莊十三年注:"阿,今濟北東阿,齊之阿邑。"阿邑的地望有待進一步研究,或爲錢穆所言在今山東陽穀縣東北五十里,東南與東平州接壤。迄今爲止,署名平阿的齊國兵器數量最多,凡十餘件,足可知平阿作爲齊國兵器的鑄造中地位是舉足輕重的。

23. 平阿左戈

此戈1987年在沂水縣城東40公里的富官莊鄉黄泥溝村徵集,出土地應在此區域。黃泥溝村東臨諸城,南靠莒縣,村北三公里爲齊國長城遺址,戰國時期當屬齊國地域。戈援揚,内微翹起,闌側三長方形穿,内上一長梯形穿。内側鑄有銘文四字,報告稱李學勤釋爲"平𨹹(阿)左鈛(戈)"④。從形制看,此戈時代當爲春秋晚期或戰國早中期。

26. 平阿左造徒戟

此戈1977年蒙陰唐家嶺出土,援上揚狹長,弧背,正中起脊,斷面呈菱形,内上翹,内上一長方形橫穿,内末端呈尖狀。長胡,闌側三長方形穿,内後尾部有銘兩行,每行三字,爲"平阿左造徒戟"。此戈首字拓本作如圖A。

---

① 錢穆:《史記地名考》,第418頁。
② 黄錫全:《介紹一件新見平阿造戈》,《古文字與古貨幣文集》,第228頁。
③ 黄錫全:《介紹一件新見平阿造戈》,《古文字與古貨幣文集》,第228頁。
④ 馬璽倫、李玉亭、王元平:《山東沂水縣出土一件"平阿左戈"銅戈》,《文物》1991年第10期。

或釋爲"元"①，諦審拓片，當釋"平"爲是。"平"字寫法如圖 B。

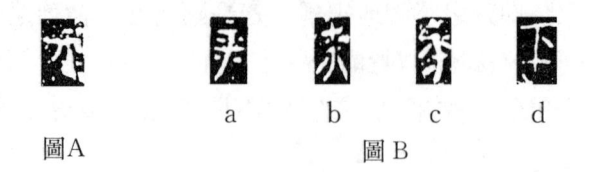

　　　　　　　a　　　b　　　c　　　d
　　圖A　　　　　　　圖B

注釋：a. 平阿右戈(《金文總集》6.31)；b. 平陽左庫戈(《集成》11017)；c. 平阿左戈(《集成》11001)；d. 莒叔之仲子平鐘(《集成》172)

　　據《蒙陰縣志》記載："蒙爲春秋蒙邑，在今蒙陰縣境內西南。蒙邑之北則爲齊之堂阜邑、艾邑。"蒙陰位於費縣西北，南武城位於今費縣境內，二者爲鄰。齊威王時南武城已歸於齊國，蒙陰近於其，爲齊魯兩國兵戈常加之地。

　　27. 平阿左造戟

　　此兵器署名爲"戟"，實爲"戈"，戈內部有銘文五字，"平阿左造戟"。此戈於二十世紀九十年代出土於山東即墨店集鎮重疃村。戈形體細長，援長而上揚，中起脊，前端略顯寬，援鋒尖銳。闌側三穿，最長一穿爲半圓形，餘二穿爲規整長方形。內較長，末端作璋形，近中部一窄長穿。援、胡及內之周緣均有陡直的刃坡。②此戈器形與新泰周家莊東周墓地出土的 M18：10 的戈極爲相近③，爲戰國中晚期典型器形。銘文第二字雖殘泐不清，僅餘" "，但比較其他"平阿"所造兵器銘文，此字當釋爲"阿"字無疑。

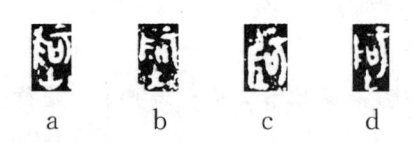

　　　a　　　b　　　c　　　d

注釋：a. 平阿右戈(《金文總集》6.31)；b. 平阿左戈(《集成》11041)；c. 平阿左戈(《集成》11001)；d. 平阿左戈(《集錄》1135)

---

① 劉心健：《介紹兩件帶銘文的戰國銅戈》，《文物》1979 年第 4 期。
② 黃美麗：《煙臺博物館收藏的一件戰國銅戈》，《文物》2002 年第 5 期。
③ 山東省文物考古研究所、新泰市博物館：《新泰市周家莊東周墓地》，《中國考古學年鑒》，2004 年。

28. 平阿右同戟

此器名戟，實爲戈。援狹長、上揚、起中脊、内上翹、三面刃、末端爲斜刀，闌側兩長方形穿，胡鑄銘五字"平阿右同戟"。此戈爲戰國晚期典型器形。

右同，各家所釋不一，于中航認爲當爲齊國軍隊組織名稱①。黃錫全懷疑是一種職官名或者其他，與編制左右及左右武庫没有關係②，其義闕疑。

30. 平阿造戈

此戈最先由黃錫全著文介紹，對銘文及相關問題進行詳細討論③。該戈中胡三穿，内部一穿，内下中部後方内凹，胡部鑄銘六字"平阿右僕造戈"。銘文第四字銹蝕較爲嚴重，黃錫全考證爲"僕"。此字在齊國文字中習見，如下圖：

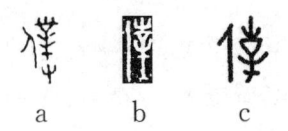

　　　　a　　b　　c

注釋：a. 叔夷鎛（《集成》285）；b.《璽彙》3551；c.《古陶文彙編》3.109④

"僕"字見於齊陶文、璽印，燕兵器銘文，西周金文中。齊陶文"繇鄉中匋里僕（《古陶文彙編》3.109"，此處"僕"字當爲人名，與"繇鄉東匋里結（《古陶文彙編》3.111）""繇鄉東匋里悆（《古陶文彙編》3.114）""繇鄉東匋里喜（《古陶文彙編》3.115）"中的"結""悆""喜"類同。燕兵器枳里戈銘文"左軍之🆎僕大夫殷之卒公孳（思）雁之□□，工枳里疭之🆎戈（《雙劍誃吉金圖録》⑤下 20）"，🆎，或隸定爲"攸"⑥，或隸定爲"殳"⑦，或隸定爲"攻"⑧。"🆎"字左邊當爲"毛"，由《説文》"宅"字古文作"𠈉""庈"可知。何琳儀認爲"攸"應依據《説文》古文讀"捶"。

---

① 于中航：《先秦戈戟十七器》，《考古》1994 年第 9 期。
② 黃錫全：《介紹一件新見平阿造戈》，《古文字與古貨幣文集》，第 228 頁。
③ 黃錫全：《介紹一件新見平阿造戈》，《古文字與古貨幣文集》，第 226—231 頁。
④ 高明：《古陶文彙編》，中華書局，1990 年，第 69 頁。
⑤ 于省吾：《雙劍誃吉金圖録》，中華書局，2009 年。
⑥ 李學勤：《戰國題銘概述》，《文物》1959 年第 9 期。
⑦ 黃茂琳：《新鄭出土戰國兵器中的一些問題》，《考古》1973 年第 6 期。
⑧ 李孝定、周法高、張日昇：《金文詁林附録》，香港中文大學出版社，1977 年，第 1595 頁。

《説文》："捶，以杖擊也。"引申爲泛言"擊殺"，朳里疕戈銘"**敇僕**"似讀"捶撲"，爲官名。《後漢書·申屠剛傳》"捶撲牽曳於前"，《後漢書·左雄傳》"加以捶撲"。朳里疕戈銘"捶撲大夫"可能是隸屬於"左軍"的下級官吏[1]。由朳里疕戈銘文可知"**敇僕**"屬於"左軍"，疑爲官職之名。西周金文中也名僕、夷僕等職官，如趞鼎"啻官僕、射、士"，静簋"王命静司射學宫，小子眔小臣眔夷僕學射"，師旂鼎"師旂衆僕不從王征於方雷"。張亞初認爲僕、夷僕可能與《周禮》中的大僕等職官有一定關係，僕是武官職名，地位似不很高[2]。我們認爲平阿造戈銘"右僕"也應該是官職名稱，其地位、職能尚待進一步研究。

第七組　城陽組

城陽組見以下幾揭：

32. 城陽戈：成昜(陽)辛城里戈。（春秋晚期，《集成》11154）
33. 城陽戈：成昜(陽)辛城里戈。（春秋晚期，《集成》11155）
34. 城陽左戈：成昜(陽)左。（春秋晚期，《周金文存》6.46）
35. 城陽左戈：成昜(陽)左戈。（春秋晚期，《文物》2018年第8期）

城陽，本作成陽，地名。城陽陶文中又作"城圖(《陶録2.586.2》)"。《戰國策·楚四》："襄王流揜於城陽。"南宋鮑彪本《戰國策》"城"即作"成"。《史記·高祖本紀》："齊軍歸，楚獨追北。使沛公、項羽別攻城陽，屠之。《索隱》曰："《地理志》城陽屬濟陰。"《史記·田儋列傳》："齊人相聚叛之。榮弟横，收齊散兵，得數萬人，反擊項羽於城陽。"《正義》曰："城陽，濮州雷澤是。"一般認爲城陽戰國時屬濟陰郡，今山東鄄城一帶。另外，還有莒地城陽，《後漢書·方術列傳·趙彦》稱"莒有五陽之地"，注："謂城陽、南武陽、開陽、陽都、安陽並近莒。"《包山》145號簡"成昜卜尹成以告子司馬"，徐少華指出"楚成陽，即漢汝南郡之成陽縣，即今河南信陽市北50餘里的楚王城遺址"[3]。陶文中也見"城陽"地名，1980年益都縣北四十里的孫板村遺址出土了一批豆、壺陶器，上面有銘文"城陽邑楚""城陽邑瘖""城陽邑昇"，故有學者認爲陶文中城陽當在臨淄城東四十

---

[1] 何琳儀：《戰國文字通論》，第287頁。
[2] 張亞初：《西周金文官制研究》，中華書局，1986年，第55頁。
[3] 徐少華：《包山楚簡釋地十則》，《文物》1996年第12期。

里,今益處縣的"臧臺城"①。

32. 城陽戈

辛城里,隸屬城陽邑,邑名加里名,爲齊國兵器銘文獨特的形式,除了本銘外,還有"平陽高馬里戈(《集成》11156)"等。辛城里爲此戈鑄造之地。這種特殊的格式在齊陶文中也很常見,如"鰲鄙大匋里犬(《季木藏陶》32.12)""左南郭鄙辛咢里賵(《季木藏陶》60.1)",湯餘惠認爲此辛城里應屬民間私營冶鑄作坊②。

35. 城陽左戈

該戈出土於山東省新泰市翟鎮崖頭河,1996年由新泰市博物館徵集。戈直援無脊,弧綫形尖鋒,内部平直無刃,呈圓角長方形,上有一長三角形橫穿,末端鑄"成䞻左戈"兩行四字銘文。整理者認爲"成陽左戈"戈當爲成國遷至成之陽改稱"成陽"後其左庫鑄造的兵器③。

第八組　高陽組

高陽組見以下幾揭：

36. 高陽劍：高陽左庫。(戰國,《集成》11581)
37. 高陽戈：高陽。(戰國,《積古》8.8)
38. 高陽左戈：高陽左。(戰國,《積古》8.61)

高陽,地名。《漢書·地理志》琅邪郡下轄"高陽,侯國"。《太平寰宇記》載在高密西北三十四里。原屬齊邑,後屬燕,《戰國策·趙策》："燕封宋人榮蚡爲高陽君,使將而攻趙。"何琳儀根據《漢書·地理志》琅邪郡有高陽侯國考訂在今山東莒縣東南④。孫敬明認爲"高陽,齊邑,位於齊東境。……今屬昌邑,在縣城南四十里的高陽村,據稱在此發現過高陽侯漢印。由戈銘證之,此地名戰國已有"⑤。

---

① 孫敬明：《齊陶新探》,《古文字研究》第十四輯,第222—223頁。
② 湯餘惠：《戰國銘文選》,第73頁。
③ 趙敏：《新泰市博物館藏"成陽左戈"銘文》,《文物》2018年第8期。
④ 何琳儀：《戰國古文字典》,中華書局,1998年,第290頁。
⑤ 孫敬明：《考古發現與戰國齊兵器研究》,《管子學刊》1992年第2期。

36. 高陽劍①

左庫，爲齊國於高陽所設武庫，戰國時期齊國於齊都及重要的地方城邑設有軍事武庫以鑄造和管理兵器，主要分爲左、右武庫。高陽左戈"高陽左"之"左"當爲"左庫"之省稱，齊兵器銘文中左、右武庫常省略爲左、右，如"平阿右戈""平阿左戈""平陸左戟""城陽左"等。

第九組　安平組

安平組見以下幾揭：

39. 安平右矛：安平右。（戰國，《集成》11488）
40. 安平右矛：安平右。（戰國，《集成》11489）
41. 安平右矛：安平右。（戰國，《集成》11490）

安平，地名。《史記·齊太公世家》："平公即位，田常相之，專齊之政。割齊安平以東爲田氏封邑。"《索隱》曰："安平，齊邑。"安平本爲紀國酅邑，齊國改爲安平，秦滅齊後，因定州有安平，故改名爲東安平縣。《史記·田單列傳》："襄王封田單，號曰安平君。"《索隱》曰："以單初起安平，故以爲號。"

"平"字或釋爲"朮"②，《引得》釋爲"尤"；孫敬明釋爲"平"③，何琳儀將其釋爲"釆"，並認爲"釆""平"均屬並紐，雙聲可通，且形體接近，故應讀爲"安平"④。董珊釋"平"⑤。當釋"平"爲是，該字字形如下圖：

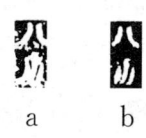

a　b

注釋：a. 安平右矛（《集成》11489）；b. 安平右矛（《集成》11490）

"平"字齊文字中常見，主要有兩種形體，一種爲上面整齊或增點爲飾，另一種上部有"八"字飾筆，如下圖：

---

① 董珊疑爲僞器（《戰國題銘與工官制度》，第194頁）。
② 中國社會科學院考古研究所：《殷周金文集成釋文》卷六，香港中文大學，2001年，第577頁。
③ 孫敬明：《考古發現與戰國齊兵器研究》，《管子學刊》1992年第2期。
④ 何琳儀：《古兵地名雜識》，《考古與文物》1996年第6期。
⑤ 董珊：《戰國題銘與工官制度》，第196頁。

第一章　東周齊莒系金文編年彙釋、年代考訂與分國整理　207

　　　　　　a　　b　　c

注釋：a. 平陸戈(《集成》10926)；b. 平阿左戈(《集成》11001)；c.《璽彙》0313

　　三件矛形制接近，三葉狹窄，葉末圓轉，圓骹中空至脊前部。形制同新泰周家莊 M1：63 號矛接近①，時代爲春秋晚期或戰國早中期。

　　第十組　鄆組
　　鄆組見以下幾揭：
　　42. 鄆戈：鄆。(戰國晚期，《集成》10828)
　　43. 鄆左戈：鄆左。(戰國，《集成》10932)

鄆，地名。春秋時屬魯國，戰國時屬齊。春秋時期魯有兩鄆，東鄆和西鄆。《十三州記》："魯有兩鄆，昭公所居者爲西鄆，莒、魯所爭者謂之東鄆。"東鄆，《春秋·文公十二年》："季孫行父帥師城諸及鄆。"楊伯峻《春秋左傳注》："魯有兩鄆，東爲東鄆，昭元年傳云：'莒、魯爭鄆，爲日久矣。'此時屬魯，故季孫帥師城之。……成九年楚伐莒，'莒潰，楚遂入鄆'，襄十二年'莒人伐我東鄙，圍台，季武子救台，遂入鄆，取其鐘以爲公盤'，則其時鄆在莒矣。……鄆當在今山東省沂水縣東北五十里。"②西鄆，《春秋·成公四年》："冬，城鄆。"楊伯峻《春秋左傳注》："此則西鄆。(成公)十六年傳'公遷，待于鄆'，即此西鄆。地近于齊，昭二十五、二十六、二十九，以及定六、七、十年諸鄆，皆西鄆。在今山東鄆城縣東十六里。"③

　　42. 鄆戈
　　"鄆"字从邑，形如下圖：

　　　　(鄆戈，《集成》10828)

①　山東省文物考古研究所、新泰市博物館：《新泰市周家莊東周墓地》，《中國考古學年鑒》，2004 年。
②　楊伯峻：《春秋左傳注》，第 586 頁。
③　楊伯峻：《春秋左傳注》，第 817 頁。

"𠃜"爲"邑"字變體,"邑"形見下圖:

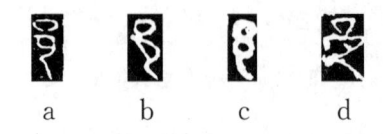

| a | b | c | d |

注釋: a. 翰鎛(《集成》217);b. 洹子孟姜壺(《集成》9730);c.《璽彙》0198;d.《璽彙》0289

戈銘首字,舊釋作"渾"。徐在國認爲字左邊是"邑",應釋作"鄆",從字體風格判斷似屬齊戈,則此鄆可能是指魯之東鄆,戰國末期已被齊占領①。黃盛璋考證此戈言:"鄆爲魯邑,但魯有東西二鄆,《十三州志》曰:'魯有兩鄆,昭公所居者爲西鄆,莒、魯所爭者爲東鄆。'……最早見於經傳者爲東鄆,即文十二年《經》'季孫行父帥師城諸及鄆'……西鄆最早見於成四年《經》'冬,城鄆。'成十六年《傳》:'晋人執季文子于苕丘,公還,待于鄆。'杜注:'鄆,魯西邑,東郡廩邱縣東有鄆城。'此戈字體仍當屬魯,應爲西鄆,去魯都較近。"②孫敬明認爲此戈銘文屬於齊國文字,故應爲東鄆所造③。

此戈形制援長而狹,援弧曲,中部内收,胡寬肥,闌側三穿。内微上翹,上有一穿,内末端及下側有刃,形制同於淳于右造戈,爲戰國中晚期典型形制。

附:鄆左戈

此戈著錄於《集成》10932,徐在國認爲此戈"鄆"字形體與 10828 號戈"鄆"字形體略異,从字體風格判斷似屬齊戈④。何琳儀定爲齊器,地在山東鄆城⑤。

"鄆左"之"左"與其他齊兵器銘文中"左"意義相同,我們知道齊系金文中"左""右"當爲"左(右)武庫"的省稱⑥。因此"鄆左"即爲"鄆左庫"之省稱。

第十一組　郲組

郲組見以下幾揭:

---

① 徐在國:《兵器銘文考釋(七則)》,《古文字研究》第二十二輯,中華書局,2000年,第117頁。
② 黃盛璋:《燕、齊兵器研究》,《古文字研究》十九輯,第49頁。
③ 孫敬明:《沂蒙先秦兵器銘文集釋繹論》,《考古發現與齊史類徵》,第217頁。
④ 徐在國:《兵器銘文考釋(七則)》,《古文字研究》第二十二輯,第117頁。
⑤ 何琳儀:《戰國文字通論(訂補)》,第89頁。
⑥ 吳振武:《趙鈹銘文"伐器"解》,《訓詁論叢》第三輯,第799頁。

44. 乘右戈：乘右治。（戰國時期，1975 年山東臨沭縣，《考古》1984 年 4 期 351 頁，《集成》10997）

45. 乘左冶戈：乘左冶。（戰國晚期，1970 年山東臨沭縣五山頭村，《考古》1990 年 2 期；《近出殷周金文集録》①1116）

乘，地名，齊國有千乘地名。孫敬明認爲乘即"千乘"地名，《齊乘》："千乘城，郡國志高苑縣北二十五里古千乘縣，以齊景公有馬千駟，畋於青丘得名，縣北有青丘灤。"即今清水泊也，在今廣饒縣境，此乘當千乘之省②。地名中氏、丘、陽、城等皆爲地名後綴，故可省去，然省前者不多見，孫説恐非。何琳儀認爲"乘"，即"乘氏"，見《漢書·地理志》濟陰郡"乘氏"，注"應曰，《春秋》敗宋師於乘丘，是也"。全祖望曰"乘丘在泰山，魯地。乘氏别一邑"。按"氏""丘"均爲地名後綴，故"乘""乘氏""乘丘"實爲一地。《括地志》："乘丘，在瑕丘縣西北，居之者以爲氏，望出平陽。"③吴良寶指出何琳儀將濟陰郡"乘氏"與泰山郡"乘丘"混同，但戈銘"乘"是指"乘丘"應可信。④ 但署名乘的這兩件銅戈都出土於山東臨沭縣，疑乘地當爲此處。

44. 乘右戈

此戈 1975 年臨沭縣文化館收集，報導者釋爲"郏"，並認爲乃"郯"之俗寫⑤。何琳儀釋作"乘"⑥，此字與"郯"字形不合，當釋"乘"爲是。

45. 乘左冶戈

此戈 1970 年山東臨沭縣五山頭村出土，器形爲援狹長、上揚、起中脊，内上翹、一長方形穿，三面刃，末端爲斜刀，闌側兩長方形穿，内尾部鑄"郏左冶"三字，從器形看年代當爲戰國中晚期。

戈銘"乘右冶"，原報告釋爲"郏右司"⑦。何琳儀釋"乘"⑧。"郏"即"乘"字，形如下圖：

---

① 劉雨、盧岩：《近出殷周金文集録》，中華書局，2002 年。
② 孫敬明：《考古發現與戰國齊兵器研究》，《管子學刊》1992 年第 2 期。
③ 何琳儀：《戰國兵器銘文選釋》，《考古與文物》1999 年第 5 期。
④ 吴良寶：《談戰國時期齊國的置縣問題》，第 186 頁。
⑤ 劉心健、王亮：《山東臨沭出土銅器》，《考古》1984 年第 4 期。
⑥ 何琳儀：《戰國兵器銘文選釋》，《考古與文物》1999 年第 5 期。
⑦ 王亮：《山東臨沭縣發現青銅器》，《考古》1990 年第 2 期。
⑧ 何琳儀：《戰國兵器銘文選釋》，《考古與文物》1999 年第 5 期。

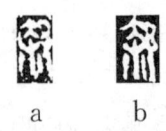

注釋：a. 郲右戈(《集成》10997)；b. 郲左冶戈(《考古》1990 年 2 期圖二)

甲骨文"乘"作"𠡠"，同"郲"右旁，此字隸定爲"郲"字無疑。戈銘第二字原報告釋爲"右"，當爲左字，該字形如下圖：

古文字中"左"字多从"工"，"右"字多从"口"，如下圖：

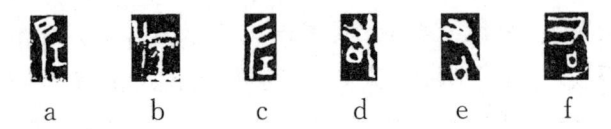

注釋：a. 陳純釜(《集成》10371)；b. 陳喜壺(《集成》9700)；c. 陰平劍(《集成》11609)；d. 平阿右戈(《周金文存》631)；e.《集成》11259；f.《璽彙》0033

關於古文字中左、右的區別，學者有不同説法，黄錫全認爲主要在於"又（手）"的方位，在右者爲"右"，在左者爲"左"，而不在於从"工"或从"口"，大多如此[1]。張振林認爲古文字中的"左""右"，早期字形像左手、右手之形，又表示方位之左、右，字形方位是辨析二字的重要依據。到了春秋戰國時期，漢字象形表義的作用大爲減弱，偏旁部件在區別意義上的作用變得越來越大，"左""右"二字在構成上則體現爲以"工"部件爲左的標志，以"口"部件爲右的標志，二字不再靠方位來區分，區別僅在於从"工"還是从"口"[2]。我們認爲張振林的意見是對的，不過需要指出的是，文字的發展具有一定的地域性，古文字材料中"左""右"二字的寫法在不同地域是有所不同的，如戰國中山國文字、秦系文字、齊系文字中，"左""右"二字的區別在於从"工"還是从"口"，而在楚系文字中，"左""右"多从"口"作，左右手形的方位則是辨別的重要依據。

[1] 黄錫全：《介紹一件新見平阿造戈》，《古文字與古貨幣文集》，第 229 頁。
[2] 張振林：《郳右𢧢戟跋》，《古文字研究》第十九輯，第 85—88 頁。

第一章　東周齊莒系金文編年彙釋、年代考訂與分國整理　211

戈銘第三字漫漶不清，形如下圖：

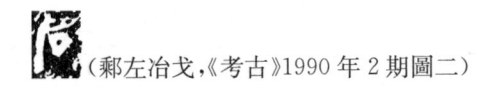

（郱左冶戈，《考古》1990年2期圖二）

此字釋"司"字顯然有問題，齊文字中"司"字形如下圖：

　　a　　b　　c

注釋：a.《璽彙》0019；b.《璽彙》0027；c.《璽彙》0033

張振林認爲此字从尸从足，當釋爲"疋"。他指出"右疋"應該是官職名，但"右疋"爲何職，尚需考證①。何琳儀隸定爲"疋"，認爲是"居"的異體，爲兵器名稱，疑即燕國戟銘中常見的"鋸"字，即文獻中的"瞿"或"鐅"②。孫敬明釋爲"冶"，認爲銘文中的"   "爲典型的燕國字體中的"冶"③。董珊同意何琳儀之見，指出雖不知古"居"之來源，但此"居"之義應與"庫"同，並引《廣雅·釋宫》"屋、庫，舍也。"《説文》："屋，居也。"又云："庫，兵車藏也。"《釋名》云："庫，舍也，物所在之舍也，故齊魯謂庫曰舍也。"可推測，在先秦兩漢時的齊魯地區，有時候是把"庫"稱作"居"的④。《古文字譜系疏證》讀爲"胥"，指胥吏⑤。趙平安通過聯繫清華簡《治邦之道》"廥（府）定（庫）"之定，認爲這個字應分析爲从广（或厂或宀）疋聲，應看作"庫"的異體字⑥。該字釋"庫"正確可從。

第十二組　亡鹽組

亡鹽組見以下幾揭：

46. 亡鹽戈：亡鹽右。（戰國早期，《集成》10975）

47. 亡鹽戈：亡鹽右。（戰國早期，《考古》1994年9期858—860頁；《近出殷周金

---

① 張振林：《郱右疋戟跋》，第85—88頁。
② 何琳儀：《戰國兵器銘文選釋》，《考古與文物》1999年第5期。
③ 孫敬明：《齊兵説"冶"》，《濟南教育學院學報》2001年第3期。
④ 董珊：《戰國題銘與工官制度》，第193頁。
⑤ 黄德寬主編：《古文字譜系疏證》，商務印書館，2007年，第1624頁。
⑥ 趙平安：《論東周金文"庭"當爲"庫"字異體》，《民俗典籍文字研究》2020年第1期。

文集錄》1121)

48. 亡鹽戈：亡鹽右。(戰國早期,《集成》10976①)

亡鹽,地名。《綴遺齋彝器款識考釋》卷三〇·一九釋爲"無鹽",認爲"盧""從水在皿以象煮鹽之形,當是鹽之別體"。黃盛璋認爲即齊地"無鹽"②,此說已爲學界所從。《史記·項羽本紀》:"(宋義)乃遣其子宋襄相齊,身送之至無鹽。"《索隱》曰:"《地理志》東平郡之縣,在今鄆州之東。"無鹽又稱宿城,《史記正義》引《括地志》云:"宋義遣其子襄相齊,送之至無鹽,即今鄆州之東宿城是也。"《漢書·五行志》"宿迁於宋",顏師古曰:"莊十年,宋人遷宿,蓋取其地也。宿國,東平無鹽縣是。"《漢書·地理志》"東平國"有"無鹽縣"。《水經·汶水注》:"其左二水雙流,西南至無鹽縣之邱鄉城南。邱,昭伯之故邑也,……其右一汶,西流逕無鹽縣之故城南,舊宿國也,齊宣后之故邑,所謂無鹽醜女也。"《一通志》:"無鹽故城在東平州東二十里。"

47. 亡鹽戈

此戈由濟南市博物館收藏,援較短,中胡,直内,扁穿,内尾抹角。胡上三穿,最上一穿爲半月形,援前端略昂,内銘3字"亡鹽右"③。

戈銘"鹽"字,從鹵從皿,形如下圖,可隸定爲"盧"。《爾雅·釋言》:"鹵,苦地也。"邢昺疏:"鹵,謂斥鹵可煮鹽者。"此字爲會意字,如以器皿煮鹵成鹽之形。

戰國文字中"鹽"字作以下諸形：

a　　b　　c　　d　　e

注釋：a.《包山楚簡》147；b.《包山楚簡》3；c.《包山楚簡》172；d. 亡鹽戈,《近出殷周金文集錄》1121；e. 上博簡《容成氏》簡3

---

① 此戈銘疑爲僞刻,把"亡"字刻成"乍"字,僞刻形如 ![] (于省吾、姚孝遂:《"楚公豪戈"辨僞》,《文物》1960年第3期；黃盛璋:《燕、齊兵器研究》,《古文字研究》第十九輯,中華書局,1992年)。
② 黃盛璋:《燕、齊兵器研究》,《古文字研究》第十九輯,第30頁。
③ 于中航:《先秦戈戟十七器》,《考古》1994年第9期。

許慎認爲"鹽"字从"鹵""監"聲,但通過對其他"鹽"字形構的分析,知其當爲从"鹵""臥"聲之字,"鹵"爲會意字,从卤在皿中,爲"鹽"字的基本字形①。"鹽"字,則爲鹵的繁構②。依據包山楚簡字形(上圖c、d字形),"鹽"字从鹵、古聲,依《説文》,"鹽"本作从"鹽"省"古"聲之字,因此可以確定,"鹽"字作"鹵",是其尚未發展出"臥"聲的早期形體。《玉篇·鹽部》:"鹵,同鹽。"即其明證③。

第十三組 阿武組

阿武組見以下幾揭:

49. 阿武戈:阿武。(戰國早期,《集成》10923)

50. 阿武戈:阿武。(戰國早期,《小校經閣金文拓本》④10.16.1)

阿武,地名。《漢書·地理志》:"涿郡有阿武縣。"《畿輔通志》:"阿武故城,在獻縣西北,本漢縣屬涿郡,後漢省。"《一統志》:"阿武故城在河間府獻縣西北。"黃盛璋認爲此處爲齊、趙、燕交接之區,銘刻非三晉銘刻,戈形較古,字體亦不類燕,而地望與齊地相近,故斷屬齊地⑤。

第十四組 莒組

莒組見以下幾揭:

51. 莒右戈:莒右戈。(春秋早期,《小校》10.22.2)

52. 莒右工戈:[陳(陳)]是立事歲,莒右工戈。(春秋晚期,《集成》11259)

53. 莒戈:莒□造戈。(春秋,《沂蒙金文輯存》60.1)

莒,地名。杜預《春秋世族譜》:"莒,嬴姓,少昊之後,周武王封兹於期於莒,初都計斤,後徙莒,今城陽莒縣是也。"《左傳》昭公三年"齊候田於莒",昭公十年"桓子盡致諸公,而請老於莒",杜預注:"莒,齊東境。"

---

① 林澐:《讀包山楚簡札記七則》,《江漢考古》1992年第4期;劉釗:《談包山楚簡中"煮鹽於海"的重要史料》,《中國文物報》1992年10月18日第3版。
② 趙平安:《戰國文字中的鹽及相關問題研究》,《考古》2004年第8期,第107頁。
③ 馮時:《古文字所見之商周鹽政》,《南方文物》2009年第1期。
④ (清)劉體智:《小校經閣金文拓本》,廬江劉氏小校經閣影印本,1935年。
⑤ 黃盛璋:《燕、齊兵器研究》,《古文字研究》第十九輯,第34頁。

52. 莒右工戈

戈銘爲"是立事歲，莒右工戈"①，關於此戈一些字的釋讀存在較大爭議。是，張振謙釋爲"怛"，認爲此字下部所從的部首 ▨，根本不是"止"，而應是缺失最後一筆的"心"旁，此字應該是"心"，從"旦"聲，即爲"怛"字②。孫剛認爲舊釋爲"是"的可能性不能完全排除，還應該釋爲"是"字③。

第十五組　仕斤組

仕斤組見以下幾揭：

54. 仕斤徒戈：仕斤徒戈。（戰國早期，《集成》11049）

55. 仕斤徒戈：仕斤徒戈。（戰國早期，《集成》11050）

仕斤，"切"字舊釋爲"仕"，黃盛璋認爲第一字左從土，右從刃即刀，並考證古籍中仕斤作"介根""計斤"④。孫剛認爲此字"右部所從非'刀'，而是'人'"，當依舊釋爲"仕"⑤。根據傳抄古文《汗簡》"仕"字寫法，並依據齊文字"人""刀"之形，當釋"仕"爲是。

介根，《左傳·襄公廿四年》齊崔杼"伐莒，侵介根"，杜預注："介根，莒邑，今城陽黔陬縣東北，計基城是也。"在今膠縣西之三里河村附近。楊伯峻《春秋左傳注》："介根本莒舊都，在今山東高密縣東南四十里，即膠縣西南七里。"⑥

第十六組　監組

56. 監戈：監戈。（春秋，《集成》10893）

57. 監戈：監戈。（春秋，《集成》10894）

監，地名。董珊認爲監即"闞"，《史記·封禪書》："蚩尤在東平陸監鄉，齊之西境也。"《索隱》"監音闞"。《索隱》"闞在東平須昌縣東南也"。戰國魏、齊

---

① 戈銘首字一般釋"是"。傅修才引施謝捷說，指出從銘文拓本看，戈內部三角形穿的右邊明顯還有類似"陳"字的筆畫，"陳某立事歲"這種格式齊國銘文中常見。（施說參見傅修才：《東周山東諸侯國金文整理與研究》，第 127 頁）
② 張振謙：《齊系文字研究》，第 277—278 頁。
③ 孫剛：《東周齊系題銘研究》，吉林大學博士學位論文，第 495 頁。
④ 黃盛璋：《燕、齊兵器研究》，《古文字研究》第十九輯，第 52 頁。
⑤ 孫剛：《東周齊系題銘研究》，吉林大學博士學位論文，第 493 頁。
⑥ 楊伯峻：《春秋左傳注》，第 1091 頁。

邊境上邑①。可備一説。

(二) 單個地名

58. 陽右戈

此戈《集成》10945 著録,内上鑄"陽右"二字。陽,地名。黄盛璋認爲"陽爲地名,或爲×陽之省稱,不能定其地名。"②《漢書·地理志》陽都注引應劭曰:"齊人遷陽,故陽國是。"《後漢書·方術列傳·趙彦》:"莒有五陽之地。"李賢注曰:"城陽、南武陽、開陽、陽都、安陽,並近莒。"何琳儀認爲"陽"在山東沂水③。1994 年沂南陽都故城遺址出土了一件銅斧,銘爲"廿四年,莒陽丞寺,庫齊,佐平,臧"④。裘錫圭認爲:"銘所記最高職官爲'莒陽丞','莒陽'疑即陽都異名(陽都本名陽,在莒縣西南),也有可能是陽都附近離莒縣不遠的一個後來被撤的縣。"⑤董珊認爲"陽"即"陽地",齊、燕交界處,戰國齊最北境上邑。《春秋》昭公十二年"納北燕伯款于唐"之"唐",《左傳》作"陽"⑥。此戈年代爲春秋晚期或戰國早期。

59. 陵右造戈

此戈《集成》11062 著録,孫敬明認爲"陵"上泐一"平"字,應爲"平陵"二字,即戰國齊邑之"平陵",在今濟南東七十五里,並指出齊陶文中常見"平陵"地名。《齊乘》:"東平陵城,濟南東七十五里,春秋譚國,齊桓滅之,故城在西南與龍山鎮相對。漢爲東平陵縣,右扶風有平陵,故此加東。"即今山東濟南章丘市境内⑦。細審拓片"陵"字已近於穿下,上泐"平"字的可能性較小,仍當以"陵右"爲是。董珊認爲"陵"是地名,在齊西境⑧。何琳儀認爲:"與今山東陵縣有關"⑨。"平陵"還見於《銀雀山漢墓竹簡·孫臏兵法·擒龐涓》篇:"田忌曰:

---

① 董珊:《戰國題銘與工官制度》,第 198 頁。
② 黄盛璋:《燕、齊兵器研究》,《古文字研究》第十九輯,第 36 頁。
③ 何琳儀:《戰國文字通論(訂補)》,第 89 頁。
④ 趙文俊:《山東沂南陽都故城出土秦代銅斧》,《文物》1998 年第 12 期。
⑤ 裘錫圭:《沂南陽都故城銅斧應爲西漢遺物》,《文物》1999 年第 5 期。
⑥ 董珊:《戰國題銘與工官制度》,第 195 頁注 153。
⑦ 孫敬明:《考古發現與戰國齊兵器研究》,《管子學刊》1992 年第 2 期。
⑧ 董珊:《戰國題銘與工官制度》,第 196 頁。
⑨ 何琳儀:《戰國古文字典》,第 153 頁。

'若不救衛,將何爲?'孫子曰:'請南攻平陵。平陵,其城小而縣大,人衆甲兵盛。'"平陵縣的城規模雖小,但是轄區範圍較大,人數衆多。

60. 邔左造車戟

此戟 1987 年山東栖霞縣唐家泊鎮石門口村南戰國墓出土,援長而狹,中起脊,胡長,闌側三長方形穿,内長,有刃,上一穿,胡部有銘文 8 字,成一直行,釋爲"邔左告(造)戈(戟)冶期所□"①。銘末一字泐損不清,原報告未釋,根據齊城左車戟:"齊城左冶期所洦造車戈(戟)"(《新見戰國兵器七種》②),疑此字當爲"洦"字,前已言及,"期所洦"爲人名。邔,何琳儀讀作"桓"③,董珊讀爲"權",認爲"'邔'也許可以讀爲'權',《戰國策·齊策二》'權之難,齊、燕戰',權地當在齊國北境與燕交界處,今地不詳"④。"桓",山名,在今江蘇省銅山縣東北。《戰國策·齊策五》:"昔者齊、燕戰于桓之曲,燕不勝,十萬之衆盡。"鮑彪注:"《家語》所謂桓山,蓋在齊魯之間。""桓左"當即桓山之左庫省,此戈發現於山東栖霞,兩地相隔較遠,具體原因待考,其地望暫無從考。但此戟銘出現"期所洦"人名,疑當離臨淄不遠。孫敬明認爲"從其銘文冶之特徵,知其冶鑄地必在長城以北,應位於臨淄附近。地或近桓臺,亦未可知"⑤。根據此戟形制,年代當爲戰國晚期。

61. 郼戈

1976 年臨沂發現,内、胡已殘,餘兩穿,戈銘僅一字(如下圖):

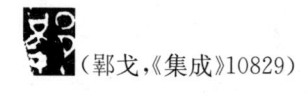

(郼戈,《集成》10829)

此字原報告者未釋⑥。黃盛璋釋爲"郼",認爲即文獻中地名"郼",地望在今山東鄒城境内⑦。何琳儀釋爲"郅",讀爲執或瓡。《漢書·地理志》"北海郡"下"瓡,侯國。莽曰道德",師古曰"即執字",汪士鐸曰:"瓡,濰縣東。"又曰:

---

① 林仙庭、高大美:《山東栖霞出土戰國時期青銅器》,《文物》1995 年第 7 期。另《近出》1168 著録。
② 董珊:《新見戰國兵器七種》,《中國古文字研究》第一輯,吉林大學出版社,1999 年。
③ 何琳儀:《戰國文字通論(訂補)》,第 91 頁。
④ 董珊:《戰國題銘與工官制度》,第 193 頁。
⑤ 孫敬明:《考古發現與戰國齊兵器研究》,《管子學刊》1992 年第 2 期。
⑥ 劉心健:《介紹兩件帶銘文的戰國銅戈》,《文物》1979 年第 4 期。
⑦ 黃盛璋:《試論三晉兵器的國別和年代及其相關問題》,《考古學報》1974 年第 1 期。

"今縣東,今有故城名驛埠,在縣城(按指濰城)東五十里於家莊北,或即其地歟?"①

此字左邊所從當爲"羍",此字見於商代甲骨文,作 、 、 等形,過去多釋爲"執"。趙平安結合新出竹簡,認爲羍字象頸枷手銬之形,可能就是梏的本字②。董珊認爲該字左側"羍"是"鞫"之省寫,戈銘中作地名讀爲"郜"③。孫剛認爲戈銘左部所從"羍"當爲聲符,戈銘"郹"讀爲"郜"是完全可信的④。以新出簡帛字形繫聯甲骨文字形往往能解決一些難點問題,羍字的正確釋出就是佳證。

此字釋字雖已基本解決,但戈銘郹地是否是甲骨文中的羍地,尚無更多材料,待考。

62. 昌城右戈

此戈著録於《集成》10998,戈銘首字,形如下圖:

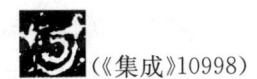

(《集成》10998)

舊釋爲"甘",不確,甲骨文"甘"字作" "" "" "等形,戰國文字形同。"昌"字齊刀幣銘文常見,如下圖:

(《貨系》2504)　(《齊幣》120)　(《齊幣》123)

裘錫圭釋齊刀幣銘"谷 "爲"大昌"⑤,甚是。另據蔡侯盤銘"子孫繁昌"之"昌"字與戈銘一致,如下圖,可證此字釋"昌"無疑。

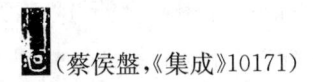

(蔡侯盤,《集成》10171)

---

① 何琳儀:《戰國兵器銘文選釋》,《考古與文物》1999 年第 5 期。
② 趙平安:《釋"訍"及相關諸字》,《新出簡帛與古文字古文獻研究》,商務印書館,2009 年,第 114—120 頁。
③ 董珊:《越者汈鐘銘新論》,復旦大學出土文獻與古文字研究中心網站,2008 年 3 月 1 日。
④ 孫剛:《東周齊系題銘研究》,吉林大學博士學位論文,第 520 頁。
⑤ 裘錫圭:《戰國文字中的"市"》,《考古學報》1980 年第 3 期。

昌城,地名。《史記·樂毅列傳》載燕昭王"封樂毅於昌國,號爲昌國君",《集解》引徐廣曰"屬齊",《索隱》引《地理志》"縣名,屬齊郡",《正義》:"故昌城在淄州淄川縣東北四十里也。"名昌城者還有一地,《史記·趙世家》惠文王二十五年:"燕周將,攻昌城、高唐,取之。"孝成王十年"燕攻昌壯,五月拔之。"《括地志》云:"昌城故城在冀州信都縣西北五里。"

63. 即墨華戈

此戈《集成》11160著録,胡上鑄"即墨華之造用"。"華"當爲人名;即墨,地名。《史記·田敬仲完世家》:"(齊威王)召即墨大夫而語之曰:'自子之居即墨也,毀言日至。然吾使人視即墨,田野闢,民人給,官無留事,東方以寧。是子不事吾左右以求譽也。'"《正義》曰:"萊州膠水縣南六十里即墨故城是也。"《史記·孝景本紀》:"膠東王雄渠反,發兵西鄉。"《正義》曰:"高祖孫,齊悼惠王子,故白石侯,立十一年反,都即墨。"《括地志》云:"即墨故城在密州膠水縣東南六十里,即膠東國。"《戰國策·齊策一》:"臨淄、即墨非王之有也。"《玉海》引《郡縣志》云:"故城臨墨水,故曰即墨。"《通志·氏族略》"以邑爲氏":"即墨氏,齊將田單守即墨,支孫氏焉。《漢書·儒林傳》'城陽相即墨成'。"

64. 南宮戈

此戈《小校》10.26.3著録,胡部鑄"南宮左"三字。南宮,由於後綴"左"字,故當爲地名。黃盛璋根據"左"製造制度與銘刻格式、文字等方面判定此戈爲齊器。《漢書·地理志》"信都國"有"南宮縣",故都在今河北南宮西北,齊邊境。

65. 黃戟

此戟《考古》1994年9期86頁圖一、《近出》1101著録。刀形内,上翹,上下皆有刃,胡三穿,胡銘"黃戟"二字。黃,地名。據于中航考證先秦黃地有多處:(一)宋邑,《左傳》隱公元年:"敗宋師於黃。"杜注:"黃,宋邑。陳留外黃縣東有黃城,故城在河南民權縣東。"(二)魏邑,《史記·趙世家》敬侯八年,"拔魏黃城"。正義引《括地志》:"故黃城在魏州冠氏縣南10里"。(三)齊邑,《春秋》桓公十七年:"公會齊侯、紀侯盟於黃。"杜注:"黃,齊地。"《春秋》宣公八年:"公子遂如齊,至黃乃複。"江永《春秋地理考實》指出"公子遂如齊至黃乃復,是黄爲魯至齊所田之地。《水經注》昌國縣有黄山黄阜近博興,則黄地其此歟"。按昌國縣在今山東淄博市淄川東北。此器爲戰國器,似爲齊國黄地所造①。此戟山東境内出土,故此黄地當爲齊國黄地。

66. 洨陽戟

此戟著録於《文物》1993 年 4 期 94 頁、《近出》1138,援長而狹,中起脊,胡長,闌側三長方形穿,内長,有刃,上一穿,胡部鑄有銘文"洨陽右戟"四字。姜書振定爲齊器,釋洨陽爲"汶陽"②。何琳儀釋作"洨陽"③。朱力偉認爲"洨陽"與洨水有關,古洨水有二,一在戰國齊趙交界,一在齊楚交界。洨陽應在洨水之北,兩地皆有可能爲齊洨陽地望所在④。當以"洨陽"爲是。戟,《近出》釋作"戟",《新收》1498 釋作"庫",本字字形殘泐,从現存筆畫來看,釋爲"戟"可從。《史記·平津侯主父列傳》:"唯獨洨孔車收葬之。"《集解》引徐廣曰:"孔車,洨人也。沛有洨縣。"《漢書·地理志》沛郡"洨"下曰"侯國,垓下,高祖破項羽。莽曰育城。"應劭注曰:"洨水所出,南入淮。"《史記·漢興以來將相名臣年表》:"冬,破楚垓下。"《索隱》:"垓音陔,堤名,在洨縣。"地處齊、楚交界,洨陽應在洨水之北。

67. 平豫散戈

此戈著録於《天津古史尋繹》63 頁。平豫,地名。韓嘉穀認爲豫、舒古音可通,故"平豫"即"平舒",爲戰國齊地,今天津南部地區。⑤ 平舒,見《史記·趙世家》:"十九年,趙與燕易土:以龍兑、汾門、臨樂與燕,燕以葛、武陽、平舒與趙。"徐廣曰:"在代郡。"《正義》引《括地志》云:"平舒故城在蔚州靈丘縣北九十三里也。"

此處"散"字作何解釋,是一個值得探討的問題,齊國兵器銘文中習見此字用在戈、戟或劍前,如:

---

① 于中航:《先秦戈戟十七器》,《考古》1994 年第 9 期。
② 姜書振:《介紹山東乳山縣文物管理所藏四件銅戈》,《文物》1993 年第 4 期。
③ 何琳儀:《戰國文字通論(訂補)》,第 90 頁。
④ 朱力偉:《先秦古兵雜談》,《古文字研究》第二十六輯,第 240 頁。
⑤ 韓嘉穀:《"平舒"戈、"舒"豆和平舒地理》,《東北亞研究——北方考古研究(四)》,中州古籍出版社,1994 年,第 312 頁。

陳□簸(散)造劍①。(《集成》11591)

羊角之辛胎(造)簸(散)戈。(《集成》11210)

陳御寇簸(散)鈛(戈)。(《集成》11083)

簸，或釋爲"箙"，應是"散"(散)之異文，从"攴"从"竹"會意，"月"聲。何琳儀指出"'簸'與西周散盤之'[字形]'同形，或釋'箙'，不確；應是'散(散)'之異文，从'攴'从'竹'會意，'月'聲。檢《方言》三：'散，殺也。東齊曰散。'其實'散''殺'亦一聲之轉，'散'是齊方言。"②黃盛璋認爲釋"箙""散"均不可信，暫釋爲"服"，"服用"意③。陳偉武認爲此類兵器銘文的"散"是"當時山東一帶的方言詞"④。徐在國認爲"散戈"或"散劍"，指的就是"用來殺戮的戈、劍"⑤。劉洪濤指出"散戈"等中的"散"都是殺伐義，並指出根據出土先秦文獻的用字習慣，訓殺伐之"散"應語源於當翦滅講的"剗"。"散"表殺義，不是一般地殺，而是全部地徹底地擊殺⑥。

我們認爲此種說法是有道理的，傳世文獻中"散"用爲"殺戮"含義的例證罕見，《方言》卷三："散，殺也。東齊曰散。"《墨子‧非儒下》："奉其先之祭祀，弗散。"于省吾《新證》："散、殺一聲之轉。"這裏需要指出的是于省吾言"散、殺一聲之轉"，並非是說《墨子‧非儒下》中的"散"表示"殺戮"義。此段原文爲："散、殺一聲之轉。《儀禮‧士冠禮》：'德之殺也。'注：'殺猶衰也。'兄弟之妻奉其先之祭祀弗衰，則喪妻子三年，必非以守奉祭祀也。言妻子死，有兄弟之妻，奉其先祭祀弗衰，則喪妻子三年，必非爲守奉祭祀而然也。"⑦可見這裏于省吾引用《方言》的目的只是用鄭玄注"殺猶衰也"的詁訓。

68. 高平戈

此戈著錄於《集成》11020，內鑄"高平作戈"，高平，地名。關於高平地望，

---

① 該器或疑僞，參看孫剛、李瑶《"陳窒車轄"銘文辨僞》，《中國國家博物館館刊》2014年第3期。
② 何琳儀：《戰國文字通論(訂補)》，第91頁。
③ 黃盛璋：《燕、齊兵器研究》，《古文字研究》第十九輯，第39頁。
④ 陳偉武：《簡帛兵學文獻探論》，第116頁。
⑤ 徐在國：《東周兵器銘文中幾個詞語的訓釋》，《古漢語研究》2005年第1期。
⑥ 劉洪濤：《〈方言〉"散，殺也"疏證》，《語言科學》2017年第1期。
⑦ 于省吾《雙劍誃群經新證、雙劍誃諸子新證》，上海書店出版社，1999年，第287頁。

董珊指出《地理志》臨淮郡有高平縣,春秋魯地,戰國齊之南陲曾至此①。朱力偉認爲高平之地應在山東金鄉與鄒縣之間②。《左傳》哀公七年"成子以茅叛",杜預注:"高平西南有茅鄉亭。"今山東金鄉縣西北四十里,另《左傳》襄公二十一年"邾庶其以漆、閭丘來奔",杜預注:"二邑在高平。"可知高平之地應在今山東金鄉與鄒縣之間。

69. 郈戈

此戈著録於《沂蒙金文輯存》72.1,1965 年出土於莒縣東北三十公里的桑園鄉土門村。何琳儀釋爲"后生戈",並認爲"似是人名"。孫敬明二位認爲似爲"告"字之省,故讀爲"后造戈"③。"后"即"郈",地名,故"邑"旁。本是魯邑,《左傳》定公十年"叔孫州仇、仲孫何忌帥師圍郈",杜預注:"郈,叔孫氏邑。"又十二年"叔孫州仇帥師墮郈"。《水經注》:"其左,二水西南雙流,西南至亡鹽縣之郈鄉城南,郈,昭伯之故邑也。"今山東東平縣境内。

70. 巠戈

此戈著録於《集成》10824,内鑄銘"巠"一字,巠讀作"鄄"。春秋時期屬衛國,《左傳》莊公十四年:"單伯會齊候、宋公、衛侯、鄭伯於鄄。"杜預注:"鄄,衛地,今東郡鄄城也。"

71. 梁戈

此戈 1980 年出土於淮縣治渾街張家莊墓葬,《集成》10823 著録,内鑄銘"鄹"一字,釋爲"梁"。"梁"或寫作"汈",字從 ⿱ (荆)得聲。青銅器銘文常見"用盛稻粱""糕稻糯粱",粱字有時假借"汈"字用,寫作 ⿰ (史免簋),或從米從汈作 ⿰ (伯公父簋)。作爲"梁""粱"等字構件的一部分時, ⿰ 有時會省去荆棘之形。孫敬明等認爲此"梁"應爲"梁丘",見於《左傳》莊公三十二年"夏,宋公、齊侯遇於梁丘",宋邑,在山東省成武縣東北三十里④。從

---

① 董珊:《戰國題銘與工官制度》,第 196 頁。
② 朱力偉:《東周與秦兵器銘文中所見的地名》,第 7 頁。
③ 孫敬明:《考古發現與戰國齊兵器研究》,《管子學刊》1992 年第 2 期。
④ 孫敬明、王桂香、韓金城:《山東濰坊新出銅戈銘文考釋及有關問題》,《江漢考古》1986 年第 3 期。

其説。

72. 柴内右戈

"内"字《近出》釋"矢"，此字字形如下：

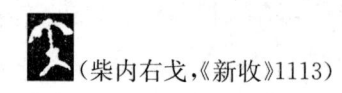

（柴内右戈，《新收》1113）

釋"矢"不確，《金文編》"矢"字條下有以下諸形：

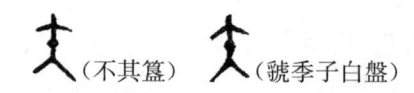

（不其簋）　（虢季子白盤）

雖與此字形相類，但"矢"上部寫法出頭，與此字形不同，"内"還見於其他齊系金文：

（《璽彙》0154）　（子禾子釜，《集成》10374）

從銘文格式上看，"柴"當爲地名。報道者認爲"内右"可能爲軍隊編制名稱①。李學勤也認爲"某地左(右)"的類戈銘的"左""右""内右""徒"等，都是指軍隊編制②。我們知道齊系金文中"左""右"當爲"左(右)武庫"的省稱③，故"内右"當非軍隊編制，何琳儀讀"内"爲"汭"，柴汭爲地名，地望定爲山東新泰④。《小爾雅·廣器》："水之北謂之汭。"《書·禹貢》："黑水西河惟雍州，弱水既西，涇屬渭汭。"孔傳："水北曰汭。"孔穎達疏："鄭云：'汭之言内也。'蓋以人皆南面望水，則北爲汭也。且涇水南入渭而名爲渭汭，知水北曰汭。"《水經·漢水注》："淄水又西南逕柴縣故城北……世謂之柴汶矣。"

73. 陰平劍

此劍著録於《集成》11609，鑄"陰平左庫之造"六字。《漢書·地理志》東海

---

① 魏國：《山東新泰出土一件戰國"柴内右"銅戈》，《文物》1994 年第 3 期。
② 李學勤：《却氏左戈小考》，《綴古集》，第 130—132 頁。
③ 何琳儀指出趙國兵器中的"左""右"也當爲"左(右)武庫"的省稱(參見《戰國文字通論(訂補)》，第 89 頁)，此説得到了一些學者的贊同，吴振武所論甚詳，參見《趙鈹銘文"伐器"解》，《訓詁論叢》第三輯，第 799 頁。
④ 何琳儀：《戰國文字通論(訂補)》，第 89 頁。

郡有"陰平,侯國",何琳儀認爲其地在今山東棗莊西南①。

74. 夙戈

此戈著録於《集成》10822,胡鑄"夙"字,如下圖。

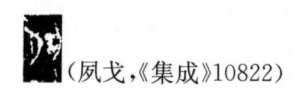

（夙戈,《集成》10822）

徐在國認爲"夙"應讀作"宿","夙""宿"二字古通,《儀禮·士昏禮》:"夙夜毋違命。"《白虎通·嫁娶》引夙作宿。《吕氏春秋·用民》:"夙沙之民,自攻其君。"《淮南子·道應》夙沙作宿沙。《左傳》襄公六年:"季孫宿如晋。"《禮記·檀弓下》鄭注引宿作夙。晋侯穌鐘"伐夙夷"之"夙",夙亦讀爲"宿"。宿爲風姓小國,宿先屬宋國,後又屬齊國,齊戈銘文簡短,此戈屬齊可能性更大一些②。《春秋》隱公元年:"九月,及宋人盟於宿。"杜預注:"宿,小國,東平無鹽縣也。"楊伯峻《春秋左傳注》:"宿,國名,風姓,地在今山東省東平縣稍東南二十里。……此宿其後爲齊邑,定十年傳'駟赤先如宿'可證。"③

75. 豫州戈

此戈著録於《集成》11074,内鑄銘"豫州左庫造"。"豫"原釋"涿",徐在國釋爲"豫"④,徐説是。

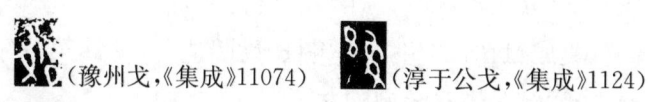

（豫州戈,《集成》11074） （淳于公戈,《集成》1124）

（《璽彙》2218）

豫州,地名。徐在國認爲此豫州即古九州之"豫州",董珊所認爲是"舒州"⑤。《左傳》哀公十四年:"夏四月,齊陳恒執其君,置於舒州。"江永《春秋地理考實》"舒州在今河北廊坊地區大城縣界,乃齊之北境,與燕交界"。

---

① 何琳儀:《戰國古文字典》,第1394頁。
② 徐在國:《兵器銘文考釋(七則)》,《古文字研究》第二十二輯,第116頁。
③ 楊伯峻:《春秋左傳注》,第8頁。
④ 徐在國:《兵器銘文考釋(七則)》,《古文字研究》第二十二輯,第117頁。
⑤ 董珊:《戰國題銘與工官制度》,第194頁。

76. 工城戈

此戈公布於《文物資料叢刊》第七輯,《集成》11211 著錄,益都博物館收藏。內鑄"工城佐□冶昌柳戈",工城,地名。黃盛璋指出:"齊城臨淄故城就在益都,如爲益都所出,則工城可能爲齊城內專造工具(包括兵器)之地……工城是否在齊城或爲他城,現不能確定。"①

城佐當爲城守,戈銘第四字漫漶不清,黃盛璋釋爲"逆"字,當爲城佐之名。昌字寫法爲典型齊器寫法,見昌城右戈等齊器。"甘柳"當爲冶者之名。

(《集成》11211)

77. 亳戈

此戈著録於《集成》11085,胡鑄銘"亳疋八?族戈"。先秦時期"亳"地有多處:(1)《左傳·昭公九年》:"肅慎、燕亳,吾北土也。"今地望不詳,陳夢家云:"燕亳一名,僅見於《左傳》……此燕之亳邦當指易水。商人以亳名其都、名其社,所以燕亳當指燕山之亳。"②(2)《左傳·莊公十二年》"公子御説奔亳",楊伯峻《春秋左傳注》:"亳即僖二十一年與哀十四年之薄,在今河南省商丘市北四十五里。"③此地與山東曹縣接界。

78. 閶丘戈

此戈著録於《集成》11073,胡鑄銘"閶丘爲鵬造"。戈銘第二字形如下圖,從門膚聲,可隸定爲"閶",還見於齊陶文。

(閶丘戈,《集成》11073)　(《圖録》2.410.1)

《圖録》2.410.1 銘爲"塙閶枾里曰湻",此處顯係"閭"字,此字小篆前聲符爲"膚",小篆聲符簡化爲"吕"。閶丘即閭丘,王國維亦讀爲"閭丘",《觀堂集林·王子嬰次盧跋》:"《隸釋》所録魏三字石經《春秋》筥之古文作筥,篆隸二

---

① 黃盛璋:《燕、齊兵器研究》,《古文字研究》第十九輯,第 37 頁。
② 陳夢家:《西周銅器斷代》,第 383 頁。
③ 楊伯峻:《春秋左傳注》,第 191 頁。

第一章　東周齊莒系金文編年彙釋、年代考訂與分國整理　225

體作筥𣪘者,籚字之譌略。上虞羅氏藏鄘侯敦,鄘侯亦即筥侯。又藏闆丘□□戈,闆丘亦即閭丘。"楊伯峻《春秋左傳注》:"漆在今山東鄒縣東北,閭丘又在漆東北十里。"《讀史方輿紀要》:"閭丘春秋時邾地,後爲魯平陽,在今鄒縣西三十里。"春秋魯邑,戰國屬齊地。"閭丘"又作"閭邱",《通志·氏族略》"以邑爲氏"載:"閭邱氏,志籍不言所出,然邾國有閭邱。杜預云,高平南陽縣北有顯閭亭,本邾地,爲齊所并。往往閭邱氏食邑於此,故以命氏。《釋例》《公子譜》皆略,惟《世本》詳焉,蓋春秋閭邱嬰之後也。迨齊宣王時,有閭邱卬、閭邱光。漢有廷尉閭邱勳,後漢太常閭邱遵。魏有閭邱决,著書十二篇。晋有太常閭邱冲,南陽太守閭邱羨。"

戈銘第三字,舊不釋,《釋文》釋"爲",《引得》釋"虞";黄盛璋釋"虎",當非"虎"字。

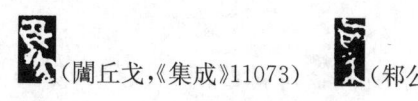

（闆丘戈,《集成》11073）　（邾公孫班鎛"爲"字,《集成》140）

（叔夷鐘"虎"字,《集成》285）

戈銘第四字,《金文編》摹作" "，列"脽"下。孫常叙認爲是"鷹"之表意字①。《引得》釋爲"鵤",今隸作"鵾"。

79. 武羅戈

此戈著録於《考古》1988 年 5 期 468 頁圖二、《集録》1088、《新收》1087,戈内有銘文二字" "②。此二字原報告未釋。《近出》釋"□絲",《新收》釋"戍鯀",施謝捷釋爲"羅",指出此字下半从"糸",上部爲"网"的省構,傳抄古文中"羅"字或寫作从"网"从"糸",與戈銘此字相同,這種寫法的"羅"可能是齊文字特有的。孫剛謂此字下半所从爲"系",上半所从爲"网"字省構,這種寫法的"羅"可能是齊文字所特有的③。其説可從。

依戈銘通例,"武羅"當爲地名,其地望無考,施謝捷認爲"或許就在出土銅戈

---

① 孫常叙:《鵙公劍銘文復原和"脽""鵾"字説》,《考古》1962 年第 5 期。
② 于嘉芳:《淄博市南韓村發現戰國墓》,《考古》1988 年第 5 期。
③ 孫剛:《東周齊系題銘研究》,吉林大學博士學位論文,第 509 頁。

羅村鎮附近"。《廣韻》上聲虞"武"下引《世本》："夏時有武羅國，其後氏焉。"①

80. 筹府宅戈

此戈黄錫全著文介紹②，戈形近於武城徒戈，鋒端弧綫三角形，援略上揚，援胡均有刃，戈援中起脊，脊近上側，内微上翹略顯上揚，内部平直，有一横穿，闌側三穿，報告者從形制與銘文特徵分析此戈的年代當在春秋中晚期或戰國早期。

胡部鑄銘四字，經黄錫全考證爲"筹府宅戈"。筹，地名，黄先生認爲在此當讀如防。典籍中"防"有以下幾處：

（1）春秋魯地，在今山東費縣東北。《春秋》隱公九年："公會齊侯於防。"

（2）春秋莒地，後屬魯，在今山東諸城縣西北。《春秋》昭公五年："莒牟夷以牟婁及防、兹來奔。"

（3）春秋魯地，在今山東曲阜縣東。《左傳》僖公十四年："遇於防而使來朝。"

（4）又作邡邑。春秋魯地，在今山東金鄉縣西南。《春秋》隱公九年："公會齊侯於防。"

（5）春秋屬陳，在今河南淮陽縣北。《詩·陳風》："防有鵲巢。"黄錫全認爲魯地、莒地的可能性最大。

"防府"當爲防地之府庫。《禮記·曲禮下》："在官言官，在府言府，在庫言庫，在朝言朝。"注："府，謂寶藏貨賄之處。"《周禮·天官》："大府：掌九貢、九賦、九功之貳，以受其貨賄之入，頒其貨於受藏之府，頒其賄於受用之府。凡官府都鄙之吏及執事者，受財用焉。"

"宅戈"，黄錫全給出了兩種解釋：一是守宅用戈，一是宅讀捶。他傾向於認爲此"宅戈"與燕兵器"𢦏鋸""𢦏鈇""𢦏鈳"句式類似，防府宅戈，可讀防府捶戈，即莒府製作的擊殺用戈。我們認爲"宅"字的字形釋讀是没有問題的，文獻中也没有"宅"用爲此意，還是按照字本身的含義解釋爲好，"宅戈"還是理解爲守宅用戈爲好，類似"皿自寢戈"（《集成》17·11012）、"王子反鑄寢戈"（《集成》17·11122）、"曾侯乙之寢戈"（《集成》17·11167）。

---

① 施謝捷：《古文字零釋四則》，《古文字研究》第二十二輯，第159頁。
② 黄錫全：《介紹一件新見銅戈》，《古文字與古貨幣文集》，文物出版社，2009年，第222—225頁。

第一章　東周齊莒系金文編年彙釋、年代考訂與分國整理　227

81. 鐱頃戈

該戈20世紀90年代出土於山東省乳山縣,通長25厘米,胡部銘文2字,穿部1字,共3字①。

鐱頃,姜書振將胡部銘文隸作"鐱頃"。李步青、王錫平將胡部第一字釋爲"鐱"②。張振謙釋作"控臥",並指出 ▨ 字又見於齊陶文 ▨(陶錄3·613·2),顯然是从"頁"从"人",而不是从"匕"。但他也指出此字所釋並不確定,有待進一步考證③。孫剛隸作"鐱傾",據《古文四聲韵》下平聲二十一"傾"下作"▨,古老子",據此戈銘第二字當爲"傾","人""頁"位置有所變化而已,而將胡部第二字隸作"傾"④。姜書振將穿部銘文隸作"鬲",釋爲"鑄",認爲兩部分可連讀爲"控頃鑄"⑤。何琳儀釋作"鬲",戰國文字承襲兩周金文。或作鬲上加臼,表示鬲有雙耳可持。與三體石經《君奭》鬲作 ▨ 吻合⑥。張振謙釋爲"爾",指出該戈銘"爾"應爲山東古地名"過(過)","過"地可能在齊國東部,現在的濰坊、膠東一帶,也有可能在章丘縣一帶⑦。孫剛認爲"▨"釋爲"鑄"不確,應從何琳儀釋爲"鬲",加"臼"形的"鬲"亦見於 ▨(郳始鬲集成03.0596)、▨(梁十九年亡智鼎,《集成》2746)、▨(郭店·窮達2)、▨(上博二·容4)、▨(上博五·鬼2背)⑧。

82. 監戈

該器著錄於《集成》10894,時代爲春秋晚期,銘文作"監"。董珊認爲"監"即"闞",《史記·魏世家》"北至平監"之"監"亦是"闞"。戰國魏、齊邊境上邑⑨。

---

① 姜書振:《介紹山東乳山縣文物管理所藏四件銅戈》,《文物》1993年第4期。
② 李步青、王錫平:《建國以來煙臺地區出土商周銘文青銅器概述》,《古文字研究》第十九輯,第75頁。
③ 張振謙:《齊系文字研究》,安徽大學博士學位論文,第43頁。
④ 孫剛:《東周齊系題銘研究》,吉林大學博士學位論文,第497頁。
⑤ 姜書振:《介紹山東乳山縣文物管理所藏四件銅戈》,《文物》1993年第4期。
⑥ 何琳儀:《戰國文字通論(訂補)》,第89頁。
⑦ 張振謙:《齊系文字研究》,安徽大學博士學位論文,第43頁。
⑧ 孫剛:《東周齊系題銘研究》,吉林大學博士學位論文,第498頁。
⑨ 董珊:《戰國題銘與工官制度》,第198頁注189。

83. 栗城戈

該器著錄於《中國國家博館館刊》2012年9期,時代爲戰國晚期,銘文作"栗成(城)左"。戈銘首字,發表者原釋爲"樂"。黃傑改釋爲"栗",認爲"栗成"即"栗城",地在今河南夏邑縣,曾短暫屬齊國[①]。

84. 左禀戈

該器著錄於《集成》10930,銘文作"左稟(禀)"。

表一：齊國兵器銘文地名表

地名	序號	年代	器類	銘文	著錄
齊城	1	戰國	戈	齊城造	《集成》10989
齊城	2	戰國	戈	齊城子造	《綴遺》30.26
齊城	3	戰中晚	戈	齊城左冶所洀造	《新收》1167
齊城	4	戰中晚	戟	齊城左冶腏所洀造車軎	《新見戰國兵器七種》
齊城	5	戰國	戟	齊城右造車軎(戟)冶腏	《集成》11815
齊城	6	戰國	戟	齊城左冶腏□□造車軎	《新收》1983
平陸	7	戰國	戈	平陸	《集成》10925
平陸	8	戰國	戈	平陸	《集成》10926
平陸	9	戰中晚	戟	平陸左戟	《集成》11056
高密	10	春秋	戈	高密戈	《集成》10972
高密	11	春秋	戈	高密戠(造)戈	《集成》11023
平陽	12	戰國	矛	平陽	《集成》11471
平陽	13	春秋	戈	平陽左庫	《集成》11017

---

① 黃傑：《疑尊、疑卣及"栗成左"戈銘文補釋》,《中國國家博物館刊》2014年第5期。

續 表

地名	序號	年代	器類	銘　文	著　　錄
平陽	14	戰國	戈	平陽散	《天津古史尋繹》63
平陽	15	春晚	戈	平陽高馬里戈	《集成》11156
武城	16	春晚	戈	武城	《集成》10900
武城	17	春中	戈	武城戈	《集成》10966
武城	18	春中晚	戈	武城徒戈	《集成》11024
武城	19	春晚	戈	武城建戈	《集成》11025
武城	20	春晚	戟	武城戟	《集成》10967
武城	21	戰中晚	戈	武城戈	《考古與文物》1999(1)96頁 圖一、圖二
平阿	22	戰晚	戈	平匽(阿)左	《集成》11001
平阿	23	戰晚	戈	平匽(阿)左戈	《文物》1991(10)32頁圖一、圖二
平阿	24	戰早	戈	平匽(阿)左戈	《集成》11041
平阿	25	戰晚	戈	平匽(阿)右戈	《金文總集》6.31
平阿	26	戰國	戟	平阿左造徒戟	《集成》11158
平阿	27	戰晚	戟	平阿左造戟	《文物》2002(5)95頁圖一、圖二
平阿	28	戰晚	戟	平匽(阿)右同戟	《考古》1994(9)860頁
平阿	29	戰國	戟	平阿□□	《考古》1994(9)
平阿	30	戰早	戈	平匽(阿)右僕造戈	《介紹一件新見平阿造戈》226—231頁
平阿	31	戰國	戈	平匽(阿)戈	《莒縣文物志》261頁
城陽	32	春晚	戈	成昜(陽)辛城里戈	《集成》11154
城陽	33	春晚	戈	成昜(陽)辛城里戈	《集成》11155

續　表

地名	序號	年代	器類	銘文	著錄
城陽	34	春晚	戈	成䦉(陽)左	《周金文存》6.46
城陽	35	春晚	戈	成䦉(陽)左戈	《文物》2018(8)
高陽	36	戰國	劍	高陽左庫	《集成》11581
高陽	37	戰國	戈	高陽	《積古》8.8
高陽	38	戰國	戈	高陽左	《積古》8.61
安平	39	戰國	矛	安平右	《集成》11488
安平	40	戰國	矛	安平右	《集成》11489
安平	41	戰國	矛	安平右	《集成》11490
鄆	42	戰晚	戈	鄆	《集成》10828
鄆	43	戰晚	戈	鄆左	《集成》10932
郲	44	戰國	戈	郲右治	《考古》1984(4);《集成》10997
郲	45	戰晚	戈	郲左治	《考古》1990(2);《近出殷周金文集録》1116
亡鹽	46	戰早	戈	亡鹽右	《集成》10975
亡鹽	47	戰早	戈	亡鹽右	《考古》1994(9);《近出殷周金文集録》1121
亡鹽	48	戰早	戈	亡鹽右	《集成》10976
阿武	49	戰早	戈	阿武	《集成》10923
阿武	50	戰早	戈	阿武	《小校經閣金文拓本》10.16.1
莒	51	春早	戈	莒右戈	《小校》10.22.2
莒	52	春晚	戈	[陸(陳)]是立事歲,莒右工戈	《集成》11259

續表

地名	序號	年代	器類	銘文	著録
莒	53	春秋	戈	莒□造戈	《沂蒙金文輯存》60.1
仕斤	54	戰早	戈	仕斤徒戈	《集成》11049
仕斤	55	戰早	矛	仕斤徒戈	《集成》11050
監	56	春秋	戈	監戈	《集成》10893
監	57	春秋	戈	監戈	《集成》10894
陽右	58	戰國	戈	陽右	《集成》10945
陵	59	戰晚	戈	陵右造戈	《集成》11062
邨	60	戰晚	戟	邨左告(造)栽(戟)冶期所□	《文物》1995(7)
郢	61	戰早	戈	郢	《文物》1979(4)
昌城	62	春早	戈	昌城右戈	《集成》10998
即墨	63	春晚	戈	即墨華之造用	《集成》11160
南宫	64	春晚	戈	南宫左	《小校》10.26.3
黄	65	戰晚	戟	黄戟	《考古》1994(9)
洨陽	66	戰早	戟	洨陽	《文物》1994(4)
平豫	67	戰晚	戈	陵右造戈	《集成》11062
高平	68	戰晚	戈	高平作戈	《集成》11020
郞	69	戰早	戈	郞造戈	《沂蒙金文輯存》72.1
埀	70	春早	戈	埀	《集成》10824
梁	71	春晚	戈	梁	《集成》10823
柴	72	春秋	戈	柴	《文物》1994(3)
陰平	73	戰國	劍	陰平左庫之造	《集成》11609

續表

地名	序號	年代	器類	銘文	著錄
夙	74	春秋	戈	夙	《集成》10822
豫州	75	春晚	戈	豫州左庫造	《集成》11074
工城	76	戰晚	戈	工城佐□冶昌柳戈	《集成》11211
亳	77	戰晚	戈	亳庑八？族戈	《集成》11085
闟丘	78	戰早	戈	闟丘爲鵰造	《集成》11073
武羅	79	春早	戈	武羅	《考古》1988(5)
簩府	80	春晚	戈	簩府宅戈	《古文字與古貨幣集》
鐺頃	81	戰晚	戈	鐺頃鬲	《文物》1993(4)
監	82	春晚	戈	監	《集成》10894
栗城	83	戰晚	戈	栗成(城)左	《中國國家博物館館刊》2012(9)
左廩	84	未知	戈	左稟(廩)	《集成》10930

(三) 陳①氏公族成組人名

第一組　陳侯因𩵋

85. 陳侯因𩵋戈：陳侯因𩵋造。（戰國晚期，《集成》11260）
86. 陳侯因𩵋戈：陳侯因𩵋之造。（戰國晚期，《集成》11129）
87. 陳侯因𩵋戈：陳侯因𩵋造。（戰國晚期，《集成》11081）
88. 陳侯因𩵋戈：陳侯因𩵋南昌戈奉于大宗。（戰國晚期，《新收》1780）
89. 陳侯因𩵋戟：陳侯因𩵋造陵左。（戰國晚期，《中國歷史文物》2007年5期15頁圖一）

陳侯因𩵋，即田齊威王，齊桓公田午之子。《史記》作因齊，《史記·田敬仲

---

① 此組陳器皆爲田齊之物，"陳"字皆从土，不一一嚴格隸定。

完世家》："六年,桓公卒,子威王因齊立。"脜讀齊,《易經·旅卦》"得其資斧",陸德明《經典釋文》:"資,子夏及衆家本皆作齊。"《儀禮·少牢饋食禮》:"資黍于羊俎兩端。"鄭玄注:"今文資作齍。"齊威王因齊在位於前356—前320年。故該組器物年代甚是明確。

85. 陳侯因脜戈

該器銘文作"陳侯因脜造,勹昜(陽)右","勹"字,舊多釋爲"夕"。何琳儀改釋爲"勹",認爲"勹昜"即"復陽",地在戰國時期齊、趙兩國接壤處①。

89. 陳侯因脜戟

此戟爲韓自强著文發布②,戟爲狹援内刃式,援狹長,無中脊;内上翹,一穿,后有刃;闌側三穿,内部鑄銘"陳侯因脜造陵左"7字。

"陵左",陵當爲地名,何琳儀認爲"陵爲地名,疑與今山東陵縣有關"③,"左"爲"左武庫"的省稱,此戟爲以齊威王因齊的名義在陵地左庫所造兵器。

第二組　陳子組

90. 陳子皮戈：陳子皮之咠(造)戈。(戰國,《集成》11126)

91. 陳子戈④：陳子□造。(戰國,《集成》11038)

92. 陳子戈：陳子翼徒戈。(戰國,《集成》11086)

93. 陳子戈：陳子翼造戈。(戰國,《集成》11087)

94. 陳子翼戈：陳子翼造戈。(戰國,《周金文存》6.26.1)

95. 陳子山戟：陳子山造戟。(春秋晚期,《集成》11084)

齊國兵器銘文的人名多爲"物勒主名"的形式,即記器主的名字,此組的皮、翼、山皆爲陳氏貴族的名字。以上諸名史書無載,無考。

90. 陳子皮戈

咠字,一般徑釋爲"告(造)"。陳劍指出這種中豎屈頭的"告"形,與"告"字

---

① 何琳儀：《古璽雜識續》,《古文字研究》第十九輯,第473頁。
② 韓自强：《新見六件齊、楚銘文兵器》,《中國歷史文物》2007年第5期。
③ 何琳儀：《戰國古文字典》,中華書局,1998年。
④ 該戈或疑僞,參見林清源《兩周青銅句兵彙考》,花木蘭文化出版社,2012年,第60頁。

234　齊系金文研究

形體有別,而且來源不同,銘文中用爲"造"①。

91. 陳子戈

此戈著録於《集成》11038,"陳子"後二字舊多闕釋。"子"下一字作▨形,據一般戈銘文例,當是陳子之名。董珊釋爲"召"②;孫剛釋爲"翼"③。施謝捷認爲"翼"字从"羽",古文字中與旗幟相關的字如"旗""旌"等常从"羽","翼"應是"旗"字異體④。

最後一字字形特殊,形作▨,舊多無釋。董珊《戰國題銘與工官制度》在引用此銘時,把此字釋寫作"造"⑤,可從。古文字"造"字各類構形及其聲旁"告(造)"的來源等問題,陳劍《釋造》一文有詳細論述,此問題已經基本廓清。何星《陳子戈"造"字小考》一文對此戈"▨"字構形演變又進行了詳細考證⑥。

(四) 單個人名

96. 陳卯戈

此戈著録於《集成》11034,內上鑄"陳卯錯(造)鈛戈"二字。戈銘第二字形如下圖,舊不識。

▨(陳卯戈,《集成》11034)

細審拓片,此字實由"卯"加四筆斜畫"╳"所構成。何琳儀指出其與三體石經《僖公》"卯"作▨形密合,"矛"與"卯"音通,"瞀"諧"矛"聲,"陳卯"即"田瞀",其人見於古書⑦。此字釋"卯"是極爲正確的,《説文》古文"卯"字如下圖:

---

① 陳劍:《釋造》,《甲骨金文考釋論集》,第127—176頁。
② 董珊:《戰國題銘與工官制度》,第201頁。
③ 孫剛:《東周齊系題銘研究》,吉林大學博士學位論文,第486—488頁。
④ 參見傅修才:《東周山東諸侯國金文整理與研究》,第132頁。
⑤ 董珊:《戰國題銘與工官制度》,第200頁。
⑥ 何星:《陳子戈"造"字小考》,復旦大學出土文獻與古文字研究中心網站,2010年9月29日。
⑦ 何琳儀:《戰國兵器銘文選釋》,《考古與文物》1999年第5期。

非（《說文》"卯"古文）

《說文》"卯"字古文形體雖已發生訛變，中間有脱筆，但整體結構尚可辨認。何琳儀認爲"矛"與"卯"音通，"瞀"諧"矛"聲①，因此認爲陳卯即"田瞀"②，此名見於史籍。《戰國策·齊策》："田瞀曰：'車軼之所能至，請掩足下之短者，誦足下之長；千乘之君與萬乘之相，其欲有君也，如使而弗及也。'"二者是否爲一人，尚待研究。

97. 陳戈

陳戈著錄於《集成》10816，單銘"陳"字，此陳字从土，當爲齊國陳氏貴族所造。

98. 陳尔徒戈

此戈由山東乳山縣文物管理所徵集、收藏並著文發布③，此戈器形援上刃平直，斷面呈扁圓形，鋒稍殘；内微上翹，有一長方形穿中；胡三穿，胡殘，上鑄"陳尔徒戈"4字。

此銘第二字形如下圖，與小篆"尔"字形體接近。"爾"字當爲"尔"繁化而來。"陳尔"爲人名，史籍無載。

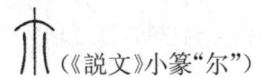

（陳尔徒戈，《考古與文物》1993年4期圖一）

（《說文》小篆"尔"）

99. 陳茻車戈

陳茻戈爲1954年太原市文物館收藏，現藏山西省博物館，張德光著文介紹，戈系寬援中胡，援面扁平無脊，略顯上揚，鋒端弧綫三角形，刀尚鋒利，闌側三穿，内横一穿，内端下角有缺口，援胡均有刃。内側反鑄銘文一行四字"陳

---

① 何琳儀舉出其中一個例證爲《書·禹貢》"包匭菁茅"，《文選·三月三日曲水詩序》注引"茅"作"茆"。《周禮·天官·醢》注"鄭大夫讀茆爲茅"。《通典·禮門》九引"茆"作"茅"。
② 何琳儀：《戰國兵器銘文選釋》，《考古與文物》1999年第5期。
③ 姜書振：《介紹山東乳山縣文物管理所藏四件銅戈》，《文物》1993年第4期。

車戈"①。從形制看,此戈不同於春秋早期的短胡直援戈,也不同於戰國中晚期長胡窄援狹長而上揚的戈形,此戈與春秋中晚期的武城徒戈器形近似。另外,此戈鋒呈三角形,也呈現出較早器形特徵,不會晚至戰國中期,綜合考慮,年代定位春秋晚期爲宜。

"✵"字結構雖清晰,但不見金文,或釋爲"監"字②,齊系文字中有"監"字,與此迥異,釋"監"恐非,此字爲何字尚待研究,此字雖不可識,但根據兵器銘文慣例,當爲人名無疑。

(監戈,《集成》10893)

100. 陳郹造戈

此戈 1978 年 10 月出土於山東新泰放城鄉南澇坡村,現藏新泰市博物館,魏國著文介紹,戈援中起脊,略顯上揚,鋒端弧綫三角形;內部平直,有一橫穿,東闌側三穿,援胡均有刃,胡部殘,内上反鑄銘文二行四字"陳郹造戈"③。此戈器形同武城徒戈、陳戈近似,年代爲春秋中晚期。

戈銘陳字从土,戈字从金,爲田齊文字特點。第二字結構清晰,形如下,金文不見,從位置看應爲人名。

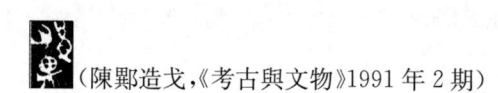

(陳郹造戈,《考古與文物》1991 年 2 期)

此字原報告者未釋,《近出》釋爲"難"④;陳光田、徐永軍釋爲"郹",指出"此字右邊从邑,無庸置疑,左邊所从正是'專'字,只不過'專'字下部从寸而已。在古文字中,从寸與从又在作偏旁時可以互作。"⑤張振謙認爲此字所从爲"冃",左上部疑爲"犬"之殘泐,此字下部所从爲"黑",與齊系文字中的"黑"及从"黑"

---

① 張德光:《陳✵戈小考》,《考古與文物》1989 年第 2 期。
② 張德光:《陳✵戈小考》,《考古與文物》1989 年第 2 期。
③ 魏國:《山東新泰發現一件齊國銅戈》,《考古與文物》1991 年第 2 期。
④ 劉雨、盧岩:《近出殷周金文集録(四册)》,第 163 頁。
⑤ 陳光田、徐永軍:《"陳郹造戈"考》,《錦州師範學院學報》2002 年第 1 期。

旁近。所以隸此字爲"鬣",是"壓"異體①。此字右邊當從"邑",金文中邑字形如下：

（鬣鎛,《集成》217）　　（洹子孟姜壺,《集成》9730）

左邊上部從"又",下部或從"異"字,應非"專"字。此字可隸定爲"鄭"。

101. 陳胎戈

此戈《集成》11127 著録,胡鑄銘"陳胎之右庥（户）戈"。戈銘第二字爲"胎"字,從兩個"厶",爲增飾符號。

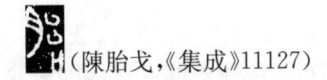

（陳胎戈,《集成》11127）

戈銘第五字,作如下形,此字或釋爲"榮"②,何琳儀釋作"右庥",指出"庥"從木,户聲,爲户的繁文③。此字左邊從"户"無疑,右邊從"木",中間似斷筆,釋爲"榮"顯然有誤。

（陳胎戈,《集成》11127）　　（祈室銅柱,《周金》6.132）

僅就字形,當隸定爲"庥"。此字還見於傳世小銅柱（《周金》6.132）釋文："旄室同,庥（户）北面。者司西,埈戠逡。"此器銘文釋讀尚待深入研究。根據者字的特殊寫法,可以判定屬齊系文字④。此銘庥顯然當讀爲"户","户"與"室"對應。因此次戈庥亦當釋爲"户",用在此處含義尚待研究⑤。

戈直援,無脊,短胡,闌較高,闌側三穿；内後部略呈弧狀,一穿。從形制看,年代當爲春秋晚期或戰國早期。

---

① 張振謙：《齊系兵器考釋兩則》,《考古與文物》2017 年第 1 期。
② 中國社會科學院考古研究所：《殷周金文集成釋文》(第六卷),第 412 頁。
③ 何琳儀：《戰國古文字典》,第 469 頁。
④ 黃盛璋：《戰國祈室銅位銘文破譯與相關問題新探》,《第二屆國際中國古文字學研討會論文集續編》,香港中文大學中國語言及文學系,1995 年,267—277 頁。
⑤ 周翔認爲釋作"右榮"更好,"榮"爲儀仗所用的有衣戈戟,"右榮戈"即爲儀仗右列所用之戈。參見周翔：《戰國兵器銘文分域編年研究》,浙江師範大學碩士學位論文,第 259 頁。

102. 陳御寇戈

此戈《集成》11083 著録，内上鑄"陳御寇服戈"。戈銘第二字結構不甚清晰，形如下圖，對比洹子孟姜壺"御"字字形，此字釋"御"無疑。

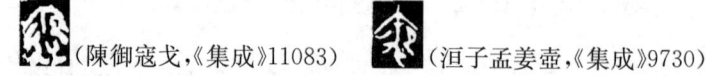

（陳御寇戈，《集成》11083）　　（洹子孟姜壺，《集成》9730）

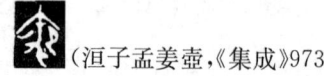

103. 陳卲聖孟造戈

此戈《集成》11128 著録，内上鑄銘"陳卲聖孟造戈"。

"卲"字原作　，一般釋作"卿"，董珊改釋作"卲"①。

104. 陳余戈

此戈著録於《集成》11035，内上鑄銘"陡（陳）余造戡（戈）"。戈銘第二字字形如下圖，參考他銘，當爲"余"字無疑。

（陳余戈，《集成》11035）　　（邾公華鐘，《集成》245）

105. 陳麗子戈

此戈著録於《集成》11082，内上鑄銘"陡（陳）丽（麗）子窋（造）戈"。戈銘第二字字形如下圖：

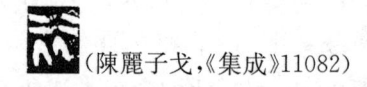

（陳麗子戈，《集成》11082）

《説文古籀補》釋爲"麗"，指出 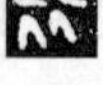　，古麗字。趙平安認爲簡文"　"應該釋爲瑟，是瑟的一個變體②。張崇禮在該文後面的跟帖中指出"陳麗子戈'丽'，也有可能是'瑟'字。孫剛認爲從形體考慮，"　"與"　""　"皆較爲接近，釋爲"丽（麗）""瑟"似乎皆可。但考慮到《説文》古文與齊系文字的密切

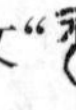

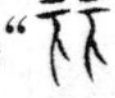

---

① 董珊：《戰國題銘與工官制度》，第 200 頁。
② 趙平安：《談"瑟"的一個變體》，復旦大學出土文獻與古文字研究中心網站，2011 年 11 月 16 日。

關係,我們傾向於將該字釋爲"丽(麗)"的意見①。

此字似爲"麗"字簡寫,"丽"字籀文、古文形如下:

　　　("丽"字籀文)　　　("丽"字古文)

關於"麗"字的構形,古今學者聚訟紛紜,主要以下解釋:

孫詒讓:"古文麗蓋从比,从𣥂,會意。取兩兩相比,與旅行之義正合……後人以鹿性喜旅行,又增鹿爲麗。"②徐中舒指出:"象兩耒並耕形,古者耦耕,故丽有耦意。"③

106. 陳豫車戈

此戈著録於《集成》11037,内上鑄銘"陳豫車戈"。戈銘第二字字形如下圖,此字从象予聲,當釋爲"豫"字,"豫"字古文如下圖。

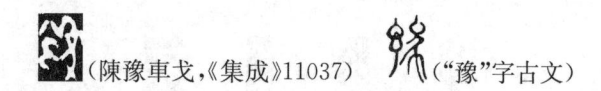

　　　(陳豫車戈,《集成》11037)　　　("豫"字古文)

107. 陳發戈

此戈 1999 年 5 月出土於山東省沂水縣城北 25 公里高橋鎮馬家方莊北部編號爲 M7 戰國墓地中,孔繁剛、劉洪偉著文介紹。此戈援微上揚,無脊,闌側三穿;長方形内,内上一穿。内近端處鑄有銘文四字,據報告者稱李學勤釋爲"陳發棗(造)戈"④。報告者把該墓的年代定爲戰國,此戈器形非戰國中晚期器形特徵,我們認爲此戈當爲戰國早期。

戈銘第二字形如下圖:

　　　(陳發戈,《文物》2001 年 10 期 48 頁)

李學勤隸定爲"棗",讀作"造"。施謝捷將舊釋爲"棗"的形體改釋爲

---

① 孫剛:《東周齊系題銘研究》,吉林大學博士學位論文,第 491 頁。
② 孫詒讓:《名原》,《金文詁林》,第 5291 頁。
③ 徐中舒:《耒耜考》,《徐中舒歷史論文選輯》,第 76 頁。
④ 孔繁剛、劉洪偉:《山東沂水縣近年發現的幾座戰國墓》,《文物》2001 年第 10 期。

"乘"①,其説可從。

"造"字在齊系文字中的寫法有以下幾種形體:

a　　b　　c　　d　　e　　f　　g

注釋:a. 子禾子左戟(《集成》11130);b. 高密造戈(《集成》11023);c. 陳侯因㝵戈(《集成》11081);d. 陳麗子戈(《集成》11082);e. 陰平劍(《集成》11609);f. 曹右戈(《集成》11070);g. 齊城造戈(《集成》10989)

陳劍認爲"造"字聲符與祝告之"告"並非一字,認爲" "字異體爲" "字聲符②。仔細審視拓片,此字隸定爲"棗"是有問題的,上部明爲從"大",下部從"來",當爲"乘"字,"乘"字齊系文字有以下形體:

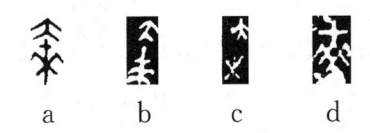

a　　b　　c　　d

注釋:a. 乘邑虎符(《集成》12087);b. 乘里豆(《圖録》2.422.4);c. 洹子孟姜壺(《集成》9729);d. 庚壺(《集成》9733)

另外,"棗"字從"朿"字形,"棗"字形均與此戈銘形體不同。

(《圖録》③3.1391)　　(酸棗戈,《集成》10922)

綜合分析,此戈銘" "釋"乘"爲宜④。齊系金文"乘"字上部從"大",下部多從"木"或"來",這和其他國家文字"乘"字上部從"大"且綴加趾形,下部多從"几"旁的構形不同。乘戈目前僅見一例,《左傳》宣公十二年:"荆尸而舉,商農工賈,不敗其業,而卒乘輯睦,事不奸矣。"杜預注:"步曰卒,車曰乘。"東周齊國

---

① 施謝捷:《陳發乘戈跋》,《南京師范大學文學院學報》2002年第1期。
② 陳劍:《釋造》,《甲骨金文考釋論集》,第127—176頁。
③ 王恩田:《陶文圖録》,齊魯社,2006年。
④ 施謝捷:《陳發乘戈跋》,《南京師範大學文學院學報》2002年第1期。

兵器銘文中常見稱"車戈""車戟"者,如:

"國楚造車戟"(《考古》2000 年 10 期 56 頁)
"陳豫車戈"(《集成》11037)
"齊城造車戟"(《新收》1983)

"乘"既可指兵車,那麽"乘戈"當與"車戟""車戈"含義相近,當爲車兵所用之戈。

108. 陳冢邑戈

此戈著録於《集成》10964,内上鑄銘《引得》釋"陳冢邑戈"。戈銘第二字舊未釋,形如下圖:

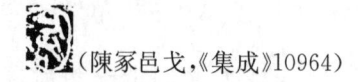

(陳冢邑戈,《集成》10964)

此字或釋爲"冢","冢"字還見於少司马耳杯、冢十六梧等,如下:

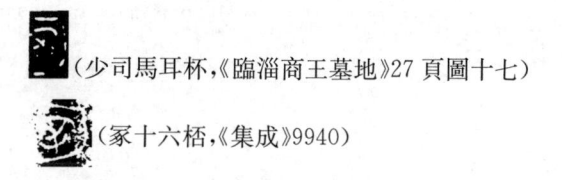

(少司馬耳杯,《臨淄商王墓地》27 頁圖十七)

(冢十六梧,《集成》9940)

此處此字釋冢,讀爲"重",已爲學界所認同,此外此字還見於戰國衞國平安君銅鼎和中山王墓記重銅器①。《集成》10964 著録此戈的該字多有漫漶殘泐,給該字的釋讀增加了難度。張振謙認爲該字釋"冢"誤,認爲此字是侯字反書,並且與因字筆畫交錯,可能是因字是漏寫,後補入侯與咨之間。或者也可以認爲"侯因"二字是合文②。該説通過對字形的技術處理,對於正確釋讀提供新的途徑。經過處理後的"侯"字作" ",張振謙以之與相關陳侯因䶒器進行了比對,認爲該字與" "(陳侯因䶒戈,《集成》11081)、" "(陳侯因䶒戟,《中國歷史文物》2007 年 5 期 15 頁圖)的"侯"字寫法接近。實際上

---

① 丘光明:《試論戰國容量制度》,《文物》1981 年第 10 期。
② 張振謙:《陳侯因諮戈考釋兩則》,《考古與文物》2012 年第 2 期。

"▣""▣"二字所從"矢"還是較爲清楚的,而該戈銘"▣"中間所從"▣"與"矢"相差太大,因此該字釋"矣"字還是有較大疑慮。不過此字釋"豕"也有些問題,故該字還有待進一步研究,此暫從舊釋。

109. 陳子山造戟

此戈著錄於《集成》11084,時代爲戰國早期,胡上鑄銘"陳子山造戟"。

110. 陳窜散戈

此戈著錄於《集成》11036,內上鑄銘"陳窜散鈛(戈)"。窜,《引得》釋作"窜";何琳儀隸作"窨",指出"從穴,堇聲,北爲迭加音符"①。孫剛認爲還是將該字釋爲"窜"較爲合理,並指出戈銘下部與洹子孟姜壺"堇"、㭊鎛"謹"相類,另《郭店·老子》甲、乙本中的"堇"作"▣""▣"亦可作爲參照。"▣"上部似"北"形筆畫,當是"▣"上部的進一步訛變②。此字作"▣"形,下部所從當爲"堇"形,如"齊陳曼簠"之"堇"作"▣"。陳窜爲田氏貴族,名還見於璽印文"陳窜立事歲安邑亳釜"。"散戈"是齊國兵器銘文的特殊稱謂,爲山東地區的方言詞,《方言》卷三:"散,殺也,東齊曰散。""散戈"意爲"殺戈"。

111. 陳貝散戈

此戈著錄於《集成》11033,內上鑄銘"陳貝散戈"。陳貝,史籍失載,當爲齊國陳姓貴族,器形未明。

112. 陳金造戈

此戈著錄於《集成》11035,內上鑄銘"陳金造戈"。陳金,史籍失載,當爲齊國陳姓貴族,器形未明。

113. 陳戠戟

此戈20世紀70年代出土於山東省威海市,李步青、王錫平在《建國以

---

① 何琳儀:《戰國古文字典》,第5頁。
② 孫剛:《東周齊系題銘研究》,吉林大學博士學位論文,第512頁。

來煙臺地區出土商周銘文青銅器概述》著錄此器①,銘文作"陳戠仕(徒)戟(戟)"。戠,何琳儀指出,"戠"字甲骨文作"🗡"或作"🗡"(所加兩點爲飾),均從言從戈,其意不明。金文作"🗡"等,漸似從"音"旁,小篆誤作"音"旁。據楚璽、包山簡等指出,"戠"應讀"職",爲官名②。

114. 陳不敢戈

此戈著錄於《銘圖》16798,銘文作"陳不敢同戈",時代爲春秋晚期。"同"作爲戈戟的器名修飾語,徐在國認爲可讀作"撞",訓爲刺、擊之義③。

115. 陳平戈

該戈爲 2008 年山東省淄博市淄博區孫家徐姚村戰國墓地出土,《考古》2011 年 10 期著錄,時代爲戰國早期。銘文作"陳平徒戈"。"平"字,簡報無釋。孫剛釋作"平"④。張振謙釋作"逞(得)"⑤。

116. 陳䢵人戈

此戈爲戰國時期器,《銘圖續》1090 著錄,銘文作"陝(陳)䢵人"。

117. 陳賸子戈

此戈爲戰國中期器,《銘圖續》1094 著錄,銘文作"陳賸子戈"。

118. 陳之戟

此戈《銘圖》16648 著錄,戰國晚期器,銘文作"陳之佶(造)戟"。

(五) 陳姓以外齊國貴族諸器

119. 高子戈

此戈 1970 年出土於山東臨淄齊故城以北 12.5 公里的敬仲鎮白兔丘村附近,山東省淄博市臨淄區文物管理所收集,《集成》10961 著錄。白兔丘村南有春秋時期齊國公族大夫高傒之墓。《左傳》莊公九年:"管夷吾治於高傒。"《史

---

① 李步青、王錫平:《建國以來煙臺地區出土商周銘文青銅器概述》,《古文字研究》第十九輯,第 75 頁。
② 何琳儀:《戰國古文字典》,第 52 頁。
③ 徐在國:《東周兵器銘文中幾個詞語的訓釋》,《古漢語研究》2005 年第 1 期。
④ 孫剛:《東周齊系題銘研究》,吉林大學博士學位論文,第 568 頁。
⑤ 張振謙:《齊魯文字編》,第 2404 頁。

記·齊太公世家》:"小白自少好善大夫高傒。"賈逵曰:"齊正卿高敬仲也。"《正義》:"傒,音奚。"李劍、張龍海著文對此戈曾有介紹,該戈長胡三穿,直内,内中部有一橫穿,援基部近穿處有"高子戈"三字銘文①。張龍海認爲"無論器形和銘文字體都具有春秋中期的特點"②。或認爲此"戈"從"金",體現出戰國早期文字的特點③。

高子戈與山西長治分水嶺 M269(春秋中期)出土的戈及洛陽中州路東周中期墓中出土的戈(M6∶20)形制相同。綜合觀之,我們認爲高子戈年代應爲春秋中期。

此高子是否爲"高傒"尚無法確定。高氏係齊國望族,史書多有記載,《左傳》僖公十二年:"有天子之二守,國、高在。"杜預注:"國子、高子,天子所命爲齊守臣,皆上卿也。"

120. 國楚造車戈

此戈爲 1990 年山東臨淄淄河店二號戰國墓中出土的一組兵器,器形形制基本相同,援部較窄、細長,略上揚,援脊在中部,正面有棱,鋒端呈弧刃三角狀,尖鋒。内中有一橫穿,穿外三端有刃,外端上部略長,呈斜三角狀。長胡,兩穿,援根一穿。戈背面胡部有鏨刻銘文,一行五字"國楚造車戈"。報告者認爲該墓年代爲戰國早期④。孫敬明根據國楚戈的形體以及銘文"戈"字的左下側從"金",推定其年代爲戰國中期⑤。

"國楚造車戈",銘文格式、文字特徵均具齊國兵器銘文特有的風格。齊國兵器中"物勒工名"者少見,基本屬於"物勒主名"的形式。"國楚"應爲人名,即戈的主人,國氏爲齊國望族,國氏之宗子又稱"國子",世爲齊國上卿。春秋時期地位顯赫,屢執齊之國政。臨淄出土的國子鼎可作證據。直到戰國前期,國氏仍襲有"國子"稱號。《左傳》僖公十二年:"有天子之二守,國、高在。"杜預注:"國子、高子,天子所命爲齊守臣,皆上卿也。"《戰國策·齊策三》:"國子曰:秦破馬服君之師,圍邯鄲。"注:"國子,齊大夫也。"

---

① 李劍、張龍海:《山東淄博市臨淄區出土高子戈》,《考古》1984 年第 4 期。
② 張龍海:《田齊六陵考》,《文物》1984 年第 9 期。
③ 朱遲等:《新出高子戈國别、年代及其相關問題》,《山東古文字研究》1993 年第 6 期。
④ 魏成敏:《山東淄博市臨淄淄河店二號戰國墓》,《考古》2000 年第 10 期。
⑤ 孫敬明:《齊兵戈戟與車戰》,《齊魯文化研究》第一輯,2002 年,第 189—193 頁。

121. 子禾子左戟

此戟著録於《集成》11130，鑄銘"子禾子左造戟"①。子禾子，人名，還見於"子禾子釜"銘。舊認爲"子禾子"即齊太公田和，由子禾子釜的年代推定當非指齊太公田和。

齊系金文中，常見"子某子"的稱謂格式，這是齊系文字所特有的一種稱謂形式。如"子禾子"(《集成》10374)、"子夲子"(《中國歷史博物館館刊》1979 年第一期)、"子盉子"(《文物》1986 年第 3 期)、"子桻子"(《季木》40.3)等等。文獻中亦見此稱者，如"子墨子""子列子"等。董珊指出下列題銘中夾在兩個"子"之間的字，都應是姓氏②。

總之，"子某子"稱謂主要有兩種情況：一種是"子某"加"子"，古人"字"常帶"子"，如"子思""子産"等。子思子，便是在字後加子構成。另外最常見的一種是於氏前冠以"子"字，這種一般是弟子對本師的尊稱，唐朝殷敬順《列子釋文》曰："冠子氏上者，著其爲師也。"《四庫全書總目提要·列子》："然則凡稱子某子者，乃弟子之稱師，非所自稱。"

122. 子禾子左邑丘戈

此戈著録於《賈文忠》56 頁，戰國早期器，銘文作"子禾子左邑丘鈛(戈)"。

123. 子盉子戈③

此戈爲 1956 年山東省文物普查時發現，《文物》1986 年 3 期公布，《集成》10958 著録，戈銘"子盉子"。子盉子戈形制銘文均具有春秋晚期的特點。

子盉子銘第二字形作如下：

(子盉子戈,《集成》10958)

此字舊未釋，《引得》隸作"刜"；孫敬明釋"盉"，此字從"皿""益"。""當爲"皿"字異體，"益"字古文或作"􏰀"，"皿"字作""。""即"易"。

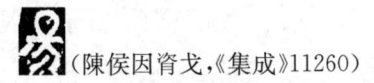

(陳侯因𰸏戈,《集成》11260)

---

① 柯昌濟：《金文分域續編》卷八，第 28 頁。
② 董珊：《戰國題銘與工官制度》，第 202 頁。
③ 學界一般認爲戈銘三字，第二字多釋爲"刜"。施謝捷據山東某私人藏家收藏有一件同銘戈，其戈銘"勿"字在"子"和"悍"之間，戈銘應釋爲"子勿悍子"。(參見傅修才：《東周山東諸侯國金文整理與研究》，第 202 頁)

子盅子，孫敬明認爲即"公子陽生"，亦即後來齊國國君齊悼公，並指出"陽子"是公子陽生的字，"子"與"生"字義相因。《詩·商頌·殷武》："壽考且寧，以保我後生。"朱注："我後生謂後嗣子孫也。"《釋名·釋親屬》："子，孳也，相生蕃孳也。"其前冠之"子"或當作"王族子孫"之"子"解①。我們認爲根據文獻中的"子某子"的討論，此"子盅子"解釋當有兩種解釋，一種是"字後加子"，"子盅"爲字；一種解釋是"氏前加子"，唯第一"子"解釋爲"子孫"似顯牽強，恐非。

124. 子備〈子〉戈

此戈《集成》11021著錄，胡部鑄"子備〈子〉戈"。第二字字形如下所示：

（子備〈子〉戈，《集成》11021）

《釋文》隸定爲"㝃"，可從。黃盛璋釋爲"背"，第三字漫漶不清，《釋文》疑爲"之"，齊兵器銘文中不見稱"之＋器銘"者，恐非。疑爲"子"字。

125. 羊角之新造散戈

此戈《集成》11210，胡鑄銘"羊角之新造散戈"，從"造"从"舟"、"散戈"等用語可知當爲齊器。

羊角，人名，當爲羊氏後裔。"新造"一語見於《戰國策·楚策》："秦王身問之，'子孰誰也？'棼冒勃蘇對曰：'臣非異，楚使者新造蓋棼冒勃蘇。'"鮑彪注："新造蓋"曰"楚官"。"新造"一職還見於西周銅器頌鼎、頌簋等器。頌鼎載王命頌曰："頌，令女官司成周賈廿家，監司新寤賈。"據彭裕商師研究，新寤賈之"賈"字應即《周禮》中官府內部主管市買的賈人，"新寤"爲職官名，頌擔任"新寤賈"之監司，賈指賈正、賈師一類庶人在官者②。

126. 君子䚻造戟

此戈《集成》11088收錄，戈銘《釋文》釋爲"君子友與造戈"，或"友與"釋爲一字"䚻"，或釋爲"䎺"，由於《集成》戈銘拓片漫漶不清，兹從"䚻"釋讀，當爲人名③。

君子，金文習見，諸如"君子之弄鼎"（《集成》2086），晉姜鼎（《集成》2826）

---

① 孫敬明：《山東濰坊新出銅戈銘文考釋及有關問題》，《江漢考古》1986年第3期。
② 彭裕商：《西周金文中的賈》，《考古》2003年第2期。
③ 《金文人名彙編》舊版130頁上有"君子友"，言見於戰國器君子友戟，修訂本删。

"用康鑠(擾)妥懷遠埶君子"。張政烺認爲此"君子"指"族長",與他器中的"百姓"同義①;"君子"之稱還見於《尚書》《詩經》等文獻,《詩經·小雅·采菽》"君子來朝"毛傳:"君子謂諸侯也。"《國語·周語下》"愷悌君子"韋昭注:"君子,謂君長也。"《淮南子·說林訓》:"農夫勞而君子養焉。"高誘注:"君子,國君。"我們認爲此戟"君子"不是人格意義上的君子,而是指對統治者和貴族男子的稱呼。

127. 膚丘子造戟

此戟爲于中航著文介紹,胡鑄銘"膚丘子造戟",膚丘或寫作"閭丘"即閭丘②。"閭丘"又作"閭邱",《通志·氏族略》"以邑爲氏"載:"閭邱氏,志籍不言所出,然邾國有閭邱。杜預云,高平南陽縣北有顯閭亭,本邾地,爲齊所併。往往閭邱氏食邑於此,故以命氏。"董珊認爲"膚丘子"的"子"爲尊稱,位於姓氏之後,略去人的名字③。傅修才認爲此字的構形很清楚,並不從"門"或從"竹",與"膚"字形體也有明顯差異。其上部從"虎"頭甚明,下部筆畫雖略殘,還是可以很容易辨識出"人"形。字從"虍"從"人",應改釋爲"虎"。戈銘"虎丘"是複姓,應讀爲"吾丘"④。膚丘子,膚丘爲姓氏。《左傳》襄公二十五年、二十九年、三十一年有閭丘嬰,哀公八年有閭丘明,哀公二十一年有閭丘息,三人皆爲齊臣。

128. 子備璋戈

此戈由于中航著文介紹⑤,胡鑄銘"子備璋戈"。"子備璋"爲人名。"子備",孫剛認爲應讀爲"子服","備""服"相通之例古書極爲常見,如《戰國策·趙策》"騎射之服",《史記·趙世家》作"騎射之備"。《韓詩外傳》"於是黃帝乃服黃衣","服"《說苑·辯物》作"備"。《馬王堆帛書·經法·君正》"衣備不相逾"、《經法·亡論》"霸主積甲士而正(征)不備",整理者讀"備"爲"服"顯然是非常正確的。據《通志·氏族略》載:"子服氏,姬姓,魯桓公之子公子慶父玄孫孟懿伯,字子服,其後以爲氏。""子備(服)"氏本爲魯孟懿伯之後,屬於"以字爲氏"⑥。

---

① 張政烺:《張政烺文史論集》,中華書局,2004年,第300頁。
② 于中航:《先秦戈戟十七器》,《考古》1994年第9期。
③ 董珊:《戰國題銘與工官制度》,第202頁。
④ 傅修才:《東周山東諸侯國金文整理與研究》,第413頁。
⑤ 于中航:《先秦戈戟十七器》,《考古》1994年第9期。
⑥ 孫剛:《東周齊系題銘研究》,吉林大學博士學位論文,第362頁。

129. 王武車戈

此戈 2002 年出土於山東省新泰市青雲街道辦事處周家莊東周墓地，年代爲春秋晚期，《銘圖續》1125、1126 著録。銘文爲"王武之車戈"。

130. 譚公戈

此戈著録於《銘圖續》1090，年代爲春秋晚期，銘文作"箇（譚）公戈"。

131. 國楚戈

該戈 1990 年出土於山東省淄博市臨淄區齊陵鎮淄河店戰國墓，爲戰國早期器。《考古》2000 年 10 期公布該資料。銘文作"國楚造車戈。"

132. 國之█戈

此戈 1987 年出土於山東省沂源縣中莊南莊村西墓葬，爲戰國早期器，《銘圖》16687 著録，銘文作"國之█戈"。

表二：齊國兵器銘文人名表

人　名	序號	年　代	銘　文	著　録
陳侯因㪌	85	戰國晚期	陳侯因㪌造	《集成》11260
陳侯因㪌	86	戰國晚期	陳侯因㪌之造	《集成》11129
陳侯因㪌	87	戰國晚期	陳侯因㪌造	《集成》11081
陳侯因㪌	88	戰國晚期	陳侯因㪌南吕戈奉于大宗	《新收》1780
陳侯因㪌	89	戰國晚期	陳侯因㪌造陵左	《中國歷史文物》2007（5）
陳子皮	90	戰國	陳子皮之造戈	《集成》11126
陳子	91	戰國	陳子□□	《集成》11038
陳子翼	92	戰國	陳子翼徒戈	《集成》11086
陳子翼	93	戰國	陳子翼造戈	《集成》11087
陳子翼	94	戰國	陳子翼造戈	《周金文存》6.26.1
陳子	95	春秋晚期	陳子山造戟	《集成》11084

續表

人名	序號	年代	銘文	著錄
陳卯	96	戰國	陳卯造戈	《集成》11034
陳	97	戰國	陳	《集成》10186
陳尔	98	戰國	陳尔徒戈	《考古與文物》1993(4)
陳㷄	99	春秋晚期	陳㷄車戈	《考古與文物》1989(2)
陳鄄	100	春秋中晚期	陳鄄造戈	《考古與文物》1991(2)
陳胎	101	戰國	陳胎之右床戈	《集成》11127
陳御寇	102	戰國	陳御寇散戈	《集成》11083
陳卲聖孟	103	戰國	陳卲聖孟造戈	《集成》11128
陳余	104	戰國	陳余造戈	《集成》11035
陳麗子	105	戰國	陳麗子造戈	《集成》11038
陳豫	106	戰國	陳豫車戈	《集成》11037
陳發	107	戰國	陳發乘戈	《文物》2001(10)
陳冢邑	108	戰國	陳冢邑戈	《集成》10964
陳子山	109	戰國	陳子山造戟	《集成》11084
陳窋散	110	戰國	陳窋散戈	《集成》11036
陳貝	111	戰國	陳貝散戈	《集成》11033
陳金	112	戰國	陳金造戈	《集成》11035
陳戠	113	未知	陳戠仕(徒)戈(戟)	《古文字研究》第十九輯第75頁
陳不敢	114	春秋晚期	陳不敢同戈	《銘圖》1679
陳平	115	戰國早期	陳平徒戈	《考古》2011(10)
陳貯人	116	戰國	陸(陳)貯人	《銘圖續》1090
陳購子	117	戰國中期	陳購子戈	《銘圖續》1094
陳	118	戰國晚期	陳之佶(造)戟	《銘圖》16648

續表

人名	序號	年代	銘文	著錄
高子	119	春秋中期	高子	《考古》1984(9)
國楚	120	戰國	國楚造車戈	《考古》2000(10)
子禾子	121	戰國	子禾子左造戟	《集成》11130
子禾子	122	戰國早期	子禾子左邑丘錢（戈）	《賈文忠》頁56
子盈子	123	春秋晚期	子盈子戈	《文物》1986(3)
子備〈子〉	124	戰國	子備〈子〉戈	《集成》11021
羊角	125	戰國早期	羊角之新造散戈	《集成》11210
君子翾	126	戰國	君子翾造戈	《集成》11088
膚丘子	127	戰國晚期	膚丘子造戟	《考古》1994(9)
子備璋	128	戰國	子備璋戈	《考古》1994(9)
王武	129	春秋晚期	王武之車戈	《銘圖續》1125、1126
譚公	130	春秋晚期	笝(譚)公戈	《銘圖續》109
國楚	131	戰國早期	國楚造車戈	《考古》2000(10)
國之▨	132	戰國早期	國之▨戈	《銘圖》16687

齊國兵器銘文資料散碎，有些所記地名和人名在文獻中無徵，這對齊兵器銘文的研究帶來很大不便，但綜合來看還是呈現出一些整體性特徵，現在條分縷析，概述如下：

（一）齊兵器銘文絕大多數爲鑄印，刻款極爲少見，這與三晋、秦、燕多爲刻款不同。從書法特點上講，"齊系兵器銘文多爲鑄造……結體寬博，運筆粗獷"[①]。

（二）齊兵器銘文字數較少，最少一字，多者不過十餘字，一般三五字。其中戈類銘文最多，戟、劍等少見。

---

① 何琳儀：《戰國文字通論（訂補）》，第89頁。

（三）銘文格式簡略，通常格式是"某某造某"，極少署冶鑄者或冶尹、冶工的名字。另外，齊兵器中所見"立事歲"或省稱"立事"的銘辭格式也是其重要特點，只是這類器數量較少。

（四）銘文内容多爲人名、地名。人名往往爲陳氏都邑大夫，銘文構成爲人名加兵器名，如"陳爾徒戈"（《文物》1993年4期94頁）、"陳發戈"（《文物》2001年10期48頁）。地名則爲城邑，銘文構成爲城邑名再加兵器名，如"武城戈"（《考古與文物》1999年1期96頁）、"平阿左造徒戟"（《文物》1998年11期94—95頁）。另外地名附加里名，是齊國兵器銘文的特有的格式，如"成陽辛城里戈"（《集成》11154）、"平陽高馬里戈"（《集成》11156）。另外，齊兵器銘文中地名之後往往加"左""右"，如"鄩左戈"（《文物》1995年7期77頁）、"平阿右散戈"（《集成》11101）。齊兵器銘文還見"車戈""車戟"，如"國楚造車戟"（《考古》2000年10期56頁）、"陳豫車戈"（《集成》11037）、"齊城造車戟"（《新收》1983）。

（五）齊兵器銘文基本上屬於"物勒主名"的形式，只記鑄造兵器的地名和所有者名字，"物勒工名"的形式相當罕見。"物勒主名"即所謂器主要有齊國陳氏國君或貴族。如"陳侯因育戈"（《集成》11129）、"陳卿聖孟戈"（《集成》11128）、"陳子戈"（《集成》11038）。"物勒主名"的形式，如"齊城左冶所漢造"（《文物》2000年10期）、"鄩左徒造戟，冶脵所守（鑄）"（《文物》1995年7期）。

（六）齊兵器銘文結體寬博，運筆粗獷。這是由於齊兵器銘文多爲鑄造。銘文中的常見字寫法特殊，如"戈"字常加"金"旁，"陳"從土旁等。

第三節　莒國禮器、兵器銘文

一、莒國禮器

（一）春秋晚期

1. 莒叔之仲子平鐘
出土：1975年山東省莒南縣大店鎮2號墓
時代：春秋晚期

圖 1.3.1　莒叔之仲子平鐘

現藏：山東博物館

著録：集成 180；銘圖 15510

釋文：隹（唯）正月初吉庚午，篙（莒）弔（叔）之中（仲）子平自乍（作）鑄游鍊（鐘），玄鏐鋿鑢（鋁），乃爲〈之音〉，戕（鏘）戕（鏘）雝雝（雍雍），䎽（聞）于夏東，中（仲）平蘁（善）彶（發）虘（祖）考，鑄其游鍊（鐘），台（以）濼（樂）其大酉（酋），聖智䡐哴（良），其受此嘖（眉）壽萬年無諆（期），子=（子子）孫=（孫孫）永保用之。

該套鐘共九件，《集成》172—180 著録，銘文基本相同。

篙弔之中子平，《左傳》僖公二十六年："（僖公）會莒兹平公、寧莊子盟於向，尋洮之盟也。"杜預注："兹平，時君之號。莒夷無謚，以號爲稱。"發掘簡報指出編鐘銘文中的"篙弔之中子平"爲莒國國君兹平公[1]。陳世輝指出《左傳》

---

[1] 吳文祺、張其海：《莒南大店春秋時期莒國殉人墓》，《考古學報》1978 年第 3 期。

中之"莒兹平"是"莒兹丕"之訛誤,"丕"在有些古籍中寫作"㔻","㔻"爲"丕"的古體字,由於"㔻"與"丕"形體近似,故將"㔻"誤認作"平"。金文中的"平"與"丕"之形體相差甚遠,所以銘文"簹仲平"並不見於史料之記載①。孫敬明也同樣認爲將"莒叔仲平"認爲是"莒兹平公"是由於"平"與"丕"字形相似而造成的訛誤,並指出根據墓葬規模以及器物的組合情況推知此鐘的主人或爲莒公子季佗。銘文"仲子平"之"子"爲美稱,"仲子平"即"仲平","季佗"爲其名,"仲平"爲其字。"季"與"仲"同爲行次,"平"與"佗"也意義相同②。從金文字形來看,"平""丕"二字有些差距,儘管不能排除"莒叔仲平"是"莒兹平公"的可能性,另外根據金文人名的構成方式,該鐘中的"平"當爲名,而"莒兹平公"按照杜預的注"平"當爲號,兹丕公名爲"期",所以就現有資料來説,二者爲一人的可能性並不大。

游鍊,黃盛璋指出"游鐘"銘文爲初見,應與"蔡侯陳之行鐘"中的"行鐘"意義相似。"游鐘""行鐘"應是指鐘之懸挿是活動的,懸挿移動使得鐘隨之移動,如此就可配成各種不同的音律③。金文中,鐘之前常見的修飾語有"徒""鯀""從"等,我們認爲此處的游鐘可能近似於金文中常見的"從鐘"或"行鐘",游在傳世文獻中都有"從""行"義的訓詁。

玄鏐鋿鑪,黃盛璋指出通常玄與鏐連用,鏽與赤、黃連用,表示顔色。"鋿",金文初見,應爲《説文》所記之"鏛"字,"鋿鏽"應爲黃赤之鏽④。

戕戕雝雝,簡報釋作"央央雝雝",陳世輝改釋"戕戕雝雝",指出這是形容鐘聲的一句常用語。戕爲"剬"的異體字。戕戕雝雝應當讀爲"端端雝雝","端端"形容鐘音純正,"雝雝"形容鐘聲和諧⑤。陳秉新、李立方指出李家浩釋"䇂"爲"殺"讀作"喊","喊喊"合鳴聲之義⑥。裘錫圭讀爲"肅肅",因作聲旁時"杀"和"朮"可通⑦。裘説可從。

---

① 陳世輝:《釋戕——兼説甲骨文不字》,《古文字研究》第十輯,中華書局,1983年,第44頁。
② 孫敬明:《莒史綴考》,《考古發現與齊史類徵》,第570頁。
③ 黃盛璋:《山東出土莒之銅器及其相關問題綜考》,《華夏考古》1992年第4期。
④ 黃盛璋:《山東出土莒之銅器及其相關問題綜考》,《華夏考古》1992年第4期。
⑤ 陳世輝:《釋戕——兼説甲骨文不字》,《古文字研究》第十輯,第44頁。
⑥ 陳秉新、李立方:《出土夷族史料輯考》,安徽大學出版社,2005年,第356頁。
⑦ 裘錫圭:《戎生編鐘銘考釋》,《裘錫圭學術文集·金文及其他文字卷》,第115—117頁。

覨于夏東，覨（聞），戰國時期晉、楚文字作"䎽"，从耳昏聲，齊系金文作"覨"而保留了較早的寫法。齊系文字中有字形作"聞"，但都用作"門"①，不表示聽聞之"聞"。孫敬明將未釋之字釋作"夏"，銘文作"聞于夏東"，指出商周春秋時期，莒國其西與西北境的曾、杞等爲夏遺，而莒一直處於"夷夏"防綫的前沿，故"聞於夏東"很合實際②。陳秉新、李立方指出"夏東"即文獻中的"東夏"，指東方和中原華夏。鐘銘爲了與"喊喊雍雍"押韻，故調整"東夏"的語序爲"夏東"。他們認爲莒國故城在今山東莒縣境內，位於華夏之東，所以鐘銘才説"喊喊雍雍"的鐘聲"聞於夏東"③。梁方健、曲鑫明指出銘中"聞于夏東"之夏，或認爲指夏朝，鑄鐘之時，夏朝已滅亡約千年，此説似爲不妥，"夏"字皆指華夏諸國，以別於戎狄蠻夷。莒叔之仲子平鐘銘"夏東"之夏，亦當此意。莒國東臨大海，位於諸夏之東，故稱"夏東"，銘文説明莒國自認爲是別於諸夏的夷族④。李家浩認爲古書中的"東夏"是一個並列詞組，指東方和中原華夏，鐘銘的"夏東"即文獻中的"東夏"，大概是爲了跟"鐘""雍"二字押韻，有意將詞序顛倒的⑤。裘錫圭認爲"東夏"不宜理解爲東方的華夏之國。東夏一語中的"夏"，跟常見的與夷蠻戎狄相對的"夏"，其意義是有所不同的。後者是從種族、文化的角度説的，與一般所謂"華夏"同義。前者是從政治地理的角度説的，其義實與"西"相近。在西周、春秋時代人的心目中，"夏"與"西"是緊密聯繫在一起的。所以作爲政治地理上的名稱，"夏"可以與"東"相對。在春秋時代，"東夏"或"夏東"當可用來泛指東西方各諸侯國。莒平鐘銘的"聞于夏東"，也應暗含莒平的聲響遠聞於各諸侯國之意⑥。

就目前的研究現狀而言，學者大多認爲銘文中的"夏東"即《左傳》《國語》《吕氏春秋》中的"東夏"，東與夏是並列關係，不是主從關係，這些皆爲共識。傳統把"東夏"理解爲東方的華夏之國顯然有問題。我們認爲"夏東"當指中原諸夏和位於中原諸夏的東邊的包括夷族在內東方諸國。《左傳》中習見以"夏"

---

① 裘錫圭：《"司馬聞""聞司馬"考》，《裘錫圭學術文集·金文及其他古文字卷》，第305—306頁。
② 孫敬明：《莒史緝考》，《考古發現與齊史類徵》，第570頁。
③ 陳秉新、李立方：《出土夷族史料輯考》，第356頁。
④ 梁方健、曲鑫明：《春秋時期莒文化雜説》，《魯東大學學報》（哲學社會科學版）2015年第4期。
⑤ 李家浩：《齊國文字中的遂》，《湖北大學學報》（哲學社會科學版）1992年第3期。
⑥ 裘錫圭：《"東夏"解》，《裘錫圭學術文集·語言文字與古文獻卷》，第469—474頁。

指中原各華夏諸國，並常與戎狄、蠻夷對舉。如《左傳》閔公元年："戎狄豺狼，不可厭也。諸夏親暱，不可棄也。"杜預注："諸夏，中國也。"《左傳》僖公二十一年："任、宿、須句、顓臾，風姓也。實司大皞與有濟之祀，以服事諸夏。"《春秋繁露·觀德》："滅國十五有餘，獨先諸夏，魯、晉俱諸夏也。"孔穎達疏《左傳》定公十年："中國有禮儀之大，故稱夏；有服章之美，謂之華。"孔子曰："夷狄之有君，不如諸夏之亡也。"我們知道春秋時期的莒國其文化與中原地區各國區別較大，莒君渠丘公自稱其國"僻陋在夷"(《左傳·成公八年》)，顧棟高《春秋大事表》："莒雖小國，東夷之雄者也。"以夷自稱的莒國言此鐘可"聞於夏東"，顯然有其文化心理上的特殊用意。

2. 莒大史申鼎①
時代：春秋晚期
現藏：南京大學
著錄：集成 2732；銘圖 02350

釋文：隹(唯)正月初吉辛亥，鄟审之孫篙(鄟)大史申乍(作)其造(祰)鼎(鼎)十，用延(征)台(以)逐，台(以)迎(御)賓客，子孫是若。

鄟，學界有"毅"②、"邰"③等考釋意見。周忠兵搜羅眾說，並根據楚簡"樊"字的特殊寫法，認為"鄟"字可分析為从"邑""樊"(或燔)聲，在銘文中讀為"樊"，樊仲是周宣王時的輔弼大臣仲山甫。器主申為名臣樊仲的後代，時任莒國太史④。周說意見可從。

此鼎形制為寬薄沿，淺腹圜底，雙立耳已失，

圖1.3.2 莒大史申鼎

---

① 此鼎舊稱篙鼎，吳大澂《愙齋集古錄》(劉慶柱、段志洪、馮時主編：《金文文獻集成》第12冊第227頁)、鄒安《周金文存》(《金文文獻集成》第23冊，第48頁)。于省吾將此鼎命名為"篙大史申鼎"，參看《雙劍誃吉金文選》，第150頁。
② 高田忠周：《古籀篇》卷20，《金文文獻集成》第31冊，第428頁。
③ 丁山：《篙太史申鼎銘跋》，《史學集刊》1944年第4期。
④ 周忠兵：《莒太史申鼎銘之"樊仲"考》，《吉林大學社會科學學報》2014年第1期。

三足下段殘。口下飾蟠虺紋，三足上部飾獸面。吳鎮烽《銘圖》定爲春秋晚期，應可從。何琳儀認爲該器中"酈"字不從邑，説明其器略早於莒侯簋①。

3. 莒侯少子簋
年代：春秋晚期
著録：集成 4152；銘圖 05149
釋文：隹（唯）五年正月丙午，酈（莒）矦（侯）少子斨乃叒（孝孫）丕巨，龕（合）趣（取）吉金，姙（而）乍（作）皇妣匋君中（仲）妃（妃）祱（祭）器八䤸（簋），永保用䭴（享）。

該器銘文與陳侯午鐵相近，但形體尤爲頎長，很可能又是受楚國銘文風氣的影響，該器很可能就是莒國在亡國前夕所造器②。此簋形制據《銘圖》爲"侈口束頸，鼓腹，矮圈足下連鑄方座，雙耳作伸頸龍形，下有鈎狀垂珥，腹和方座壁均飾環帶紋"。吳鎮烽亦認爲屬於春秋晚期，當可信。

乃，或釋九，傅修才釋"乃"③。該字原篆作"乃"，當以釋"乃"爲是。

龕，楊樹達認爲字從"合"聲，讀爲"合"，此器爲兩人所共作，故云"合取吉金"④。匋，原篆作"匋"，《攈古録金右文》卷三之一·九釋文作"屌"，《雙劍誃吉金文選》下二·三〇釋文作"宲"。郭沫若、楊樹達隸定作"釕"，孫剛則認爲右側筆畫與左側形體皆連接在一起，此字疑可釋

圖 1.3.3　莒侯少子簋

---

① 何琳儀：《戰國文字通論（訂補）》，第 89 頁。
② 何琳儀：《戰國文字通論（訂補）》，第 88—89 頁。
③ 傅修才：《東周山東諸侯國金文整理與研究》，第 237 頁。
④ 楊樹達：《積微居金文説（增訂本）》，第 406 頁。

爲"妃",讀爲"婉"①。此處爲稱呼用字,就字形而言釋"婉"可從。

4. 莒大叔之孝子平壺

出土:1988 年出土於山東莒縣中樓鄉于家溝村

年代:春秋晚期

現藏:山東莒縣博物館

著録:新收 1088;銘圖 12358

釋文:䣝(莒)大弔(叔)之孝子平乍(作)其盥□壺,用征台(以)□,瀗(眉)壽萬歲,子子孫孫,永保用之。

䣝(莒)大弔(叔),蘇兆慶指出壺銘中"大叔"之"叔"字筆畫有泐,有可能爲"大史"。傳世有太史申鼎,文獻記載齊、魯、莒均有太史,如此銘文爲"大史"則與文獻互證②。

孝子平,孝字作[圖],孫剛疑此字爲"庚"③。就字形而言釋"庚"可從,唯讀爲"庚子"銘文不可讀,暫釋作"孝子"。

瀗壽萬歲,由於該器銘文拓本漫漶不清,多只釋出"歲"字。謝明文認爲,首字左上"手"形和底下"頁"形較清楚,"手"形和"頁"形之間的器皿形亦可辨識,應是"瀗"字。"瀗"下一字根據輪廓以及文例,無疑是"壽"字。"歲"上一字明顯是"萬"字。"瀗(眉)壽萬歲"一語,金文中似乎首見,其義相當金文中習見的"眉壽萬年"④。其説可從。

圖 1.3.4 莒大叔之孝子平壺

---

① 孫剛:《東周齊系題銘研究》,吉林大學博士學位論文,第 460 頁。
② 蘇兆慶:《商周金文與莒國的歷史——兼談莒大叔之孝子平壺銘及相關問題》,《考古發現與莒史新徵》,日照市新聞出版局,1999 年,第 152 頁。
③ 孫剛:《東周齊系題銘研究》,吉林大學博士學位論文,第 555 頁。
④ 謝明文:《固始侯古堆一號墓所出編鎛補釋》,《出土文獻與古文字研究》第四輯,上海古籍出版社,2011 年,第 108 頁注 1。

作此壺呈瓠瓜形，通體光素。從銘文風格上看，吳鎮烽《銘圖》定爲春秋晚期應可從。

(二) 戰國早期

5. 莒公孫潮子鎛

出土：1970 年山東省諸城縣臧家莊墓葬

時代：戰國中期

著録：銘圖 15762

釋文：陛(陳)𨒥(選)立(涖)事歲，十月己丑鄝公孫淖(潮)子𥧪(造)器也。

1970 年山東諸城臧家莊發現了一批青銅器，其中有樂器鐘九件、鎛七件，形制和紋飾相同，大小相次，銘文基本相同。作器者是"鄝公孫潮子"，應屬莒國公族，作器時間爲"陛(陳)𨒥立事歲"時，"陳"字從土，説明已進入戰國田齊時代。但是莒國在前 431 年已爲楚所滅，所以鄝公孫潮子有可能是莒國末世國君後裔，莒亡後歸服於齊[①]。儘管該器銘文署名爲莒，但莒國已滅，器主已經爲齊國高級官吏，因此，此鐘當歸爲齊器。何琳儀認爲"公孫潮"大概是在齊國供職的莒國後裔[②]。該器是齊國罕見的樂器銘文。

編鐘基本形制爲扁桶合瓦形。扁桶口部呈平、凹弧兩型，平口爲鎛，凹弧口爲鐘。依據柄形可分甬鐘、鈕鐘。編鐘各部位名稱，據《周禮·考工記》載："鳧氏爲鐘，兩欒謂之銑。銑間謂之于，于上謂之鼓，鼓上謂之鉦，鉦上謂之舞。舞上謂之甬，甬上謂之衡，鐘縣謂之旋，旋蟲謂之榦，鐘帶謂之篆，篆間謂

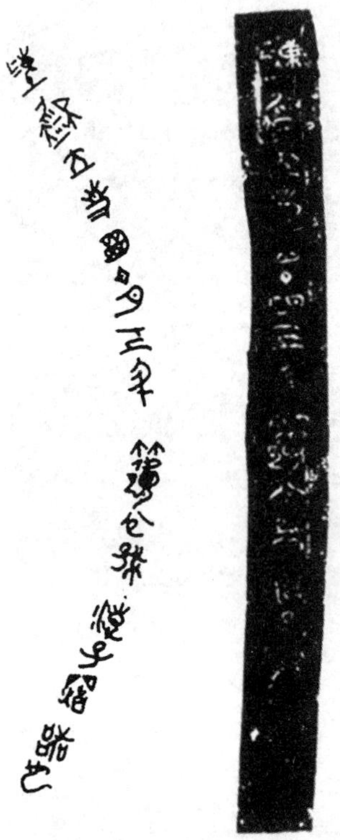

圖 1.3.5　莒公孫潮子鎛

---

① 黄盛璋：《山東出土莒之銅器及其相關問題綜考》，《華夏考古》1992 年第 4 期。
② 何琳儀：《戰國文字通論（訂補）》，第 87 頁。

之枚,枚謂之景,于上之擁謂之遂。"即其意爲扁桶平頂爲"舞",扁桶正、背面中上部的直闊條稱爲"鉦",其兩邊突出的乳釘稱"枚","枚"的上下間隔部分稱"篆"。下部稱"鼓",彎凹的下口稱"于",尖鋭的兩側稱"銑"。懸鐘之柄按甬鐘或鈕鐘之别而分稱爲"甬"或"鈕"。"甬"的頂端稱"衡","甬"中段一圈的突凸稱"旋"。甬鐘的懸掛方式是傾斜的,鈕鐘是直懸的。一般認爲,直懸的鈕鐘晚於斜懸的甬鐘。

陳㠯,㠯字金文所無,亦不見於字書。原報導隸定爲"翔"①,王恩田認爲陳翔即陳舉②。該銘第二字原發表者摹本有誤,後來著録此器摹本的書皆沿其誤。該字右邊表示"尾巴"的部分其實是和左邊人形相連的,整理者誤把"尾巴"部分和人形割裂,並且又和所謂"米"形右上角那一筆相結合,於是該字右邊被誤摹成近似"不"形。何琳儀隸定爲"㠯",認爲此字從立、從米、尾聲③。此字實爲"徙"字,隸作"㠯",讀爲"選",《説文》"古文徙"即由此變來,李家浩、曾憲通、高智等均有相關論述④。

䣄,前已論及即爲"莒"字,可知此器器主公孫潮子當爲在齊國供職的莒國貴族後裔。公孫潮子史書無載,但"從此墓出土的列鼎、組豆、編鐘、編鎛、編磬等成套禮樂器來看,墓主地位較高"⑤,報告者從《史記·田齊敬仲世家》記載的"公孫會""公孫閈"皆爲田氏,認爲其可能爲田姓貴族,此説恐非,銘前綴以"莒"説明其當爲莒國人,諸侯之孫稱爲"公孫",春秋時各國諸侯的後裔,以爵號爲氏。《通志·氏族略》:"公孫氏,春秋時,諸侯之孫亦以爲氏者曰公孫氏,皆貴者之稱。或言黄帝姓公孫,因亦以爲氏。元祐登科有公孫尚,漢州人。"莒國的姓氏,據現有史料有四説,即曹姓説、嬴姓説、盈姓説

---

① 山東諸城縣博物館:《山東諸城臧家莊與葛布口村戰國墓》,《文物》1987年第12期。
② 陳舉即《戰國策·齊策六》"齊孫室子陳舉直言,殺之東閭,宗族離心"之陳舉。參見《莒公孫潮子鐘考釋與臧家莊年代——兼説齊官印"陽都邑"巨璽及其辯僞》,《遠望集——陝西省考古研究所華誕四十周年紀念文集》,陝西人民美術出版社,1998年,第314頁。
③ 何琳儀:《戰國文字聲系》,第1231頁。
④ 李家浩:《先秦古文字與漢魏以來俗字》,《"中國語言學發展之路——繼承、開拓、創新"國際學術研討會論文》,北京大學,2010年;曾憲通:《楚文字釋叢》,《古文字與出土文獻叢考》,中山大學出版社,2005年;高智:《釋楚系文字中的"㠯"及相關文字》,《紀念容庚先生百年誕辰暨中國古文字學學術研討會論文集》,中山大學,1994年。
⑤ 山東諸城縣博物館:《山東諸城臧家莊與葛布口村戰國墓》,《文物》1987年第12期。

和己姓説①,因此公孫潮當非田姓。

十月己🀀,對於"🀀"字有兩種不同的釋法,一釋作"亥",另一釋作"丑"。報告者釋"亥",《近出》釋"丑",《新收》釋"亥",當釋"丑"爲是。齊系文字中還見"丑"字,形作"🀀"(拍敦,《集成》4644),齊系金文"亥"有以下諸形:

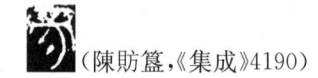

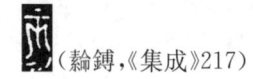

（陳逆簠,《集成》4096）　　　（陳肪簠,《集成》4190）

（鎒鎛,《集成》217）

以上字形與"丑"字差異很大,故該字釋"丑"爲是。

該套編鐘爲九件,春秋早期已經見九件一套的編鐘②。編鐘的數量經歷了一個由少及多的過程。西周早中期大致是三件爲一套③,西周晚期主要是八件爲一套④。春秋戰國時期編鐘數量一般都超過九件,春秋晚期數量最多的是淅川下寺 M2 出土的王孫誥編鐘,數量達 26 件⑤,戰國時期數量最多的是曾侯乙墓編鐘,數量達六十四件⑥。

關於該墓年代,齊文濤(即王恩田)定爲戰國晚期,並指出"鼎、壺的形制已接近西漢作風,特別是編鎛、編鐘和鏤孔衣形器上的無首龍紋,與河北滿城劉勝墓中出土的鎏金環耳銅杯上的紋飾極爲相似,其年代在戰國中是屬

---

① 曹姓説出自《國語》。《國語·鄭語》曰:"祝融亦能昭顯天地之光明……其後八姓於周……曹姓鄒、莒。"嬴姓説出自《姓氏族譜》和《史記·秦本紀》。《左傳》隱公二年正義引《世譜》云:"莒,嬴姓,少昊之後。"《史記·秦本紀》:"秦之先爲嬴姓,其後分封,以國爲姓,有徐氏,郯氏,莒氏。"杜預《春秋釋例》亦説:"莒國嬴姓,少昊之後。"嬴姓説出自《漢書·地理志》。《地理志》城陽國莒縣條下注:"故國,嬴姓,三十世爲楚所滅。少昊後。"己姓説出《左傳·文公八年》和《世本》《潛夫論》。《左傳》云:"穆伯如周弔喪,不至,以幣奔莒,從己氏。"《潛夫論·志氏姓》云:"莒子姓己氏。"
② 如山東沂水劉家店春秋早期墓中出土的陳大喪史鈴鐘(《山東沂水劉家店子春秋墓發掘簡報》,《文物》1984 年第 9 期)。
③ 如寶雞竹園溝 M7 的三件套編鐘,時代約在康王時,寶雞茹家莊 M1 乙編鐘(《寶雞強國墓地》,文物出版社,1988 年)。
④ 如扶風齊家村窖藏出土的柞鐘(《扶風齊家村青銅器群》,文物出版社,1963 年)。
⑤ 趙世綱:《淅川楚墓王孫誥鐘的分析》,《江漢考古》1986 年第 3 期。
⑥ 湖北省博物館:《隨縣曾侯乙墓》,文物出版社,1980 年。

於比較晚的"①。王恩田在其他文章中亦重申定爲戰國晚期的看法②。任日新認爲該墓當爲戰國中期,指出"此墓出土的銅器風格與信陽長臺關一號墓和江陵望山一號墓出土銅器有近似之處,鐘、鎛厚重,鑄造精緻,遺留春秋風格,因而不會晚到戰國晚期。鐘、鎛銘文中的"陸"字从土,是戰國時田齊的專用字。'立事歲十月丁亥'的行文格式,流行於春秋晚期到戰國中期,戰國晚期雖有立事,但多不書月日。據以上看來,此墓的年代以定在戰國中期爲宜"③。温增源認爲從器形、紋飾風格來看,該墓的年代不會晚至戰國晚期,當爲戰國早中之際,諸城出土的9件鈕鐘,從形制上講屬長腔長鈕闊鼓式。該式編鐘盛行於戰國早、中期,突出特點是鐘鈕較長,其他各部均同常制。該鐘舞、鉦、鼓部均飾三角雷紋及渦紋地無首有爪龍紋,篆飾浪花紋,泡形枚飾蟠蛇紋及渦紋④。有些器物明顯繼承了春秋晚期器物的風格,總體而言具備戰國早期器形的典型風格,有些器物可能爲戰國早期偏晚。先看鼎的風格,戰國時期盆鼎多有蓋且逐漸變平、多數爲三環鈕、多爲蹄足且逐漸變短,腹逐漸變淺。該墓出土的四件銅鼎,腹較淺,有蓋且隆起,與器合成扁圓形,矮粗蹄足,雙耳向外彎曲,素面,腹部飾有一條凸弦紋,該鼎比戰國中晚期鼎腹要深些,蹄足要高些,且蓋隆起,而戰國中晚期的蓋要更平。該鼎器形十分接近於洛陽中州路 M2717:89 出土的戰國早期鼎⑤。春秋戰國時期的圓腹壺腹最大徑逐漸上移,頸逐漸變短。該墓出土的壺,圜頂蓋,頂上飾有三環鈕,頸較細長,圓鼓腹,上腹雙輔首銜環,平底,矮圈足,器形十分接近於山西長子牛家坡 M7:6 出土的戰國早期壺⑥。該墓出土的銅器整體風格凝重厚重,遺有春秋晚期銅器的風格,"立事歲十月己亥"行文格式屬春秋晚期至戰國中期流行句式。因此,綜合來看,該器定爲戰國早期爲宜,最晚不晚於戰國中期。

---

① 齊文濤:《概述近年來山東出土的商周青銅器》,《文物》1972年第5期。
② 王恩田:《東周齊國銅器的分期與年代》,第294頁。
③ 山東諸城縣博物館:《山東諸城臧家莊與葛布口村戰國墓》,《文物》1987年第12期。
④ 温增源:《諸城公孫朝子編鐘及其相關問題》,《齊魯藝苑》1992年第1期。
⑤ 中國科學院考古研究所:《洛陽中州路》圖版陸肆,科學出版社,1959年。
⑥ 山西省考古研究所:《山西長子縣東周墓》,《考古學報》1984年第4期。

二、莒國兵器

6. 莒公戈

出土：1977 年冬出土於山東省沂水縣院東頭公社劉家店子村

時代：春秋中期

現藏：山東省文物考古研究所

著錄：新收 1033；銘圖 16415

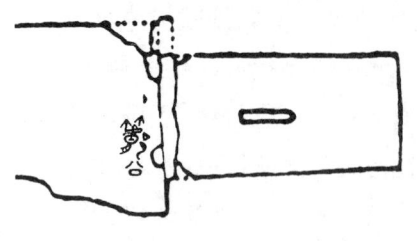

釋文：酁（莒）公。

圖 1.3.6　莒公戈

孫敬明指出同墓葬出土的公簠之"公"作"□"，公鑄壺之"公"作"□"，兩器之公的寫法與這件殘戈銘文中的"□"寫法相同，則可知公簠和公鑄壺之"公"爲"莒公"之省①。關於戈的時代，孫剛認爲莒公戈時代屬於春秋晚期至戰國早期②。發掘簡報指出劉家店子 M1 的時代當屬春秋中期，綜合戈的形制和銘文，莒公戈的時代在春秋中期。

7. 莒之造戈

時代：戰國早期

著錄：新收 1525；銘圖 16747

釋文：膚（莒）之䚽（造）䤾（戈）。

該戈略上揚，正中微起脊，鋒端呈弧形三角，中胡，援、胡部均有鋒刃，闌側三穿，最上一穿近圓形，下兩穿爲長方形。內微上翹，後緣抹角，內上一橫穿。內端有銘文約 4 字，辨識者 2 字，爲"膚（莒）""戈"③。《近出殷周金文集錄》1129 收錄此戈，釋文爲"莒之造戟"④。孫

圖 1.3.7　莒之造戈

---
① 孫敬明：《沂蒙先秦兵器銘文集釋繹論》，《考古發現與齊史類徵》，第 209—210 頁。
② 孫剛：《東周齊系題銘研究》，吉林大學博士學位論文，第 155 頁。
③ 孫昌盛、馬勇、賽麗麗：《山東蒙陰發現兩件銘文銅戈》，《文物》1998 年第 11 期。
④ 劉雨、盧岩編：《近出殷周金文集錄》第四冊，中華書局，2002 年，第 155 頁。

剛《齊文字編》釋文作"膚（莒）之造戈（戟）"①。《銘圖》釋文作"僕膚之造戈（戟）"。該銘首字作 ▨，字形近似"濮"，但由於字形殘泐，待考。

整理者考訂此戈年代爲春秋早期，認爲是莒國之遺物②。周波認爲結合辭銘格式、銘文內容等，此戈應屬戰國早期③。"莒"爲莒縣之莒，戰國早期至中晚期莒縣屬於齊國，此戈當是戰國早期齊國所造④。

銭，或釋爲"戈（戟）"，或釋爲"銭（戈）"。周波認爲從拓本和摹本來看，此字從"戈"旁應無問題，不過左旁所從與"羊"旁差異甚大，將此字釋爲"戈（戟）"恐怕是有問題的。在齊魯系銘文中"戈"經常書作"銭"。比較可知，莒戈此字也應釋爲"銭（戈）"⑤。齊系金文用"戈""銭""盍"表示"戈"，齊國兵器銘文中有的"戈"作"銭"，有齊系金文地方特色。

第四節　曾國、鑄國禮器、兵器銘文

一、曾國銅器

山東齊地之曾即文獻所載之"繒"或"鄫"，據《國語》載"杞、繒由太姒"、《世本》載"繒，姒姓"，可知鄫爲姒姓，夏之裔國。襄公六年（前567年）被莒國所滅⑥。逢振鎬在《山東古國與姓氏》指出山東姒姓的古曾（鄫、鄫）國故地當在今山東省蒼山縣境內，蒼山縣向城西北約四公里處有鄫國故城址⑦。

1. 上曾太子般殷鼎
出土：1981年山東省臨朐縣嵩山泉頭村墓葬（M乙∶1）
時代：春秋早期

---

① 孫剛：《齊文字編》，福建人民出版社，2010年，第94頁。
② 孫昌盛、馬勇、賽麗麗：《山東蒙陰發現兩件銘文銅戈》，《文物》1998年第11期。
③ 周波：《戰國銘文分域研究》，第157頁。
④ 周波：《齊魯系銘文研究（五題）》，《古文字與漢語歷史比較音韻學》，第304—307頁。
⑤ 周波：《戰國銘文分域研究》，第159頁。
⑥ 關於鄫國的滅亡，據文獻記載有"莒滅説""魯滅説""越滅説"。
⑦ 逢振鎬：《山東古國與姓氏》，山東人民出版社，2006年，第149、303頁。

現藏：臨朐縣文化館

著錄：集成 2750；銘圖 02381

釋文：上曾大子般殷乃睪（擇）吉金自乍（作）鸞彝，心疐若憪（慮），哀哀利𨤲（錐），用孝用亯（享），既鯀無測，父母嘉寺（之），多用旨食。

上曾大子般殷，孫敬明、何琳儀、黃錫全指出本器爲"上曾太子"爲父母所作之祭器。器銘中還稱"上曾太子"而非"曾子"的原因，認爲可能是由於般殷鼎是在"太子"喪服期所作，喪期未除，故稱"太子"①。李學勤指出金文中有兩個曾國，一爲山東姒姓的曾國，即古書記載的鄫或繒、繪衍；另一爲湖北姬姓的曾國，即文獻記載

圖1.4.1　上曾太子般殷鼎

中的隨國。"上曾"是指山東姒姓的曾國②。黃盛璋認同般殷鼎是"太子"在喪服期所作的説法，且也認爲該器應爲山東姒姓曾國之器③。王恩田指出該鼎形制、銘文書體、詞語等均與湖北、河南的姬姓曾國器相同，因此該器應該是姬姓曾國器，而稱"上曾"是爲了與都城在湖北隨縣的曾國相區别。古人以西、北爲上。"上曾"應在隨縣以西，或以北的方向中探求④。曹定雲指出"上曾"應爲山東嶧縣之曾，姒姓。在銘文中稱"上曾"應該是相對於河南東都柘城之"曾"和河南南陽之"曾"而言的。上曾太子般殷鼎的發現證實了山東之"曾"的存在⑤。

心疐若憪，孫敬明、何琳儀、黃錫全釋爲"心聖若沈"，讀作"心聖而慮"，爲

---

① 孫敬明、何琳儀、黃錫全：《山東臨朐新出銅器銘文考釋及有關問題》，《文物》1983年第12期。
② 李學勤：《試論山東新出青銅器的意義》，《文物》1983年第12期。
③ 黃盛璋：《山東諸小國銅器研究》，《華夏考古》1989年第1期。
④ 王恩田：《上曾太子鼎的國别及其相關問題》，《江漢考古》1995年第2期。
⑤ 曹定雲：《山東臨朐泉頭村周代銅器銘文研究——兼論"齊侯子行"非齊侯》，《史海偵迹——慶祝孟世凱先生七十歲文集》，第58頁。

"心靈通悟而又有深謀遠慮"之義①。黃盛璋釋作"心望若沈",指出"心"下一字從"㔾"從"壬",應是"望"字而非"聖"字。"心望若沈","望"與"沈"對舉,"望"爲想望、念望之義②。當以釋"聖"爲是。

寺(持),孫敬明、何琳儀、黃錫全指出"寺"在金文中屢見,讀作"持"或"恃"。但本器銘中之"寺"依于省吾之見當讀爲"之",作指示代詞。"父母嘉寺"爲"父母以之爲美"之義③。黃盛璋認爲"寺"如果讀爲"之","則其父母尚存",但該器爲上曾太子爲其父母所作祭器無疑,其父母已喪,相互矛盾,致使銘文前後解釋不通。故認爲聯繫作器時的背景、整篇銘文文義,"寺"釋爲"時"更爲合理④。我們認爲古人喪葬講究"事死如事生",造祭器也希望父母能在另一世界享用,銘文並不存在黃先生所謂的矛盾,結合下文"多用旨食"文意,當以讀爲"之"或"持"爲是。

二、鑄國銅器

(一)春秋早期

2. 鑄公簠蓋

出土:山東省鄒平齊東縣

時代:春秋早期

現藏:上海博物館

著錄:集成 4574;銘圖 05905

釋文:鑄公乍(作)孟妊東母舟朕(媵)🅂(簠),其萬年賚(眉)壽,子=(子子)孫=(孫孫)永寶用。

鑄,古鑄、祝同字,《晉語》黃帝之子二十五宗,其得姓者十四人,爲十二姓,任居其一,鑄爲任姓,其爲黃帝后之祝信矣⑤。《商周青銅器銘文選》指出鑄公

---

① 孫敬明、何琳儀、黃錫全:《山東臨朐新出銅器銘文考釋及有關問題》,《文物》1983 年第 12 期。
② 黃盛璋:《山東諸小國銅器研究》,《華夏考古》1989 年第 1 期。
③ 孫敬明、何琳儀、黃錫全:《山東臨朐新出銅器銘文考釋及有關問題》,《文物》1983 年第 12 期。
④ 黃盛璋:《山東諸小國銅器研究》,《華夏考古》1989 年第 1 期。
⑤ 王國維:《觀堂集林》,第 440 頁。

圖 1.4.2　鑄公簠蓋

之女曰孟妊,説明鑄是妊姓……鑄通祝,鑄祝古同音①。陳槃認爲"鑄"文獻或又作"祝","鑄"爲章紐幽部字,"祝"爲章紐覺部字,兩字古音相近或可通假。此器爲鑄公媵其女或其同姓女孟妊,此則可能。《世本》以鑄任姓,任,古文妊,是《世本》鑄國任姓之説,與金文有合矣②。《春秋》哀公十年,晋趙鞅伐齊,取犁。杜預注云:犁,一名隰,濟南有隰陰縣。今故城在臨邑縣西十里,與歷城禹城皆相近。然則祝爲祝柯,自爲不錯。

該器蓋作窄平沿,腹斜收,腹壁兩側有一對獸首耳,長方圈捉手,每面正中有長方圓角形缺口。蓋頂飾交龍紋,口沿下飾變形獸體紋,腹壁飾卷體夔龍紋。從形制而言,時代爲春秋早期。

3. 鑄子叔黑臣鼎

出土:清光緒初年出主於山東桓臺縣

時代:春秋早期

著録:集成 2587;銘圖 02128

---

① 馬承源主編:《商周青銅器銘文選(四)》,第 530 頁。
② 陳槃:《春秋大事表列國爵姓及存滅表撰異》,上海古籍出版社,2009 年,第 851 頁。

釋文：釁（鑄）子弔（叔）黑臣肇（肇）乍（作）寶鼎（鼎），甘（其）萬年貫（眉）耆（壽）永寶用。

臣，郭沫若認爲臣即頤初文，象形，象有重額而上有須也。須色黑，故此鑄子名臣而字叔黑①。

該器敞口折沿，腹壁斜收，平底，方圈足沿外撇，各邊中部有長方形缺口，兩短壁鑄有獸首耳，蓋的口沿每邊有一個小卡扣。口沿飾獸體卷曲紋，四壁飾相背式卷體夔龍紋。從形制來看，其時代當爲春秋早期。

圖 1.4.3　鑄子叔黑臣鼎　　圖 1.4.4　鑄叔皮父簠

4. 鑄叔皮父簠

時代：春秋早期

著錄：集成 4127

---

① 郭沫若：《兩周金文辭大系圖錄考釋》，第 200 頁。

釋文：隹(唯)二月初吉，乍(作)鑄(鑄)弔(叔)皮父障(尊)殷(簋)，其妻子用盲(享)考(孝)于弔(叔)皮父，子子孫孫寶，皇萬年永用。

二月，學者多釋爲"一月"，認爲此器作"一月"而不作"正月"是新國尚未治定制禮的緣故，《殷周金文集成釋文》作"二月"。祝振雷贊同此釋讀。甲骨文中習見"一月"，後"一月"與"正月"共用。後"正月"取代了"一月"，自西周開始金文中便不見"一月"，只見"正月"了，直至戰國晚期，也未見一例"一月"，故而認爲此器中的"二月"的"二"字借用"月"字最上面的一筆[①]。此說可從，原字形作 ⽉ ，顯然"二"字借用"月"字最上面的一筆，鑄銘者把月字上部本來有弧度的筆畫拉直，以凸顯其借筆意圖，借筆現象是古文字構形中比較常見的現象。

圖1.4.5　鑄子𤝛匜

5. 鑄子𤝛匜

時代：春秋早期

現藏：山東省博物館

著錄：集成 10210；銘圖 14899

釋文：鑄子𤝛乍(作)也(匜)，其永寶用。

𤝛，字從"犬""無"聲，爲鑄叔之名。陳漢平疑"𤝛"爲"獏"字異體[②]。傳世的春秋早期鑄子匜，作器者亦名"𤝛"。傅修才認爲鑄叔簠與鑄子匜時代相當，皆爲春秋早期，作器者極有可能爲同一人。"鑄子"又稱"鑄叔"，是以行輩爲稱[③]。

6. 鑄侯求鐘

時代：春秋早期

[①] 祝振雷：《從鑄叔皮父簠銘校正古書中對"一月"的誤識》，《西華大學學報》(哲學社會科學版) 2010 年第 1 期。
[②] 陳漢平：《金文編訂補》，中國社會科學出版社，1993 年，第 120 頁。
[③] 傅修才：《東周山東諸侯國金文整理與研究》，第 226 頁。

現藏：山東省博物館

著録：集成 47；銘圖 15178

釋文：盬（鑄）厌（侯）求乍（作）季姜朕（媵）鐘，廿（其）子=（子子）孫=（孫孫）永言（享）用之。

該器有旋，兩銑較鋭，題兩側有扉棱。邊扉飾雲紋，篆間飾變形夔紋，鉦間飾雙頭夔紋，鼓部飾對夔紋。器形紋飾爲於春秋早期風格。

（二）春秋

7. 鑄司寇尢鼎

時代：春秋

現藏：臺北柯氏收藏

著録：新收 1917；銘圖 02063

釋文：鑄嗣（司）寇尢肇乍（作）鼒鼎（鼎），子子孫孫永寶用。

圖 1.4.6　鑄侯求鐘

尢，發表者闕釋。吳良寶認爲應釋"尢"，在鼎銘中用作司寇之私名①。《銘圖》該字摹本作，釋爲"左"。尢字小篆作，隸書作（《五十二病方》）、（馬王堆帛書《老子》甲 107），據摹本字形，結合相關字形來看，當以釋尢爲是。

袁國華《鑄司寇鼎銘文淺釋》載有此鼎器形照片和銘文摹本，據該文介紹，此鼎"通高三十公分……其形制爲直立耳，微侈口，圓腹圜底，三足（獸蹄足），腹釋垂鱗紋，通體黑色，應屬春秋時代"，其説當可從。

圖 1.4.7　鑄司寇尢鼎

---

① 吳良寶：《璽陶文字零釋（三則）》，《中國古文字研究》第一輯，吉林大學出版社，1999 年，第 151 頁。

第五節　鄩國、𢆷國禮器、兵器銘文

一、鄩國銅器

1. 鄩仲盤

出土：1981 年山東省臨朐縣嵩山泉頭村墓葬（M 乙∶1）

時代：春秋早期

現藏：臨朐縣文化館

著錄：集成 10135；銘圖 14479

釋文：尋（鄩）中（仲）媵（媵）中（仲）女子寶般（盤），其萬年無彊（疆）子子孫孫永寶用。

尋，孫敬明、何琳儀、黄錫全釋作"撏（尋）"，謂舊釋邥、邱、郤均不正確，而唐蘭釋鄩是正確的，"鄩"爲古地名，在典籍亦作"尋"，姒姓國，在今山東濰縣西南①。李學勤釋作"尋"，並據齊侯鎛銘文可知齊桓公將"與鄩之民人都鄩"之地分封給了鮑叔，故"結合泉頭村己墓的年代考察，尋仲應該就是鮑叔的子弟。"②

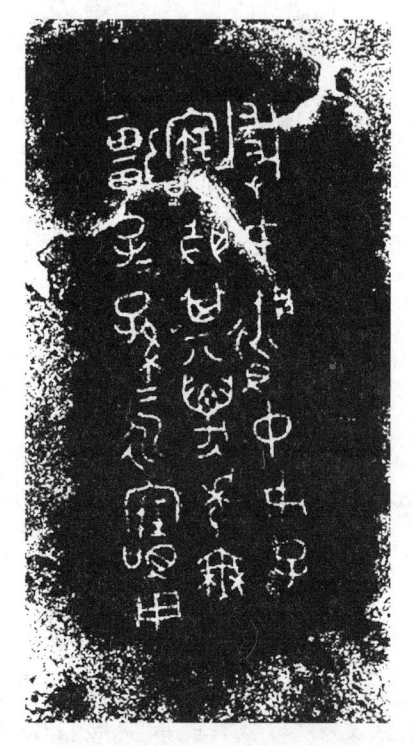

圖 1.5.1　鄩仲盤

陳絜認爲"仲女子"之"女"爲親屬稱謂，"子"應爲父族姓，還指出大家通常認爲金文中的"鄩氏"乃夏之後裔，爲姒姓之國，但依據鄩伯匜銘文可知，鄩氏在周代應爲"子"姓。因此，"仲女子"中之"子"應爲父家之族姓③。陳説有一定的可能性，如果此説成立的話，"排行＋親屬稱謂＋姓"的女子稱謂方式可以豐富我們的認知，但這

---

① 孫敬明、何琳儀、黄錫全：《山東臨朐新出銅器銘文考釋及有關問題》，《文物》1983 年第 12 期。
② 李學勤：《試論山東新出青銅器的意義》，《文物》1983 年第 12 期。
③ 陳絜：《鄩氏諸器銘文及其相關歷史問題》，《故宫博物院院刊》2009 年第 2 期。

種稱謂結構,金文中鮮見。我們認爲"仲女子"或許就是次女的意思,不一定是前面稍顯複雜的稱謂結構。

2. 鄋仲匜

出土:1981 年山東省臨朐縣嵩山泉頭村墓葬(M乙:1)
時代:春秋早期
現藏:臨朐縣文化館
著録:集成 10266;銘圖 14978
釋文:尋(鄋)中(仲)賸(媵)中(仲)女=(子子)寶它(匜),其萬年無彊(疆)子子孫孫永寶用。

中女子子,孫敬明、何琳儀、黄錫全指出原拓中"女"下的"🜨"可能是未完成的 ♀ 字上半部,因考慮到下面的行款布局,廢掉"🜨"。而在其後"子"下接寫類似重文符號的"="，這是爲了方便説明或起區別作用。因此,本銘可能不是一般的重文符號,而是特殊的"棄字"符號①。李學勤釋作"仲女子子",未釋"🜨"字,指出"女子子"春秋時期的習語,指女子②。王恩田釋作"中女以(姒)子子",匜銘"🜨"與金文"6"字相似,應爲字的不規範寫法,彎筆的缺失很可能是鑄範缺陷造成的。"以"通"姒",爲鄋仲女之姓③。陳絜認爲匜銘中的"🜨"應是"🜨子"二字的合文,"🜨"爲夫家之氏,"子"爲父家姓,"仲女🜨子"爲"仲女＋夫氏＋父姓"的命名方式。"🜨"字很可能是"吕"字。程婭航認爲匜銘中的"🜨"字應爲孫敬明、何琳儀、黄錫全三位在合文中推斷的那樣,爲廢棄的"子"字上部;但"="並不是廢字符號,而應是金文中常見的重文符號。因爲如果爲廢字符號,

圖 1.5.2　鄋仲匜

---

① 孫敬明、何琳儀、黄錫全:《山東臨朐新出銅器銘文考釋及有關問題》,《文物》1983 年第 12 期。
② 李學勤:《試論山東新出青銅器的意義》,《文物》1983 年第 12 期。
③ 王恩田:《上曾太子鼎的國別及其相關問題》,《江漢考古》1995 年第 2 期。

那也應該出現在"C"字之後,而非"子"字之後。而王恩田將"C"釋爲"以",似乎有已知鄩爲姒姓而牽强釋之之嫌;且鄩仲盤與鄩仲匜同爲鄩仲爲其次女所作媵器,匜銘中出現女子之姓,而盤銘無,解釋不通。這也説明李學勤釋盤銘"仲女子"、匜銘"仲女子子"可從,不出現姓氏是爲了避諱之説成立①。張振謙同意陳絜合文説,把此字釋作"子""孔"合文,並指出字的指示符號"C"位於"子"的頭部正上方,而不是在頭部的右上側,這可能是書寫潦草造成的②。該器和鄩仲盤同出一墓爲一套器,銘文可以對讀,鄩仲盤中女子稱謂爲"仲女子",此銘文中,我們亦認爲應該是未完成的字上半部,或者出於行款布局或者其他原因,未完成該字。"子"下接寫類似重文符號的"="，我們同意李學勤觀點釋爲"仲女子子","女子子"春秋時期的習語,指女子。《儀禮·喪服》:"女子子在室爲父。"鄭玄注:"女子子者,女子也,別於男子也。"

二、異國銅器

異、杞、紀諸國關係名稱,主要有以下三種觀點:一、異、杞爲一國説。董作賓主此説,他認爲"杞""異"爲古今異體字③。二、異、紀爲一國説。郭沫若④、李步青⑤等學者持這一觀點。認爲"異"爲"紀"的另一種寫法。三、異、紀、萊爲一國説。王恩田持這一觀點,指出萊國與異國都爲姜姓國家,地理位置近,爲一國⑥。也有學者對此提出不同看法,王獻唐認爲:"異國是姜姓,杞國是姒姓,兩個氏族不同。卜辭金文及經傳史籍一貫的寫法,前一個字體作'異',後一個作'杞',始終又截然各異。就此便可以決定:異和杞不是一個國家……"⑦有學者認爲異國非紀國,紀國的名稱書體作"己",先後並

---

① 程婭航:《山東東部與東南部出土東周時期青銅器銘文匯考》,天津師範大學碩士學位論文,2017年,第46頁。
② 張振謙:《齊系文字研究》,第175頁。
③ 董作賓:《甲骨文斷代研究例》,《中國現代學術經典·董作賓卷》,河北教育出版社,1996年,第73頁。
④ 郭沫若:《兩周金文辭大系圖録考釋》,第200頁。
⑤ 李步青:《煙臺市上夼村出土異國銅器》,《考古》1983年第4期。
⑥ 王恩田:《紀、異、萊爲一國説》,《齊魯學刊》1984年第1期;《再説紀、異、萊爲一國》,《管子學刊》1991年第1期;《三説紀、異、萊爲一國》,《管子學刊》1993年第3期。
⑦ 王獻唐:《山東古國考》,齊魯書社,1983年,第166頁。

没改變。㠱國名稱書體作■、作■、作■，先後也一致。它們二者之間，由書體的不同，證明截然爲兩國①。另外兩國存在時間不同。紀國於春秋莊公四年（前 690 年）被齊國所滅，㠱國從新見㠱器裒鼎可以推測㠱國滅亡時間。㠱國亦非萊國，高明英還指出㠱、萊兩國姓氏不同，㠱爲姜姓，萊爲子姓；且㠱國與萊國地望不同，㠱國是在西周中晚期遷至膠東半島的國家，而萊國爲膠東半島的本土國家。據此可知兩國不可能爲一國②。㠱國見於商代，殷商甲骨文及銅器銘文中都有關於㠱國的相關記載，我們曾有拙文對此有所討論③。

（一）春秋早期

3. 㠱伯子宧父盨

出土：1951 年 4 月出土於山東黄縣（今龍口市）歸城南璋村春秋墓葬
時代：春秋早期
著録：集成 4442；銘圖 05631
釋文：㠱伯子宧父乍（作）廾（其）	
	
旅（征）飤（盨），廾（其）陰廾（其）陽，㠯（以）旅（征）㠯（以）行，割（匃）㝢（眉）壽無彊（疆），慶廾（其）㠯（允）臧（藏）。

此盨共 4 件，均爲蓋、器同銘，各 26 字，同出的還有㠱伯子宧父盤、匜等④。

㠱，《銘文選》釋作"㠱（紀）"⑤，該器爲紀國之器。王獻唐也釋作"㠱"，爲國名，讀作己，爲古代黄河流域東

圖 1.5.3　㠱伯子宧父盨

---

① 王獻唐：《山東古國考》，第 169—170 頁。
② 高明英：《商周㠱國研究》，天津師範大學碩士學位論文，2016 年，第 50—53 頁。
③ 張俊成：《商代㠱國及其相關問題》，《内江師範學院學報》2009 年第 1 期。
④ 李步青、林仙庭：《山東黄縣歸城遺址的調查與發掘》，《考古》1991 年第 10 期。
⑤ 馬承源主編：《商周青銅器銘文選（四）》，第 563 頁。

方的一種音讀。四盨蓋器銘文的"眞"分別作"▆""▆""▆""▆"等形,這正表明它們爲春秋時器,因爲春秋時"▆""▆"混用,"眞"字也隨之混用。若爲殷代或西周初期作品,便不會有"眞"體;若是戰國期作品,就不會有"▆"體①。

宼父,《銘文選》釋作"宼父"②。陳夢家釋爲"宼父",指出盨銘爲"眞伯子宼父",表明作器時作器者的父親尚在世③。王獻唐釋爲"嬪",認爲古文字中"貝玉"通爲珍寶,單从寶或从玉亦有寶義。此字宀下从玉,應爲寶義,加女旁爲"宼",以今文書寫變成"嬪"。而金文一般姓氏通例類於本字加女旁,"宼"應爲氏。王釋▆爲"左","嬪父"應是"嬪"爲氏,"左"爲字,眞本爲姜姓,而銘文稱"嬪左"應爲嬪氏女子名左者嫁爲眞婦,爲嬪氏長女左嫁於眞君④。

慶其昌臧,銘文的"允"寫作"吕"。"允""吕"音近可通,《説文》謂"允"从"吕"得聲,古文字從金文起,"允"上部已變形音化爲"吕"⑤。上古音"吕"爲余母之母,"允"爲余母文部,"之""文"二部有密切關係⑥。《墨子·明鬼篇》:"百獸貞蟲,允及飛鳥。"王引之《經傳釋詞》認爲"允"猶"以",二者是一聲之轉。

4. 眞伯子宼父匜
出土:山東黄縣(今龍口市)歸城南埠村春秋墓葬
時代:春秋早期
著録:集成 10211;銘圖 14896
釋文:眞白(伯)宼父朕(媵)姜無㠯(沫)也(匜)。

---

① 王獻唐:《山東古國考》,第 133—134 頁。
② 馬承源主編:《商周青銅器銘文選(四)》,第 563 頁。
③ 陳夢家:《西周銅器斷代》,第 331 頁。
④ 王獻唐:《山東古國考》,第 135 頁。
⑤ 季旭昇:《説文新證》,福建人民出版社,2010 年,第 688 頁。
⑥ 陳劍:《甲骨金文舊釋"尤"之字及相關諸字新釋》,《北京大學中國古文獻研究中心集刊》第四輯,北京大學出版社,2004 年,第 88—91 頁。

該器形制爲長流槽,龍形鋬,四條獸形扁足。口沿飾變形獸體紋,腹飾瓦紋,從形制上而言,年代應屬於春秋早期。

圖 1.5.4　룷伯子婬父匜　　　圖 1.5.5　룷公壺

(二) 春秋中晚期

5. 룷公壺

時代:春秋中晚期

著錄:集成 9704;銘圖 12407

釋文:룷公乍(作)爲子弔(叔)姜□盥壺,鬻(眉)壽萬年,永保其身,它〈它=〉(它它)巸〈巸=〉(巸巸),受福無(期)萁,子孫永保用之。

《薛氏》釋國名作"杞",郭沫若改釋爲"룷",稱此器爲"룷公壺"。《集成》定其時代爲春秋時期,《銘文選》定其時代爲春秋中期,《銘圖》定其時代爲春秋早期。壺銘嘏辭內容常見於春秋中晚期山東諸侯國媵器銘文,形體也具有春秋中晚期特徵,時代暫定爲春秋中晚期。

(三) 春秋時期

6. 昜甫人匜

時代：春秋時期

著録：集成 10261；銘圖 14973

釋文：昜甫(夫)人余，余(徐)王寬虘孫，丝(兹)乍(作)寶它(匜)，子=(子子)孫=(孫孫)永寶用。

甫，金文常見，甫通"夫"，即夫人。王獻唐認爲銘文前一"余"字是"甫(夫)人"的名字，後一"余"字是第一人稱代詞①。李家浩認爲前一"余"字是第一人稱代詞，後一"余"字應讀爲徐國之"徐"，"夫人"應該是徐王的孫女②。李説可從。

"寬"字舊多闕釋，王文耀認爲此字釋作"寬"③。徐在國認爲王説正確可從，此字從"宀"，"莧"聲，古文字中"艹""䒑"二旁相通④。

圖 1.5.6　昜甫人匜

第六節　夆國、郣國、紀國禮器、兵器銘文

一、夆國禮器

1. 夆叔盤⑤

出土：山東滕州

時代：春秋中期晚段

---

① 王獻唐：《山東古國考》，第 121—123 頁。
② 李家浩：《攻敔王光劍銘文考釋》，《文物》1990 年第 2 期。
③ 王獻唐：《國史金石志稿》，青島出版社，2004 年，第 1293 頁。
④ 徐在國：《甫人匜銘補釋》，《古文字學論稿》，第 192—194 頁。
⑤ 共出三器：形制同於齊侯四器中的敦、盤、匜。

第一章　東周齊莒系金文編年彙釋、年代考訂與分國整理　277

現藏：旅順市博物館

著錄：集成 10163；銘圖 14522

釋文：隹（唯）王正月初吉丁亥，夆弔（叔）乍（作）季改（妃）盥皿（盤），齊䚋（眉）壽邁（萬）年，永俘（保）其身，它=（它它）配=（熙熙），壽老無碁（期），永俘（保）用之。

夆即逢，該器出土於清代滕縣，從銘文特別是"壽""老"的用詞和書風看，此器爲齊器。逢國初封殷，《左傳》昭公二十年："晏子對曰'古而無死，則古之樂也，君何得焉？昔爽鳩氏始居此地，季萴因之，有逢伯陵因之。'"杜預注："逢伯陵，殷諸侯，姜姓。"據《山東通志》，逢陵在今山東淄川廢治西南四十里①。《路史》載："逢伯陵，姜姓。炎帝後裔，太姜所出，始封於逢澤，在開封逢澤，後改封於齊。"逢國從西周時期，一直到春秋中期才消，"推知直到春秋中期，逢國仍在"②。夆叔匜"它它配配，壽老無碁（期）"還見於春秋中晚期的齊侯四器、鮑子鼎銘文，銘文風格接近於齊侯四器，推測其年代同於齊侯四器，年代約爲春秋中期偏晚。另外就器形而言，夆叔匜的形制和齊侯四器中的齊侯匜相同，前已言及，齊侯四器的年代爲春秋中期后段，因此夆叔匜年代也與之相近。

永保其身：徐中舒指出："眉壽爲生存，霝冬爲安平，而保身則兼具此二義。……保身説所見諸器，大約皆春秋時物。"③因此，叚辭"保身"還具有斷代的價值。

圖 1.6.1　夆叔盤

---

① 楊伯峻：《春秋左傳注》，第 1421 頁。
② 孫敬明：《逢史獻苴》，《考古發現與齊史類徵》，第 495 頁。
③ 徐中舒：《金文叚辭釋例》，《徐中舒歷史論文選輯》，第 537—538 頁。

二、郜國禮器

2. 郜造鼎

出土：山東省濟南市歷城區大辛莊村

時代：春秋早期

著錄：集成 2422；銘圖 01976

釋文：郜艁(造)遬(遣)乍(作)寶鼎，子=(子子)孫=(孫孫)用亯(享)。

遬，學者多釋爲"遣"。謝明文認爲二字除去"辵""足"旁的部分，像用口咬住某種物體，應即"噬"字初文，字從"足"從"辵"，"噬"得聲，宜釋作"逝"字異體①。銘文中爲人名用字，待考。

圖 1.6.2　郜造鼎

3. 郜遣簋

時代：春秋早期

著錄：集成 4040；銘圖 05021

釋文：郜遬(遣)乍(作)寶毁(簋)，用追孝于其父母，用易(賜)永匄(壽)，子=(子子)孫=(孫孫)永寶用亯(享)。

此簋侈口鼓腹，一對獸首耳，下有垂珥，圈足下連鑄三個獸面扁足，蓋上有圈狀捉手。蓋沿和器口下飾竊曲紋，蓋上和器腹飾瓦紋，圈足飾垂鱗紋。彭裕商師《春秋青銅器綜合研究》將此種形制的簋列爲 A 型 I 式，此種形制的簋承自西周，主要流行於春秋早期。

圖 1.6.3　郜遣簋

---

① 謝明文：《釋魯侯簋"逝"字兼談東周文字中"噬"字的來源》，《青銅器與金文》第一輯，上海古籍出版社，2017 年，第 223—227 頁。

第一章　東周齊莒系金文編年彙釋、年代考訂與分國整理　279

三、紀國銅器

4. 紀侯壺

出土：1974 年山東省萊陽市團旺鎮前河前村

時代：春秋早期

著錄：集成 9632；銘圖 12293

現藏：北京故宮博物院

釋文：己（紀）侯乍（作）鑄壺，吏（使）小臣以汲，永寶用。

圖 1.6.4　紀侯壺

5. 華孟子鼎①

出土：2012 年春節前夕山東沂水縣天上王城景區春秋墓

時代：春秋中期

著錄：中國文物報 2012 年 8 月 17 日 6 版；銘圖續 0207

現藏：沂水縣博物館

釋文：華孟子乍（作）中（仲）叚氏婦中子䉵寶鼎（鼎），其䁠（眉）壽万生（年）無彊（疆），子=（子子）孫=（孫孫）俾（保）用喜（享）。

任相宏、邱波認爲此件器物應當定名爲"芈孟子鼎"，是楚國公室長女芈孟子爲中叚之婦中子作的一件䉵器②。釋芈不確，當釋爲"華孟子鼎"。方輝認

圖 1.6.5　華孟子鼎

① 關於華孟子鼎的國別，主要有宋國和齊國兩種意見。參見張新俊《華孟子鼎小考》，武漢大學簡帛網，2012 年 9 月 18 日；林澐《華孟子鼎等兩器部分銘文重釋》，《吉林大學古籍研究所建所三十周年紀念論文集》。從銘文字形來看，如"壽"字等具有齊系金文的特徵，具體國別待考。
② 任相宏、邱波：《山東沂水天上王城出土芈孟子鼎、敔君季盂銘文考略》，《中國文物報》2012 年 8 月 17 日。

爲華即華國，華字金文常見，或作爲人名如"邾公華鐘"，或作爲族徽如"仲義父鼎"等。華國作器也見於著録，如"華季益鼎"（《集成》2547），爲西周晚期器，銘文作"華季益作寶鼎，其萬年子子孫孫永寶用享"，該器是華孟子爲其女中子即中假之婦所作之媵器，同時認爲華國應是山東古國之一，地望或在濟南至泰安一帶區域，距離沂水紀王崮並不遥遠①。該墓發掘者也認同此觀點②。王恩田認爲華孟子是山東的貴族女性稱謂，此件器物是爲其二女兒所作媵器；林澐則認爲華氏是宋國顯赫的公族，此件鼎是宋國的華氏家族爲"中子"出嫁所作之器。孫敬明認爲鑄鼎者華孟子應爲齊國人，齊國之華氏，或即《左傳》所記之華周一族。春秋時期華氏乃齊國貴族，鼎銘所謂之"華孟子"應該是一位男性。西周春秋時期莒與齊通婚，既見典籍又備金文③。

關於該器，或認爲是宋器，或認爲具有齊系文字的特點④。張新俊認爲本銘文中的"保""鑄""年"等字的寫法，顯然具有齊國文字特徵，與楚國文字有別⑤。林澐則考訂此器爲春秋時宋器，指出張新俊和孫剛都設想跨國作媵器，是因爲他們都認爲子姓女子的母國爲宋國，而鼎銘文字如"年"加"土"旁、"保"加"玉"旁、"壽"字頭部的寫法都有齊系文字的特點，可見鼎是在齊國所鑄。其實這種思路似乎受成見束縛，即宋國文字一定不屬齊系。其實，宋國是一個上承殷商的文化古國，地理上又鄰近魯國，春秋早期和魯國關係密切，在文字上理應和齊、魯接近才對。但何琳儀《戰國文字通論》並未舉出確證，只籠統說了一句"其文字風格也屬楚系"，就把春秋晚期到戰國不多的宋國銅器銘文都劃歸楚系，以致孫剛《齊文字編》也只是"以齊、魯兩國器物爲主，兼及杞、寺、曹、滕、薛、邾、莒、費、郳、邳等國"，没有考慮宋國文字的實際情況。現在春秋早期的華孟子鼎出土，提供了春秋早期宋國銅器文字的實例，我們爲什麽不可以由此改變觀點，認識到春秋早期的宋國文字和齊魯文字關係密切，而一定要把它

---

① 方輝：《華孟子鼎銘小議》，《中國文物報》2012年9月14日第6版。
② 山東省文物考古研究所、臨沂市文物考古队、沂水縣博物館：《山東沂水縣紀王崮春秋墓》，《考古》2013年第7期。
③ 孫敬明：《華孟子鼎銘附議》，中國文物信息網，2017年7月25日。
④ 月有量：《華孟子新説》，復旦大學出土文獻與古文字研究中心網站"學術討論"區，2012年4月19日。
⑤ 張新俊：《華孟子鼎小考》，簡帛網，2012年9月18日。

定爲齊器呢①?

　　關於該鼎的國別,學界還有較大爭議,結合該鼎出土於山東沂水秋古墓,學者已經指出,此地屬春秋莒國範圍,從墓葬形制及隨葬器物來看,也與沂水縣劉家店子春秋莒國大墓相合,因而主張此古墓墓主爲莒國②。另外華孟子鼎從字形寫法到書寫風格,都接近於齊系文字,因此我們把該鼎附屬於齊莒系。所以無論該器屬於宋還是屬於齊魯文字,把該鼎歸屬於齊系金文範疇都是合理的。

　　孫敬明指出此鼎體型碩大,卓然不群,立耳蹄足,且花紋整飭,凹凸有致;若僅就外觀則斷其時代或爲兩周之際。然器底銘文布局疏朗,與春秋早期者迥異;且銘文書體如"孟""壽""年""無""保"等,更近於戰國早期風格,故綜合判斷此鼎時代應爲春秋中期,或稍偏晚③。

---

① 林澐:《華孟子鼎等兩器部分銘文重釋》,《吉林大學古籍研究所建所三十周年紀念論文集》,第16頁。
② 卞文超、劉凱思:《紀王崮春秋古墓主人猜想》,《大衆日報》2012年5月15日第11版。
③ 孫敬明:《華孟子鼎銘附議》,中國文物信息網,2017年7月25日。

第二章　東周魯邾系金文編年彙釋、年代考訂與分國整理

第一節　魯國禮器、兵器銘文

目前所見東周時期魯國有銘銅器，皆屬於春秋時期，尚未見到戰國時期魯國銅器。這些有銘銅器中，大部分性質屬於"媵器"，銘文一般較短，格式也較爲固定。

一、魯國禮器①

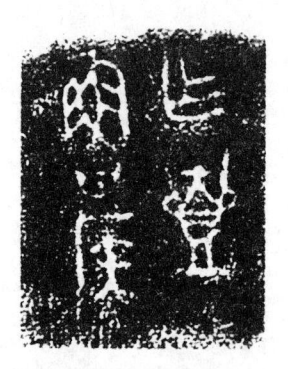

圖 2.1.1　魯侯壺

1. 魯侯壺

出土：1995年4月河南省登封市告成鎮袁窑村（M1∶141）

時代：春秋早期

現藏：河南省鄭州市文物考古研究所

著録：銘圖 12121

釋文：魯厌（侯）乍（作）壺②。

根據簡報，該壺上有蓋，中空，頂部有圓角方形捉手。壺口外侈，長頸，圓腹下垂，圈足底端有折棱。壺

---

① 畢經緯對魯國禮器進行過初步整理，涉及魯國銅禮器的發現、著録與研究，魯國銅禮器的形制、特點等問題。參見畢經緯：《魯國銅禮器的初步整理與研究》，《考古與文物》2018年第1期。
② 該墓出魯侯壺兩件，一件（M1∶141）銘文被刮，隱約可見；另一件（M1∶142）器口沿下内側壁有銘文，2行2字，由左向右，器蓋内側近口處豎行四字銘文，字體稍異，參鄭州市文物考古研究院、登封市文物管理局：《河南登封告成春秋墓發掘簡報》，《文物》2009年第9期。

蓋頂面飾有目竊曲紋，蓋側面和壺頸飾鳳鳥紋。壺腹四壁起脊呈"十"字，圈足飾垂鱗紋。頸兩側有一個長鼻罍首形銜環耳，雙耳直立，環面飾弦紋①。簡報認爲從器物組合、器形紋飾綜合來看，此器呈現西周晚期到春秋前期的典型特徵，因此將年代定爲春秋前期。

有學者結合春秋初年魯鄭兩國關係之史實，認爲應該是受賄或戰爭掠奪所得②。

2. 魯侯鼎

出土：1982 年 10 月山東省泰安市城前村春秋墓葬

時代：春秋早期

現藏：山東省泰安市博物館

著録：新收 1067；銘圖 02059

釋文：魯厌（侯）乍（作）啟（姬）翏朕（媵）鼎（鼎），甘（其）萬年眉（眉）豆（壽）永寶用。

翏，曹錦炎讀爲國名"鄝"③。"姬翏"應當是春秋早期某一代魯侯之女，名翏，姬姓。此銅器應當是陪嫁品。關於"姬翏"所嫁往的國家，有學者分析姬翏可能嫁給了牟國的國君④。該器爲西周晚期和春秋早期器形。

圖 2.1.2　魯侯鼎

3. 魯侯簠

出土：1982 年 10 月山東省泰安市城前村春秋墓葬

時代：春秋早期

---

① 鄭州市文物考古研究院、登封市文物管理局：《河南登封告成春秋墓發掘簡報》，《文物》2009 年第 9 期。
② 張莉：《登封告成春秋鄭國貴族墓研究》，《中國歷史文物》2007 年第 5 期。
③ 曹錦炎：《黃子鼎與翏子鼎——兼談黃國與鄝國的地望問題》，《楚簡楚文化與先秦歷史文化國際學術研討會論文集》，湖北教育出版社，2013 年，第 681 頁。
④ 程繼林、吕繼祥：《泰安城前村出土魯侯銘文銅器》，《文物》1986 年第 4 期。

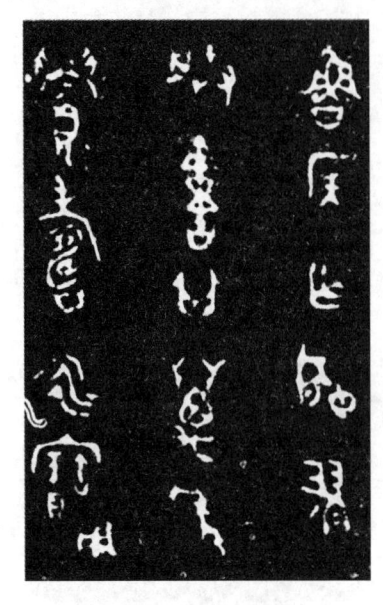

圖 2.1.3　魯侯簠

現藏：山東省泰安市博物館

著録：新收 1068；銘圖 05852

釋文：魯厌（侯）乍（作）叙（姬）翏朕（媵）害（簠），甘（其）萬年眉（眉）耋（壽）永寶用。

害，劉心源《奇觚室吉金文述》卷五認爲害即舍，亦即鉆字，讀作簠。方濬益《綴遺齋彝器款識考釋》認爲字形像器蓋相合之形，而中从"五"聲。郭沫若從之①。田煒認爲這樣的説法並不全面，指出"害"字从害从五，"害""五"都兼有表義、表音作用②。

簠字金文構形繁多，形符多作匚，或从金、皿。聲符多作古，或作故、夫夫、夫等。害也用作聲符，如魯士厚父簠作𠦝。

4. 魯仲齊甗

出土：1977 年山東曲阜魯國故城望父臺墓地 48 號墓

時代：春秋早期

現藏：山東省曲阜縣文物管理委員會

著録：集成 939；銘圖 03345

釋文：魯中（仲）齊乍（作）旅獻（甗），甘（其）萬年眉（眉）耋（壽）子=（子子）孫=（孫孫）永寶用。

旅，常用在器名之前作爲修飾語，郭沫若認爲旅字當解爲《周禮》"國有大故，則旅上帝及四望"之"旅"，祭也。舊説旅爲祈禱天地山川，實則祀人鬼亦可稱旅，彝銘多見③。張光遠認爲"旅器"在西周早期，乃專屬於家族中某一宗廟的祭器；約自西周中期起，至東周的春秋晚期，它已可外攜，隨同征行，但仍爲祭器，因此

---

① 郭沫若：《卜辭通纂》，《郭沫若全集・考古編》第二卷，第 113 頁。
② 田煒：《西周金文字詞關係研究》，上海古籍出版社，2016 年，第 108 頁。
③ 郭沫若：《兩周金文辭大系圖録考釋》，《郭沫若全集・考古編》第八卷，第 188 頁。

"旅"字在"旅器"上的含義,實以通"御"字而解作"祭祀"較爲適切,有時甚至可以直解爲祭器①。張亞初認爲稱旅之器除鼎外,還有簋、盨、簠、豆、盂、盆、壺、鉼、匜、鐘等,其中有些器顯然不是祭器。克盨稱旅盨,而云"用獻于師尹、朋友、婚媾",可見旅器之旅不能一概以祭名來看待②。耿超認爲金文中的"旅器"應指使用時的擺陳之器,其具體用途爲或用於宗廟祭祀,或用於宴饗賓客,乃至隨行出征③。從現有銘文資料來看,旅器主要作爲祭器,有些作爲實用器。

該甗分體,由甑和鼎組成。甑方唇、敞口、束頸、收腹,頸部有雙對稱附耳,頸部飾重環紋,腹部飾波曲紋。甑近底部有一周凸棱、下有楔形子口,

圖 2.4.1　魯仲齊甗

甑底有9個十字形孔。鼎口爲楔形母口,束頸,附耳,鼓腹,圜底,獸蹄足。

5. 魯仲齊鼎

出土:1977年山東曲阜縣魯國故城望父臺48號墓(M48：23)

時代:春秋早期

現藏:山東省曲阜縣文物管理委員會

著錄:集成 2639;銘圖 02236

釋文:魯中(仲)㡀(齊)肈(肇)乍(作)皇考龏鼎(鼎)。甘(其)萬年冒(眉)夀(壽),子₌子子孫₌孫孫永寶用亯(享)。

圖 2.1.5　魯仲齊鼎

"肈",有學者認爲應當是語氣詞,朱鳳瀚通

---

① 張光遠:《周穆王時"作旅鼎"考兼爲"旅器"説解》,《故宫學術季刊》1998年第七卷第一期。
② 張亞初:《殷周青銅鼎器名、用途研究》,《古文字研究》第十八輯,中華書局,1992年,第276頁。
③ 耿超:《郜召簠及相關問題初探》,《中原文物》2010年第3期。

過詳細排比金文中的相關用例,論證了金文中"肇"皆當"始"。李家浩指出"在兩周銘文里常常見到'某人肇作某器'的句式……古代'肇'與'載'都有'始'義"①。此説甚確。

6. 魯少司寇盤

時代：春秋早期

現藏：上海博物館

著録：集成 10154；銘圖 14499

釋文：魯少嗣(司)寇坄(封)孫宅,乍(作)甘(其)子孟毆(姬)嬰朕(媵)般(盤)它(匜),甘(其)頁(眉)耆(壽)萬生(年),永穌(寶)用之。

[字], 一般釋爲"朕",讀爲"媵"。李家浩隸定作"躾",認爲字從"癸"聲,讀爲"浣"②。從文意分析該器當爲媵器,該字當讀爲"媵"。

少司寇,官名,《周禮·秋官》:"小司寇之職,掌外朝之政,以致萬民而詢焉。"封孫宅,宅字《引得》隸作宦,《齊系金文集成》隸作宙。《左傳》隱公元年:"潁考叔爲潁谷封人。"杜注:"封人,典封疆者。"封孫爲氏,宅乃其名。

嬰,《説文》有孋字,嬰與孋爲一字,爲孟姬的名。

[字],讀爲"寶",學者指出其上部所從是"勹",是將"宀"形變形音化爲"勹"聲,"勹(伏)"與"缶""寶"的讀音相近③。"匋"内部所從形體,徐寶貴認爲是

---

① 武振玉：《周金文"肇"之詞義試探》,《中山大學學報》2016 年第 4 期。
② 李家浩：《信陽楚簡"澮"字及從"癸"之字》,《中國語言學報》1981 年第 1 期。
③ 劉釗：《古文字構形學》,第 163 頁；魏宜輝：《説"匋"》,《古文字研究》第二十九輯,第 637 頁；陳偉武：《讀金零劄》,《出土文獻與先秦經史國際學術研討會論文集》,香港大學,2015 年,第 93 頁。

第二章　東周魯邾系金文編年彙釋、年代考訂與分國整理　287

"貴"①,陳英傑認爲是"貫"②。比較"貴"與"貫"的古文字寫法,當以"貫"爲是。

7. 魯伯俞父簠
時代: 春秋早期
著録: 集成 4566;銘圖 05860
釋文: 魯白(伯)俞(愈)父乍(作)敀(姬)☒匠(簠),甘(其)萬生(年)貫(眉)耆(壽)永寶用。

☒,有釋"年""仁""尼"。楊樹達釋"壬","銘文☒字中畫下出者,象挺出物之根在地下,於字之形義固無忤也"③。釋仁不可信,《説文·人部》:"仁,親也。从人从二。忎,古文仁从千、心。尼,古文仁或尸。"從現有古文字材料看,"仁"字最早出現在春秋晚期的侯馬盟書中,過去曾有商代甲骨文中就有"仁"字的看法,當是誤釋。春秋戰國時期的楚簡等古文字中,構形一種从尸从二,是《説文》古文"尼"的形體來源;另一種从心千聲,是《説文》古文的"忎"形體來源。此外還有从身聲、人聲的形體。釋"年"也與形體不合。此字待考。

8. 魯伯愈父鬲
出土: 清道光十年(1830 年)出土於山東省滕州縣東北鳳凰嶺
時代: 春秋早期
著録: 集成 690;銘圖 02901
現藏: 上海博物館

圖 2.1.7　魯伯俞父簠

---

① 徐寶貴:《金文研究五則》,《古文字學論稿》,安徽大學出版社,2008 年,第 97—101 頁。
② 陳英傑:《西周金文作器用途銘辭研究》,綫裝書局,2008 年,第 620 頁;陳英傑:《☒字从宀還是从冂?》,《青銅器與金文》第一輯,第 198—203 頁。
③ 楊樹達:《積微居金文説(增訂本)》,第 170 頁。

釋文：魯白（伯）愈乍（作）鼄（邾）娰（姬）朕（媵）羞（羞）鬲，甘（其）永窑（寶）用。

該組器 1830 年出土於山東省滕縣東北鳳凰嶺，出鬲五、簋三、盤三、匜一，此鬲漏鑄"父"字。

邾是所嫁國名，母家姓姬，鬲銘表明魯、邾兩國互通婚姻。西周武王封弟周公旦於曲阜，成王時周公位冢宰，留相天子，乃封其元子伯禽爲魯侯，都山東曲阜。傳世魯國青銅器銘文，内容往往程式化，但字體規範，勝於他國，反映了魯國文化之久長①。

圖 2.1.8　魯伯愈父鬲

9. 魯内小臣侯生鼎
流傳：潘祖蔭舊藏
時代：春秋早期
著錄：集成 2354；銘圖 01834
釋文：魯内小臣侯生乍（作）鼒。

厌字原形作厌，多隸定作"厌"。傅修才指出金文"厌"字或作（子侯卣）、（薛侯壺），正可與該形相參照②。該字釋"侯"可從。

10. 侯母壺
出土：1977 年山東曲阜縣魯國故城望父臺墓葬
時代：春秋早期

圖 2.1.9　魯内小臣侯生鼎

---

① 陳佩芬：《夏商周青銅器研究》，第 35 頁。
② 傅修才：《狐駘丘君盤新考》，《中國國家博物館館刊》2017 年第 5 期。

第二章　東周魯邾系金文編年彙釋、年代考訂與分國整理　289

現藏：山東省曲阜縣文物管理委員會
著録：集成 9657；銘圖 12323
釋文：厌（侯）母乍（作）厌（侯）父戎壺，用征行，用求福無彊（疆）。

該器呈匏形，小口直領，圈足，兩側上下各有一鼻。蓋頂作蟠龍形，兩側各一小鼻。器身紋飾由上而下四段，依次爲象鼻龍紋、斜條紋、對稱式卷龍紋、斜條紋、鱗紋。朱鳳瀚認爲此壺形制、紋飾均與中原壺制不同，與 1974 年萊陽中荆鄉前河前村出土的兩件西周時的紀國銅壺相近[①]。

11. 魯伯大父作季姬簠

出土：1970 年秋山東歷城北草溝
時代：春秋早期
現藏：山東省博物館
著録：集成 3974；銘圖 04863
釋文：魯白（伯）大父乍（作）季敀（姬）敱（嬉）賸（媵）殷（簠），甘（其）萬年貴（眉）耆（壽），永寶用。

此簠 1970 年山東歷城北草溝出土，器形弇口鼓腹，隆蓋上有圈狀捉手，圈足下連鑄三個獸面扁足，獸首圈耳，下有垂珥。蓋沿和口沿下飾竊曲紋，蓋上和器腹飾瓦溝紋，圈足飾垂鱗紋。朱活認爲此簠"以竊曲紋爲主，紋飾較平淺，蓋頂把手内之圓形鳥紋圖案與西周中葉以後鳥文圖案有别，刀法不再拘謹，亦不像戰國器紋飾趨於精細優美……魯伯大夫媵季姬簠應爲春秋初到中葉的魯國鑄器"[②]。其説可從。

圖 2.1.10　侯母壺

圖 2.1.11　魯伯大父作季姬簠

[①] 朱鳳瀚：《中國青銅器綜論》，第 1659 頁。
[②] 朱活：《山東歷城出土魯伯大父媵季姬簠》，《文物》1973 年第 1 期。

敲，或釋"嬉"字。傅修才認爲金文"壴"形寫作[圖]、[圖]、[圖]，古文字中像器物的字可以省去圈足部分，從字形上看，簋銘此字左旁當是省去鼓座之形，字可隸定作"娃"，"娃"爲"嬉"字異體①。

12. 魯大宰邍父簋
時代：春秋早期
著錄：集成 3987；銘圖 04919
釋文：魯大宰邍父乍（作）季姬牙牖（媵）殷（簋），甘（其）萬年眉（眉）耇（壽），永寶用。

西周金文中未見設"大宰"一職，東周時期，齊、邾等國都設置有太宰一職，但魯國是否設有太宰一職在學界有爭議，魯國"大宰"記載僅見於《左傳》隱公十一年"羽父請殺桓公，將以求太宰"，杜預注："太宰，官名。"對此，孔穎達《正義》云："昭四年傳稱季孫爲司徒，叔孫爲司馬，孟孫爲司空，則魯之三卿無大宰也。羽父名見於

圖 2.1.12　魯大宰邍父簋

經，已是卿矣，而復求大宰，蓋欲令魯特置此官以榮巳耳。以後更無大宰，知魯竟不立之。"楊伯峻《春秋左傳注》曰："魯國本無太宰之官，此云將以求太宰者，謂欲以殺桓公求爲執政之卿。"②孔穎達認爲魯國沒有太宰，本銘"邍父"即爲"大（太）宰"，證明了魯國確曾設太宰一職。史書中對魯國設"太宰"鮮有記載，有學者認爲"春秋初魯可能還仍有此官，其後公室衰微，尤其是三桓三分公室以後，其職已不受重視，故不見於經傳也不足爲奇"。"大（太）宰"的職掌"當以佐君治理公室爲主，類後世的公室總管"③。"宰"作爲官名，在商代就已設立，

---

① 傅修才：《東周山東諸侯國金文整理與研究》，第 269 頁。
② 楊伯峻：《春秋左傳注》，第 79 頁。
③ 郭克煜、梁方健、陳東、楊朝明：《魯國史》，人民出版社，1994 年，第 157 頁。

第二章　東周魯邦系金文編年彙釋、年代考訂與分國整理　291

責任是總管王家事務。西周時開始設置太宰，也叫大冢宰或大宰，即冢宰的首領。傳世文獻中"太宰"見於《周禮》《禮記》，"宰"在甲骨文和商代末期的金文中業已出現，在西周早期銅器銘文中鮮見，西周中期金文中開始有較多記載，張亞初、劉雨認爲"這似乎表明宰這一職官，在西周早器的政治生活中還不是一種活躍的重要人物。到西周中晚期，他們在政治生活中越來越起重要的作用"。見於西周金文的"宰"主要職掌爲"管理王家内外事務，傳達宫中之命"和"在賜命禮中作儐右或代王賞賜臣下"①。魯國金文中太宰或被稱爲"宰"，如"魯宰駟父鬲"稱爲"宰"，其職責也應以管理公室相關事務爲主。

13. 魯大司徒子仲伯匜
流傳：馮雲鵬舊藏
時代：春秋早期②
著録：集成 10277；銘圖 14993
釋文：魯大嗣（司）徒子中（仲）白（伯）甘（其）庶女礪孟姬賸（媵）也（匜），甘（其）釁（眉）耆（壽）萬年無彊（疆），子=（子子）孫=（孫孫）永保用之。

礪，釋文作"礪"，"礪，從'▢'，古文石字，從蠆即邁。古刻萬年字多作'邁'，知二字古文通用。《説文・水部》'砅，履石渡水'，重文作'濿'，此從石、從萬乃合砅、濿二字爲之，而省水。《説文》'厲，從石省'，此從石不省，是礪即厲也。後人不知厂爲石省乃於厲加石，贅矣"③。方濬益隸作"厲"，認爲應是"礪"之異文④。郭沫若釋文作"蠇"，"蠇即厲之緐文，從

圖 2.1.13　魯大司徒子仲伯匜

---
① 張亞初、劉雨：《西周金文官制研究》，中華書局，1986 年，第 40 頁。
② 朱鳳瀚定該器年代爲春秋中晚期，參見《中國青銅器綜論》，第 643 頁。
③ 劉心源：《奇觚室吉金文述》卷八・三三，自寫刻本，清光緒二十八年。
④ 方濬益：《綴遺齋彝器款識考釋》卷一四・一五，石印本，商務印書館，1935 年。

石與从厂同意,从邁省聲與萬聲同,在此乃孟姬所適之國名。《春秋》僖公十五年'齊師、曹師伐厲',杜注:'益陽縣有厲鄉。'《漢志》南陽郡隨下云:'故國,厲鄉故厲國也。'今湖北隨縣北四十里有厲山店"[1]。厲國之"厲",古書或作"賴"。據徐少華考證,春秋時期有三個厲國,一在今湖北隨州,爲古厲山氏之後。二在河南東部今鹿邑縣東,《左傳》僖公十五年齊師、曹師所伐之厲。三在河南息縣至與新蔡間,《左傳》昭公四年楚所滅之賴(厲)[2]。

14. 魯大司徒厚氏元簠

出土:1932年山東曲阜林前村

時代:春秋早期

現藏:故宮博物院

著錄:集成4689

釋文:魯大嗣(司)徒厚氏元乍(作)藘(膳)匿(簠),甘(其)𪊽(眉)耆(壽)萬生(年)無彊(疆),子=(子子)孫=(孫孫)永寶用之。

匿,該字一般認爲从匚从甫,董蓮池認爲此字構形其實應該是从匚、从肉、甫聲,用从"肉"標示其以盛放肉食爲主[3]。厚氏,應是魯孝公子惠伯之後,《世本》:"孝公生惠伯革,其後爲厚氏。"

圖2.1.14 魯大嗣徒厚氏元簠

15. 魯大司徒元盂

出土:1932年山東曲阜林前村

時代:春秋早期

現藏:山東博物館

---

[1] 郭沫若:《兩周金文辭大系圖錄考釋》,第200頁。
[2] 徐少華:《古厲國歷史地理及其相關問題》,《江漢論壇》1987年第3期。
[3] 董蓮池:《魯大司徒厚氏元簠器名用字研究》,《中國文字研究》十五輯,大象出版社,2011年,第26頁。

著錄：集成 10316；銘圖 06221

釋文：魯大嗣(司)徒元乍(作)歓(飲)盂，萬生(年)釁(眉)耆(壽)永寶用。

大司徒，《周禮·地官·司徒》："大司徒之職，掌建邦之土地之圖，與其人民之數，以佐王安擾邦國。"《左傳》定公四年載："昔武王克商，成王定之，選建明德，以藩屏周。故周公相王室以尹天下，於周爲睦。分魯公以大路大旂，夏后氏之璜，封父之繁弱……以昭周公之明德。分之土田倍敦，祝宗卜史，備物典冊，官司彝器……"可知魯國職官爲天子所定。

圖 2.1.15 魯大司徒元盂

16. 魯正叔盤

時代：春秋早期

著錄：集成 1012；銘圖 14466

釋文：魯正弔(叔)之🈳乍(作)盨(鑄)甘(其)御般(盤)，子=(子子)孫=(孫孫)永耆(壽)用之。

🈳，或釋作"穴"；或釋"歹"，"此爲正叔殉葬之器，故云歹"。此字从穴从人，可隸作"窏"，銘文中用爲人名。

御，金文常見該字後綴以器名，諸如"御盤""御盂"等，御，用之義。王人聰認爲當訓爲"用"，專用之意。《楚辭·涉江》："腥臊並御。"王逸注："御，用也。"《荀子·大略》："天子御珽，諸侯御荼，大夫服笏。"御與服爲對文，服，《說文》"用也"，御與服同義。楊倞注《荀子·大略》此句云："御服皆器用之名，尊者謂之御，卑者謂之服。"今按，《春秋·桓公十四年》："秋八月壬申，御廩災。"杜預注："御廩，公所親耕以奉粢盛之倉也。"吳王夫差鑑："吳王夫差

圖 2.1.16 魯正叔盤

睪(擇)氒吉金,自乍(作)御監(鑑)。"張光遠認爲"旅"字應爲"御"之通假字,意爲"祭祀"更爲合適,指出"御"字可看作是祭祀用器的標志,有"御"字銘文即表示此器爲祭祀用器。《春秋》桓公十四年:"秋八月壬申,御廩災。"杜預注:"御廩,公所親耕以奉粢盛之倉也。"所以"御"當爲用義。

(二) 春秋中晚期

17. 魯歸父敦

出土:河北省唐縣東崗龍村,滄州地區文化局文物組徵集。

時代:春秋晚期

現藏:河北省滄州地區文化局

著録:集成 4640;銘圖 06066

釋文:魯子中(仲)之子歸父爲其羞(膳)𣪘(敦)。

歸父,韓巍認爲作器者歸父就是春秋時期魯國的公孫歸父,而子仲就是其父公子[1]。吴鎮烽同意此説,並指出公子遂又稱襄仲、仲遂。公子遂爲魯莊公之子,所以"子仲"稱謂中的"子"指的就是公子,"仲"是其在兄弟間的排行[2]。李家浩、王恩田都指出當爲魯國公孫歸父,歸父爲襄仲子,《春秋》宣公十年經:"公孫歸父如齊。"杜預注:"歸父,襄仲之子。"

圖 2.1.17 魯歸父敦

此器體呈扁圓形,侈口束頸,斂腹平底,腹部有一對環耳,蓋面隆起,上有圈狀捉手。捉手内飾渦紋,器肩飾兩道弦紋。銘文中的"歸父",李家浩認爲此器的時代"當在公元前 601 年之前,約在魯文公、宣公之際"[3],其説可從。

---

[1] 韓巍:《重論西周單氏家族世系》,《新出金文與西周史》,上海古籍出版社,2011 年,第 194 頁。
[2] 吴鎮烽:《新見芮國青銅器及其相關問題》,《兩周封國論衡——陝西韓城出土芮國文物暨周代封國考古學研究國際學術研討會論文集》,上海古籍出版社,2014 年,第 55 頁。
[3] 李家浩:《魯歸父敦小考》,《文史》第二十六輯,中華書局,1986 年,第 12 頁;王恩田:《跋唐縣新出歸父敦》,《文物春秋》1990 年第 2 期。

二、魯國兵器

（一）春秋

18. 中都戈

時代：春秋

現藏：上海博物館

著録：集成 10906；銘圖 16419

釋文：中都。

此戈舊認爲是魏國兵器。裘錫圭、林清源指出孔子曾爲中都宰，《禮記·檀弓上》："夫子制於中都。"此戈應屬魯國①。

圖 2.1.18　中都戈

19. 武城戟

時代：春秋

著録：集成 10967；銘圖 16520

釋文：武䩗（城）𢧢（戟）。

武城，位於今山東費縣西南，滕縣與費縣之間。據李學勤考證南武城齊威王時已歸於齊國②。

另外，先秦地名名"武城"者還有晋③、楚地④、趙地⑤等。

（二）戰國早期

20. 羊角戈

時代：戰國早期

---

① 林清源：《兩周青銅句兵彙考》，第 211 頁；裘説參見馮勝君：《郭店簡與上博簡對比研究》，綫裝書局，2007 年，第 272 頁。
② 李學勤：《試論山東新出青銅器的意義》，《文物》1983 年第 12 期。
③ 《左傳》文公八年"夏，秦人伐晋，取武城，以報令狐之役"，即今陝西華縣。
④ 《左傳》僖公六年"冬，蔡穆侯將許僖公以見楚子於武城"，在今河南省南陽。
⑤ 《史記·平原君虞卿列傳》"封於東武城"，《正義》："今貝州武城縣也。"

圖 2.1.19　武城戟　　　　　　　圖 2.1.20　羊角戈

現藏：遼寧省旅順博物館

著錄：集成 11210；銘圖 16964

釋文：羊角之亲(新)皓(造)簇(散)戈。

簇，于省吾《雙劍誃吉金圖錄卷下考釋》："簇字古兵中習見，彝器亦作散，《方言三》'散，殺也，東齊曰散'，散、殺一聲之轉。"

第二節　邾國禮器、兵器銘文

邾國，史稱邾子國，春秋初爲魯國的一個附屬國。邾國周初立國，春秋時期周王册封邾爲子爵，邾君始稱邾子。邾國爲曹姓，《大戴禮記·帝繫》："陸終氏娶于鬼方氏，鬼方氏之妹謂之女隤氏，氏産六子……其五曰安，是爲曹姓……"，後邾國三分。小邾國的分封問題，存在種種異説，一種認爲小邾國爲邾國國君邾武公夷父顏所分封。《世本》："邾顏居邾，肥徙郳。宋仲子曰邾顏别封小子肥於郳，爲小邾子。"《元和姓纂》："邾武公封次子於郳，是爲小邾。"王獻唐認爲"友之居郳，一爲夷父自封，一似周王所封。果爲王封，與左氏犂來來朝未王命之語不合，殆夷父自封也"①。或認爲是周宣王所分，邾國國君夷父先將郳地封給邾友，其後周宣王將郳地正式分封給邾友父。

一、邾國禮器

(一) 春秋早期

1. 邾伯鬲
時代：春秋早期
現藏：中國國家博物館
著錄：集成 669；銘圖 02909
釋文：鼄（邾）白（伯）乍（作）媵（媵）鬲，其萬年子=（子子）孫=（孫孫）永寶用。

鼄，季旭昇謂鼄从黽朱聲，或从虫，本義爲蜘蛛，甲骨初文象蜘蛛之形，後加"朱"聲。春秋金文加"朱"聲，其餘部分與"黽"之區别爲：鼄有四肢，黽惟有二肢②。《銘文選》謂鼄从黽朱聲，邾亦即鄒，一聲之轉③。對於"鼄""邾"的區别，張世超等則認爲二國同爲曹姓，陸終氏之後。江夏之邾爲其始封之地，鄒魯之邾則其分派而出者也。金文作"邾"與"鼄"，與䢵國之上䢵字作"䢵"，下䢵字作"蛰"或"蠚"者正同④。羅衛東認爲邾、鼄無别⑤。王樹明認爲歷代著録金文資料中，尚未發現一例有將邾國之"邾"字鑄刻爲"邾"字或"鄒"字者，故文獻中的"邾"或"鄒"當爲後世史者在記載邾國歷史中所用的一個借字。通過對邾伯鬲、邾義白鼎、邾公華鐘、邾太宰簠等器中"邾"字的觀察，可知是形所畫，似是一昆蟲之形，隸定作鼄，爲現行

圖 2.2.1 邾伯鬲

---

① 王獻唐：《春秋邾分三國考》，齊魯書社，1982 年，第 4 頁。
② 季旭昇：《説文新證》，第 939—940 頁。
③ 馬承源主編：《商周青銅器銘文選(四)》，第 524 頁。
④ 張世超等：《金文形義通解》，第 1611 頁。
⑤ 羅衛東：《金文所見"邾""鼄"等字及相關問題探討》，《民俗典籍文字研究》2014 年第 2 期。

漢字"蛛"之古文。邾國之名本作鼄，或反映邾國原以蜘蛛爲圖騰①。王樹明意見可從。

2. 邾來隹鬲

時代：春秋早期

著錄：集成 670；銘圖 02885

釋文：鼄(邾)來隹乍(作)貞(鼎)，萬壽尟(眉)其年，無彊(疆)用。

此鬲銘文後半鑄字錯亂嚴重，陳英傑認爲其語序可恢復爲"其眉壽萬年無疆用""其萬年眉壽無疆用"和"其眉壽無疆萬年用"等②。

圖 2.2.2　邾來隹鬲

3. 邾訧鼎

時代：春秋早期

著錄：集成 2426；銘圖 01977

釋文：鼄(邾)訧象(爲)其鼎，子=(子子)孝=(孝孝)永寶用。

孝，金文中孫字習見，寫成此形較爲特殊。古文字形體演變過程中，在一個字或偏旁上部增益"中"形較爲多見，石小力對此有過討論，他舉出了一些例證，所增"中"形或表意或無表意作用③。從文例而言，此處的"孝"無疑是讀作"孫"，中形可能具有表意作用，也可能只是無義符號，但不管怎樣，將其視作"孫"字異體應無問題。

圖 2.2.3　邾訧鼎

---

① 王樹明：《邾史二題》，《小邾國文化》，中國文史出版社，2006年，第 199 頁。
② 陳英傑：《兩周金文作器用途銘辭研究》，綫裝書局，2009年，第 639 頁注 1。
③ 石小力：《東周金文與楚簡合證》，第 152 頁。

第二章　東周魯邾系金文編年彙釋、年代考訂與分國整理　299

4. 邾䢵白鼎

出土：1993 年春山東省滕縣（滕州市）安上村土城

時代：春秋早期

現藏：中國國家博物館

著錄：集成 2641

釋文：竈（邾）🅢白（伯）乍（作）此嬴隓（尊）鼎，甘（其）萬年眉（眉）耆（壽）無彊（疆），子＝（子子）孫＝（孫孫）永寶用。

該器或稱爲邾此嬴鼎，該器作器者爲邾䢵伯。按照命名慣例，當稱作邾䢵伯鼎。

🅢，孫剛指出此字舊釋"䢵（翔）"或"義"等，皆不可信，此字待考。另，《郭店簡》"烏（於）"作下列形體：🅢（郭店語叢一 22）、🅢（郭店語叢一 22）、🅢（郭店語叢一 77），不知與"🅢"是否有關①。田率認爲該字从非鴗聲的字，鴗是翔字的異體②。

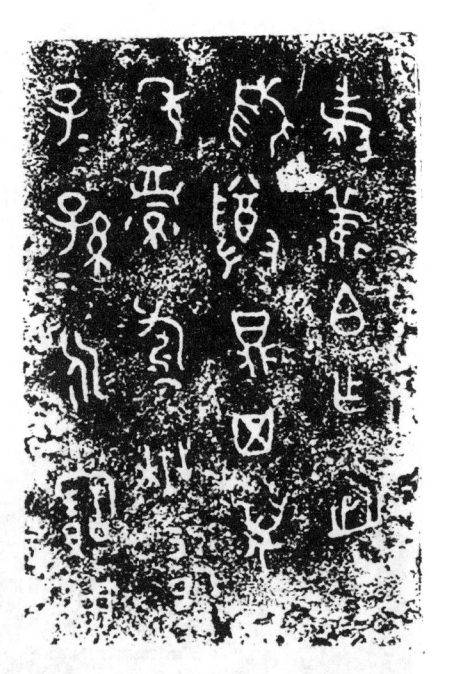

圖 2.2.4　邾䢵白鼎

該器在《集成》《銘圖》均有著錄，但缺乏形制介紹，田率對該器的銘文、器形等資料予以介紹。據該文，該器口微斂，窄沿微上折，方唇，雙立耳，半球狀腹，較淺，圜底，三蹄足粗壯。口沿下飾一周竊曲紋，腹部凸弦紋一周，下飾三層垂鱗紋。該文把該器與其他器器形繫聯，定該器年代爲春秋初年。該器型鼎在彭裕商師的分類體系中屬於 A 型 II 式鼎，流行於春秋早期，下限到春秋中期前段③。

---

① 孫剛：《東周齊系題銘研究》，吉林大學博士學位論文，第 468 頁。
② 田率：《中國國家博物館舊藏山東滕縣安上村出土青銅器考釋》，《青銅器與金文》第四輯，第 98—100 頁。
③ 彭裕商：《春秋青銅器年代綜合研究》，第 27—28 頁。

此,趙平安認爲這個字是寺字的不同寫法①,我們知道寺作爲國名用爲郼,李學勤認爲這批銅器反映的是邾人與嬴姓存在婚姻關係的情況②。

對於該器的國別,田率認爲小邾國的可能性最大,"位於滕縣(今滕州)東北的安上村距東江村不遠,邾𧊒伯的國別與小邾國的關係密切"。王獻唐曾對邾分三國及三邾疆域考證,指出邾國疆域在鄒縣中部南部,濟寧東境,滕縣北境。東西北三界魯,南臨小邾滕國③。安上村雖近於東江村,但仍歸於邾國,故該器宜歸入邾國器。

5. 邾大宰鐘

時代:春秋早期

現藏:臺北故宮博物院

著録:集成 86;銘圖 15276

釋文:鼄(邾)大宰㰩子敦自乍(作)其從鍾(鐘),擇其吉金膚(鏞)呂(鋁),敦用旂(祈)覺(眉)耆(壽)多福(福),萬年無彊(疆),子=(子子)孫=(孫孫)永保用𩰙(享)。

敦,孫剛認爲從拓本上來看,此形體右部很可能从"糸",疑此字應隸定作"綜"④。

圖 2.2.5　邾大宰鐘

從,《西清續鑒甲》十七·二十四稱此鐘爲"周從鐘",銘文刻本作" ",釋作"從"。"從"加器物稱謂金文習見,如"從簋""從壺"等,意或當爲"從屬"。另外從也可解釋爲從葬之意。朱德熙、裘錫圭認爲"其一從,其一藏府",意思是説,兆域圖一式兩份,一份從葬,一份保存在府裏⑤。

---

① 趙平安:《郼子中盌的名稱和郼國的姓氏問題》,《古籍整理研究學刊》2006 年第 1 期。
② 李學勤:《不其簋的佳話》,《新出青銅器研究》,文物出版社,1990 年,第 286 頁。
③ 王獻唐:《春秋邾分三國考》,第 3 頁。
④ 孫剛:《東周齊系題銘研究》,吉林大學博士學位論文,第 469 頁。
⑤ 朱德熙、裘錫圭:《平山中山王墓銅器銘文的初步研究》,《文物》1979 年第 1 期。

6. 邾大宰簠

時代：春秋早期

著錄：集成 4623；銘圖 05972

釋文：隹(唯)正月初吉，黿(邾)大宰欉子酏䇝(鑄)其鐈(饋)匝(簠)，曰：余諡(毖)龏(恭)孔惠，其鬻(眉)壽吕(以)䇝(饋)，萬年無冀(期)，子=(子子)孫=(孫孫)永寶用之。

京，《筠清館金文》卷三·六摹本作"㽙"，釋文作"甾"，又指出"甾即畍字，耕之古文"。《綴遺齋彝器款識考釋》卷八·二三釋文作"耕"。郭沫若釋文亦隸定作"酏"，又指出"酏與敢乃兄弟行也，酏者型之異，从田與从土同意"。孫剛指出上一器器主作"綜?"，此作"酏"，二者分屬"陽"部和"耕"部，二者爲一人的可能性不大，似應看作兄弟爲宜[1]。孫說意見可從。

圖 2.2.6　邾大宰簠

諡，董珊將兩器銘文中的相關形體分別釋爲"諡"和"必"，認爲此字从二"必"，當釋"必(諡)"，讀爲"毖"，"毖恭畏忌"爲春秋金文常語[2]。

7. 邾叔之伯鐘

時代：春秋早期

現藏：故宮博物院

著錄：集成 87；銘圖 15319

釋文：隹(唯)王六[月]初吉壬午，黿(邾)弔(叔)之白(伯)□父羇(擇)又(有)吉金，用鑄其鉌鍾(鐘)，吕(以)乍(作)其皇且(祖)皇考，用旂(祈)鬻(眉)

---

[1]　孫剛：《東周齊系題銘研究》，吉林大學博士學位論文，第 470 頁。
[2]　董珊：《東周題銘校議（五種）》，吉林大學碩士學位論文，1997 年。

圖 2.2.7　邾叔之伯鐘

嗇(壽)無彊(疆),子=(子子)孫=(孫孫)永償(寶)用言(享)。

"邾叔之伯□□",陳劍指出此器主名作"某之某"格式,董珊認爲作器者應是某個小宗的家族長①。

"又"字,傅修才認爲金文中"擇氒(厥)吉金"一語常見,"又"和"氒"二字形近易混,所以鐘銘此字舊一般認爲是"氒(厥)"之訛。此鐘銘文形體反書常見,例如"曰""乍""旂""壽",據此認爲 也應是"又"字反書,銘文中用爲"有"②。

---

① 董珊:《出土文獻所見"以謚爲族"的楚王族——附説〈左傳〉"諸侯以字爲謚因以爲族"的讀法》,《出土文獻與古文字研究》第二輯,第 130 頁。
② 傅修才:《東周山東諸侯國金文整理與研究》,第 293 頁。

根據學者研究,"有"具有代詞用法,其義相當於"厥"①。《釋文》隸"左",《銘圖》隸"ナ",都釋爲"厥"。我們認爲雖然早期漢語中"有"在代詞用法中,其義相當於"厥",但金文辭例中"擇氒(厥)吉金"一語常見,不見"擇有吉金"之句,即使此處釋爲"有"可從的話,也是孤例,暫從舊釋。

8. 邾公鈺鐘

時代:春秋早期

現藏:上海博物館

著録:集成 102;銘圖 15275

釋文:陸䵼(融)之孫邾公鈺乍(作)氒禾(穌)鍾(鐘),用敬卹盟(盟)祀,旂(祈)年䵣(眉)耆(壽),用樂我嘉宥(賓)及我正卿,敔(穆)君霝(靈)君㠯(以)萬(萬)年。

鈺,郭沫若指出"'鈺'字原作 ,从金毛聲,以聲類求之,當是鉏之古字"②。丁山釋"鈞"③。孫剛認爲釋"釗""鈚""鈚"皆不可從,釋"鈞""鈺"的影響比較大,各有學者從之。" "右部所從與"力"還是存在區別,同銘文中" "所從"力"的寫法與此明顯不同,而齊國刀幣面文"厇"所從"毛"④與" "右部所從比較接近,如: (節墨之夻刀《齊幣》62)、 (節墨之夻刀《齊幣》58)、 (節墨夻刀《貨系》2556),所以" "還應該以釋"鈺"爲是⑤。孫説正確可從。

敔,原篆作" ",《雙劍誃吉金文選》上一·一一、《兩周金文辭大系圖録考釋·邾公鈺鐘》釋作"揚"。李春桃指出右部从支應無疑問,可是該形左面却與古文字中的"易"有很大差異,左面下部爲三横一豎,且豎畫貫穿三個横

---

① 袁金平:《新蔡葛陵楚簡"大川有"一語試解——兼論上古漢語中"有"的特殊用法》,《語言學論叢》第四十二輯,商務印書館,2010年,第367—378頁。
② 郭沫若:《兩周金文辭大系圖録考釋》,第194—195頁。
③ 丁山:《邾公鈞鐘》,《中央日報·文物週刊》1947年9月17日。
④ 吴振武:《戰國貨幣銘文中的"刀"》,《古文字研究》第十輯,中華書局,1983年,第305—326頁。
⑤ 孫剛:《東周齊系題銘研究》,吉林大學博士學位論文,第462頁。

圖 2.2.8　郑公託鐘

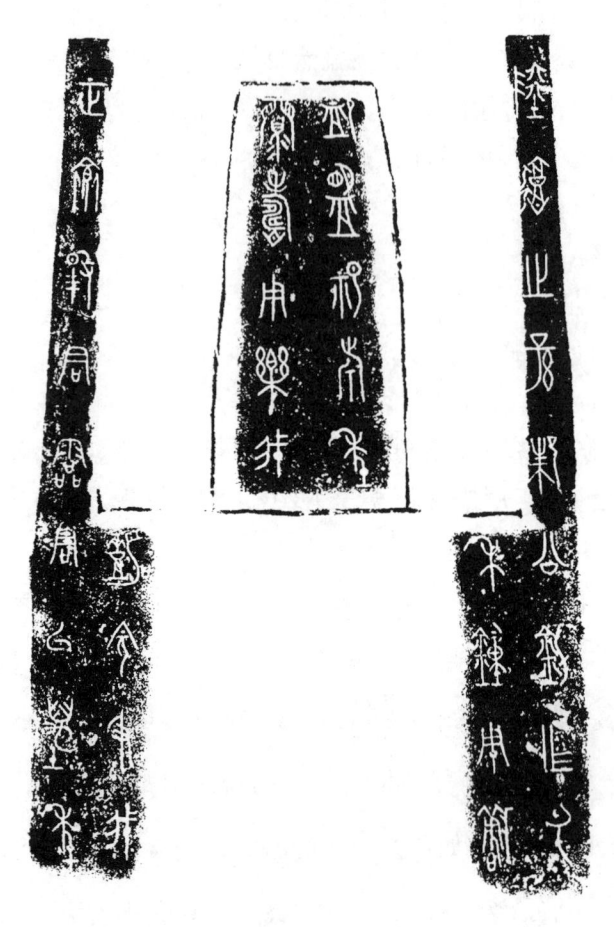

畫,寫成類似"丰"形;該形的左部是"穆"字的省體,右部是攴,可隸定作"斁",是"穆"字的異體,"穆君"可能是郑公對已故先人的稱呼①。高佑仁指出春秋、戰國文字以至於秦漢篆隸中的"穆"字,其中"禾"是非常穩固的偏旁,字形很少省略(僅見於傳抄古文),而前述西周金文中已提及"⊙"旁亦可不添小點而純作圖形,圖形的寫法到了這個時期仍然保留,"日"形相對來說也堪稱穩固,此時期"穆"字諸異體的分歧點在於芒穎(川)與飾筆(彡)的

———————
① 李春桃:《郑公託鐘銘文研究》,《江漢考古》2017 年第 4 期。

簡省訛變，這也是造成異體字繁多的原因①。該字左旁爲芒穎中間的豎筆貫下與飾筆彡結合成丰形，左邊从攴，非常見"禾"形。該字釋穆還需進一步討論。

　　正卿，《左傳》莊公二十二年陳國懿氏卜嫁女於陳敬仲，占卜結果："吉。'是謂鳳皇於飛，和鳴鏘鏘。有嬀之後，將育于姜。五世其昌，並于正卿。八世之後，莫之與京。'"楊伯峻《春秋左傳注》："五世其昌，並於正卿"下注："昭二年《傳》謂陳無宇非卿而爲上大夫，上大夫位即卿。邾公鈺鐘云'樂我嘉賓，及我正卿'，足見正卿爲春秋各國通語。文七年、宣二年《傳》之正卿皆指晋之趙宣子，襄四年《傳》之正卿指魯之季文子，襄二十一年《傳》之正卿指魯之季武子，昭元年《傳》之正卿指晋之趙武，皆卿之當權者。《詩·小雅·雨無正》有正大夫，鄭箋云：'正，長也。'大夫之長曰正大夫，卿之長曰正卿，其意相同。"②

　　關於邾公鈺鐘的國別，多數學者認爲是邾國器。陳公柔認爲是小邾國器③。傅修才根據銘文的順序，小邾穆公後面應該是靈公。而"鈺"可能是其後的小邾惠公或者更晚的國君。根據古書和新出郳公敀父鎛銘所載郳國世系，小邾國穆公後的國君爲"恭公"而非"靈公"。而且，據現有材料來看，春秋晚期小邾國器物國名都自稱爲"郳"。所以邾公鈺鐘屬於邾國的可能性還是很大的④。該器年代爲春秋早期，李春桃認爲穆君、靈君爲鈺先祖，曾經也是邾公。據文獻記載，這一時期見於文獻的邾公之諡没有"穆"和"靈"。另外，戰國時期邾國有一個"穆公"，其時代與孟子相當，他是後期很有作爲的一個邾公，《孟子》等書對其事迹有記載。既然後世邾公有以"穆"爲諡者，按照常理，邾國國君就不大可能再有以此字爲諡號的了，所以按照第二種可能，邾公鐘很可能不是邾國之物。根據典籍記載，邾曾分爲三國，分別是邾、小邾和濫地之邾，有關"濫地之邾"文獻記載較少，不好與銘文相聯繫，小邾國倒是有一位穆公，此

---

① 高佑仁：《談戰國文字中"穆"與"秋"的構形差異》，《中國文字》新三十七期，藝文印書館，2011年，第108頁。
② 楊伯峻：《春秋左傳注》，第221—222頁。
③ 陳公柔：《先秦兩漢考古學論叢》，文物出版社，2005年，第27頁。
④ 傅修才：《東周山東諸侯國金文整理與研究》，第304頁。

鐘很可能是小邾國之物①。

(二) 春秋晚期

9. 邾公牼鐘

時代：春秋晚期

現藏：故宮博物院

著録：集成 149；銘圖 15421

圖 2.2.9　邾公牼鐘

---

① 李春桃：《邾公釬鐘銘文研究》，《江漢考古》2017 年第 4 期。

釋文：隹(唯)王正月初吉，辰才(在)乙咳(亥)，黿(邾)公牼睪(擇)氒(厥)吉金，玄鏐膚(鏞)吕(鋁)，自乍(作)龢鍾(鐘)。曰："余畢(畢)龏(恭)威(畏)忌，䵻(鑄)辝龢鍾(鐘)二鍺(堵)，台(以)[樂]其身，台(以)匽(宴)大夫，台(以)喜(饎)者(諸)士，至于薑(萬)年，分器是寺(持)。"

分器，《銘文選》指出即分器，爲名份所當有之器。《書序》："武王既勝殷、邦諸侯，班宗彝，作分器。"孔安國《傳》："言諸侯尊卑各有分别也。"《禮記·禮運》："故禮達而分定。"分指尊卑等級。《荀子·非相》："分莫大於禮"，故分器與禮器之義相近①。陳佩芬認爲"分器"即"尊卑有分應持之器"。② 我們認爲分器當從舊論爲尊貴分别之意。

二鍺，鍺讀作"堵"，《周禮·春官·小胥》："凡縣鐘磬，半爲堵，全爲肆。"鄭玄《注》："鐘磬者編縣之，二八十六枚而在一虡謂之堵，鐘一堵，磬一堵，謂之肆。"《左傳》襄公十一年"歌鍾二肆及其鎛磬"，杜預注："肆，列也，縣鐘十六爲一肆。"郭沫若指出鄭說與《左傳》及杜《注》異，鄭意謂鐘磬同在一虡各八則爲堵，故曰"二八十六枚"，鐘十六枚在一虡，磬十六枚在一虡，共二堵三十二枚始謂之肆。《左傳》及杜說則言鐘而不及磬，杜意則鐘十六枚爲肆，磬十六枚亦爲肆，半之則鐘八枚爲堵，磬八枚亦爲堵。徵之彝銘，本器言"龢鐘二鍺"，洹子孟姜壺言"鼓鐘一肆"，肆鍺均單以鐘言而不及磬。杜說較鄭說爲近是③。《銘文選》謂二堵，即一肆。二堵實即一肆，非止鐘一堵，磬一堵構成一肆④。

10. 邾公華鐘
時代：春秋晚期
著録：集成 245；銘圖 15591
現藏：中國國家博物館
釋文：隹(唯)王正月初吉乙亥，黿(邾)公華睪(擇)氒(厥)吉金，幺(玄)鏐

---

① 馬承源主編：《商周青銅器銘文選》，第 524 頁。
② 陳佩芬：《夏商周青銅器研究(東周篇)(上)》，第 239 頁。
③ 郭沫若：《兩周金文辭大系圖録考釋》，第 190 頁。
④ 馬承源主編：《商周青銅器銘文選》，第 524 頁。

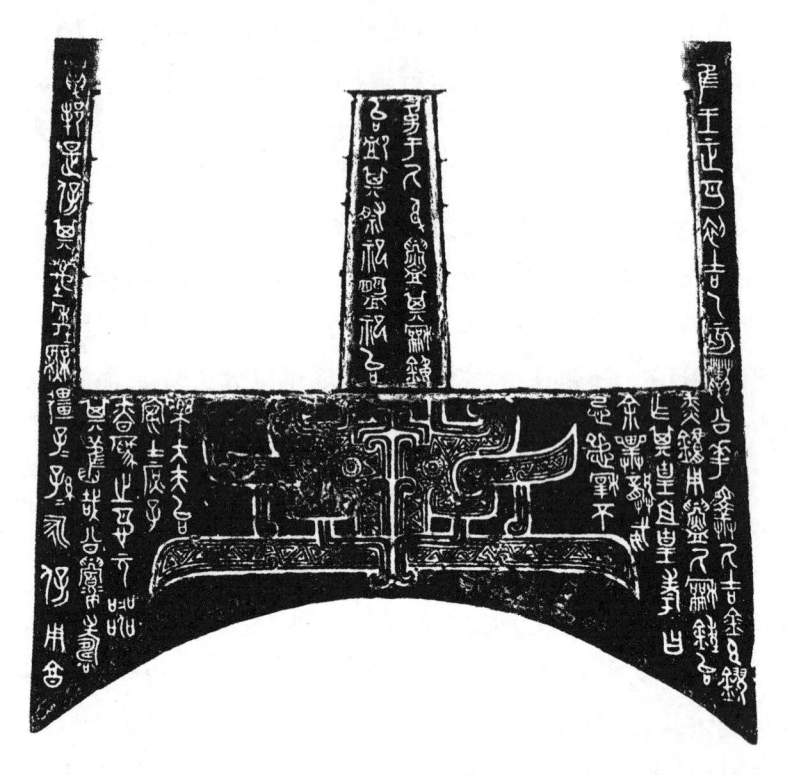

圖 2.2.10　郳公華鐘

赤鏽(鋁),用盥(鑄)氒(厥)龢鍾(鐘),台(以)乍(祚)其皇且(祖)、皇考。曰: 余畢龏(恭)威(畏)忌,忎(怒)穆不㥇(惰)于氒(厥)身,盥(鑄)其龢鍾(鐘),台(以)卹(恤)其祭祀盟(盟)祀,台(以)樂大夫,台(以)匽(宴)士庶子,夆(慎)爲之名(銘)。元器其舊(久)。哉(載)公䫃(眉)壽,黿(郳)邦是保,其萬(萬)年無彊(疆),子=(子子)孫=(孫孫)永保用亯(享)。

㥇,陳劍隸作"㥇",釋"惰性"①。此說正確可從。

卹,楊樹達謂"按《書·多士》'自成湯至于帝乙,罔不明德卹祀',銘文云'卹其祭祀',與《多士》文同。《多士》之卹王引之《經義述聞》爲慎,得之"②。

名,《積古齋鐘鼎彝器款識》卷三第十九、《攈古錄金文》卷三之二釋作

---

① 陳劍:《金文"㥇"字考釋》,《甲骨金文考釋論集》,第243—272頁。
② 楊樹達:《積微居金文說(增訂本)》,第22頁。

"聽"。《綴遺齋彝器款識考釋》卷二·二四釋"也",認爲"🔲"下"🔲"爲"也"字,"🔲"當是'也'字之緐文,月乃羨文,釋爲'聽'亦誤也"。

11. 邾公孫班鎛

時代：春秋晚期

著録：集成 140；銘圖 15784

釋文：隹(唯)王正月,辰在丁亥,𪓐(邾)公孫班睪(擇)其吉金,爲其龢鎛,用喜(饎)于其皇祖,其萬年湏(眉)壽,室家是保,霝(靈)命無其(期),子=(子子)孫=(孫孫)羕(永)保用之。

霝,高田忠周認爲"霝"即"靈"之省寫。陳立人認爲指出"霝"指神靈,來源於"雷电"之"雷"[①]。陳雙新指出"霝"字在金文中常見,多出現於"冬(終)"

圖 2.2.11　邾公孫班鎛

---

① 陳立人：《"䨖"字考》,《株洲師範高等專科學校學報》2005 年第 4 期。

"命""德"之前。"靁""令""靈"均有"善"義①。

12. 邾君鐘

時代：春秋晚期

著錄：集成 50；銘圖 15175

釋文：黿(邾)君求吉金,用自乍(作)其龢鐘龢鎗(鈴),用處大正。子[子孫孫永□□]。

求,楊樹達指出按羅振玉題此器爲黿君求編鐘,似誤以求字爲邾君之名；又指出郭沫若云"求字乃動詞,非邾君名"意在糾駁羅説,是也②。

處,楊樹達認爲處字於義難通,處蓋假爲虞③。[圖],楊樹達亦釋"政"④。孫剛疑釋"是"⑤。傅修才認爲此字下似從"止",只是筆畫略殘,上爲封閉圈形,宜釋作"疋"字⑥。

圖 2.2.12　邾君鐘

二、邾國兵器

13. 邾大嗣馬戈

時代：春秋晚期

現藏：遼寧省博物館

著錄：集成 11206；銘圖 17056

釋文：邾大嗣(司)馬之艁(造)戈。

---

① 陳雙新：《樂器銘文"龢""協""錫""雷""靁"釋義》,《古漢語研究》2006 年第 1 期。
② 楊樹達：《積微居金文説(增訂本)》,第 212 頁。
③ 楊樹達：《積微居金文説(增訂本)》,第 212 頁。
④ 楊樹達：《積微居金文説(增訂本)》,第 212 頁。
⑤ 孫剛：《東周齊系題銘研究》,吉林大學博士學位論文,第 462 頁。
⑥ 傅修才：《東周山東諸侯國金文整理與研究》,第 297 頁。

第二章　東周魯邾系金文編年彙釋、年代考訂與分國整理　311

圖 2.2.13　邾大嗣馬戈

《山左金石志》10.17、《金石索》2.7.1、《山東金文集成》809頁著録黄小松舊藏的一件邾太師戈，周波指出所謂的朱太師戈就是這件邾大司馬戈①。

14. 邾大嗣馬戈
時代：春秋晚期
著録：集成 11016；銘圖 16658
釋文：鼀(邾)大嗣(司)馬。

該戈首字諸家多未釋②，曾毅公《山東金文集存》釋作"鼀"。周波認爲曾毅公釋"鼀"可信，並指出兩件"邾大司馬戈"有可能就是齊魯地區所出。這

圖 2.2.14　邾大嗣馬戈

---

① 周波：《齊魯系銘文研究（五題）》，《古文字與漢語歷史比較音韻學》，第 303—304 頁。
② 《銘圖》即未釋首字，孫剛的《齊文字編》、張振謙的《齊魯文字編》《齊系金文集成》皆未收録此器。

兩件戈形制接近，銘文内容及寫法類同，唯一件書寫較工整，另一件稍草率，故可相互比較……春秋中晚期"邾""鼄"二字常通用。所以這件殘戈將邾圓之"邾"寫作"鼄"並不奇怪……此殘戈從形制到銘文文字、辭例皆與另一件"邾大司馬戈"相合，其鑄造年代也應大致相當，不排除是同人所造的可能；後一件邾大司馬戈銘文完整，釋文爲"邾大嗣(司)馬之艁(造)戈"；此殘戈銘文與邾大司馬戈銘文皆鑄在胡部，銘文位置亦一致，與後者銘文相比較，此殘戈銘文當作"鼄(邾)大嗣(司)馬之胎(造)戈"；這件戈也應當命名作邾大司馬戈①。

第三節　郳國、濫國禮器、兵器銘文

一、郳國禮器

(一) 春秋早期

1. 邾友父鬲

時代：春秋早期

著録：集成 717；銘圖 02943

現藏：故宫博物院

釋文：鼄(邾)夸(友)父朕(媵)甘(其)子胊(胙)嫲(曹)寶鬲，甘(其)旹(眉)耆(壽)永寶用。

夸，楊樹達謂"按晉爲友之古文，友父之名，經傳無所見"②。孫敬明依據《詩》《爾雅》《周禮》關於"慶"有"善"意的記載，推測"友父"很有可能是"慶"的字，即邾君慶(郳

圖 2.3.1 邾友父鬲

---

① 周波:《戰國銘文分域研究》，第 153—155 頁。
② 楊樹達:《積微居金文説(增訂本)》，第 166 頁。

第二章　東周魯邾系金文編年彙釋、年代考訂與分國整理　313

慶)名"慶",字"友父",並認爲"霝父君友父"與"邾友父"爲同一人,即"霝父"是"邾"音的緩讀①。王恩田隸作"晋",並指出郭沫若疑即春秋邾子益之字,與魯哀公同時。曾毅公謂友父疑即小邾之始封君友,曾説可信②。李零隸作"邾夆父",認爲黿是作器者的國氏,友父是作器者的字。友字原從友從日。據《世本》《春秋氏族譜》《姓苑》《姓纂》和《顔氏家廟碑》等書載,邾友父名肥,爲小邾國的始封之君。他的父親名顔,字夷父③。此字隸"夆"讀"友"當無可疑。林澐依據唐代顔真卿家廟碑、南宋鄭樵《通志·氏族略·周異姓國》以及《廣韻》的記載,邾友父當爲《春秋氏族譜》中所記載的始封於郳的友,即郳黎來的曾祖④。

胙,楊樹達指出"閼字從肉,從刂,余疑其爲胙之或字也。《左傳》僖公廿四年云:'凡、蔣、邢、茅、胙、祭,周公之胤也。'友父之子嫁于胙,故稱閼嬛矣⑤。王恩田指出該字從乍,非從匂,認爲胙爲見於《左傳》僖公二十四年周公後裔"邢、凡、茅、胙、祭"中的胙國⑥。李零認爲"胙曹"爲邾友父之女,"胙",原從乍從刀,下從肉,可能是以封邑爲氏。"曹",從女從棗,爲邾國之姓⑦。林澐隸作"閼",從乍從刀從肉,爲胙肉之胙的繁體,認爲該字邾友父之女所嫁國名,即《左傳》僖公二十四年"凡、蔣、邢、茅、胙、祭,周公之胤也"中的姬姓封國胙國。"曹"字爲邾氏的姓,故從女旁,而其右邊像兩個"來"重疊。⑧ 李學勤隸作"胙嬛",指出近年已發現兩件西周的胙國器,國名均作"柞",是否此時可寫如鬲銘,還可進一步考慮⑨。袁俊傑指出很可能鬲銘之該字,應是由"柞"演變爲"胙"的過渡形態⑩。賈一凡指出胙曹二字,是對出嫁胙國的邾友父之女的稱謂,胙爲其將嫁之國即夫國國名,曹爲其母國之姓⑪。馬超則認爲邾友父鬲諸

———————
① 孫敬明:《考古發現與齊史類徵》,第583頁。
② 王恩田:《棗莊郳器與郳國》,《小邾國文化》,第159頁。
③ 李零:《讀小邾國銅器的銘文》,《小邾國文化》,第176頁。
④ 林澐:《小邾國東江墓地青銅器銘文部分人名的考釋》,《小邾國文化》,第192頁。
⑤ 楊樹達:《積微居金文説(增訂本)》,第166頁。
⑥ 王恩田:《棗莊郳器與郳國》,《小邾國文化》,第160頁。
⑦ 李零:《讀小邾國銅器的銘文》,《小邾國文化》,第176—177頁。
⑧ 林澐:《小邾國東江墓地青銅器銘文部分人名的考釋》,《小邾國文化》,第192—193頁。
⑨ 李學勤:《小邾國墓及其青銅器研究》,《東嶽論叢》2007年第2期。
⑩ 袁俊傑:《小邾國媵器隨葬於本國貴族墓地原因探析》,《華夏考古》2008年第2期。
⑪ 賈一凡:《小邾國墓地綜合研究》,河南大學碩士學位論文,2016年,第38頁。

器中■⃝、⃞、⃝等旁不能理解爲"肉"旁，更不能理解爲"刉(胙)"字的偏旁，其應是下部"嫭"字的聲符"勹"，該銘讀爲"曹"的字是一個从女、从勹和棗(或棗)的雙聲符字①。

我們認爲"閣"還是當理解成"胙"字繁寫，古文字構形中有時會省略"刀"旁。西周時期胙國之"胙"當寫作"柞"，"閣"是否爲"柞"演變爲"胙"的過渡形態尚可考慮，"閣"與"胙"爲同字異構無疑，是否具備前後早晚關係，尚不得而知，也極有可能春秋時期傳世文獻記載胙國在金文中寫如該銘"閣"字。

2. 邾友父匜
時代：春秋早期
著録：集成 10236；銘圖 14926
現藏：山東省臨沂市博物館
銘文（順序調整後）：黿(邾)㫃(友)父朕(媵)甘(其)子刞(胙)嫭(曹)寶匜，甘(其)賁(眉)𦉢(壽)永寶用。

該器銘文拓片有不少字殘泐，形體較爲怪異，有部分字體反書、倒書，長時間以來銘文難以讀通。張振謙藉助電腦技術，同新出土的邾友父鬲作銘文比較，對該器銘文進行了釋讀②。

3. 邾君慶壺
出土：2002 年 6 月山東省棗莊市山亭區東江小邾國墓葬

圖 2.3.2　邾友父匜

時代：春秋早期
著録：銘圖 12333
現藏：山東省棗莊市博物館

---

① 馬超：《金文考釋二題》，《中國文字研究》第二十七輯，上海書店出版社，2018 年，第 25 頁。
② 張振謙：《齊系文字研究》，第 161—166 頁。

第二章　東周魯邾系金文編年彙釋、年代考訂與分國整理　315

釋文：黿（邾）君慶乍（作）秦妊醴壺，其萬年쁄（眉）壽永寶用。

秦妊，學界對此的理解存在較大歧義，一種是把秦看成國名或地名，如趙平安認爲此"秦"與驫羌鐘銘文"征秦迮齊"之"秦"皆爲山東秦國，地望在范縣境内①。李學勤認爲此"秦"也應該在山東境内，但並不認爲此地一定是"秦國"，"按魯地有秦，見《春秋》經莊公三十一年，在今范縣舊治南，秦妊應係封在那裏的妊姓貴族的女兒"。王恩田認爲秦也應是國族名。《春秋》莊公三十一年："秋築臺于秦。"可知秦地春秋時屬魯。《清一統志》："今山東范縣舊城南三里有秦

圖 2.3.3　邾君慶壺

亭。"②孫剛則認爲與"華妊""奏妊"相參照，"秦妊"之"秦"也可能是女子的私名，未必一定是要看作"國名加姓氏"③。李零認爲"秦妊"可能是邾君慶的母親，上一代小邾君的配偶。"秦"是氏稱，但不一定是國名，也可能是邑名④。林澐認爲秦妊好像是邾君慶的配偶，但是秦國是嬴姓，文獻記載的妊姓之國有"謝、章、薛、吕、舒、祝、終、泉、畢、過"，這個"秦妊"不知道是出於何國。如果是直接嫁到小邾國來的，應該在"妊"字前面冠以"邾"或母國名，不該稱爲秦妊。有可能她是先嫁到了西方的秦國，後來因爲某種原因回到了母國，又被小邾國所得⑤。朱鳳瀚認爲此秦國不是西方秦國，"秦妊當是秦氏女子妊姓，西方之秦爲嬴姓，故此秦妊之秦似非西方秦國之秦，而有可能是《春秋》莊公三十一年

---

① 趙平安：《山東秦國考》，《華學》第七輯，中山大學出版社，2004 年，第 117—118 頁。
② 王恩田：《棗莊邾器與郳國》，《小邾國文化》，第 160 頁。
③ 孫剛：《東周齊系題銘研究》，吉林大學博士學位論文，第 85 頁。
④ 李零：《讀小邾國銅器的銘文》，《小邾國文化》，第 178 頁。
⑤ 林澐：《小邾國東江墓地青銅器銘文部分人名的考釋》，《小邾國文化》，第 195 頁。

'築臺于秦'之秦。杜預注:'東平范縣西北有秦亭。'秦妊之秦氏或即居此地之妊姓家族"①。

綜上,學者對於銘中"秦"的理解不同,有國名(嬴秦之秦和魯地之秦兩説)、地名、私名等説。按照金文女子稱謂的慣例,"秦妊"通常爲國名與女子姓組成,國名有父家所屬國名和父家所屬國名兩種情況。由於西方秦國爲嬴姓,可以排除女子父家所屬國名的可能性。那有没有可能"秦"爲夫家所屬的國名呢？這種稱謂一般是由父家稱呼的,表示該女之所嫁。此器爲邾君爲秦妊所作,而邾君爲曹姓,所以這種可能性也可排除。排除了爲嬴姓秦國的可能,有學者主張或爲魯地秦國,《春秋》莊公三十一年:"秋,築臺于秦。"由上可以排除"秦"爲夫家國名的可能性,那只能將"秦"理解爲母國名。山東地區是否有妊姓秦國呢？有學者猜測魯國大夫秦遄出自妊姓之國,支脈受封於山東秦地而改氏爲秦,目前無法排除山東有妊姓秦國的可能性,但文獻失載,所以秦理解爲國名的可能性不大。"秦"是否如學者指出的可理解爲私名？我們認爲這種可能性很大,小邾國墓地出土"鑄叔盤",其銘"鑄叔作叔妊秦媵盤其萬年眉壽永寶用"。學者多認爲叔妊秦與秦妊當爲一人,叔爲妊秦的排行,即"秦"爲私名,孫剛之説可從。

圖 2.3.4　邾君慶壺

4. 邾君慶壺

出土:2002 年 6 月山東省棗莊市山亭區東江小邾國墓葬

時代:春秋早期

著録:銘圖 12337

現藏:北京中貿聖佳國際拍賣有限公司收藏

釋文:鼀(邾)君慶乍(作)秦妊醴壺,其萬年㝵(眉)壽永寶用。

同墓地所出又有邾慶爲華妊、秦妊

---

① 朱鳳瀚:《中國青銅器綜論》,第 1666 頁。

第二章　東周魯邾系金文編年彙釋、年代考訂與分國整理　317

所作器。學者指出,金文中女名可以放在姓前,"秦""華""奏"應是女子私名,"妊"爲姓,她們很可能來自妊姓鑄國①。

5. 郳慶鼎
出土:2002 年 6 月山東省棗莊市山亭區東江小邾國墓葬
時代:春秋早期
著錄:銘圖 01497、01498(重出);新收 1095
現藏:山東省棗莊市博物館
釋文:兒(郳)慶乍(作)秦妊它(匜)鼎,其永寶用。

"它""也"過去或以爲一字,徐寶貴通過窮盡性字形分析認爲,它(蛇)的書寫特徵是頭部較寬,身體屈曲且粗。"也"字本从口,下綴一筆畫。"它""也"是形體完全不同、來源不同的兩個字。金文以"它"爲"匜",純屬假借②。

圖 2.3.5　郳慶鼎

6. 邾慶簠
出土:2002 年 6 月山東省棗莊市山亭區東江小邾國墓葬
時代:春秋早期
著錄:銘圖 05878
現藏:安徽省博物館
釋文:鼄(邾)慶乍(作)奏妊臣(簠),其萬年子=(子子)孫=(孫孫)永寶用言(享)。

---

① 孫剛:《東周齊系題銘研究》,吉林大學博士學位論文,第 84—86 頁;周寶宏:《小邾國青銅器銘文補釋(外兩篇)》,《吉林大學古籍研究所建所三十周年紀念論文集》,第 26—28 頁;謝明文:《談談周代金文女子稱謂研究中應該注意的幾個問題》,《出土文獻》第十輯,中西書局,2017 年,第 53—61 頁。
② 徐寶貴:《以"它""也"爲偏旁文字的分化》,《文史》2007 年第 3 期。

圖 2.3.6　邾慶簠

"奏"字,學者或釋爲"秦""華""奉"等,釋"秦""華"與此字形體不符。此字從"奉"从"廾",當釋爲"奏"。

圖 2.3.7　邾季簠

7. 邾季簠

出土:2002 年 6 月山東省棗莊市山亭區東江小邾國墓葬

時代:春秋早期

著録:銘圖三編 0572

現藏:山西青銅器博物館

釋文:鼄(邾)季皓䢅用乍(作)中(仲)娸,用鑄寶匡(簠),其萬年子=(子子)孫=(孫孫)永寶用。

該器共兩件,李春桃曾著文研究其器形及銘文①,該銘"作"讀爲迌,訓"嫁也,適也"②,所以該器爲媵器。

---

① 李春桃:《邾季瑚研究》,《出土文獻》第十五輯,中西書局,2019 年,第 55—62 頁。
② 鄒芙都、馬超:《金文考釋拾零三則》,"商周青銅器與金文研究學術研討會論文",鄭州,2017 年。

第二章　東周魯邾系金文編年彙釋、年代考訂與分國整理　319

8. 郳伯鬲

時代：春秋早期

著録：集成 0596；銘圖 02813

釋文：郳妀逞母盥(鑄)其羞鬲。

妀，李魯滕爲妀是虘台古國的族姓。此鬲是嫁與小邾國的妀姓狐駘丘之女自作器①。

逞，原篆作 [字], 吳式芬釋爲作"遏"②；《引得》釋爲"逞"③。該字待考，就字形看近似从"争"。逞母當爲該妀女子之字，嫁與郳國。

(二) 春秋晚期

9. 郳公鎛

出土：近年從香港購回

時代：春秋晚期

現藏：上海博物館

著録：銘圖 15815—15818

釋文：王正九月元日庚午，舍(余)有融(融)之岪(孫)郳公敤父，惕戁大命，保朕邦家，正和朕身。乍(作)正朕寶(寶)，台(以)共(供)朝于王所。受貤(施)吉金，刑(型)鑄和(龢)鐘，敬黏(祼)祀，乍(作)朕皇祖齌(恭)公、皇考惠公彝。再(稱)黏(祼)瓚，用旂(祈)壽考(老)，子之子孫之孫，永者(祜)是保。

圖 2.3.8　郳伯鬲

岪，周亞據邾訛鼎"岪"用作"孫"，讀該字爲"遂"④。李家浩認爲該字與《説文》"子"字古文"[字]"形近，又據邾訛鼎"岪"用作"孫"，讀該字爲"曾"⑤。該

---

① 李魯滕：《"虘台(丘)"略考》，《古代文明》第六卷，文物出版社，2008年，第199—205頁。
② 吳式芬：《攈古録金文》，《金文文獻集成》第十八册，第221頁。
③ 張亞初：《殷周金文集成引得》，第21頁。
④ 周亞：《郳公鎛銘文及若干問題》，《古文字研究》第二十九輯，第387頁。
⑤ 李家浩：《郳公敤父鎛銘文補釋》，《出土文獻》第六輯，中西書局，2015年，第2—3頁。

圖 2.3.9　郳公鎛

字在另外三件流散的同人所作青銅鎛上作"㝍"(《銘圖》15816),與一般的"子"字形相同,所以董珊徑釋作"子"①。石小力認爲結合文例看,上博所藏郳公敂父鎛之字亦當爲"子"字,只不過在上部增一"中"形。郳即小邾,乃有融,即陸終之後裔,此處的"子孫"泛指後代②。"㝍"字還見邾訧鼎,根據該鼎辭例,當爲孫字異寫,此處亦當讀作"孫"字。

"惕戁大命",董珊將"戁"讀爲"勤",並引《禮記·祭統》孔悝之鼎銘"勤大命"爲證。吳雪飛從字音字義上對海天意見作了補充,指出《爾雅·釋詁》"勤、庸,勞也",庸和勤意思相近,"庸勤大命"是勤勞、勉力於大命③。周亞疑"惕"爲"愓"字之誤,"愓戁"即惕懼、敬畏之意。李家浩疑"惕戁"應該讀爲"恪勤"。從字形和文意看,銘文"惕戁大命"讀爲"庸勤大命"。

---

① 董珊:《郳公敂父二器簡釋》,《出土文獻》第三輯,中西書局,2012年,第158頁。
② 石小力:《東周金文與楚簡合證》,第40頁。
③ 吳雪飛:《金文"舜"字補證》,復旦大學出土文獻與古文字研究中心網站,2013年6月17日。

者，董珊認爲从古聲讀爲"固"①。周亞讀爲"祜"②。李家浩指出"古""叚"二字古音相近，可以通用，疑字應該讀爲"遐"，是久遠的意思③。

10. 邿公尊

時代：春秋晚期

著錄：銘圖續 0891

釋文：邿公敀父自作商宴兄（觥）。

▨，董珊釋爲"兄"，讀"觥"④。曹錦炎釋"只"，讀爲"巵"，巵爲盛酒漿器⑤。隸"兄"當可從，見▨（作册夨令簋）▨（保卣），該字下所从"▨"尚未知其意。韓文博讀商宴爲"觴宴"，古音"商、蔃、湯、煬、傷、惕、殤、觴"等均屬"陽部、書紐、平聲"字，例可通假⑥。

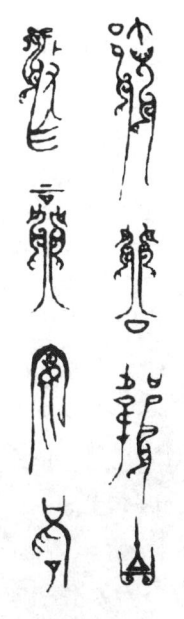

圖 2.3.10
邿公尊

11. 邿公克敦

時代：春秋晚期

著錄：集成 4641；銘圖 06067

釋文：隯（邿）公克鑄其饔（饎）鎷（敦），永保用之。

隯，《銘文選》六四一號釋此字爲"墊"，定該器爲都國器。郭沫若將首字隸定作"隯"，該字還見於其他邿國器，當讀爲邿。

圖 2.3.11　邿公克敦

---
① 董珊：《邿公敀父二器簡釋》，《出土文獻》第三輯，第 160 頁。
② 周亞：《邿公鎛銘文及若干問題》，《古文字研究》第二十九輯，第 387 頁。
③ 李家浩：《邿公敀父鎛銘文補釋》，《出土文獻》第六輯，第 5 頁。
④ 董珊：《邿公敀父二器簡釋》，《出土文獻》第三輯，第 158 頁。
⑤ 曹錦炎：《鳥蟲書通考（增訂版）》，上海辭書出版社，2014 年，第 448 頁。
⑥ 韓文博：《兕觥其觫：商周青銅觥之功能小議》，《形象史學》2021 年夏之卷（總第十八輯）。

二、郳國兵器

（一）春秋

12. 郳右庭戈

出土：傳山東省臨沂市西鄉

時代：春秋

現藏：山東省臨沂市文物店

釋文：郳右庭（庫）。

郳，心健、家驥釋爲"郳"，古國名①。

圖 2.3.12　郳公庭戈

（二）春秋早期

13. 郳公戈

出土：2017 年春山東滕州薛國故城遺址東北近郊

時代：春秋早期

現藏：山東省博物館

著錄：中國文物報 2017 年 5 月 30 日 7 版

釋文：郳公皵克父，擇其吉金，乍（作）其元用。

元用，習見於春秋戰國兵器銘文。郭沫若釋"元用"爲頂好的武器②。王人聰認爲"元用"係由兩個近義的詞素構成的同文並列複合詞，與"元寶""寶用"一樣，都是表示"寶"或寶重的意思③。

三、濫國禮器

濫國，曹姓，始建於春秋初期，非周天子所爲封之

2.3.13　郳公戈

---

① 心健、家驥：《山東費縣發現東周銅器》，《考古》1983 年第 2 期。
② 郭沫若：《奴隸制時代》，科學出版社，1961 年，第 130 頁。
③ 王人聰：《釋元用與元弄》，《考古與文物》1996 年第 3 期。

國,由於偏居一隅,史載不詳,《春秋》昭公三十一年"冬,黑肱以濫來奔",杜預注:"黑肱,邾大夫。濫,東海昌慮縣。不書邾,史闕文。"王獻唐對濫國有專門討論,認爲是"邾分三國"的結果①,濫是由邾分化出來的小國。周滅商後,周武王封曹俠於邾,"五世至夷父顏"。夷父顏,史稱邾子夷父或邾顏父。夷父顏有二子,夏父及友。周公攝政時期,爲削弱諸侯國,分而治之,藉夷父顏有功於周,封夷父顏之子友於郳,建立小邾國,又稱郳國。公元前 678 年,周王罪誅夷父顏,後命其同母弟叔術代理邾國君位。叔術代位十多年後,夷父顏沉冤得雪,謚號邾武公。叔術把國君位子讓給了他的侄子、夷父顏的兒子夏父。夏父繼位後史稱邾文公。夏父把叔術分封到濫地,建立濫國。濫國從"邾分三國"到公元前 511 年,後並入魯國。

14. 宋公固作㸚叔子鼎

出土:2009 年出土於山東省棗莊市徐樓東周墓葬(M1:39)

時代:春秋中晚期

著錄:新收 1339

釋文:有殷天乙唐(湯)孫宋公固乍(作)㸚(濫)叔子䭆鼎,其賹(眉)壽萬年,子=(子子)孫=(孫孫)永保用之。

2009 年 5 月,山東棗莊徐樓村發掘出兩座春秋晚期墓,其中出土多件有銘青銅器,內容十分重要,李學勤率先介紹了 M1 所出的宋公鼎。2014 年棗莊

圖 2.3.14 宋公固作㸚叔子鼎

徐樓村墓葬發掘簡報公布②。棗莊徐樓村這批銅器是春秋時期的濫國銅器,這是濫國銅器的首次發現,對於研究濫國歷史具有重要的研究價值。

固,楊樹達認爲即宷之假音字。《説文》:"宷,敬也,从心,客聲。"經傳通作恪。貉,《説文》:"貉,似狐,善睡獸。从豸,舟聲。"許慎引《論語》"狐貉之厚以居",

---

① 王獻唐:《春秋邾分三國考・三邾疆域圖考》,第 6—18 頁。
② 棗莊市博物館等:《山東棗莊徐樓東周墓發掘簡報》,《文物》2014 年第 1 期。

今《論語》豻作貉,可知貉可假借爲豻,故而圂亦可假爲窓①。李學勤通過現有宋國銅器及已知宋國國君世系推出銘文中的宋公即宋共公(前 588—前 576 年),《左傳》記載其名爲"固",《史記·宋世家》則記爲"瑕",從該鼎銘宋公名"圂"與"固""瑕"相通,"固"古音在見母魚部,"瑕"在匣母魚部,"豻"在匣母鐸部,證實楊樹達的釋讀甚確②。學者多從之③。裘錫圭曾曰:"據文義推測,'申圂',似有鞏固一類意思……""《左傳》宣公十六年有'以事神人而申固其命'之語,《國語·楚語下》有'……億其上下,以申固其姓'之語。有可能'申圂'就與'申固'同義。"④王輝在總結諸家之説後認爲"豻"不應是"貉",而是"貁",認爲"貁、貂(貉)同類",應從張政烺説讀"貂",認爲該字"應讀爲紹,意爲繼承、接續"⑤。陳秉新認爲"豻"字右旁所從的"𰀀"這部分就是"貂的初文無疑","圂"即《説文》中的"圂"字,在金文辭中讀爲"劭",訓"勉"⑥。王寧同意陳秉新所釋"圂",本是从口豻(貂)聲,在金文辭中用爲"紹"或"劭",此二字古本通用⑦。

泲,李學勤隸作邲,讀爲"費",即古費國⑧。王琦、燕生東則將"泲"字隸定爲"郲",當受李影響,亦認爲銘文與文獻之費國有關⑨。王恩田將此字隸定爲"㙅",从比得聲,認爲即薛祖"奚仲遷于邳"之上邳⑩。葉正渤認爲該字从水筮聲,爲瀍之初文⑪。趙平安根據甲骨金文及戰國竹簡中"筮"字寫法隸

---

① 楊樹達:《積微居金文説(增訂本)》,第 13—14 頁。
② 李學勤:《棗莊徐樓村宋公鼎與費國》,《史學月刊》2012 年第 1 期。
③ 王琦、燕生東:《山東棗莊徐樓發現的柴國墓及相關問題》,《齊魯文化研究》第十二輯,泰山出版社,2012 年,第 42—45 頁;王恩田:《棗莊嶧城宋公鼎與㙅公鼎》,《管子學刊》2013 年第 1 期;趙平安:《宋公圂作泲叔子鼎與濫國》,《中華文史論叢》2013 年第 3 期。
④ 裘錫圭:《談曾侯乙墓鐘磬銘文中的幾個字》,《古文字論集》,中華書局,1992 年,第 427 頁。
⑤ 王輝:《一粟集:王輝學術文存》,藝文印書館,2002 年,第 138—139、141 頁。
⑥ 陳秉新:《釋"圂"及相關字詞》,《古文字研究》第二十二輯,第 96—100 頁。
⑦ 王寧:《山東棗莊徐樓東周墓出土銅器銘文釋讀平議》,復旦大學出土文獻與古文字研究中心網站,2014 年 5 月 13 日。
⑧ 李學勤:《棗莊徐樓村宋公鼎與費國》,《史學月刊》2012 年第 1 期。
⑨ 王琦、燕生東:《山東棗莊徐樓發現的柴國墓及相關問題》,《齊魯文化研究》第十二輯,第 42—45 頁。
⑩ 王恩田:《棗莊嶧城宋公鼎與㙅公鼎》,《管子學刊》2013 年第 1 期。
⑪ 葉正渤:《棗莊徐樓東周墓出土青銅器銘文考釋》,《中國文字學報》第七輯,商務印書館,2017 年,第 75 頁。

該字作淢，釋濫，並列舉了戌字的字形演變如下：犬、𢦏→（甲骨文）→犬、𢦏（金文）→ 𢦏、䤯、䤯、䤯（戰國文字）→ 𢦏（小篆）。戌像戈擊二人之形，是殲字初文。殲字從歺，䤯聲。䤯字《說文》分析爲從韭戌聲。由於戌是䤯的聲符，戌䤯音近可通，淢可以看作㦰的異體字。㦰是精母談部字，濫是來母談部字，聲近可通……因此淢讀爲濫無論是從音理上還是從實際用例上看都是可以成立的[1]。傅修才認爲宋公鼎與流散境外的宋公鋪（《銘圖》06157）爲同人所作之器，據宋公鋪亦釋該爲"淢"[2]。王寧認爲趙平安所釋正確可從，此字從水戌聲，"戌"據《說文》"古文讀若咸。讀若《詩》云'攕攕女手'"（段玉裁本作"讀若咸。一曰讀若《詩》'攕攕女手'"），是此字一讀若"咸"，一讀若"攕"，則此字可釋"減"或"瀸"。此爲國族名，從讀音上看顯然與"費（柴）""邳"無關[3]。石小力認同趙、傅二位的考釋，認爲字亦當釋作"淢"，從水，戌聲，即"㦰"之異體，趙先生認爲在銘文中讀爲"濫"，即《春秋》昭公三十一年"冬，黑肱以濫來奔"的濫國，亦可信[4]。

叔子，叔表示排行爲；子，宋國是微子啓的後代，子姓。趙平安認爲"這件鼎是宋共公爲他二女兒出嫁所鑄的銅器。濫是宋女所嫁的國度。宋濫地理位置接近，宋公鼎的出土，可視爲兩國關係的一個縮影"[5]。王寧認爲古代子女之排行，長曰伯或孟，次曰仲，最小的稱季或少，在仲和季之間的無論大小、多少，一概稱"叔"，所以"叔子"當爲三女兒或以下至小女之間的某位女兒[6]。

15. 淢公鼎
出土：2009 年出土於山東省棗莊市徐樓東周墓葬

---

[1] 趙平安：《宋公㬎作淢叔子鼎與濫國》，《中華文史論叢》2013 年第 3 期。
[2] 傅修才：《新見宋公嗣鋪銘文辨正——兼論宋公嗣鋪與宋公㬎鼎的關係》，復旦大學出土文獻與古文字研究中心網站，2013 年 10 月 18 日。
[3] 王寧：《山東棗莊徐樓東周墓出土銅器銘文釋讀平議》，復旦大學出土文獻與古文字研究中心網站，2014 年 5 月 13 日。
[4] 石小力：《東周金文與楚簡合證》，第 152 頁。
[5] 趙平安：《宋公㬎作淢叔子鼎與濫國》，《中華文史論叢》2013 年第 3 期。
[6] 王寧：《山東棗莊徐樓東周墓出土銅器銘文釋讀平議》，復旦大學出土文獻與古文字研究中心網站，2014 年 5 月 13 日。

圖 2.3.15　浽公鼎

時代：春秋中晚期
著録：銘圖續 0191
釋文：隹(唯)正月初吉日丁亥，浽(濫)公宜(脂)余(擇)其哴(良)金，用鑄其煔(煎)腜(宜)脂鼎。

宜，原篆作 ，整理者釋作"宜"。謝明文指出該字下部从"肉"，上部則从"宜"，當分析爲从肉从宜，應是"宜"的繁體。與一般的"宜"字相比，形體省去了兩塊肉形中表示俎面界闌的橫筆，此外，此形體上部"宜"形下的那一橫筆寫作一曲筆，與一般"宜"字稍微有別，釋作"腜(宜)"應該問題不大①。

 ，整理者未釋。謝明文認爲字應分析爲从 从 。 即肉，而比較" "(孟姬㫚簠，《集成》4071)、" "(燕侯旨鼎，《集成》2628)、" "(伯旂魚父，《集成》4525)等形，可知它顯然是"旨"字，因此" "應釋作"脂"。這是目前已發表金文中首次出現"脂"字。"脂"疑讀爲"旨"，"宜脂"，浽公之名。

余，"余"字王琦、燕生東文中括讀"擇"②，謝明文亦認爲當讀爲"擇"，關於"余""舍"的關係，據古文字，"舍"應是"余"的分化字，舍當分析爲从"口""余"聲。而"舍"與"睪"聲字關係密切，傳世文獻以及出土文獻中常見兩者相通之例。又《清華簡(壹)·保訓》簡 1"唯王五十年，不瘳"之"瘳"，整理者考釋："瘳从疒余聲，傳世典籍作'豫'或'懌'。《逸周書·祭公》：'我聞祖不豫有加。'《書·顧命》：'唯四月哉生魄，王不懌。'不豫'或'不懌'都是指身體不適，音近

———————
① 謝明文：《新出宜脂鼎銘文小考》，《中國文字》新四十期，藝文印書館，2014 年，第 203—207 頁。
② 王琦、燕生東：《山東棗莊徐樓發現的紫國墓及相關問題》，《齊魯文化研究》第十二輯，第 42—45 頁。

義通。"因此鼎銘的"余"讀爲"擇"從語音方面看是完全没有問題的。從文義方面看,把"余"讀爲"擇"也非常合適①。王寧疑當讀爲"舒"或"抒",《爾雅·釋天》"四月爲余",《釋文》:"余,孫本作舒。""舒""抒"亦通假,如《左傳》文公六年"難必抒矣",《正義》:"抒,服虔作舒。"《倉頡篇》:"抒,取也。"《通俗文》:"汲出謂之抒。"這裏是取出、拿出之意②。

卬,原篆 [圖], 整理者釋作"臧"。謝明文指出據文義"卬"應是"金"的修飾語。又根據它从卪聲以及伯剌戈(《集成》11400)"嚻仲之子伯剌,用其良金,自作其元戈"、徐王糧鼎(《集成》2675)"徐王糧用其良金,鑄其饋鼎"之"良金"來看,"卬"當讀爲"臧",訓爲"善"。"臧"作名詞的修飾語,這與先秦古書中訓作"善"的"臧"的常見用法不合。後又引及陳劍説懷疑此字可能是"良"字的意見,認爲陳説很可能是正確的,並指出此字左邊與叔良父匜"[圖]"比較接近,从"良"从"口"之字見於仲子平鐘③。

[圖],整理者隸作"燒",讀作"爨"。謝明文指出此字从火从泉,整理者的隸定可從。如果"燒"是動詞,"宜"是它的賓語,"燒宜"整個動賓結構作"鼎"的修飾語,那麽"燒"可如整理者所説讀爲"爨","宜"則指肉肴,"燒(爨)宜鼎"指"(用來)煮肉的鼎"。如果"燒"與其後的"宜"是並列結構,都是器名"鼎"的修飾語,那麽我們疑"燒宜"似可讀作"煎和","泉"聲字與"前"聲字關係密切,兩者可通,故"燒"可讀作"煎",從它从"火"來看,它也有可能本是"煎"的異體。宜,疑母歌部;和,匣母歌部。"禾"聲字與"冎"聲字可通,"冎"聲字與"化"聲字可通,而"化"聲字與"我"聲字可通,"我""宜"語音關係密切;又甲骨文中,義、崔上部皆有變形聲化作"莧"者,《説文》崔讀若和。以上所述是"宜""和"間接相通之例④。傅修才也認爲"燒宜"是鼎器名修飾語,不過對其釋讀持謹慎闕疑的態度⑤。蔡一峰認爲"燒"字讀"煎"優於讀"爨",

---

① 謝明文:《新出宜脂鼎銘文小考》,《中國文字》新四十期,藝文印書館,2014年,第203—207頁。
② 王寧:《山東棗莊徐樓東周墓出土銅器銘文釋讀平議》,復旦大學出土文獻與古文字研究中心網站,2014年5月13日。
③ 謝明文:《新出宜脂鼎銘文小考》,《中國文字》新四十期,藝文印書館,2014年,第203—207頁。
④ 謝明文:《新出宜脂鼎銘文小考》,《中國文字》新四十期,第203—207頁。
⑤ 傅修才:《東周山東諸侯國金文整理與研究》,第337—338頁。

"煣"爲"煎"的異體可能是對的,但認爲"宜"讀"和"則恐未安。"宜"疑母歌部,"和"匣母歌部,二字聲韻近同而實有開合之别,文獻中似也未見二字相通的例證。"宜"不煩破讀,如字訓作名詞的肉肴即可,"煣(煎)宜"作動賓結構充當"鼎"的修飾語,表示該鼎是煎熬肉肴之用。且指出該字與金文"宜"的一般寫法不同,此字下部從"肉"上部從"宜",可嚴格隸定作"脜",謝明文認爲是"宜"的繁體,可從,此字增益凸顯"肉"旁,訓爲名詞的肉肴義應該是更直接的①。

四、濫國兵器

16. 濫公戈

時代:春秋晚期

著録:銘圖續 1149

釋文:溎(濫)公敼之告(造)戈。

敼,爲濫公之名,吳鎮烽釋作槃。傅修才認爲左上形體與"壬"形差異明顯,應釋爲"尾",釋該字爲"敼"。其説可從。

圖 2.3.16　濫公戈

第四節　滕國、費國禮器、兵器銘文

滕國是周王朝在山東省滕縣境内建立的姬姓小國,周文王之子錯叔繡之封地。《史記·陳杞世家》正義引《世本》說:"滕,錯叔繡,周文王子,居滕。"《世族譜》:"滕,姬姓,文王子錯叔繡之後,武王封之,居滕。"滕國故城在今滕州市姜屯鎮滕城村一帶,《滕縣志》記載:"城周二十里,内有子城。"外城呈長方形,現可見護城河;子城位於外城中央,略呈長方形,城内東北角有一高 7 米的臺子,相傳爲滕國國君的寢宮基址②。

傳統認爲滕之始封地在今山東省,但有學者對此頗有異議。陳槃認爲滕國

---

① 蔡一峰:《金文雜識(四則)》,《古文字論壇——陳煒湛教授八十慶壽專號》,中西書局,2018 年,第 276—278 頁。
② 中國科學院考古研究所山東工作隊:《山東鄒縣滕縣古城址調查》,《考古》1965 年第 12 期。

舊地爲衛國的滕邑,後遷至山東滕州①。何光嶽認爲衛國滕邑今即河南省衛輝市田藏村,後又東遷於山東公丘②。陳偉結合簡書《容成氏》"戊午之日,涉於孟津,至於共、滕之間"記載,確定"滕"即衛國滕邑③。據此可以知道滕國始封地當爲衛國滕邑,位置約在今河南省衛輝市田窰村,後遷到山東滕州市西南。王恩田認爲滕國故城可能爲漢代公丘城的"子城",今滕國故城在今山東省滕州市城關鎮西南 7 公里,另"在滕縣城西南約十五里,方向約 72°的莊里村西調查到一處堌堆遺址,包含了自龍山文化直至漢代的遺存,俗稱爲'城頂',傳爲公丘故城址"④。

今滕州市西南屯公里存有滕都都城,内城之外還有外城,外城之內的莊里村西遺址爲滕國貴族墓葬,曾多次出土滕國青銅器。滕國有銘銅器,目前包括傳世品及發掘品共有 17 件,年代從西周早期延至戰國早期。

一、滕國禮器

(一) 春秋早期

1. 滕侯穌盨

時代：春秋早期

現藏：上海博物館

著錄：集成 4428；銘圖 05621

釋文：朕(滕)厌(侯)穌(穌)乍(作)氒(厥)文考朕(滕)中(仲)旅盨(簋),甘(其)子₌(子子)孫萬年永寶(寶)用。

此器爲滕侯爲其父滕仲所作祭器。滕,典籍作"滕",从水,朕聲。金文"朕",从火,朕聲。朕虎簋(《集成》03828):朕(滕)虎敢庫(肇)乍(作)氒(厥)皇考公命中(仲)寶尊彝。《禮記·檀弓上》:"滕伯文爲孟虎齊

圖 2.4.1　滕侯穌盨

---

① 陳槃：《春秋大事表列國爵姓及存滅表撰異》,第 27 頁。
② 何光嶽：《滕國考》,《益陽師專學報》1996 年第 2 期。
③ 陳偉：《竹書〈容成氏〉共、滕二地小考》,《文物》2003 年第 12 期。
④ 王恩田：《滕國考》,《東夷古國史研究》第一輯,三秦出版社,1988 年,第 260—269 頁。

衰,其叔父也;爲孟皮齊衰,其叔父也。"王國維指出"滕虎"即《檀弓》之"滕孟虎",亦"媵"即"滕"字之證①。

銘文自名爲"旅簠",該器形爲盨,金文中盨自名簠者並不鮮見。簠與盨關係密切,盨乃是由簠發展變化而來。

(二) 春秋中晚期

2. 滕大宰得匜

時代:春秋中晚期

著錄:新收 1733;圖銘 14879

現藏:香港中文大學文物館購藏

釋文:媵(滕)大(太)宰䟆(得)之御䀉(匜)。

䟆,從辵從㝵,爲得字繁構,爲太宰之名。御,王人聰認爲當訓爲"用",專用之意。《楚辭·涉江》:"腥臊並御。"王逸注:"御,用也。"《荀子·大略》:"天子御珽,諸侯御荼,大夫服笏。"②此説極是。

此匜腹部橫截面爲橢圓形,深腹,矮圈足,短窄流,流口略上仰。流下有半環形鼻,與流相對一端上腹部,有一半環形鈕。器口沿下飾一圈以雲雷紋爲襯底的勾連卷雲紋,下飾兩道身體相背、身內曲成半環形的蟠螭紋。王人聰認爲該器爲春秋中期至晚期③。此説可從。

圖 2.4.2 滕大宰得匜

3. 滕侯賕鎛

出土:2002 年中國財稅博物館徵集入藏

時代:春秋中晚期

著錄:銘圖 15757

現藏:中國財稅博物館

---

① 王國維:《觀堂集林》,第 190 頁。
② 王人聰:《新獲滕大宰得匜考釋》,《文物》1998 年第 8 期。
③ 王人聰:《新獲滕大宰得匜考釋》,《文物》1998 年第 8 期。

第二章　東周魯邾系金文編年彙釋、年代考訂與分國整理　331

釋文：滕庆(侯)賕之訶(歌)鐘。

訶鐘，該器自名爲鐘，有學者指出西周至春秋時期的銅鎛往往自名爲鐘，且在鐘前加修飾的詞語……至春秋中晚期的綸鎛、叔夷鎛、邾公孫班鎛已經自名爲"寶鎛"。由此可見，當時把鎛歸入鐘之大類的習慣是確實存在的[①]。

該編鎛一套四件，從器形和紋飾看，該器與山東滕州莊里西村所出編鎛司馬梂鎛最爲接近，年代上限不會早於春秋晚期。

圖 2.4.3　滕侯賕鎛　　　圖 2.4.4　滕侯敦

(三) 春秋晚期

4. 滕侯敦

出土：1982 年 4 月山東滕縣(滕州市)洪緒公社(洪緒鎮)杜莊村
時代：春秋中晚期
著錄：集成 4635；銘圖 06057
現藏：山東滕州市博物館

[①] 陳陽、戴哲濤：《中國財稅博物館藏滕侯賕之歌鐘考》，《東方博物》2010 年第 3 期。

釋文：䠂（滕）厌（侯）昊（昃）之御𣪘（敦）。

昊，原整理者隸作"昊"①。馬承源隸定爲"昊"，指出滕侯昊即滕隱公虞母。古虞吳同聲，吳與虞母是音之短讀與長讀的區別。故此吳即滕隱公虞母。《春秋》哀公十一年："秋七月辛酉，滕子虞母卒。冬十有一日，葬滕隱公。"②《銘圖》隸定爲"昊"，从矢，从日，釋爲"昃"，認爲滕侯昃即滕隱公。

御，張光遠認爲"旅"字應爲"御"之通假字，意爲"祭祀"更爲合適，指出"御"字可看作是祭祀用器的標志，銘文中有"御"字即表示此器爲祭祀用器③。御，《説文》"服，用也"，御與服同義。《春秋》桓公十四年："秋八月壬申，御廩災。"杜預注："御廩，公所親耕以奉粢盛之倉也。"所以"御"當爲用義。

該器"蓋上有三環形鈕，口沿兩側對稱兩環形耳。……此器銘文稱敦，但因器底有殘痕，也可能是豆。時代當屬東周"④。陳公柔指出"1983年秋，筆者曾在該館中見過原物，柄部雖殘，確爲戰國早期的銅豆。2件滕侯昃戟及此豆銘文中的滕候昃，或據銘文考訂爲滕隱公昃所造。隱公卒於魯哀公八年，從器物的形制上看，似失之稍早"⑤。

圖2.4.5 滕大司馬友壺

5. 滕大司馬友壺

時代：春秋晚期

著錄：銘圖續0822

釋文：䠂（滕）大司馬友之𥁰壺。

𥁰，器名修飾語，《銘圖續》隸定作𥁰，認爲是"冥"字別構，"冥壺"就是隨葬的明器。石小力根據戰國楚簡"弇"字寫法 、 ，認爲此字从"弇"从"皿"，疑是"弇"之異體，"弇"

---

① 萬樹瀛、陳慶峰：《山東滕縣發現滕侯銅器墓》，《考古》1984年第4期。
② 馬承源主編：《商周青銅器銘文選》，第515—516頁。
③ 張光遠：《春秋晚期齊莊公時庚壺考》，《故宮季刊》第十六卷三期，第83—106頁。
④ 萬樹瀛、陳慶峰：《山東滕縣發現滕侯銅器墓》，《考古》1984年第4期。
⑤ 陳公柔：《滕國、邾國青銅器及其相關問題》，《中國考古學研究——夏鼐先生考古五十年紀念論文集》，第176—190頁。

可用來形容上端收斂而口小之器形。滕大司馬友壺的形制小弇口,溜肩圓腹,"弇"正是對其小口圓腹之形制的描述①。

(四) 戰國早期

6-1. 司馬楙編鎛

出土:1982 年山東省滕州市姜屯鎮莊里西村

時代:戰國早期

著録:銘圖 15767

現藏:山東滕州市博物館

釋文:隹(唯)正孟歲十月庚午,曰古朕皇祖悼公,嚴龏(恭)天命,哀。

鎛共四件,大小依次遞減,據《山東省志·文物志》的相關介紹,司馬楙編

圖 2.4.6-1 司馬楙編鎛

---

① 石小力:《〈商周青銅器銘文暨圖像集成續編〉釋文校訂》,《商周青銅器與先秦史研究論叢》,科學出版社,2017 年,第 148 頁。

鎛亦稱"滕皇編鎛"①。孫剛認爲從銘文中我們看不出作器者"楸"的官職是司馬,所以稱此器爲"司馬楸編鎛"不是很恰當,按照名從主人的原則,這套編鎛似乎名爲"楸鎛"更合理些②。董珊認爲該器時代約當魯定公、哀公時期③。其説可從。

正孟歲,董珊説:"'孟歲'是指歲首。歲首爲十月,可知其曆法歲首建亥。其後月名'十月'爲夏正月序之十月。李學勤先生曾經講過,春秋金文'正某月'之例,'正'多指夏正而言,其後的月名爲夏正月序。李先生的看法,由此銘文又得到證明。"④此説正確可從。

6-2. 司馬楸編鎛

出土:1982 年山東省滕州市姜屯鎮莊里西村

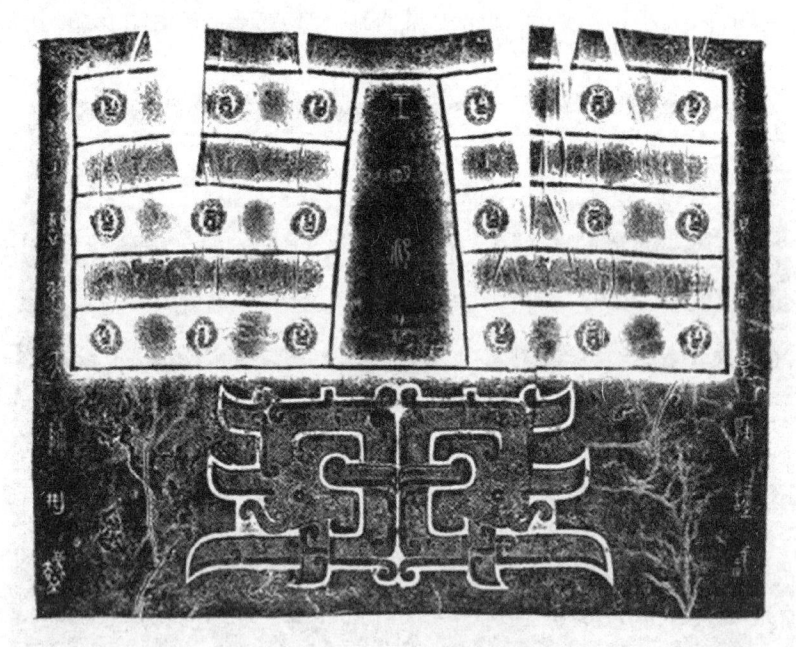

圖 2.4.6-2　司馬楸編鎛

① 張振謙:《司馬楸編鎛考釋》,《古文字研究》第二十八輯,中華書局,2010 年,第 341—344 頁。
② 孫剛:《東周齊系題銘研究》,吉林大學博士學位論文,第 56—57 頁。
③ 董珊:《試説山東滕州莊里西村所出編鎛銘文》,復旦大學出土文獻與古文字研究中心網站,2008 年 4 月 24 日。
④ 董珊:《試説山東滕州莊里西村所出編鎛銘文》,復旦大學出土文獻與古文字研究中心網站,2008 年 4 月 24 日。

第二章　東周魯邾系金文編年彙釋、年代考訂與分國整理　335

時代：戰國早期

著錄：銘圖 15768

現藏：山東滕州市博物館

釋文：命（憐）鰥寡，用克庫（肇）謹洗（先）王明（盟）祀。朕吝（文）考懿弔（叔），亦帥刑（型）壚（瀘）。

"洗"，讀爲"先"，"洗"，讀爲"先"。張振謙隸作"衪"，讀作"式"①，後來從董説釋"洗"②。

陣，董珊釋"帥"，指出"帥"字寫法相當特殊③。張振謙認爲應釋爲"陣"，指出：[字]釋爲"帥"誤，古文字中的"帥"字从"尋"作，如：[字]石鼓文、[字]侯馬盟書，董珊在其文章最後也認爲"帥"字寫法相當特殊。此字應从"阜"，"市"聲，隸定爲"陣"，讀爲"專"④。孫剛認爲將"[字]"釋爲"帥"可從，楚"若敖"之子"熊率"之"率"，《清華一·楚居》簡七作"[字]"，即是"帥"字，結構與鎛銘"帥"相近⑤。該字作[字]，右側所从隸"巾""市"皆可，關鍵是左側到底是"阜"還是"尋"，就現有古文字資料"尋"字未見作"[字]"者，金文中尋字一般做"[字]""[字]""[字]""[字]"等，秦簡中作帥字作"[字]"，清華簡中"[字]"左所从近似秦簡中寫法。所以僅就字形而言，釋"帥"確實字形有未恰之處。而"阜"字確有寫作"[字]"者，不煩舉例。所以僅就字形而言，張振謙隸作"陣"，還是有其合理之處。張振謙指出與"亦陣刑法"文意相近之句，亦見叔夷鐘"中專盟井（刑）"，孫詒讓曰："言執中以布明刑也。"⑥其實相近的文句還可以補充，秦公鎛（《集成》270）："余雖小子，穆穆帥秉明德，叡專明井（刑）。"該句"帥秉明德""叡專明刑"對舉，正可以和"亦陣（專）刑（型）壚（瀘），賊（則）洗（先）公正惠（德）"對讀。金文中"帥井

---

① 張振謙：《司馬楙編鎛考釋》，《古文字研究》第二十八輯，第 342 頁。
② 張振謙：《齊系文字研究》，第 171 頁。
③ 董珊：《試説山東滕州莊里西村所出編鎛銘文》，復旦大學出土文獻與古文字研究中心，2008 年 4 月 24 日。
④ 張振謙：《司馬楙編鎛考釋》，《古文字研究》第二十八輯，第 341—344 頁。
⑤ 孫剛：《東周齊系題銘研究》，吉林大學博士學位論文，第 457 頁。
⑥ 張振謙：《司馬楙編鎛考釋》，《古文字研究》第二十八輯，第 341—344 頁。

（型）"也是常見詞，放在鎛銘中也是文從字順，不過這只能理解爲"䋣"字左邊爲"尋"字訛寫了。我們更傾向於"亦帀（專）刑（型）壚（濾），賊（則）洗（先）公正悳（德）"，鎛銘中還提到悼公使懿叔擔任滕司馬，根據現有研究，"司馬"作爲西周國家軍事行政部門的首腦、政權機構的主要職官，其職能除了管理軍賦、組織軍訓外，還有執行軍法。正因爲懿叔能够"專刑濾"且"則正德"，故使之擔任"司馬"之職。

6-3. 司馬楙編鎛

出土：1982年山東省滕州市姜屯鎮莊里西村

時代：戰國早期

著錄：銘圖15769

現藏：山東滕州市博物館

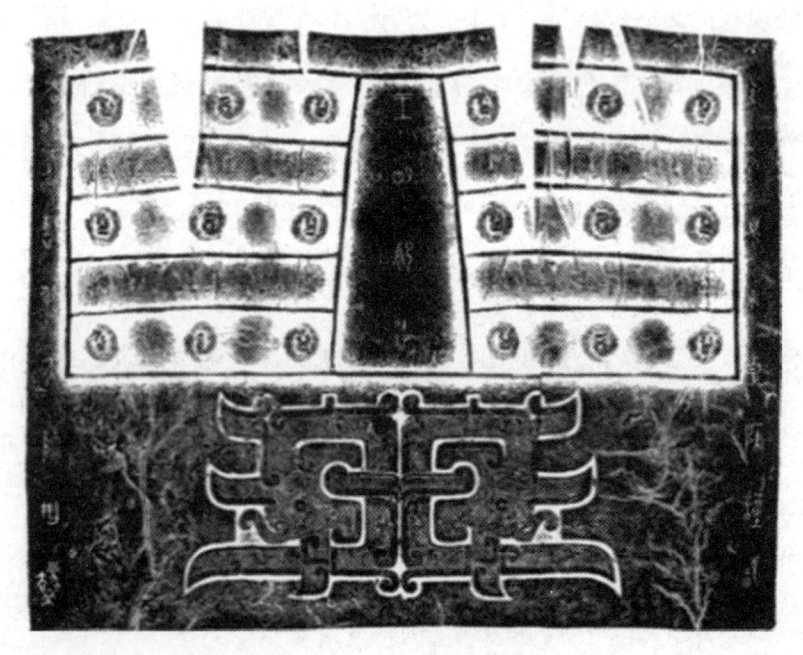

釋文：則，洗（先）公正悳（德），卑（俾）乍（作）司馬于滕。儇儇（煢煢）義非敢歔（惰）禂（嗣？祠？），楙（茂）乍（作）宗。

圖 2.4.6-3　司馬楙編鎛

則,張振謙指出此即"賊",讀爲"則"①。董珊對"朕吝(文)考懿弔(叔),亦帥刑(型)瀘則,祧(先)公正惪(德),卑(俾)乍(作)司馬于滕"一句,指出"帥""刑(型)""瀘""則"四字義近連用;或者理解爲"帥刑(型)"是謂語動詞,"瀘則"是其賓語。張振謙讀作"朕文考懿叔,亦帥刑壚(瀘),賊(則)祧(先)公正惪(德)。"斷句與之不同,張文將"瀘則"分屬兩句。孫剛認爲以上兩種處理方法皆有未安,疑應讀作"朕吝(文)考懿弔(叔),亦帥刑(型)、瀘則祧(先)公正惪(德)","帥刑(型)"一詞又見於梁其鐘、虢叔旅鐘、師望鼎等,墙盤作"刑(型)帥",秦商鞅量銘文有"瀘度量、則不壹"之語,是"瀘""則"義近②。

羊,董珊認爲"羊"似是没鑄完全的半個字,暫釋爲"羊","羊"應是器主名。孫剛指出據《山東金文集成》106 頁所録拓本,"羊"右下部似也有合文符號,疑"禚=羊"應作"禚=羊=","羊"爲器主之説恐不可信。"楙(茂)乍宗彝,用享于皇祖吝(文)考,用旂(祈)吉休畯(允)楙(茂),子孫萬年是保"應重新斷讀爲"楙乍宗彝,用享于皇祖吝(文)考,用旂(祈)吉休,畯楙子孫,萬年是保"。文中引馮勝君説,"畯"的釋讀如果可信,似可讀爲"駿",馮勝君認爲:"楙"既爲器主,則"畯楙"之"楙"亦應同樣解釋,不宜看作形容詞。我意可在"休"字下斷句,"畯楙子孫",畯讀爲駿,訓爲長久。《詩·小雅·雨無正》:"浩浩昊天,不駿其德。"毛傳:"駿,長也。"畯/駿在銘文中亦用爲動詞,即使"楙"之子孫綿長,後承"萬年是保",語義連貫③。禍,"海天"在董文之後的評論中指出,"禍"可讀爲"怠"。

6-4.司馬楙編鎛

出土:1982 年山東省滕州市姜屯鎮莊里西村

時代:戰國早期

著録:銘圖 15770

現藏:山東滕州市博物館

---

① 張振謙:《司馬楙編鎛考釋》,《古文字研究》第二十八輯,第 341—344 頁。
② 孫剛:《東周齊系題銘研究》,吉林大學博士學位論文,第 457 頁。
③ 孫剛:《東周齊系題銘研究》,吉林大學博士學位論文,第 458 頁。

338　齊系金文研究

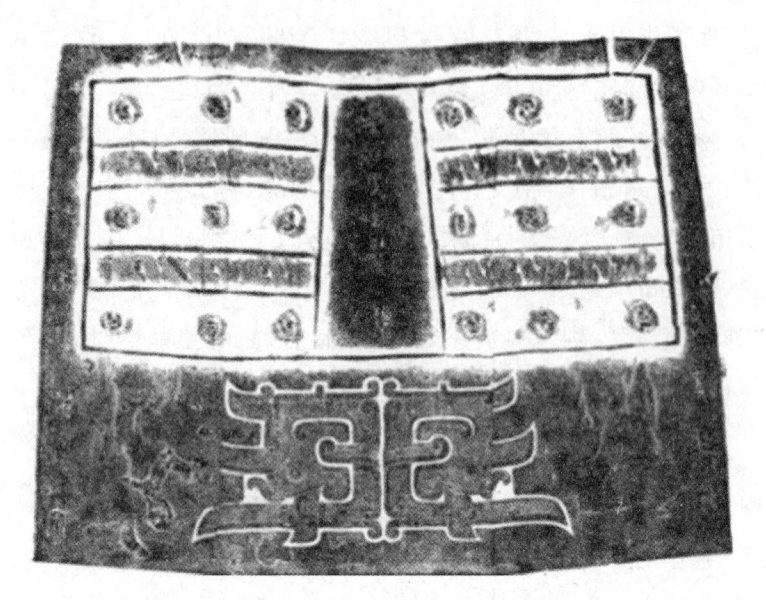

圖 2.4.6-4　司馬楙編鎛

釋文：彝,用㝴(享)于皇祖吝(文)考,用旂(祈)吉休畯(允)楙(茂),子孫菫(萬)年是保。

二、滕國兵器

(一) 春秋

7. 滕之不㣊劍

時代：春秋

著錄：集成 11608A、11608B；銘圖 17852

釋文：媵(滕)之不忩(怠)由于。

忩,舊釋作"㣊"。施謝捷認爲此字上部與臼作形 的寫法相同,可以隸定作"忩",字從"心"從"㐄",或即"怠"或"怡"字異體,"不"讀爲"不怠","不怠"爲古之成語,亦作"不殆"①。此説可從。

---

① 施謝捷：《説"㐄(㐄㐄㐄)"及相關諸字(上)》,《出土文獻與傳世典籍的詮釋——紀念譚樸森先生逝世兩周年國際學術研討會論文集》,上海古籍出版社,2010 年,第 48—49 頁。

該劍長條形,尖鋒圓脊,窄條莖,圓脊直通莖的下端。田偉曾對青銅劍作了類型學研究,該劍大致屬於他所總結的 Bc 型,流行年代爲春秋晚期或戰國時期①。陳公柔根據器形,認爲此劍應爲春秋晚期或戰國早期之器②。

圖 2.4.7　滕之不怃劍　　　　　圖 2.4.8　者兒戈

(二) 春秋早中期

8. 者兒戈

時代：春秋早中期

著録：銘圖續 1255

釋文：鰧（滕）■公之孫,昏弔（叔）之子者兒,爲其首戈,專□□。

---

① 田偉:《試論兩周時期的青銅劍》,《考古學報》2013 年第 4 期。
② 陳公柔:《滕國、邾國青銅器及其相關問題》,《中國考古學研究——夏鼐先生考古五十周年紀念文集》,文物出版社,1986 年,第 180 頁。

此戈上海博物館 1994 年入藏,李朝遠認爲此戈屬於春秋戰國之際[1]。孫剛認爲僅從此戈形制考察,此説值得商榷。此戈援部略上翹,援根部有一穿,胡上有兩穿,直内,無刃,内上有一長穿,戈鋒呈三角形,折角比較明顯,其時代爲春秋早期,至遲不會晚於春秋中期[2]。此説可從。

(三) 春秋晚期

9. 滕子戈

時代:春秋晚期

著録:集成 10898;銘圖 16422

釋文:縢(滕)子。

吴振武將此字隸定作"籐",讀爲"滕"[3]。

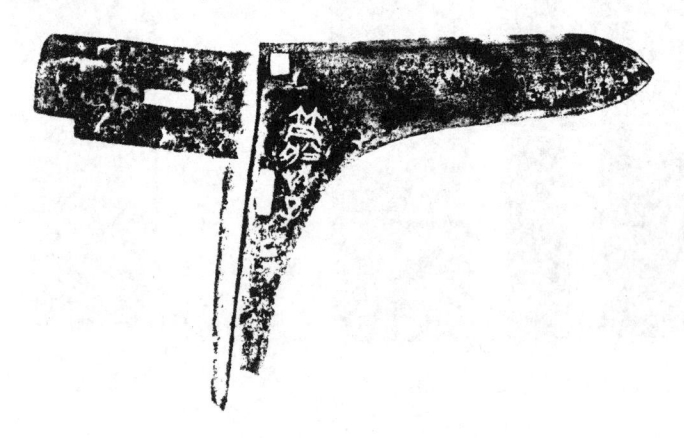

圖 2.4.9　滕子戈

10. 滕侯耆戈

出土:1942 年安徽省壽縣城北

時代:春秋晚期

著録:集成 11078;銘圖 16751

---

[1] 李朝遠:《新見者兒戈考》,《古文字研究》第二十三輯,中華書局,2002 年,第 94—99 頁。
[2] 孫剛:《東周齊系題銘研究》,吉林大學博士學位論文,第 59 頁。
[3] 吴振武:《釋戰國文字中的从"虗"和从"朕"之字》,《古文字研究》第十九輯,第 490—499 頁。

第二章　東周魯邾系金文編年彙釋、年代考訂與分國整理　341

圖 2.4.10　滕侯耆戈

現藏：故宮博物院

釋文：䣘(滕)庆(侯)耆之䑣(造)。

耆，《銘文選》謂从老古聲，《春秋》滕侯世次中，自滕侯毂(引者按：當爲觳)起至隱公結(引者按：隱公名虞母，項公名結)共九世，未有名耆者，隱公後尚有六世，其中考公名麋，元公名弘。定公、文公及另二公不知其名。已知其名的幾位滕侯中，沒有名爲耆的。且此戈爲戰國器，則耆爲戰國的滕侯，名不見於經傳者，可補滕世系之闕失①。《銘圖》隸作"耆"。"耆"清華簡作"🔲"(皇門1)，"耆"作"🔲"(皇門1)、🔲(封許5)，"耆"从旨，"耆"从古，該銘當隸作"耆"。

此兩戈器形相同。戈援上揚，援有一穿，胡部兩穿。直內，不開刃，內上有一橫穿，通體素面。戈鋒爲弧綫三角形鋒。井中偉《早期中國青銅戈·戟研究》把此形制戈歸屬爲 Aa 型 Ⅲ 式，屬於齊魯地區東周銅戈第三期，年代相當於春秋晚期至戰國早期。

11. 滕侯昃戈

出土：此與滕侯耆戈並出山左(《澂秋》)

時代：春秋晚期

---

① 馬承源主編：《商周青銅器銘文選》，第 516 頁。

圖 2.4.11　滕侯昃戈

著録：集成 11123；銘圖 16753

現藏：中國國家博物館

釋文：㬎(滕)医(侯)昃之䢈(造)䤽(戟)。

昃，《銘文選》隸定爲"吴"，指出滕侯吴即滕隱公虞母。古虞吴同聲，吴與虞母是音之短讀與長讀的區別。故此吴即滕隱公虞母。《春秋》哀公十一年："秋七月辛酉，滕子虞母卒。冬十有一日，葬滕隱公。"①《銘圖》隸作"昊"。

䢈，楊樹達該字認爲左上不知所從，右上從告，下從酉，疑酷字之繁文，讀爲造②。《銘文選》認爲此字從酉告聲，讀爲造③。《銘圖》隸作"醬"，釋"酷"，讀爲"造"。張振謙隸作"醬"，讀"造"④。陳偉武認爲該字是"牿"的繁化，"告"聲、"酉"皆聲，是一個雙聲符字⑤。陳説可從。

䤽，爲先秦兵器戈戟自名，戈戟之自名更多的是從"丯"作"䤽"，如武城戟(《集成》10967)、平阿左戟(《集成》11158)等。楊樹達分析爲"從戈，各聲，爲形聲字，戟之或作也。從各聲者，各與戟古音相同故也"⑥。"各""戟"古音皆爲見紐鐸部，楊説可從。《銘文選》釋戟，謂此字從戈各聲，各戟古音都入鐸部見

---

① 馬承源主編：《商周青銅器銘文選》，第515—516頁。
② 楊樹達：《積微居金文説(增訂本)》，第92頁。
③ 馬承源主編：《商周青銅器銘文選》，第515—516頁。
④ 張振謙：《〈説文〉古文"酷"字考》，《中國文字學報》第五輯，商務印書館，2014年，第169—176頁。
⑤ 陳偉武：《簡帛兵學文獻探論》，第123頁。
⑥ 楊樹達：《積微居金文説(增訂本)》，第93頁。

母,讀音相同,戠爲戟的別構①。《銘圖》釋戈。

"䋤"字所從之"夆"旁是聲符還是義符,學者持不同看法。1978 年曾侯乙墓出土大量戈戟,裘錫圭據之釋爲"戟",並指出:"戟"字,滕侯昃戟作"𢧠",從各聲(見《積微居金文説》112 頁)。"䋤"字當從夆聲,《説文》有"狢"字,疑與"詞""嘏"等兩半皆聲之字同例,似"夆"聲在古代有與"各"字相近的一種讀法,故"戟"字可從"夆"聲,又戟在古代亦名"孑"(《左傳》莊公四年),"孑""夆"(古拜切)古音同聲同部("孑"爲人聲),也可能"䋤"本讀"孑"("戟"字似本從孓聲,"孑""孓"陰陽對轉,音亦相近),後因同義通讀(如"石"也讀"擔")而變讀爲"𢧠"②。裘説指出"各""夆"皆爲聲符可通用,也疑"䋤"和"𢧠"可能爲同義通讀。郭店楚簡有迖字:子曰:"君子言有物,行有迖(格),此以生不可敓志,死不可敓名。"(郭店《緇衣》37—38)"精智,迖(略)而行之。"(郭店《緇衣》39)此二"迖"字傳世本分別作"格"和"略",證明"各""夆"作聲符可通用。"䋤"和"𢧠"爲聲符換用關係。

12. 滕司城戈
時代:春秋晚期
著録:銘圖續 1206
釋文:䕨(滕)嗣(司)䁝(城)之□用戈。
"司城"爲春秋宋、鄭、曹國等國家所設官職。《左傳》桓公六年:"宋以武公廢司空。"杜預注:"武公,名司空,廢爲司城。"

(四) 戰國

13. 滕攻帀戈
時代:戰國
著録:銘圖 16492
現藏:山東省濟寧市博物館

圖 2.4.12　滕司城戈

---

① 馬承源:《商周青銅器銘文選》,第 515 頁。
② 裘錫圭:《談談隨縣曾侯乙墓的文字資料》,《裘錫圭學術文集·金文及其他古文字卷》,第 356 頁注 20。

釋文：艅（滕）攻（工）帀（師）戈。

原報告引李學勤觀點，將銘文隸定爲"騰攻反"，認爲"騰"是地名，可能是今河南范縣北的觀城①。張振謙認爲應分析爲从"网"，"朕"聲，讀爲"滕"，即滕國之"艅"，其所从之"网"有可能是"虍"的訛變或形近混用②。

後二字，原報告釋爲"攻反"，認爲："'攻'字下有兩點，係裝飾符號……'反'係工匠名。"張振謙認爲"攻"下並非兩點，而是第三字的上部的兩橫，兩字形應該釋爲"攻帀"二字③。孫剛認爲從齊系題銘中"工師"後面往往接私名這一點來看，把"騰（滕）攻帀"讀爲"攻帀騰（滕）"可能更好一些④。齊系題銘除工師後綴私名外，前也可綴地名、城邑名等，如喝（唐）攻工帀（《璽彙》0147）、東武城攻帀（《璽彙》0150）等，我們更傾向於稱其爲"滕攻帀戈"。

圖 2.4.13　滕攻帀戈

三、費國銅器

14. 弗奴父鼎

出土：1972 年夏出土於山東鄒縣邾國古城址

時代：春秋早期

現藏：鄒城市文物管理所

著錄：集成 2589

釋文：弗（費）奴父乍（作）孟妞（姒）宁（府）朕鼎，其賚（眉）壽萬年永寶用。

王言京認爲此鼎爲費國的敏父爲其大女兒陪嫁而作的。費，姒姓，宁爲其名，這件銅鼎可能是費嫁女兒與邾的媵器⑤。弗奴父鼎出於邾國故城址，應是費女嫁到邾國的媵器，由此可知春秋早期邾、費兩國通婚。

費國之姓陳槃在《不見於春秋大事表之方國稿》中列出三種觀點：嬴姓、

---

① 武健：《山東濟寧揀選出一批古代青銅兵器》，《文物》1992 年第 11 期。
② 張振謙：《齊系文字研究》，安徽大學博士學位論文，第 43 頁。
③ 張振謙：《齊系文字研究》，安徽大學博士學位論文，第 44 頁。
④ 孫剛：《東周齊系題銘研究》，吉林大學博士學位論文，第 15 頁。
⑤ 王言京：《山東鄒縣春秋邾國故城附近發現一件銅鼎》，《文物》1974 年第 1 期。

姬姓和姒姓。嬴姓發祥於山東西南一帶，然殷末周初，由於政治原因，嬴之一族已向西遷徙發展，直至到達今陝西一帶又發展壯大。今河南偃師縣南之費，便是西遷的產物。陳槃同樣否定了費爲嬴姓，認爲"春秋時之費伯，殆不可能仍爲嬴姓之後"。但陳對於費國到底是姬姓還是姒姓存疑，難以決斷。費敄父鼎的出土爲解決這一問題起到至關重要的作用。費敄父鼎銘文之"弗"即費國，另有傳世銅器叔皮父簋"弔（叔）皮父乍（作）朕文考弗公稟（暨）朕文母季姬寶簋，其萬年子子孫永寶用"，吳其昌考證"弗"即爲"費"之初文，由銘文可知費爲姒姓，則"銅器銘文中的姒姓弗國應是文獻記錄中的夏禹後裔姒姓弗（費）國"[①]。楊朝明也持此觀點，認爲費"始建於夏代"，春秋時期社會動盪，各國紛爭不斷，費國淪爲魯國附庸，《左傳》隱公元年載："夏四月，費伯帥師城郎，不書，非公命也。"杜預《注》曰："費伯，魯大夫。"費伯，一說爲費國國君，然此處記載曰"不書，非公命也"，"伯"與"公"同時出現，當非爲同一地位，可知此時費已歸屬於魯，要聽命於魯公[②]。文獻古籍中所言的費國，皆應是姒姓費國，地望在今山東省濟寧市魚臺縣。

圖 2.4.14 費奴父鼎

第五節 薛、邳、曹、郜、杞諸國禮器、兵器銘文

一、薛國禮器

薛國故城位於滕州市官橋鎮西南約 2 公里處。經過系統勘探和試掘，

[①] 燕生東：《考古所見"費"國及曾子里籍問題》，《東方考古》2014 年第 00 期。
[②] 楊朝明：《"魯季氏立費國"說商榷——兼論曾子處費之地所在》，《東嶽論叢》1999 年第 6 期。

分爲大城和小城，小城從西周、東周，一直延續到漢代，外城大約形成於戰國時期①。

（一）春秋早期

1. 薛侯盤

時代：春秋早期

著録：集成 10133；銘圖 14477

現藏：華盛頓塞克勒美術館

釋文：䣂（薛）庆（侯）乍（作）㕧（叔）妱（妊）襄朕（媵）般（盤），甘（其）䰸（眉）耆（壽）萬年，子子孫孫永䨣（寶）用。

此盤窄沿方唇，腹圜收，圈足外侈，下沿有邊圈，圈足上附鑄三條獸面矮足，腹兩側有一對附耳高出器口。腹壁飾竊曲紋，圈足飾鱗紋。此類形制的盤多見於西周晚期和春秋早期，就銘文字體風格而言當屬於春秋早期。

圖 2.5.1　薛侯盤

2. 薛子仲安簠

出土：1973 年山東滕縣官橋公社（滕州市官橋鎮）狄莊大隊薛城遺址東城墻内

時代：春秋早期

著録：集成 4546.2；銘圖 05855

現藏：山東省滕州市博物館

釋文：䣂（薛）子中（仲）安乍（作）旅 🗎（簠），其子=（子子）孫永寶用亯（享）。

安，陳劍指出該字下部 🗎，顯然非"女"②。

---

① 山東省濟寧市文物管理局：《薛國故城勘查和墓葬發掘報告》，《考古學報》1991 年第 4 期。
② 陳劍：《說"安"字》，《語言學論叢》第三十一輯，商務印書館，2005 年，第 349—363 頁。

第二章　東周魯邦系金文編年彙釋、年代考訂與分國整理　347

圖 2.5.2　薛子仲安簠

3. 走馬薛仲赤簠
出土：1973 年山東滕縣官橋公社（滕州市官橋鎮）狄莊大隊薛城遺址東城牆內
時代：春秋早期
著錄：集成 4556；銘圖 05871
現藏：山東省滕州市博物館
釋文：徒(走)馬辥(薛)中(仲)赤自乍(作)甘(其)𠤎(簠)，子₌(子子)孫₌(孫孫)永保用𣪘(享)。

走馬，金文中常見官職，除見於金文外，還見於傳世文獻。《詩經·大雅·綿》："古公亶父，來朝走馬。率西水滸，至於岐下。"文獻中還見"趣馬"，《詩經·大雅·雲漢》："趣馬師氏，膳夫左右。"《周禮·夏官·司馬》："趣馬下士皂一人，徒四人……趣馬掌贊正良馬，而齊其飲食，簡其六節，掌駕說之頒，辨四時之居治，以聽馭夫。"金文中的"走馬"即文獻中的"趣馬"，郭沫若指出："依《周禮》大司馬之屬有趣馬，即此走馬。"[1]"走馬（趣馬）"職位有高低之分，張亞

---

[1]　郭沫若：《兩周金文辭大系圖錄考釋》，第 152 頁。

初、劉雨指出:"趣馬地位有高低之分,這在其他銘文中也是看得很清楚的,師兌簋銘文就講了三種走馬:左右走馬、走馬、五邑走馬,這三種走馬就有上下高低之別。《周禮》只記載了地位較低的那一種走馬。我們在談論走馬的時候,不能夠作走馬地位高或走馬地位低這樣簡單化的回答,而應該講清楚走馬本身是有等級之分的,高者位近師氏,低者可以贈送。"①孫剛認爲東周時期"走馬"一職還普遍存在,從其可以自主作器這一點來看其身份也應較高,該職務在西周時期從"大鼎"銘文來看,負責"馬匹"管理的相關事務。在春秋時期,以車戰爲主要戰争形式,馬匹的重要性不言而喻,"走馬"職司應没有太大改變,應屬於"司馬"所屬的職官之一。②

圖2.5.3 走馬薛仲赤簠

此器長方體,斜壁平底,折沿甚窄,蓋與器形制相同,側壁有一對獸首鋬,方圈足外撇,中部有長方形缺。蓋和器紋飾相同,口沿和圈足飾S狀竊曲紋,腹飾卷鼻獸紋。就器形紋飾而言,年代當爲春秋早期。

4. 薛仲薾簠

時代:春秋早期

著録:銘圖續 0503

釋文:胖(薛)中(仲)薾(薾)乍(作)中(仲)妊丝(兹)母塍白(伯)同朕(塍)匝(簠),其䁪(眉)壽萬年無彊(疆),子=(子子)孫=(孫孫)永寶用㝬(享)。

薾,器主名。傅修才認爲字從"舜""䀈"聲,古文字中"艸""舜"二旁相通,

---

① 張亞初、劉雨:《西周金文官制研究》,第21頁。
② 孫剛:《東周齊系題銘研究》,吉林大學博士學位論文,第218頁。

第二章　東周魯邾系金文編年彙釋、年代考訂與分國整理　　349

圖 2.5.4　薛仲䚄簠

"䚄"應是"䚄"字異體,《説文》:"䚄,艸也。从艸,䚄聲。"①該説正確可從。

徐倩倩認爲該器是薛仲䚄爲自己的女兒兹以及滕國女兒同兩人所作的媵器,伯同作爲仲妊兹母媵妾。根據銘文只能判斷出是兩人嫁往的國家非任姓非姬姓。②

(二) 春秋中期

5. 薛侯壺

出土：1978 年 10—11 月山東省滕州市薛國故城墓葬(M3∶9)

時代：春秋中期

著録：新收 1131；銘圖 12120

現藏：山東省濟寧市博物館

釋文：辥(薛)灰(侯)行壺。

行壺,除見本銘外,還見於右走馬嘉壺(《集成》9588)"右走馬嘉自乍(作)行壺"、樊夫人龍嬴壺(《集成》9637)"樊夫人龍嬴擇其吉金,自乍(作)行壺"、曾

---

① 傅修才:《東周山東諸侯國金文整理與研究》,第 370 頁。
② 徐倩倩:《青銅器銘文所見兩周時期山東古國婚姻關係》,《東方考古》第 14 集,科學出版社,2018 年,第 17 頁。

圖 2.5.5　薛侯壺

公佐臣壺(《湖北隨州市文峰塔東周墓地》)"曾公差(佐)臣之行壺"、曾孫喬壺"曾孫喬之行壺"、曾公子棄疾壺"曾公子棄疾之行壺"。"行壺"當是特定功用①。

---

① 關於"行器"的功能,主要有出行、巡行、征戰時使用等幾種說法。馬衡認爲旅器就是行器,他說:"旅器爲征行而作,'旅'有行義,旅器就是行器。"(馬衡:《凡將齋金石叢稿・中國金石學概要》,中華書局,1977 年)黄盛璋説行器主要用於征行。行器是由旅器中可以移動、外用之功能演化而來。所以行器重在"行",也就是用於行旅和征行(黄盛璋:《釋旅彝》,《歷史地理與考古論叢》,齊魯書社,1982年);鄒芙都認爲行器具有多種用途,其一爲邦交盟會出使時所用器,其二爲隨葬的明器,其三爲征行巡守所用器,其四爲外出娛遊所用器(鄒芙都:《銅器用途銘辭考辨二題》,《求索》2012 年第 7 期);陳英傑認爲金文中用"行"修飾的禮器都應爲出行所用,春秋時社會變動,列國之間往來頻繁,"行器"至多,蓋與此有關。而兵器上的"行"當解爲行軍之用(陳英傑:《西周金文作器用途銘辭研究》,綫裝書局,2008 年);其後,他在《讀曾國銅器札記》一文中認爲《曾國青銅器》一書中著録的"行器",大多製作不够精細,範縫未經打磨,圈足内澆鑄不足,芯範未清理,銘文字迹較模糊等現象。他據之判斷這些器物應該是爲隨葬而製作的,並非器主生前的實用器。此時他承認"行器"中有一部分應該是專門製作的隨葬器(陳英傑:《讀曾國銅器札記》,《曾國考古發現與研究學術研討會論文集》,清華大學,2014 年);楊華認爲"青銅'行器'的用途絶不限於征行、燕行等,它們也可視爲隨葬的'遣器'"(楊華:《"大行"與"行器"——關於上古喪葬禮制的一個新考察》,《湖南大學學報(社會科學版)》2018 年第 2 期);吴鎮烽認爲行器的功能是隨葬的"明器",凡是自名爲"行器"或"行+器名"者,均爲隨葬品,與出行、巡行、燕行、征戰没有絲毫關係(吴鎮烽:《論青銅器中的"行器"及其相關器物》,復旦大學出土文獻與古文字研究中心網站,2018 年 9 月 11 日)。

二、薛國兵器

（一）春秋中期

6. 薛比戈

出土：1978年12月山東滕縣城南官橋公社（滕州市官橋鎮）尤樓村春秋墓葬

時代：春秋早期

著錄：銘圖16811

現藏：山東省濟寧市博物館

釋文：辥（薛）比造宋夷戈。

原發掘報告釋文作"薛比造□[宋夷]戈"①；《近出》1163釋文作"薛比造戈，用□□"；《新收》1128釋文作"薛比造宋夷戈"；《銘圖》16811釋文作"薛比造𦣞（酉）夷（?）戈"；張振謙也認爲戈銘爲反書，戈銘釋爲"虖□之簹（鋁）戈"②。

圖 2.5.6
薛比戈

7. 薛郭公子商微戈

出土：1978年12月山東滕縣城南官橋公社（滕州市官橋鎮）尤樓村春秋墓葬

時代：春秋早期

著錄：銘圖17050

現藏：山東省濟寧市博物館

釋文：辥（薛）郭公子商微戈。

整理者釋文爲"薛郭公子[商微]戈"③，孫剛認爲除"郭""公""戈"的釋讀可信外，其餘皆不可信。從翻轉後的銘文拓本來看，首字顯然是"鄁"字，第四字作"□"，釋爲"子"並不可信，疑爲"陳"字。第五字釋爲"商"也不準確，

---

① 山東省濟寧市文物管理局：《薛國故城勘查和墓葬發掘報告》，《考古學報》1991年第4期。
② 張振謙：《齊系文字研究》，第251—252頁。
③ 山東省濟寧市文物管理局：《薛國故城勘查和墓葬發掘報告》，《考古學報》1991年第4期。

352 齊系金文研究

《近出》1163 釋文作"曽"可從。"[字]"舊皆看作一個字,釋爲"岺",其實這種看法是有問題的。"[字]"應看作"止、元"兩個字,上部"[字]"即"止"字,在此讀爲"之",下部"[字]"即爲常見的"元"。戈銘釋文應作"郤郭公□(陳)曽止(之)元戈"。①《銘圖》釋文爲"郤郭公子曽(酋)夷戈"。首字拓片作[字],左从邑,右从㕣,釋郤可從。

(二) 春秋

8. 薛戈

時代:春秋中期

著録:集成 10817;銘圖 16274

釋文:薛。

圖 2.5.7
薛郭公子商微戈

黃盛璋指出"戈銘一字,作薛,與《漢印文字徵》所收集某些薛字相同,《戰國縱橫家書》20'薛'亦近似。然戈形制較早,決爲戰國非漢"②。此戈時代爲春秋中期,但内部所鑄銘文與東

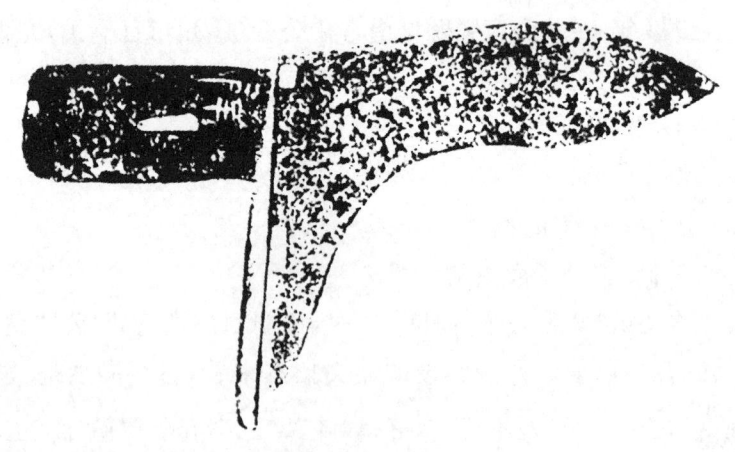

圖 2.5.8 薛戈

---

① 孫剛:《東周齊系題銘研究》,吉林大學博士學位論文,第 157—158 頁。
② 黃盛璋:《燕、齊兵器銘文研究》,《古文字研究》第十九輯,第 56 頁。

周時期的"薛"並不相同,而與秦漢文字接近。對此,孫剛認爲晚期器物可能存在復古的迹象,但早期器物無論如何不會出現晚期的字體,黄盛璋據形制而忽略文字時代風格的作法值得商榷,薛國銅器數見,"薛"寫作"🖼"(薛侯匜)""🖼(薛子仲安簠)"等形,與戈銘不同,此戈銘文與東周時期的薛國無關,裘錫圭在《嗇夫初探》一文中,將此戈時代定爲秦至西漢前期,應可從①。

三、邳國禮器

9. 邳伯夏子缶(邳伯罍)

出土:1954 年山東省棗莊市嶧縣

時代:戰國早期

著録:集成 10006;銘圖 14089

現藏:山東省博物館

釋文:隹(唯)正月初吉丁亥,不(邳)白(伯)夏子自乍(作)尊櫑(罍),用旛(祈)鬠(眉)壽無疆,子=(子子)孫=(孫孫)永寶用之。

不,王獻唐認爲此處"不"是國名,古文中不、丕是爲同一字。丕旁加邑即後之邳字。"邳伯"之伯爲爵號,"夏子"爲器主名②。何光嶽認爲邳之意義與任相同,任即姙、孕、秊,婦女懷姙,丕即胚胎,是故丕爲從任分衍出的一個支族③。邳國,與薛國同源,奚仲後裔,出於任姓。《水經·泗水注》記載:"奚仲遷於邳,仲虺居之,以爲湯左相。其後當周爵稱侯,後見侵削,霸者所絀爲伯。"王獻唐定這兩件罍的時代爲戰國早期,其説可從。

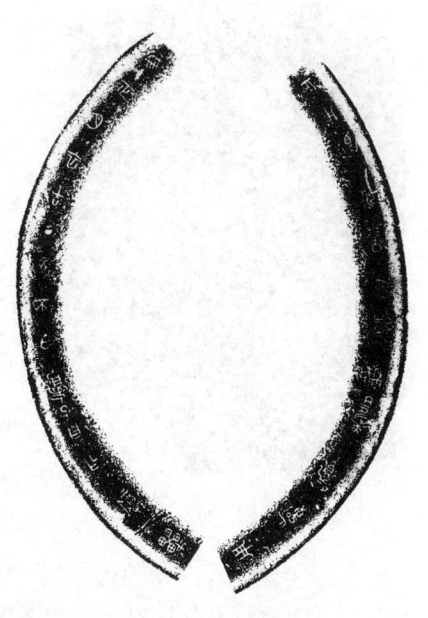

圖 2.5.9 邳伯罍

---

① 孫剛:《東周齊系題銘研究》,吉林大學博士學位論文,第 156 頁。
② 王獻唐:《邳伯罍考》,《考古學報》1963 年第 2 期。
③ 何光嶽:《邳國的來源和遷徙》,《東南文化》1991 年第 5 期。

四、曹國禮器

曹國，姬姓，據陳邦懷考證地望在今山東省定陶縣西南①。武王封叔振鐸於曹，典籍多有記載，周公東征後，爲了更好地監督和控制東夷及殷商舊族，周天子將曹遷徙至今山東定陶附近，直至春秋晚期公元前 487 年曹國滅亡。

（一）春秋早期

10. 曹伯狄簋（蓋）
出土：1965 年以前山東某地出土
時代：春秋早期
著錄：集成 4019；銘圖 04977
現藏：天津市歷史博物館
釋文：瞾（曹）白（伯）狄乍（作）殂（宿）妠（風）公𩰫（尊）殷（簋），甘（其）萬年貴（眉）夀（壽），子₌（子子）孫₌（孫孫）永寶用喜（享）。

曹伯狄或爲文獻資料中的曹伯赤。《左傳》莊公二十四年："冬，戎侵曹，曹羈出奔陳，赤歸於曹。"杜預《注》曰："赤，曹僖公也，蓋爲戎所納，故曰歸。"

殂，銘文中此字右旁殘泐，陳邦懷隸定爲"殂"字②。殂，从夕从丮。夙乃宿國之宿的本字。

圖 2.5.10　曹伯狄簋

（二）春秋晚期

11. 曹公簠
出土：1973 年 11 月河南省淮陽縣大連公社（大連鄉）塪堆李莊村村南

---
① 陳邦懷：《曹伯狄簋考釋》，《文物》1980 年第 5 期。
② 陳邦懷：《曹伯狄簋考釋》，《文物》1980 年第 5 期。

第二章　東周魯邾系金文編年彙釋、年代考訂與分國整理　355

時代：春秋晚期
著録：集成 4593；銘圖 05929
現藏：河南省淮陽縣太昊陵保管所
釋文：䣎（曹）公䞷（媵）孟妀（姬）悆母匩臣（簠），用旂（祈）眉（眉）耆（壽）無彊（疆），子₌（子子）孫₌（孫孫）永世耆（壽）用之。

圖 2.5.11　曹公簠

匩，"匩"即"筐"，《詩·召南·采蘋》："維筐及筥。"毛傳："方曰筐，圓曰筥。"《詩·周頌·良耜》："載筐及筥。"毛傳："筐筥所以盛黍也。"匩類器的字以往都釋作"簠"，後來學者通過考古發掘才知道"簠"類爲圓形，而匩類器則爲方形。高明認爲伯公父盨自名爲盨就是《説文》䀀，匩類器當稱作盨，即文獻中所謂胡、瑚[①]。我們依傳統仍隸作"簠"。

五、杞國禮器

(一) 春秋早期

12. 杞伯每㠯鼎
出土：清道光、光緒年間，山東省新泰縣（新泰市）（《山東存》）

[①] 高明：《䀀、簠考辨》，《文物》1982 年第 6 期。

時代：春秋早期
著錄：集成 2494；銘圖 02061
現藏：故宮博物院
釋文：杞白（伯）每匕乍（作）鼑（邾）敔（嫠）寶鼎（鼎），子=（子子）孫=（孫孫）永寶。

匕，郭沫若釋爲"刊"，認爲"每刊者，余意即謀娶公"①。楊樹達釋爲"卯"，他指出"每卯之名不見於經傳，余疑其即杞孝公也。《春秋》襄公二十三年書'杞伯匄卒'即孝公也。字似匄而非匄，秦漢閒人不識古字，誤認爲匄耳"。他還指出"古人於二字之名往往單稱一字"，並舉晉文公重耳又稱晉重、魯隱公姑息又稱息、杞平公鬱釐又稱鬱爲例，所以每亡可以稱匄②。孫剛

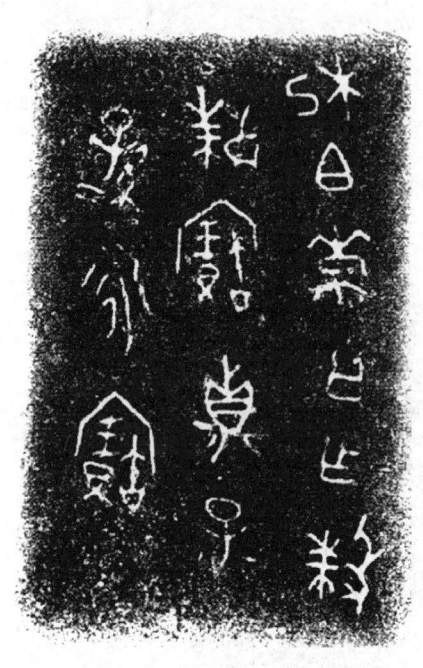

圖 2.5.12　杞伯每匕鼎

認爲釋"卯"不可從，但將"每匕"與杞孝公"匄"相聯繫是正確的。金文中的"匄"作"㘄"（克鐘），从亡从刀，"㘄"從形體上看，與"㘄"所從的"亡"接近，不同之處在於"㘄"中間寫作"人"形，而"㘄"寫作"㘄"。我們認爲"㘄"應分析作"㘄"與"匕"的合書，是"匄"的一種簡省形體，"每㘄"即杞孝公"匄"③。金文"卯"多作"卯"，顯然與匕字形不合。甲骨文金文中"亡"字作"㘄"，與該字字形相合，所以僅就字形而言當釋作"亡"。匕，字从刀，以短豎化指示鋒芒所在。裘錫圭指出亡終爵、亡終戈等形从刀，以圓形指示"鋒芒"所在，爲"亡"字之原形，假借爲"有亡"之"亡"時簡化爲"㘄"④。儘管不能排除該字爲"匄"的簡寫，但更大的可能是不能把該銘杞伯每亡與文獻中的杞孝公"匄"或爲另一位

---

① 郭沫若：《兩周金文辭大系圖錄考釋》，第 420 頁。
② 楊樹達：《積微居金文說(增訂本)》，第 2 頁。
③ 孫剛：《東周齊系題銘研究》，吉林大學博士學位論文，第 475 頁。
④ 裘錫圭：《釋"無終"》，《裘錫圭學術文集·金文及其他古文字卷》，第 62 頁。

名每勾的杞國國君相聯繫。

嫴,郭沫若認爲🔲字从女,棗聲,棗、曹古音很近,可以通假。冀小軍把🔲字所从的🔲,考釋爲棶,認爲棶通假爲曹①。陳劍同意此説,認爲棗是從棶分化出來的一個字②。付強認爲🔲當考釋爲棗,金文酸棗戈寫作🔲,只是比🔲最上面多了一小橫,當是羨符。棗、曹古音很近,可以通假。🔲是棗字,此字其實是棗樹的象形,都當考釋爲棗,用爲求是通假③。此處嫴讀爲"曹"應無可疑。

13. 杞伯每匕簋
時代:春秋早期
著録:銘圖 04860
現藏:某收藏家
釋文:杞白(伯)每匕乍(作)黿(邾)嫴(曹)圜殷(簋),其邁(萬)年,子=(子子)孫=(孫孫)迖(永)寶用。

圜,爲器名修飾語。田率認爲"圜"表示簋的形制。"圜"可以讀爲"員",圜、員、圓上古音皆在匣母文部,可以通假。圓簋描述的正是以杞伯每刃簋爲代表的這類矮體豆形簋器身的形狀④。可備一説。

14. 杞伯每匕盆
出土:清光緒年間山東新泰縣

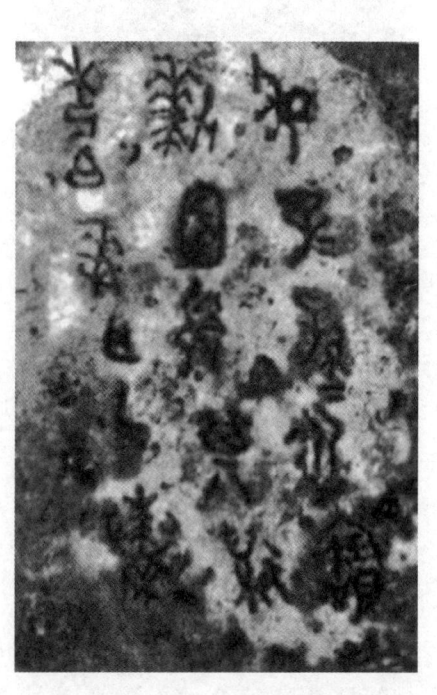

圖 2.5.13　杞伯每匕簋

---

① 冀小軍:《説甲骨金文中表祈求義的棶字——兼談棶字在金文車飾名稱中的用法》,《湖北大學學報》(哲學社會科學版)1991 年第 1 期。
② 陳劍:《據郭店簡釋讀西周金文一例》,《甲骨金文考釋論集》,第 20—28 頁。
③ 付強:《談談古文字中的"求"與"棗"》,公衆號"古文字強刊",2018 年 9 月 8 日。
④ 田率:《中國國家博物館新入藏兩周青銅器咀華》,《首届中國古代文明研究前沿論壇論文集》,深圳大學人文學院,2016 年,第 162 頁。

時代：春秋早期

著録：集成 10334；銘圖 06265

釋文：杞白（伯）每匕乍（作）黿（邾）㜏（曹）寶盨，其子=（子子）孫=（孫孫）永寶用。

盨，孫詒讓《名原》釋作"盦"，以爲"瓴"之異文。許瀚《攀古小廬雜著》卷九・七指出此器似盆而銘作"盨"，是"銚"之異文，"召""兆"多互用，《說文》："銷，小盆也。"《廣雅》："銷謂之銚。"傅修才根據舊說也認爲"盨"是"盙"字異文，《集韻》："盙，或作盨。"《說文》："盙，器也。"盙是燒水或熬煮食物的器皿[①]。孫詒讓釋作"盦"有誤，該字當隸作"盨"，該器爲盆形器，該字當表示盆類器的詞，"盨"字從皿召聲，讀爲"銚"當可從。

圖 2.5.14　杞伯每匕盆

15. 杞伯雙聯鬲

時代：春秋早期

著録：銘圖續 0262

釋文：杞白（伯）乍（作）車母朕（媵）鬲，用亯（享）考（孝）于其姑公，萬年子=（子子）孫=（孫孫）永寶用。

田率指出這種尖袋足形鬲是淮夷文化影響下產物，通過與器形相近的鬲比較，並指出鬲時代當屬春秋早期偏早至春秋早期中葉，早於杞伯每刃諸器，

圖 2.5.15　杞伯雙聯鬲

---

① 傅修才：《東周山東諸侯國金文整理與研究》，第 202 頁。

杞伯與杞伯每刃不是一人①。傅修才則認爲杞伯每刃諸器的時代在春秋早期,與杞伯雙聯鬲的時代非常相近,杞伯每刃和杞伯爲同一人的可能性恐不能完全排除②。

第六節　狐駘、淳于、羊子諸國禮器、兵器銘文

一、狐駘禮器

狐駘丘是周代山東地區的一個小國,傳世文獻鮮有關狐駘國歷史的記載。《左傳》襄公四年:"冬十月,邾人、莒人伐鄫,臧紇救鄫,侵邾,敗於狐駘。國人逆喪者皆髽,魯於是乎始髽。國人誦之曰:'臧之狐裘,敗我於狐駘。'"杜預注:"狐駘,邾也。魯國蕃縣東南有目臺亭。"魯國蕃縣在今山東滕州市。楊伯峻《春秋左傳注》:"狐駘,今山東滕縣東南二十里之狐駘山。"《滕縣志·山川志》:"城東南十五里曰狐臺山,一名目臺山。山戴石如灰堆狀,興雲即雨。俗呼省臺字,遂訛爲湖山。又曰壺山者,皆非也。"《滕縣志》所載之狐臺山,又名目臺山,可見狐駘山即是狐臺山。近年李魯滕結合傳世文獻和金文資料,對狐駘丘的歷史和地望作了深入探討③,可資參考。

(一) 春秋早期

1. 虖丘鼎
時代:春秋早期
著錄:集成 2082;銘圖 01495
現藏:臺北故宫博物院
釋文:虖丘乍(作)季姬。

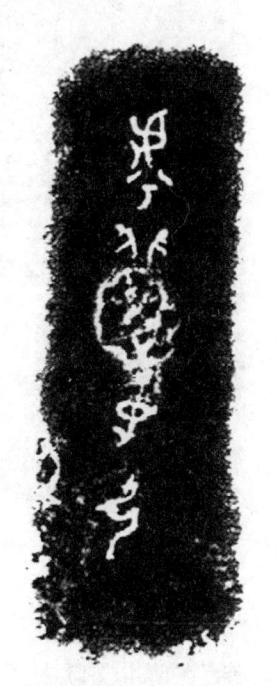

圖 2.6.1　虖丘鼎

---

① 田率:《國家博物館新入藏的兩周青銅器管見》,《中國國家博物館刊》2015 年第 5 期。
② 傅修才:《東周山東諸侯國金文整理與研究》,第 202 頁。
③ 李魯滕:《"虖台(丘)"略考》,《古代文明》第六卷,第 199—205 頁。

虖,所從"虍""乎"皆聲,是一個雙聲字,該鼎爲狐駘丘姬姓女子所作之器。丘,原篆作"",由於該字下部殘泐,對該字的釋讀或釋"北"或釋"丘"。傅修才認爲"虖𠯑丘"不能省稱作"虖丘"……由於此字字形下部殘泐甚劇,其釋讀尚難遽定。然即便此字釋"丘","虖丘"在鼎銘中也是作爲人名,與國名"虖𠯑(丘)"没有關係。所以,虖北鼎不是虖𠯑(丘)所作的器物①。此説可從。

(二) 春秋中期偏晚

2. 虖𠯑丘君盤

出土:1986 年山東省滕州市官橋鎮薛國貴族墓葬

時代:春秋中晚期

著録:古代文明第 6 卷第 200 頁圖 1.2

釋文:虖𠯑(台)丘君乍(作)弔(叔)姫媵般(盤),其萬年眉(眉)壽,子=(子子)孫=(孫孫)永寶用之。

𠯑,施謝捷指出春秋戰國時期金文里的"𠯑"及"𠯑"(或"𠯑")所從的"㠯""ㄢ"寫得越來越緊凑,甚至交錯粘連在一起②。裘錫圭指出上古"㠯""台""䚻"(司)音近,作爲聲旁可以通用,金文"台"字往往加"ㄢ"作"𠯑"③。所以,"𠯑""𠯑"皆爲雙聲字。

圖 2.6.2　虖𠯑丘君盤

"狐"與"虖","駘"與"台"皆音近可通,所以"虖𠯑丘"讀爲"狐駘丘"。"狐駘"在傳世文獻中又訛作"臺鮐""狐駱",《禮記·檀弓》:"魯婦人之髽而吊也,

---

① 傅修才:《狐駘丘君盤新考》,《中國國家博物館刊》2017 年第 5 期。
② 施謝捷:《説"𠯑(𠯑𠯑𠯑)"及相關諸字(上)》,《出土文獻與傳世典籍的詮釋——紀念譚樸森先生逝世兩周年國際學術研討會論文集》,第 48—49 頁。
③ 裘錫圭:《甲骨文字考釋(續)》,《裘錫圭學術文集·甲骨文卷》,復旦大學出版社,2012 年,第 183 頁。

自敗於臺鮐始也。"鄭玄注:"臺當爲壺字之誤也,春秋傳作狐鮐。"《路史·國名紀七》有"狐駱國",謂"狐駱,魯地,今徐之滕縣,本隸邾"。孫剛指出其所記地域與杜預注相合,所謂"狐駱"無疑是"狐駘"之訛寫,"駱"與"駘"形體極近,易致訛誤①。由上可知狐駘曾爲邾之附庸國。

此器爲媵器,爲狐駘丘君爲嫁往薛國之女叔姁所作,知狐駘爲姁姓之國。

(三) 春秋晚期

3. 虖台丘匜
時代:春秋晚期
著録:集成 10194;銘圖 14880
現藏:上海博物館
釋文:虖台丘尚之鑄籃。

"虖台丘"可作"虖丘";或省去地名后綴"丘"作"虖台"。所以金文中的"虖台丘"和"虖台"實爲一地的不同稱呼。先秦國(地)名中,作爲後綴的"丘""城""邑""氏"等常可省略。高廣仁認爲"丘"在沒代以前也是對於人力加築的一種聚落形式的指稱,又可稱爲"居丘"②。張懷通認爲"丘"在先秦時期是一種重要的構成組織,其前身是龍山文化晚段人們在平原野地中用土堆積而成的、作居住之用的高於地面的土臺③。李魯滕認爲"丘"命名之地,皆爲軍略要地④。

圖 2.6.3 虖台丘匜

尚,《銘圖》隸作"堂";《殷周金文集成釋文》隸作"尚"。該字原篆作 ,金文"堂"作 (兆域圖銅版,《集成》10487);"尚"或作 (者尚余卑盤,《集成》10165),堂字下從"土",尚字下從"口",兩相比較,該字下似從"口",非從"土",當以釋"尚"爲是。

---

① 孫剛:《東周齊系題銘研究》,吉林大學博士學位論文,第 84 頁。
② 高廣仁:《説"丘"——城的起源一議》,《考古與文物》1996 年第 3 期。
③ 張懷通:《先秦時期的基層組織——丘》,《天津師大學報》(社會科學版)2000 年第 1 期。
④ 李魯滕:《"虖台(丘)"略考》,《古代文明》第 6 卷,第 199—205 頁。

4. 虖𢓶丘君盤

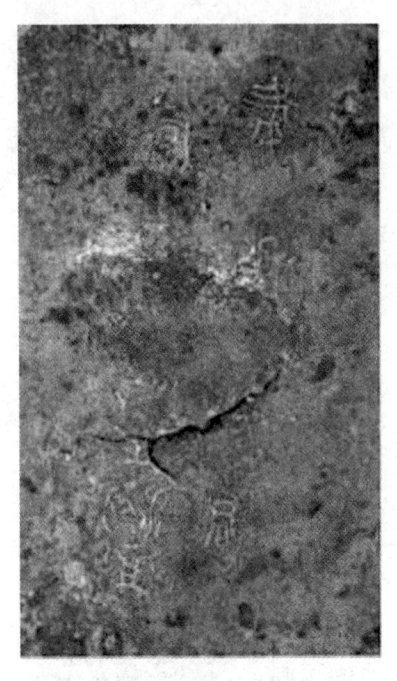

出土：20 世紀 30 年代安徽壽縣李三孤堆

時代：春秋晚期

著錄：銘圖續 0931

現藏：安徽博物院

釋文：虖𢓶丘君□盜（浣）盨（盤）

此盤直口圓唇，淺腹圓底，腹飾蟠龍紋、絢索紋、弦紋各一周，外壁有四個對稱的環形鈕，其中兩個對稱鈕上有銜環，上飾絢索紋。盤底的三足，今僅殘留兩個凸榫。傅修才舉出了湖北鐘祥黃土坡鄧子與盤（M3：8）、襄陽山灣銅盤（M6：5）、淅川下寺銅盤（M4：3）、南陽彭射墓彭子射盤（M38：52），上舉銅盤在形制上最主要的特徵是腹壁環耳銜環，盤底爲三附足，演變趨勢是腹部由深變淺，腹壁由弧變直。這種形制的銅盤，主要流行於春秋中晚期，下限延及戰國。安徽博物院藏的這件銅盤，其腹部比萬家園銅盤和鄧子與盤淺，腹壁較直，形制與彭子射盤最爲接近。腹壁和銜環上飾以絢索紋，與上舉銅盤完全一致。綜合器形和紋飾考慮，此盤的時代宜定在春秋晚期[①]。

圖 2.6.4　虖𢓶丘君盤

二、狐駘兵器

5. 虖𢓶丘君戈

時代：戰國早期

著錄：集成 11265；銘圖 17089

釋文：虎𢓶（台）丘君□之元用。

虎，前已言及"虖"爲雙聲字，所以該銘"虎𢓶丘"與"虖𢓶丘"爲同一國名。

---

① 傅修才：《狐駘丘君盤新考》，《中國國家博物館館刊》2017 年第 5 期。

第二章　東周魯邾系金文編年彙釋、年代考訂與分國整理　363

圖 2.6.5　虖刉丘君戈　　　　　圖 2.6.6　虖刉戈

6. 虖刉戈

出土：1979 年山東省滕縣姜屯公社（滕州市姜屯鎮）窑廠

時代：戰國早期

著録：銘圖 17063

現藏：山東省滕州市博物館

釋文：虖刉（台）丘子俅之觟（造）。

俅，《山東金文集成》釋爲"休"。張振謙釋爲"逑"，認爲字从"辵""求"聲[1]。《銘圖》釋爲"俅"。陳劍認爲此字右旁當爲"隶"[2]。該字原篆作 ▨，右邊字字形不清，和"隶""求"字形都有些近似，待考，暫從陳説。

三、淳于兵器

淳于爲地名，春秋時爲州國都城。《齊乘》："淳于城，安丘東北，淮、汶二水交

---

[1] 張振謙：《齊系文字研究》，安徽大學博士學位論文，第 59 頁。
[2] 陳説參傅修才《東周山東諸侯國金文整理與研究》，第 335 頁。

處,古有此城。"《史記·仲尼弟子列傳》:"疵傳燕人周子家豎,豎傳淳于人光子乘羽。"正義引《括地志》云:"淳于,國〔名〕,在密州安丘縣東三十里,古之州國,周武王封淳于國。"《左傳》桓公五年:"冬,淳于公如曹,度其國危,遂不復。"杜預注:"淳于州國所都,城陽淳于縣也。"楊伯峻《春秋左傳注》:"淳于公即州公,國名州,都淳于,淳于在今山東省安丘縣東北三十里。"①州國滅後,杞國遷都淳于,《左傳》昭公元年:"平秦亂,城淳于。"杜預注:"襄公二十九年城杞之淳于,杞遷都。"《春秋》隱公四年:"王二月,莒人伐杞,取牟婁。"杜預注:"杞國本都陳留雍丘縣。推尋事迹,桓六年,淳于公亡國,杞似併之,遷都淳于;僖十四年,又遷緣陵;襄二十九年,晉人城杞之淳于,杞又遷都淳于。牟婁,杞邑,城陽諸縣東北有婁鄉。"《漢書·地理志上》:"北海郡……縣二十六……淳于。"顏師古注:"應劭曰:'《春秋》"州公如曹",《左氏傳》曰"淳于公如曹"。'臣瓚曰:'州,國名也,淳于公國之所都。'"戰國時淳于歸於齊國。"淳于"氏,屬於"以國爲氏",《通志·氏族略》:"淳于氏,亦曰州公,姜姓。《風俗通》曰:'春秋時之小國也。桓五年不復其國,子孫以國爲氏。'"

(一) 春秋晚期

7. 淳于公戈

時代:春秋晚期

著錄:集成 11124;銘圖 16851

現藏:故宮博物院

釋文:𦥑(淳)于公之𦥑豫舺(造)。

"𦥑"字,何琳儀認爲字從高從凢,爲"高"之繁文②。張亞初釋爲"喬"③。陳劍釋爲"臺"④。吳鎮烽《銘圖》隸作"𦥑"。釋作"𦥑豫"者,原篆作"𦥑",下部爲"豫",各家多無異議,上部釋高、喬、臺等說,上部作𦥑,與甲骨文臺作"𦥑"(《花》52)"相合,今從臺說。

---

① 楊伯峻:《春秋左傳注》,第 108 頁。
② 何琳儀:《淳于公戈跋》,《杞文化與新泰》,中國文聯出版社,2000 年,第 99 頁。
③ 張亞初:《殷周金文集成引得》,第 167 頁。
④ 陳說參見董珊:《出土文獻所見"以謚爲族"的楚王族——附說〈左傳〉"諸侯以字爲謚因以爲族"的讀法》,《出土文獻與古文字研究》第二輯,第 130 頁。

第二章　東周魯邾系金文編年彙釋、年代考訂與分國整理　365

圖 2.6.7　淳于公戈

8. 淳于戈

出土：山東濟南市近郊及轄縣

時代：春秋晚期

著録：考古 1994 年第 9 期第 859 頁圖 1.6

現藏：山東省濟南市博物館

釋文：𢾗（淳）于₌□。

銘文前三字皆不識，最後一字當爲戈字[1]。張振謙認爲第一字是"敦于"

圖 2.6.8　淳于戈

---

[1] 于中航：《先秦戈戟十七器》，《考古》1994 年第 9 期。

合文，讀爲"淳于"；第二字不識，也可能是兩個字，或剪錯未爲可知；第三字形是"飜"字，最後一字是"䤾"字①。此戈銘漫漶不清，有些字形結體不完整，待考。

9. 淳于中隹戈
時代：春秋晚期

圖 2.6.9　淳于中隹戈

著録：銘圖續 1122

釋文：臺（淳）于中隹䤾（造）。

"隹"字，吴鎮鋒《銘圖續》釋作"豕"。傅修才認爲從字形上看，此字當釋爲"隹"②。此字原篆作 ，由於拓片不甚清晰，從字形結體看近似"隹"。

(二) 戰國

10. 淳于右戈
出土：1999 年 4 月山東省泰安市泰山區虎山山東路戰國墓
時代：戰國
著録：銘圖 16684

---

① 張振謙：《齊系文字研究》，安徽大學博士學位論文，第 38 頁。
② 傅修才：《東周山東諸侯國金文整理與研究》，第 125 頁。

第二章　東周魯邾系金文編年彙釋、年代考訂與分國整理　367

現藏：山東省泰安市博物館

釋文：臺（淳）于右䤿（造）。

此戈於1999年4月出土於泰安虎山東路一戰國墓葬群，此戈援長而狹，胡上三穿。內微上翹，上有一穿，內末端及下側有刃。穿右側自上而下鑄有"淳于右造"1行4字銘文①。從器形看此戈年代當爲戰國中晚期。

銘文"右"字當爲"右庫"之省，此點前已論及。"造"字從"舟"從"告"，形作下圖。

（《文物》2005年9期）

圖2.6.10　淳于右戈

造字古文從"舟"，《說文・辵部》："造，就也。譚長說：'造，上士也。'䤿，古文造從舟。"造字古文形如下：

造字從"舟"不僅見於齊國，還見於山東其他小國，如邾、滕國等。可見此種寫法爲春秋戰國時期山東地區的字形特點，這也充分體現了東周時期山東地區各國之間的文化交流。其字形如下圖。

a　　b

注釋：a. 邾大司馬戈，《集成》11206　b. 滕侯昊戈，《集成》11018

上已言及，傳統上認爲淳于地望在山東安丘東北，此戈出土的泰安，另外新泰也出土了"淳于"地名的兵器，這爲重新考量淳于的地望提供了新的材料。

———————

① 王麗娟：《泰安市博物館收藏的一件"淳于右造"銅戈》，《文物》2005年第9期。

學界對淳于的地望雖存在爭議,但山東新泰曾是杞國都城已經取得較爲一致的意見。從出土材料看,清道光、咸豐年間在山東新泰出土了一批杞國銅器,計有鼎、簋、壺等十件,各器銘文基本相同。其中,簋的器銘爲"杞伯每作邾曹寶簋,子子孫孫永寶用享",鼎的銘文爲"杞伯每亾作邾曹寶鼎,子子孫孫永寶用享"。另外,近年來,新泰又先後出土數批青銅器,如市區北郊出土了"淳于公之禦戈""淳于左造"戈、"淳于楊""淳于云"等銅印。淳于右造戈出土於泰安,離新泰也很近。從文獻來看,《漢書·地理志》陳留郡雍丘下云:"故杞國也,周武王封禹後東樓公,先春秋時徙魯東北,二十一世簡公爲楚所滅。"李學勤在《杞文化與新泰》一書的序言中指出:"周初所封的杞,在今河南杞縣。《漢書·地理志》陳留郡雍丘下云:'故杞國也。周武王封禹後東樓公,先春秋時徙魯東北。'清光緒年間,新泰出土杞伯青銅器,《攈古録金文》載許瀚説,認爲《漢志》'魯東北'即在新泰,其論點爲多數學者公認。迄今在河南杞縣尚未找到杞國遺存,研究周代較早的杞,只能求之於新泰。"[①] 淳于地望雖目前尚待研究,但新泰地區頻出刻有"淳于"地名的銅器,可以證明淳于地望一定與新泰有關。我們認爲淳于地望當位於山東新泰一帶,而並非傳統認爲的山東安丘。

四、羊子兵器

11. 羊子戈

出土:"曲阜顏氏得之周公廟側東土中"(《山左金石志》)

時代:春秋晚期

著録:集成 11089;銘圖 16730

現藏:上海博物館

釋文:羊子之艁(造)戈。

此戈援微上揚,正反兩面起脊;內平,一穿,胡部兩長方形穿,胡與援之兩面皆有刃。胡部正面鑄有銘文"羊子止(之)造戈"五字,其"造"字寫作"𦨵",从"舟",爲齊系文字特點。器形與曲阜魯國故城甲組墓葬出土的 M115∶8 Ⅱ

[①] 李學勤:《杞文化與新泰·序言》,《杞文化與新泰》,中國文聯出版社,2000 年。

圖 2.6.11　羊子戈

式戈類同①,年代可定爲春秋中晚期。

此戈人名"羊子",或認爲"羊子"是春秋中後期羊舌氏家族中的成員之一。羊舌氏的封地原在今山西境内,而此戈却在山東流傳,這有可能與春秋末年羊舌氏後裔"徙居泰山"有關②。《通志·氏族略》:"羊氏即羊舌氏之後,春秋末始單爲羊氏。秦亂,徙居泰山。"《左傳》昭公五年:"羊舌四族,皆彊家也。"杜預注:"四族,銅鞮伯華、叔向、叔魚、叔虎兄弟四人。"

12. 羊子戈

時代:春秋晚期

著録:山東師範大學學報(社會科學版)1991 年第 5 期第 47 頁

現藏:山東師範大學歷史系文物室

釋文:羊子之艁(造)戈。

該戈由蔡培桂最早公布③,《集成》《銘圖》未著録,張振謙認爲戈銘真。並加以研究④。傅修才認爲從形制上看,此戈與曲阜魯國故城出土的銅戈

---

① 山東省考古研究所:《曲阜魯國故城》,齊魯書社,1982 年,第 109 頁。
② 蔡培桂:《羊子戈考》,《山東師範大學學報》1991 年第 5 期。
③ 蔡培桂:《羊子戈考》,《山東師範大學學報》1991 年第 5 期。
④ 張振謙:《齊魯文字編》,第 2372 頁;《〈説文〉古文"艁"字考》,《中國文字學報》第五輯,第 174 頁。

圖 2.6.12　羊子戈

(M115∶8)差異較大,與虢太子元戈最爲接近,它們的共同特徵是直援三角鋒,這類戈在西周晚期和春秋早期甚爲流行,時代至遲不晚於春秋中期。然而這把羊子戈的銘文形體和内容,却與曲阜周公廟出土的春秋晚期羊子戈(《銘圖》16730)相同,戈銘與器的時代嚴重脱節,銘文應是僞作①。此戈直援三角鋒,長胡三穿,内上一横穿,蔡培桂指出其形制與三門峽上村嶺虢國墓地的虢太子元戈(《銘圖》16861—16862)和曲阜魯國故城甲組墓葬出土的銅戈(M115∶8)相似。

---

① 傅修才:《山東諸侯國銘文研究(四則)》,《古文字論壇——陳煒湛教授八十慶壽專號》,中西書局,2018年,第262頁。

第三章　齊系金文分期研究

齊系金文的分期研究是齊系金文研究的重要方面，就目前研究現狀而言，對齊系金文的分期研究還較爲薄弱，缺少系統討論。因此有必要對齊系金文進行分期研究。本章除了對銘文字體、書風之於金文斷代研究的重要意義的討論之外，主要工作是以銘文字體、書風爲主要標準對齊系金文進行分期研究，對每期銘文字體、書風上的時代特徵作進一步分析歸納。

第一節　銘文字體、書風與金文斷代研究

彭裕商師指出："對任何歷史文物來説，考定其年代都是其他一切研究的前提，只有在精確斷代的基礎上，才可能在其他方面的研究中取得良好的成績。金文作爲考古材料的一種，也不例外，在將其運用到學術研究的同時，也是一個考定年代的問題。"[①]銘文的分期斷代研究是金文研究的基礎，銘文所涉及的内容反映了豐富的歷史信息，但要充分發揮銘文的史料價值，首先要確定其年代，否則"器物愈多便愈感混沌，而除作爲古玩之外，無益於歷史科學的研討"[②]。數十年來，學者對銅器的年代學研究做了很多工作，取得了很大成績，其中最爲重要的是對銅器年代學研究的理論和方法的構建。經過學者們不懈努力，這一方面的研究也日臻成熟，幾十年來，影響較大的方法主要有標準器斷代法和考古類型學的方法。標準器斷代法爲郭沫若首創，即先確定一些年代標尺明確的銅器的年代，把其作爲"標準器"，根據其特徵與無法直接確

---

① 彭裕商：《西周青銅器年代綜合研究·引言》，第2頁。
② 郭沫若：《青銅時代》，人民出版社，1954年，第301頁。

定年代的銅器相比較,找出其中的聯繫,以推算其年代的方法。其次就是考古類型學的方法,李學勤指出:"青銅器的分期,應充分遵循層位學和類型學的方法。"①彭裕商師指出:"考古學的方法主要是地層學和類型學,其中地層學只限於考古發掘出土的銅器,應用較爲有限。而類型學則不同,它實際上只是器形分類的依據,提供器物在時代上的橫向聯繫。故可施用於所有銅器,包括傳世器和考古發掘出土之器。……所以這種方法是考定銅器年代最常用,也是最重要的手段。"②

目前對青銅器類型學的研究主要集中在器形、紋飾的考察,而對銘文字體、書風因素的考察則相對薄弱。張懋鎔在提到這一現狀時指出:"二十世紀銘文字形書體的研究對西周銅器斷代發揮了重要作用,但必須看到,這方面的研究還遠遠落後於形制、紋飾的研究,迄今類型學的研究方法尚未在文字形體的分析中充分運用。"③杜勇、沈長雲二位指出:"銅器類型斷代必須結合考察器物形制、紋飾及銘文字體、書風之諸方面的因素","目前銅器類型學的研究存在的較爲突出的……弊端,是對銅器銘文字體、書風的研究普遍不受重視……"④我們認爲銘文的字體、書風特徵是青銅器分期斷代研究的重要尺度和時代標記,誠如張振林所指出的:"任何事物都是發展變化的,銅器銘文也一樣,某些字的新生和消亡,文字點畫結構的變化,書體風格的改變,字詞組合和文章表現形式的變更,都一直在進行着……儘管文字的結構和書寫形式的變化是漸變的,不是驟變的,舊因素的繼承總是多於新因素的產生……但從大的階段上看,還是可以找出階段性的時代印記來的。"⑤

器形、紋飾、字體作爲銅器斷代的因素有時候在年代特徵上是一致的,但三者有時候並非同步發展的,正如陳夢家所言:"器形、紋飾、字體、文例和制度

---

① 李學勤:《〈中國青銅器全集〉序》,《擁篲集》,三秦出版社,2000年,第525頁。
② 彭裕商:《西周金文所見夷厲二王在位年數及相關問題》,《歷史研究》2002年第3期。
③ 張懋鎔:《金文字形書體與二十世紀的西周銅器斷代研究》,《古文字研究》第二十六輯,第188頁。
④ 杜勇、沈長雲:《金文斷代方法探微》,第144、146頁。
⑤ 張振林:《試論銅器銘文形式上的時代標記》,《古文字研究》第五輯,中華書局,1981年,第53頁。

雖然都一定的向前發展，它們各自有發展的過程，彼此之間只有平行發展的關係而不一定是等速發展的關係。"①關於銅器形制、紋飾的演變的速度的關係，王世民等指出："銅器形制和紋飾的變化並不是同步的，而是兩相交叉的，往往形制上相對穩定的時間較長，紋飾上變化明顯。"②此說學者多從之。至於銘文字體與銅器形制、紋飾的演進關係，學界存在不同認識，陳夢家認爲看不出孰先孰後，舉例指出："康世的方鼎已經向前發展爲較新於成世的形制、紋飾，但仍可能保存成世的字體、文例；或者相反的，字體、文例已經改新了而仍保存舊的形制、紋飾。"③杜勇、沈長雲則認爲"器物的形制紋飾比書風的發展變化要快"④，此說的依據基於李學勤對師𩵦簋的器物諸要素年代分析認識，該簋爲"飾有重環紋帶的瓦紋簋，圈足下附三小足。這種型式在西周晚期非常盛行；但師𩵦簋的字體風格則是中期的，與晚期諸器截然不同"⑤。劉華夏則與杜、沈之說相反，其指出："器形、紋飾、字體三者之中，對時代變化反映最敏感的是字體，其次是紋飾，器形又次之。……與器形、紋飾相比，銘文的字體、書風更敏感地反映了時間的進展，決定其在銅器分期斷代方面的重要性。"⑥

雖然銘文書風字體在斷代研究重視還不夠，但學者在研究過程中還是運用了這一方法並取得了一定成績。最早注意探尋銘文字體演變規律的是清末學者方濬益，方氏"以書勢分時代之先後"，據此將周代銘文分爲三個時期：西周初，畫中肥而首尾出鋒者，科斗也，古文體也；西周初葉，畫圓而首尾如一者，玉箸也，籀篆體也；春秋戰國，其文仍是籀書而體漸長，儼然小篆⑦。

需要指出的是，金文書體的研究其實不限於服務斷代研究，還有更廣泛的意義。誠如李峰所言："到目前爲止，絕大多數學者對金文書體的關注是在青銅器年代學中進行的，而他們對'斷代'的偏愛迫使對金文書體的研究

---

① 陳夢家：《西周銅器斷代》上册，第 94 頁。
② 王世民、陳公柔、張長壽：《西周青銅器分期斷代研究》，第 4 頁。
③ 陳夢家：《西周銅器斷代》上册，第 94 頁。
④ 杜勇、沈長雲：《金文斷代方法探微》，第 126 頁注①。
⑤ 李學勤：《西周中期青銅器的重要標尺》，《中國歷史博物館館刊》1979 年第 1 期。
⑥ 劉華夏：《金文字體與銅器斷代》，《考古學報》2010 年第 1 期。
⑦ 方濬益：《綴遺齋彝器款識考釋·彝器説中》，商務印書館，1935 年，第 22 頁。

只能爲這個狹隘的目的服務。其論證邏輯就是概括出各個時期的書體特徵，並以這些特徵作爲斷定青銅器年代的根據。這種學術取向一直影響到新近一些以'金文書體'爲主題的研究。説到底，這些研究仍是延續以往青銅器斷代研究的舊方法，只是把'標準器'换成了'標準字'而已。以'斷代'爲目的的書體研究忽視了金文所可能爲我們揭示的青銅器後面複雜的社會文化現象。"①

另外，孫次周②、唐蘭③、郭沫若④、陳夢家⑤、馬承源⑥、李學勤⑦、張懋鎔⑧等在運用金文字體考證銅器年代方面也有所貢獻，取得了很多卓有成效的成績。

第二節　東周齊系金文分期研究

齊系金文以字體、書風作爲分期依據大致可分爲三個時期：一期爲春秋早期，二期春秋中期至戰國早期，三期爲戰國中晚期。現從字形、結體、銘辭内容、文辭格式等角度描述如下。

需要指出的是，齊系金文所涉國家衆多，無論在歷時層面還是共時層面，諸多國家的銘文字體及書風都存在内部差異，但齊系金文作爲一個整體的分

---

① 李峰：《青銅器和金文書體研究》，上海古籍出版社，2018年，第6頁。
② 孫次周：《齊大國學季刊》新一卷第二期，1941年，第16頁。
③ 唐蘭在分析昭王早期、晚期銘文書風不同風格時指出："昭王初期的書風和康王時是十分類似的……這一種書法風格是謹嚴莊重，行格分布比較勻稱。但昭王後期有些器銘變化很大……筆畫縱姿，神態流宕。寫得好的，奇詭而又酣暢……"參見唐蘭：《論周昭王青銅器銘刻》，《古文字研究》第二輯。
④ 毛公鼎年代的考訂郭沫若就充分重視了字形特點，是其推定毛公鼎年代爲宣王時期的重要證據。參見郭沫若：《毛公鼎之年代》，《東方雜志》第二十八卷第十三期，1931年。
⑤ 陳夢家在考釋剌鼎時指出："此器……可以定爲西周中期之初，已經脱離了西周初期'畫中肥而首尾出鋒'的作風，成爲'畫圓而首尾如一'的作風，這種字體的改變，在康王後半期已經開始。它們是比較緊湊的，到穆王以後就漸行鬆散。"參見陳夢家：《西周銅器斷代》，第146頁。
⑥ 馬承源主編：《中國青銅器》，上海古籍出版社，1988年。該書專設"銘文書體"一節，從字體結構、書風分析西周早、中、晚期字形特色。
⑦ 李學勤在運用文字書銅器體斷代方面也做出了貢獻，如扶風莊白一號窖藏出土的商尊、商卣有學者定爲周初器，李先生指出其"字體風格極像盄龢，殊堪注意"。
⑧ 張懋鎔：《金文字形書體與二十世紀的西周銅器斷代研究》，《古文字研究》第二十六輯，第192頁。

域區系在整體上還是有一些共同性的演進趨勢與風格。我們正是基於齊系金文在演進風格上共同性的整體觀照基礎上,對齊系金文進行嘗試性的分期研究。

一　期

本期具有代表性的有齊侯子行匜(《集成》10233)、齊侯匜(《集成》10272)、齊縈姬盤(《集成》10147)、齊侯敦(《集成》4638)等器銘。本期年代範圍爲春秋早期。

春秋早期的齊系銅器在器形、紋飾、文字等方面,都較大程度保留了西周晚期的銅器的特徵。僅就文字而言,春秋早中期的齊系金文在字形、書風方面都和西周晚期的文字存在很大的一致性。此期文字方正,結體疏朗,顯得端莊凝重,布局較爲整齊、規範,筆畫呈現出西周時期玉箸體的特徵,這些都繼承了西周銅器銘文的特徵。下面試舉典型字例"寶"來說明。

"寶"是兩周金文常見字形,西周晚期"寶"字所從"貝"字下部多封口①,如西周晚期的王伯姜鬲、樂鼎、散伯簋等"寶"字寫法。齊伯里父匜、齊叔姬盤、齊縈姬盤、魯伯愈父盤、滕侯穌盨、杞伯每匕鼎、鑄叔作嬴氏簠等春秋早中期銘"寶"字的形體、書體均保持了西周晚期銘文"寶"字的寫法。

▯（王伯姜鬲,《集成》606）　　▯（樂鼎,《集成》2419）

▯（散伯簋,《集成》3779）　　▯（齊伯里父匜,《銘圖》14966）

▯（齊叔姬盤,《集成》10142）　　▯（齊縈姬盤,《集成》10147）

▯（魯伯愈父盤,《集成》10115）　　▯（滕侯穌盨,《集成》4428）

---

① 馬承源對"貝"的形體演變所論甚詳,謂"西周早期……'貝'字的下兩畫在內部,相對向上或相聯。……中期前段……'貝'字下兩筆在內或移在左右兩筆的頂頭。……中期後段……'貝'字下兩筆移出外邊,或封口或不封口。……西周晚期……'貝'字下部封口"(馬承源主編:《中國青銅器》,上海古籍出版社,1988 年,第 384—386 頁)。

[图] (杞伯每匕鼎，《集成》3899.2)　　[图] (鑄叔作嬴氏簠，《集成》4560.2)

"寶"字所從"宀"字①兩側下筆外傾的寫法也是春秋早中期典型的寫法。如齊趫父鬲、齊侯匜等。

[图] (齊趫父鬲，《集成》685)　　[图] (齊侯匜，《集成》10272)

[图] (國差𦉜，《集成》10361)

另外，"用""其""永""作""保"等典型字的寫法也繼承了西周晚期的字形特徵（見一期銘文字形表）。

從銘文内容和文辭格式看，此期的銘文大多内容簡略，爲多作器辭，"萬年無疆""子子孫孫永保用"等祝嘏辭與西周中晚期此類常見的文辭格式具有很大的一致性。需要特別指出的是，春秋早期的齊系金文風格並非完全繼承西周中晚期銘文風格，而是在繼承的基礎上有所變革，呈現出過渡性特徵。如邿國、夆國金文有些字已經有向長方形過渡的趨勢，如[图](僉父瓶，《遺珍》032)、[图](夆叔盤，《集成》10163)等字已經有所體現。

春秋早期近於西周晚期，各國銅器的銘文不同程度上保留了西周晚期金文的一些特徵，春秋早期魯國的青銅器銘文也保留了西周中晚期銅器銘文的特徵，這種保留程度甚至遠遠大於其他諸侯國。字形作長方形，書風端莊凝重，布局整齊規範。如春秋早期的魯伯厚父盤（《集成》10086）、魯伯愈父盤（《集成》10115）等都鮮明地體現了這一風格，這些銅器和西周晚期的魯青銅器，諸如魯仲齊甗（《集成》939）、魯侯壺（《集成》9579）在書風和字形結體上幾乎一致。

不過正如學者所指出的，由於銘文書寫方式的不同，這一時期有的國家銅器銘文就呈現不同的風格，如薛國的薛子仲赤瑚、薛子仲安瑚二器，銘文布局

---

① 馬承源對"宀"字的形體演變所論甚詳，謂"'宀'字演變表現於，早期'宀'頭兩邊斜行方折，或作四筆書寫，中期前段'宀'頭作銳頂聳肩。兩側略有弧度，中期後段'宀'頭均作弧形圓折，晚期'宀'頭行筆圓滑"（馬承源主編：《中國青銅器》，第384—386頁）。

和結構雖仍存西周遺風,但由於銘文是刻款,筆畫就顯得纖細瘦硬[①]。

　　文字的演進所遵循的規律不是驟變而是漸變,本期的齊系金文雖然呈現一定的地域化特徵,但就整體而言,繼承性仍然遠遠大於變革性,只是表現出了一些齊系風格的端倪。真正具有嚴格意義上的齊系風格的銘文還未形成。因此本期是向齊系風格銘文特色形成的過渡時期。本期年代上限爲平王東遷至公元前 600 年前後。我們擷取典型字形,次序如下。

典型字形表(一期)

寶	(散伯簋,《集成》3779) (齊叔姬盤,《集成》10142) (魯伯愈父盤,《集成》10115) (杞伯每亡鼎,《集成》3899.2)	(齊伯里父匜,《銘圖》14966) (齊縈姬盤,《集成》10147) (滕侯蘇盨,《集成》4428) (鑄叔作嬴氏簠,《集成》4560.2)
用	(洹子孟姜壺,《集成》9729) (魯伯念盨,《集成》4458.1) (侯母壺,《山東》611) (鑄公簠,《山東》379)	(洹子孟姜壺,《集成》9730) (魯伯愈父匜,《集成》10244) (邾君慶壺,《遺珍》038) (虢伯祁鼎,《集成》2602)
其	(洹子孟姜壺,《集成》9729) (魯伯愈父匜,《集成》10244) (魯伯愈父簠,《集成》4567) (薛侯盤,《集成》10133)	(洹子孟姜壺,《集成》9729) (魯中齊鼎,《集成》2639) (郳慶匜鼎,《遺珍》069) (鑄公簠蓋,《集成》4574)
永	(魯伯愈父簠,《集成》4566) (邾伯鬲,《集成》669) (尋仲匜,《集成》10266)	(魯伯愈父簠,《集成》4567) (斂父瓶,《遺珍》032) (夆叔盤,《集成》10163)

[①] 傅修才:《東周山東諸侯國金文整理與研究》,第 418 頁。

續 表

作	(齊趫父鬲,《集成》685)	(齊侯子行匜,《集成》10233)
	(魯伯愈父簠,《集成》4567)	(魯太宰遼父簠,《集成》3987)
	(邾伯鬲,《集成》669)	(曹伯狄簠,《集成》4019)
	(郜伯祂鼎,《集成》2602)	(鑄叔作羸氏簠,《集成》4560.2)
保	(魯大司徒子仲伯匜,《集成》10277)	
	(走馬薛仲赤簠,《集成》4556)	(齊良壺,《集成》9659)
年	(魯伯愈父簠,《集成》4566)	(魯伯念盨,《集成》4458.1)
	(邾公子害簠,《遺珍》067)	(杞伯每匕壺,《集成》9688)
	(尋仲盤,《集成》10135)	(夆叔盤,《集成》10163)
	(鑄子叔黑臣鼎,《集成》2587)	(洹子孟姜壺,《集成》9730)

二　期

　　本期具有代表性的有齊侯四器(齊侯敦)(《集成》4645)、公典盤(《新收》1043)、鎛(《集成》271—272)、齊侯盂(《集成》10318)、國差𦉝(《集成》10361)、叔夷鐘(《集成》271—279)、罋子鼎(《中國歷史文物》2009年第2期圖二)、陳眝簠(《集成》4190)等器銘。

　　本期較之第一期,銘文在字形、結體、銘辭内容、文辭格式、銘文韻律等方面都具有鮮明的區域特色,是典型的齊系金文風格的形成時期。本期年代為春秋中期至戰國早期,下迄至田氏代齊,現根據以上標準分述如下。

　　本期銘文從整體上看字形趨於修長,向縱勢長形發展;筆畫婉曲,筆勢開闊有致。此種風格的銘文以齊侯盂(《集成》10318)為代表,銘文中"永""作""其""保"等字較之一期形體要狹長,筆畫多用圓筆並拉長,豎筆更加修長。春秋中期的齊系金文在繼承春秋中期銘文風格的基礎上有所變革,呈現出過渡性特徵。如春秋中期的齊太宰歸父盤,從書風上便呈現出由方正到狹長的過渡趨勢，筆畫漸趨細而綫條畫，結體變得較爲緊湊，該盤銘中"佳""王""亥"等字的寫法均有將筆畫拉長而形成與西周晚期文字異趣之勢。

（齊太宰歸父盤，《集成》10151）

本期還有一種首尾出鋒的筆畫，以叔夷鐘爲代表。叔夷鐘傳世的銘文爲摹本，筆者認爲應大致反映了原銘的式樣，在其他本期的銘文中我們也可以發現有此種筆畫的銘文，比如鞏子鼎銘文。本期銘文結體緊湊，與同一期結體疏朗的銘文特徵大相徑庭。另外，本期還出現了一些帶有裝飾性的尾飾，具備了一些鳥蟲書的特點，比如陳喜壺"族""客""爲"，國差罐"何"字等。

族： 客： 爲： 何：

上舉諸字其末端的裝飾性筆畫，湯餘惠描述爲"尾形飾畫"①。"這些字雖然還算不上是鳥蟲書，但其飾筆的特徵是與鳥蟲書脫離不開關係的。因此，齊系銘文中出現鳥蟲書是不足爲奇的"②，齊系金文中是否真正存在鳥蟲書，學界還存在爭議。我們認爲齊系金文是存在鳥蟲書的，比如齊城造戈（《集成》10989）的"齊"字：

（齊城造戈，《集成》10989）

締審"齊"字中間確實有裝飾性的鳥首符號，當然齊系金文的鳥蟲書同典型吳、越、楚鳥蟲書還存在一些差距，而是僅有部分呈現出鳥蟲書裝飾性的特點。

本期還有另外一種風格。如齊國金文中有呈現出字形較方、筆畫舒張，風格比較豪放的風格，以國差罐（《集成》10361）、洹子孟姜壺（《集成》9729）、陳逆簠（《新收》1781）等銘文爲代表。關於二者的形體差別，朱鳳瀚認爲兩種形式

---

① 湯餘惠：《略論戰國文字形體中的幾個問題》，《古文字研究》第十五輯，第 50 頁。
② 張振謙：《齊國鳥蟲書考》，《古文字論集》，第 274 頁。

中,前者當是一種有意加工的藝術字體,後者則是接近於平時流行的手寫體,或稱作俗體①。從以上可以看出,從春秋中期開始,同西周晚期的金文形體風格相比齊系金文形體的變化是比較大的。

本期齊系金文不僅逐漸形成了整體性的區域性鮮明風格,而且區系内不同國家金文書寫風格也有了明顯的不同。

魯國金文從西周晚期到春秋晚期書寫風格變化甚微,呈現出舒朗、方正、莊重的西周晚期風格,没有走向像齊國金文狹長化的書寫風格。另外,在字形結構上也基本上保持一致,比如"其""齍""壽""萬""寶""保"等常見字較西周晚期字形結構也没有發生較大的變化。需要指出的是,目前發現的魯國青銅器銘文大多是春秋早期的,春秋中晚期的銅器數量不多,無法全面瞭解這一時期魯國金文的整體風格,但從目前爲數不多的春秋晚期銅器銘文的書風和字形結構上,可以看出魯國金文在春秋中晚期依然較多保留了西周晚期金文的風格。

本期銘文内容豐富,叔夷鐘銘更是長篇巨制,本期銘文内容主要涉及軍事、律令、媵辭等。

從銘辭格式看,本期開始出現了一種特殊的"立事歲"的紀年格式,或綴以特殊的月名和紀年日干支。例如:

國差(佐)立事歲,咸,丁亥。　　　　　　　　　　(國差𦉜《集成》10361)
公孫窰立事歲飯者月。　　　　　　　　　　　　(公孫窰壺《集成》9709)
陸喜再立事歲,歓月己酉。　　　　　　　　　　(陳喜壺《集成》9700)

關於這種紀年格式的理解學界衆説紛紜,參見第一章有關此特殊銘文格式討論。

銘文韻律方面,齊系金文有些用韻,胡小石曾對齊人用韻有過總結,謂"齊人好用陽同韻"②。當然,齊銘多用"陽唐"也只是相對而言,還存在其他用韻情況。比如𦉜子鼎銘,本銘除最後一句外,中間每句均協之部韻,如始、子、期、思、死、弟等。

---

① 朱鳳瀚:《中國青銅器綜論》,第 640 頁。
② 胡小石:《胡小石論文集》,上海古籍出版社,1982 年。

典型字形表（二期）

寶	(鬲鎛,《集成》271) (荊公孫敦,《考古》1989 年第 6 期)	(魯士厚父簠,《集成》4519) (陳貯簠蓋,《集成》4190)
用	(鬲鎛,《集成》271) (齊侯盂,《集成》10318) (邾公孫班鎛,《集成》140) (曹公盤,《集成》10144)	(齊鮑氏鐘,《集成》142) (邾公鈺鐘,《集成》102) (司馬楙編鎛,《山東》104) (莒大史申鼎,《集成》2732)
其	(齊侯盂,《集成》10318) (莒大史申鼎,《集成》2732) (鼄公華鐘,《集成》245) (陳侯因𬱖敦,《集成》4649)	(公典盤,《新收》1043) (邾公孫班鎛,《集成》140) (𪊽子鼎,《歷文》2009 年第 2 期) (莒平壺,《新收》1088)
永	(國差罎,《集成》10361) (鼄公華鐘,《集成》245) (莒叔之仲子平鐘,《集成》172) (齊陳曼簠,《集成》4596)	(齊侯盂,《集成》10318) (莒叔之仲子平鐘,《集成》172) (公典盤,《新收》1043) (齊陳曼簠,《集成》4596)
作	(鬲鎛,《集成》271) (魯士厚父簠,《集成》4519) (莒大史申鼎,《集成》2732) (陳逆簠,《集成》4096)	(齊侯盂,《集成》10318) (鼄公華鐘,《集成》245) (禾簋,《集成》3939) (陳逆簠,《新收》1781)
保	(邾公孫班鎛,《集成》140) (莒侯少子簠,《集成》4152) (齊陳曼簠,《集成》4596)	(鼄公華鐘,《集成》245) (莒叔之仲子平鐘,《集成》172) (陳逆簠,《集成》4096)

續　表

| 年 | （郳公鈦鐘，《集成》102）
（齊侯盂，《集成》10318）
（莒侯少子簠，《集成》4152） | （齊侯敦，《集成》4638）
（黿公華鐘，《集成》245）
（陳逆簠，《新收》1781） |

三　期

本期具有代表性的齊銘有十年陳侯午敦（《集成》4648）、十四年陳侯午敦（《集成》4647）、陳侯午簠（《集成》4145）、陳侯因資敦（《集成》4649）、陳璋方壺（《集成》9703）、子禾子釜（《集成》10374）、陳純釜（《集成》10371）等。本期年代爲戰國中期至晚期。

本期的齊銘文大多具有明確的時代標尺，可確定其絕對年代。現從字形、結體、銘文内容等方面對本期的銘文略作陳述。戰國中晚期齊系金文整體仍然呈現修長之勢，但在用筆、筆畫走勢上還是發生了諸多改變。

從字形來看，本期銘文雖仍保持整體修長之勢，如陳侯午敦、十四年陳侯午敦、陳侯午簠等都保持了此書風。但相比二期的銘文已經呈現出向方正化演進的趨勢，如陳侯因資敦亦表現出此趨勢。筆畫直筆較多，多用平直的筆畫，不像二期筆畫多用圓筆；筆畫走勢趨於内斂、緊湊，不像二期筆畫那麽開闊跌宕。另外本期筆畫多見首尾出鋒，二期大多呈現玉箸體筆畫，首尾出鋒的筆畫少見。從結體上看，本期的銘文較爲緊凑，字形較之二期略小，具有以上特徵且最有代表性的銘文是陳純釜，其中"陳""于""之""關""安""成"等字體現的這一風格尤爲明顯。本期銘文"陳"字多綴"土"旁，呈現出很强的區域化特點。另外從銘文書寫上看，本期的銘文書寫略顯草率，不如二期文字書寫優美，如山東臨淄所出的量器和一些雜器銘文均已呈現如此風格。這種形體的改變應該是受當時簡帛文字的影響，戰國中晚期簡帛文字大量使用，由於特殊的書寫材料，文字筆畫走向平直、簡便已成必然之勢。這種風氣影響到銅器銘文風格的變化也在情理之中。這種銘文風格的演變不僅表現在齊國文字中，在戰國其他國家文字中也有所反映，例如戰國中晚期的楚國銘文。據學者研究，戰國中晚期，楚國的銘文字體也發生了很大的變化,已由瘦長向方正形演化,文字趨於簡便。

　　從銘文内容看,本期的銘文涉及面更廣,祭祀、軍事、經濟等方面不一而足,"萬年無疆""子子孫孫永保用"等銘辭已不見。本期銘文的另一個特點是"物勒主名"格式化流行。諸如師㠱鼎(《新收》1075)、㥄墬夫人燈(《新收》1081)、㥄墬夫人銅構件(《新收》1082)等。

　　由於齊系金文出土數量有限,分布不均衡,各國春秋早期的銅器數量較多,而戰國中晚期數量則相對較少,有些時段銅器銘文的整體風格還不是很清晰。目前還無法做出更爲細緻的分期分段研究,現只能列出大的框架,隨着出土材料的豐富再作進一步探究。另外由於兵器銘文的特殊用途方式,導致了其書寫的隨意性,同銅器銘文屬不同性質的銘文,不具備統一分期性,因此齊國兵器銘文不列入本章銘文分期研究。另外需要指出的是,銘文分期研究是爲了整體描述銘文風格演進的整體趨勢,各期之間存在過渡的情況,各期之間的區別也不是截然分開的。

典型銘文字形表(三期)

陳	(十年陳侯午敦,《集成》4648) (陳侯因𰯼敦,《集成》4649)	(十四年陳侯午敦,《集成》4647) (陳純釜,《集成》10371)
于	(十年陳侯午敦,《集成》4648)	(陳純釜,《集成》10371)
永	(十年陳侯午敦,《集成》4648) (十四年陳侯午敦,《集成》4646)	(陳侯因𰯼敦,《集成》4649) (十四年陳侯午敦,《集成》4647)
作	(十年陳侯午敦,《集成》4648) (十四年陳侯午敦,《集成》4647)	(陳侯午敦,《集成》4145) (陳侯因𰯼敦《集成》4649)
用	(陳侯因𰯼敦,《集成》4649)	
年	(陳璋方壺,《集成》9703.1A)	(十四年陳侯午敦,《集成》4647)

第四章　齊系金文文字形體演變研究

　　字形研究是古文字研究的重要内容，古文字在其漫長的字形演變過程中呈現出了規律性特徵。齊系金文在其演變過程中，不僅符合古文字形體演變的一般規律，同時也具有一些特有的規律性特徵。本章以東周齊系金文爲研究對象，對其形體演變方式進行歸納，對每種方式舉關鍵字進行説明，以此總結齊系金文形體演變規律。

　　齊系金文的形體演變主要有簡化、繁化、異化、同化等方式[①]，通過對以上各種字形演變方式的研究，以期對齊系金文形體演變方式及發展規律進行總體把握，以揭示其一般規律。

第一節　簡　化

　　簡化是字形演變的最基本規律，文字從產生時就沿着簡化的總體趨勢而發展變化。文字的簡化符合人們使用文字的普遍心理特徵。我們知道趨簡求易，是人們書寫文字的普遍訴求，隨着社會生產力的發展，文字的使用範圍日趨廣泛，爲了便於交流，文字的簡化就成了客觀需要。"殷周文字中已經出現了較多的簡化字，戰國文字簡化現象，不僅在各系文字中普遍存在，而且其簡化方式比殷周文字尤爲複雜。簡化方式往往由約定俗成的習慣所支配"[②]。齊系金文中也普遍存在簡化現象，同殷周文字相比，戰國文字的簡化方式更爲

---

① 本節對齊系金文形體演變研究的理論框架吸收借鑒了何琳儀《戰國文字通論》第四章《戰國文字形體演變》中對相關概念的界定，並有所補充。
② 何琳儀：《戰國文字通論（訂補）》，第 202 頁。

複雜,"往往由約定俗成的習慣所支配"①。齊系金文的簡化方式主要有以下幾種情況。

(一) 筆畫簡省

筆畫簡省是對某些構字部件的筆畫進行刪減,通過減少文字筆畫以達到降低書寫難度的簡化方式。按照筆畫省簡的數量,筆畫簡省可以分爲單筆簡化和複筆簡化。

1. 單筆簡化

單筆簡化是對構字部件的單筆進行省簡的方式,諸如對橫筆、豎筆、斜筆、曲筆等筆畫的省簡。例如:

皇: (陳侯因𦉨敦,《集成》4649)　　(陳侯因𦉨敦,《集成》4649)

(莒侯少子簠,《集成》4152)　　(郳叔之簠蓋,《集成》4190)

簹: (陳窒車𩁹,《集成》12024)　　(陳窒散戈,《集成》11036)

邦: (十四年陳侯午敦,《集成》4646)　　(十年陳侯午敦,《集成》4648)

(鎛,《集成》271)　　(郳公華鐘,《集成》245)

安: (安右矛,《集成》11490)　　(陳純釜,《集成》10371)

宗: (陳逆簠,《集成》4096)　　(陳逆簠,《集成》4630)

保: (陳侯因𦉨敦,《集成》4649)　　(十四年陳侯午敦,《集成》4646)

車: (子禾子釜,《集成》10374)　　(陳豫車戈,《集成》11037)

---

① 何琳儀:《戰國文字通論(訂補)》,第 203 頁。

單筆簡化由於沒有根本上改變字形的總體結構，因此，在辨別、識讀上都不存在太大困難。

2. 複筆簡化

複筆簡化是對構字部件的兩筆以上筆畫進行省簡的方式，以達到降低書寫難度的目的。例如：

每：（杞伯每亡簋，《集成》3901）　（杞伯每亡鼎，《集成》2642）

攻：（䜌鎛，《集成》271）　（國差𦉢，《集成》10361）

咸：（叔夷鎛，《集成》285）

平：（平陸戈，《集成》10926）　（平陸左戟，《集成》11056）

（陰平劍，《集成》11609）　（平陽高里馬戈，《集成》11156）

䅵：（禾簋，《集成》3939）　（齊陳曼簠，《集成》4596）

（魯司徒仲齊盨，《集成》4440）　（魯司徒仲齊盨，《集成》4441）

爲：（陳逆簠，《集成》4096）　（陳喜壺，《集成》9700）

（邾公華鐘，《集成》140）　（邾公孫班鎛，《集成》140）

中：（子禾子釜，《集成》10374）　（中都戈，《集成》10906）

（叔夷鎛，《集成》285）　（滕侯蘇盨，《集成》4428）

趄：（陳侯因𬀩敦，《集成》4649）　（陳逆簠，《集成》4630）

家：（叔夷鎛，《集成》285）　（陳逆簠，《集成》4630）

第四章　齊系金文文字形體演變研究　387

孫：▇（陳逆簠,《集成》4096）　　▇（陳侯因𬥓敦,《集成》4649）

　　▇（杞伯每亡簠,《集成》3898）　▇（䣀公𨥏鐘,《集成》102）

由於複筆簡化筆畫減少的數量較多,如果省簡過多就會改變字形的總體結構,因此會給識讀造成一定困難。

(二) 構字部件簡省

構字部件簡省是指對某些構字部件的聲符或意符的一部分進行簡省的方式。例如：

璧：▇（洹子孟姜壺,《集成》9730）　▇（洹子孟姜壺,《集成》9730）

德：▇（叔夷鎛,《集成》285）　　　▇（齊陳曼簠,《集成》4596）

鼇：▇（齊鮑氏鐘,《集成》142）　　▇（鱻鎛,《集成》271）

冶：▇（齊城左戈,《中國古文字研究》第一輯 206 頁圖 11）,該字由"▇"省略"火"旁而成。

歲：▇（國差𦉢,《集成》10361）　　▇（陳喜壺,《集成》9700）

賓：▇（莒大史申鼎,《集成》2732）　▇（䣀公𨥏鐘,《集成》102）

(三) 濃縮形體

濃縮形體指原來文字形體的某一象形部件,進行濃縮使之成爲抽象的符號的演變方式。例如：

歲：▇（國差𦉢,《集成》10361）　　▇（子禾子釜,《集成》10374）

祭：▇（十四年陳侯午敦,《集成》4647）▇（十四年陳侯午敦,《集成》4646）

遣：（邿造鼎，《集成》2422）　（邿遣簠，《集成》4040）

爾：（洹子孟姜壺，《集成》9729）　（陳爾徒戈，《文物》1993年4期94頁）

壽：（邾公華鐘，《集成》245）　（竈□白鼎，《集成》2640）

（四）偏旁删减

偏旁删减是指對構成形符的偏旁或組成聲符的偏旁進行删减的形體方式。例如：

其：（陳侯因𩦒敦，《集成》4649）　（子禾子釜，《集成》10374）

（魯大宰邍父簠，《集成》3987）　（魯伯愈父鬲，《集成》694）

（五）借筆簡省

林澐指出："古文字簡化中還有一種起源很早的現象，可稱爲'並划性簡化'，即把原來分開的兩個偏旁中的某些綫條重合起來……這種簡化方式還擴大到把兩個字的某些筆畫重合而形成化的合文。"①吳振武把這種現象稱作"借筆"，"'借筆'是古文字形體演變中的一種特殊現象……'借筆'的含義比較廣發，它包括'借筆畫''借偏旁'，甚至是'借字'這樣一些內容。其中既有合文借筆，也有單字借筆"②。借筆簡省是指文字的兩個部件由於部分筆畫位置靠近而共用相同筆畫而造成的簡省方式。例如：

疆：（齊侯匜，《集成》10272）　（洹子孟姜壺，《集成》9730）

世：（十年陳侯午敦，《集成》4648）　（十四年陳侯午敦，《集成》4646）

另外，齊系金文中的"合文"中也存在借筆的情況：

---

① 林澐：《古文字學簡論》，中華書局，2012年，第95—96頁。
② 吳振武：《古文字中的借筆字》，《古文字研究》第二十輯，中華書局，2000年，第308—337頁。

無疆：▨（郜伯祀鼎，《集成》2602）

孝孫：▨（莒侯少子簋，《集成》4152）

公子：▨（曹公子沱戈，《集成》11120）

借筆簡省沒有整體上改變字形結構，只要運用得當，不會破壞字形的整體結構，因此在識讀上不存在太大困難。

(六) 删減同形

古文字中有許多"即形見義"的"同文會意"字，如"林""絲""品""齊"等。這類"同文"叠體作爲獨體出現，其"同文"部分不能省簡；如果作爲複體出現，則往往可以省簡"同文"中一個或兩個部件[1]。裘錫圭稱之爲"把字形繁複的形旁省去一部分"[2]。

陸：▨（郑公釛鐘，《集成》102） 　　▨（庚壺，《集成》9733）

(七) 使用文字早期形態

且：▨（鬚鎛，《集成》271） 　　▨（陳侯因𦭘敦，《集成》4649）

得：▨（《集錄》1011） 　　▨（子禾子釜，《集成》10374）

第二節　繁　化

漢字的簡化是總體趨勢，但漢字的表意性特徵決定了漢字不可能無節制的簡化，一定是在基本滿足表意需求前提下的簡化。漢字的形體演變中有一種與簡化相反的演進現象即繁化。繁化是指對文字形體的增繁，在單

---

[1] 何琳儀：《戰國文字通論(訂補)》，第208頁。
[2] 裘錫圭：《文字學概要(修訂本)》，第160頁。

個漢字通常寫法的基礎上增加一些筆畫、偏旁的演變方式。唐蘭對繁化的方式作過系統歸納,指出主要有由於疏密匀稱的需要,添一些筆畫;由於形聲字的盛行,增一些偏旁;由於書法藝術的要求,加筆畫或偏旁或鳥形這三種方式①。何琳儀指出"繁化",一般是指對文字形體的增繁。"繁化"所增加的形體、偏旁、筆畫等,對原來的文字是多餘的。因此有時可有可無。何琳儀把繁化現象分爲兩類——有義繁化和無義繁化②。繁化主要有下面一些情況。

(一) 增添筆畫

根據增繁筆畫位置的不同,可分爲以下不同情形:

1. 在橫畫或豎化上增添一小橫畫,如:

元: ■（魯大司徒厚氏元鋪,《集成》4691）　　■（魯大司徒厚氏元鋪,《集成》4690）

天: ■（洹子孟姜壺,《集成》9730）　　■（洹子孟姜壺,《集成》9730）

王: ■（夆叔匜,《集成》10282）　　■（陳璋圓壺,《集成》9975）

正: ■（夆叔匜,《集成》10282）　　■（禾簋,《集成》3939）

公③: ■（邾公簠蓋,《集成》4574）　　■（鵙公劍,《集成》11651）

■（邾公牼鐘,《集成》151）　　■（邾公華鐘,《集成0245》）

丌④: ■（子禾子釜,《集成》10374）　　■（子禾子釜,《集成》10374）

---

① 唐蘭:《古文字學導論》,第 223—229 頁。
② 何琳儀:《戰國文字通論(訂補)》,第 213 頁。
③ "公"字除了加飾筆短橫外,有時還加圓點,有學者指出在"口"内加圓點還是短橫是由"口"的形狀決定的,如果"口"爲圓形加圓點,加短橫時"口"往往作扁平狀,這樣可以和字形的整體風格相協調(參孫光英:《齊系文字形體演變研究》,第 20 頁)。從齊系文字整體情況來看,此説符合實際。
④ "丌"字本從飾筆發展而來,"■"字加飾筆"■",作"■";到戰國時期,"其"所從"丌"從"其"字形中分離出來,省去其字上半部分,以"丌"作"其"字用。

第四章　齊系金文文字形體演變研究　391

可：▆（鎛鎛，《集成》271）　　　▆（棨可忌豆,《近出》543）

既：▆（洹子孟姜壺,《集成》9730）　▆（叔夷鎛,《集成》285）

齊：▆（洹子孟姜壺,《集成》9730）　▆（十四年陳侯午敦,《集成》4647）

兩：▆（洹子孟姜壺,《集成》9730）　▆（洹子孟姜壺,《集成》9730）

亥：▆（陳逆簋,《集成》4096）　▆（齊鮑氏鐘,《集成》142）

▆（邾公牼鐘,《集成》151）　▆（邾公華鐘,《集成》245）

2. 在字上加"八"形，例如：

且（祖）：▆（陳侯因𢦒敦,《集成》4649）　▆（叔夷鎛,《集成》285）

平：▆（安平右矛,《集成》11490）　▆（平陸戈,《集成》10926）

壺：▆（齊良壺,《集成》9659）　▆（陳喜壺,《集成》9700）

民：▆（鎛鎛,《集成》271）　▆（洹子孟姜壺,《集成》9730）

3. 加"·"畫，例如：

元：▆（邾公華鐘,《集成》245）　▆（棨可忌豆,《近出》543）

祀：▆（邾公華鐘,《集成》245）　▆（邾公釛鐘,《集成》102）

皇：▆（陳侯因𢦒敦,《集成》4649）　▆（鎛鎛,《集成》271）

▆（齊陳曼簠,《集成》4596）　▆（禾簋,《集成》3939）

公：▆（陳侯因𢦒敦,《集成》4649）　▆（淳于公戈,《集成》11125）

(邾公孫班鎛，《集成》140)　　(邾公華鐘，《集成》245)

簠：(陳逆簠，《集成》4096)　　(陳眆簠，《集成》4190)

玄：(莒叔之仲子平鐘，《集成》172)　　(邾公牼鐘，《集成》151)

宣：(黏鎛，《集成》271)　　(陳逆簠，《集成》4630)

(魯邍鐘，《集成》18)　　(魯伯大父作仲姬俞簠，《集成》3989)

忘：(十四年陳侯午敦，《集成》4647)　　(十四年陳侯午敦，《集成》4646)

羣：(齊侯作孟姜敦，《集成》4645)　　(淳于公戈，《集成》11124)

壽：(國差𦉢，《集成》10361)　　(陳逆簠，《集成》4096)

(魯大宰原父簠，《集成》3987)　　(魯大司徒子仲伯匜，《集成》10277)

辟：(叔夷鎛，《集成》285)　　(辟大夫虎符，《集成》12107)

心：(叔夷鎛，《集成》285)　　(黏鎛，《集成》271)

4. 加"丿"形，例如：

之：(公孫竈壺，《集成》9709)　　(左關之鉼，《集成》10368)

安：(國差𦉢，《集成》10361)　　(薛子仲安簠，《集成》4546)

5. 加"="、"八"形，例如：

戒：(叔夷鐘，《集成》272)

兵：(叔夷鐘，《集成》285)　　(庚壺，《集成》9733)

第四章　齊系金文文字形體演變研究　393

齊：▨（齊巫姜簋,《集成》3893）　　▨（十年陳侯午敦,《集成》4648）

丘：▨（子禾子釜,《集成》10374）

▨（偏將軍虎節,《歷史博物館館刊》1993 年第 2 期）

6. 加"丌"形,例如：

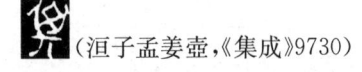

其：▨（齊侯敦,《集成》4638）　　▨（洹子孟姜壺,《集成》9730）

學界一般稱這些增添的筆畫爲飾筆①,由上可知,飾筆不會改變字的音、義,大多只起裝飾性作用。

(二) 增添偏旁

增加偏旁指在原來獨體字或合體字的基礎上增加一些構字偏旁。根據所增加的偏旁表義與否,分爲表義偏旁和增繁無義偏旁,另外還有增繁表音偏旁、同形偏旁等形式。

1. 增繁無義偏旁

增繁無義偏旁指在文字中增加形符,而所增形符對文字的表義功能不起直接作用,新增偏旁之後的文字與原字比較並沒有產生新的意義或者表義功能不明顯。無義偏旁很多,主要見以下幾種：

① 加"口"旁

帝：▨（陳侯因𦥑敦,《集成》4649）

龢：▨（𪭏鎛,《集成》271）　　▨（齊太宰歸父盤,《集成》10151）

鼓：▨（洹子孟姜壺,《集成》9730）　　▨（叔夷鎛,《集成》285）

---

① 飾筆,又稱裝飾筆畫、羨畫、贅筆,是指文字在發展演變中,出於對形體進行美化或裝飾的角度添加的與字音字義都無關的筆畫,是文字的羨餘部分(劉釗：《古文字構形學》,第 23 頁)。

再：▢（陳璋方壺，《集成》9703）　　▢（陳喜壺，《集成》9700）

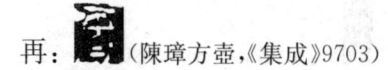

與：▢（鎛，《集成》271）

② 加"又"旁

祖：▢（鎛，《集成》271）　　▢（陳逆簠，《集成》4096）

③ 加"水"旁

箙：▢（叔夷鎛，《集成》285）　　▢（鎛，《集成》271）

④ 加"八"旁

平：▢（平陽矛，《集成》11471）　　▢（平陸戈，《集成》10926）

金：▢（陳逆簠，《集成》4630）　　▢（陳侯因䄦敦，《集成》4649）

⑤ 加"古"旁

聖：▢（陳卿聖孟戈，《集成》11128）　　▢（洹子孟姜壺，《集成》9730）

⑥ 加"皿"旁

戈：▢（羊子戈，《集成》11089）　　▢（陳貝散戈，《集成》11033）

⑦ 加"土"旁

增加"土"旁是齊文字重要的構形特點，如：

陳：▢（陳戈，《集成》10816）　　▢（陳豫車戈，《集成》11037）

▢（十四年陳侯午敦，《集成》4646）　　▢（子禾子釜，《集成》10374）

▢（陳子山徒戟，《集成》11084）　　▢（陳禦寇戈，《集成》11083）

年：▢（邾公釛鐘，《集成》102）　　▢（莒叔之仲子平鐘，《集成》178）

萬：■（邾公釛鐘,《集成》102）　　　■（邾公華鐘,《集成》245）

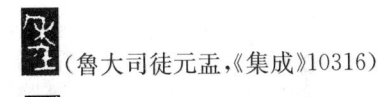

阿：■（平阿左戟,《集成》11158）　　■（平阿左戈,《集成》11041）

⑧ 加"貝"旁

保：■（魯大司徒子仲伯匜,《集成》10277）　■（邾叔之伯鐘,《集成》87）

2. 增繁表義偏旁

增繁表義偏旁指在文字中增加形符,新表義偏旁增添後表義功能更準確,例如：

① 加"艸"旁

鬲：■（邾友父鬲,《集成》717）　　■（鑄頃戈,《文物》1993年第4期圖一）

② 加"升"旁

盂：■（齊侯盂,《集成》10318）　　■（齊侯匜,《集成》10283）

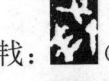

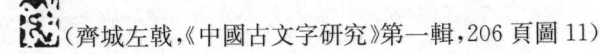

③ 加"攴"旁

稟：■（左稟戈,《集成》10930）　　■（陳純釜,《集成》10371）

乍：■（陳侯午簋,《集成》4145）　　■（叔夷鎛,《集成》285）

④ 加"金"旁

戈：■（羊子戈,《集成》11089）　　■（陳卯造戈,《集成》11034）

戟：■（平阿左戟,《集成》11158）

■（齊城左戟,《中國古文字研究》第一輯,206頁圖11）

⑤ 加"山"旁

陽：▢（平陽矛，《集成》11471）　　▢（城陽辛城里戈，《集成》11154）

⑥ 加"金""皿"旁

匜：▢（魯司徒仲齊匜，《集成》10275）　　▢（滕大宰得匜，《新收》1733）

⑦ 加"土"旁

齊系金文中有些"土"旁爲無義偏旁，有些則是有表義作用。

丘：▢（子禾子釜，《集成》10374）　　▢（貴將軍虎節，《歷博》1993 年第 2 期）

3. 增繁表音偏旁

增繁表音偏旁指在文字中增加音符，新增表音偏旁後表音更明確，例如：

① 加"立"聲旁

世：▢（《圖録》）　　▢（十四年陳侯午敦，《集成》4646）

② 加"羊"聲旁

永：▢（十四年陳侯午敦，《集成》4647）　　▢（陳逆簠，《集成》4096）

③ 加"缶"聲旁

保：▢（邾公華鐘，《集成》245）　　▢（十年陳侯午敦，《集成》4648）

4. 增繁同形偏旁

胎：▢（陳胎戈，《集成》11127）

鮑：▢（鮑子鼎，《中國歷史文物》2009 年第 2 期）

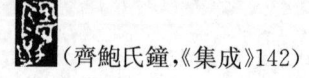

▢（齊鮑氏鐘，《集成》142）

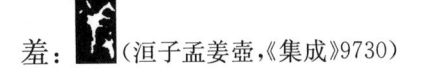

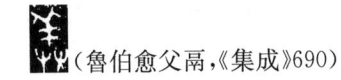

羞：[图](洹子孟姜壺,《集成》9730)　　[图](魯伯愈父鬲,《集成》690)

(三) 增添鳥形

增添鳥形是鳥蟲書特有的標志,是指在文字的上下、左右或内部增飾一個或兩個或簡省的增飾性鳥形,以起到美化作用。增飾的鳥形純粹是一種裝飾性圖案,對文字的音、義不會産生影響。齊系金文中可以確定爲鳥蟲書的字是"齊城造戈"中的"齊"字,形如下：

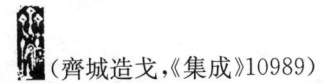

[图](齊城造戈,《集成》10989)

中間明顯爲鳥頭形,另外齊系文字常在形體斜筆或横筆末端增加短斜筆,也是齊系金文的特徵。湯余惠曰："齊文字又有一種尾形飾筆,一般多加於斜畫或横畫的末端。"①

諸如下列字：

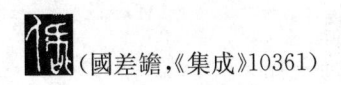

[图](國差𦉢,《集成》10361)　　[图](陳喜壺,《集成》9700)

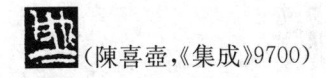

第三節　異　化

異化是指筆畫、偏旁的變異,異化的結果是偏旁的繁、簡並不顯著,而筆畫的組合、方向和偏旁的種類、位置則有較大的變化。② 異化可分爲筆畫異化和偏旁異化,偏旁異化又可分爲若干種類。

(一) 筆畫異化

筆畫異化指由於文字的筆畫的長短、曲直、斷鏈、分合、伸縮、方位等造成

---

① 湯余惠:《略論戰國文字形體研究中的幾個問題》,《古文字研究》第十五輯,第 50 頁。
② 何琳儀:《戰國文字通論(訂補)》,第 226 頁。

的文字異形的異化方式。

1. 筆畫斷連

筆畫斷連指本來連接或斷開的筆畫作相反處理，例如：

陳：▦（陳子翼戈，《集成》11087）　　▦（十四年陳侯午敦，《集成》4647）

台：▦（十四年陳侯午敦，《集成》4647）　　▦（陳逆簠，《集成》4630）

國：▦（國差𦉢，《集成》10361）　　▦（國子鼎，《集成》1348）

2. 筆畫走勢方向

右：▦（陳胎戈，《集成》1127）　　▦（昌城右戈，《集成》10998）

3. 筆畫伸縮

鬲：▦（邾友父鬲，《集成》717）　　▦（齊趫父鬲，《集成》685）

乘：▦（洹子孟姜壺，《集成》9730）　　▦（陳𤼈戈，《文物》2001年第10期48頁）

室：▦（公典盤，《近出》1009）　　▦（祈室銅柱，《周金文存》6.132）

4. 筆畫位移

事：▦（鱳鎛，《集成》271）　　▦（陳純釜，《集成》10371）

內：▦（陳璋圓壺，《集成》9975）　　▦（柴內右戈，《文物》1994年第2期54頁）

彊：▦（齊侯匜，《集成》10272）　　▦（齊叔姬盤，《海岱》第1輯）

第四章 齊系金文文字形體演變研究 399

再：[圖](陳喜壺,《集成》9700)　　[圖](叔夷鎛,《集成》285)

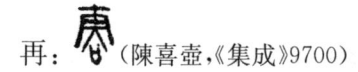

5. 筆畫平直

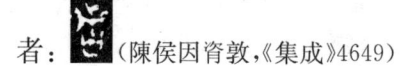

者：[圖](陳侯因𦦲敦,《集成》4649)　　[圖](子禾子釜,《集成》10374)

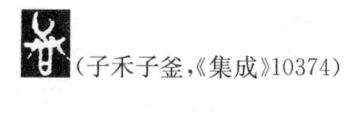

6. 筆畫延伸

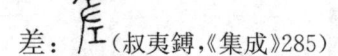

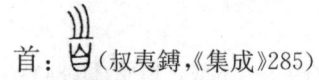

受：[圖](國差𦉢,《集成》10361)　　[圖](洹子孟姜壺,《集成》9730)

差：[圖](叔夷鎛,《集成》285)　　[圖](國差𦉢,《集成》10361)

首：[圖](叔夷鎛,《集成》285)　　[圖](公典盤,《近出》1009)

母：[圖](鑄公簠蓋,《集成》4574)　　[圖](拍敦,《集成》4644)

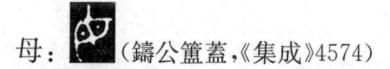

是：[圖](莒大史申鼎,《集成》2732)　　[圖](公典盤,《新收》1009)

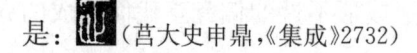

7. 筆畫誤寫

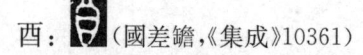

酉：[圖](國差𦉢,《集成》10361)　　[圖](陳喜壺,《集成》9700)

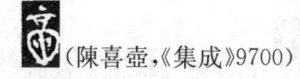

(二) 偏旁移位異化

偏旁移位異化指字的偏旁由於位置不固定而導致的文字異形，根據位置的改變方向可分為以下幾種情況：

1. 上下互移

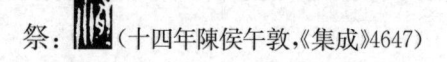

祭：[圖](十四年陳侯午敦,《集成》4647)　　[圖](陳侯因𦦲敦,《集成》4649)

2. 左右互移

璋：▆（子備璋戈，《集錄》1140）　　▆（陳璋圓壺，《集成》9975）

邦：▆（黏鎛，《集成》271）　　▆（國差䞓，《集成》10361）

都：▆（中都戈，《集成》10906）　　▆（黏鎛，《集成》271）

般：▆（公典盤，《近出》1009）　　▆（齊陳曼簠，《集成》4596）

銅：▆（洹子孟姜壺，《集成》9730）　　▆（洹子孟姜壺，《集成》9730）

耆：▆（滕侯耆戈，《集成》11078）　　▆（滕侯耆戈，《集成》11077）

徒：▆（武城戈，《集成》11024）　　▆（陳子山造戟，《集成》11084）

(三) 偏旁互代異化

偏旁互代異化指字的偏旁與其義不近或形不近的偏旁互代而造成的異化現象，例如：

造：▆（平阿左戟，《集成》11158）　　▆（高密造戈，《集成》11023）

▆（陰平劍，《集成》11609）

左：▆（平陽左庫戈，《集成》11017）　　▆（郳左冶戈，《集錄》1116）

䚽：▆（國差䞓，《集成》10361）　　▆（齊太宰歸父盤，《集成》10151）

(四) 形近偏旁混用異化

形近偏旁混用異化指合體字的偏旁與其形體相近的偏旁互作的異化現象。例如：

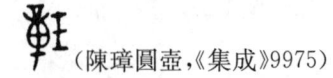

褆：[图]（陳逆簠,《集成》4096）　　椇：[图]（陳逆簠,《集成》4630）

者：[图]（陳侯因𩱧敦,《集成》4649）　　[图]（陳純釜,《集成》10371）

生：[图]（陳逆簠,《集成》4096）　　[图]（陳逆簠,《集成》4630）

薛：[图]（薛侯匜,《集成》10263）　　[图]（薛子仲安簠,《集成》4546）

（五）義近偏旁通用異化

義近偏旁通用異化指合體字尤其是形聲字的形符，與其義近的表意偏旁替換的異化現象。例如：

造：[图]（高密造戈,《集成》11023）　　[图]（陳侯因𩱧敦,《集成》4649）

徒：[图]（魯大司徒厚氏元鋪,《集成》4690）　　[图]（魯司徒仲齊盨,《集成》4440）

獻：[图]（魯仲齊甗,《集成》939）　　[图]（庚壺,《集成》9733）

城：[图]（昌城右戈,《集成》10998）　　[图]（武城戈,《集成》11024）

安：[图]（薛子仲安簠,《集成》4547）　　[图]（陳純釜,《集成》10371）

城：[图]（武城戈,《集成》11024）　　[图]（武城戈,《集成》10900）

滕：[图]（滕侯昃戈,《集成》11079）　　[图]（滕侯蘇盨,《集成》4428）

（六）聲符互作異化

聲符互作異化是指形聲字的聲符用音同或音近的另外一個聲符替換的現象。例如：

鐘：[图](邾君鐘，《集成》50)　　[图](洹子孟姜壺，《集成》9729)

[图](莒叔之仲子平鐘，《集成》172)　　[图](莒叔之仲子平鐘，《集成》172)

[图](鑄侯求鐘，《集成》47)

"鐘"字聲符从重、東或童，三字韻部都屬於東部，聲母分別是澄母、端母和定母，也十分接近，三字古音相近，可以互相替換。

陰：[图](羼伯子宭父盨，《集成》4443)　　[图](羼伯子宭父盨，《集成》4444)

[图](陰平劍，《集成》11609)

(七) 偏旁誤寫

節：[图](子禾子釜，《集成》10374)

[图](偏將軍虎節，《歷史博物館館刊》1993年第2期)

吉：[图](鑄叔皮父簋，《集成》4127)　　[图](邾大宰簠，《集成》4624)

第四節　同　　化

同化是與異化相對的概念，關於同化，學者對其概念的稱謂和界定有所不同。蘇建洲對同化的界定是"文字演變的過程中，或受自身部件或偏旁的影響，或受形近字的牽動，往往彼此字形會趨於相近"[1]，我們認爲這種界定比較準確。

(一) 形體自身的同化

形體自身的同化是指一個字的偏旁之間的互相影響，從而使偏旁形體互

---

[1] 蘇建洲：《燕系文字研究》，臺灣師範大學碩士論文，2000年，第186頁。

相接近的現象。例如：

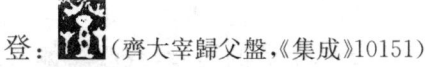

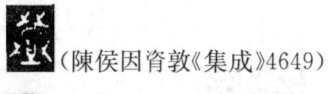

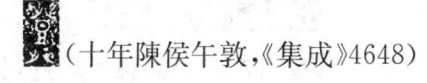

登：▣（齊大宰歸父盤，《集成》10151）　　▣（十四年陳侯午敦，《集成》4647）

　　▣（陳侯因資敦《集成》4649）　　▣（叔夷鎛，《集成》285）

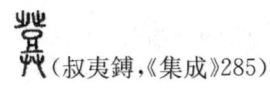

　　▣（十年陳侯午敦，《集成》4648）

"登"字下面本從"収"，而"▣"字形由於受到上部"癶"偏旁的影響，下面也同化而從"癶。"

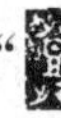

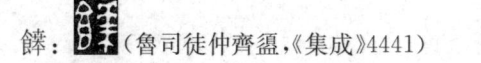

饎：▣（魯司徒仲齊盨，《集成》4441）　　▣（禾簋，《集成》3939）

　　▣（齊陳曼簠，《集成》4596）

齊陳曼簠"▣"字左邊"食"旁下部受到上部的影響而同化爲"▣"。

（二）受形近字影響的同化

形近字影響的同化是指相近形體之間的趨同現象。例如：

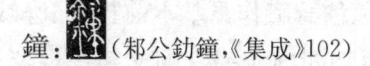

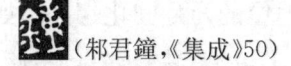

鐘：▣（邾公釛鐘，《集成》102）　　▣（邾君鐘，《集成》50）

齊系金文中從"升"旁的字作"▣"（子禾子釜，《集成》10374）形，受金文"升"字的影響，邾公釛鐘的"▣"所從"重"旁的上部類化成近似"升"的形體。

且：▣（陳侯因資敦，《集成》4649）　　▣（邾公孫班鎛，《集成》140）

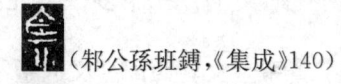

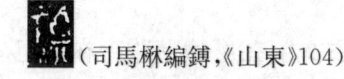

▣（叔夷鎛，《集成》285）　　▣（司馬楙編鎛，《山東》104）

齊系金文"奠"字作"▣"（陳璋圓壺，《集成》9975）、"▣"（陳璋方壺，《集成》9703），"且"和"奠"二字下部都有相同的橫畫，受"奠"字下部的影響，"且"字下部類化得和"奠"字下部相同。

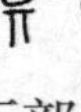

(三) 受語境影響的同化

受語境影響的同化是指由於受到上下文的語境的影響，或改寫偏旁或增加義符所造成的同化現象。

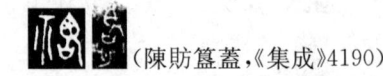

鬼：（瀞鎛，《集成》271）　　　（陳肪簠蓋，《集成》4190）

陳肪簠蓋相關辭例爲"龏（恭）盦（寅）䰰（鬼）神，畢（愬）鸏（恭）悬（畏）忌"，前一"鬼"字由於受到下字"神"字的影響，增加了"示"旁；後一"鬼"字由於受到"忌"字從"心"的影響，增加了"心"旁。

錯：（陳卯造戈，《集成》11034）

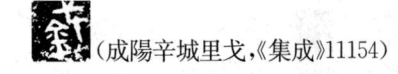

戔：（陳卯造戈，《集成》11034）　　　（成陽辛城里戈，《集成》11154）

陳卯造戈相關辭例"陳卯錯（造）戔（戈）"，"造"字從"金"應該是受到了"戈"字從"金"類化的影響。

齊系金文經歷了長期的簡化、繁化、異化等演變過程，這似乎表明齊系金文越來越具有變異性。但從總體看，齊系文字繼承性仍大於變異性。對戰國文字的同化趨勢，何琳儀給出了有啓發性的觀點："在戰國文字發展演變過程中，占主導地位的乃是同化趨勢。如果沒有這種認識作爲基本前提，那麼戰國文字形體大多可識，易於書寫，秦始皇能在短時間内統一六國文字等現象，就不好理解了。"[①]

齊系金文的同化規律可表現在兩個方面：一是對西周金文的繼承；一是與同時期各國文字存在諸多一致性。

（一）齊系金文對西周金文的繼承性

齊系文字在形體上雖存在自己本身的特殊性，但其對西周金文的繼承也是多方面的，單就其字形而言，齊系文字同西周金文也有很多一致或相近的文字形體，兹舉幾例列表説明：

---

① 何琳儀：《戰國文字通論（訂補）》，第249頁。

時代 字例	西周金文	齊系金文
宗		
皇		
朕		
敽		
壽		
無		
膳		
寶		
疆		

(二) 齊系金文爲代表的齊系文字同戰國各國文字的一致性

齊系金文同其他戰國文字在基本偏旁、偏旁位置、結構形體等都存在諸多一致性，以下略作說明。

1. 基本偏旁

戰國各國文字的基本偏旁雖存在大量差異，但也存在很多寫法一致的偏旁，諸如"口""止""言""攴""刀""肉""虍""皿""食""宀""竹""水""戈"等。

2. 偏旁位置

甲骨文、金文偏旁位有時不固定，但固定化是一個基本趨勢，戰國文字中也存在着諸多偏旁不固定的情況，但多數戰國文字的偏旁相當穩定，或趨於穩定。何琳儀對一些常見偏旁的位置做過總結[①]：

左部偏旁有"示""玉""走""言""食""木""貝""人""石""水""系""金""車""阜"等。

右部偏旁有"攴""刀""卩""斤""欠"等。

上部偏旁有"羽""虍""艹""竹""宀""穴""門"等。

下部偏旁有"止""皿""火""心""土"等。

3. 結構形體

戰國時期各國文字存在諸多異形情況，但各國文字在結構形體上存在很大的一致性。另外，戰國中晚期各國文字普遍呈現出趨簡求易的風氣，這也是戰國文字存在一致性的地方。

以上從簡化、繁化、異化以及同化等方面探討了齊系金文的形體演變方式。簡化和繁化作爲一個矛盾的兩個方面貫穿於形體演變的整個過程，其中簡化是形體演變的總趨勢，是主要的；繁化是次要方面；異化是戰國文字"文字異形"的重要原因；同化則體現了戰國文字最終趨於統一的趨勢。

齊系文字的形體演變是極爲複雜的，以上所涉及的演變方式只是其主要方面，還有很多文字的形體、筆畫、偏旁的細微變化有待於進一步探討。

---

① 何琳儀：《戰國文字通論（訂補）》，第 250 頁。

第五章　齊系金文用字習慣研究

　　用字習慣,又稱用字方法,是指在一定時期在書面文字材料中,人們記錄語言時用什麼字來記錄什麼詞的習慣。簡言之,用字習慣就是詞與字的對應規律。用字問題研究是目前學術界的熱點和前沿。黄德寬曾強調利用出土文獻開展用字研究的重要性,強調運用動態分析的研究方法,對漢字表現的字詞關係和字際關係都需要進行深入的考察和分析①。

　　裘錫圭指出:"用字習慣從古到今有不少變化……如果某種已經被後人遺忘的古代用字方法,在某種或某些古書中(通常只是在古書的某一或某些篇章甚至語句中)還保存着,就會給讀這些古書的人造成很難克服的困難。"②因此,研究文獻中的用字習慣具有重要的學術價值,不僅有利於瞭解某一時代漢字記錄漢語的整體情況,而且對正確理解古書的內容也有重要意義。

　　用字習慣受空間時間等諸多因素的影響,用字習慣常常因時代或地域不同而出現差異。不同時代、不同地域的文字資料所表現出來的字詞關係都可能存在差異;即便是同一時代、同一地域的文字資料所表現出來的字詞關係也並非完全相同。

　　按照字與其所表示的詞的關係的不同,用字習慣大體可分本用、借用、訓讀、形借等幾種類型③。

　　我們將在學界對齊系金文相關考釋成果的基礎上,基本按照《説文》收字

---

① 黄德寬:《古漢字發展論》,中華書局,2014年,第18頁。
② 裘錫圭:《簡帛古籍的用字方法是校讀傳世先秦秦漢古籍的重要根據》,《裘錫圭學術文集·語言文字與古文獻卷》,第464頁。
③ 周波:《戰國時代各系文字間的用字差異現象研究》,第5頁。

順序對齊系金文的一些特殊用字情况進行系統調查①，並對齊系金文的字詞關係概况進行研究，希望能够揭示戰國時期齊系金文的用字習慣。

爲了明確字與詞的區别，我們參照裘錫圭在《文字學概要》中的做法，用{ }作爲詞的標志。

第一節　齊系金文用字習慣考察

卷一

001. 一

齊國金文用"一(或弌)"表示{一}。"弌"見於庚壺(《集成》9733)，《説文》古文从弋从一，與此同。丁山疑爲从戈，戈猶今言個，弌、弍、弎疑即一個、兩個、三個；商承祚以爲"一二三筆畫簡略，書寫之時不能與它字相稱，至晚周遂增弋戈以填密之"。李孝定以爲所以从弋或戈者，"乃故增其點畫，免致變易增損，以爲姦利耳"。季旭昇認爲綜合早期古文字材料來看，"弌"字似乎本从"戌"或"戈"，其造字本義待考。

002. 元

狐駘國金文用"兀"表示{一}，見於虖𰯗丘君戈(《集成》11265)。元、兀爲一字分化，古音兀在疑紐物部，元在疑紐元部，聲同韻近。

003. 丕

齊國金文借"不"表示{丕}，見於公典盤(《近出》1009)。"丕"字由"不"加短横分化而來。

004. 帝

齊國金文用"啻"表示"黄帝"之{帝}，見於陳侯因𰯛敦(《集成》4649)，辭例作"聖(紹)紳(申)高且(祖)黄啻(帝)"。

005. 祖

齊系金文用"祖""且""禔""𥛜""䄛""禔"表示{祖}。"祖"見於齍鎛(《集

---

① 此種考察方式受到周波《戰國時代各系文字間的用字差異現象研究》一書的啓發。

成》271);"且"見於陳侯因資敦(《集成》4649);"禔"見於陳逆簠(《集成》4096);"昪"見於叔夷鎛(《集成》285));"楎"見於陳逆簠(《集成》4629);"禔"見於滕國器司馬楙編鎛(《銘圖》15767)。

006. 祂(妣)

齊國金文用"祂"表示{妣},見於鬻鎛(《集成》271),辭例作"用亯(享)用考(孝)于皇祖聖弔(叔)皇祂(妣)聖姜"。

007. 祧

滕國金文用"祧"表示"先公""先王"之{先},見司馬楙編鎛(《銘圖》15767)。

008. 皇

齊國金文用"圥""皇"表示"皇考""皇妣""皇祖"之{皇},意爲對先代或亡親的敬稱。《説文》:"艸木妄生也。从之在土上,讀若皇。""圥"字从"之""王"聲,是"往"之初文。張富海指出,《説文》云"讀若皇",《汗簡》注音爲"户光切",大概都是用"圥"爲{皇}的①。"圥"字見於齊陳逆簠(《集成》4096)、陳逆簠(《集成》4629),均用作"皇祖"之{皇}。齊陳曼簠(《集成》4595)、十四年陳侯午敦(《集成》4646)、陳侯因資敦(《集成》4649)用"皇"表示"皇考""皇妣"之{皇}。

009. 靈

齊國金文多用"霝"表示{靈},齊大宰歸父盤(《集成》10151),辭例作"霝(靈)命難老";郳公釛鐘(《集成》102),辭例作"揚君霝(靈)"。

《説文》小徐本"霝"字下云:"霝,古文靈。"《古文四聲韻》引《古尚書》云"靈"或作"霝"。也用"龗""霏"爲{靈},見於叔夷鐘(《集成》276)"龗(靈)力若虎",庚壺(《集成》9733)"獻于霏(靈)公之所"。《古文四聲韻》引《古尚書》"靈"或作"龗"②。

010. 孚

郳國、鄟國金文用"孚"表示"子孫"之{孫},見於竃虩鼎(《集成》2426)、鄟公鎛(《古研》29.396)。

---

① 張富海:《漢人所謂古文之研究》,綫裝書局,2007年,第101頁。
② 周波:《戰國時代各系文字間的用字差異現象研究》,第36頁。

011. 葉

齊國金文用"葉（枼）"表示"世代"之{世}，見於鰲鎛（《集成》271）。《詩經·商頌·長發》："昔在中葉，有震有業。"毛傳："葉，世也。"

卷二

012. 怭

邾國金文用"怭"表示{毖}，見於邾大宰簠（《集成》4623）。辭例作"怭（毖）斁（恭）孔惠"。

013. 半

齊國金文用"料"表示{半}，見於子禾子釜（《集成》10374），辭例作"閒（關）鉨節于釐（稟）料"。料，从半从升，郭沫若認為"是古半升量專字"[1]。馬承源認為是"量值之半的專用字，升為意符，非半升或半斗之謂"[2]。李學勤認為"稟料"為"半"[3]。

014. 告

齊國金文或用"告"表示{造}，見於陳子皮戈（《集成》11126）、郳左造車戟（《新收》1097）等。

015. 名

邾國金文用"名"表示{銘}，見於邾公華鐘（《集成》245），辭例作"脊（慎）為之名（銘）"。

016. 吾

齊國金文用"虞"表示人稱代詞{吾}，見於鰲鎛（《集成》271），辭例作"㑥（保）虞（吾）兄弟"。《古文四聲韻》引《道德經》、《訂正六書通》引《古老子》"吾"作"魚"，也許反映了齊文字的特點[4]。

017. 哴

莒國金文用"哴"表示{良}，見於莒叔之仲子平鐘（《集成》172—180），辭例

---

[1] 郭沫若：《丘關之釜考釋》，《金文叢考》，第708頁。
[2] 馬承源：《商周青銅器銘文選（第四卷）》，第555頁。
[3] 李學勤：《釋楚度量衡中的"半"》，《中國錢幣論文集》第四輯，中國金融出版社，2002年，第61—64頁。
[4] 周波：《戰國時代各系文字間的用字差異現象研究》，第48頁。

作"聖智鼼(恭)哴(良)"。

018. 和

邾國金文用"禾"表示{和}，見於邾公邾公釶鐘(《集成》102)。

019. 趣

莒國金文用"趣"表示{取}，見於莒侯少子簋(《集成》4152)，辭例作"鑑(合)趣(取)吉金"。

020. 趄

齊國金文用"趄"表示{桓}，見於陳逆簠(《集成》4630)，用作"陳桓"之{桓}；還見於陳侯因𤘈敦(《集成》4649)，用作"桓公"之{桓}。

021. 歷

齊國金文用"𠂿"表示{歷}，見叔夷鎛(《集成》273)，辭例作"汝膺𠂿(歷)公家"。郭店楚簡《窮達以時》簡二—三"舜耕於𠂿山"，"𠂿山"即文獻中"歷山"。

022. 止

莒國金文用"止"表示"之"，見於莒大叔平瓠壺(《山東金文集成》634 頁)，辭例作"子子孫孫永保用止(之)"。

023. 造

齊系金文用"造""媱""錯""寤""艁""敊""佸""廧""鄫"表示{造}。"艁"爲"造"字古文。平阿左戟(《集成》11158)、陳侯因𤘈戈(《集成》11260)、陳余戈(《集成》11035)、陳卿聖孟戈(《集成》11128)、齊城右造戟(《集成》11815)、十年陳侯午敦(《集成》4648)、陳侯因𤘈戈(《集成》11129)、子禾子左戟(《集成》11130)、莒大史申鼎(《集成》2732)用"造"表示{造}。用高密造戈(《集成》11023)用"媱"表示{造}。陳侯因𤘈戈(《集成》11081)、陵右戟(《集成》11062)、陳卯造戈(《集成》11034)、滕侯耆戈(《集成》11078)用"錯"表示{造}。陳麗子戈(《集成》11082)、莒公孫潮子鐘(《集錄》009)用"寤"表示{造}。羊子戈(《集成》11090)、羊角戈(《集成》11210)、淳于公戈(《集成》11125)、邾大司馬戈(《集成》11206)、淳于公戈(《集成》11124)、滕侯昃戈(《集成》11018)、陰平劍(《集成》11609)、枭之造戈(《集成》11006)用"艁"表示{造}。高密造戈(《集成》11023)、左府之造戟(《中國歷史文物》2007 年第 5 期)、曹右戈(《集成》11070)

用"敓"表示{造}。陳之戟(《銘圖》16648)用"俈"表示{造}。用滕侯昃戈(《集成》11123)用"艁"表示{造}。齊城造戈(《集成》10989)用"䣵"表示{造}。

024. 選

齊系金文用"䍺"①表示選擇之{選},見於陳駍簠蓋(《集成》4190)。辭例作"䍺(選)䍺(擇)吉金"。"屖"即《説文》古文"徙",讀爲"選"。

025. 遂

齊國金文用"逨"爲鄉遂之{遂},見於鎛(《集成》271),辭例作"大逨(遂)"。"㣇"與"述"都是"遂"字的異體,"大遂"是春秋時期齊國國家管理遂的最高職官。《周禮》六遂的最高長官是"大遂",掌管六遂的土地和人民,"大遂"的地位、職掌大概與之相當。②

026. 逐

齊國金文用"达"表示追逐之{逐},見於陳曼簠(《集成》4596),辭例作"齊陞(陳)曼不敢达(逐)康"。

027. 徐

齊國金文用"余"表示徐國之{徐},見於冀甫人匜(《集成》10261),辭例作"余(徐)王寬獻孫"。

028. 牙

齊國金文用"牙"表示{與},見於辟大夫虎節(《中國歷史博物館館刊》1993年第2期)辭例作"[填]垔(丘)牙(與)塿綷"。與、牙古音都是魚部字,與字从牙得聲,裘錫圭認爲"與"大概是後人將作"與"的"牙"字字形略作改造,以示區別,分化出"與"字③。

卷三

029. 世

齊國金文用"䇂"表示{世},見於十年陳侯午敦(《集成》4648)、十四年陳侯

---

① 或隸作"厰"。
② 李家浩:《齊國文字中的"遂"》,《湖北大學學報》(社會科學版),1992年第3期。
③ 裘錫圭:《讀〈戰國縱橫家書釋文注釋〉札記》,《文史》第三十六輯,中華書局,1992年,第78—79頁。

午敦(《集成》4646),辭例作"永豈(世)母(毋)忘";陳侯因㮋敦(《集成》4649),辭例作"豈(世)萬子孫"。

030. 諸

齊國金文用"者"表示"諸侯"之{諸},見於十年陳侯午敦(《集成》4648)、十四年陳侯午敦(《集成》4646)、陳侯午簠(《集成》4145)、陳侯因㮋敦(《集成》4649)等。

031. 諰

齊國金文用"諰"表示{忌},見於鎛鎛(《集成》271),辭例作"余彌(彌)心畏諰(忌)"。

032. 諆

齊國金文用"諆"表示{忌},見於復丰壺(《銘圖》12447),辭例作"祕(毖)𠭯(恭)威(畏)諆(忌)"。

莒國金文中用"諆"表示{期},見於莒叔之仲子平鐘(《集成》174—175),辭例作"萬年無諆(期)"。

033. 謐

邾國金文用"謐"表示{毖},見於邾大宰簠(《集成》4624)。

034. 殊

魯國金文用"栽"表示{誅},見於叔孫栽戈(《集成》11040)。《汗簡》《古文四聲韻》引《尚書》"誅"作"栽"。

035. 𠭯

齊系金文用"𠭯"表示{恭},見於邾公牼鐘(《集成》149),辭例作"余畢𠭯(恭)威(畏)忌";莒叔之仲子平鐘(《集成》172—180),辭例作"聖智𠭯(恭)哴(良)";邾公華鐘(《集成》245),辭例作"余畢𠭯(恭)威(畏)忌淑穆";邾大宰簠(《集成》4624),辭例作"余□𠭯(恭)孔恵";禾簋(《集成》3939),辭例作"乍(作)皇母懿𠭯(恭)孟姬"。陳昉簠蓋(《集成》4190),辭例作"敤(毖)𠭯(恭)悢忌"。

036. 共

齊國金文用"共"表示恭敬之{恭},見於叔夷鐘(《集成》273),辭例作"女(汝)敬共(恭)辟命"。

037. 鮑

齊國金文用"鮑"表示鮑氏之{鮑}，見於鬻鎛(《集成》271)、鮑子鼎(《中國歷史文物》2009 年第 2 期)。

038. 鬲

齊國金文用"鬲"表示{歷}，見於叔夷鎛(《集成》273)。

039. 叔

齊系金文用"弔"表示{叔}，見於陳貯簋(《集成》4190)、陳曼簠(《集成》4595)、鑄叔鼎(《集成》2568)、眞公壺(《集成》9704)等。

040. 寺

齊系金文用"寺"表示{持}，見於邾公牼鐘(《集成》151)，辭例作"分器是寺(持)"；陳喜壺(《集成》9700)，辭例作"台(以)寺(持)民卬"；或借用"寺"表示邿國之{邿}，見於邿公典盤(《集錄》1009)。

041. 將

齊國金文用"牆"表示"將軍"之{將}，見於偏將軍虎節(《銘圖》19168)。

042. 攻

齊國金文用"攻"表示"功勞"之{攻}，見於叔夷鎛(《集成》285)，辭例作"女(汝)肇(肇)勸(敏)于戎攻(功)"；或用"攻"表示"工師"之{攻}，見於國差罎(《集成》10361)，辭例作"攻(工)帀(師)何鑄西彊寶罎四秉"。

043. 妝

郳國金文用"妝"表示{瓶}，見於僉父瓶(《遺珍》第 32 頁)，辭例作"霝(靈)父君僉父乍(作)其金妝(瓶)"。

044. 敵

齊國金文用"敵"表示"匹敵"之{敵}，見於叔夷鎛(《集成》285)，辭例作"爲女(汝)敵(敵)寮(僚)"。

045. 貞

齊系金文用"貞"表示{鼎}，見於邾來隹鬲(《集成》670)、莒大史申鼎(《集成》2732)、魯大左嗣徒元鼎(《集成》2592)、魯仲齊鼎(《集成》2639)、杞伯每亡鼎(《集成》2494)、鑄子叔黑臣鼎(《集成》2587)、邿伯祀鼎(《集成》2602)、費奴父鼎(《集成》2589)等。

卷四

046. 者

齊系金文用"者"表示{諸},見於十四年陳侯午敦(《集成》4646)、陳侯因資敦(《集成》4649)、陳純釜(《集成》10371)、子禾子釜(《集成》10374)、邾公䤵鐘(《集成》151)、魯伯者父盤(《集成》10087)等。

047. 雁

齊國金文用"雁"表示{膺},見於叔夷鎛(《集成》285),辭例"雁(膺)受君之易(賜)光","女(汝)雁(膺)鬲(歷)公家"。

048. 散

齊系金文用"箙"表示{散},見於陳□箙(散)造劍(《集成》11591)、羊角之辛船(造)箙(散)戈(《集成》11210)、陳御寇箙(散)鈛(戈)(《集成》11083)等。陳偉武謂"散"是"當時山東一帶的方言詞"[1]。徐在國認爲指的就是"用來殺戮的戈、劍"[2]。

049. 割

曩國用"割"表示{匄},見於曩伯子庭父盨(《集成》4443),辭例作"割(匄)睂(眉)壽無彊(疆)"。

卷五

050. 莒

莒國金文用"簷""鄺"表示"莒國"之{莒},見於莒叔之仲子平鐘(《集成》172—180)、莒大史申鼎(《集成》2732)、鄺公孫潮子鎛(《集録》004)、鄺侯少子簋(《集成》4152)。

051. 簠

齊系金文用"匿"[3]"匰""害""笑"表示"簠","匿"見於鑄叔簠(《集成》

① 陳偉武:《簡帛兵學文獻探論》,中山大學出版社,1999年,第116頁。
② 徐在國:《東周兵器銘文中幾個詞語的訓釋》,《古漢語研究》2005年第1期。
③ "簠""匿"學者一般認爲是一字異體,二字所代表的爲同一種器物。高明先生提出"盙、簠是兩種不同的禮器""瑚與匿之本名是盙,並不是簠""匿(盙)是長方形,而簠是圓形"等觀點。參看高明:《盙、簠考辨》,《文物》1982年第6期。

4560)、魯伯俞父簠(《集成》4568)、鑄叔作嬴氏簠(《集成》4560)等；"匿"見於魯士浮父簠(《集成》4517.1)、"害"見於鑄公簠蓋(《集成》4574)、魯侯簠(《新收》1068)、薛子仲安簠(《集成》4547)；"笑"見於陳逆簠(《集成》4630)等。

052. 瑄

齊國金文用"瑄"表示"桓武"之{桓}，見於叔夷鎛(《集成》272—285)，辭例作"又(有)共(恭)于瑄(桓)武霝(靈)公之所"。

053. 籘

滕國金文用"籘"表示"滕國"之{滕}，見於滕子戈(《集成》10898)。

054. 奠

齊國金文用"奠"表示{鄭}，見於陳璋圓壺(《集成》9975)、陳璋方壺(《集成》9703)，辭例作"奠(鄭)昜(陽)陞(陳)旻(得)再立(蒞)事歲"。

055. 差

齊國金文用"差"表示{佐}，見於叔夷鎛(《集成》272—285)，辭例作"左(佐)右(祐)余一人，余命女(汝)𢧵(籖)差(佐)正卿"。

056. 䩉

齊國金文用"䩉"表示"甲冑"之"甲"，見於庚壺(《集成》9733)，辭例"庚戢(捷)其兵䩉(甲)車馬"。

057. 虘

齊國金文用"虘"表示人稱代詞{吾}，見於鑄鎛(《集成》271)，辭例作"俘(保)虘(吾)兄弟"。

058. 盉

齊系金文用"盂""盉"表示{盂}。"盂"見於魯大司徒元盂(《集成》10316)、齊侯盂(《集成》10318)、齊良壺(《集成》9659)；"盉"見於齊侯匜(《集成》10283)。

059. 益

齊國金文用"益"表示"容量單位"之{鎰}，見於少司馬耳杯(《新收》1080)、厶(私)之十重耳杯(《新收》1079)。

060. 夤

齊國金文用"夤"表示{寅}，見於陳侯因脊敦(《集成》4649)，辭例作"者(諸)侯夤(寅)薦吉金"；還見於陳肪簋蓋(《集成》4190)。辭例作"鼻(恭)夤(寅)䰩(鬼)神"。

061. 血

齊國金文用"血"表示{恤}，見於陳逆簠(《集成》4630)，辭例作"懼血(恤)宗家"。

062. 卹

齊國金文用"卹"表示{恤}，見於邾公華鐘(《集成》245)，辭例作"台(以)卹(恤)其祭祀盟誓"；見叔夷鎛(《集成》285)，辭例作"虔卹(恤)乃死事"。

063. 諴

齊國金文用"諴"表示{成}，見叔夷鎛(《集成》285)，辭例作"而成公之女"。

064. 入

齊國金文多用"內"表示{入}，見於陳璋方壺(《集成》9703)、陳璋圓壺(《集成》9975)，辭例作"陳璋內(入)伐匽(燕)"。

065. 盨

齊國金文或用"盨"表示{敦}，見於荆公孫敦(《近出》537)，辭例作"䚈(荆)公孫豎(鑄)其蕭盨(敦)"。

066. 廩

齊系金文用"稟""敦"表示"倉廩"之{廩}。"稟"見於左稟戈(《集成》10930)，辭例作"左稟(廩)"；"敦"見於陳純釜(《集成》10371)辭例作"節于敦(廩)"，子禾子釜(《集成》10374)，辭例作"間(關)鉰節于敦(稟)𥾅"。

067. 久

邾國金文用"舊"表示"長久"之{久}，見於邾公華鐘(《集成》245)，辭例作"元器其舊(久)"。

卷六

068. 枳

齊國金文用"枳"表示"支子"之{支}，見於陳肪簋蓋(《集成》4190)，辭例作

"䇟(鼄)弔(叔)枳(支)子"。"支子"即嫡長子之弟①。

069. 鎜

齊國金文用"鎜"表示{盤}，見於齊大宰歸父盤(《集成》10151)，辭例作"齊太宰遄(歸)父鼄爲忌(己)鹽(沫)盤"。

070. 櫑

邾國金文用"櫑"表示{罍}，見於邾伯罍(《集成》10006—10007)，辭例作"不(邾)白(伯)夏子自乍(作)尊櫑(罍)"。

071. 柚

齊國金文用"柚"表示"輔助"之{輔}，見於叔夷鎛(《集成》285)，辭例作"伊少(小)臣隹柚(輔)"。

072. 桓

齊國金文或用"趄"表示{桓}，見於陳逆簠(《集成》4629—4630)，辭例作"余陸(陳)趄(桓)子之裔孫"；還見於陳侯因𩦎敦(《集成》4649)，辭例作"皇考孝武趄(桓)公龏(恭)戠(哉)"。

073. 帀

齊國金文或用"帀"表示{師}，見於陳純釜(《集成》10371)，辭例作"命左開(關)帀(師)𤼈敀(敚)成左開(關)之釜(釜)"；還見於國差甔(《集成》10361)，辭例作"攻(工)帀(師)佴(何)𥂴(鑄)西墓(墉)寶甔三(四)秉"。

074. 柬

齊國金文用"柬"表示{闌}，見於瑹子鼎(《中國歷史文物》2009年第2期)，辭例作"勿或(有)柬(闌)巳(已)"，"柬"讀爲"闌"訓爲"完結"。

075. 費

費國金文用"弗"表示費國之{費}，見於費奴父鼎(《集成》2589)，辭例作"弗(費)奴父乍(作)孟奴(妊)宁腠(媵)鼎(鼎)"。

076. 匃

費國金文用"匃"表示{匄}，見於陳逆簠(《集成》4096)，辭例作"㠯(以)匃(匄)羕(永)令(命)湏(眉)壽"。

---

① 李學勤：《齊侯壺的年代與史事》，《文物中的古文明》，第244—248頁。

077. 邾

邾國金文多用"䵖""邾"表示邾氏之{邾},見於邾魯銅器銘文,如魯伯愈父鬲(《集成》690)、邾大宰鐘(《集成》86.1-2)、邾大宰簠(《集成》4623)、䵖叔之伯鐘(《集成》87)等器。

卷七

078. 朝

齊國金文用"淖"表示"朝會"之{朝},見於十年陳侯午敦(《集成》4648),辭例作"陞(陳)侯午淖(朝)羣邦者(諸)矦(侯)于齊";還見於陳侯因𩱧敦(《集成》4649),辭例作"淖(朝)睧(問)者(諸)侯"。

079. 旂

齊系金文用"旂"表示之{祈},見於邾叔之伯鐘(《集成》87)、邾公鈺鐘(《集成》102)、公孫竈壺(《集成》9709)、公典盤(《近出》1009),辭例皆爲"用旂(祈)眉壽"一類的用語。

080. 萁

齊系金文用"萁"表示{朝},見於洹子孟姜壺(《集成》9730),辭例作"萁(期)爾期";見於夆叔盤(《集成》10163),辭例作"壽老無萁(期)";見於公典盤(《近出》1009),辭例作"男女無萁(期)";見於鮑子鼎(《中國歷史文物》2009年第2期),辭例作"男女無萁(期)"。

081. 盟

齊系金文用"盟""明"表示"盟誓"之{盟},"盟"見於叔夷鎛(《集成》285),辭例作"中專盟(盟)井(刑)""雁(膺)卹(恤)余于盟(盟)卹(恤)";"明"見於司馬楙編鎛(《銘圖》15768),辭例作"洗(先)王明(盟)祀"。

082. 甬

齊國金文用"甬"表示{勇},見於庚壺(《集成》9733),辭例作"甬=(勇勇)!商(賞)之台(以)邑嗣、衣裳、車馬"。

083. 禾

邾國金文用"禾"表示{龢},見於邾公鈺鐘(《集成》102),辭例作"陸䵣(融)之孫邾公鈺乍(作)㝬禾(龢)鍾(鐘)"。

084. 私

齊國金文用"厶"表示{私}，見於厶之十重耳杯（《新收》1049），辭例作"厶（私）之十冢一益三十八屎（錘）"。

085. 宔

齊國金文用"宔"表示{主}，見於陳純釜（《集成》10371），辭例作"命左開（關）帀（師）쯦敕（敕）宔（主）左問（關）之䥶（釜）"。

086. 常

齊國金文用"尚"表示{常}，見於陳侯因𦈭敦（《集成》4649），辭例作"永爲典尚（常）"。

087. 呂

齊國金文用"呂"表示{鋁}，見於郘公牼鐘（《集成》149—151），辭例作"玄鏐膚（鏞）呂（鋁）"。

卷八

088. 備

齊國金文用"備"表示{佩}，見於洹子孟姜壺（《集成》9729—9730），辭例作"于上天子用璧、玉備（佩）一嗣（笥）"。

089. 倪

倪國金文用"兒"表示{倪}，見於倪慶鬲（《遺珍》41頁），辭例作"兒（倪）慶乍（作）秦妊羞鬲"。

090. 偏

齊國金文用"弁"表示{偏}，見於偏將軍虎節（《新收》1559），辭例作"弁（偏）牆（將）匂（軍）信節"。

091. 佐

齊國金文用"差"表示{佐}，見於叔夷鎛（《集成》272—285），辭例作"左（佐）右（祐）余一人，余命女（汝）穀（篋）差（佐）正卿"。

092. 姓

齊國金文用"住"表示{姓}，見於鎛鎛（《集成》271），辭例作"保虐（吾）子住（姓）"。

第五章 齊系金文用字習慣研究 421

093. 從

齊國金文用"從"表示{縱}，見於鱻鎛（《集成》271），辭例作"侯氏從（縱）達之"；見於洹子孟姜壺（《集成》9729—9730），辭例作"無用從（縱）爾大樂"。

094. 重

齊國金文用"豖"表示{重}，見於銅耳杯（《集成》9940），辭例作"豖（重）十六展展（錘）"；見少司馬耳杯（《新收》1080），辭例作"鈈大式（貳）益豖（重）叁十展（錘）"。

095. 骲

齊國金文或用"骲"表示{浣}，見於魯少司寇盤（《集成》10154），辭例作"乍（作）甘（其）子孟敀（姬）嫛朕（浣）般（盤）它（匜）"。

096. 艁

郜國金文或用"艁"表示{造}，見於郜造鼎（《集成》2422），辭例作"郜艁（造）噬（遣）乍（作）寶鼎郜艁（造）噬（遣）乍（作）寶鼎"。

097. 敤

齊國金文或用"敤"表示{總}，見於叔夷鎛（《集成》285），辭例作"敤（總）命于外内之事"。

卷九

098. 頛

齊國金文或用"頛"表示"沉迷"之{迷}，見於叔夷鎛（《集成》285），辭例作"母（毋）或承（沉）頛（迷）"。

099. 吝

滕國金文用"吝"表示"文考"之"文"，見於司馬楙編鎛（《銘圖》15768），辭例作"朕吝（文）考懿弔（叔）"，"用訇（享）于皇祖吝（文）考"。《説文・口部》："吝，恨惜也，从口、文聲。《易》曰：以往吝。"讀{文}的"吝"和吝恨的"吝"同形。讀{文}的"吝"還見於新蔡簡，陳斯鵬指出這似乎不必認爲是假借了悔吝之"吝"來記録{文}，更合理的解釋是讀{文}之"吝"爲"文"字自身之繁化……讀{文}之"吝"和讀{吝}之"吝"，字形相同而構形依據不同。換言之，"吝"字形之所以既表{吝}又表{文}，是異字同形所造成的①。

100. 翌

齊國金文或用"翌"表示{紹}，見於陳侯因𬯀敦（《集成》4649），辭例作"翌（紹）紳（申）高且（祖）黃啻（帝）"。

101. 辟

齊國金文或用"辟"表示{嬖}，見於辟大夫信節（《中國歷史博物館館刊》1993年第2期），辭例作"辟（嬖）大夫虎節"。

102. 畏

齊國金文或用"悁"表示"畏忌"之{畏}，見於陳貼簠蓋（《集成》4190），辭例作"敄（愍）龏（恭）悁（畏）"；見於叔夷鎛（《集成》285），辭例作"女（汝）小心悁（畏）忌"。

103. 厶

齊國金文用"厶"表示{私}，見於厶之十重耳杯（《新收》1049），辭例作"厶（私）之十冢一益三十八展（錘）"。

104. 府

齊國金文用"賡"表示"府藏"之{府}，見於齊左府之造戟（《中國歷史文物》2007年第5期），辭例作"左賡（府）"。

105. 昜

齊國金文用"昜"表示{陽}，見於陳侯因𬯀戈（《集成》11260），辭例作"勹昜（陽）右"。

106. 易

齊系金文用"易"表示"賞賜"之{賜}，見於叔夷鎛（《集成》285），辭例作"余易（賜）女（汝）釐都䞷劀"。

卷十

107. 灋

齊系金文中"灋"字用字習慣有二：一是用"盬"表示"刑灋"之{灋}，見於

---

① 陳斯鵬：《楚系簡帛中字形與音義關係研究》，中國社會科學出版社，2011年，第90頁。

司馬棽編鏄(《銘圖》15768),辭例作"亦帥刑(型)罋(灋)";二是用"灋"表示{廢},見於叔夷鐘(《集成》272—275),辭例作"余弗敢灋(廢)乃命"。

108. 獻

魯國金文或用"獻"表示{甗},見於魯仲齊甗(《集成》939),辭例作"魯中(仲)齊乍(作)旅獻(甗)"。

109. 獲

齊國金文用"隻"表示之{獲},見於罌子鼎(《中國歷史文物》2009年第2期),辭例作"其隻(獲)生(之)男子"。

110. 慎

齊系金文用"昚"表示{慎},見於叔夷鎛(《集成》272—285),辭例作"昚(慎)中氒(厥)罰";還見於鼄公華鐘(《集成》245),辭例作"昚(慎)爲之名(銘)"。

111. 銅

齊國金文用"銅"表示{嗣},見於陳侯因𧨶敦(《集成》4649)辭例作"屎(纂)銅(嗣)趄(桓)文"。

112. 蕠

齊國金文用"蕠"表示{謨},見於陳侯因𧨶敦(《集成》4649)辭例作"大蕠(謨)克成"。

卷十一

113. 洦

齊國金文用"漢"表示{洦},見於齊城左戈(《文物》2000年第10期),辭例作"齊城左冶所漢(洦)造"。

114. 濼

莒國金文用"濼"表示{樂},見於莒叔之仲子平鐘(《集成》172—180),辭例作"台(以)濼(樂)其大酉(酋)"。

115. 濟

齊國金文用"遳"表示"濟事"之{濟},見於齊洹子孟姜壺(《集成》9730),辭例作"齊厌(侯)既遳(濟)洹子孟姜喪"。

116. 淖

齊國金文用"淖"表示"朝會"之{朝}，見於十年陳侯午敦(《集成》4648)、陳侯因𩵦敦(《集成》4649)。

117. 淑

齊國金文用"叔"表示"淑善"之{淑}，見於鼄公華鐘(《集成》245)，辭例作"叔(淑)穆不象(惰)于氒(厥)身"。

118. 瀞

齊國金文用"瀞"表示之{靜}，見於國差𦉢(《集成》10361)，辭例作"卑(俾)旨卑(俾)瀞(靜)"。

119. 沫

齊系金文用"湏""𧖴""𩠴""盨""䝷"表示"沫(眉)壽"之{沫(眉)}。"湏"見於陳逆簠(《集成》4096)、邾公孫班鎛(《集成》140)等；"𧖴"見於公孫竈壺(《集成》9709)、國差𦉢(《集成》10361)等；"𩠴"見於魯大司徒厚氏元簠(《集成》4690)、魯太宰原父簋(《集成》3987)、邾公華鐘(《集成》245)、鑄公簠蓋(《集成》4574)、邾公釛鐘(《集成》102)、魯大司徒子仲伯匜(《集成》10277)、邾伯䘒(《集成》10007)等；"盨"見於杞伯每亡壺(《集成》9688)、齊太宰歸父盤(《集成》10151)、薛侯匜(《集成》10263)、邾叔之伯鐘(《集成》87)等；"䝷"見於邾來隹鬲(《集成》670)、莒叔之仲子平鐘(《集成》178)、邾友父鬲(《集成》717)、魯仲齊甗(《集成》939)、魯司徒仲齊盨(《集成》4441)、杞伯每亡壺蓋(《集成》9687)、鑄叔作嬴氏簠(《集成》4560)、魯伯愈父簠(《集成》4568)、㠱伯子㝣父盨(《集成》4443)等。

120. 渝

齊國金文用"俞"表示"渝改"之{渝}，見於鎛(《集成》271)，辭例"勿或俞(渝)改"。

121. 㐁

齊系金文用"㐁"表示{永}，見於杞伯每亡簋(《集成》3898)、魯伯敢匜(《集成》10222)、杞伯每亡壺蓋(《集成》9687)等。

122. 羕

齊國金文用"羕"表示{永}，見於陳逆簠(《集成》4096)，辭例作"以貿(匄)

羕(永)令(命)湏(眉)壽";還見於公孫竈壺(《集成》9709),辭例作"羕(永)保其身"。

123. 鮑

齊國金文用"鼈"表示鮑氏之{鮑},見於鑾鎛(《集成》271)、鼈子鼎(《中國歷史文物》2009年第2期)。

124. 燕

齊國金文用"匽"表示"燕國"之{燕},見於陳璋方壺(《集成》9703)、陳璋罍(《集成》9975),辭例作"陳璋入伐匽(燕)"。

卷十二

125. 戶

齊國金文用"床"表示{戶},見於陳胎戈(《集成》11127),辭例作"陳胎之右床(戶)戈"。

126. 聽

齊國金文用"𦕠"表示{聽},見於洹子孟姜壺(《集成》9729),辭例作"𦕠(聽)命于天子"。

127. 聞

齊系金文用"䎽"表示{問}{聞},用爲{問}見於陳侯因𪧭敦(《集成》4649),辭例"淖(朝)䎽(問)者(諸)侯";用爲{聞}見於莒叔之仲子平鐘(《集成》172—180),辭例"䎽(聞)于夏東"。

128. 捧

齊國金文用"捧"表示{拜},見於洹子孟姜壺(《集成》9729),辭例作"齊厌(侯)捧(拜)嘉命"。

129. 持

齊系金文用"寺"表示{持},見於陳喜壺(《集成》9700),辭例作"以寺(持)民節";邾公牼鐘(《集成》149),辭例作"分器是寺(持)"。

130. 承

齊國金文用"承"表示{沉},見於叔夷鎛(《集成》272—285),辭例作"母(毋)或承(沉)䫇(迷)"。

131. 姓

齊國金文用"侳"表示{姓}，見於齡鎛(《集成》271)，辭例作"保虜(吾)子侳(姓)"。

132. 威

邾國金文用"威"表示"畏忌"之{畏}，見於邾公牼鐘(《集成》149)，辭例作"余畢龏(恭)威(畏)忌"；還見於邾公華鐘(《集成》245)，辭例作"余畢龏(恭)威(畏)忌忞(淑)穆"。

133. 始

齊國金文用"始"表示{姒}，見於鼞子鼎(《中國歷史文物》2009年第2期)，辭例作"鼞(鮑)子用庋(作)朕(媵)中(仲)匋始(姒)"。

134. 孈

齊國金文用"孈"表示{姪}，見於齊縈姬盤(《集成》10147)，辭例作"齊縈姬之孈(姪)乍(作)寶般(盤)"。

135. 戈

齊系金文用"戈""鈛""盉"表示{戈}，"戈"見於高密戈(《集成》10972)、武城戈(《集成》11024)、陳子皮戈(《集成》11126)、高子戈(《集成》10961)、陳豫車戈(《集成》11037)等；"鈛"見於陳余戈(《集成》11035)、陳卿聖孟戈(《集成》11128)、陳胎戈(《集成》11127)、平陽高馬里戈(《集成》11156)、成陽辛城里戈(《集成》11155)、平阿左戈(《集錄》1135)、高平作戈(《集成》11020)等；"盉"見於陳璋圓壺(《集成》9975)。齊國兵器銘文中有的"戈"作"鈛"，很有地方特色①。

136. 戟

齊系金文用"栽""鍼""戗"表示{戟}。"栽"見於武城戟(《集成》10967)、平阿左戟(《集成》11158)、子禾子左戟(《集成》11130)、子淵聾戟(《集成》11105)、大覀公戟(《集成》11051)等；"鍼"見於齊城右造戟(《集成》11815)、陵右戟(《集成》11062)；"戗"見於滕侯戺戈(《集成》11123)。

137. 賊

滕國金文或用"賊"表示{則}，見於司馬楙編鎛(《銘圖》15769)，辭例作"亦

---

① 何琳儀：《戰國文字通論(訂補)》，第92頁。

帥刑(型)鹽(濾)賊(則)洗(先)公正惪(德)"。

138. 義

齊國金文用"義"表示{儀}，見於叔夷鎛(《集成》285)，辭例作"簫(肅)簫(肅)義(儀)政"；見於綸鎛(《集成》271)，辭例作"簫(肅)簫(肅)義(儀)政"。

139. 匽

齊國金文或用"匽"表示{宴}，見於齊鮑氏鐘(《集成》142)，辭例作"用匽(宴)喜"。

140. 匜

齊系金文"它""盉"表示{匜}。"它"見於魯伯敢匜(《集成》10222)、魯司徒仲齊匜(《集成》10275)、杞伯每亡匜(《集成》10255)、冑甫人匜(《集成》10261)、薛侯匜(《集成》10263)、冑伯子宭父匜(《集成》10211)、魯少司寇盤(《集成》10154)；"盉"見於滕大宰得匜(《集錄》1011)。

141. 臧

齊國金文用"臧"表示{莊}，見於庚壺(《集成》9733)，辭例作"獻之于臧(莊)公之所"。

卷十三

142. 織

齊國金文用"織"表示{箴}，見於叔夷鎛(《集成》285)，辭例作"箴佐卿"。宋華强認爲䵼釋爲箴，箴佐即教誨輔佐①。

143. 盇

莒國金文用"盇"表示{合}，見於莒侯少子簋(《集成》4152)，辭例作"盇(合)趣(取)吉金"。

144. 黽

齊系金文用"黽"表示{邾}，見於邾君鐘(《集成》50)、邾公牼鐘(《集成》150)、魯伯愈父鬲(《集成》690)、杞伯每亡簋(《集成》3897)、邾友父匜(《集成》

---

① 宋華强：《楚文字資料中所謂"箴尹"之"箴"的文字學考察》引陳劍説，《古文字研究》第二十九輯，第 603—615 頁。

10236)、邾君慶壺(《遺珍》第 38 頁)。

145. 坪

齊國金文或用"坪"表示{平}，見於高平作戈(《集成》11020)，辭例作"高坪(平)乍(作)鐵(戈)"。

146. 塡

齊國金文用"塡"表示"營丘"之{營}，見於偏將軍虎節(《中國歷史博物館館刊》1993 年第 2 期)，辭例作"塡(營)丘牙塿綷"。

147. 坅

魯國金文用"坅"表示{封}，見於魯少司寇盤(《集成》10154)，辭例作"魯少嗣(司)寇坅(封)孫宅"。

148. 堇

齊國金文用"堇"表示{懃}，見於洹子孟姜壺(《集成》9730)，辭例作"其人民郜邑堇(懃)宴(宴)"。

149. 艱

齊國金文用"囏"表示{艱}，見於叔夷鎛(《集成》285)，辭例作"女(汝)專余于囏(艱)卹(恤)"。

150. 鰲

齊國金文或用"鰲"表示{萊}，見於庚壺(《集成》9733)，辭例作"齊三軍圍鰲(萊)"。

151. 䁓

齊系金文或用"疆""彊"表示{䁓}，"疆"見於邾叔之伯鐘(《集成》87)，辭例作"用旂(祈)䁓(眉)壽無疆"。"彊"見於邾公華鐘(《集成》245)，辭例作"其萬年無疆(彊)";邾公佗鬲(《集成》670)，辭例"其萬年䁓(眉)壽無疆(彊)";邿伯鼎(《集成》10007)，辭例作"用旂(祈)䁓(眉)壽無疆(彊)";魯大司徒厚氏元簠(《集成》4690)，辭例作"其䁓(眉)壽萬年無疆(彊)";尋仲盤(《集成》10135)，辭例作"其萬年無疆(彊)";齊侯匜(《集成》10272)，辭例作"其萬年無疆(彊)";見虞伯子宧父盨(《集成》4444)，辭例作"割(匄)䁓(眉)壽無疆(彊)";見僉父瓶(《遺珍》33 頁)，辭例作"其䁓(眉)壽無疆(彊)"。

152. 功

齊國金文用"攻"表示"戎功"之{功}，見於叔夷鎛(《集成》273)，辭例作"汝肇敏于戎攻(功)"；叔夷鐘(《集成》281),辭例作"余敏于戎攻(功)"。

153. 勝

齊國金文用"勑"表示{勝},見於陳璋方壺(《集成》9703),辭例作"陲(陳)璋内(入)伐匽(燕)勑(勝)邦之雋(獲)"。

154. 勞

齊國金文用"袋"表示{勞},見於叔夷鎛(《集成》285),辭例作"勤袋(勞)其政事";䶒鎛(《集成》271),辭例作"(勞袋)于齊邦"。

卷十四

155. 鍾

齊系金文用"鍾"表示"鐘鼓"之{鐘},見於䣛叔之伯鐘(《集成》87)、洹子孟姜壺(《集成》9729)、䣛公牼鐘(《集成》149)、䣛公華鐘(《集成》245)等。

156. 鍊

莒國金文用"鍊"表示"鐘鼓"之{鐘},見於莒叔之仲子平鐘(《集成》172—175),辭例作"篅(莒)弔(叔)之中(仲)子平自乍(作)鑄游鍊(鐘)"。

157. 錞

齊國金文用"錞"表示{敦},見於棨可忌豆(《近出》543),辭例作"乍(作)氒(厥)元子中(仲)殼(姞)媵錞(敦)";十四年陳侯午敦(《集成》4647),辭例作"乍(作)皇妣(妣)孝大(太)妃(妃)祭器鈨錞(敦)"。

158. 鋪

魯國金文用"匡"表示{鋪},見於魯大司徒厚氏元鋪(《集成》4689—4691),辭例作"魯大嗣(司)徒厚氏元乍(作)薵(膳)匡(鋪)"。

159. 鋁

䣛國金文或用"呂"表示{鋁},見於䣛公牼鐘(《集成》149),辭例作"玄鏐膚呂(鋁)"。

160. 鍺

䣛國金文或用"鍺"表示{堵},見於䣛公牼鐘(《集成》149),辭例作"盤(鑄)铧龢鍾(鐘)二鍺(堵)"。

161. 鐱

齊系金文用"鐱"表示{劍}，見於鵙公劍(《集成》11651)，"鵙公圃自乍(作)元鐱(劍)"。

162. 銉

齊國金文用"銉"表示{肆}，見於洹子孟姜壺(《集成》9730)，辭例作"鼓鐘一銉(肆)"。

163. 且

齊系金文用"且"表示{祖}，見於邾叔之伯鐘(《集成》87)、邾公華鐘(《集成》245)、陳侯因㟒敦(《集成》4649)。

164. 楠

齊國金文用"楠"表示"輔佐"之{輔}，見於叔夷鐘(《集成》276)，辭例作"伊少(小)臣隹楠(輔)"。

165. 陰

齊國金文用"陰"表示{陰}，見於陰平劍(《集成》11609)，辭例作"陰(陰)平左庫之艁(造)"。

166. 陽

齊系金文用"陽""陽""塳"表示{陽}。"陽"見於高陽劍(《集成》11581)、平陽矛(《集成》11471)；"陽"見於成陽辛城里戈(《集成》11154)；"塳"見於浚陽戟(《集錄》1138)、平陽高馬里戈(《集成》11156)、平陽散戈(《天津古史尋繹》63頁)。

167. 阿

齊國金文或用"𨸏"表示{阿}，見於平阿左戈(《集成》11001)、平阿右戈(《周金文存》6.31)等。

168. 陵

齊國金文用"墜(陵)"表示{陵}，見於陳純釜(《集成》10371)，辭例作"於丝(茲)反(安)墜(陵)"。

169. 陳

齊系金文用"陸"表示{陳}，見於陳逆簠(《集成》4630)、陳純釜(《集成》10371)、陳戈(《集成》10816)、陳子皮戈(《集成》11126)等。

170. 萬

齊系金文用"萬""蠆""䗞""邁"表示{萬}。"萬"見於陳侯因咨敦(《集成》4649)、邾來隹鬲(《集成》670)、莒叔之仲子平鐘(《集成》175)、薛侯匜(《集成》10263)、魯大司徒元盂(《集成》10316)、杞伯每亡壺蓋(《集成》9687)、鑄子叔黑臣簠(《集成》4570)、郜伯祀鼎(《集成》2602)、尋仲盤(《集成》10135)、邾公牼鐘(《集成》149);"蠆"見於邾公牼鐘(《集成》149)、邾公華鐘(《集成》245)、司馬楙編鎛(《銘圖》15767);"䗞"見於陳逆簠(《集成》4630);"邁"見於齊侯匜(《集成》10272)、夆叔盤(《集成》10163)、齊侯鼎(《山東成》212)、杞伯每亡簠(《銘圖》4860)等。

171. 己

齊系金文用"己"表示天干之{己}、紀侯之{紀},用"足"表示自己之{己}。天干之{己}見於禾簋(《集成》3939)、陳喜壺(《集成》9700)、莒公孫潮子鎛(《集錄》004);紀侯之{紀}見於紀侯鬲(《集錄》134),辭例作"己(紀)侯作羞鬲"。"足"表示自己之{己},見於齊大宰歸父盤(《集成》10151),辭例作"齊大宰歸父弁爲足(己)沬般(盤)"。

172. 辰

齊國金文用"脣"表示地支、時辰之{辰},用爲干支見於陳璋方壺(《集成》9703),辭例作"孟冬戊脣(辰)"。用爲時辰見於叔夷鐘(《集成》272),辭例作"脣(辰)在戊寅",㮵可忌豆(《近出》543),辭例作"脣(辰)在丁亥"。

173. 以

齊系金文字多用"台"表示{以},見於庚壺(《集成》9733)、陳逆簠(《集成》4096)、十年陳侯午敦(《集成》4648)、十四年陳侯午敦(《集成》4646)、子禾子釜(《集成》10374)等,還見於莒叔之仲子平鐘(《集成》174)、莒大史申鼎(《集成》2732)、邾公牼鐘(《集成》151)等。

174. 巳

齊國金文借"巳"表示"已止"之{已},見於瑩子鼎(《中國歷史文物》2009年第2期),辭例作"勿或(有)敕(諫)巳(已)";叔夷鎛(《集成》285),辭例作"齊侯左右母(毋)疾母(毋)巳(已)"。

175. 酉

齊系金文用"酉"表示{酉}或{酒}或干支之{酉},用爲{酉}見於莒叔之仲子平鐘(《集成》172),辭例作"台(以)濼(樂)其大酉(酋)";用爲{酒}見於國差罐(《集成》10361),辭例作"用實旨酉(酒)";用爲干支之{酉}見於陳喜壺(《集成》9700),辭例作"歔月己酉"。

第二節　齊系金文字詞關係考察①

字詞關係是指漢字及其所記錄的詞之間的對應關係。漢字的字形與它所記錄的詞的音義之間存在錯綜複雜的關係②,除了一字對一詞的簡單關係外,還存在一字多音義、一詞用多字、多字對應多詞等複雜關係。

一、一字對應一詞

古代漢語單音節詞占優勢,根據此特點,先民造字時,爲一個單音詞配置一個字,這樣就形成了一詞一字,一字對應一詞的用字現象。

(一) 齊系金文中用爲本字的一字對應一詞現象

用來表示自己的本義或引申義的字,對假借來表示這一意義的字而言就是本字。從詞的角度來看,把一個詞作爲本義或引申義來表示的字,對這個詞的假借字而言就是這個詞的本字③。

傳世文獻和古文字資料中通假現象比較常見,一個字形有時可以表示若干個音同或音近的詞。不過正如有學者指出的,"從造字的角度看,一個字形

---

① 字詞關係是學者較爲關注的研究課題,2019 年召開了首屆漢語字詞關係學術研討會,參見《首屆漢語字詞關係學術研討會論文集》,杭州,2019 年。
② 黃德寬《從出土文獻資料看漢語字詞關係的複雜性》(《歷史語言學研究》第七輯,商務印書館,2014 年,第 84—90 頁)一文從漢字發展的角度,依據出土的古文字資料,通過一些字詞關係變化的考察分析,進一步討論了漢語字詞關係的複雜性問題。該文考察了出土文獻中漢字使用的實際情況,通過分析從"多字多詞"到"一字多詞""一字多詞"到"一字一詞""多字一詞"到"一字一詞"等用字現象,進一步指出出土文獻資料不僅反映了漢語字詞關係的複雜性,也爲準確認識漢語字詞關係提供了難得的一手資料。
③ 裘錫圭:《文字學概要(修訂本)》,第 175 頁。

最初應該是爲某一音義而造的。從實際使用情況來看,儘管由於種種原因,一個字形未必只對應一音義,但一字形對應一音義的情況通常都是占多數的。當然,在不同時期的語料中,其所占的比例可能會有所不同"①。齊系金文中,一個字用爲本字而形成的一字對應一詞現象也非常普遍。

齊系金文中常見的名詞,如數詞{一}、{二}、{三}、{三},方位名詞{上}、{下},一般名詞{天}、{人}、{山}、{水}、{刀}、{牛}等都是一字對應一詞的情況。

我們以齊系金文中金部的字作爲考察對象,對"一字對應一詞"的字詞關係進行一些考察。

金——{金} "金"字多用作"吉金"之{金},爲銅之義,"金"表示銅義之{金}是用爲本字的用法。

銅——{銅} "銅"字表示{銅}是用爲本字的用法。

鑄——{鑄} "鑄"字表示"鑄造"之{鑄}是用爲本字的用法。

鎬——{鎬} "鎬"字表示"鎬鈇"之{鎬}是用爲本字的用法。

鈞——{鈞} "鈞"字表示重量單位之{鈞}是用爲本字的用法。

鈴——{鈴} "鈴"字表示"鐘鈴"之{鈴}是用爲本字的用法。

鎛——{鎛} "鎛"字表示"鐘鎛"之{鎛}是用爲本字的用法。

錞——{敦} "錞"字表示{敦}是用爲本字的用法。

鏐——{鏐} "鏐"字表示"玄鏐"之{鏐}是用爲本字的用法。

匜——{鋪} "匜"字表示{鋪}是用爲本字的用法。

鈇——{鈇} "鈇"字表示"鎬鈇"之{鈇}是用爲本字的用法。

鍈——{鍈} "鍈"字表示"鍈"是用爲本字的用法。

鉚——{鉚} "鉚"字表示{鉚}是用爲本字的用法。

鍺——{堵} "鍺"字表示鐘磬數量單位{堵}是用爲本字的用法。

鍋——{鍋} "鍋"字表示{鍋}是用爲本字的用法。

鐵——{劍} "鐵"字表示{劍}是用爲本字的用法。

鋅——{鋅} "鋅"字表示{鋅}是用爲本字的用法。

---

① 陳斯鵬:《楚系簡帛中字形與音義關係研究》,第8頁。

鏲——{肆}　"鏲"字表示樂器數量單位{肆}是用爲本字的用法。
鈈——{杯}　"鈈"字表示{杯}是用爲本字的用法。

據我們統計齊系金文中从金之字共計 23 字①,用爲本字的"一字對應一詞"的用字占到了 19 個,只有{鐘}、{鍾}、{鋁}、{鏽}爲其他用字現象。可見一字對應一詞的用字占到了相當大的比重。

由此可見,用字習慣有一定的穩定性和約定性,正如李零所説:"在郭店楚簡和其他楚簡中,我們不難發現,它們的很多通假字都並不是憑音同音近就可以任意選擇,而是要由楚地當時的書寫習慣來限定範圍和加以具體指認。"②所以,每個時期的常用漢字的用字習慣具有一定的穩定性。一字形對應一詞的普遍性和古人的閱讀有密切的關係。正如有學者所指出的,"一字形對應一音義是從閱讀的角度提出的原則性要求,因爲只有各個字形所表示的詞或語素相對單一而穩定,迅速而正確的閱讀才成爲可能。相反的,如果任意一字形都可以對應不同的音義,勢必會給書面閱讀和信息交流帶來極大麻煩"③。由此可見,齊系金文中雖存在較爲複雜的用字習慣,但一字對應一詞的原則性要求還是基本遵循的。

(二) 齊系金文中用爲假借字的一字對應對應一詞現象

一個詞只用一個假借字表示,也會造成一字對應一詞的現象。這種用字現象在傳世文獻和出土文獻中比較常見,齊系金文中這種用字現象也不乏其例。

這裏還需要對本書使用的假借字的含義略作界定。裘錫圭按照所表示的詞是否有本字,把假借區分爲無本字的假借、本字後造的假借、本有本字假借④。這種劃分實際上可分爲兩類,一是無本字假借,二是有本字假借。本無其字的假借是使用假借字表示某詞後,並沒有給這個詞另造本字,某詞一直使用假借字表示。有本字的假借即裘先生所論的後兩種,即本字後造的假借和

---

① 學界對"翠""鐳"二字的釋讀尚有不少分歧,另外"鉦"字用爲人名,暫不在統計範圍内。
② 李零:《郭店楚簡研究中的兩個問題——美國達慕思學院郭店楚簡〈老子〉國際學術討論會感想》,《郭店楚簡國際學術研討會論文集》,湖北人民出版社,2000 年,第 47—52 頁。
③ 陳斯鵬:《楚系簡帛中字形與音義關係研究》,第 9 頁。
④ 裘錫圭:《文字學概要(修訂本)》,第 176 頁。

本有本字的假借。本字後造的假借按照裘錫圭的界定是指有的詞本來用假借字表示,但是後來又爲它造了本字。本有本字的假借許多學者稱爲通假字。另外,假借本身雖不直接産生新字,但却可以産生新義,本質上表示了一個新詞,如"自",本義指鼻子,假借爲第一人稱代詞(自己),産生了新義。通假字則没有産生新義。由上我們看到通假字、假借字二者雖有其"同音代替"的共性,更有其明顯的區別:假借是本無其字,而借用同音字來代替,一經借用,便長期替代;通假是本有其字,而臨時偶爾地借用同音字來替代,語言環境變了,通假字也就不復存在。當然正如裘錫圭所指出的,有一些通假字後來完全或基本上取代了本字,有些和本字並用了一段或長或短的時間之後,就完全或基本上停止使用了[①]。但在本質上通假和假借還是有所區別。

我們認爲嚴格説來只有無本字的假借才會構成一字對應對應一詞的用字現象。本字後造的假借和有本字的假借本質上會造成一詞用多字的用字現象,爲了避免不必要的混亂,不宜界定爲一字對應一詞的用字現象。如齊系金文中大量的虚詞,如{其}、{之}、{于}等借用"其""之""于"字表示後,便會造成用爲假借的一字對應一詞的用字現象。

二、一字表多詞

字詞關係錯綜複雜,除了一字對應一詞相對簡單的關係外,一字表多詞的現象也是很普遍的。裘錫圭曾對"一形多音義"的用字現象有所界定,裘先生認爲所謂"一字多音義"是指同一個字形常常可以用來表示兩個以上不同的詞,有很多字形還具有兩種以上不同的讀音[②]。裘先生稱爲"一形多音義"的用字現象,或稱作"一字多音義"。我們知道傳統語文學把字看作形音義的結合體,但就其本質而言,字是記錄語言的書寫形式符號系統,漢字雖然有形有音有義,但音義是由聲的語言所賦予它的,它本身只是記錄語言的符號而已,脱離了漢語,漢字便失去了文字的性質。所以從這個角度上講,研究字詞關係中所謂的"字"主要是指詞的記錄形式即字形而已。因此"一形多音義"也可以

[①] 裘錫圭:《文字學概要(修訂本)》,第 177—178 頁。
[②] 裘錫圭:《文字學概要(修訂本)》,第 243 頁。

稱作"一字多音義"。我們之所以把"一字多音義"現象稱之爲"一字表多詞",主要是基於我們"字詞關係"的研究對象的考慮。需要指出的是,目前學術界對於"詞"的定義的界定尚不十分清晰,究竟如何算是同一個詞,學者們的認知尚存分歧。我們知道漢語的詞缺少形態的變化,不同語法功能的詞在讀音上較少有所區分,在書寫形式上更是没有區分,所以學界在究竟如何算是同一個詞即詞的同一性問題上認知尚存較大分歧。有時候一個字對應的是不同的詞,即"一字表多詞",有時候對應的是一個詞的不同義位,這種情況就無法用"一詞表多字"涵蓋,爲了行文方便,我們對詞和義位一般不再具體區分。同一個漢字表示多個音義,如果讀音相同,意義相同或相近我們都認爲是同一個詞,不視爲"一字表多詞"現象。如果同一個漢字表示多個音義,如果讀音不同或意義差别較大我們即認爲是不同的詞,屬於"一字表多詞"現象。

造成"一字表多詞"現象的原因很多,裘錫圭指出造成一形多音義現象的原因也大致符合"一字表多詞"現象產生的原因。裘先生概括爲語義引申、假借、同義换讀、異字同形四種原因,並指出上述四種原因裏起主要作用的是引申和假借,異字同形不如引申和假借常見,同義换讀比較起來最爲少見[1]。裘先生的這些觀點都極爲精到,深具啓發意義。

(一) 齊系金文中由語義發展造成的一字表多詞現象

這裏所説的語義發展包括詞義引申和語法化兩種情況。詞義的引申會造成一字多音義的現象,由詞義引申造成的一詞多音義,有時候是同一個詞的不同意義,有時候是不同的詞,即由母詞派生出了不同的詞,即派生詞,派生詞和母詞不完全音同。我們所討論的主要是指由於詞義引申造成的不同的派生詞。派生詞產生初期"一字表多詞",在先秦較爲常見,黄德寬指出"隨着詞義的豐富和引申發展,詞彙系統中新的派生詞大量出現,同源詞族日漸擴大。但是,漢字發展並不是亦步亦趨地適應詞彙發展的,新字的產生總是滯後於新詞的產生。因此,在派生詞產生的初期,往往'一字多詞'現象也普遍發生"[2]。

---

[1] 裘錫圭:《文字學概要(修訂本)》,第 242—243 頁。
[2] 黄德寬:《從出土文獻資料看漢語字詞關係的複雜性》,《歷史語言學研究》第七輯,商務印書館,2014 年,第 86 頁。

這種語義發展陳斯鵬稱爲同源分化和孳乳,其指出"作爲語言記録形式的文字,其發展變化與語言本身的發展變化往往會出現不同步的情况;其中有一種較爲突出的表現是,語言中的某個詞的音義發生了分化,產生了新詞,或者某個源詞孳乳產生多個新詞,而在書寫記録系統裏,舊詞及其分化出來的新詞,或者多個同源孳乳詞,仍然使用相同的字形。這在某種程度上體現出文字相對於語言的滯後性。而其最直接的結果就是造成一個字形表示多個音義的局面"①。

虚詞的詞彙意義逐漸虚化或消失,變成了只有語法功能或表示語法關係的虚詞。下面我們試舉齊系金文中相關例證加以説明這種字詞關係。

史、事——{吏}、{使}、{事}、{史}

"史""吏""使""事"四字音近義通,爲一組同源字,在甲骨文爲"史""事"可以同時用來表示{吏}、{使}、{事}、{史},後分化爲四字。于省吾指出古文字"吏"與"事"同字,有時候與"史"通用。"吏"字的造字本義,係於"史"字豎畫的上端分作兩叉形,作爲指事字的標志,以區别於史,而仍以"史"字爲聲。甲骨文"事""吏",均爲"史"字引申分化字。商西周古文字資料中"使"與"吏"同字,戰國文字開始增加"人"旁作"使",與"事"字相區分。

齊系金文中或用"事"表示{使},見於鎛鎛(《集成》271)"是辝(台)可事(使)",洹子孟姜壺(《集成》9729、9730)"余不其事(使)女(汝)受册",紀侯壺(《集成》2602)"吏(使)小臣以汲"。或表示{吏},見於鎛鎛(《集成》271)"余爲大攻(工)厄(尹)大事(吏)",叔夷鐘(《集成》272—285)"女(汝)康能乃又(有)事(吏)衛(率)乃敔(敵)寮(僚)";或表示{事},見於陳喜壺(《集成》9700)"陳(陳)喜再立(蒞)事歲",子禾子釜(《集成》10374)"關人□□丌(其)事",公孫窖壺(《集成》9709)"公孫窖(竈)立(蒞)事歲",陳逆簠(《集成》4630)"余寅事齊侯",公孫潮子鐘(《新收》1139)"陸(陳)(選)立(蒞)事歲";或表示{史},見於莒大史申鼎(《集成》2732)"鄩宙之孫篱(鄩)大史"。

聖——{聽}、{聖}

"聽""聖"音近義通,當爲同源字。裘錫圭指出{聖}是{聽}的派生詞,本義

---

① 陳斯鵬:《楚系簡帛中字形與音義關係研究》,第65—66頁。

應近於{聽}①。"聽"字初文从"耳"从"口"會意,作"耴",齊系金文中"耴"增繁無義偏旁"古"作䎒,用"䎒"表示{聽},見於洹子孟姜壺(《集成》9729)"䎒(聽)命于天子"。用"聖"表示{聖},略作數例如下:

(1) 聖智䳭(恭)哏(良)。　　　　　　　(《集成》172,莒叔之仲子平鐘,春秋晚期)
(2) 用言(享)用考(孝)于皇祖聖弔(叔)皇妣(妣)聖姜。

(《集成》271,䲩鎛,春秋中期)

用"聖"表示{聽},見於復丰壺(《銘圖》12447)"趄=(桓桓)乍(作)聖(聽)公命"。

受——{受}、{授}

"受"字在西周金文中可兼表接受、授予二義。接受的{受}和授予的{授}爲一詞分化。"受"表示"接受"之{受},見於齊系金文,舉數例如下:

(1) 子=孫=永受大福用。　　　　　　　(《集成》10142,齊叔姬盤,春秋早期)
(2) 余不其事(使)女(汝)受册②,遄逮(傳)淄(祇)禦,爾其遳(躋)受禦。

(《集成》9729,洹子孟姜壺,春秋早期)

"受"表示"授予"之{授},見於庚壺(《集成》9733)"天□受(授)女(汝)"。

(二) 齊系金文中由假借造成的一字表多詞現象

裘錫圭指出"假借是漢字裏極其常見的現象。有假借義的字爲數很多,而且一個字可以有好多種假借義。一個字的本義跟假借義,同一個字的不同假借義,通常都是不同的詞,彼此的讀音往往也並不完全相同。所以假借也是造成一形多音義現象的重要原因"③。實際上,裘先生把由假借造成的一字多音義現象分成了兩種情況:一是一個字既表示本義又表示假借義;二是一個字不表示本義而表示多個假借義。這個説法大致也適用於一字表多詞的用字現象。田煒把裘先生所總結的兩種情況改稱爲"一個字既用爲本字又用爲假借

---

① 裘錫圭:《文字學概要(修訂本)》,第131—132頁。
② 吴鎮鋒隸作"朿",讀作"刺",參見《商周青銅器銘文暨圖像集成》22册,上海古籍出版社,2012年,第423頁,另《商周金文摹釋總集》(五)亦釋作作"朿",讀作"刺",參見張桂光《商周金文摹釋總集》,中華書局,2010年,第1484頁。
③ 裘錫圭:《文字學概要(修訂本)》,第242頁。

字""一個字不用爲本字而用爲不同的假借字"①。這種概括更爲準確,也更符合裘先生對本字的理解,因爲裘先生不僅"把某個詞作爲本義來表示的字","即使是把一個詞作爲引申義來表示的字,對這個詞的假借字來説,也同樣是本字"②。我們也把"一字表多詞"的現象分爲"一個字既用爲本字又用爲假借字""一個字不用爲本字而用爲不同的假借字"兩種情況。並以此來分析齊系金文中"一字表多詞"的用字現象,下面試舉數例以説明。

1. 一個字既用爲本字又用爲假借字

𣪘——{簋}、{考}

"𣪘"表示古代盛食物的器皿{簋},還被假借表示"皇考"之{考},見於陳肪簋蓋(《集成》04190)"用追孝於我皇𣪘(考)",郭沫若讀作"考","古音𣪘考同在幽部。《大雅·江漢》'作召公考'即召伯虎𣪘之'作剌祖召公嘗𣪘'彼乃假考爲𣪘,與此正爲互証"③。

善——{善}、{膳}

"善"用爲本字見於莒叔之仲子平鐘(凡9件),辭例作：中(仲)平蕭(善)弓(發)戲(祖)考。"善"還借用表示{膳},凡6見,舉2例如下：

(1) 郜白(伯)肇(肇)乍(作)孟妊善(膳)貞(鼎)。

(《集成》2601,郜伯鼎,春秋早期)

(2) 魯子中(仲)之子歸父爲其蕭(膳)𣪘(敦)。

(《集成》4640,魯歸父敦,春秋晚期)

鬲——{鬲}、{歷}

"鬲"除用爲本字外,還被借用表示{歷},見叔夷鎛(《集成》273),辭例作"汝膺鬲(歷)公家"。此處各家讀鬲爲"歷"。孫詒讓訓爲"試",膺鬲爲"宜試用於公家"之意④。郭沫若認爲"雁鬲謂擔待輔弼"⑤,皆爲"輔相"之意。

---

① 田煒：《西周金文字詞關係研究》,第71頁。
② 裘錫圭：《文字學概要(修訂本)》,第242頁。
③ 郭沫若：《兩周金文辭大系圖録考釋》,第454頁。
④ 孫詒讓：《古籀拾遺》,第5頁。
⑤ 郭沫若：《兩周金文辭大系圖録考釋》,第430—442頁。

考——{考}、{孝}

"考"字除了用作"考老"之{考}的本字外,還借爲表示{孝},試舉 2 例:

(1) 用亯(享)用考(孝)于皇祖聖弔(叔)、皇祂(妣)聖姜。

(《集成》271,緐鎛,春秋中晚期)

(2) 用亯(享)考(孝)于其姑公。

(《中國國家博物館館刊》2015 年第 5 期,杞伯雙聯鬲,春秋早期)

"考"古音溪母幽部,"孝"曉母幽部,古音相近,可通假。

2. 一個字不用爲本字而用爲不同的假借字

者——{者}、{諸}

"者"字構形不明,少數字形與木形有類,大部分所象不明。《説文·白部》"者,別事詞也",恐非本用。用"者"記{者},恐應看作假借爲妥①。"者"用爲輔助性代詞確屬於假借。這種輔助性代詞常放在動詞或形容詞之後構成"者"字結構,使整個結構具有名詞性。它的用法很像現代漢語的"的"。傳世文獻中用例常見,諸如:

(1) 先破秦入咸陽者王之。　　　　　　　　　(《史記·項羽本紀》)
(2) 王莽徵天下能爲兵法者六十三家數百人。　　(《後漢書·光武帝紀》)
(3) 庸者笑而應曰。　　　　　　　　　　　　(《史記·陳涉世家》)

齊系金文中也有這種用法,諸如以下辭例:

(4) 執者獻于靈公之所。　　　　　　　(《集成》9733,庚壺,春秋晚期)
(5) 鼓(敦)者曰陛(陳)純。　　　　　　(《集成》10371,陳純釜)

"者"字表示"諸多"之{諸}當屬假借用法,舉相關辭例如下:

(6) 台(以)喜(者)諸士。　　　　　　　(《集成》151,邾公牼鐘,春秋晚期)
(7) 陛(陳)侯午淖(朝)羣邦者(諸)戾(侯)于齊。

(《集成》4648,十年陳侯午敦,戰國中期)
(8) 淖(朝)問者(諸)侯。　　　　　　　(《集成》4649,陳侯因資敦,戰國中期)

---

① 陳斯鵬:《楚系簡帛中字形與音義關係研究》,第 62—63 頁。

（三）齊系金文中由多種原因造成的一字表多詞現象

前面我們討論了由於語義發展、假借等原因造成的"一字表多詞"的用字現象。造成"一字表多詞"的用字現象的原因有時並不單一，往往是由多種因素共同作用。此點已有多位學者指出①。下面我們舉齊系金文中的相關例子加以説明。

女——{女}、{汝}、{如}、{母}

"女"字像女子屈膝交手於胸前，"母"字是在"女"字的基礎上加兩點表示女性雙乳，是女的分化字。在齊系金文中用"女"表示{女}，略舉數例：

(1) 齊侯女嚚㐰喪其斷。　　　　　　（《集成》9729，洹子孟姜壺，春秋早期）
(2) 魯大嗣(司)徒子中(仲)白(伯)甘(其)庶女䗩孟姬賸(媵)也(匜)。

（《集成》10277，魯大司徒子仲伯匜，春秋早期）

還用女表示{母}，見於魯大司徒子仲伯匜(《集成》10277)"齊厌(侯)乍(作)虢孟姬良女(母)寶它(匜)"。

用"女"表示{女}、{母}都屬於用爲本字的用法。

"女"還被借用表示{汝}，此用法較爲普遍，現略舉一例：

(3) 余不其事(使)女(汝)受册。　　　　（《集成》9729，洹子孟姜壺，春秋早期）
(4) 女(汝)㤷(畏)忌，女(汝)不彖(惰)殂(夙)夜……女(汝)敬共(恭)辝(台)命，女(汝)雁(膺)鬲(歷)公家。汝(汝)婺(勤)裝(勞)朕(朕)行師，女(汝)肇(肇)勄(敏)于戎攻(功)，余易(錫)女(汝)釐(萊)都滕劀，其檜(縣)三百。余命女(汝)嗣辝(台)釐(萊)遹(陶)或(鐵)徒三(四)千，爲女(汝)敵(敵)寮(僚)。

（《集成》272—285，叔夷鐘，春秋晚期）

"女"還被借用表示假設關係的"如果"之{如}，見於子禾子釜(《集成》10374)"女(如)闕(關)人不用命，則(則)寅之"。

三、一詞用多字

裘錫圭曾對"一詞多形"現象的成因有過論述：

---

① 陳斯鵬：《楚系簡帛中字形與音義關係研究》，第 93—94 頁；田煒：《西周金文字詞關係研究》，第 99 頁。

爲什麽會造成一詞多形的現象呢？簡單地說，有兩個原因。首先，由於漢字有異體。一個字有了異體，就意味着它所代表的詞有了不同的書寫形式。

其次，由於用來表示某一個詞的字是可以更換的。同一個詞先後或同時有兩個以上不同的字（如果是雙音詞或多音詞，便是兩組以上不同的字）可以用來表示它的現象，是常見的。下面我們把這種現象稱爲一詞用多字。

具體地說，一詞用多字主要有下列四種情况：

A. 已有本字的詞又使用假借字。

B. 同一個詞使用兩個以上不同的假借字。

C. 一個詞本來已經有文字表示它，後來又爲它或它的某種用法造了專用的分化字。

D. 已有文字表示的詞又使用同義换讀字[①]。

對於裘先生這段話，田煒指出裘先生把"一詞用多字"看作是"一詞多形"的一種情况，這主要是考慮到在傳統語文學中，字是形、音、義的結合體，異體字被看作是同一個字。不過，我們在討論字詞關係時，字就是指字形而言的，所以不再區分"一詞多形"和"一詞用多字"，而合稱爲"一詞用多字"現象[②]。綜上，"一詞用多字"現象主要由異體字、假借、文字分化、同義换讀等因素造成。

(一) 齊系金文中由異體字造成的一詞用多字現象

一個詞用不同的字表示，這些不同的字又屬於異體字的關係，這樣就會造成一詞用多字的用字現象。傳統語文學把這種現象稱爲"一字異體"，就其實質而言，是一個詞用兩個或兩個以上的音義相同而形體不同字來表示。這些表示同一個詞的一組異體字屬於本用，即都是用作本字來表示同一個詞。這同用假借的方式表示同一個詞的情况有所不同，這是首先需要澄清的。我們揣其要者加以揭示，並對一些異體字造成的一詞用多字現象的例證進行分析。

{福}——福、畐

《説文·示部》："福，備也，从示畐聲。"齊國金文中"福"字从示畐聲，如國

[①] 裘錫圭：《文字學概要（修訂本）》，第 245 頁。
[②] 田煒：《西周金文字詞關係研究》，第 108 頁。

差繪(《集成》10361)"福"字。福字是在原來字形基礎上加"宀"的繁化而造成的異體字。

｛良｝——良、哴

《說文·畐部》:"良,善也。"善並非良字本義,爲引申義。用"哴"字表示｛良｝凡9例,辭例相同:台(以)濼(樂)其大酉(酋),聖智龏哴(良)。(《集成》172—180,莒叔之仲子平鐘,春秋晚期)

哴字見於《廣韻·唐韻》:"哴,哴吭,吹貌。"但此處的哴字當爲在良字基礎上增"口"旁的異體字,並非後世用作"吹貌"的哴字。

｛造｝——告、造、(造)、(造)、艁、(造)、(造)、(造)

用"告"表示｛造｝多出現在齊系兵器銘文中,凡3例,辭例如下:

(1) 陳子皮之告(造)戈　　　　　　　　(《集成》11126,陳子皮戈,戰國)
(2) 耶左告(造)𢦔(戟)冶期所□。　　　(《新收》1097,耶左造車戟,戰國晚期)
(3) 濫(濫)公斅之告(造)戈。　　　　　(《銘圖續》1149,濫公戈,春秋晚期)

《說文·辵部》:"造,從辵告聲。"陳劍指出"造"等字所從聲符與祝告之"告"字並非同字,西周以後,漸與"告"形混同。其區別在於:"造"字諸形所從基本聲符上半的中豎常向左屈頭,"告"字中豎皆爲直頭;"造"字諸形基本聲符所從上半的中豎也有作直頭的,但中豎上大多所從的是小點,偶爾有變作短橫的,而"告"字中間所從橫畫雖或短或長,但從來没有寫作小點的。他認爲甲骨文中"〰"字異體"〰"(早)即"造"字的聲符①。

"造"字異體繁多,除了共同的聲符"告"(非祝告之"告")外,從"戈"作"(造)"、從"金"作"(造)"、從"舟"作"艁"、從"攴"作"(造)"、從"宀"從"火"作"(造)"、從"戈"從"酉"作"(造)"、從"止"從"邑"作"(造)"等,都屬於形符替換或增繁。這些表示同一個詞的一組異體字屬於本用。

｛簠｝——匿、𰀀、𦉢、笶

金祥恒曾對簠的自名問題進行過收集整理②,李學勤對此又有所補益③,

---

① 陳劍:《釋造》,《甲骨金文考釋論集》,第127—176頁。
② 金祥恒:《論語新詮二則》,《金祥恒先生全集》第二册,藝文印書館,1990年,第779—782頁。
③ 李學勤:《青銅器中的簠與鋪》,《中國古代文明研究》,第78—79頁。

田煒對西周金文中的"簠"的自名予以詳論①。

齊系金文中"簠"的自名寫法共有四種,最常見的是"𠥓",从匚古聲,匚爲古代一種方形受物器,《説文·匚部》:"匚,受物之器。象形,讀若方。"用"𠥓"表示{簠},略舉數例:

(1) 鑄(祝)弔(叔)乍(作)嬴氏寶𠥓(簠)。　　(《集成》4560,鑄叔簠,春秋早期)
(2) 魯酉子安母肈(肇)乍(作)𠥓(簠)。　　(《銘圖》05902,魯宰虢簠,春秋早期)
(3) 鼄(邾)慶乍(作)秦妊𠥓(簠)。　　(《銘圖》05878,邾慶簠,春秋早期)

用"䇻""匫"表示{簠},見於以下辭例:

(4) 鑄公乍(作)孟妊車母舟朕(媵)䇻(簠)。(《集成》4574,鑄公簠蓋,春秋早期)
(5) 魯厌(侯)乍(作)敀(姬)翏朕(媵)䇻(簠)。

(《新收》1068,魯侯簠,春秋早期)
(6) 魯士浮父乍(作)飤匫(簠)。　　(《集成》4519,魯士浮父簠,春秋晚期)

"䇻""匫"都从"吾"聲。"古"古音在見紐魚部,"吾"在疑紐魚部,聲韻旁紐疊韻,讀音極近,从"古""吾"作爲聲符可替換。

用"筫"表示{簠},見於以下辭例:

(7) 鑒(鑄)絲(兹)寶筫(簠)。　　(《集成》4630,陳逆簠,戰國早期)

"筫"字从竹夫聲,古音"夫"字屬並母魚部,與"簠"讀音接近。从夫聲的"簠"字異體還有"医"。𠥓、䇻、匫、筫都是{簠}的不同書寫形式。

{盨}——盨、䀴

用"盨"表示{盨},見於如下辭例:

(1) 鑢(鑄)子弔(叔)黑臣肇(肇)乍(作)寶盨。
　　(《集成》4423,鑄子叔黑臣盨,春秋早期)
(2) 魯嗣(司)社(徒)中(仲)斎(齊)肈(肇)乍(作)皇考白(伯)徔(走)父䑀(饋)盨毁(簋)。　　(《集成》4440,魯司徒仲齊盨,春秋早期)

或在"須"字的基礎上增繁"升"旁作"䀴",西周金文中亦見在"盨"字基礎上

---

① 田煒:《西周金文字詞關係研究》,第108—115頁。

加"升"旁的"盨"字,學者對增加"升"旁的看法不同,段紹嘉指出"盨"字以"升"爲形旁,有"盛糧食之義"①;郭沫若不認同此説,而是把"升"旁看作是"勺"旁,認爲勺用於盛羹,説明"盨乃盛羹之器"②。于省吾不認同郭説,認爲"盨字有的或从升,有的或从米,米爲黍稷稻粱之去皮者,升爲量米以盛於盨者。這就足以證明古人用盨以盛米,其非盛羹之器是可以肯定的"③。于先生之説正確可從。

用"䫏"表示{盨},均見於虢伯子㝬父盨釋文:

(3) 虢伯子㝬父乍(作)甘(其)迊(征)䫏(盨)。

(《集成》4442—4445,虢伯子㝬父盨,春秋早期)

田煒曾對西周金文中{盨}的各種記録形式進行了統計,根據統計數據得出了西周時期{盨}的用字情況,指出西周中期金文表示{盨}諸字均爲"須"及其派生字,西周晚期金文才出現了用"盨"充當聲旁的"䵣""鑐""檽"等字。從形聲字形成途徑的角度看,"盨""鎪""𥂖""梄"等字應該是在"須"字的基礎上增益形旁而形成的形聲字,後來大概是由於"盨"字取得了較爲正式的地位,所以又把原來從須得聲的"鎪""𥂖"諸字的聲旁改换爲"盨",産生了"鑐""檽"諸字。"䫏"字从須得聲,但不見於西周中期金文,這有兩種可能:一是"䫏"字本是西周中期就有的,只是我們現在還没有看到而已;二是西周晚期隨着"鑐""䵣"等字的出現,先出現了从米、盨聲的"䵣"字,然後又用"須"替换"盨"充當聲旁,産生了"䫏"字。究竟哪一種情況符合事實,還有待更多資料的證明④。

田煒的説法正確可從,我們對此再略作補充。青銅盨出現於西周中期,流行於西周晚期,春秋時期逐漸消失。據田煒統計,西周中期"盨"字使用頻率爲6,借"須"表示使用爲10。我們懷疑最初只是借"須"表示{盨},後來在假借字的基礎上增加"皿""金""米""木""升"等表義偏旁,也就是田煒所説的西周中期金文表示{盨}諸字均爲"須"及其派生字。田煒對"䫏"不見於西周中期的兩

---

① 段紹嘉:《師克盨蓋考釋》,《人文雜志》1957年第3期。
② 郭沫若:《師克盨銘考釋》,《文物》1962年第6期。
③ 于省吾:《〈師克盨銘考釋〉書後》,《文物》1962年第11期。
④ 田煒:《西周金文字詞關係研究》,第166—167頁。

種可能性進行了描述。黽伯子寇父盨"頮"字也不見於西周中期,而是出現在了春秋早期金文中,這極有可能提示我們"糫""頮"二字西周中期可能並未出現,而是田煒所説的第二種情況,是先出現了从米、盨聲的"糫"字和从升,盨聲的"𥂉"字,然後又用"須"替换"盨"充當聲旁,産生了"糫"和"頮"字。

{獻}——獻、猷

用"獻"表示{獻},見於庚壺(《集成》9733),辭例作"執者獻(獻)于靈公之所";用"猷"表示{獻},見於十四年陳侯午敦(《集成》4646),辭例作"台群諸侯猷(獻)金"。

{妣}——妣、妃、祉

用"妣"表示{妣}見於莒侯少子簋(《集成》4152);用"妃"表示{妣}見於十四年陳侯午敦(《集成》4647),用"祉"表示{妣},見綸鎛(《集成》271)等。

(二) 齊系金文中由假借造成的一詞用多字現象

1. 一個詞既用本字又用假借字表示

{期}——基、諆

"期"金文或體較多,多从日其聲,或从月其聲,戰國文字或又从日兀聲。都表示"時期"之{期},都是用本字來表示{期},即本用。

另外還借用"諆"表示{期},見於莒叔之仲子平鐘(《集成》174—175),辭例作"萬年無諆(期)"。

{邾}——邾、鼄、殳

邾國之{邾}用本字表示見於以下辭例:

(1) 邾大嗣(司)馬之䏡(造)戈。　　　　(《集成》11206,邾大司馬戈,春秋晚期)
(2) 陸齂(融)之孫邾公釾乍(作)厹禾(龢)鍾(鐘)。
　　　　　　　　　　　　　　　　　　(《集成》102,邾公釾鐘,春秋早期)

"鼄",《説文・黽部》:"鼄,鼅鼄也。从黽朱聲。"下爲蜘蛛之象形,"鼄"本義爲蜘蛛。借"鼄"表示{邾}爲最常見用字方法,略舉數例:

(3) 鼄(邾)白(伯)乍(作)䕙(媵)鬲。　　　　(《集成》669,邾伯鬲,春秋早期)
(4) 鼄(邾)公孫班釋(擇)其吉金。　　　　(《集成》140,邾公孫班鎛,春秋晚期)

(5) 杞白(伯)每刃乍(作)鼄(邾)嫘(曹)寶盈。

（《集成》10334,杞伯每刃盆,春秋早期）

除了借"鼄"表示{邾}外,偶爾還會用"殺"字表示{邾}：

(6) 杞白(伯)每匕乍(作)殺(邾)敤(嫘)寶鼎(鼎)。

（《集成》2494,杞伯每匕鼎,春秋早期）

2. 一個詞無本字或不用本字而用多個假借字表示

{祈}——旂、斿、簷

《説文·㫃部》："旂,旗有衆鈴,以令衆也,从㫃、斤聲。"《釋名·釋兵》："交龍爲旂。旂,倚也,畫作兩龍相依倚也。通以赤色爲之,無文采,諸侯所建也。"旂、斿、簷本義皆表示旗幟,齊系金文{祈}字借用"旂"字表示,略舉數例如下：

(1) 用旂(祈)眉壽難老,室家是俘(保)……　　（《新收》1043,公典盤,春秋中期）
(2) 用旂(祈)覺(眉)壽,霝命难老。　　（《集成》272—285,叔夷鐘,春秋晚期）

齊系金文或借用"斿"表示{祈},辭例如下：

(3) 用斿(祈)覺(眉)壽,□歲難老……　　（《銘圖》12447,復丰壺,春秋中期）
(4) 用斿(祈)覺(眉)壽無疆,子子孫孫,永寶用之。

（《集成》10006,邳伯夏子缶,戰國早期）

又或借用"簷"表示{祈},辭例如下：

(5) 台(以)簷(祈)覺(眉)壽,霝(靈)命難老。　　（《集成》10151,齊太宰歸父盤）

(三) 由文字分化造成的一詞用多字現象

漢字早期發展階段,一個字形記錄了不同的詞,這樣便會出現一個字身兼數職的情況,不利於準確地表達語言,也會給閲讀帶來諸多不便,人們需要分辨這個字形到底是記録的數個詞中的哪一個詞。爲了離析分散某一字形的記詞職務,通過文字分化的方式使原來由一個字形表示的多個詞分散爲用不同的字形對應不同的詞。這種文字的分化一般都在原來字形的基礎上進行局部改造而成。但這種文字的分化不是一蹴而就的,正如學者所指出的"這種文字的分化，往往不可能在短時間內完成得十分徹底。這就意味着，分化出來的新字形與原來的字形有一個共存的過程，因而造成了由原字形負責記錄的一個或多個詞同時對應不同字形的局面"①。而且"有時候文字出現了分化，但母字還可以表示分化字所表示的詞，就會出現母字和分化字可以表示同一個詞的現象"②。這就是由文字分化造成一詞用多字現象的大致情況。

{母}——母、毋

"母"字表示{母}屬於本用，即用本字"母"表示{母}，見於以下辭例：

(1) 用亯(享)于其皇祖、皇妣(妣)、皇母、皇考。

(《集成》272—285，叔夷鐘，春秋晚期)

(2) 禾肇(肇)乍(作)皇母懿龏(恭)孟姬饆(饋)彝。

(《集成》3939，禾簠，戰國早期)

"母"字又被假借來表示否定詞{毋}，所以在相當長的時間裏，"母"要同時承擔{母}和{毋}記詞職務。後來將"母"字兩點連成一筆分化出"毋"字，以之專門記錄{毋}。但這種文字的分化，往往不可能在短時間內完成得十分徹底。這就意味着，分化出來的新字形與原來的字形有一個共存的過程，因而造成了由原字形負責記錄的詞同時對應不同字形的局面。齊系金文中借"母"表示{毋}，且占大多數，但也用分化字"毋"來表示。這就屬於由文字分化造成的一詞用多字現象。

齊系金文中借用"母"表示{毋}比較常見，略舉如下辭例：

(3) 䚢(保)有齊邦，用雩(世)母(毋)忘。(《集成》4648，十年陳侯午敦，戰國中期)

(4) 用旞(祈)壽老母(毋)死，俾(保)虞(吾)兄弟。

(《集成》271，鎛鐘，春秋中晚期)

(5) 母(毋)或承(沉)穎(迷)，女(汝)考壽萬年。

(《集成》272—285，叔夷鐘，春秋晚期)

分化字"毋"表示{毋}，不見於見齊系金文，見於齊系文字璽印之中，辭例：

---

① 陳斯鵬：《楚系簡帛中字形與音義關係研究》，第93—94頁；田煒：《西周金文字詞關係研究》，第163頁。
② 田煒：《西周金文字詞關係研究》，第138頁。

(6) 者毋豕。 《璽彙》5678）

(7) 者毋豕信鈢。 《璽考》334）

（四）齊系金文中由多種原因造成的一詞用多字現象

同"一字表多詞"的用字現象一樣，造成"一詞用多字"的用字現象的原因有時並不單純，而是由於多種原因共同作用下而造成的。下面我們舉齊系金文中的相關例子加以說明。

{祖}——且、祖、裋、昇、榟、裋

甲骨文、西周金文中用"且"表示{祖}，"且"字造字本義，或説是男性生殖器之象形，或説像神主之形，尚無確論。後來"且"又被借爲表示虛詞"且"，便在"且"字基礎上增加"示"旁，"祖"字應當是由"且"分化出來的專用字。這種分化大概在春秋時期完成，所以春秋時期的"祖"字已从"示"。或在"祖"字的基礎上增"又"旁繁化，構成"祖"字異體字。"昇"是在"且"字基礎上增"丌"旁，成爲"且"字異體。"裋"應該是在"昇"字基礎上增"示"旁，亦有可能是在"祖"字基礎上增"丌"旁。"榟"字應爲"柤"字異體，《説文·木部》："柤，木閑，从木且聲。"徐鍇《説文解字繫傳》："閑，闌也。柤之言阻也。"《廣雅·釋器》："柤，距也。"有《釋宫》："柤，陜也。"王念孫《廣雅疏證》："木閑謂之柤，水偃謂之柤，義相近也。""柤"通"俎"，朱駿聲《説文通訓定聲》："柤，假借爲俎。"可見，"榟"字本義當爲"木欄"，表示{祖}當爲假借。這組一詞用多字現象產生的原因涉及異體字、假借、文字分化等多種因素。

{靈}——霝、霊、靈

《説文·玉部》："靈，靈巫，以玉事神，从玉霝聲。靈，靈或从巫。"靈本義爲巫，引申爲神靈、威靈、福佑、美善等意思。《説文·雨部》："霝，雨零也。从雨，叩象零形。《詩》曰'霝雨其濛'。"霝本義爲降雨。齊系金文中借"霝"表示{靈}，辭例如下：

（1）遹（桓）武霝（靈）公易（賜）尸（夷）吉金鈇（鏊）鎬玄鏐鏽鋁。

《集成》272—285，叔夷鐘，春秋晚期）

（2）其萬年澬（眉）壽，室家是保，霝（靈）命無其（期）。

《集成》140，邾公孫班鎛，春秋晚期）

(3) 需(靈)父君僉父乍(作)其金瓶(瓶)。　　　（《銘圖》14036,僉父瓶,春秋早期）

齊系金文"霝"有以下辭例：

(4) 轅(執)者獻(獻)于霝(靈)公之所……於霝(靈)公之身。

（《集成》9733,庚壺,春秋晚期）

楊樹達認爲"霝"字从示,蓋神靈之本字①。霝字从示表義,當與"靈"字本義"事神"有關,當爲靈之本字。

齊系金文還見"靇"字,有以下辭例：

(5) 頤(夏)司(后),敭厥靇(靈)師……是辟于齊灰(侯)之所,是忎𤰞(恭)𤰞,靇(靈)力若虎……堇(勤)袭(勞)其政事,又(有)共(恭)于宣(桓)武靇(靈)公之所……武靇(靈)成,子孫永俘(保)用亯(享)。　　（《集成》272—285,叔夷鐘,春秋晚期）

郭沫若指出"'靇'字上从需,乃聲,下从乃火之變體。中所从或説爲人形,謂是巫字所从出。余意乃从龜又爪,象人執龜,一手執之,一手撜之。从火者謂以火灼龜,使之成兆,吉凶均有靈驗也。古者龜有靈名,《爾雅·釋名》'龜伏者靈',又'二曰靈龜',易頤衍九'舍爾靈龜',此均靈字从龜之意"②。郭説可從。

{忌}——忌、諅、諆

《説文·言部》："諅,誡也,从言忌聲。""諅"是在"忌"的基礎上增繁義符而成,當爲告誡義的本字,用爲"忌"字異體。齊國金文用"諅"表示{忌},見於鎛鎛(《集成》271)"余彌(彌)心畏諅(忌)"。忌字表示"畏忌"之{忌}見於邾公牼鐘(《集成》149)、邾公華鐘(《集成》245)、叔夷鎛(《集成》285)等。

齊國金文還借用"諆"表示{忌},見於復丰壺(《銘圖》12447),辭例作"諰(慇)龏(恭)威(畏)諆(忌)"。

{畏}——威、愄

"愄"爲"畏"字異體,用"愄"表示{畏},見於以下辭例：

(1) 女(汝)忎愄(畏)忌。　　　　（《集成》272—285,叔夷鐘,春秋晚期）

---

① 楊樹達：《積微居金文説(增訂本)》,第159—160頁。
② 郭沫若：《兩周金文辭大系圖録考釋》,第430—442頁。

(2) 敨(愍)龏(恭)愄(畏)忌。　　　　　　(《集成》4190,陳眆簋蓋,戰國早期)

齊系金文借"威"表示{畏},見於以下辭例:

(3) 諡(愍)龏(恭)威(畏)諅(忌)。　　　　(《銘圖》12447,復丰壺,春秋中期)
(4) 余異(畢)龏(恭)威(畏)忌。　　　　　(《集成》245,竈公華鐘,春秋晚期)

{畏}、{威}是一對同源詞,西周金文中,"畏懼"之{畏}與"威嚴"之{威}這一對同源詞並用"畏"字表示。春秋晚期的金文中,"畏""威"二字的用法就相混①。

---

① 田煒:《西周金文字詞關係研究》,第 59—60 頁。

第六章　齊系金文内部形體異同研究

通過比較齊系内部各國金文形體，可以把齊系金文分爲齊莒金文和魯邾金文兩系。齊莒金文是指形體特徵相近的齊、莒、鑄、夆、杞等國的金文，在金文數量上以齊國金文爲主；魯邾金文是指形體特徵相近的邾、滕、薛、倪、曹等國以及淳于、羊子諸器的金文，在文字數量上以魯邾國金文爲主。齊莒金文和魯邾滕金文在形體寫法上，既有相同之處，又存在差别。本章對齊系金文内部齊莒系和魯邾系兩個亞系金文形體的内部差異進行研究。

第一節　齊系金文内部形體異同研究的現狀

一、齊系金文内部形體研究的精細化

傳統觀點認爲，齊系文字地域内的各國文字之間是没有明顯區别的。何琳儀曾言及："齊國以外的齊系文字，如上文涉及的邾、莒等國的銅器文字，魯、邾、滕、薛等國的兵器、璽印、陶器文字，都比較零散。且與齊國文字也無明顯區别，故可歸爲一類討論其文字特點。"[①]

許多學者研究齊系文字也大多是將其作爲一個系統來研究的，如湯餘惠《略論戰國文字形體研究中的幾個問題》、何琳儀《戰國文字通論》相關章節。毋容置疑的是，齊系文字在整體上具有共同特徵性，體現出同一區系文字的共同性。但齊系文字諸國家内部還是存在内部差異，對齊系文字求同性研究固然重要，但求異性研究則更爲重要。

---

① 何琳儀：《戰國文字通論（訂補）》，第 96 頁。

其實，不少學者早已指出齊系文字内部存在差異，諸如吴振武指出戰國文字的"广"字的地域形體特徵非常明顯，魯邾滕文字的"稟"字寫法，與齊國文字的"稟"字有異①。裘錫圭、李家浩指出齊國兵器銘文和鄒滕陶文的"冶"字寫法就有明顯不同。齊國兵器銘文的"冶"字左半二横寫在"口"下。鄒滕陶文"冶"字左半二横寫在"口"上，並指出這可能是鄒滕地區文字的書寫特點②。朱鳳瀚也指出齊魯兩國金文在書體和字形結構上都存在差異，"至春秋中晚期，列國金文在形體上均已形成較鮮明的時代特色，不同地理區域，甚至區域相鄰的不同國家間的金文也有了較大的差别……魯國與齊國相毗鄰，但現所見到的春秋中晚期魯國金文罕見齊金文那種瘦長、工整而多垂筆的字體，多數器銘之書體仍較多地保留西周晚期金文的風格，穩重而敦厚……此一階段齊、魯金文不僅在書體上有一定差别，而且在習慣采用的字形結構上也不盡同"③。

張振謙在系統分析齊系文字的形體之後，指出齊系文字在内部形體上"没有明顯區别"的結論是不成立的。通過比較其形體特點發現，張振謙指出："以齊國爲中心，包括杞、鑄、夆、邿、莒、己等國文字形體相近的一系，與以邾國爲中心，包括魯、滕、倪、薛、曹等國以及淳于、羊子諸戈文字形體相近的另一系，文字形體差别較大。"④進而指出："齊系文字中，各國文字在形體上既有寫法一致的一面，又並非没有明顯區别，有的文字在形體寫法上的分歧還很大。如：齊國文字與莒國文字形體相近，魯邾滕諸國的文字形體相近，上述二者文字形體有明顯差别，故齊系文字内部又可以分爲齊莒文字和魯邾滕文字兩系。"⑤"在典型的齊系文字中，齊莒文字和魯邾滕文字在形體寫法上，既有相同之處，又存在着差别，而形體特點不同的文字要遠遠多於形體特點相同的文字。因此如果説，這些形體差别足以使魯邾滕文字與齊並列而單獨成爲一系，是不爲過的。"⑥他從齊系金文内部形體特徵的異同角度分類，把齊系金文内

---

① 吴振武：《戰國"宀（广）"字考察》，《考古與文物》1984年第4期。
② 裘錫圭、李家浩：《戰國平陽刀幣考》，《中國錢幣》1988年第2期。
③ 朱鳳瀚：《中國青銅器綜論》，第640頁。
④ 張振謙：《齊系文字研究》，安徽大學博士學位論文，第193頁。
⑤ 張振謙：《齊系文字研究》，安徽大學博士學位論文，第113頁。
⑥ 張振謙：《齊系文字研究》，安徽大學博士學位論文，第190頁。

部異同情況分成了四類：形體特徵完全相同的字；既有相同的形體，又有不同的形體的字；形體寫法不同的字；缺少參照的文字①。

在其後來的《齊魯文字編》一書中編有《齊魯文字字形差異表》，該表羅列了齊莒文字和魯邾文字在構形寫法上有差異的典型字體，涉及"祭""公""余""造""支""殳""目""自""者""羊""肉""豆""匍""矢""良""啚""楚""邑""參""宀""穴""安""广""网""常""次""敬""象""馬""火""大""心""揚""它""且""萬""辰"等字②。

對齊系金文內部差異的最新研究來自傅修才，其博士論文《東周山東諸侯國金文整理與研究》專門有一章《東周山東諸侯國銘文內部差異研究》討論了東周山東諸侯國銘文內部差異，從文字形體和用字習慣兩個方面，對東周山東諸侯國銘文內部差異進行討論。其基本結論是"泗水流域的山東諸侯國文字關係較密切，它們在文字形體和用字習慣上，與齊國文字存在差異。而且即使是泗水流域的山東諸侯國文字內部在文字形體和用字習慣上也是有差異的，只是由於現有文字材料有限，我們還無法深入探究。尤其值得注意的是，長期以來學界一般都將宋國文字歸入楚系文字中，周波通過考察宋國文字的文字形體和用字習慣，指出宋國文字可能更接近於齊魯文字中邾魯一系。這一意見是很有道理的。宋國與魯邾等國同處泗水地區，地理毗鄰，交往密切，其文字相互影響也是情理中事"③。

關於齊系金文內部形體差異形成的原因，學者也進行了一些探討，諸如傅修才指出這種形體差異的形成，與東周時期山東地區諸侯國地域文化密切相關……泗水流域的山東諸侯國以魯邾兩國為大，這些國家雖然在政治文化上深受齊國的影響，但它們之間仍有差異④。朱鳳瀚在對比了齊魯兩個國家的金文在書體、字形結構上的不同後，指出"以上齊魯金文的不同，說明列國政治上獨立性之增強與地域上割據之狀態加深了文化上的隔閡，即使地域鄰近亦未可免"⑤。

---

① 張振謙：《齊系文字研究》，安徽大學博士學位論文，第190頁。
② 張振謙：《齊魯文字編》，第171—176頁。
③ 傅修才：《東周山東諸侯國金文整理與研究》，第443頁。
④ 傅修才：《東周山東諸侯國金文整理與研究》，第439頁。
⑤ 朱鳳瀚：《中國青銅器綜論》，第640頁。

二、齊系金文内部形體研究存在的問題

學界對於齊系金文内部形體問題取得了很大成績，這爲我們進一步討論該問題奠定了良好的基礎，但還存在一些不足之處。針對張振謙的研究，傅修才指出了其不足之處：首先，對文字資料的時代性認識不够，區内莒、鑄、杞、薛、曹、費、鄦等國目前所見只有春秋早期的金文資料，其地域特徵不明顯，張振謙將它們與戰國時期文字資料進行比較，並且分别歸入齊莒文字和魯邾文字中，這恐怕是有問題的。其次，他的研究偏重於齊系文字形體差異比較，對用字習慣的差異不够重視。另外，研究中所舉例子有些是有問題的，如他認爲"宀"旁齊莒文字寫作平首方肩形，魯邾文字寫作拱形，不過春秋晚期邾公孫班鎛的"室家"二字所从"宀"旁就寫作平首方肩形①。

基於此考慮，傅修才從文字形體和用字習慣兩個方面，對東周山東諸侯國銘文内部差異進行討論。但或許囿於篇幅所限，傅修才在文字形體方面只選取了"章""敬""祭""鼎""彝"五個字對齊系金文的形體差異進行了探討。在用字習慣上也只選取了"朝""司""載""萬""保""沫""匜""造"八個字探討了齊系金文用字習慣的差異。這顯然是不够的，還需要選取更多文字資料對此問題進行更爲細緻的探究。就目前的研究現狀而言，我們認爲還有一些重要的問題需要更進一步的深入探討。

（一）對比材料的共時性、同一性問題

對比齊系金文内部形體的差異首先要面臨的是對比材料的時間同一性問題。就目前現有資料而言，很多區系内的國家的金文資料只有春秋早期，諸如上文提及的莒、鑄、杞、薛、曹、費、鄦等國。還有一些國家的金文資料以春秋早期爲主，比如魯國、邾國等。而衆所周知的是，至春秋中晚期，列國金文在形體上才逐漸形成比較鮮明的區域特色，因此這些材料是否具有典型性就是值得考量的問題。另外，更爲關鍵的是，拿這些春秋早期的金文資料和春秋中晚期或戰國時期的金文資料進行橫向比較來探討齊系金文内部差異，在方法論上

---

① 傅修才：《東周山東諸侯國金文整理與研究》，第 439 頁。

必然面臨極大窘境。所以對比材料的共時性問題是必須要考量的問題。最理想的狀態是完全共時，春秋早期和春秋早期的資料進行對比，春秋中晚期和春秋中晚期的材料進行對比等等。但實際操作中做到完全對應存在極大困難，我們在具體研究過程中盡可能做到相對共時，一般不拿時代差別很大的文字資料進行橫向對比，如一般不把春秋早期的資料和戰國時期的資料進行對比。

所謂同一性問題是指選取的材料性質要保持一致性。一般不拿禮器銘文和兵器銘文進行對比，衆所周知，禮器的鑄造和兵器的鑄造有很大不同，兵器銘文和禮器銘文存在的差異主要是由鑄造性質的不同而造成的，由於兵器銘文鑄造的特殊性，一定程度上並不能準確反映某一國家的文字的面貌。我們在選取資料時一般是選取禮器銘文，用禮器銘文的對比來探討齊系金文的内部差異。

(二) 形體樣本選擇的典型性問題

除了要考量共時性、同一性問題之外，還需考慮形體選擇的典型性問題。張振謙認爲在齊系文字中，很多文字存在不同的形體寫法，這些文字既有典型寫法，又有普通寫法；在描述齊系文字特點時，將這些不同的形體分開來，描述的重點爲齊系文字的典型字體；並把典型特點的文字分兩類，分別討論，一類是齊系銘文的專用字，一類是齊系銘文的普通用字[①]。這種分法無疑具有合理性，充分考慮了齊系金文内部形體差異複雜性。所以確定典型字體尤爲重要，我們選取典型字體的主要考量以下幾個兩個因素：1. 齊莒系和魯邾系兩系都出現的字形；2. 有代表性的典型字體，所謂代表性是指能夠反映兩系内部差異的形體。

(三) 齊系金文內部差異的多樣性問題

齊系金文的内部差異體現在多個方面，不僅體現在形體上還體現在用字習慣等方面，形體的差異一方面表現書體上，書體的差別體現爲字形的寬瘦、筆畫的形態、結體舒密等方面；另一方面還體現在字形結構上，字形結構體現在結體的構成、偏旁的結構等多個方面。

---

① 張振謙：《齊系文字研究》，安徽大學博士學位論文，第 114—169 頁。

第二節　齊系金文形體内部差異研究

一、書體的差異

金文字形主要體現在"書體"和"結構"上，二者體現了字形不同的向度。"書體"(Calligraphic Style)是字的結構變化以外的一種字的形態特徵。與基於構字原理的字的結構特徵不同，"書體"則是基於特定的書寫傳統並通過書手的嚴格訓練得以傳承的一種規則性的文字書寫形式，而這種形式是通過字的高低寬扁和筆畫的曲直寬窄等特徵表現出來的[①]。"書體"主要是指筆畫的形態，不同於字的"結構"，"書體變化"不同於"結構變化"，我們認同李峰的界定，"'結構變化'主要指構成一個字的基本成分的變化，包括偏旁的換位和筆畫的損益，而'書體變化'則指一個字在構型結構不變的情況下所顯示的形態變化"[②]。

需要指出的是，"書體"固然體現在一個個字的形態，但組合起來構成一篇銘文也會呈現出整體性銘文風格。理論上講，金文形體的内部差異一般有兩個維度，一方面考察單字所呈現的筆畫形態的差別；另一方面還要考察一篇銘文所體現出來的整體書風的差異。不過，金文作爲古文字階段早期形體，在單字的筆畫形態上的差異並不明顯。我們選取春秋中晚期至戰國時期的齊莒系和魯邾系典型樣本對其書體的差異進行較爲宏觀的闡釋。

選取的魯邾系銅器有如下典型樣本：魯歸父敦（春秋晚期）、魯士孚父簠（春秋晚期）、黿公牼鐘（春秋晚期）、邾公華鐘（春秋晚期）、邾伯御戎鼎（春秋晚期）、邾公孫班鎛（春秋晚期）、宋公䜌作㸴叔子鋪（春秋中晚期）、滕大宰得匜（春秋中晚期）、司馬楙編鎛（戰國中期）、邳伯罍（戰國早期）、曹公盤（春秋晚期）、虘㫚丘君盤（春秋晚期）等。

選取的齊莒系銅器有如下典型樣本：國差𦉜（春秋中期）、䜌鎛（春秋中期）、公典盤（春秋中期）、齊侯盤（春秋中期）、齊侯盂（春秋晚期）、䦣子鼎（春秋

[①]　李峰：《青銅器和金文書體研究》，第 4 頁。
[②]　李峰：《青銅器和金文書體研究》，第 3 頁。

晚期)、陳肪簠蓋(戰國早期)、十四年陳侯午敦(戰國中期)、子禾子釜(戰國晚期)、莒大史申鼎(春秋晚期)、夆叔盤(春秋中期)等。

選取的代表字有"乍""寶""保""永""用""之""孫""年""壽"等。

列表如下：

系別 字例	魯邾系	齊莒系
乍	(魯士孚父簠) (邾公華鐘) (邾公牼鐘)	(齳鎛) (齊侯盂) (十四年陳侯午敦) (莒大史申鼎)
寶	(魯士孚父簠) (虘叴丘君盤)	(齳鎛) (齊侯盂)
保	(邾公華鐘) (魯大司徒子中白匜)	(齳鎛) (鼄子鼎) (齊侯盂) (公典盤)
永	(邾公華鐘)	(齊侯盂) (公典盤)
用	(邾公鈺鐘) (邾公華鐘)	(齳鎛) (齊鮑氏鐘)
之	(邾公鈺鐘) (邾公華鐘) (曹公盤)	(齊侯盂) (陳純釜) (齳鎛) (莒大史申鼎)
孫	(邾公華鐘) (邾公孫班鎛)	(齊侯盂) (鮑子鼎)
壽	(曹公盤) (邾公華鐘)	(鮑子鼎) (齊侯盂)

春秋中期開始齊莒系金文已呈現出區域性特徵，字形趨於瘦長，向縱勢長形發展；筆畫流暢，筆勢開闊有致；豎筆往往長形而迂曲。而此時期的魯邾金文筆畫形態在一定程度上則更多保留了西周晚期金文風格。筆畫形態工整規

範,字形作長方形但不瘦長,字形大小相同;筆畫粗細均勻,呈現出"玉箸體"的特徵,整體上呈現出莊重肅穆、穩重敦厚的風格。

　　就銘文整體書風的差異,以齊魯兩國對比最爲典型[①]。目前發現的魯國青銅器銘文大多是春秋早期的,春秋中晚期的銅器數量不多,無法全面瞭解這一時期魯國金文的整體風格,但從目前爲數不多的春秋晚期銅器銘文的書風和字形結構上,可以看出魯國金文在春秋中晚期依然較多地保留了西周晚期金文的風格。齊國金文整體布局結體疏朗,顯得比較寬鬆,如齊侯盂、公典盤、魯大司徒厚氏元簠、魯大司徒子中伯匜銘文對比即可知此銘文布局所體現書體的差異[②]。

1　　　　　　　　　2

[①] 朱鳳瀚也曾對比齊魯金文在書體上的差異,參見《中國青銅器綜論》,第 640—643 頁。
[②] 春秋中期以後的魯國銅器數量不多,1932 年曲阜林前村出土的魯大司徒厚氏元鋪、匜,鋪腹較淺,柄較粗,微束腰,有蓋,蓋頂作蓮瓣形,應是春秋中期偏晚至晚期的作品。春秋中晚期的其他魯國銅器,還有以下諸件:1964 年河北唐縣東崗龍村出土的魯歸父敦(《集成》4640),魯大左司徒元鼎(《集成》2592)等。

　　　　　　　　　3　　　　　　　　　　4
　1. 齊侯盂　2. 公典盤　3. 魯大司徒厚氏元簠　4. 魯大司徒子中伯匜

二、字形結構的差異

　　齊系金文更爲明顯的形體内部差異體現在内部結構上，這主要表現在筆畫和偏旁的差異從而造成的字形結構的差別。張振謙對齊系金文形體差異做過系統研究，其博士論文《齊系金文研究》相關章節對此曾進行過很好的討論。後來其《齊魯文字編》中編有《齊魯文字字形差異表》，該表羅列了齊莒文字和魯邾文字在構形寫法上有差異的典型字體[①]。我們擬在其研究的基礎上再做些補充討論。

1. 元

　　魯國金文有些"元"字在豎化上增添一小橫畫，作 ![] （魯大司徒厚氏元鋪，

---
① 張振謙：《齊魯文字編》，第 2081—2153 頁。

《集成》4691)、■(魯大司徒厚氏元鋪,《集成》4690),這與魯邾系其他國家和齊莒系金文字形有區別。

2. 王

齊國金文有些"王"字在豎化上增添一小橫畫,作■(陳璋圓壺,《集成》9975)、■(檃可忌豆,《近出》543),此字形不見於齊系其他國家和魯邾系金文。

3. 中

齊國金文"中"字或作■(子禾子釜,《集成》10374)、■(叔夷鎛,《集成》285),這不同於齊系其他國家和魯邾系金文。

4. 公

齊莒系金文有地域特點的"公"字作"■"(莒公孫潮子鎛,山東103)。張振謙指出其特點是在"公"字的下邊偏旁"■"下,拖出一條長長的"尾巴"①。魯邾系金文有地域特點的"公"字作"■"(邾公華鐘,《集成》245)"■"(魯伯悆盨,《集成》4458)。其特點是其上面所從的"八"的兩筆都有明顯的彎曲,下面所從的"■"內加點或短橫作飾筆②。

5. 余

齊國金文"余"字大致有兩種寫法,一種齊國金文最常見,作■,另外少部分齊國、異國金文作"■";二者的區別是■下筆畫一作直橫筆,一作■。魯邾系金文■下作直筆,不見從■者。

---

① 張振謙:《齊系金文研究》,安徽大學博士學位論文,第124頁。
② 張振謙:《齊系金文研究》,安徽大學博士學位論文,第124頁。

6. 名

齊國金文"名"字作"▨"（四十年左工耳杯，《新收》1078）；邾國金文作"▨"，"口"字寫法頗具特色。

7. 萬

齊莒系與魯邾系金文的"萬"字所的綴加形符是不同的。齊國的"萬"字一般綴加"止"符，寫作"▨"……而邾滕地區的"萬"字一般綴加"土"符，寫作"▨"①。此用字差異雖然基本符合齊莒系和魯邾系的實際情況，如齊、鄀、夆等。但魯邾系魯國、杞國等"萬"字也从"止"，如▨（魯伯匜，《集成》10222）、▨（杞伯每亡鼎，《山東》183）。

8. 是

齊莒系金文"是"多作"▨"，有"彐"形飾筆；魯邾系金文則多作"▨"（邾公華鐘，《集成》245）、"▨"（郳公鎛，《古研》29），"▨"下爲平直橫畫。

9. 造

從目前見到的出土材料來看，齊國文字的"造"一般不寫作"艁"，魯邾滕文字的"造"，一般不寫作"造"②。齊莒系金文一般用"造"，如十年陳侯午敦（《集成》4648）、陳侯因𰯼戈（《集成》11129）、子禾子左戟（《集成》11130）、莒大史申鼎（《集成》2732）。魯邾系金文一般用"艁"，如羊子戈（《集成》11090）、羊角戈（《集成》11210）、淳于公戈（《集成》11125）、邾大司馬戈（《集成》11206）、淳于公戈（《集成》11124）、滕侯昃戈（《集成》11018）等。

10. 追

齊、郳國金文"追"字从辵作▨（陳貯簋蓋，《集成》4190）、▨（邿遣簋，《集

---

① 張振謙：《齊系文字研究》，安徽大學博士學位論文，第157頁。
② 張振謙：《齊系文字研究》，安徽大學博士學位論文，第193頁。

成》4040）；魯國金文"追"字从"彳"作▆（魯伯念盨,《集成》4458）。

11. 得

齊國金文"得"字从又从貝,作▆（陳璋方壺,《集成》9703）、▆（子禾子釜,《集成》10374）；滕國金文"得"字从辵从又从貝,作▆（滕太宰得匜,《集錄》1011）。

12. 器

莒國金文"器"从皿从犬,作▆（莒侯少子簋,《集成》4152）,犬形或有所變形,如▆（陳逆簠,《新收》1781）,或訛作近似"人"形,如▆（十四年陳侯午敦,《集成》4646）；邾國金文"器"字則作▆（邾公華鐘,《集成》245）,中間所从亦當爲"犬"字形變。

13. 鬲

魯邾系金文中"鬲"字除作▆（魯姬鬲,《集成》593）、▆（邾友父鬲,《集成》717）外,還作▆（魯伯愈父鬲,《集成》691）、▆（郳慶鬲,《遺珍》41）；齊莒系金文"鬲"字大多作▆（夆伯鬲,《集成》696）、▆（郜季鬲,《集成》718）、▆（齊趫父鬲,《集成》686）。

14. 攻

齊國金文"攻"作▆（國差譫,《集成》10361）、▆（叔夷鐘,《集成》281）,爲左右結構；滕國金文作▆（滕攻反戈,《新收》1550）,爲上下結構。

15. 畢

邾國金文"畢"字作▆（邾公華鐘,《集成》245）,該字上部分作"▆"；齊國金文作☒，與邾國金文差異較大。

16. 玄

邾國金文"玄"字作☒（邾公牼鐘，《集成》151）、☒（邾公牼鐘，《集成》152），有兩點裝飾；齊莒系金文作☒（叔夷鐘，《集成》277）、☒（莒叔之仲子平鐘，《集成》172），無此飾筆性的兩點。

17. 受

齊莒系金文"受"字作☒（䚄鎛，《集成》271）、☒（莒叔之仲子平鐘，《集成》172）；邿國金文作☒（邿公鎛，《古研》29），省略一手形。

18. 初

魯邾系金文"初"字或作☒（鼄叔之伯鐘，《集成》87）、☒（鼄公牼鐘，《集成》152），从"卒"非从衣；齊莒系金文則从衣从刀，☒（鑄叔皮父簋，《集成》4127）、☒（齊鮑氏鍾，《集成》142）。

19. 盂

魯國金文"盂"字或作☒（魯大司徒元盂，《集成》10316），增"八"形飾筆；齊國金文作☒（齊侯盂，《集成》10318），無此飾筆。

20. 盨

魯國金文"盨"字从皿須聲作☒（魯司徒仲齊盨，《集成》4441）、☒（魯伯悆盨，《集成》4458）；異國金文"盨"字从斗或从升从盨作☒（異伯子宭父盨，《集成》4442）、☒（異伯子宭父盨，《集成》4443）。

21. 穆

"穆"字齊國文字作▨(叔夷鐘,《集成》276)、▨(郳公華鐘,《集成》245)。這是常見形體,邾國金文中還有字形作▨,可隸作敡,一般釋作"揚"。李春桃指出右部从攴應無疑問,可是該形左面却與古文字中的"易"有很大的差異,左面下部爲三横一豎,且豎畫貫穿三個横畫,寫成類似"丰"形;該形的左部是"穆"字的省體,右部是攴,可隸定作"敠",是"穆"字的異體①。這是魯邾系文字比較特殊的寫法。

22. 年

魯邾系和齊莒系金文或作▨(魯伯悆盨,《集成》4458)、▨(齊侯敦,《集成》4638)或增飾"土"旁,齊系金文都有此種寫法。齊國金文中有比較特殊的寫法,作▨(陳逆簠,《新收》1781)。

23. 安

魯邾系金文"安"字作▨(魯宰虩簠蓋,《遺珍》046)、▨(薛子仲案簠,《山東》393);齊國金文除作▨(國差罎,《集成》10361)外,還从厂作▨(陳純釜,《集成》10371)。

24. 宴

邾國金文"宴"字作▨(邾公華鐘,《集成》245),从宀;齊國金文"宴"字作▨(陳璋方壺,《集成》9703),从厂。

25. 寶

郳國"寶"字作▨(郳公鎛,《古研》29),从宀从貝保聲,字形較有特色,不同

———
① 李春桃:《邾公釛鐘銘文研究》,《江漢考古》2017年第4期。

於齊系金文其他文字。

26. 保

齊系金文"保"字一般作 ▨（魯大司徒子仲伯匜，《集成》10277）、▨（齊良壺，《集成》9659）。齊國金文"保"字或作 ▨（陳逆簠，《集成》4630）、▨（陳逆簠，《新收》1781），省略人旁。

27. 敬

齊莒系"苟"旁訛變爲下"口"上"羋"，魯邾系"苟"旁中部左右兩側各添一豎畫類似"用"字①。

28. 馬

齊莒系表示馬鬃的三條直綫是由構成馬目的三條橫綫向右延長而來，魯邾系表示馬鬃的三條橫綫與馬目的三條直綫是相互獨立的②。

29. 獻

魯國金文"獻"字作 ▨（魯仲齊甗，《集成》939），"鬳"从"鬲"；齊國金文"甗"字作 ▨（齊陳曼簠，《集成》4595）、▨（十四年陳侯午敦，《集成》4646），"鬳"从鼎。

30. 夫

邾國金文"夫"字作 ▨（鼄公牼鐘，《集成》151）、▨（邾公華鐘，《集成》245），从大上一橫；齊國金文"夫"字作 ▨（子禾子釜，《集成》10361），"大"形分成兩部分。

---

① 張振謙：《齊魯文字編·齊魯文字字形差異表》，第 2132 頁。
② 張振謙：《齊魯文字編·齊魯文字字形差異表》，第 2134 頁。

31. 心

齊國地區的"心"旁一般寫作 ⊎、廿、ᄂ 形,共同特點是其下部没有"尾巴"……邾滕地區的"心"旁一般寫作 ⊎、廿 形,其特點是下部都有"尾巴"①。

三、用字習慣的差異

傅修才曾對山東諸侯國銘文内部用字差異進行過研究,他列舉了{朝}、{司}、{載}、{萬}、{保}、{沬}、{匜}、{造}八個詞在齊系金文中用字習慣的差異②。我們再舉出其他相關的例子。

1. 福

齊國金文用"福"表示{福},見於國差瞻(《集成》10361);邾國金文用"畐"表示{福},見於邾大宰鐘(《集成》86)。

2. 祖

齊國金文用"祖""且""祒""昇""樤"表示{祖}。"祖"見於鬳鎛(《集成》271);"且"見於陳侯因𧸇敦(《集成》4649);"祒"見於陳逆簋(《集成》4096);"昇"見於叔夷鎛(《集成》285.1);"樤"見於陳逆簠(《集成》4629)。滕國金文用"祒"表示{祖},見於滕國器司馬楙編鎛(《銘圖》15767)。

3. 皇

齊國金文用"𡆰""皇"表示"皇考""皇妣""皇祖"之{皇}。"𡆰"字見於齊陳逆簋(《集成》4096)、陳逆簠(《集成》4629),均用作"皇祖"之{皇}。用"皇"表示"皇考""皇妣"之{皇}見於齊陳曼簠(《集成》4595)、十四年陳侯午敦(《集成》4646)、陳侯因𧸇敦(《集成》4649)。魯邾金文用"皇"表示{皇},見於邾公華鐘(《集成》245)、魯仲齊鼎(《集成》2639)等。

---

① 張振謙:《齊系文字研究》,安徽大學博士學位論文,第159—160頁。
② 傅修才:《東周山東諸侯國金文整理與研究》,第441—443頁。

4. 孙

邾國、郳國金文用"孙"表示"子孫"之{孫}，見於黿訧鼎(《集成》2426)、郳公鎛(《古研》29.396)。此用法不見於齊系其他國金文中。

5. 徒

魯國金文用"徒""社"表示司徒之{徒}。"徒"見於魯大司徒元盂(《集成》10316)；"社"見於魯司徒仲齊匜(《集成》10275)、魯司徒仲齊盨(《集成》4440)等。齊國金文用"徒"表示"徒兵"之{徒}，見於仕斤徒戈(《集成》11049)、平阿左戟(《集成》11158)等。

6. 簠

魯邾金文用"臣""匡""害""區""匜"等表示"簠"，"臣"見於鑄叔簠(《集成》4560)、魯伯俞父簠(《集成》4568)、鑄叔作嬴氏簠(《集成》4560)等；"匡"見於魯士㝅父簠(《集成》4517.1)；"害"見於鑄公簠蓋(《集成》4574)、魯侯簠(《新收》1068)、薛子仲安簠(《集成》4547)；"區"見於邾仲簠(《新收》1045)；"匜"見於魯大司徒厚氏元簠(《集成》4691)齊國金文則用"笑"表示"簠"，見於陳逆簠(《集成》4630)等。

7. 盂

齊國金文用"盂""盅"表示{盂}。"盂"見於齊侯盂(《集成》10318)、齊良壺(《集成》9659)；"盅"見於齊侯匜(《集成》10283)。魯國金文用"盂"表示{盂}，見於魯大司徒元盂(《集成》10316)。

8. 盨

魯國金文多用"盨"表示{盨}，見於魯司徒仲齊盨(《集成》4440)；異國金文用"䪻"表示{盨}，見於異伯子㝨父盨(《集成》4442—4445)。

9. 洗

滕國金文用"洗"表示"先公""先王"之{先}，見於司馬楙編鎛(《銘圖》

第六章　齊系金文內部形體異同研究　469

15767)。此用法不見於齊系其他國金文中。

10. 文

滕國金文用"吝"表示"文考"之{文}，見於司馬楙編鎛(《銘圖》15768)。齊國、滕國金文用"文"表示{文}，見於陳侯因㤅敦(《集成》4649)、滕侯蘇盨(《集成》4428)。

11. 諆

齊國金文用"諆"表示{忌}，見於復丰壺(《銘圖》12447)。莒國金文中用"諆"表示{期}，見莒叔之仲子平鐘(《集成》174、175)。

12. 戈

齊莒系金文用"戈""戔""盉"表示{戈}，"戈"見於高密戈(《集成》10972)、武城戈(《集成》11024)、陳子皮戈(《集成》11126)、高子戈(《集成》10961)、陳豫車戈(《集成》11037)等；"戔"見於陳余戈(《集成》11035)、陳卿聖孟戈(《集成》11128)、陳胎戈(《集成》11127)、平陽高馬里戈(《集成》11156)、成陽辛城里戈(《集成》11155)、平阿左戈(《集錄》1135)；"盉"見於陳璋圓壺(《集成》9975)。齊國兵器銘文用"戔"表示{戈}是很有地方特色的用字習慣。魯邾系金文用"戈"表示{戈}，如曹公子沱戈(《集成》11120)、邾太師戈(《山東》809)等。

13. 疆

齊系金文或用"疆""彊"表示{疆}，"疆"見於邾叔之伯鐘(《集成》87)；"彊"見於邾公華鐘(《集成》245)、邾公佳鬲(《集成》670)、邿伯鼎(《集成》10007)、魯大司徒厚氏元簠(《集成》4690)、尋仲盤(《集成》10135)、齊侯匜(《集成》10272)、眚伯子窑父盨(《集成》4444)、見僉父瓶(《遺珍》33 頁)。

14. 鐘

魯邾系金文多用"鍾"表示"鐘鼓"之{鐘}，見於邾叔之伯鐘(《集成》87)、邾公牼鐘(《集成》149)、邾公華鐘(《集成》245)等；莒國金文用"鍊"表示"鐘鼓"之

{鐘},見於莒叔之仲子平鐘(《集成》172—175)。

15. 鋁

邾國金文或用"呂"表示{鋁},見於邾公牼鐘(《集成》149);齊國金文用"鋁"表示{鋁},見於邾公牼鐘(《集成》285)。

16. 陰

齊國金文用"侌"表示{陰},見於陰平劍(《集成》11609);異國金文用"陰"表示{陰},見於異伯子㽙父盨(《集成》4442—4445)。

17. 己

"㠯"表示自己之{己},見於齊大宰歸父盤(《集成》10151),是有地方特色的用字習慣。

四、齊系金文内部形體異同性分析

以上分析了齊系金文在書體、字形結構、用字習慣方面的差異。毫無疑問,齊系金文内部形體的確存在一些差異。我們主要以齊莒系和魯邾系爲對比單位,其實齊莒系和魯邾系各自内部也存在一些差異。但要指出的是,齊系金文的内部差異只是一定程度上的,齊系金文在整體上同大於異①。我們從字形結構和用字習慣兩個方面來分析齊系金文的相同性。

就字形結構來看,齊系金文在形體上大部分保持一致性。如:祀、王、土、中、少、公、君、命、台、吉、御、穌、十、蕭、翠、舉、貞、用、魯、隹、舊、受、初、簠、曰、于、荆、飤、侯、宜、樂、無、之、邦、旂、月、齊、禾、穆、年、安、寶、白、保、弔、身、壽、考、朕、般、大、慶、沬、永、不、女、姜、姬、妊、氏、乎、肇、乍、匜、孫、二、置、金、鑄、萬、庚、辭、子、季、孟、午、亥。

我們選取有代表的字形分析,列表如下:

---

① 其實這種内部差異的相對性還體現在戰國時期各系文字之間,在甲骨文的不同組類的差異性中也是如此。

第六章　齊系金文內部形體異同研究　471

系別 字例	魯邾系	齊莒系
祀	▨(邾公華鐘)　▨(司馬楙編鎛)	▨(郜伯祀鼎)
王	▨(邾叔之伯鐘) ▨(邾公華鐘)	▨(曩甫人匜)　▨(夆叔匜)
御	▨(滕大宰得匜) ▨(邾伯御戎鼎)	▨(洹子孟姜壺)　▨(子禾子釜)
牙	▨(魯大宰原父簋)	▨(辟大夫虎符)
穌	▨(邾公華鐘)	▨(叔夷鎛)
蕭	▨(魯大司徒厚氏元鋪)	▨(莒叔子仲子平鐘)　▨(歸父敦)
罶	▨(邾公牼鐘)　▨(邾公華鐘)	▨(陳逆簠)　▨(陳貼簠蓋)
舊	▨(邾公華鐘)	▨(叔夷鎛)
荊	▨(司馬楙編鎛)	▨(子禾子釜)
飤	▨(魯士厚父簠)	▨(齊侯敦)
樂	▨(邾公鈺鐘)	▨(洹子孟姜壺)
邦	▨(邾公華鐘)	▨(鎛鎛)
旅	▨(邾公鈺鐘)	▨(公典盤)
穆	▨(邾公華鐘)	▨(叔夷鐘)
保	▨(魯大司徒子仲伯匜) ▨(邾公華鐘)	▨(莒叔之仲子平鐘)

續　表

系別 字例	魯邾系	齊莒系
身	（邾公華鐘）	（叔夷鎛）
沬	（邾公孫班鎛）	（陳逆簋）
姬	（魯伯愈父鬲）	（齊趫父鬲）
匜	（魯伯敢匜） （魯司徒仲齊匜）	（異甫人匜）　（薛侯匜）
鑄	（邾公華鐘）	（國差罎）

其次，就用字習慣來看，齊系金文大部分保持一致性。如：元—{元}、天—{天}、祭—{祭}、祀—{祀}、祖—{祖}、王—{王}、皇—{皇}、士—{士}、中—{中}、少—{少}、公—{公}、余—{余}、君—{君}、命—{命}、吉—{吉}、正—{正}、是—{是}、龢—{龢}、器—{器}、十—{十}、膳—{膳}、擇—{擇}、龏—{恭}、鬲—{鬲}、爲—{爲}、父—{父}、鼎—{鼎}、用—{用}、魯—{魯}、隹—{唯}、玄—{玄}、初—{初}、殷—{簋}、箕—{其}、曰—{曰}、喜—{喜}、嘉—{嘉}、孟—{孟}、盥—{盥}、卹—{卹}、饎—{饎}、飤—{飤}、侯—{侯}、喜—{享}、樂—{樂}、無—{無}、之—{之}、邦—{邦}、旂—{祈}、萁—{期}、鼎—{鼎}、季—{年}、寶—{寶}、宰—{宰}、白—{伯}、保—{保}、弔—{叔}、身—{身}、壽—{壽}、考—{考}、朕—{朕}、般—{盤}、卿—{卿}、庶—{庶}、壺—{壺}、懿—{懿}、脊—{慎}、忌—{忌}、沫—{眉}、永—{永}、霝—{靈}、姜—{姜}、姬—{姬}、妊—{妊}、氏—{氏}、氒—{厥}、肇—{肇}、乍—{作}、它—{匜}、孫—{孫}、彝—{彝}、疆—{疆}、金—{金}、鑄—{鑄}、鍾—{鐘}、且—{祖}、車—{車}、萬—{萬}、嗣—{司}、孟—{孟}、辰—{辰}、㠯—{以}、亥—{亥}。

前已言及，齊魯文化圈內的國家存在政治上的獨立性及地域上的割據狀態，及由此產生的文化上的一定隔閡，這使得齊系金文内部存在一定程度的差異。但這種差異也只是一定程度上的。就以上分析可知，齊系金文内部在異同性上是同大於異。

第三節　齊系金文區域特徵分析

　　戰國文字的分域研究重點關照的是各國文字的"異"，求"異"成爲其研究的重要基石。我們從字形和用語的角度對齊系金文的本身獨有的特徵略作總結、陳述①。

　　東周齊國金文的區域特徵，體現在一些偏旁和一些文字的特殊形體上②，如楊樹達③、裘錫圭④、張振林⑤等指出的"老"字頭，齊系金文中的老、壽二字從"▨""▨"旁，這是山東地區區別於別國銘文書體的一個重要特徵。金文中老、考、孝、壽等字一般多從老省，寫作"▨"，唯獨山東列國從▨。如叔夷鐘、齊侯四器、陳逆簠、陳侯午敦等齊國諸器中"老""壽""孝"等字的寫法：

老：▨　　壽：▨　　孝：▨

　　另外，齊國金文中還有一些不見於其他國家的文字形體：如昌字作"▨"（昌城右戈，《集成》10998）、關字作"▨"、安字作"▨"、丘字作"▨"、者字作"▨"等，造字作"▨""▨""▨""▨"，保字加"缶（十年陳侯午敦，《集成》4648）"等。

　　裘錫圭指出："戰國文字往往在字義與土有關的字上加注'土'旁。"⑥加注

---

① 徐在國《論晚周齊系文字特點》是第一篇系統論述齊文字特點的專文。
② 東周時代形成文字異形的局面和平王東遷，王室衰微有關，由於諸侯日益坐大，王室逐漸失去了對各諸侯的控制，是造成文字異形的政治因素。
③ 楊樹達：《積微居金文説（增訂本）》，第 212 頁。
④ 裘錫圭：《文字學概要（修訂本）》，第 62 頁。
⑤ 張振林：《試論銅器銘文形式上的時代標記》，《古文字研究》第五輯，第 85 頁。
⑥ 裘錫圭：《戰國文字中的"市"》，《考古學報》1980 年第 3 期。

土旁的現象還存在於其他國家，如燕地"平陰"二字在燕國官印中皆从土旁，但是這種特殊寫法使用最多的地方還是齊國，並且也以齊國使用爲最早，如"堇"字，《説文》："堇，黏土也。从土，从黄省。"此字甲骨文作"▨"，西周金文作"▨"，皆不从"土"，齊國春秋金文作"▨"（洹子孟姜壺，《集成》9730）"。齊陳曼簠作"▨"，遂成定例。田氏代齊之後，加"土"旁被廣泛運用，諸如：陳字作"▨"，阿字作"▨"等。另外，齊系金文還存在一些與"土"字意義無關聯而加"土"旁的字，如齊字作"▨"、年字作"▨"等①。另外，"邑"旁有時位於字下部，據孫敬明研究，此種寫法亦爲齊系文字的突出的特點②，如荆公孫敦的"荆"字等。

　　毋庸諱言，齊國金文在形體上與東周其他國家的共通性是主要的，真正屬於齊國金文的特殊形體數量較少，文字上的差異也是局部的，這體現了文字演進上的共通性。任何文字形體的演進都不可能完全脱離整體漢字演進的約束，中國漢字從最初具有成熟系統的甲骨文開始，經過西周，早已形成了文字的約束力，東周時代儘管王室衰微，對各地諸侯的控制力減弱，出現了具有不同地域特色的文字形體，但是在整體上無法脱離商周以來所形成的文字的整體約束力，因此齊國金文雖具有不同的特色，這仍然是局部上的意義。

　　但是，我們應該看到這種局部的差異性也具有重要的文化意義。這種差異性體現了齊國金文在地域上特色，齊國金文在形體上畢竟有自己不同於他國的特徵，這一點也使得我們在談及齊國金文時總能想起這些與衆不同的特徵。

　　另外，齊系金文中還存在一些特殊的用語，春秋中葉以後，齊系金文流行一種"立事歲"的紀年格式。齊系金文中還有一些特殊的月名，如子禾子釜中的"禝月"、陳純釜中的"獻月"、國差罐中的"咸月"等。在齊國兵器銘文中還有"散戈""散戟"等特殊稱謂，如"平陽散戈""陳貝散戈""陳□散造劍"等。"車軎"用語也是齊國兵器較有特色的自名。另外，從現有材料看，自名爲"敦"的

---

① 田氏代齊之後爲何喜歡加"土"旁，目前學界還没有一個很好的解釋，筆者認爲這有明顯的政治因素，田氏代齊之後，首先要確立自己文化上的特異性，必須和姜齊有所區别，因此加"土"有文化區别的意義，或者加"土"旁就是一種愛好，和田氏原來的文化有關。總之，此問題尚需進一步研究。
② 孫敬明：《先秦貨幣文字分域斷代研究例》，山東省錢幣學會印行，1987年。

器物也僅見齊系金文，也是齊系金文特有的器物自名。

齊系金文中還有一些特殊人名稱謂，如"子某子"就較有特色，"'子某子'是齊銘中特有的稱謂"①。如"子禾子""子勿悍子"等。

齊系銘文中還有一些特殊嘏辭，如"靈命難老""靈命無期""壽老毋死""老壽萬年""保吾子姓""室家是保"等在齊系媵器銘文中常見，不見於其他系金文。

齊兵器銘文基本上屬於"物勒主名"的形式，即只記鑄造兵器的地名和所有者名字，"物勒工名"的形式相當罕見，這也是齊國兵器銘文的特殊之處。

邑名附加里名，也是齊國兵器銘文的特有的書寫格式，如"城陽戈(《集成》11154)""平陽高馬里戈(《集成》11156)"等。這種特殊的格式在齊陶文中也很常見，如"鯀鄙大匋里犬(《季木藏陶》32.12)""左南郭鄙辛咢里贁(《季木藏陶》60.1)"等。

以上對齊系金文的特殊性做了簡要介紹，齊系金文的特殊性是多方面的，除了字形、用語，齊系金文在書風等另外一些方面也有自己的一些特點，此處不作進一步討論②。

---

① 何琳儀：《戰國文字通論(訂補)》，第88—99頁。
② 由於本書的研究對象僅僅限於齊系禮器銘文和兵器銘文，其他諸如貨幣文字、璽印文字、陶文等本書未有涉及，如果把整個齊系文字作爲一個整體研究材料，把齊系文字所涉及的所有文字材料充分整合起來，以此關照齊系文字的特點會顯得的更爲清晰、準確、全面，限於本書研究對象的局限性，對於齊系文字尚未作綜合探究，以期將來作進一步完善。

第七章　齊系金文所涉相關歷史文化問題研究

　　齊系金文内涵豐富，不僅在文字學上有重要價值，還具有重要的史料價值。與傳世文獻相比，古文字資料保留了最初的面貌，是當時社會歷史生活的原始記録，其所記載的歷史信息較爲可靠。齊系金文不僅可以補充、證明和勘正見於文獻的歷史記載，還可提供諸多史籍失載的材料，對研究相關歷史文化問題具有重要的研究意義。我們選取若干重要銘文對其相關歷史問題加以探討。

第一節　復封壺銘與齊國伐"者剝"及相關問題

　　復封壺爲私人藏器，現有兩件，著録於《銘圖》12447、12448號，頸部刻銘文136字（含重文2）。該壺銘文内容重要，涉及春秋時期齊魯關係及齊國軍事等重要歷史問題，學界對該器相關歷史問題的研究還較爲薄弱，有必要結合相關資料對其進行更爲深入的研究，爲了討論的方便，先結合學者考釋意見迻録銘文如下：

　　隹（唯）王三（四）月餛（哉）生霸癸丑，齊大王孫遑（復）垪（封）豪（專）嗣（司）右大徒，謐（慾）斁（恭）妣（威）諆（忌），不豪（惰）夙夜，從其政事，趄＝（桓桓）乍（作）聖。公命遑（復）垪（封）衕（率）徒伐者剝，武又（有）工（功），公是用大畲之，嗣（司）者剝（割），易（錫）之玄衣黼純，車馬仪（黼）劃（純），号邑、土田，返其舊人。公命遑（復）垪（封）珥（聘）于魯，不敢濾（廢）公命，爰旻（得）吉金，遑（復）垪（封）及中（仲）子用乍（作）爲寶壺，用喜（享）用孝于其皇且（祖）、皇妣（妣）、皇丂（考）、皇母，用衞（祈）豐（眉）壽，□歲難老，其萬年無彊（疆），子＝（子子）孫＝（孫孫）永保用喜（享）。

銘文中提到"者剌"的句子有兩處，"復封率徒伐者剌""公是用大畬之鹵司者剌"，我們先對"剌"字進行討論。"剌"字壺銘作 ，从索从刀。此字還見於商代金文和甲骨文中，用作地名或族名。略舉數例：

用爲族名（人名）：

(1) 剌　　　　　　　　　　　　　　　　　　　　　　（剌爵，《集成》7614）
(2) 剌妣乙　　　　　　　　　　　　　　　　　　　（剌妣乙爵，《集成》8735）
(3) 剌册父癸　　　　　　　　　　　　　（剌册父癸壺，《文物》1990年第7期）

用爲地名：

(4) 貞朕芻于丘剌。　　　　　　　　　　　　　　　　　　　（《合集》152正）
(5) 奠於丘剌。　　　　　　　　　　　　　　　　　　　　　　（《合集》780）
(6) 壬辰卜，出貞，王其田于剌，亡災。　　　　　　　　　　（《合集》24460）

學者把用爲地名或族名的"剌""索"和傳世文獻結合，認爲"剌"釋讀爲"索"[1]，或以爲"剌"是"索之繁文""一字異體"[2]，或認爲"剌"即見於《左傳》的"索氏"[3]。施謝捷則指出釋"剌"爲"索"不確[4]。

甲骨卜辭中"剌"多用爲地名，爲商王朝重要的農業區（《合》152正）和商王及與商王有親密血緣關係的高級貴族常去的田獵地（《合》24459、24460，《花東》395＋548.8）……"剌"應該是一個很重要的地方[5]。

關於"剌"的地望學者有不同的認識，鍾柏生通過繫聯相關卜辭，推測"剌"位於河南省東部，在商丘的西面、杞的東面[6]。李學勤等則根據1973年在山東

---

[1] 松丸道雄、高嶋謙一編：《甲骨文字字釋總覽》，東京大學出版會，1994年，第136頁。
[2] 郭克煜、孫華鐸、梁方建、楊朝明：《索氏器的發現與及其重要意義》，《文物》1990年第7期；李學勤：《海外訪古續記（九）》，《文物天地》1994年第1期；王恩田：《山東商代考古與商史諸問題》，《夏商周文明研究：97山東桓臺中國殷商文明國際學術研討會論文集》，中國文聯出版社，1999年，第52頁。
[3] 鄧少琴、温少峰：《論帝乙征"人方"是用兵江漢（下）》，《社會科學研究》1982年第4期；黄德寬主編：《古文字譜系疏證》第二册，第1629頁。
[4] 施謝捷：《釋"索"》，《古文字研究》第二十輯，第202頁；高江濤、龐小霞：《索氏銅器銘文中"索"字考辨及相關問題》，《南方文物》2009年第4期。
[5] 郭永秉、鄔可晶：《説"索""剌"》，《出土文獻》第三輯，第114頁。
[6] 鍾柏生：《殷商卜辭地理論叢》，藝文印書館，1989年，第116—118頁。

兖州李宫村出土的"剢"氏銅器,定卜辭"剢"地爲山東兖州附近①。

"剢"地名的考證和"剢"字形音義的考證有密切的關係,我們對此再徵引相關觀點加以分析。在傳世的西周中期的"格伯簋"(《集成》04262、04263、04265)中也出現過"剢"字,此字一般被隸定爲"剏",或讀爲"絶"②。郭永秉、鄔可晶認爲若釋"剢"爲"絶",不但格伯簋銘辭例難以講通,殷墟卜辭中用作地名、族名的"剢"也難以找到合理的讀法,所以此字釋"絶"的理由恐不充分。郭、鄔二位先生認爲"剢"字所表示的大概就是以刀割繩索之意,認爲從字形所會之意和辭例兩個方面考慮,"剢"可能是"割"的表意初文。從字形而言,"剢"字表示用刀割繩索之意當可從,該字記錄"割"字表意初文也有很好的字形理據。郭、鄔二位先生還舉出了相關辭例來證明其觀點,《商周金文資料通鑒》02503號著録了一件私人收藏的伯上父鼎(引者按:《銘圖》02211),鼎銘嘏辭有"用剢眉壽"之語,西周金文嘏辭表示祈求、錫予"眉壽"所用的動詞,最常見的是"祈""匄"和"錫"。其中,"匄"偶爾假借"害""割"二字表示,《通鑒》中伯上父鼎爲西周晚期器,從時代和用字習慣考慮,"用剢眉壽"之語,最有可能應與西周晚期金文常見的"用匄眉壽"相聯繫,這個"剢"字如果確應讀爲"匄",便正是釋"剢"爲"割"之初文的一個文字學佳證了。從目前掌握的資料看,從"刀""害"聲的"割"字,最早見於上引西周晚期的無叀鼎,並一直沿用到今天;"剢"字在西周晚期的伯上父鼎之後似已基本不見使用。由此可見,西周晚期可能就是"割"的古體表意字和後起形聲字並存、前者逐漸爲後者所取代的過渡階段。假"剢"表"匄"與假"割"表"匄",只是假借一個字的古體和後起字的不同而已③。

應該説郭永秉、鄔可晶二位先生對"剢"讀爲的"割"字的考釋,既有字形上的合理,又有辭例的相關證據,具有很大的可信性。只是不用爲地名或族名的"剢"的辭例還太少,目前只有伯上父鼎和格伯鼎,此二銘中的"剢"究竟如何釋讀,學界還有不少爭議。不過讀"剢"爲"割"無疑是很好的意見。郭、鄔二位先生在讀"剢"爲"割"的基礎之上,進一步指出卜辭地名"剢"似可讀

---

① 李學勤:《海外訪古續記(九)》,《文物天地》1994年第1期;高江濤、龐小霞:《索氏銅器銘文中"索"字考辨及相關問題》,《南方文物》2009年第4期。
② 李孝定、周法高、張日昇:《金文詁林附録》,香港中文大學出版社,1977年,第1683—1687頁。
③ 郭永秉、鄔可晶:《説"索""剢"》,《出土文獻》第三輯,第111—112頁。

爲古國名"葛",一般認爲葛伯之國位於河南寧陵縣的葛鄉,即在商丘之西、杞縣之東。

對於李學勤定卜辭"剢"地爲山東兗州附近的觀點,郭、鄔二位先生認爲這種可能無疑是存在的,並認爲"剢"也許可讀爲商蓋之"蓋"。"剢(割)""蓋",皆見母月部字,古音極近,可以通用。商奄的歷史很長,《古本竹書紀年》記商王南庚、陽甲曾居於奄,直到商朝被滅,商奄始終是商朝的重要組成部分;西周初年商奄還因造反而被周人踐伐、西遷。這跟有的學者推測卜辭"剢"地於"早商時期"已經存在,"與商王朝相始終""關係緊密,可能是商王朝的一支"的情況若合符節。文章進一步指出位於河南寧陵的"葛"跟山東兗州畢竟相距並不十分遥遠,山東兗州出土的"剢"氏銅器似乎也有可能是河南"剢(葛)"族遷徙帶過去的,所以前説亦不能斷然否定①。

葛亮認爲兗州在魯都曲阜附近,且位於曲阜西方,春秋時代的齊人恐怕不可能越過曲阜來伐取並管理此地。所以,此"割(葛)"當與復丰伐取之"諸割"無關。齊魯之間的"諸"與復丰壺銘文中的"諸割",在名稱、方位上都有共同之處,兩者很可能有關。而結合古文字"葛"與"割"的密切關係及諸葛氏的起源看,"諸割"或許就應讀爲"諸葛"。"諸葛"氏的得名可能徑由地名"諸葛"而來,而非指出於"諸"地的葛氏②。

我們認爲釋"剢"爲"割"字表意初文,以及認爲"剢"用爲地名"葛"或"蓋"都是有啓發性的重要意見。但需要指出的是,前所引的舊釋"剢"爲"索",以及陳邦懷認爲"剢"是"索之繁文"和"剢"即見於《左傳》的"索氏"的觀點,仍值得重視和考慮。我們對此略作討論。

學者已經指出商代金文及卜辭中"剢"用爲地名或族名,字又從"索"作,所以讀"剢"爲"索"也當爲應有之意。郭、鄔二位先生認爲過去學者釋"剢"字是"索之繁文"的意見難以解釋字爲何要從"刀"旁。在甲骨文、金文構形中有時會增繁"刀"旁構字部件,增飾前和增飾後的字爲一字異構關係。

山西絳縣横水西周倗國墓地 M1006 出土有中笥人盉,蓋内鑄有銘文 6 行

---

① 郭永秉、鄔可晶:《説"索""剢"》,《出土文獻》第三輯,第 114—115 頁。
② 葛亮:《復丰壺探研》,復旦大學出土文獻與古文字研究中心網站,2020 年 1 月 11 日。

49 字（除要討論的字外，釋文儘量用寬式，下引其他銘文皆同）：

中旬人肇作剾（刵）姬寶盃，其用夙夜享于厥宗，用享孝于朕文祖考，用匄百福，其萬年永寶，子子孫其萬年用，夙夜享孝于厥宗用。

謝堯亭對此盃予以介紹，並指出："剾（刵），姬姓，或爲新見的國族名。"① 山西翼城大河口西周霸國墓地 M1017 出土有霸伯盤②，內底鑄有銘文 4 行 40 字：

唯正月既死霸丙午，戎大捷于，霸伯搏戎，獲訊一夫，伯對揚，用作 姬寶盤，孫孫子子其萬年永寶用。

姬上之字原篆作" "，黄錦前釋作"白"，讀作"伯"③；馮時、韓巍徑釋作"伯"④。陳夢兮女士缺釋，認爲字形似與"皀"接近，用爲姓氏字⑤。單育辰釋"西"⑥。謝明文通過分析"皀""害"等字右上角的變化，指出該字應是"宜"之異體⑦。

劉洪濤對古文字有在" "形筆畫上加一橫畫或斜畫羨筆的情況有詳細的探討。我們略作徵引如下⑧：

西： （《集成》4289） （《集成》10361）

---

① 謝堯亭：《佣、霸及其聯姻的國族初探》，《金玉交輝——商周考古、藝術與文化論文集》，"中研院"歷史語言研究所，2013 年。
② 山西省考古研究所、臨汾市文物局、翼城縣文物旅游局聯合考古隊，山西大學北方考古研究中心：《山西翼城大河口西周墓地 1017 號墓發掘》，《考古學報》2018 年第 1 期。
③ 黄錦前：《霸伯盃銘文考釋》，《中國國家博物館館刊》2012 年第 5 期；黄錦前：《金文所見霸國對外關係考索》，《兩周封國論衡：陝西韓城出土芮國文物暨周代封國考古研究國際學術研討會論文集》，上海古籍出版社，2014 年，第 422 頁。
④ 馮時：《霸國考》，《兩周封國論衡：陝西韓城出土芮國文物暨周代封國考古研究國際學術研討會論文集》，第 380 頁；韓巍：《橫水、大河口西周墓地若干問題的探討》，《兩周封國論衡：陝西韓城出土芮國文物暨周代封國考古研究國際學術研討會論文集》，第 399 頁。
⑤ 謝堯亭："格"與"霸"及晋侯銅人》，《兩周封國論衡：陝西韓城出土芮國文物暨周代封國考古學研究國際學術研討會論文集》，第 440 頁。
⑥ 李建生：《"佣""霸"國家性質辯證》文後評論，復旦大學出土文獻與古文字研究中心網站，2014 年 12 月 10 日。
⑦ 謝明文：《霸伯盤銘文補釋》，《中國文字》第四十一輯，藝文印書館，2015 年，第 170—171 頁。
⑧ 劉洪濤：《清華簡補釋四則》，復旦大學出土文獻與古文字研究中心網站，2011 年 4 月 27 日。

第七章　齊系金文所涉相關歷史文化問題研究　481

角：[圖](《合集》20533)　　　[圖](上博《三德》10 號)

皀：[圖](《近出》69)　　　[圖](《近出》60)

叙：[圖](《集成》4219)　　　[圖](《集成》4220)

墨：[圖](楚帛書甲篇 5 行)　　　[圖](郭店《窮達以時》7 號"歎")

這種筆畫所加的一橫畫或一斜畫往往會變作弧形筆畫。例如：

角：[圖](《曾侯乙墓》圖版二六三.3)

皀：[圖](《集成》2766.1)　　　[圖](曾侯乙墓竹簡 98 號"煴")

[圖](《集成》4302)　　　[圖](曾侯乙墓竹簡 67 號)

中筍人盉"劃"字所從"[圖]"旁演變到霸伯盤的"[圖]"，也是"[圖]"形筆變作弧形筆畫的演變軌跡，都是在右上角加圈形筆畫。所以霸伯盤中的"[圖]"釋作"宜"應可確認。根據金文中女性稱謂的一般慣例，宜在銘文中當爲國族名。周代金文中女子稱謂種類繁多，其中有"國名＋姓"，即女子之姓冠以母國(生身國)或夫國(所嫁國)之名。一種是由父家所屬國名與女子的姓構成，如：格伯簋銘"格伯作晉姬寶簋"(《集成》3952)，晉國姬姓，晉國女子嫁給格伯，格氏家族稱之晉姬。這種稱呼由夫家人稱呼，表示該女子之所出。另一種由夫家所屬國名與女子的姓構成，如：倗仲鼎銘"倗仲作畢媿媵鼎"(《集成》2462)，倗國媿姓，倗仲之女嫁給畢國，倗國族人稱之畢媿。這種稱呼一般由父家稱呼，表示該女之所嫁，在媵器銘文中常見。需要指出的是，夫家所屬的國氏與女字的姓組成的女性稱謂更多的是婦人自稱，如：蔡姞簋銘"蔡姞乍皇兄尹叔尊彝……"(《集成》4198)。蔡國爲姬姓國，此女乃姜姓，嫁至蔡國爲妻，故稱"蔡姜"。姓前冠以夫國之名的自稱方式在周代金文極爲普遍，衛妢鬲(《集成》

594)、晉姜鼎(《集成》2826)、虢姜簋(《集成》4182)、楚嬴匜(《集成》10273)中的衛姒、晉姜、虢姜、楚嬴皆如此。

霸伯盤是霸伯爲其姬姓妻子所作之器，霸族或認爲是狄人系統的一支，或認爲是"懷姓九宗"①，其歸屬雖尚無定論，但應非姬姓周人則可確認。金文中見燕國和霸國通婚的記錄，山西翼城縣大河口西周墓地 M1 出土了一件旨卣，銘文爲"燕侯旨乍(作)姑妹寶尊彝"。研究者一般認爲是霸、燕兩國通婚的記錄。"燕"爲召公之後，姬姓。霸與之通婚，應非姬姓。因此，"宜姬"之宜應爲父家所屬國名，"宜"當爲姬姓國族名。中筍人盉中"刵姬"之"刵"也應爲國族名。由銘文"中旬人肇作刵(刵)姬"可知，該盤爲中旬人爲其姬姓妻子所作，"刵姬"當爲夫家所稱呼，所以"刵"應爲父家所屬國名，表示其所出。謝堯亭指出"刵與宜雖都爲姬姓，是否同一國族，待考"②。我們認爲"刵"與"宜"當爲同一國名的不同寫法③，"刵"只是在"宜"基礎上增繁"刀"旁而已，爲"宜"國族名的特殊寫法。

"宜"字甲骨文作 、 、 ，金文作 、 、 ，从且从肉，象陳肉於俎上之形。斷肉需要刀具，所以"宜"增飾"刀"旁也當在情理之中。類似的情況還可以舉出一些例子，如"俎"字，西周金文俎字除作 ④(三年癲壺，《集成》9726)外，亦有 (𢆶方鼎，《集成》2789)或 (小臣傳簋，《集成》4206)，該字《金文編》《新金文編》皆隸作刵；《殷周金文集成釋文》《殷周金文集成引得》隸作

---

① 李建生：《"倗""霸"國家性質辯證》文後評論，復旦大學出土文獻與古文字研究中心網站，2014 年 12 月 10 日。
② 參看謝堯亭：《倗、霸及其聯姻的國族初探》注釋 23，《金玉交輝——商周考古、藝術與文化論文集》，"中研院"歷史語言研究所，2013 年，第 290 頁。
③ 中國社會科學院考古研究所編《殷周金文集成》，第 2072 號器著錄"刵鼎"，"刵"用爲人名。
④ 金文"俎"字過去多認爲和金文"宜"爲一字，後來才分化爲二。如容庚《金文編》宜字條說："宜，金文象置於肉於且上之形，疑與俎爲一字。"(《金文編》，第 527 頁)商承祚說："案宜與俎爲一字，而宜乃俎之孳乳。"(《説文中之古文考》，上海古籍出版社，1983 年，第 70 頁)20 世紀 70 年代扶風莊白一號西周青銅器窖藏中所出三年癲壺銘中有作"羔俎""戠俎"的銘文，"俎"字寫法接近小篆的"俎"字而與"宜"字有別，證明"宜""俎"自古即爲二字。過去釋作"俎"的那個字只能釋爲"宜"，參見于豪亮釋三年癲壺該字爲"俎"字(《説俎字》，《于豪亮學術文存》，中華書局，1985 年)；王人聰指出金文 ，左旁象俎足，右旁則象俎面，金文構形爲一側視之俎形(《釋西周金文的"俎"字》，《第二屆國際中國古文字學研討會論文集》，香港中文大學，1993 年，第 269—270 頁)。

"烖",讀作"俎";《銘圖》隸作"烖",讀"俎"。小臣傳簋"伯烖父",吳鎮烽認爲即"伯俎父",烖讀作俎①。王人聰指出此"█""█"二字亦當係俎字,爲█之繁體②。《説文·且部》:"俎,禮俎也,从半肉在且上。"羅振玉《增訂殷虛書契考釋》謂"象置肉於且上之形"③。唐蘭指出:"蓋俎之起也,本用以切肉,《史記·項羽本紀》:'如今人爲刀俎,我爲魚肉。'俎即切肉之薦,今尚端木爲之矣。"④《左傳》隱公元年:"鳥獸不登於俎。"杜預注:"切肉之薦亦曰俎。"烖字从俎从刀,俎和刀密切關聯,有些"俎"字故增飾刀旁。

另外,從甲骨文中"宜"和"俎"的用法,也可以看到二者的同字異構關係,甲骨文中"俎"字的寫法同於金文,作█(《合集》307)、█(《合集》31002)、█(《合集》32547)、█(《合集》32697)。甲骨文中"宜"和"俎"用法相同,用爲祭名和用牲法,徵引下揭卜辭文例。

"俎"字相關辭例:

(1) 乙酉卜:其俎父甲……　　　　　　　　　　　　　　　　　　(《合集》27465)
(2) 甲辰貞:叀壬子俎祖乙。　　　　　　　　　　　　　　　　　(《合集》32547)
(3) ……貞:俎羌百……　　　　　　　　　　　　　　　　　　　(《合集》307)
(4) 王其俎敝麋,大吉。　　　　　　　　　　　　　　　　　　　(《合集》32547)

"宜"字相關辭例:

(5) 甲寅卜,王曰鼎(貞):其宜於兄己。　　　　　　　　　　　　(《合集》23472)
(6) 甲辰卜:子往宜上甲……　　　　　　　　　　　　　　　　　(《花東》338)
(7) 丙午卜,鼎(貞):尞(燎)於河五牢,沉十牛,宜牢,屮羌十……　(《合集》326)
(8) 辛亥卜,旅貞:其宜羊于兄庚。　　　　　　　　　　　　　　(《合集》23502)

從上述徵引卜辭可知,"宜"和"俎"在辭例中所處的位置和用法均相同,所表示的意義也相同,"宜"和"俎"在甲骨文中也是同字異構的關係。"宜"和

---

① 吳鎮烽:《金文人名彙編》,第158頁。
② 王人聰:《釋西周金文的"俎"字》,《第二屆國際中國古文字學研討會論文集》,第270頁。
③ 羅振玉:《增訂殷虛書契考釋》,藝文印書館,1981年,第39頁。
④ 唐蘭:《殷墟文字二記》,《古文字研究》第一輯,中華書局,1978年,第57—58頁。

"刵"爲同一國族名的不同寫法。

可見,在甲骨文、金文構形中,在一些和刀密切關聯的如"肉""俎""宜"等旁有時會增繁"刀"構字部件,增繁的"刀"旁增加了表意的準確性,但可以省略,增飾前和增飾後的字爲一字異構。需要指出的是,並不是所有"肉"旁基礎上增加"刀"旁都只起到增繁效果,有些刀旁是必須的表意偏旁,如在"肉"增加"刀"旁構成"剮"則成爲另外的字,並非一字異構的關係。基於以上討論,我們認爲中筍人盉刵姬之"刵"和霸伯盤宜姬之"宜"應當是同一國族名的不同寫法,"刵"爲"宜"字的形旁繁化。

綜上,用爲族名的"剹"與"索"的關係或與"刵"爲"宜"相仿。需要進一步說明釋"剹"字是"索之繁文"的意見,在解釋字爲何要從"刀"旁的問題上確實存在一定困難,不過已有學者引用《詩經·七月》"晝爾于茅,宵爾索綯"語句,指出該詩上句言白天取茅,下句言晚間用之搓繩,取茅當用刀,故從刀①。此解釋雖稍顯迂曲,但也不無道理。文獻中也可以尋繹到其他文獻綫索,《楚辭·離騷》:"矯菌桂以紉蕙兮,索胡繩之纚纚。"王逸注:"紉索胡繩,令之澤好。"《廣雅·釋詁三》:"紉,索也。"王念孫疏證:"顏師古注《急就章》云:'索,謂切撚之令緊也。'是抮戾之意也。"《説文·糸部》:"紉,繟繩也。从糸刃聲。"搓繩必然會用到刀,所謂"切撚之令緊",所以"刃"在此字中是聲符兼意符,還有表意的作用。

這或許是"剹"用爲族名時特殊的用字習慣所致。前所引郭、鄔二位先生所指出的"剹"字在西周晚期之後似已基本不見使用,西周晚期可能就是"割"的古體表意字和後起形聲字並存、前者逐漸爲後者所取代的過渡階段。前已指出復封壺銘中有齊國伐"者剹"的記載,而復封壺銘爲春秋早期器,爲何仍用"剹"而不用"割"字,對此郭、鄔二位先生的文章中認爲這是"割"的表意初文,"剹"到春秋早期仍在專名等特殊場合繼續使用,指出這顯然是專名用字較爲保守的緣故②。此説固然有理,但也爲提示我們"割"與"剹"是否是一字異體的問題提供了更多的思考空間。

---

① 郭克煜、孫華鐸、梁方建、楊朝明:《索氏器的發現與及其重要意義》,《文物》1990 年第 7 期。
② 郭永秉、鄔可晶:《説"索""剹"》,《出土文獻》第三輯,第 117—118 頁。

我們回到復封壺銘文上來，齊大王孫復封受齊公之命伐"者剌"，"剌"當爲族氏名，先秦時期地名、族名、氏名往往三位一體，當然也可以理解爲地名，"者"當讀爲"諸"，"諸"可以理解成"於"，《爾雅·釋言》："諸，於也。"《論語·憲問》："公叔文子之臣大夫僎，與文子同升諸公。"楊伯峻注："諸，用法同於。"《莊子·逍遥遊》："宋人資章甫適諸越。"《禮記·祭義》："是故君子合諸天道，春禘、秋嘗。"孔穎達疏："諸，於也。""諸"可以理解爲"衆"，《爾雅·釋詁三》："諸，衆也。"《帝王世紀》："太丁之世，王季伐諸戎。"《春秋公羊傳》："惡鄭襄公與楚同心，數侵伐諸夏。""剌氏"作爲族氏群體，或有諸多分支，故稱之爲"諸剌"。復封打敗"剌"族後，派人掌管了此地，並返"剌"族"舊人"。復封完成公命打敗"剌"族後，齊公又命復封聘於魯。

如果此"剌"與卜辭中"剌"爲一族一地，這種聯繫建立起來的話，"剌"讀爲"葛國"之"葛"就很值得懷疑。禹封伯益長子大廉爲葛伯，建立葛國，夏屬葛國被商湯所滅，但並没有取消葛國號，後商、西周、春秋，至前610年被宋國所滅。復封壺年代學者認爲是春秋早期，此時葛國或已被滅，即使存在的話，葛國所處的寧陵縣與齊國相去較遠，齊國爲何勞師襲遠，而且從復封壺銘文來看，"剌"被復封打敗，齊國並派人掌管了此地。這種情況存在的可能性不是没有，但不大。我們認爲復封壺中的也"剌"當在兗州附近[①]，"剌"則讀爲"索"，極有可能就是《左傳》定公四年載周初封魯所賜殷民六族之一的索氏。據復封壺銘文，我們推測可能近於魯的"索氏"或與魯國爲敵，魯國向齊國求援支持，齊國派復封征伐"索"氏，打敗索氏後，接管了索氏控制的地域。復封實際上有恩於魯國，所以才有了後來齊公派復封聘問於魯國的事情。

---

① "剌"氏地望主要有以下看法：陳邦福認爲是《左傳》杜預注的河南城皋縣東的大索城（《甲骨文字詁林》，第3211頁）；鄭傑祥認爲在今河南滎陽縣東北的古滎鎮（《商代地理概論》，中州古籍出版社，1994年，第380頁）；陳夢家認爲當在今徐州、蕭縣、宿縣一帶，陳秉新、李立芳基本認同此説（《殷虚卜辭綜述》，科學出版社，1956年，第306頁；陳秉新、李立芳：《出土夷族史料輯考》，第69頁）；郭克煜等據出土銅器銘文認爲在山東兗州，李學勤、王恩田、高江濤、龐小霞等先生贊同此説（郭克煜、孫華鐸、梁方建、楊朝明：《索氏器的發現與及其重要意義》，《文物》1990年第7期；李學勤：《海外訪古續（九）》，《文物天地》1994年第1期；王恩田：《山東商代考古與商史諸問題》，《中原文物》2000年第4期；高江濤、龐小霞：《索氏銅器銘文中"索"字考辨及相關問題》，《南方文物》2009年第4期）。

第二節　從春秋中晚期齊魯金文形體
　　　　特徵比較看魯文化的重禮性

　　商周時期山東地區古國林立,直至春秋時代,有很多古國見於《左傳》等文獻的記載,因而山東古國史的研究一向爲學界所重視。山東被稱爲齊魯大地,這是因爲西周初年"齊"和"魯"兩個諸侯國被封於山東境内。齊魯文化的研究一直是山東古國史研究的熱點問題,也取得了豐碩的成果,作爲傳統文化重要組成部分的齊文化與魯文化,有着各自不同的特點。對於齊魯文化的差異性,很多論著都有所談及,其中魯文化重禮性的特徵更是受到了學者的廣泛討論[1]。研究魯國的重禮性特徵除了傳世文獻外,考古資料也是重要的參考依據[2]。我們試從春秋中晚期齊魯兩國金文形體對比的角度出發,對魯文化的重禮性特徵進行討論。

　　齊系金文作爲兩周金文重要的組成部分,與其他區域文化的銅器銘文相比較,具有自身突出的特色風格,並成爲中國東方文字體系的典型代表。

　　討論魯金文形體特徵之前,我們先對春秋時期齊國金文的特徵進行一些概述,以資比較[3]。春秋時期的齊國金文大致可分爲二期,一期爲春秋早期至春秋中期早中段,二期爲春秋中期晚段至晚期。春秋早中期的齊國銅器無論在器形、紋飾、文字等方面都和西周中晚期的銅器存在很大的繼承性。就文字而言,在字形、書風方面都和西周中晚期的文字存在繼承性。此期文字方正,結體疏朗,顯得端莊凝重,布局較爲整齊、規範,筆畫呈現出西周時期玉箸體的特徵。

　　需要特别指出的是,春秋早中期的齊國銘文風格並非完全繼承西周中晚期銘文風格,而是在繼承的基礎上有所變革,呈現出過渡性特徵。

---

[1]　參見王志民、張富祥:《齊魯文化通史》(遠古至西周卷),中華書局,2004年;楊朝明:《魯文化史》,齊魯書社,2001年;邵先鋒:《齊文化與魯文化之異同論》,《管子學刊》2007年第4期。
[2]　學者多有論及魯故城的規範設計與《周禮·考工記》關於都城營造的記載"匠人營國,方九里,旁三門,國中九經九緯,經塗九軌,左祖右社,面朝後市"有諸多契合之處,這也體現了魯文化的重禮性特徵。
[3]　關於齊國金文的分期研究,請參看拙文《齊國銅器銘文分期研究》,《殷都學刊》2010年第4期。

第七章 齊系金文所涉相關歷史文化問題研究 487

春秋中期晚段至晚期，齊銘文在字形方面具有鮮明的區域特色，是典型的文字風格的形成時期。從整體上看，本期齊國銘文字形趨於瘦長，向縱勢長形發展；筆畫流暢，筆勢開闊有致。豎筆往往長垂而迂曲。

春秋時期的魯國青銅器主要出土於魯國都城及鄰近地區，魯國故城墓地共揭露兩周墓葬 129 座，其中東周墓爲 31 座。魯故城兩周墓分爲甲、乙兩組，其中甲組墓出土了 22 件銅器，乙組墓出土了 46 件銅器①。此外，1969 年在今曲阜城外西北角的護城河北岸發現銅簠 6 件和銅鋪 2 件②。1970 年在歷城北草溝出土鼎簠各一③。上述青銅器的年代屬春秋初期至中期偏早階段。

春秋中期以後的魯國銅器數量不多，1932 年曲阜林前村出土的魯大司徒厚氏元鋪、匜，鋪腹較淺，柄較粗，微束腰，有蓋，蓋頂作蓮瓣形，應是春秋中期偏晚至晚期的作品④。

春秋中晚期的其他魯國銅器，還有以下諸件：1964 年河北唐縣東崗龍村出土的魯歸父敦⑤（《集成》4640）、魯大左司徒元鼎（《集成》2592）等。

目前發現的魯國青銅器銘文大多是春秋早期的，春秋中晚期的銅器數量不多，但從目前爲數不多的春秋晚期銅器銘文的書風和字形結構上可以看出，魯國金文在春秋中晚期依然較多地保留了西周晚期金文的風格。我們從齊系金文代表性的齊國和魯國金文對比的角度對此進行一些探究。

齊魯兩國雖然毗鄰，但在文化上呈現出不同的面貌，體現在金文書體風格上也有諸多不同。上已言及，春秋中期開始齊國金文已呈現出區域性特徵，字形趨於瘦長，向縱勢長形發展；筆畫流暢，筆勢開闊有致；豎筆往往長垂而迂曲，如齊侯盂、公典盤、墨子鼎等。而此時期的魯國金文則更多保留了西周晚期金文風格。銘文布局工整規範，字形作長方形但不瘦長，字形大小相同；筆畫粗細均勻，呈現出"玉箸體"的特徵，整體上呈現出莊重肅穆、穩重敦厚的風格，如魯大司徒厚氏元簠、魯大司徒子中伯匜、魯歸父敦等。

---

① 山東省文物考古研究所等：《曲阜魯國故城》，齊魯書社，1982 年，第 215 頁。
② 齊文濤：《概述近年來山東出土的商周青銅器》，《文物》1972 年第 5 期。
③ 朱活：《山東歷城出土魯伯大父媵季姬簠》，《文物》1972 年第 5 期。
④ 朱鳳瀚：《中國青銅器綜論》，第 1659 頁。
⑤ 王敏之：《河北唐縣出土西周歸父敦》，《文物》1985 年第 6 期。

齊魯金文的差別不僅體現在書體上,在字形結構上也有較大差別①。我們選取齊侯盂與魯大司徒厚氏元簠、魯大司徒子中匜中的"其""𩰬""萬""寶""保"體進行比較,可以明顯看出齊魯金文字體結構上的差異。

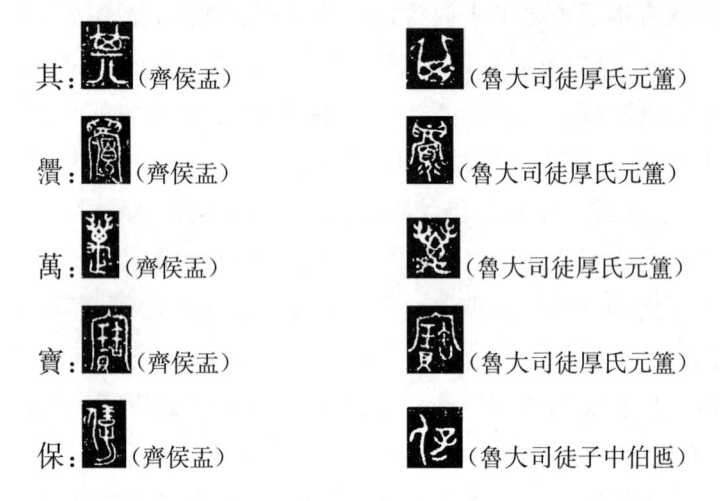

其:（齊侯盂）　　　　（魯大司徒厚氏元簠）

𩰬:（齊侯盂）　　　　（魯大司徒厚氏元簠）

萬:（齊侯盂）　　　　（魯大司徒厚氏元簠）

寶:（齊侯盂）　　　　（魯大司徒厚氏元簠）

保:（齊侯盂）　　　　（魯大司徒子中伯匜）

對於以上齊魯金文形體的不同的現象,朱鳳瀚認爲這説明列國政治上獨立性增強與地域上割據之狀態加深了文化上的隔閡,即使地域鄰近亦未可免②。此説得之,不過除此之外,我們認爲齊魯金文在書風和結構上的不同還和魯文化的重禮性也有密切的關係。

目前發現的西周時期的魯國金文主要是西周晚期的,爲了更好地瞭解魯文化的重禮性,我們將春秋中晚期和西周晚期、春秋早期魯國金文的形體進行縱向比較。我們選取魯司徒仲齊盨(西周晚期,《集成》4440)、魯伯愈父匜(春秋早期,《集成》10244)、魯大司徒子中伯匜(春秋中晚期,《集成》10277)、魯歸父敦(春秋晚期,《集成》4640)進行比較(參見下圖銘文對比)。

---

① 當然齊魯金文在一些寫法上也有共同特殊的字形寫法,如楊樹達、裘錫圭指出的"老"字頭,齊國銘文中的老、壽二字從" "旁(楊樹達:《積微居金文説(增訂本)》,第 212 頁;裘錫圭:《文字學概要(修訂本)》,第 57 頁),這是山東地區區别於别國銘文書體的一個重要特徵。金文中老、考、孝、壽等字一般多從老省,寫作" ",唯獨山東列國從" "。另外齊國金文中還有一些不見於其他國家的文字形體,如昌作" "(昌城右戈,《集成》10998),關作" "、安作" "、丘作" "、者字作" "等,造作" "" "" ",保加"缶"(十年陳侯午敦,《集成》4648)等。
② 朱鳳瀚:《中國青銅器綜論》,第 640 頁。

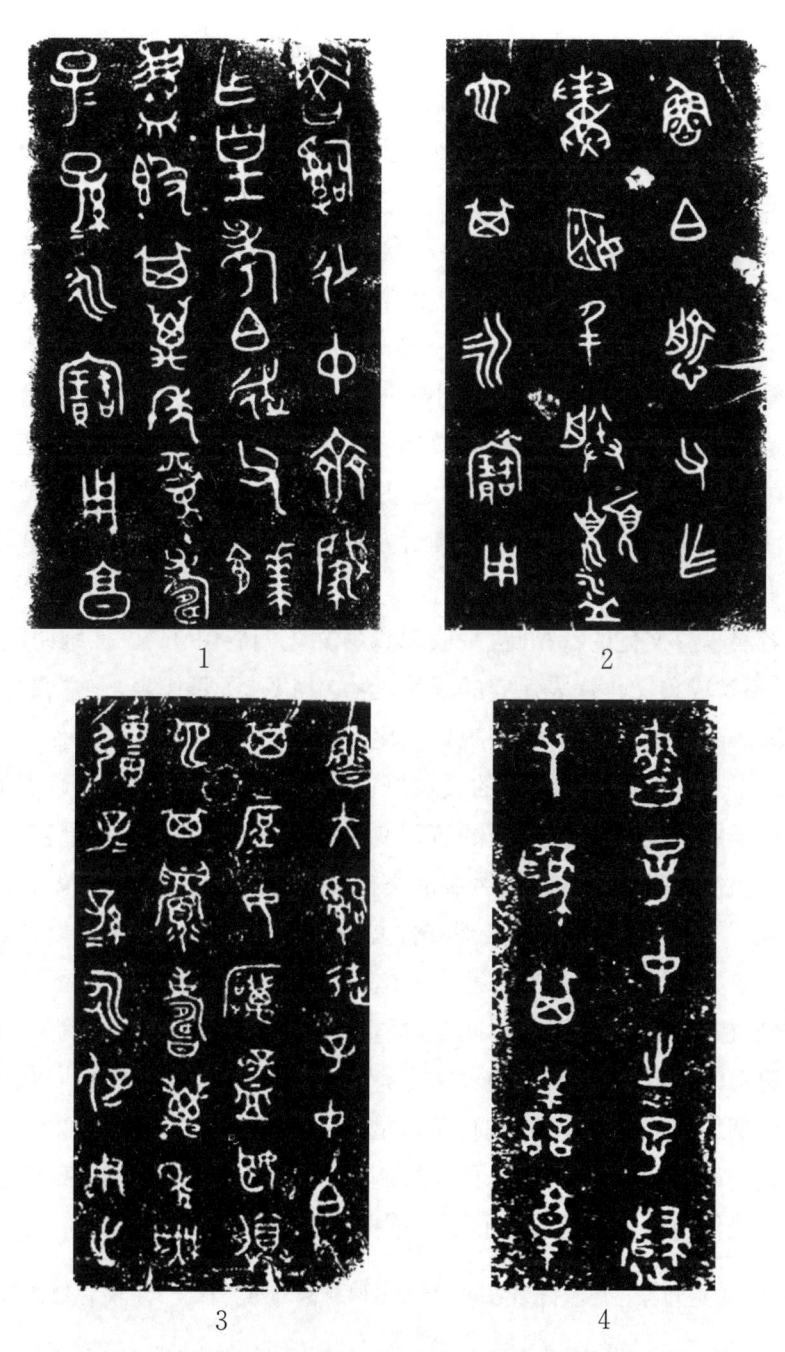

第七章　齊系金文所涉相關歷史文化問題研究　489

1

2

3

4

魯金文對比（西周晚期、春秋早期、春秋中晚期）
1. 魯司徒仲齊盨　2. 魯伯愈父匜　3. 魯大司徒子仲伯匜　4. 魯歸父敦

從以上銘文可以看出，魯國金文的書風從西周晚期到春秋晚期變化不大，與該時期的齊國金文形成了鮮明對比。另外，在字形結構上也基本保持一致，比如"其""賸""壽""萬""寶""保"等常見字較之西周晚期字形結構也沒有發生較大的變化。

　　魯金文字形風格的相對穩定性和魯文化的重禮性有密切聯繫①，魯文化堅持以周文化爲導向，有根深蒂固的禮樂傳統。魯國"有周公遺風，俗好儒，備於禮"(《史記·貨殖列傳》)。有周一代，魯國始終是東部地區的文化中心，是周代禮樂文化在東方的代表。西周晚期，西戎入侵，周王室大量典籍簿冊被毁。東遷之後的春秋時期，王室式微，魯國保留了大量的禮樂典籍，《禮記·明堂位》："凡四代之服、器、官，魯兼用之，是故魯，王禮也，天下傳之久矣。"晉國韓起出使魯國，在考察了魯國文物典籍方面的情況後，慨歎："周禮盡在魯矣！"(《左傳·昭公二年》)。

　　學者討論魯文化的特點時，一般認爲魯文化偏於保守②。杜維明則認爲："我完全不贊成魯文化代表保守的觀點，魯文化以孔子爲代表，它主張'述而不作'，大家認爲是很保守的，就是說魯文化只接受以前的，自己不創作。其實不是這個意思。魯文化有幾千年的發展歷史，從周公，到堯舜禹，對過去的歷史采取負責任的態度，通過對歷史的梳理使得自己的資源變得更加豐富，這就爲發展創造出條件，換言之，將來發展的契機就大，發展的空間就大。怎麽能說是保守呢？"③重禮性是不是代表保守性是一個值得反思的問題。以儒家文化爲代表的魯文化以道德倫理主義爲本位，主張治國立民"爲政以德""道之以德，齊之以禮"(《論語·衛靈公》)。這種重禮性的文化秉承是否能保守概括之是值得思考的。退一步說，即使魯文化有所謂保守性特點，但每個時代的人都會遇到一個如何對待傳統的問題，尤其是在社會轉型的時期更是如此。所以，在對傳統的秉承與持守基礎上，再進行適合具體時代實際的理論與實踐創新，又何嘗不是任何時代文化發展的不二選擇。

---

① 朱鳳瀚指出這和保存周禮最多有關，沒有展開討論，參見氏著：《中國青銅器綜論》，第640頁。
② 逢振鎬：《關於齊魯文化的先進性和保守性問題》，《管子學刊》1992年第4期；王鈞林：《論鄒魯文化》，《東岳論叢》1997年第1期。
③ 劉兆陽、逄春階：《魯文化不代表保守》，大衆網，2007年8月17日。

結　語

　　齊系銅器數量衆多，内容豐富，時間跨度長，種類繁多，禮器、量器、車馬器、兵器及各種雜器不一而足。齊系金文的内容極爲豐富，祭辭、訓誥、記事、律令、媵辭等應有盡有，對研究當時武庫的分布、戰爭方式、軍事制度及各國之間的軍事戰爭等諸多方面都具有重要的研究價值。總之，齊系金文作爲齊國文字的重要組成部分，對研究齊國政治、經濟、文化都具有重要的作用。戰國時期，齊、燕、晋、楚、秦五系文字的書風、字體等諸多方面都有各自的特點。系統研究齊系金文不僅有利於對齊國歷史文化的考察，而且對齊系金文的分域、分國研究也具有重要的學術價值，也有利於促進、完善整個戰國時期的文字研究。

　　本書以齊系金文爲研究文本，在銘文考釋、年代考訂和分國整理的基礎上，着力研究齊系金文的分期、形體演變及所涉重要制度、歷史文化問題。本書在廣泛收集齊系金文的基礎上，通過系統考察齊系金文，對每件銅器銘文進行考釋和年代考訂。本書還收集了數量衆多的兵器銘文，對某些有明確出土地或者器形著録的兵器進行了重點探究。除了對銘文本身的研究之外，本書還涉及對齊系金文年代學及文字形體演變等相關研究。具體工作主要包括以下幾部分：

　　一、對齊系金文的系統整理。在全面搜集齊系金文的基礎上進行分國綜合整理。首先在已有考釋成果的基礎上，對銘文進行重新梳理，並且以字體、形制、紋飾考訂其年代，分辨其國别，每國之下以時代先後爲序，將史事、人物、族屬等項相關的銅器或同單位出土的集中在一起，以類相從，歸納出若干群組，使其貫穿在國别與年代之下，而"成一組有組織之國别史料"和"一有系統的編年史料"。

二、對齊系金文的分期研究。齊系金文的分期研究是齊系金文研究的重要方面，分期是研究金文形體演變的基礎。本部分以字體、書風作爲分期依據把齊系金文大致分爲三期：一期春秋早期至春秋中期早段，爲齊系銘文的沿襲期；二期春秋中期晚段至戰國早期，爲齊系銘文的特色期；三期爲戰國中晚期，爲齊系文字的衰落期。

三、對齊系金文形體演變的研究。對齊系金文構形進行研究，主要從繁化、簡化、異化、同化、分化及類化等角度，對齊系金文字體的演變方式進行系統的歸納。

四、對齊系金文的用字習慣進行了考察研究。主要從用字習慣方面探討齊系金文中的用字現象，並對齊系金文的字詞關係問題進行研究，涉及齊系金文中一詞對應一字、一字多音義、一詞用多字、多字對應多詞等複雜字詞關係。

五、對齊系金文內部形體差異作了考察。主要對齊系金文內部諸亞系文字間的形體的內部差異進行研究。通過比較齊系內部各國金文形體，把齊系金文分爲齊莒金文和魯邾金文兩系，齊莒金文是指形體特徵相近的齊、莒、鑄、夆、杞等國的金文，在數量上以齊國金文爲主；魯邾金文爲是指形體特徵相近的邾、滕、薛、倪、曹等國以及淳于、羊子諸器的金文，在數量上以魯邾國金文爲主。齊莒金文和魯邾滕金文在形體寫法上，既有相同之處，又存在差別，而形體特點不同的文字要多於形體特點相同的文字。

六、對齊系金文所涉歷史文化問題的研究。選取部分代表性銘文，對其有關歷史問題進行了分析。主要包括復封壺銘與齊國伐"者刻"等問題，另外還從春秋中晚期齊魯金文形體特徵比較對魯文化的重禮性問題進行了考察。

本書旨在通過對齊系金文的研究以促進齊國歷史文化的研究，通過對齊系金文的分域、分國研究，期望對促進、完善整個戰國文字研究盡一份綿薄之力。需要指出的是，齊系金文在銘文釋讀及一些相關問題上還有很多沒有解決，還有進一步研究討論的空間。隨着研究的不斷開展，新材料的不斷出現，我們必然會有更多的收穫與認知。這必然會增加我們對齊系金文的理解，在銘文釋讀及相關的問題的認知上提升至更高的水平之上。

參考文獻

一、工具書類

陳初生：《金文常用字典》，陝西人民出版社，2004年。
陳斯鵬、石小力、蘇清芳：《新見金文字編》，福建人民出版社，2012年。
董蓮池：《金文編校補》，東北師範大學出版社，1995年。
董蓮池：《新金文編》，作家出版社，2011年。
段玉裁：《説文解字注》，上海古籍出版社，1988年。
方述鑫、林小安、常正光、彭裕商：《甲骨金文字典》，巴蜀書社，1993年。
高明、涂白奎：《古文字類編（增訂本）》，上海古籍出版社，2008年。
何琳儀：《戰國古文字典》，中華書局，1998年。
李孝定：《甲骨文字集釋》，"中研院"歷史語言研究所，1982年。
李孝定、周法高、張日昇：《金文詁林附録》，香港中文大學出版社，1977年。
劉釗主編：《新甲骨文編（增訂本）》，福建人民出版社，2014年。
孟世凱：《甲骨學辭典》，上海人民出版社，2009年。
容庚：《金文編》，中華書局，1985年。
［日］松丸道雄、高嶋謙一編：《甲骨文字字釋綜覽》，東京大學出版會，1994年。
孫剛：《齊文字編》，福建人民出版社，2010年。
湯餘惠主編：《戰國文字編（修訂本）》，福建人民出版社，2016年。
湯志彪：《三晉文字編》，作家出版社，2013年。
王輝：《古文字通假字典》，中華書局，2008年。
王文耀：《簡明金文詞典》，上海辭書出版社，1998年。
吴鎮烽：《金文人名彙編》，中華書局，2006年。

徐中舒主編：《漢語古文字字形表》，四川人民出版社，1980 年。

徐中舒主編：《甲骨文字典》，四川辭書出版社，2006 年。

嚴志斌：《四版〈金文編〉校補》，吉林大學出版社，2001 年。

張桂光主編：《商周金文摹釋總集》，中華書局，2010 年。

張俊成：《西周金文字編》，上海古籍出版社，2018 年。

張亞初：《殷周金文集成引得》，中華書局，2001 年。

張振謙：《齊魯文字編》，學苑出版社，2014 年。

中國社會科學院考古研究所：《殷周金文集成釋文》，香港中文大學，2001 年。

周法高主編：《金文詁林》，香港中文大學出版社，1975 年。

二、甲骨文、金文著録類

陳青榮、趙縕：《海岱古族古國吉金文集》，齊魯書社，2011 年。

方濬益：《綴遺齊彝器款識考釋》，商務印書館，1935 年。

郭沫若主編：《甲骨文合集》，中華書局，1978—1982 年。

劉慶柱、段志洪、馮時：《金文文獻集成》，綫裝書局，2005 年。

劉雨、盧岩：《近出殷周金文集録》，中華書局，2002 年。

劉雨、嚴志斌：《近出殷周金文集録二編》，中華書局，2010 年。

齊國故城遺址博物館：《齊國故城遺址博物館館藏青銅器精品》，文物出版社，2015 年。

山東省博物館：《山東省博物館藏珍·青銅器卷》，山東省博物館，2004 年。

山東省博物館：《山東金文集成》，齊魯書社，2007 年。

山東省文物考古研究所等：《沂水紀王崮春秋墓出土文物集萃》，文物出版社，2016 年。

吳鎮烽：《商周青銅器銘文暨圖像集成》，上海古籍出版社，2012 年。

吳鎮烽：《商周青銅器銘文暨圖像集成續編》，上海古籍出版社，2016 年。

徐中舒：《殷周金文集録》，四川辭書出版社，1984 年。

薛尚功：《歷代鐘鼎彝器款識法帖》，中華書局，1986 年。

嚴一萍：《金文總集》，藝文印書館，1983 年。

曾毅公：《山東金文集存》，臺聯國風出版社，1969年。

張振謙：《齊系金文集成（魯邾卷）》，學苑出版社，2016年。

張振謙：《齊系金文集成（齊莒甲卷）》，學苑出版社，2018年。

趙友文主編：《小邾國遺珍》，中國文史出版社，2006年。

中國青銅器全集編輯委員會：《中國青銅器全集》，文物出版社，1998年。

中國社會科學院考古研究所：《殷周金文集成（修訂增補本）》，中華書局，2007年。

鍾柏生、陳昭容、黃銘崇、袁國華：《新收殷周青銅器銘文暨器影彙編》，藝文印書館，2006年。

三、發掘報告類

河南省文物考古研究所：《新蔡葛陵楚墓》，大象出版社，2003年。

河南省文物研究所新鄭工作站：《河南新鄭縣李家村發現春秋墓》，《考古》1983年第8期。

山東大學歷史文化學院考古系：《長清仙人臺五號墓發掘簡報》，《文物》1998年第9期。

山東省文物管理處：《山東臨淄齊故城試掘簡報》，《考古》1961年第6期。

山東省文物考古研究所等：《山東沂水劉家店子春秋墓發掘簡報》，《文物》1984年第9期。

山東省文物考古研究所等：《沂水縣紀王崮一號春秋墓及車馬坑》，《海岱考古》第六輯，科學出版社，2013年。

山東省文物考古研究所、臨沂市文物考古隊、沂水縣博物館：《山東沂水縣紀王崮春秋墓》，《考古》2013年第7期。

山東省文物考古研究所：《曲阜魯國故城》，齊魯書社，1982年。

山東省文物考古研究所：《山東淄博市臨淄區淄河店二號戰國墓》，《考古》2000年第10期。

山東諸城縣博物館：《山東諸城臧家莊與葛布口村戰國墓》，《文物》1987年第12期。

山西省考古研究所：《山西長子縣東周墓》，《考古學報》1984年第4期。

山西省文物管理委員會等：《山西長治分水嶺戰國墓第二次發掘》，《考古》1964 年第 3 期。

陝西省博物館：《扶風齊家村青銅器群》，文物出版社，1963 年。

陝西省考古研究所等：《陝西眉縣楊家村西周青銅器窖藏》，《考古與文物》2003 年第 3 期。

鄭州市文物考古研究院、登封市文物管理局：《河南登封告成春秋墓發掘簡報》，《文物》2009 年第 9 期。

中國科學院考古研究所：《上村嶺虢國墓地》，科學出版社，1959 年。

淄博市博物館、齊故城博物館：《臨淄商王墓地》，齊魯書社，1997 年。

淄博市博物館：《山東臨淄商王村一號戰國墓發掘簡報》，《文物》1997 年第 6 期。

淄博市博物館：《山東淄博瓷村發現四座春秋墓葬》，《考古》1991 年第 6 期。

四、論著類

A

安志敏：《"陳喜壺"商榷》，《文物》1962 年第 6 期。

B

白川静：《金文通釋》，白鶴美術館，1978 年。

白於藍：《戰國秦漢簡帛文獻古書通假字彙纂》，福建人民出版社，2012 年。

畢經緯：《問道於器：海岱地區商周青銅器研究》，上海古籍出版社，2019 年。

C

曹定雲：《周代金文中女子稱謂類型研究》，《考古》1999 年第 6 期。

曹錦炎：《古璽通論》，上海書畫出版社，1995 年。

曹錦炎：《鳥蟲書通考》，上海書畫出版社，1999 年。

曹錦炎：《商周金文選》，西泠印社，1990 年。

陳秉新、李立方：《出土夷族史料輯考》，安徽大學出版社，2005 年。

陳淳：《從考古學理論方法進展談古史重建》，《歷史研究》2018 年第 6 期。

陳冬生：《齊量制辨析》，《中國史研究》2006年第3期。

陳芳妹：《商周青銅簋形器研究》，臺北故宫博物院，1985年。

陳公柔：《滕國、邾國青銅器及其相關問題》，《中國考古學研究——夏鼐先生考古五十年紀念論文集》，文物出版社，1986年。

陳漢平：《金文編訂補》，中國社會科學出版社，1993年。

陳漢平：《屠龍絕緒》，黑龍江教育出版社，1989年。

陳劍：《甲骨金文舊釋"尤"之字及相關諸字新釋》，《北京大學中國古文獻研究中心集刊》第四輯，北京大學出版社，2004年。

陳劍：《甲骨金文考釋論集》，綫裝書局，2007年。

陳劍：《甲骨金文中舊釋"䵼"之字及相諸字新釋》，《出土文獻與古文字研究》第二輯，復旦大學出版社，2008年。

陳劍：《甲骨文舊釋"眢"和"蠿"的兩個字及金文"鞏"字新釋》，《出土文獻與古文字研究》第一輯，復旦大學出版社，2006年。

陳劍：《金文"象"字考釋》，《甲骨金文考釋論集》，綫裝書局，2007年。

陳劍：《金文字詞零釋（四則）》，張光裕主編：《古文字學論稿》，安徽大學出版社，2008年。

陳劍：《據郭店簡釋讀西周金文之一例》，《北京大學中國古文獻研究中心集刊》第二輯，北京燕山出版社，2001年。

陳劍：《釋展》，《追尋中華古代文明的蹤迹——李學勤先生學術活動五十周年紀念文集》，復旦大學出版社，2002年。

陳夢家：《六國紀年》，上海人民出版社，1956年。

陳夢家：《西周銅器斷代》，中華書局，2004年。

陳槃：《春秋大事表列國爵姓及存滅表譔異》，上海古籍出版社，2009年。

陳佩芬：《夏商周青銅器研究（東周篇）》，上海古籍出版社，2004年。

陳平：《試論戰國型秦兵的年代及有關問題》，《考古與文物》1986年第5期。

陳奇猷：《郘中簋當作止（郘）子中簋》，《文物》2004年第12期。

陳世輝：《釋戠——兼説甲骨文不字》，《古文字研究》第十輯，中華書局，1983年。

陳雙新：《樂器銘文"䤴""協""錫""雷""霝"釋義》，《古漢語研究》2006年第1期。

陳斯鵬：《楚系簡帛中字形與音義關係研究》，中國社會科學出版社，2011年。

陳偉：《包山楚簡初探》，武漢大學出版社，1996年。

陳偉武：《讀金零札》，《古文字研究》第三十一輯，中華書局，2016年。

陳偉武：《簡帛兵學文獻探論》，中山大學出版社，1999年。

陳絜：《鄂氏諸器銘文及其相關歷史問題》，《故宮博物院院刊》2009年第2期。

陳陽、戴哲濤：《中國財稅博物館藏滕侯賕之歌鐘考》，《東方博物》2010年第3期。

陳英傑：《西周金文作器用途銘辭研究》，綫裝書局，2008年。

陳昭容：《兩周婚姻關係中的"媵"與"媵器"——青銅器銘文中的性別、身分與角色研究之二》，《"中研院"歷史語言研究所集刊》第七十七本第二分，2006年。

陳昭容：《秦系文字研究》，"中研院"歷史語言研究所，2003年。

陳直：《讀金日札》，中華書局，2008年。

程繼林、呂繼祥：《泰安城前村出土魯侯銘文銅器》，《文物》1986年第4期。

程鵬萬：《試説齊金文中的"蠱月"》，《紀念于省吾先生誕辰120周年、姚孝遂先生誕辰90周年學術研討會論文集》，2016年。

程鵬萬：《釋東周金文的"成日"》，《古籍整理研究月刊》2006年第5期。

程平山：《銘文最長的青銅器——叔夷鐘》，《中國文物報》1994年1月16日3版。

程婭航：《山東東部與東南部出土東周時期青銅器銘文匯考》，天津師範大學碩士學位論文，2017年。

程燕：《鮑子鼎銘文補釋——兼論郁子姜首盤銘文中的"及"》，《中國歷史文物》2010年第2期。

D

代生：《齊侯壺新研》，《考古與文物》2012年第2期。

鄧佩玲:《新見金文嘏辭“于終有卒”探論》,中山大學古文字研究所編:《康樂集——曾憲通教授七十壽慶論文集》,中山大學出版社,2006年。

鄧少琴、温少峰:《論帝乙征“人方”是用兵江漢(下)》,《社會科學研究》1982年第4期。

丁山:《由陳侯因資錞銘黄帝論五帝》,《史語所集刊》第三本第四分册,1933年。

董楚平:《吴越徐舒金文集釋》,浙江古籍出版社,1992年。

董珊、陳劍:《郾王職壺銘文研究》,《北京大學中國古文獻研究中心集刊》第三輯,北京大學出版社,2002年。

董珊:《從作册般銅黿漫説“庸器”》,《古代文明研究通訊》第二十四期,2005年。

董珊:《東周題銘校議(五種)》,吉林大學碩士論文,1997年。

董珊:《簡帛文獻考釋論叢》,上海古籍出版社,2014年。

董珊:《郳公鏄“乍正朕保”補釋》,復旦大學出土文獻與古文字研究中心網站,2012年5月13日。

董珊:《試説山東滕州莊里西村所出編鏄銘文》,《古文字研究》第三十輯,中華書局,2014年。

董珊:《釋楚文字中的“汁邡”與“朐忍”》,《出土文獻》第一輯,中西書局,2010年。

董珊:《新見魯叔四器銘文考釋》,《古文字研究》第二十九輯,中華書局,2012年。

董珊:《新見戰國兵器七種》,《中國古文字研究》第一輯,吉林大學出版社,1999年。

董珊:《戰國題銘與工官制度》,北京大學博士學位論文,2002年。

董作賓:《甲骨文斷代研究例》,《中國現代學術經典·董作賓卷》,河北教育出版社,1996年。

杜廼松:《東周時代齊、魯青銅器探索》,《南方文物》1995年第2期。

杜廼松:《談虢國墓地新出銅器》,《中國文物報》1991年2月10日。

杜勇、沈長雲:《金文斷代方法探微》,人民出版社,2002年。

杜宇、孫敬明:《考古發現與戰國齊兵器研究》,《管子學刊》1992年第2期。

段紹嘉:《師克盨蓋考釋》,《人文雜志》1957年第3期。

F

方輝:《郜公典盤銘考釋》,《文物》1998年第9期。

方詩銘、王修齡:《古本竹書紀年輯證》,上海古籍出版社,1981年。

馮峰:《鮑子鼎與鮑子鎛》,《中國國家博物館館刊》2014年第7期。

馮勝君:《戰國燕系古文字資料綜述》,吉林大學碩士學位論文,1997年。

馮時:《春秋齊侯盂與鎛銘文對讀》,《徐中舒百年誕辰紀念文集》,巴蜀書社,1998年。

馮舒昌:《東周齊國金文書法探頤》,《漢字文化》2017年第20期。

付強:《談談古文字中的"求"與"棗"》,公衆號"古文字強刊",2018年9月8日。

傅天佑:《兵器銘文中的"冶"非"工師"說》,《江漢考古》1984年第1期。

傅修才:《東周山東諸侯國金文整理與研究》,復旦大學博士學位論文,2017年。

傅修才:《狐駘丘君盤新考》,《中國國家博物館館刊》2017年第5期。

傅修才:《齊系兵器銘文研究(四則)》,《古籍研究》總第65卷,鳳凰出版社,2017年。

G

高廣仁:《說"丘"——城的起源一議》,《考古與文物》1996年第3期。

高江濤、龐小霞:《索氏銅器銘文中"索"字考辨及相關問題》,《南方文物》2009年第4期。

高明:《䤾、簠考辨》,《文物》1982年第6期。

高明:《說"鋚"及其相關問題》,《考古》1996年第3期。

高明英:《商周𠆸國研究》,天津師範大學碩士學位論文,2016年。

高明:《中原地區東周時代青銅禮器研究》,《考古與文物》1981年第3期。

高佑仁:《談戰國文字中"穆"與"秋"的構形差異》,《中國文字》新三十七期,藝文印書館,2011年。

高智:《釋楚系文字中的"𡊥"及相關文字》,《紀念容庚先生百年誕辰暨中國古文字學術研討會論文集》,中山大學,1994年。

高中正:《清華簡"宓情"與今文〈尚書〉"密静"合證》,《出土文獻》2021年第3期。

葛亮:《復丰壺探研》,復旦大學出土文獻與古文字研究中心網站,2020年1月11日。

葛亮:《"銘文重合辨僞法"補説——以兩件春秋齊魯金文爲例》,《新出文獻與中國早期文明研究學術研討會論文集》,2021年4月。

耿超:《郜召簠及相關問題初探》,《中原文物》2010年第3期。

官德傑:《山東臨朐新出武城戈》,《考古與文物》1999年第1期。

郭寶均:《商周銅器群綜合研究》,文物出版社,1981年。

郭德維:《戈戟之再辨》,《考古》1984年第12期。

郭克煜、梁方健、陳德銀:《魯國金文編注》,曲阜師範學院歷史系中國古代史研究室、孔子研究所,1984年。

郭克煜、孫華鐸、梁方建、楊朝明:《索氏器的發現與及其重要意義》,《文物》1990年第7期。

郭沫若:《兩周金文辭大系考釋》,《郭沫若全集·考古編》第七卷,科學出版社,2002年。

郭沫若:《青銅時代》,人民出版社,1954年。

郭錫良:《漢字古音手册》(增訂本),商務印書館,2010年。

郭永秉:《帝繫新研》,北京大學出版社,2008年。

郭永秉:《古文字與古文獻論集》,上海古籍出版社,2011年。

郭永秉:《古文字與古文獻論集續編》,上海古籍出版社,2015年。

郭永秉、鄔可晶:《説"索""剌"》,《出土文獻》第三輯,中西書局,2012年。

H

韓嘉穀:《天津古史尋繹》,天津古籍出版社,2006年。

韓巍:《橫水、大河口西周墓地若干問題的探討》,《兩周封國論衡:陝西韓城出土芮國文物暨周代封國考古學研究國際學術研討會論文集》,上海古籍出版社,2014年。

韓巍:《重論西周單氏家族世系》,《新出金文與西周史》,上海古籍出版社,2011年。

韓自强:《新見六件齊、楚銘文兵器》,《中國歷史文物》2007年第5期。

郝導華、郭俊峰、禚柏紅:《齊國陶文幾個問題的初步探討》,《齊魯文化研究》第六輯,山東文藝出版社,2007年。

何光嶽:《邾國的來源和遷徙》,《東南文化》1991年第5期。

何光嶽:《滕國考》,《益陽師專學報》1996年第2期。

何景成:《鮑子鼎銘文補釋》,復旦大學出土文獻與古文字研究中心網站,2009年9月18日。

何琳儀:《淳于公戈跋》,王尹成主編:《杞文化與新泰》,中國文聯出版社,2000年。

何琳儀、高玉平:《唐子仲瀕兒匜銘文補釋》,《考古》2007年第1期。

何琳儀:《戰國文字通論》,江蘇教育出版社,2003年。

何星:《陳子戈"造"字小考》,復旦大學出土文獻與古文字研究中心網站,2010年9月29日。

侯乃峰:《鮑子鼎銘文補説》,《中國歷史文物》2010年第2期。

胡厚宣:《殷代封建制度考》,《甲骨學商史論叢初集》第一册,齊魯大學國學研究專刊,1944年。

胡小石:《胡小石論文集》,上海古籍出版社,1982年。

黄德寬:《古文字譜系疏證》,商務印書館,2007年。

黄光武:《金文子孫稱謂重文的釋讀及啓發》,《中山大學學報》1992年第4期。

黄錦前:《霸伯盂銘文考釋》,《中國國家博物館館刊》2012年第5期。

黄麗娟:《戰國楚系形聲字研究》,臺灣師範大學博士學位論文,1993年。

黄美麗:《煙臺博物館收藏的一件戰國銅戈》,《文物》2002年第5期。

黄奇逸:《甲金文中王號生稱與謚法問題的研究》,《中華文史論叢》1983年第1期。

黄盛璋:《關於陳僖壺的幾個問題》,《文物》1959年第7期。

黄盛璋:《關於魯南新出趙尋工劍與齊工師銅泡》,《考古》1985年第5期。

黄盛璋:《山東出土莒之銅器及其相關問題綜考》,《華夏考古》1992年第

4期。

黄盛璋：《燕、齊兵器研究》，《古文字研究》第十九輯，中華書局，1992年。

黄盛璋：《戰國冶字結構類型與分國研究》，《古文字學論集初編》，香港中文大學中國文化研究所、吴多泰中國語文研究中心，1983年。

黄聖松：《東周齊國文字研究》，臺灣政治大學碩士學位論文，2002年。

黄錫全：《"夫鋁"戈銘新考——兼論鑄器所用金屬原料之名稱》，《故宫學術季刊》第十三卷第一期，1995年。

黄錫全：《介紹一件新見平阿造戈》，《古文字與古貨幣文集》，文物出版社，2009年。

黄錫全：《介紹一件新見銅戈》，《古文字與古貨幣文集》，文物出版社，2009年。

J

季旭昇：《説文新證》，福建人民出版社，2010年。

季旭昇、汪中文主編：《青銅器銘文檢索》，臺北文史哲出版社，1995年。

冀小軍：《説甲骨金文中表祈求義的𥝢字——兼談𥝢字在金文車飾名稱中的用法》，《湖北大學學報》（哲學社會科學版）1991年第1期。

賈振國：《臨淄商王墓地出土器物銘文試析》，《臨淄商王墓地》，齊魯書社，1997年。

賈振國：《試論戰國時期齊國的量制與衡制》，《臨淄商王墓地》，齊魯書社，1997年。

江淑惠：《齊國彝銘匯考》，《國立臺灣大學文史叢刊》，1990年。

姜書振：《介紹山東乳山縣文物管理所藏四件銅戈》，《文物》1993年第4期。

蔣詩堂：《戰國文字域別特點考察的原則之探討》，《湖南社會科學》2002年第2期。

蔣玉斌：《釋甲骨金文的"蠢"兼論相關問題》，復旦大學出土文獻與古文字研究中心網站，2019年10月23日。

井中偉：《早期中國青銅戈·戟研究》，科學出版社，2011年。

K

孔繁剛、劉洪偉：《山東沂水縣近年發現的幾座戰國墓》，《文物》2001年第10期。

孔廣居：《說文疑疑》，《說文解字詁林》，中華書局，1988年。

孔華、杜勇：《異國地望新探》，《中國國家博物館館刊》2016年第1期。

L

李步青、王錫平：《建國以來煙臺地區出土商周銘文青銅器概述》，《古文字研究》第十九輯，中華書局，1992年。

李朝遠：《青銅器學步集》，文物出版社，2007年。

李朝遠：《新見者兒戈考》，《古文字研究》第二十三輯，中華書局，2002年。

李春桃：《傳抄古文綜合研究》，吉林大學博士學位論文，2012年。

李春桃：《釋邾公鈃鐘銘文中的"穆"字》，復旦大學出土文獻與古文字研究中心網站，2011年5月13日。

李峰：《青銅器和金文書體研究》，上海古籍出版社，2018年。

李濟：《殷虛出土伍拾叁件青銅容器之研究》，《古器物研究專刊》第五本，"中研院"歷史語言研究所，1972年。

李家浩：《庚壺銘文及其年代》，《古文字研究》第十九輯，中華書局，1992年。

李家浩：《關於東周器名"和"及其異體的釋讀——兼釋戰國文字"酬"和人名、複姓中的"和"》，《文史》2021年第3期。

李家浩：《貴將軍虎節與辟大夫虎節》，《中國歷史博物館館刊》1993年第2期。

李家浩：《季姬方尊銘文補釋》，《黃盛璋先生八秩華誕紀念文集》，中國教育文化出版社，2005年。

李家浩：《魯歸父敦小考》，《文史》第二十六輯，中華書局，1986年。

李家浩：《郳公敄父鎛銘文補釋》，《出土文獻》第六輯，中西書局，2015年。

李家浩：《齊國文字中的"遂"》，《湖北大學學報》（社科版）1992年第3期。

李家浩：《信陽楚簡"澮"字及從"关"之字》，《中國語言學報》1981年第1期。

李家浩：《著名中年語言學家自選集·李家浩卷》，安徽教育出版社，2002年。

李劍、張龍海：《山東淄博市臨淄區出土高子戈》，《考古》1984年第9期。

李菁：《宋代金石學的緣起與演進》，《中國典籍與文化》1998年第3期。

李居發：《齊長城邊陲軍事重鎮安陵城探考》，《文博》2009年第4期。

李零：《楚國銅器銘文編年匯釋》，《古文字研究》第十三輯，中華書局，1986年。

李零：《讀小邾國銅器的銘文——兼論東江墓地的墓主和年代》，《小邾國研究》，中國文史出版社，2006年。

李魯滕：《"虖台（丘）"略考》，《古代文明》第六卷，文物出版社，2008年。

李魯滕：《也談"郳諴鬲"》，《海岱考古》第三輯，科學出版社，2010年。

李先登：《天津師院圖書館藏陶文選釋》，《天津師院學報》1978年第2期。

李曉紅：《洹子孟姜壺銘文集釋》，安徽大學碩士學位論文，2008年。

李學勤：《東周與秦代文明》，上海人民出版社，2007年。

李學勤：《季姬方尊研究》，《中國史研究》2003年第4期。

李學勤：《論博山刀》，《中國錢幣》1986年第3期。

李學勤：《齊侯壺的年代與史事》，《文物中的古文明》，商務印書館，2008年。

李學勤：《試論山東新出青銅器的意義》，《文物》1983年第12期。

李學勤：《釋東周器名卮及有關文字》，《第四屆國際中國古文字學研討會論文集》，香港中文大學中國語言與文學系，2003年。

李學勤：《為青銅器卮正名》，《第四屆國際中國古文字學研討會論文集》，香港中文大學中國語言與文學系，2003年。

李學勤：《文物中的古文明》，商務印書館，2008年。

李學勤：《西周中期青銅器的重要標尺——周原莊白、強家兩處青銅器窖藏的綜合研究》，《中國歷史博物館館刊》1979年第1期。

李學勤：《夏商周文明研究》，商務印書館，2015年。

李學勤：《小邾國墓地及其青銅器研究》，《東嶽論叢》2007年第2期。

李學勤：《由沂水新出盂銘釋金文"總"字》，《出土文獻》第三輯，中西書局,2012年。

李學勤:《棗莊徐樓村宋公鼎與費國》,《史學月刊》2012年第1期。

李學勤:《戰國題銘概述(上)》,《文物》1959年7期。

李學勤:《重寫學術史》,河北教育出版社,2002年。

李運富:《戰國文字"地域特點"質疑》,《中國社會科學》1997年第5期。

李仲操:《兩周金文中的婦女稱謂》,《古文字研究》第十八輯,中華書局,1992年。

李宗焜:《從豊豐同形談商代的新酒與陳釀》,"第四屆國際漢學會議","中研院"歷史語言研究所,2012年6月。

林清源:《兩周青銅句兵銘文彙考》,花木蘭文化出版社,2012年。

林聖傑:《公典盤銘文淺釋》,《中國文字》新二十七期,藝文印書館,2001年。

林仙庭、高大美:《山東栖霞出土戰國時期青銅器》,《文物》1995年第7期。

林澐:《古文字學簡論》,中華書局,2012年。

林澐:《華孟子鼎等兩器部分銘文重釋》,《吉林大學古籍研究所建所三十周年紀念論文集》,上海古籍出版社,2014年。

林澐:《說厚》,《簡帛》第五輯,上海古籍出版社,2009年。

林澐:《"燕亳"和"燕亳邦"小議》,《林澐學術文集》,中國大百科全書出版社,1998年。

劉彬徽:《楚國有銘銅器編年概述》,《古文字研究》第九輯,中華書局,1984年。

劉彬徽:《楚系青銅器研究》,湖北教育出版社,1995年。

劉彬徽:《山東地區東周青銅器研究》,《中國考古學會第九次年會論文集》,文物出版社,1993年。

劉洪濤:《清華簡補釋四則》,復旦大學出土文獻與古文字研究中心網站,2011年4月27日。

劉洪濤:《叔弓鐘及鎛銘文"剗"字考釋》,《中國文字》新三十五期,藝文印書館,2010年。

劉華夏：《金文字體與銅器斷代》，《考古學報》2010 年第 1 期。

劉俊秀：《"疑古"與"走出疑古"的第一次正面交鋒——〈古史辨〉第一册出版八十周年國際學術研討會綜述》，《文史哲》2007 年第 1 期。

劉樂賢：《釋〈説文〉古文慎字》，《考古與文物》1993 年第 4 期。

劉起釪：《尚書校釋譯論》，中華書局，2005 年。

劉清揚：《齊國金文研究》，山東大學碩士學位論文，2004 年。

劉清揚：《先秦齊國青銅器銘文集釋》，中山大學碩士學位論文，2015 年。

劉偉傑：《所謂齊國鳥蟲書及相關問題》，《管子學刊》2007 年第 1 期。

劉翔：《説釦》，《江漢考古》1986 年第 2 期。

劉心健：《介紹兩件帶銘文的戰國銅戈》，《文物》1979 年第 4 期。

劉心健、王亮：《山東臨沭出土銅器》，《考古》1984 年第 4 期。

劉心明：《略論金石學興起於宋代的原因》，《山東大學學報》（社科版）2004 年第 2 期。

劉釗：《古文字構形學》，福建人民出版社，2006 年。

劉釗：《書馨集——出土文獻與古文字論叢》，上海古籍出版社，2013 年。

劉兆陽、逄春階：《魯文化不代表保守》，大衆網，2007 年 8 月 17 日。

羅衛東：《金文所見"邿""黿"等字及相關問題探討》，《民俗典籍文字研究》2014 年第 2 期。

羅振玉：《殷墟書契考釋三種》，中華書局，2006 年。

羅振玉：《增訂殷虛書契考釋》，藝文印書館，1981 年。

M

馬超：《金文考釋二題》，《中國文字研究》第二十七輯，上海書店出版社，2018 年。

馬承源：《陳喜壺》，《文物》1961 年第 2 期。

馬承源：《商周青銅器銘文選》，文物出版社，1986—1990 年。

馬承源：《中國青銅器》，上海古籍出版社，1988 年。

馬璽倫、李玉亭、王元平：《山東沂水縣出土一件"平罡左戢"銅戈》，《文物》1991 年第 10 期。

馬璽倫：《山東沂水縣發現戰國銅器》，《考古》1983 年第 9 期。

馬曉風：《簡論宋代金石學的興起與發展》，《圖書館理論與實踐》2008年第1期。

孟凡港：《阮元山左金石志研究》，中華書局，2019年。

莫枯：《齊量新議》，《上海博物館學刊》第三期，上海古籍出版社，1986年。

P

逄振鎬：《關於齊魯文化的先進性和保守性問題》，《管子學刊》1992年第4期。

逄振鎬：《山東古國與姓氏》，山東人民出版社，2006年。

彭春豔：《左徒戈爲徒戈考》，《考古》2011年第7期。

彭裕商：《春秋青銅器年代綜合研究》，中華書局，2011年。

彭裕商：《高山仰止——徐中舒先生百年誕辰紀念》，《歷史研究》1998年第6期。

彭裕商：《金文研究與古代典籍》，《四川大學學報》1993年第1期。

彭裕商：《謚法探源》，《中國史研究》1999年第1期。

彭裕商：《西周青銅器年代綜合研究》，巴蜀書社，2003年。

彭裕商：《殷墟甲骨分期研究》，上海古籍出版社，1996年。

Q

齊文濤：《概述近年來山東出土的商周青銅器》，《文物》1972年第5期。

錢穆：《齊伐燕乃宣王六年非湣王十年辨》，《先秦諸子繫年》，商務印書館，2005年。

錢穆：《史記地名考》，商務印書館，2004年。

丘光明：《試論戰國容量制度》，《文物》1981年第10期。

裘錫圭：《古文字論集》，中華書局，1992年。

裘錫圭：《齊量制補說》，《中國史研究》2019年第1期。

裘錫圭：《裘錫圭學術文集》，復旦大學出版社，2012年。

裘錫圭：《文字學概要（修訂本）》，商務印書館，2013年。

裘錫圭：《中國出土古文獻十講》，復旦大學出版社，2004年。

群力：《臨淄齊國故城勘探紀要》，《文物》1972年第5期。

R

饒宗頤：《談三重證據法——十干與立主》,《饒宗頤二十世紀學術文集》第一卷,新文豐出版社,2003 年。

任相宏、邱波：《山東沂水天上王城出土羋孟子鼎、敔君季盂銘考略》,《中國文物報》2012 年 8 月 17 日。

任相宏：《郜仲簠及郜國姓氏略考》,《文物》2003 年第 4 期。

任相宏、張光明：《高青陳莊遺址 M18 出土豐簋銘文考釋及相關問題探討》,《管子學刊》2010 年第 2 期。

容庚：《商周彝器通考》,上海人民出版社,2008 年。

S

單育辰：《釋嬿》,《考古與文物》2017 年第 5 期。

商承祚：《說文中之古文考》,上海古籍出版社,1983 年。

商豔濤：《讀〈山東金文集成〉》,《中國國家博物館館刊》2011 年第 5 期。

沈寶春：《商周金文錄遺考釋》,花木蘭文化出版社,2005 年。

沈培：《說上博簡〈容成氏〉中的"脛不生之毛"》,《出土文獻與古文字研究》第一輯,復旦大學出版社,2006 年。

沈融：《論早期青銅戈的使用法》,《考古》1992 年第 1 期。

盛冬鈴：《西周銅器銘文中的人名及其對斷代的意義》,《文史》第十七輯,中華書局,1983 年。

施謝捷：《陳發乘戈跋》,《南京師範大學文學院學報》2002 年第 1 期。

施謝捷：《東周兵器銘文考釋(三則)》,《南京師大學報》(社科版)2002 年第 2 期。

施謝捷：《古文字零釋四則》,《古文字研究》第二十二輯,中華書局,2000 年。

施謝捷：《釋"索"》,《古文字研究》第二十輯,中華書局,2002 年。

石敬東、尹秀嬌、楊晶：《棗莊徐樓墓葬及相關問題》,《海岱考古》第七輯,科學出版社,2014 年。

石小力：《東周金文與楚簡合證》,上海古籍出版社,2017 年。

石小力：《據清華簡考證侯馬盟書的"趙尼"——兼說侯馬盟書的時代》,

《"出土文獻與中國古代文明再認識"青年學術論壇論文集》,河南大學歷史文化學院,2016年10月。

石小力:《〈商周青銅器銘文暨圖像集成續編〉釋文校訂》,鄒芙都主編:《商周青銅器與先秦史研究論叢》,科學出版社,2017年。

石永士:《燕王銅戈研究》,《河北學刊》1984年第10期。

石志廉:《陳喜壺補正》,《文物》1961年第10期。

斯維至:《西周金文所見職官考》,《中國文化研究匯刊》第七卷,1947年。

宋華强:《楚簡神靈名三釋》,簡帛研究,2006年12月17日。

蘇影:《山東出土金文整理與研究》,華東師範大學博士學位論文,2014年。

蘇影:《山東沂水春秋古墓新出銅盉銘"濫"字釋讀》,《殷都學刊》2013年第2期。

蘇兆慶:《商周金文與莒國的歷史——兼談莒大叔之孝子平壺銘及相關問題》,《山東歷史學會東夷古國會》學術論文,1998年。

孫常叙:《孫常叙古文字學論集》,東北師範大學出版社,1998年。

孫超傑:《傳抄古文札記一則》,《出土文獻》2021年第3期。

孫剛:《東周齊系題銘研究》,吉林大學博士學位論文,2012年。

孫剛:《東周齊系題銘研究》,上海古籍出版社,2019年。

孫剛、李瑶:《"陳車轄"銘文辨偽》,《中國國家博物館館刊》2014年第3期。

孫剛、李瑶:《槩可忌豆"元子"解》,《中國國家博物館館刊》2017年第5期。

孫貫文:《陳璋壺補考》,《考古學研究(一)》,文物出版社,1992年。

孫貫文:《齊陶新探》,《古文字研究》第十四輯,中華書局,1986年。

孫敬明:《莒地新見齊、魯、諸、萊、黃、陳六國銅器考》,《考古發現與齊史類徵》,齊魯書社,2006年。

孫敬明:《莒史綴考》,《東夷古國史研究》第二輯,三秦出版社,1990年。

孫敬明:《考古發現與齊史類徵》,齊魯書社,2006年。

孫敬明:《齊陶新探》,《古文字研究》第十四輯,中華書局,1986年。

孫敬明:《山東臨朐新出土銅器銘文考釋及有關問題》,《文物》1983年第

12 期。

孫敬明：《山東濰縣發現春秋魯、鄭銅戈》，《文物》1983 年第 12 期。

孫敬明、王桂香、韓金城：《山東濰坊新出銅戈銘文考釋及有關問題》，《江漢考古》1986 年第 3 期。

孫敬明：《先秦貨幣文字分域斷代研究例》，山東省錢幣學會印行，1987 年。

孫鑑泉：《庚壺忝釋》，《中國文字》新十四期，中國文字社，1991 年。

孫詒讓：《古籀餘論》，中華書局，1989 年。

孫稚雛：《冰竝果戈銘釋》，《古文字研究》第七輯，中華書局，1982 年。

T

湯餘惠：《戰國銘文選》，吉林大學出版社，1993 年。

湯志彪：《先秦兵器銘文考釋四則》，《古文字研究》第三十輯，中華書局，2014 年。

唐蘭：《古樂器小記》，《燕京學報》14 期，1933 年。

唐蘭：《古文字學導論（增訂本）》，齊魯書社，1981 年。

唐石父：《陳鐵卿之古泉解》，《中國錢幣》1983 年第 3 期。

陶金：《由清華簡〈繫年〉談洹子孟姜壺相關問題》，復旦大學出土文獻與古文字研究中心，2012 年 2 月 14 日。

陶正剛：《山西臨縣窑頭古城出土銅戈銘文考釋》，《文物》1994 年第 4 期。

田率：《國家博物館新入藏的兩周青銅器管見》，《中國國家博物館館刊》2015 年第 5 期。

田率：《中國國家博物館新入藏兩周青銅器咀華》，《首屆中國古代文明研究前沿論壇論文集》，深圳大學人文學院，2016 年。

田偉：《試論兩周時期的青銅劍》，《考古學報》2013 年第 4 期。

田煒：《西周金文字詞關係研究》，上海古籍出版社，2016 年。

涂白奎：《〈郜公典盤〉及相關問題》，《考古與文物》2003 年第 5 期。

涂白奎：《郜國之姓考辨》，《史學月刊》2008 年第 7 期。

W

王恩田：《東周齊國銅器的分期與年代》，《中國考古學會第九次年會論文集》，文物出版社，1997 年。

王恩田：《紀、異、萊為一國說》，《齊魯學刊》1984年第1期。

王恩田：《滕柭編鎛與滕用夏正——兼論器主、器名和年代》，《華夏考古》2016年第4期。

王恩田：《"右里"二量真偽辨》，《中國歷史文物》1999年第1期。

王恩田：《棗莊山亭倪器與倪國》，《小邾國文化》，中國文史出版社，2006年。

王光堯：《從新出土之楊姞壺看楊國》，《故宮博物院院刊》1995年第2期。

王國維：《古史新證——王國維最後的講義》，清華大學出版社，1994年。

王國維：《觀堂集林》，中華書局，1959年。

王國維：《王國維遺書》，上海古籍出版社，1983年。

王輝：《古文字通假釋例》，藝文印書館，1993年。

王輝：《秦銅器銘文編年集釋》，三秦出版社，1990年。

王輝：《商周金文》，文物出版社，2006年。

王景東：《山東膠南縣發現荊公孫敦》，《考古》1989年第6期。

王麗娟：《泰安市博物館收藏的一件"淳于右造"銅戈》，《文物》2005年第9期。

王亮：《山東臨沭縣發現青銅器》，《考古》1999年第2期。

王敏之：《河北唐縣出土西周歸父敦》，《文物》1985年第6期。

王琦、燕生東：《山東棗莊徐樓發現的柴國墓及相關問題》，《齊魯文化研究》第十二輯，泰山出版社，2012年。

王青：《海岱地區周代墓葬研究》，山東大學出版社，2002年。

王人聰：《關於費縣楚器銘文中的"㫃"字的解釋》，《考古》1972年第6期。

王人聰：《新獲滕太宰得匜考釋》，《文物》1998年第8期。

王世民、陳公柔、張長壽：《西周青銅器分期斷代研究》，文物出版社，1999年。

王獻唐：《春秋邾分三國考·三邾疆邑圖考》，齊魯書社，1982年。

王獻唐：《國史金石志稿》，青島出版社，2004年。

王獻唐：《山東古國考》，齊魯書社，1983年。

王軒：《山東鄒縣七家峪材出土的西周銅器》，《考古》1965年第11期。

王言京：《山東鄒縣春秋邾國故城附近發現一件銅鼎》，《文物》1974年第1期。

王育成：《從兩周金文探討婦名"稱國"規律——兼談湖北隨縣曾國姓》，《江漢考古》1982年第1期。

王占奎：《讀金隨札——內史亳同》，《考古與文物》2010年第2期。

王志民、張富祥：《齊魯文化史》（遠古至西周卷），中華書局，2004年。

魏成敏、朱玉德：《山東臨淄新發現的戰國齊量》，《考古》1996年第4期。

魏國：《山東新泰發現淳于戈》，《中國文物報》1990年3月1日。

魏建震：《"王何立事"戈銘文及其相關問題》，《中原文物》2005年第6期。

魏宜輝：《復封壺銘文補釋》，《漢語史研究的材料、方法與學術史觀研討會論文集》，南京大學漢語史研究所，2016年。

魏宜輝：《説"匋"》，《古文字研究》第二十九輯，中華書局，2012年。

溫廷敬：《齊侯壺釋》，《中山大學文學院專刊》2期，1935年6月。

溫增源：《諸城公孫潮子編鐘及其相關問題》，《齊魯藝苑》1992年第1期。

鄔可晶：《文公之母弟鐘銘補釋》，《中國文字》新三十六期，藝文印書館，2011年。

鄔可晶：《東周題銘零釋（兩篇）》，《中國文字》新三十八期，藝文印書館，2013年。

吳良寶：《談戰國時期齊國的置縣問題》，《戰國文字研究的回顧與展望》，中西書局，2017年。

吳良寶：《璽陶文字零釋（三則）》，《中國古文字研究》第一輯，吉林大學出版社，1999年。

吳毅強：《晉銅器銘文研究》，浙江大學出版社，2018年。

吳振武：《古文字中的借筆字》，《古文字研究》第二十輯，中華書局，2000年。

吳振武：《古璽文編校訂》，人民美術出版社，2011年。

吳振武：《戰國"冋（廩）"字考察》，《考古與文物》1984年第4期。

吳鎮烽：《鮑子鼎銘文考釋》，《中國歷史文物》2009年第2期。

吳鎮烽：《近年新出現的銅器銘文》，《文博》2008年第2期。

吴鎮烽、朱捷元、尚志儒：《陝西永壽、藍田出土西周青銅器》，《考古》1979年第2期。

武健：《山東濟寧揀選出一批古代青銅兵器》，《文物》1992年第11期。

武振玉：《周金文"肇"之詞義試探》，《中山大學學報》2016年第4期。

X

夏超雄：《宋代金石學的主要貢獻及其興起的原因》，《北京大學學報》（哲學社會科學版）1982年第1期。

夏大兆：《"公"字補釋》，《中國文字學報》第五輯，商務印書館，2014年。

夏麥陵：《叔夷鐘銘與齊侯滅萊》，《管子學刊》1993年第2期。

笑宇：《中國古代青銅裝飾工藝》，《金屬世界》1996年第4期。

謝明文：《霸伯盤銘文補釋》，《中國文字》第四十一輯，藝文印書館，2015年。

謝明文：《陳喜壺銘文補釋》，《中國國家博物館館刊》2021年第9期。

謝明文：《"格"與"霸"及晋侯銅人》，《兩周封國論衡：陝西韓城出土芮國文物暨周代封國考古學研究國際學術研討會論文集》，上海古籍出版社，2014年。

謝明文：《釋金文中的"鋆"字》，《中國文字》新三十九期，藝文印書館，2013年。

謝明文：《新出宜脂鼎銘文小考》，《中國文字》新四十期，藝文印書館，2014年。

心健、家驥：《山東費縣發現東周銅器》，《考古》1983年第2期。

徐寶貴：《金文研究五則》，《古文字學論稿》，安徽大學出版社，2008年。

徐良高：《由文獻記載與考古發現關係再審視看二里頭文化研究》，《中原文化研究》2020年第5期。

徐倩倩、戴尊萍：《從青銅器銘文看齊、魯兩國對外婚姻關係》，《保護與傳承視野下的魯文化學術研討會論文集》，上海古籍出版社，2018年。

徐倩倩：《青銅器銘文所見兩周時期山東古國婚姻關係》，《東方考古》第14集，科學出版社，2018年。

徐在國：《安徽大學漢語言文字研究叢書·徐在國卷》，安徽大學出版社，

2013年。

徐在國：《兵器銘文考釋（七則）》，《古文字研究》第二十二輯，中華書局，2000年。

徐在國：《古璽文字八釋》，《吉林大學古籍整理研究所建所十五週年紀念文集》，吉林大學出版社，1998年。

徐在國：《論晚周齊系文字的特點》，吉林大學碩士學位論文，1992年。

徐中舒：《金文嘏辭釋例》，《歷史語言研究所集刊》第六本第一分，1936年。

徐中舒：《徐中舒歷史論文選輯》，中華書局，1998年。

禤健聰：《東周金文釋證三則》，《中國文字研究》第三十一輯，華東師範大學出版社，2020年。

禤健聰：《洹子孟姜壺"人民聚邑饉宴"考》，《中國國家博物館館刊》2014年第11期。

禤健聰：《戰國楚系簡帛用字習慣研究》，科學出版社，2017年。

Y

閻志：《金石學在現代中國考古學中的表達》，《華夏考古》2005年第4期。

嚴魯申：《山東沂水紀王崮春秋古墓出土銅器銘文考釋及墓主人身份蠡測》，《三江高教》2012年第2期。

晏昌貴：《楚卜筮簡所見神靈雜考（五則）》，《簡帛》第一輯，上海古籍出版社，2006年。

燕生東：《考古所見"費"國及曾子里籍問題》，《東方考古》第十一集，科學出版社，2015年。

楊朝明：《魯文化史》，齊魯書社，2001年。

楊朝明：《杞、魯關係與杞國文化》，《杞文化與新泰》，中國文聯出版社，2000年。

楊華：《楚簡中的諸"司"及其經學意義》，《中國文化研究》2006年第1期。

楊寬：《戰國史》，上海人民出版社，2003年。

楊善群：《杞國都城遷徙與出土銅器考辨》，《學術月刊》2000年第2期。

楊樹達：《積微居金文說（增訂本）》，中華書局，1997年。

楊子範：《山東臨淄出土的銅器》，《考古通訊》1958年第6期。

姚遷：《江蘇盱眙南窰莊楚漢文物窖藏》，《文物》1982年第1期。

姚孝遂：《商周金文錄遺考釋》，花木蘭文化出版社，2005年。

葉國慶：《試論西周宗法制封建關係的本質》，《福建師院學報》（社科版）1956年第3期。

葉正渤：《棗莊徐樓東周墓出土青銅器銘文考釋》，《中國文字學報》第七輯，商務印書館，2017年。

亦曉：《讀者來信》，《考古》1980年第1期。

易德生：《金文"玄鏐"新探》，《江漢論壇》2013年第9期。

于豪亮：《中山三器銘文考釋》，《考古學報》1979年第2期。

于嘉芳：《淄博市南韓村發現戰國墓》，《考古》1988年第5期。

于省吾：《商周金文錄遺》，科學出版社，1957年。

于省吾：《雙劍誃吉金文選》，中華書局，1998年。

于中航：《濟南市博物館藏商周青銅器選粹》，《海岱考古》第一輯，山東大學出版社，1989年。

于中航：《先秦戈戟十七器》，《考古》1994年第9期。

俞旦初：《二十世紀初年西方近代考古學思想在中國的介紹和影響》，《考古與文物》1983年第4期。

俞偉超：《上村嶺虢國墓地新發現所揭示的幾個問題》，《中國文物報》1991年2月3日。

袁金平：《鮑子鼎銘文考釋商兌》，《出土文獻》第二輯，中西書局，2011年。

袁金平：《齊金文考釋二則》，《考古與文物》2011年第5期。

袁金平：《郱子姜首盤銘"于終有卒"新論》，《古文字學論稿》，安徽大學出版社，2008年。

袁金平：《新蔡葛陵楚簡"大川有"一語試解——兼論上古漢語中"有"的特殊用法》，《語言學論叢》第四十二輯，商務印書館，2010年。

袁俊傑：《小邾國媵器隨葬於本國貴族墓地原因探析》，《華夏考古》2008年第2期。

Z

曾憲通：《楚月名初探——兼談昭固墓竹簡的年代問題》，《古文字研究》

第五輯,中華書局,1979年。

曾昭岷、李瑾:《曾國和曾國銅器綜考》,《江漢考古》1980年第1期。

張長壽:《虢國墓地的新發現》,《中國文物報》1991年3月17日。

張崇禮:《讀鮑子鼎銘文劄記》,復旦大學出土文獻與古文字研究中心網站,2009年9月18日。

張德光:《陳☒戈小考》,《考古與文物》1989年第2期。

張富海:《漢人所謂古文之研究》,綫裝書局,2007年。

張光裕:《讀新見"宋公鋪䀇"二器札迻》,《出土文獻與古文字研究》第六輯,上海古籍出版社,2015年。

張光遠:《春秋晚期齊莊公時庚壺考》,《故宮季刊》第十六卷第三期,1982年。

張光遠:《戰國初齊桓公諸器續考》,《故宮季刊》第十二卷第二期,1977年。

張頷:《陳喜壺辨》,《文物》1964年第8期。

張懷通:《先秦時期的基層組織》,《天津師大學報》(社會科學版)2000年第1期。

張劍:《齊侯寶盂鑑的年代及其史料價值》,《中原文物》1985年第4期。

張劍:《齊侯鑑銘文的新發現》,《文物》1977年第3期。

張俊成:《鮑子鼎銘文補釋及年代問題》,《華夏考古》2017年第3期。

張俊成:《從春秋中晚期齊魯金文形體特徵比較看魯文化的重禮性》,《保護與傳承視野下的魯文化學術研討會論文集》,上海古籍出版社,2018年。

張俊成:《公典盤銘補釋》,《考古與文物》2014年第3期。

張俊成:《洹子孟姜壺及其相關問題》,《保護與傳承視野下的齊文化學術研討會論文集》,上海古籍出版社,2019年。

張俊成:《齊城左戈銘補考》,《文物春秋》2013年第1期。

張俊成:《齊國銅器銘文綜合研究》,《殷都學刊》2010年第4期。

張俊成:《齊系金文與山東古國史研究》,《中國社會科學報》2019年6月22日。

張俊成：《山東沂水紀王崮春秋楚墓銅盂銘文釋讀及相關問題》，《考古與文物》2021年第2期。

張莉：《登封告成春秋鄭國貴族墓研究》，《中國歷史文物》2007年第5期。

張龍海：《田齊六陵考》，《文物》1984年第9期。

張懋鎔：《金文字形書體與二十世紀的西周銅器斷代研究》，《古文字研究》第二十六輯，中華書局，2006年。

張懋鎔、閆婷婷、王宏：《新出杞伯簋淺談》，《文博》2011年第1期。

張培瑜：《春秋朔閏表》，《中國先秦史曆表》，齊魯書社，1987年。

張世超：《金文形義通解》，中文出版社，1996年。

張淑一：《兩周金文女子稱謂"規律"再探討——兼論"楊姞壺"的問題》，《考古與文物》2009年第5期。

張聞捷：《東周飤器組銅器研究——兼論周代銅器稱名制度的變化》，《考古與文物》2017年第3期。

張學海主編：《海岱考古》第一輯，山東大學出版社，1989年。

張亞初、劉雨：《西周金文官制研究》，中華書局，2004年。

張亞初：《燕國青銅器銘文研究》，《中國考古學論叢》，科學出版社，1993年。

張亦同：《關於列子》，《晨報副刊》第二二一八號，《晨報副鐫》第七十八期。

張占民：《秦兵器題銘考釋》，《古文字研究》第十四輯，中華書局，1986年。

張振林：《郘右庫戟跋》，《古文字研究》第十九輯，中華書局，1992年。

張振林：《試論銅器銘文形式上的時代標記》，《古文字研究》第五輯，中華書局，1981年。

張振謙：《齊系文字研究》，安徽大學博士學位論文，2008年。

張振謙：《齊系文字研究》，科學出版社，2019年。

張振謙：《齊月名初探》，《中國國家博物館館刊》2014年第9期。

張振謙：《〈說文〉古文"䏽"字考》，《中國文字學報》第五輯，商務印書館，2014年。

張振謙：《司馬楙編鎛考釋》，《古文字研究》第二十八輯，中華書局，

2010年。

張振謙：《邿友父匜考釋》，《中國文字研究》第十二輯，大象出版社，2009年。

張政烺：《庚壺釋文》，《出土文獻研究》，文物出版社，1985年。

張政烺：《甲骨金文與商周史研究》，中華書局，2012年。

張政烺：《平陵陳得立事歲陶考證》，《張政烺文史論集》，中華書局，2004年。

張政烺：《張政烺批注兩周金文辭大系圖録考釋》，中華書局，2011年。

張志鵬：《郏公典盤銘文新釋》，《考古》2018年第11期。

趙誠：《二十世紀金文研究述要》，書海出版社，2003年。

趙誠：《金文詞義探索》，《第三届國際中國古文字學研討會論文集》，香港中文大學，1997年。

趙平安：《"達"字兩系説——兼釋甲骨文所謂"途"和齊金文中所謂"造"字》，《中國文字》新二十七期，藝文印書館，2001年。

趙平安：《金文釋讀與文明探索》，上海古籍出版社，2011年。

趙平安：《山東泰安龍門口新出青銅器銘文考釋》，《中國歷史文物》2006年第2期。

趙平安：《郏子中盨的名稱與郏國的姓氏問題》，《古籍整理研究學刊》2006年第1期。

趙平安：《釋"鞫"以及相關諸字》，《新出簡帛與古文字古文獻研究》，商務印書館，2009年。

趙平安：《宋公䋣作滄叔子鼎與濫國》，《中華文史論叢》2013年第3期。

趙平安：《唐子仲瀕兒盤匜"咸"字考索》，《中國歷史文物》2008年第2期。

趙平安：《新出簡帛與古文字古文獻研究》，商務印書館，2009年。

趙平安：《戰國文字中的"宛"及其相關問題研究》，《第四届國際中國古文字學研討會論文集》，香港中文大學中國語言及文學系，2003年。

趙世綱：《淅川楚墓王孫誥鐘的分析》，《江漢考古》1986年第3期。

趙文俊：《山東沂南陽都故城出土秦代銅斧》，《文物》1998年第12期。

鄭超：《齊國陶文初探》，中國社會科學院研究生院碩士學位論文，1984年。

鄭同修：《山東高青縣陳莊西周遺址筆談》，《考古》2011年第2期。

鍾柏生：《殷商卜辭地理論叢》，藝文印書館，1989年。

鐘紅丹：《紀王崮墓葬國族問題小議》，《綿陽師範學院學報》2016年第1期。

周寶宏：《小邾國青銅器銘文補釋（外兩篇）》，《吉林大學古籍研究所建所三十周年紀念論文集》，上海古籍出版社，2014年。

周波：《戰國銘文分域研究》，上海古籍出版社，2019年。

周波：《戰國時代各系文字間的用字差異現象研究》，綫裝書局，2012年。

周昌富：《東萊新說》，《東夷古國史研究》，三秦出版社，1988年。

周海華、魏宜輝：《讀銅器銘文札記（四則）》，《東南文化》2005年第5期。

周曉陸：《盱眙所出重金絡鑪·陳璋圓壺讀考》，《考古》1988年第3期。

周亞：《郘公鎛銘文及若干問題》，《古文字研究》第二十九輯，中華書局，2012年。

周忠兵：《莒太史申鼎銘之"樊仲"考》，《吉林大學社會科學學報》2014年第1期。

周忠兵：《釋春秋金文中的"糚"》，《戰國文字研究的回顧與展望》，中西書局，2017年。

朱德熙：《戰國文字中所見有關殷的資料》，《朱德熙文集》第5卷，商務印書館，1999年。

朱德熙：《朱德熙古文字論集》，中華書局，1996年。

朱鳳瀚：《中國青銅器綜論》，上海古籍出版社，2009年。

朱活：《山東歷城出土魯伯大父媵季姬簠》，《文物》1973年第1期。

朱力偉：《東周與秦兵器銘文中所見的地名》，吉林大學碩士學位論文，2004年。

朱力偉：《先秦古兵雜談》，《古文字研究》第二十六輯，中華書局，2006年。

朱曉雪：《陳璋壺及鄄王職壺綜合研究》，吉林大學碩士學位論文，2007年。

朱玉德：《臨淄出土青銅量器》，《管子學刊》1993年第1期。

祝振雷：《從鑄叔皮父簋銘校正古書中對"一月"的誤識》，《西華大學學報》(哲學社會科學版)2010年第1期。

禚孝文:《齊國青銅銘文十篇與古史若干問題》,煙臺大學碩士學位論文,2012年。

紫溪:《古代量器小考》,《文物》1964年第7期。

鄒芙都:《楚系銘文綜合研究》,巴蜀書社,2007年。

鄒芙都:《銅器用途銘辭考辨二題》,《求索》2012年第7期。

後　　記

呈現在諸君面前的這本小書是筆者主持的 2016 年度國家社科基金項目"齊系金文整理與研究"的最終研究成果。書稿付梓之際，特別感謝國家哲學社會科學規劃辦給予的立項資助，感謝諸位通訊評審專家和會評專家的認可支持，也感謝諸位成果鑒定專家的寶貴鑒定修改意見。

本書最初的寫作可以追溯到讀博期間，2005 年我負笈川大，跟隨彭裕商先生求學，先後完成了碩博階段的學習。讀博期間確立了"東周齊國銘文綜合研究"的課題，在彭先生的指導下順利完成博士論文答辯，先生的培養，感懷於心，在此向彭先生表達由衷的謝意。

2011 年 10 月份來到曲阜師範大學歷史文化學院工作，工作之餘，對博士論文進行了較大幅度的修改增删。2016 年有幸獲批國家社科基金立項資助，研究對象從齊國金文擴展到齊系金文，在內容框架上有了更大的擴充，2021 年 4 月順利結項。項目的研究過程中曾向陳昭容、孫剛等先生請益；鄒芙都、吳毅強等師兄也給予了很多鼓勵支持，向各位師友表達誠摯的感謝。

本書的部分內容曾在《考古與文物》《華夏考古》《中國文字》《出土文獻綜合研究集刊》等學術刊物發表，編輯老師認真細緻地審稿、校稿，付出了諸多努力，於此表示謝忱。

本書還得到了山東省一流學科"曲阜師範大學中國史"儒家文明省部共建協同創新中心"曲阜師范大学儒学学术著作出版项目"的資助，歷史文化學院院長吳佩林先生、孔子文化研究院院長王鈞林先生、社科處處長朱莉雅女士對拙作的出版也給予了很多的關心支持。拙作的順利出版更離不開上海古籍出版社顧莉丹、余念姿兩位老師的辛苦付出,謹向以上諸君誠表謝忱。

最後還要感恩我的家人,時間裏挾的行色匆匆中,親情永遠是最溫暖的存在。人一輩子能做出來的東西總是有限的,能做多少是多少,盡力而已。拙作即將出版,心中不免惴惴,書中定有不少錯誤疏漏之處,尚祈指正。

張俊成

2022 年 11 月 18 日於曲園

圖書在版編目(CIP)數據

齊系金文研究 / 張俊成著. —上海：上海古籍出版社，2022.12
ISBN 978-7-5732-0590-2

Ⅰ.①齊… Ⅱ.①張… Ⅲ.①金文－研究－中國－春秋戰國時代 Ⅳ.①K877.34

中國版本圖書館 CIP 數據核字(2022)第 256645 號

齊系金文研究

張俊成 著

上海古籍出版社出版發行

(上海市閔行區號景路 159 弄 1-5 號 A 座 5F　郵政編碼 201101)

(1) 網址：www.guji.com.cn
(2) E-mail：guji1@guji.com.cn
(3) 易文網網址：www.ewen.co

常熟市文化印刷有限公司印刷

開本 710×1000　1/16　印張 33　插頁 2　字數 506,000
2022 年 12 月第 1 版　2022 年 12 月第 1 次印刷
ISBN 978-7-5732-0590-2
K·3322　定價：150.00 元

如有質量問題，請與承印公司聯繫